湯孝純　注譯
李振興　校閱

新譯

管子讀本

（下）

三民書局

國家圖書館出版品預行編目資料

新譯管子讀本(下)／湯孝純注譯;李振興校閱.——三版三刷.——臺北市：三民，2023
冊；　公分.——(古籍今注新譯叢書)
含索引
ISBN 978-957-14-4291-4 （上冊:平裝）
ISBN 978-957-14-4446-8 （下冊:平裝）
1. 管子—注釋

121.611

古籍今注新譯叢書

新譯管子讀本（下）

注譯者｜湯孝純
校閱者｜李振興

發行人｜劉振強
出版者｜三民書局股份有限公司
地址｜臺北市復興北路 386 號（復北門市）
臺北市重慶南路一段 61 號（重南門市）
電話｜(02)25006600
網址｜三民網路書店 https://www.sanmin.com.tw

出版日期｜初版一刷 1995 年 7 月
三版一刷 2014 年 7 月
三版三刷 2023 年 1 月
書籍編號｜S031150
ISBN｜978-957-14-4446-8

新譯管子讀本 目次

下冊

卷十五

卷十六

卷十七

卷十八

卷十九

卷二十

卷二十一

卷二十二

卷二十三

卷二十四

卷十三

心術上 第三十六

【題解】此為《管子》第三十六篇，題為「心術上」，即〈心術〉上篇。孟子說：「心之官則思。」古人以心為思維器官，尊心為人體之「君」，認為在人體的各項活動中，心靈始終處於主宰的地位。心術，即指心的作用、地位。「實也、誠也、厚也、施也、度也、恕也，謂之『心術』」（〈七法〉），「心術者，無為而制竅者也」，說的就是功能、地位。

本文共計十二章，可平分為二大部分，前為「經」，後為「解」，其內容，基本上在論述心的功能及修養方法。作者所反覆強調的，則是崇尚虛靜之道。主張虛其嗜欲，內心無求、無設、無慮，行事以物為法。很明顯，主旨在於闡釋道家之言。其中作者將「道」、「德」、「義」、「禮」、「法」捏合一起的作法，則正體現了戰國時代「道」、「法」結合的趨勢。這給漢代前期的治政主張，提供了重要的啟示。

心之在體，君之位❶也，九竅❷之有職，官之分❸也。心處其道，九竅循理；

嗜欲充益❹，目不見色，耳不聞聲。故曰：上離其道，下失其事。毋代馬走，使盡其力；毋代鳥飛，使弊❺其羽翼。毋先物動，以觀其則❻。動則失位，靜乃自得❼。

【章　旨】此章言當崇尚虛靜。

【注　釋】❶君之位　君主地位。喻指主宰地位。❷九竅　指人體器官眼、耳、口、鼻等九個孔穴。《周禮・天官・疾醫》：「兩之以九竅之變。」注：「陽竅七，陰竅二。」前者指眼、耳、口、鼻，後者指大、小便處。❸分　職分；職責。❹充益　充滿；充塞。益，「溢」的本字。王念孫謂：「『充益』當為『充盈』，字之誤也」，「此以盈聲為韻」。❺弊　疲困。引申為使氣力發揮淨盡。❻則　規則；規律。❼自得　此指自當能與之契合。得，適應；契合。

【語　譯】心在人體，如同君主的地位；九竅各具功能，好比百官各司職分。心的活動，處於常道，九竅的活動，就能遵循常規。內心充滿嗜好與欲望，眼睛就看不見顏色，耳朵就聽不到聲音。所以說：君上離違正道，臣下就會疏失職事。不要代替馬兒奔跑，使牠竭盡其力；不要代替鳥兒飛翔，讓牠的羽翼功能發揮淨盡。不要先於事物的發展而盲動，而應觀察事物運動的規律。妄動，便將失去主宰的地位，靜觀，則自能與「道」契合。

道，不遠而難極❶也，與人並處而難得也。虛其欲❷，神❸將入舍；掃除不潔，神乃❹留處。人皆欲智，而莫索❺其所以智乎！智乎，智乎，投之海外無自奪。求之者，不得處❻之者。夫正人❼無求之也，故能虛無。

【章　旨】此章言得「道」之法在「虛其嗜欲」。

【注　釋】❶難極　難至；難於達到。❷虛其欲　意謂消除嗜欲，無所追求。虛，空虛。引申為清除、消除。❸神　與「道」同義。❹乃　才能；才會。朱本「乃」作「不」。❺索　索求；獲得。❻不得處　意謂找不到處所。❼正人　品行端正的人。即君子。王念孫謂當作「聖人」，今本作「『正人』，聲之誤也」。錄供參考。

【語　譯】道，雖然離人不遠，卻難以進入境界；雖然與人共處，卻難於讓人契合。消除嗜欲，道便將進入心靈；清除不潔淨的欲念，道才能留處。人們都想獲得智慧，卻沒有誰懂得獲取智慧的辦法啊！智慧呀，智慧呀，應當拋到海外，讓人無從奪取。索求智慧的人，找不到它的處所。正人君子也無法找到它，因而能夠做到「虛無」。

虛無、無形謂之道。化育萬物謂之德。君臣、父子、人間之事，謂之義。登降揖讓❶、貴賤有等、親疏之體❷，謂之禮。簡物❸小末❹一道，殺僇禁誅，謂之法。

【章　旨】此章言「心術」的表現——道、德、義、禮、法。

【注　釋】❶登降揖讓　意謂尊卑之間的揖讓禮儀。登降，指高下尊卑。❷體　體制；體統。❸簡物　衡量人事。簡，通「柬」。選擇；衡量。❹小末　意謂大小本末。末，原文為「末」。墨寶堂本作「末」。依此而改。

【語　譯】虛無、無形稱為道。化育萬物稱為德。君臣、父子及人與人之間的事奉關係稱為義。尊卑上下有揖讓，貴賤之間有等差，親疏之間成體統，稱為禮。衡量人事，不論大小本末，堅持同一原則，並規定殺戮禁誅之罰，稱為法。

大道可安而不可說❶。直人❷之言不義❸不顧❹。不出於口，不見❺於色。四海之人，又孰知其則？

【章旨】此章言大道只可體驗，不可言傳。

【注釋】❶大道可安而不可說　尹知章注：「夫道，無形無聲者也。體神而安之，則有理存焉。如欲說之，無緒可言。」安，習慣；適應。❷直人　義同上文「正人」。尹知章謂為：「安道之君子。」王念孫則謂：「當為『真人』。」❸義　傾斜；偏頗。❹顧　反；翻。《漢書・賈誼傳》：「首顧居下。」注：「顧亦反也。」❺見　同「現」。顯示；表現。

【語譯】大道，可以適應，而不可解說。適應於大道的君子，指的是處事不偏不頗。所謂大道，既不能用言語形容，也不能從神情體現。普天之下，又有誰能察知大道的法則呢？

天曰虛，地曰靜，乃不貸❶。潔其宮❷，開其門❸，去私毋言，神明❹若存。紛乎其若亂，靜之而自治。強不能偏立❺，智不能盡謀❻。物固有形，形固有名，名當，謂之聖人。故必知不言、無為之事，然後知道之紀❼。殊形異埶❽，不與萬物異理，故可以為天下始。

【章旨】此章言必須懂得「無言」、「無為」的道理，才能懂得「道」的法則。

【注釋】❶不貸　沒有過失。貸，通「忒」。過錯。原文為「不伐」。俞樾謂：「『伐』乃『貸』字之誤。『貸』字闕壞，止存上半之『代』，因誤為『伐』矣。」❷宮　房屋。喻指心靈。後文云：「宮者，謂心也。心也者，智之舍也，故曰『宮』。」

❸門　喻指耳目。後文云：「門者，謂耳目也。耳目者，所以聞見也。」❹神明　此指神靈。❺徧立　全部成功。❻盡謀　全部籌謀周到。❼紀　紀綱；法則。❽埶　同「勢」。狀態；形勢。

【語　譯】天是虛的，地是靜的，因而沒有過失。淨化屋舍，敞開門戶，拋棄私欲，不妄發言論，神靈就好像在你面前。紛繁複雜的事物，似乎很紊亂，靜下來卻自然有序。即使是強者，其所作為，也不能都有成就；即使是智者，也不能對所有的事情，都謀劃得周詳。事物本來有一定的形態，形態本來有一定的名稱。立名與實際相當，這就稱為聖人。所以，務必要明瞭，什麼是不需要加以解說的理論，什麼是用不著動手去做的事情，然後才會明瞭「道」的法則。事物雖然形態各異，但「道」，從不與萬物的自身規律相逆異，因而可以成為天下的始基。

人之可殺，以其惡死也；其可不利，以其好利也。是以君子不怵❶乎好，不迫乎惡，恬愉無為，去智與故❷。其應❸也，非所設也；其動也，非所取也。過在自用，罪在變化。是故有道之君❹，其處也，若無知❺；其應也，若偶❻之：靜因之道❼也。

【章　旨】此章言有道君子，善於掌握「靜因之道」。

【注　釋】❶怵　通「訹」。利誘。《說文》：「訹，誘也。」郭沫若謂：「明刻趙本作『怵』，清刻始作『休』。」❷故　偽詐。《淮南子．主術》：「上多故，則下多詐。」高誘注：「故，詐。」❸應　應和。❹君　從上文「君子不怵乎好」及下文「君子之處也若無知」等語來看，此「君」字，當是「君子」之誤。❺無知　此指天真懵懂之狀。石一參注：「無知，謂如嬰兒之智識未開。」❻偶之　石一參注：「偶之，謂若雌雄牝牡之相感應者然也。」偶，配合；配偶。❼靜因之道　謂行事以靜為宗，虛靜循理，完全摒棄主觀成見嗜欲，一切順應客觀事物的自身規律。

【語譯】眾人的所以可用刑戮來相威懾，是因為人們厭惡死亡；之所以可用失利來干擾行動，是因為人們喜愛功利。因此，君子不為嗜好的事所利誘，不為厭惡的事所脅迫，恬淡愉悅，清靜無為，拋棄智巧與偽詐。他們應和事物，並非出於主觀設想；他們一舉一動，並非出於妄自擇取。過錯在於自恃己見，失誤在於盲目變化。所以，有道君子，獨居自處時，似乎天真懵懂；應對事物時，好像配合默契：這就是恪守虛靜循理的道體。

「心之在體，君之位也；九竅之有職，官之分也❶。」耳目者，視聽之官也；心而無與於視聽之事，則官得守其分矣。夫心有欲者，物過而目不見，聲至而耳不聞也。故曰：「上離其道，下失其事。」故曰：心術者，無為而制❷竅者也。故曰「君」。「毋代馬走」，「毋代鳥飛」，此言不奪能能❸，不與下誠❹也。「毋先物動」者，搖者不定，趮❺者不靜，言動之不可以觀也。「位」者，謂其所立也。人主者立於陰，陰者靜，故曰「動則失位」。陰則能制陽矣，靜則能制動矣，故曰「靜乃自得」。

【章旨】此章旨在闡釋何以當「崇尚虛靜」。

【注釋】❶官之分也　自此以下，內容實為「心術解」。尹知章謂：「此以下，上章之解也，然非管氏之辭。豈有故作難書，而復從而解之？前修之制，皆不然矣。凡此書之解，乃有數篇，〈版法〉、〈勢〉之屬，皆間錯不倫，處非其第。據此，則劉向編授之由曰，謂為管氏之辭，故使然也。今究尋文理，觀其體勢，一韓非之論。而韓非有〈解老〉之篇，疑此〈解老〉之類也。」❷制　控制；駕馭。❸不奪能能　不取代能者的功能。❹不與下誠　指君主不當干預臣下實能作好的事務。李哲明云：「下實能之，即不復參與也。」張文虎則謂：「『誠』乃『試』字之譌。」錄供參考。與，通「預」。干預。誠，實。

❺趮　同「躁」。急躁。

【語譯】「心在人體，如同君主的地位；九竅各具功能，好比百官各司職分。」這是說，耳目是主視聽的器官，心如果不去干預視聽的事務，器官便能恪守各自的職分。內心有了欲念，事物從眼前過往，也會看不見，聲音到了耳邊，也會聽不見。所以說：「君上如果離違正道，臣下就會疏失職事。」所以說：心的功能，就是主虛靜、無為而駕馭九竅的。因而稱為「君」。所謂「不要代替馬兒奔跑」，「不要代替鳥兒飛翔」，這是說，不要取代能者的作用，君上不要干預臣下實能作好的事務。所謂「不要先於事物的發展而妄動」，是因為搖晃則不能安定，急躁則不能鎮定。就是說，處在「動」的情況下，就不便於觀察事物了。「位」，是指所立定的地位。君主處在「陰」的地位，「陰」是主靜的，所以說「妄動便將失去君主地位」。處在「陰」的地位，便能駕馭「陽」；處在「靜」的狀態，便能駕馭「動」。所以說「靜觀，則自能掌握規律」。

道在天地之間也，其大無外❶，其小無內❷，故曰「不遠而難極也」。虛之與人也無間❸，唯聖人得虛道，故曰「並處而難得」。世人之所職❹者精❺也。去欲則宣❻，宣則靜矣；靜則精，精則獨立矣；獨則明，明則神矣。神者至貴也，故館不辟除❼，則貴人不舍焉。故曰「不潔則神不處」。「人皆欲知❽而莫索之其所以」，知，彼也；其所以知，此也。不修之此，焉能知彼？修之此，莫能❾虛矣。

虛者，無藏也。故曰，去知則奚率求⑩矣？無藏則奚設⑪矣？無求無設則無慮，無慮則反覆虛矣。

【章　旨】此章言內心「無求」、「無設」、「無慮」，便可歸守「虛靜之道」。

【注　釋】❶其大無外　尹知章注：謂「大無不包」。外，外延。❷其小無內　尹知章注：謂「細無不入」。內，內限。❸無間　無隔閡；無距離。石一參謂：「清虛者天之氣也，人日游於太虛之間，故曰無間。」❹職　專心；專注。❺精　精一。❻宣　通暢。尹知章注：「宣，通也。」❼辟除　掃除。辟，摒除；排除。❽知　同「智」。❾能　通「如」。❿奚率求　何所循求。即無求。尹知章注：「率，循也。」王念孫謂：「『奚』下不當有『率』字，此即『奚』字之誤而衍者。」郭沫若謂：「『率』字即『求』字之誤衍，草書形近。」錄供參考。⓫設　設謀；籌劃。

【語　譯】道在天地之間，大無外延，小無內限，所以說「雖然離人不遠，卻難以進入境界」。清虛與人們之間本無距離，但唯有聖人能做到虛靜，所以說「雖然與人們共處，卻難於讓人契合」。世人所專注的，應當是精一。摒除嗜欲，便能通暢；內心通暢，便能虛靜；步入虛靜，便能精一；精心一意，便能卓然獨立；獨立於萬物之上，便能明察；明察一切，便能達到神妙境界了。神靈是最高貴的，如果館舍不掃除乾淨，貴人便不會來居住。所以說「如果『內心』這個館舍不潔淨，『道』這個神靈就不會留處」。所謂「人們都想獲得智慧，卻沒有誰懂得獲取智慧的辦法」，就是說，人們想要察知的對象，是那個外界事物；而用以求知的器官，是這個內心。不修養這個內心，又怎能察知那個外界事物呢？修養這個內心的最好辦法，沒有什麼比得上讓它進入虛靜境界了。虛靜境界，是毫無保留的。所以說，摒棄智慧，何所循求？既無保留，何用籌劃？無所索求，無所籌劃，便可不用思慮。不用思慮，便可回歸虛靜境界了。

天之道，虛其❶無形。虛則不屈❷，無形則無所位迣❸。無所位迣，故徧流萬物而不變。德者，道之舍❹。物得以生生❺，知得以職道之精。故德者，得也。得也者，其謂所得以然❻也。以無為之謂道，舍之之謂德，故道之與德無間，故言之者不別也。間之理者，謂其所以舍也。義者，謂各處其宜也。禮者，因人之情，緣義之理，而為之節文❼者也。故禮者，謂有理也。理也者，明分以諭義之意也。故禮出乎義，義出乎理，理因乎宜❽也。法者所以同出❾，不得不然者也，故殺僇禁誅以一❿之也。故事督乎法，法出乎權，權出乎道。

【章　旨】此章旨在闡釋「道」、「德」、「義」、「禮」、「法」。

【注　釋】❶虛其　虛無；虛然。其，助詞。用法同「然」。❷屈　窮盡。尹知章注：「屈，竭也。」❸位迣　處於牴觸狀態。迣，違背；觸逆。尹知章注：「迣，逆也。」王引之謂：「『位』當為『低』，低迣，即抵牾也」，「『牾』『梧』『迕』『迣』竝字異而義同」。錄供參考。❹舍　布施；體現。❺生生　指事物的變化與新生。❻以然　即「已然」。已經如此。❼節文　此指禮儀制度的標誌、條文。❽宜　時宜。《荀子・正名》：「約定俗成謂之宜，異於約則謂之不宜。」郭沫若謂：「『宜』當為『道』，因形近誤為『宜』耳」。錄供參考。❾同出　指統一不整齊規範的行為。出，超出；參差不齊。❿一　統一；劃一。

【語　譯】天道，是虛然無形的。虛，便沒有窮盡；無形，便沒有什麼時候處於觸逆狀態。由於沒有什麼時候處於觸逆狀態，因而能普遍流布於萬物之中而持之不變。德，是道的體現。萬物能藉以生生不息，心智能藉以專注於道的精髓。因此，「德」就是指「得」。而「得」，這就是說所要獲得的東西已經得到了。人們把清虛無為稱為「道」，體現「道」者稱為「德」，所以道與德之間，本來沒有距離，議論起來，也往往不須區別。

若是細究二者之間有所距離的緣由，只能說，德是用來體現道的。所謂義，說的是各個居其所當。所謂禮，便是依據人們常情，遵循義的道理，而制定的章法和標尺。因而禮，說的就是有理。理，則是通過彰明職分來說明義的意旨的。所以，禮出於義，義出於理，理順於時宜。法，是用以劃一不規範的社會行為的，是不得不如此的。所以，要用殺戮禁誅的手段來統一。凡事要憑法來督察，法要依據權衡得失來制定，權衡得失，則要依據「道」這個總原則。

道也者，動不見其形，施不見其德，萬物皆以得❶，然莫知其極。故曰「可以安而不可說」也。「莫人❷」，言至❸也。「不宜❹」，言應也。應也者，非吾所設，故能無宜也。「不顧」，言因❺也。因也者，非吾所顧❻，故無顧❼也。「不出於口，不見於色」，言無形也。「四海之人，孰知其則」，言深囿❽也。

【章旨】此章旨在闡釋大道包蘊深閎，不可解說。

【注釋】❶以得　即「已得」。指已得澤被。❷莫人　即大人。對道德高尚者的稱謂。莫，通「漠」。廣大。《莊子・逍遙遊》：「廣莫之野。」注：「莫，大也。」俞樾謂「莫人」，「乃『直人』之誤」。王念孫謂：「『莫人』當為『真人』。」錄供參考。❸至　指達到了最高境界。《易・坤卦》：「至哉坤元。」注：「至謂至極也。」❹不宜　不偏頗。亦即上文所謂「不義」。宜，通「儀」。傾斜；偏頗。❺因　指因循舊規。❻顧　顧念；設想。❼無顧　即上文「不顧」。指不會反側。❽深囿　深幽宏大、蓄藏甚多的園林。喻指蘊藏宏富。囿，古代帝王畜養禽獸的場所，有藩曰園，有牆曰囿。尹知章注：「不知深淺之囿城也。」

【語譯】所謂道，運動時不見它的形貌，布施時不見它的德澤，萬物都已經得到它的實惠，卻沒有誰懂得它的奧祕。所以說「大道可以適應，而不可解說」。「大人」，是指達到了最高境界。「不會偏頗」，說的是應和事物。所謂應和，就是並非出於我自己的主觀謀劃，因而能夠沒有偏頗。「不會反側」，說的是因循舊規。所謂因循，就是並非出於我自己的主觀臆斷，因而不會出現偏差。「不能用言語來形容，也不能從神情來體現」，說的是大道無形。「普天之下，誰能察知大道的法則？」說的是大道的內涵包蘊深閎。

天之道虛，地之道靜。虛則不屈，靜則不變。不變則無過，故曰「不貸❶」。「潔其宮，闕❷其門」：宮者，謂心也。心也者，智之舍也，故曰「宮」。潔之者，去好過❸。門者，謂耳目也。耳目者，所以聞見也。「物固有形，形固有名」，此言名❹不得過實，實不得延❺名。姑形以形❻，以形務❼名，督❽言正名，故曰「聖人」。「不言之言」，應也。應也者，以其為之人者也。執其名，務其應，所以成之，應之道也。「無為之事❾」，因也。因也者，無益無損也。以其形因為之名，此因之術也。名者，聖人之所以紀萬物也。人者立於強❿，務於善⓫，未⓬於能，動於故⓭者也，聖人無之。無之，則與⓮物異矣。異則虛。虛者，萬物之始也，故曰「可以為天下始」。

【章旨】此章旨在闡釋虛靜之道。

【注釋】❶貸　通「忒」。過失。原文為「伐」。俞樾謂：「乃『貸』之誤。」❷闕　虛空。義同上文「開其門」之「開」。

❸去好過　即去欲過。拋棄嗜欲的過失。❹名　名稱。原文無此字。王念孫謂：「『不得過實』上，當有『名』字。」❺延伸　展；超出。❻姑形以形　即姑以形形之。意謂姑且從事物形態的實際出發，來加以說明。❼務　趨赴；歸附；規定。❽督察　看；考察。❾無為之事　原文為「無為之道」。此據上文改。❿強　強求；強爭。⓫善　通「繕」。修治；修飾。⓬未　玩味；研究體會。《說文》：「未，味也。」⓭故　巧偽。⓮與　贊同；承認。

【語　譯】天道，是虛無的；地道，是清靜的。虛無，則沒有窮盡；清靜，則不會妄自變動。不妄自變動，便沒有過失，因而叫做「不忒」。所謂「清掃屋宇，敞開門戶」：屋宇，是指心靈。心靈，是智慧的房舍，因而稱為「屋宇」。清掃，就是指拋棄嗜欲的過失。門戶，是指耳目。耳目，是用來聞知、察看事物的。所謂「事物本來有一定的形態，形態本來有一定的名稱」，這是說名稱，不宜超越事物的實際狀態；實際，也不宜超越名稱所含蘊的範疇。姑且從事物形態的實際出發加以說明，繼而根據形態規定名稱；然後據以考察理論，匡正名稱，所以稱為「聖人」。所謂「不需要加以解說的理論」，指的是應和事物。其所以叫做「應和」，是因為成就事物的是別人。把握住事物的名稱，盡力於對事物的應和，研究事物所以形成的緣由，這就是應待事物的方法。所謂「用不著動手去做的事情」，就是指因循。因循，就是無增無減。根據事物的形態，因而給予相應的名稱，這就是因循的方法。名稱，只是聖人用以識記萬物的標誌。眾人行事，大都是立意於強爭，專注於修飾，玩味於逞能，動心於巧偽，聖人卻沒有這些毛病。沒有這些雜念，便能承認萬物的客觀差異。承認萬事萬物的客觀差異，便能作到虛靜。虛靜是萬物的原始狀態，所以說，「道可以成為天下的始基」。

人迫於惡，則失其所好；怵於好，則忘其所惡：非道也。故曰：「不怵乎好，不迫乎惡。」惡不失其理，欲不過其情，故曰「君子」。「恬愉無為，去智與故」，言虛素也。「其應非所設也，其動非所取也」，此言因也。因也者，舍己而以物為法❶者也。感❷而後應，非所設也；緣理❸而動，非所取也。「過在自用，罪在變化」，自用則不虛，不虛則仵❹於物矣；變化則為❺生，為生則亂矣。故道貴因。因者，因其能者，言❻所用也。「君子之處也若無知」，言至虛也。「其應物也若偶之」，言時❼適也，若影之象形，響之應聲也。故物至則應，過則舍❽矣。舍矣者，言復所於虛也。

【章旨】此章旨在闡釋道貴靜因，行事宜應物而為。

【注釋】❶法　效法；遵循。❷感　感知；覺察。❸理　肌理；原理。❹仵　匹敵；抗衡。❺為　通「偽」。巧詐。❻言　語助詞。此處有「而」字之義。❼時　時時；經常。❽舍　即「捨」。拋棄；消失。

【語譯】人們往往為厭惡之事所脅迫，而失掉了自己所喜好的東西；或者為嗜好之事所誘惑，而忘掉了自己所厭惡的東西：二者都不合於道。所以說：「要不為嗜好之事所利誘，不為厭惡之事所脅迫。」厭惡而不失掉常理，嗜好而不超出常情，這種人就可稱為「君子」。「恬淡愉悅，清靜無為，拋棄智巧與偽詐」，說的是虛靜與質樸。「應和事物，並非出於主觀設想；一舉一動，並非出於妄自擇取」，這是指的因循。所謂因循，就是捨棄主觀臆斷，而把客觀事物，作為效法的對象。察知事物規律而後應和，就不是出於主觀設想了；依據事物本身的原理而行動，就不是妄自擇取了。所謂「過錯在於自恃己見，失誤在於盲目變化」，這是因為自恃己見便不能虛靜自守，不能虛靜自守，便會與客觀事物產生牴觸；盲目變化，便會生發巧詐，生發巧詐，便會釀成混亂。所以，道以因循為貴。所謂因循，就是依據事物自身的能量，而發揮它的作用。所謂「君子獨居自處時，似乎天真懵懂」，這是說已經達到最高虛靜的境界。所謂「君子應對事物時，似乎配合默契」，這是說能經常適應外界的事物，而且好像影子與形體的相似，反響與聲源相應一般。因而事物一出現，便能應和，事物一過去，也就拋開了。所謂拋開，這是說又回歸到了虛靜的境界。

心術下　第三十七

【題　解】此為《管子》第三十七篇，題為「心術下」，即〈心術〉下篇。「心術」，指心的功能、地位，上篇「題解」已作述說。全文分為十章，主旨在言養心、治政，強調名實必須一致，思維務宜專一，養心當持純正清虛，施政宜以愛民為本。然與〈心術〉上篇比照，內容既不甚銜接，行文也不與前「經」後「解」之式相類，言為「上」、「下」，實有牽強。細繹全文，所述多與〈內業〉相同，唯文字顯見簡單、零碎而已。何如璋認為此篇當是解釋〈內業〉的文字，因錯簡在此，編書者「遂附以『心術』標目，而分為上下二篇」。郭沫若則謂：本文即「〈內業篇〉別本之散簡，前後遺失，僅餘其中段，而簡次凌亂」（引文見《郭沫若全集》第六卷第四三〇頁。）諸家所見略同，都明確的指出此篇嚴重錯簡現象。世稱《管子》難讀，於斯又見一例。

形不正者，德不來❶；中不精者，心不治❷。正形飾德❸，萬物畢得❹。翼然❺自來，神莫知其極。昭知天下，通於四極。是故曰：無以物亂官，毋以官亂心，此之謂內德。是故意氣定，然後反正❻。氣者身之充❼也，行者正之義❽也。充不美，則心不得；行不正，則民不服。是故聖人若天然，無私覆也；若地然，無私載也。私者，亂天下者也。

【章　旨】此章言聖人的「氣」、「行」如天如地，無所偏私。

【注　釋】❶形不正者二句　尹知章注：「有諸內必形於外，故德來居中，外形自正。」來，到來；歸附。❷中不精者二句尹知章注：「精，誠至之謂也。中能誠至，心事自理。」精，精誠專一。❸正形飾德　尹知章注：「正外形，飾內德。」飾，整治；修養。❹得　適應；契合。❺翼然　鳥飛貌。《廣雅》：「翼，飛也。」❻反正　即「返正」。使行為歸於端正。❼充實。此謂實質、內質。❽義　通「儀」。儀表；體現。

【語譯】儀表不正的人，內心就不會有德居中；胸臆不精誠的人，心事就難以自理。儀表端正，修養中德，便能與外界事物全相契合。這種境界有如鳥自飛來，神靈也不知牠從何而至。藉此可以明察天下，一直通達四方的盡頭。所以說：不因外物干擾五官，不因五官淆亂心緒，這就叫做保有「內德」。因此，意氣穩定，然後才能使行為歸於端正。精氣，可以充實軀體，行為，是處事持正的表現。胸臆不充實完美，心靈就不能與外界事物相契合；行為不端正，民眾就不會信服。因此，聖人像上天一樣寬宏，無所私覆；像大地一樣公正，無所私載。偏私，是擾亂天下的禍根。

凡物載❶名而來，聖人因而財❷之，而天下治。實❸不傷，不亂於天下，而天下治。

【章旨】此章言名實一致，則天下治。

【注釋】❶載　通「戴」。頂戴；攜帶。❷財　通「裁」。裁斷；判定。❸實　與「名」相對。指實際事物。

【語譯】所有的事物，都是帶著相應的名稱而來的；聖人依據實際情況加以判定，天下於是得以安定。定名不使實際事物受到妨礙，不讓天下造成混亂，天下便能大治。

專於意，一於心，耳目端❶，知遠之證❷。能專乎？能一乎？能毋卜筮❸知凶吉乎？能止乎？能已乎？能毋問於人而自得之於己乎？故曰，思之。思之不得，鬼神教之。非鬼神之力也，其精氣之極❹也。

【章旨】此章言思維務宜專一。

【注釋】❶耳目端　指視聽正確。❷知遠之證　指能察知相距尚遠的證驗。證，證驗。許維遹謂：「『之』猶若也，『證』當作『近』。」錄供參考。❸卜筮　用龜甲占卜謂卜，用蓍草占卜謂筮。古時凡有大事，多用卜筮以決吉凶。❹極　至；到來。

【語譯】意志專一，中心精誠，視聽端正，便能察知相距尚遠的證驗。能夠專一嗎？能夠精誠嗎？能夠不用卜筮而測知吉凶嗎？能當止則止嗎？能當停則停嗎？能不向他人詢問而自己找到解決問題的辦法嗎？所以說，要獨立思考。思考得不到解決的辦法，鬼神將會加以指教。這並非鬼神的力量，而是精誠之氣已經到來。

一氣能變曰精❶，一事能變曰智。募選❷者所以等事❸也，極變者所以應物也。募選而不亂，極變而不煩❹。執一❺之君子，執一而不失，能君❻萬物，日月之與同光，天地之與同理❼。

【章旨】此章言專一的君子，能君臨萬物。

【注釋】❶一氣能變曰精　尹知章注：「謂專一其氣，能變鬼神來教，謂之精。」一氣，專一意氣。即上章所謂「專於意，一於心」。❷募選　原文為「慕選」。郭沫若謂：「『慕』當「作『募』」為是。『募選』謂廣求而選擇之」。❸等事　區分事物等類。等，等差；區分等第。❹不煩　不混亂。煩，煩亂；紛擾。❺執一　專心一志。《荀子・堯問》：「執一無失，行微無怠。」❻君　君臨；統治。此處可解為掌管、駕馭。❼日月之與同光二句　尹知章注：「所謂與天地合其德，與日月合其明。」同光，齊明。同，齊；聚。同理，合德。理，道德。

【語譯】專一意氣，能變通鬼神教誨，叫做精誠。專注一事，能使之發生變動，叫做智慧。廣求而精選，是藉以給事物區分等類；極盡變化之能事，是用來適應事物特點。廣求精選而不可陷於混亂，極盡變化而不可失之紛擾。專心一志的君子，如果專一而無差失，便能駕馭萬事萬物，日月當與之合明，天地當與之合德。

聖人裁❶物，不為物使❷。心安❸，是❹國安也；心治❺，是國治也。治也者，心也；安也者，心也。治心在於中，治言出於口，治事加於民。故功作❻而民從，則百姓治矣。所以操❼者，非刑也；所以危❽者，非怒也。民人操，百姓治，道其本至❾也。至不❿至無⓫，非所人⓬而亂。

【章旨】此章言聖人與「心治」的作用。

【注釋】❶裁　制裁；控制。❷使　役使；驅使。❸安　虛靜。《說文》：「安，靜也。」❹是　於是。❺治　合理；有秩序；有條理。❻功作　指事業振興。❼操　操縱；駕馭。❽危　危懼；威懾。❾本至　即「本之至」。至本。最為根本的。❿不　通「丕」。巨大。⓫無　虛無；虛靜。⓬所人　即「其人」。指聖人。

【語譯】聖人裁斷萬物，而不為萬物所役使。保持內心虛靜，於是國家安定；保持內心井然有序，於是國家得以治理。治理由於內心，安定也由於內心。調理好了的心靈保持在內，合理的言論就會從嘴中發出，合理的政事就會施及民眾。因而事業振興，民眾服從，百姓便能治理了。用以駕馭民眾的手段，並非刑罰；用以懼懾民眾的措施，並非威怒。要使民眾得以駕馭，百姓得以治理，道，是最根本的。道，最偉大，最虛靜，不是聖人執掌，便會混亂。

凡在有司❶執制者之利❷，非道❸也。聖人之道，若存若亡，援而用之，歿世❹不亡。與❺時變而不化，應❻物而不移，日用之而不化❼。

【章　旨】此章言「聖人之道」的作用。

【注　釋】❶有司　指官吏。古代設官分職，各有專司，因而對官吏有「有司」之稱。❷利　合適；適宜。《廣韻》：「利，吉也，宜也。」何如璋謂：「『利』當是『則』字。」郭沫若謂：「『利』當是『制』字之誤。」錄供參考。❸非道　指不符合道的原則。尹知章注：「有司執制，常棄本逐末，滯於刑政，非道也。」❹歿世　終生。此指永遠。尹知章注：「道無形也。無形則無盡時，故歿世不亡也。」❺與　幫助。《戰國策・秦策一》：「不如與魏以勁之。」高誘注：「與，猶助也。」❻應　允許。❼不化　無過失。《總要》：「化，音吪，差錯也。」

【語　譯】凡在官吏執行刑政措施的時候，認為適宜的東西，並不是「道」。所謂「聖人之道」，好像就在眼前，又好像不在。拿來加以運用，永遠不會窮盡。它可以促成時世變化，而自身不加改變，可以依允事物發展，而自己獨立不遷，可以天天運用，而不會發生差錯。

人能正靜者，筋肕❶而骨強。能戴大圓者體乎大方❷，鏡大清者視乎大明❸。正靜不失，日新其德，昭知天下，通於四極。金心❹在中不可匿，外見❺於形容，知❻於顏色。善氣迎人，親如弟兄；惡氣迎人，害於戈兵。不言之言，聞❼於雷鼓。金心之形❽，明於日月，察❾於父母。昔者明王之愛天下，故天下可附；暴王之惡天下，故天下可離。故貨之❿不足以為愛，刑之不足以為惡。貨者愛之末⓫

也，刑者惡之末也。

【章　旨】此章言養心當持純正清虛；施政宜以愛民為本。

【注　釋】❶肕　通「韌」。堅韌。❷能戴大圓者句　郭沫若謂：「原文當為『而戴者大圓，體乎大方』。」錄供參考。大圓，謂天。者，語助詞。表轉折，義同「而」。下句「者」字亦同。體，行；立。大方，謂地。❸鏡大清者視乎大明　郭沫若謂原句當為「鏡者大清，視乎大明」，「後之校書者不曉『者』與『諸』通而誤乙」。錄供參考。大清，謂虛空。大明，謂日月。❹金心　劉績謂當作「全心」。俞樾謂：「『金心』、『全心』皆『正心』之誤，『正』誤為『全』，『全』又誤為『金』耳。正心者，誠心也。」語譯依此。下文「金心之形」中「金心」同此。❺見　同「現」。顯露。❻知　義同「現」。王念孫謂：「知，亦見也，謂外見於顏色也。」原文為「可知」。王念孫謂「可」字為「後人不曉『知』字之義而加之也」。❼聞　此喻聲音的響亮。❽形　顯露；表現。❾察　明察；洞察。尹知章注：「察於父母，知子無若於父母，故以言焉。」❿貨之　給予錢財。俞樾謂：「『貨』乃『賞』字之誤，『賞』與『刑』相對為文。」錄供參考。⓫末　次要因素。與「本」相對而言。尹知章注：「愛惡以為心本也，故貨刑為末也。」

【語　譯】內心能夠保持純正清虛境界的人，身體也會筋韌骨強。並且能夠頂天立地，明鑑虛空而審察日月。純正清靜的心靈保持不變，德行必將與日俱新，進而能夠明察天下，以至通達四方的盡頭。誠心在體內是不可隱匿的，必可顯現於容貌，流露在神情上。用和善的氣度對待他人，彼此就會親密如同兄弟；用兇惡氣度對待他人，彼此的忌恨，就將勝於戈兵相向。這種用不著口說的語言，比雷霆戰鼓的聲音還要響亮。這種誠心的顯現，比日月還要光亮；它對事物的體察，比父母對兒女的瞭解還要透徹。古時候，賢君心愛天下百姓，因而天下百姓歸附；暴君仇視天下百姓，因而天下百姓叛離。所以，僅僅給予錢財，並不足以代表愛護；單憑施予刑罰，並不足以代表仇視。施捨錢財，對於愛護來說，是末節；加以刑罰，對於憎惡來說，也是末節。

凡民之生❶也，必以正平❷。所以失之者，必以喜樂哀怒。節怒莫若樂❸，節樂莫若禮，守禮莫若敬❹。外敬而內靜者，必反其性。

【章　旨】此章言保持本性之法。

【注　釋】❶生　通「性」。性情；特質；本性。❷正平　中正平和。這是內心清虛守靜的一種表現。❸樂　音樂。尹知章注：「樂主和，故能節怒。」❹敬　戒慎；敬肅。

【語　譯】人的性情，本來就是中正平和的。其所以喪失的原因，那一定是由於喜樂哀怒所致。節制憤怒，沒有什麼比得上音樂；節制極樂，沒有什麼比得上禮儀；恪守禮儀，沒有什麼比得上保持敬肅。儀態敬肅而內心虛靜的人，一定能夠回歸中正平和的本性。

豈無利事哉？我無利心❶。豈無安處哉？我無安心❷。心之中又有心❸。意以先言❹，意然後形，形然後思，思然後知❺。凡心之形❻，過知❼失生❽。

【章　旨】此章言心智不宜過巧。

【注　釋】❶利心　指貪利之心。❷安心　指自守清虛之心。尹知章注：「亦既反性，則忘其利安。雖有利事安處，蔑不足資也。」❸心之中又有心　此指心既有外形，又有內核。內核，即指精氣與中正平和之本性。❹意以先言　即「意以言先」。意識在語言之先。❺知　即「智」。指獲得智慧。❻形　表現。此指特徵。❼過知　即「過智」。過於聰慧。意謂巧詐。❽失生　即「失性」。指喪失「正平之性」。

【語　譯】難道沒有有利的事情嗎？是我沒有利人之心。難道沒有虛靜的時候嗎？是我沒有自守清虛之心。心的外形之中又有內核。心是先生意識，再生語言；有了意識，然後形成具體印象；有了具體印象，然後藉以進行思考；通過思考，然後獲得智慧。心的特徵，就是過於巧詐，故將喪失本性。

是故內聚以為原❶。泉之不竭，表裡遂通；泉之不涸，四支❷堅固。能令用之，被服❸四固❹。是故聖人一言解之❺，上察❻於天，下察於地。

【章旨】此章言精氣內聚的作用。

【注釋】❶原 源泉。劉績謂「原」字當是「泉原」之缺。錄供參考。❷四支 即「四肢」。四體。❸被服 感受。引申為服膺。意謂衷心信服。❹四固 此指四方屏藩之國。《說文》：「固，四塞也。」王念孫謂：「被服四固」，「當為『被及四圄』」。錄供參考。❺一言解之 此指聖人對於「道」的解釋而言。〈內業〉：「道滿天下，普在民所，民不能知也。一言之解，上察於天，下極於地。」❻察 即「際」。到達；通達。《尚書大傳》：「察者，至也。」

【語譯】因此，精氣內聚，才能成為源泉。源泉不致枯竭，表裡才能通暢；源泉不致乾涸，四體才能強勁。能夠使執政者，運用這個原則治理政事，就能使天下人衷心信服。因而聖人對於「道」，即使只有一個字的解釋，也能上通於天，下達於地。

白心 第三十八

【題解】此為《管子》第三十八篇，題為「白心」，旨在闡述養心之術，提倡淨化心靈。如何淨化心靈？作者認為根本在於虛靜。若能「以靖為宗」，再加上「以時為寶，以政為儀」，即抱虛、順時、守正三者協調一致，則可身心相保，「命乃長久」。因此，養心即是養生。

除此而外，本文還著重闡述了循名責實，崇尚無為的思想。作者不但反覆強調了「聖人之治也，靜身以待之」，「名正法備，則聖人無事」，「能者無名，從事無事」的觀點，而且一再讚頌這種「無為之道」，「一人用之，不聞有餘；天下行之，不聞不足」，「道之大如天，其廣如地，其重如石，其輕如羽」。用於治理政事，則能遵循天道，順應民心，「言」、「事」皆成，最終可以達到成就天下王業的目的。簡直是神功聖法，奧妙無窮。石一參極力讚賞，謂「建常立有」之議，「與老子別立一宗」，其「隨天隨人，即有即無，即無即有」之說，「非精於有無同出之理要者，莫能道也」（《管子今詮．白心》）。

建常❶立有❷，以靖❸為宗，以時❹為寶，以政❺為儀，和❻則能久。非吾儀，雖利不為；非吾常，雖利不行；非吾道，雖利不取。上之隨天，其次隨人。人不倡❼不和❽，天不始不隨。故其言也不廢，其事也不墮❾。

【章旨】此章言凡欲有建樹，當使「靜」、「時」、「正」三者協調一致。

【注釋】❶常　此指常規、常法。原文為「當」。王念孫謂「當為『常』」。❷有　此指道德。《玉篇》：「有，得也。」得，通「德」。王念孫謂：「『有』當為『首』，『首』即『道』字也」。錄供參考。❸靖　通「靜」。虛靜。尹知章注：「靜則思慮審，為建事之宗。」❹時　時宜；時勢。尹知章注：「建事非時，雖盡善不成；時為事實也。」❺政　通「正」。中正而無偏倚。❻和　和同；和諧一致。❼倡　帶頭；倡導。❽和　響應；應和。❾隋　通「墮」。敗壞。原文為「隨」。涉上文而誤。

【語　譯】設立常規，建樹常道，都應以虛靜為根本，以適時為珍貴，以中正為準則；三者和諧一致，便能保持長久。不合我的準則，即使有利，也不能去做；不合我的常規，即使有利，也不能施行；不合我的常道，即使有利，也不能採取。最重要的是遵循天道，其次則是順應人心。眾人不提倡的事情，不去響應；上天沒開創的功業，不去追隨。因此，其言論不會遭到廢棄，其行事不會遭到失敗。

原始計實❶，本❷其所生。知其象，則索其形；緣❸其理，則知其情；索其端，則知其名。故苞❹物眾者，莫大於天地；化物多者，莫多於日月❺；民之所急，莫急於水火。然而天不為一物枉其時，明君聖人，亦不為一人枉其法。天行其所行，而萬物被其利；聖人亦行其所行，而百姓被其利。是故萬物均既誇眾❻矣。是以聖人之治也，靜身以待之。物至而名自治之❼。正名自治之，奇名自廢❽。名正法備，則聖人無事。不可常居也，不可廢舍❾也，隨變斷事也，知時以為度。大者寬，小者局❿，物有所餘，有所不足。

【章　旨】此章言聖人治世，必循名責實，崇尚無為。

【注　釋】❶原始計實　指對事物的初始及現實狀況進行考察研究。尹知章注為「原其初始，計其現實」。原，溯原；推究。

計，審核；考察。❷本　此指探索本源、尋繹根據。❸緣　沿順；遵循。❹苞　通「包」。包羅；包藏。❺化物多者二句　尹知章注：「日，陽也；月，陰也。物皆稟陰陽之氣，然後化之也。」化，化生；化育。❻均既誇眾　即「均溉誇眾」。意謂都能受益眾多。既，通「溉」。灌注；滋潤。引申為受益。誇眾，即眾多。尹知章注：「誇，大也。天與聖人無私，故萬物均蒙其利，既大而且眾也。」吳汝綸謂此句「有奪誤」。張佩綸謂：「『既誇』當作『百姓平』。」郭沫若謂：「『既誇』當為『既廩』之誤」，「『既廩』即餼廩」。錄供參考。❼物至而名自治之　謂事物一經出現，則循名責實，加以治理。名，名稱；名分。❽正名自治之二句　意即「名正則物自治耳，不正則物自廢也」。奇名自廢，原文為「奇身名廢」。王念孫謂與上句「正名自治」相對為文。當作「奇名自廢」。奇，斜而不正。❾廢舍　廢棄靜止；沒有穩定。舍，停止。此指穩定狀態。❿局　限制；拘束。

【語　譯】推究事物的初始，考察事物的現實，藉以尋繹事物產生的依據。考察現象，便可以找出特徵；依據事理，便可以察知真實情況；探索初始狀態，便可以知道名稱的由來了。包羅物類廣泛的，沒有什麼會勝似天地；化育物類眾多的，沒有什麼會多於日月；民眾最急需的東西，沒有什麼會比得上水火。然而天不會為了某一事物而錯行時令，明君聖人，也不會為了某一個人而錯施法度。天依照自己的規律運行，萬物便會獲得好處；聖人依照自己的法度辦事，百姓便會獲得好處。正因如此，萬事萬物，就都會受益眾多了。所以，聖人治理國家，總是採用虛靜自守的辦法來對待。事物一經出現，便依據名稱加以治理。名與實符，自得治理；名與實左，自遭淘汰。定名正確，法度完備，聖人便可安坐無事。名稱與法度既不可以常處不變，也不可以廢棄相對穩定。要依據社會變化來裁斷事物，察知時勢發展，來確立法度。因為變動偏大則過於鬆懈，偏小則過於局促；而且事物的發展，也是有的有餘，有的不足。

兵之出，出於人❶；其人入，入於身。兵之勝，從於適❷；德之來，從於身。

故曰：祥於鬼者義於人，兵不義不可。強而驕者損其強，弱而驕者亟❸死亡。強而卑義❹信❺其強，弱而卑義免於罪❻。是故驕之餘❼卑，卑之餘驕。

【章　旨】此章言治兵當講求正義，力戒驕傲。

【注　釋】❶人　他人。此與下文「身」字相對成文。❷適　同「敵」。敵方。❸亟　急；速。❹卑義　謙卑與正義。丁士涵謂此句與下句中的兩個「義」字均「當作『者』」。錄供參考。❺信　通「伸」。伸展；發展。❻罪　苦難；災禍。❼餘　盡頭；反面。

【語　譯】戰爭的發生，雖然是由於他人發起攻擊，但是對方之所以能夠攻入，則是由於我方自身的原因。軍事的取勝，多半是由於敵方有失誤；德澤的到來，則是由於自身能謙謹。所以說：想使鬼神降給吉祥，必須有義於他人，出兵不義，是斷然不可的。強大卻驕傲，便會損害其強盛；弱小又驕傲，便會加速其滅亡。強大而謙卑、正義，便可發展其強盛的優勢；弱小而謙卑、正義，便可免於禍殃。這就是說，驕傲的反面是謙卑，謙卑的反面是驕傲。

道者，一人用之，不聞有餘；天下行之，不聞不足。此謂道矣。小取焉，則小得福；大取焉，則大得福；盡行之，而天下服；殊無取焉，則民反，其身不免於賊❶。左者，出者也❷；右者，入者也❸。出者而不傷人，入者自傷❹也。不日不月❺，而事以從❻；不卜不筮，而謹知吉凶❼。是謂寬❽乎形，徒居而致名。去善之言，為善之事，事成而顧反❾無名。能者❿無名，從事無事⓫。審量出入，而觀物所載⓬。

【章　旨】此章言「道」的奧妙及功用。

【注　釋】❶殊無取焉三句　尹知章注：「殊無取焉，則動皆違道，故人反背之而賊害也。」殊，絕；全。賊，殺害。❷左者二句　尹知章注：「左居陽，陽主生，故為出也。」出，意謂主生。❸右者二句　謂「右為陰，陰主死，故為入也」。入，意謂主死。❹自傷　意謂自取傷亡。❺不日不月　不計時日，長此以往。❻事以從　謂已隨心順意獲得成功。尹知章注：「但循道而往，不計日月，事已從而成也。」以從，即「已從」。❼不卜不筮二句　尹知章注：「順道則吉，違道則凶，豈須卜筮而知乎？」不卜不筮，不用卜筮，順道而行。❽寬　寬閒；閒適。❾顧反　還歸。顧，返；還。❿能者　指善於辦事者。尹知章注為：「深能其事者。」⓫從事無事　尹知章注為：「從事安然閒暇，若無事然也。」無事，指安然閒暇。⓬審量出入二句　尹知章注：「凡出命令，當觀物載之所堪，然後當量而出之也。」出入，似指政令的頒行、變化。

【語　譯】所謂「道」，即使只有一個人運用，也沒有聽說饒有富餘；即使天下的人都來施行，也沒有聽說供應不足。這就可以稱為「道」了。執政的人，若只在小範圍採用它，便只能小量得福；在大範圍採用它，便能大量得福；全部採用它，便能天下人都歸附；完全不採用它，便會造成民眾叛離，自身不免遭到戕殺之禍。左，主生；右，主死。主生的人，不會傷害他人，主死的人，反會傷害自己。不計日月地依道而行，辦事便能隨心順意，獲得成功；若是依道行事，不用卜筮，也能審察吉凶。這就叫做身心閒適，安然而處，獲得美名。應該拋開善譽之言，只行善美之事，事情辦成之後，依然返歸無名狀態。賢能的人不求有名，慣於辦事的人，往往顯得安然閒暇。審定衡量政令設施，應當觀察人們所具有的承受能力。

孰能法無法❶乎？始無始乎？終無終乎？弱無弱❷乎？故曰美哉岪岪❸。故曰有中有中❹。孰能得夫中之衷❺乎？故曰功成者墮，名成者虧。故曰孰能棄名與功，而還與眾人同？孰能棄功與名，而還反無成❻？無成有貴其成也，有成貴其無成也。日極則仄❼，月滿則虧。極之徒仄，滿之徒虧，巨之徒滅。孰能己無己❽乎？效夫天地之紀。

【章　旨】此章言當效法天地的準則，達到「忘我」境界。

【注　釋】❶法無法　指既能依照法則行事，而又不用親手去施行。張佩綸謂當作「為無為」。郭沫若謂當作「治無治」。錄供參考。❷弱無弱　意謂既能削弱對方而又不用親手去削弱。張佩綸謂當作「窮無窮」。郭沫若謂當作「躬無躬」。錄供參考。❸美哉岪岪　尹知章注：「岪岪，興起貌。謂能為而不為，有契於道。如此，則功美日興，故曰『美哉岪岪』。」岪岪，興旺貌。❹有中有中　即「又中有中」。中又有中。意謂能有中正不偏的措施，又有所以能保持不偏不倚的核心。戴望謂當作「不中有中」。錄供參考。❺衷　內心。引申為內核、本質。❻無成　指無成就時的狀態。❼仄　傾斜。❽己無己　意謂使己無己、使己忘己。尹知章注：「天地忘形者也。能效天地者，其唯忘己乎？」

【語　譯】有人可以做到既能依照法則行事，又不用親手去施行嗎？可以做到既能開創事業，又不用親手去開創嗎？可以做到既能終成大業，又不用親手去完成嗎？可以做到既能削弱敵方，又不用親手去削弱嗎？這才是功美日興的事哩。這就是說，既能有中正不偏的措施，又有所以能保持不偏不倚的核心。誰能領會中正不偏的本質嗎？所以說，大功告成之後，便將走向衰落；名聲成就之後，便將走向虧缺。所以說，誰能夠拋棄聲名與功業，又返回到與眾人相同的位置嗎？誰能夠拋棄功業與聲名，又返回到沒有成就時的狀態嗎？沒有成就的時候，固然會嚮往有成就的時候；有了成就的時候，也應當嚮往沒有成就的時候。太陽到達頂點之後，便會偏斜；月亮達到圓滿之後，便會虧缺。超過頂點，便會走向傾斜；超過圓滿，便會走向虧缺；超過最大限度，便將走向滅亡。誰能自己忘掉自己嗎？那就效法一下天地的準則吧。

人言善，亦勿聽；人言惡，亦勿聽。持而待之，空然❶勿兩❷之，淑然❸自清。

無以旁言❹為事成，察而徵❺之，無聽辯❻。萬物歸之，美惡乃自見❼。

【章旨】此章言對待毀譽是非，當持而待之，察而徵之，不當以人言為據。

【注釋】❶空然　虛靜貌。❷兩　匹偶。引申為匹敵、對抗。❸淑然　清湛貌；潔淨貌。《說文》：「淑，清湛也。」❹旁言　此指浮誇之言。《廣雅》：「旁，大也，廣也。」❺徵　驗證。❻辯　巧言。尹知章注：「無聽其利口之辯言悅之也。」❼見　通「現」。顯示；顯現。

【語譯】別人說好，不要輕易聽信；別人說壞，也不要輕易聽信。保持平正的態度對待毀譽，自守虛靜而不予計較，是非終會潔然自明。不要認為誇大的言辭，就是已成的事實，凡事應當考察驗證，不要聽信花言巧語。把萬事萬物歸納起來，是美是醜，自然分明。

天或維❶之，地或載之。天莫之維❷，則天以❸墜矣；地莫之載，則地以沈矣。夫天不墜，地不沈，夫或維而載之也夫，又況於人？人有治之，辟❹之若夫靁鼓❺之動也。夫不能自搖者，夫或搖❻之。夫或者何？若然者也。視則不見，聽則不聞，灑乎天下滿，不見其塞。集於顏色，知於肌膚。責其往來，莫知其時。薄乎❼其方也，韕❽乎其圜也，韕韕乎莫得其門。故口為聲也，耳為聽也，目有視也，手有指也，足有履也，事物有所比❾也。

【章旨】此章言天地之所以能夠保持長久，在於與「氣」和諧一致。「氣」使萬事萬物都有所依託。

【注　釋】❶維　維繫；連結。❷莫之維　即「莫維之」。指沒有東西維繫著天。❸以　同「已」。已經。下句「以」字同此義。❹辟　通「譬」。比方。❺靁鼓　即「雷鼓」。一種多面可以敲擊的大鼓。《周禮・地官・鼓人》：「以雷鼓鼓神祀。」鄭玄注：「雷鼓，八面鼓也。」❻搖　同「搖」。搖動。《說文》：「搖，動也。」❼薄乎　廣大無邊貌。石一參注：「薄者，旁薄之貌。方謂充乎地之四方。」❽韕　石一參謂音義同「淳」，「淳者，清濁未分。《莊子・則陽篇》『禍福淳淳』，即此義。」安井衡謂：「字書引此文云『音未詳』。〈樞言〉作『沌沌乎博而圓，豚豚乎莫得其門』，蓋沌聲豚聲並與敦近。韕字從享得聲，音當同敦。然則沌、豚、韕三字同聲，聲同則義通，猶《莊子》所謂『渾沌』也。」錄供參考。❾比　因依；依傍。石一參謂：「口耳目手足，一切事物，皆有其自然之律所比，謂相因之理。」

【語　譯】天，似乎有個什麼東西在維繫著它；地，也像有個什麼東西在乘載著它。天，若是沒有東西維繫著，便塌下來了；地，若是沒有東西乘載著，便沈下去了。天之所以不塌，地之所以不沈，尚且好像有什麼東西在維繫、在乘載著它們哩，又何況對於人而言？人，也有一種力量在支配著，正好比那個大鼓要被敲擊一樣。大凡不能自動的事物，都似乎有某種力量在推動著它們。這種力量是指什麼？就是上面所講的那麼一種東西。既看不見，又聽不到，散落滿天下，也不見有充塞的現象。聚集在人們的臉色上，感知在人們的肌膚上。想探求它的往來行蹤，卻不能察知它的時間。它廣大無邊，充塞四方；清濁混然，又瀰漫天空。而且渾渾沌沌，找不著它的門徑。它使得口能發聲，耳能聽音，目能視色，手能指事，足能行進，一切事物都有所依傍。

「當生者生，當死者死」，言有西有東，各死❶其鄉❷。置常立儀，能守貞❸乎？常事通道，能官人❹乎？故書其惡者，言其薄者。上聖之人，口無虛習❺也，手無虛指也，物至而命之耳。發❻於名聲，凝於體色，此其可諭者也。不發於名聲，不凝於體色，此其不可諭者也。及至於至者，教存可也，教亡可也。故曰：

濟於舟者和❼於水矣，義❽於人者祥❾其神矣。

【章　旨】此章言聖人治事，妙在因物付物，求其「和」、「宜」。

【注　釋】❶死　通「尸」。主持；保持。引申為遵循。《說文》：「屍，終主也。」❷鄉　通「嚮」。方向；趨向。❸貞　通「正」。中正。❹官人　為民官長。❺習　誦習；說話。❻發　顯露；表現。❼和　協調；適應。❽義　適宜；順應。❾祥　吉祥。此指神靈降給福祥。

【語　譯】「當生則生，當死則死」，說的是事物雖然有的在西，有的在東，但終歸要遵循各自的趨向發展。設置常規，建立常法，能持守平正的準則嗎？日常行事，通曉大道，能夠為民官長嗎？所以僅僅寫在紙上，是令人厭惡的；僅僅說在嘴上，也是遭人鄙薄的。通達人道的人，口不空說，手不空畫，事物一旦出現，便給取個名稱加以說明。顯露於名聲，凝聚於體色的事物，這是可以說明的。不顯露於名聲，不凝聚於體色的事物，這是不可說明的。只要達到「道」的境界，政教存在，當然可以，政教消亡，也沒什麼不可以。所以說：駕馭船隻橫渡江河的人，自能適應水性；順應民心的人，自能得到鬼神降給的福祥。

事有適❶，而無適，若❷有適。觿❸解，不可解而後解。故善舉事者，國人莫知其解❹。為善乎，毋提提❺；為不善乎，將陷於刑。善不善，取信而止矣。若左？若右？正中而已矣。縣❻乎日月無已也。愕愕❼者不以天下為憂，刺刺❽者不以萬物為筴❾。孰能棄刺刺而為愕愕乎？

【章　旨】此章言舉事當恪守「正中」之道。

【注　釋】❶適　此指恰當的方法。❷若　乃；於是。❸觿　解結的用具，用象骨製成，形如錐。尹知章注：「觿所以解結也。」❹解　此指解決問題的方法。❺提提　行步安舒貌。此處寓含志得意滿、內心飄飄然之意。尹知章注：「提提，謂有所揚舉也。」王念孫謂：「『提』與『題』同，『提提』，有『顯著之貌』。」❻縣　同「懸」。高掛。❼愕愕　同「諤諤」。直言不諱貌。喻指心懷豁達。郭沫若謂：「『愕愕』殆假為『落落』」，指「磊磊落落者，無為而心忘天下」。❽剌剌　通「烈烈」。英武有為貌。喻指雄心勃勃。郭沫若謂：指「烈烈桓桓者，有為而氣吞八荒。」❾筴　當為「愜」。滿足；快意。俞樾謂：「『筴』字義不可通，當讀為㥦」，「言萬物不足以快其心也」。

【語　譯】辨事本來有合適的方法，但只有在要辦事而沒有找到方法的時候，才會有人提出來。正如觿是解結的用具，但只有在遇到結不可解之後，才會有人用來解結。所以，善於辦事的人，國人沒有誰懂得他的解決問題的辦法。作了好事，不要飄飄然；作了壞事，將會陷入法網。好與不好，取信於民而已。是左好？還是右好？恪守「正中」而已。「正中」之道如同日月高懸，永不止息。心懷豁達的人，不以天下事務為憂慮；雄心勃勃的人，不以統轄萬物為滿足。有人能拋棄勃勃雄心而保持豁達的襟懷嗎？

難言憲術❶，須同❷而出。無益言❸，無損言，近❹可以免❺。故曰：知❻何知乎？謀何謀乎？審而出者彼自來。自知曰稽❼，知人則濟❽。知苟適可，為天下周❾。內固之一，可為長久。論而用之，可以為天下王。

【章　旨】此章言治理政事，宜順合民心。

【注　釋】❶憲術　此指制定法令政策。尹知章注：「凡為法術必重難。」❷同　指與民眾意願相同。尹知章注：句謂：「須同眾心，然後出之矣。」❸言　語助詞，同「焉」。下句「言」字亦同。❹近　庶幾。❺免　指免於禍患。❻知　同「智」。智慧。❼稽　考核。石一參注：「稽，考索也，謂內有以自省。」❽濟　成功。❾周　縝密；周詳。俞樾謂：「『周』字無義，疑『君』字之誤。」郭沫若謂：「『周』當為『帝』，『帝』古作『啻』。錄供參考。

【語　譯】「難」，說的是制定法令政策的事，必須與民心相合才能頒布。不憑主觀臆斷增加，不憑主觀臆斷減損，庶幾可以避免失誤。所以說：要說智，個人有多少智慧呢？要說謀，個人有多少謀略呢？審察民心而後出示，民眾自然會來歸附。有自知之明，就能自省；有知眾心之明，就能成功。察知的情況，如果恰合民心，治理天下，便會周密。內心固守專一，便可以維持長久。進而度時利用，便可以為天下成就王業。

天之視❶而精，四壁❷而知請❸，壤土而與生❹。能若夫風與波乎？唯其所欲適❺。故子而代其父，曰義也；臣而代其君，曰篡也。篡何能歌？武王是❻也。故曰：孰能去辯與巧，而還與眾人同道？故曰：思索精者明益衰，德行修者王道狹，臥❼名利者寫生危❽，知周於六合之內❾者，吾知生之有為阻也。持而滿之❿，乃其殆也。名滿於天下，不若其已也。名進而身退，天之道也。滿盛之國，不可以仕任；滿盛之家，不可以嫁子⓫；驕倨傲暴之人，不可與交⓬。

【章　旨】此章言行事當去辯巧，有如風波，聽其自然而已。

【注　釋】❶天之視　指察視天象。郭沫若云：「『天之視』者『天是視』，即定曆朔、察星象之意。」❷四壁　指東南西北四方的星象。壁，星名，二十八宿之一。壁，原文作「壁」。據古本、劉本改。❸請　通「情」。情況；實情。❹與生　此指給人們生長百穀。❺能若夫風與波乎二句　郭沫若謂：「蓋言人能如風波之無心，則能隨心所欲，聽其自然。」適，往。❻武王是　謂武王伐紂，就是如此——受到歌頌。《尚書大傳．大誓篇》：「武王伐紂，至于商郊，停止宿夜，士卒皆歡樂歌舞以待旦」，「唯丙午，王還師，前師乃鼓鼗躁，師乃慆，前歌後舞」。❼臥　寢息；躺臥。此處引申為貪戀。❽寫生危　指憂慮生命的危險。馬瑞辰云：「『寫』當訓憂，謂寢息於名利必多危險，故憂生危。」❾六合之內　指天地四方。❿持而滿之　即持滿。指處於盛滿的地位。⓫嫁子　此指嫁給女兒。⓬交　結交。王念孫謂：「『交』當為『友』，亦字之誤也。」錄供參考。

【語　譯】人們觀察天象，是很精明的。不但對於東南西北四方的星象，都能察知運行情況，而且能順隨天時，使土壤生長百穀。但對待人事，能像那風波一樣嗎？只有隨心所往，聽其自然而已。本來兒子承繼父業，叫做「義」，但臣子承繼君業，便說是「篡」了。篡弒君位，怎能歌頌呢？對待武王伐紂，卻又如此讚頌不已。所以要問，誰能拋棄詭辯與巧詐，回歸到與眾人同識的道理上來呢？因而又說，思慮愈精的人，明智往往愈減；德行愈修的人，王道往往愈狹；貪戀名利的人，必然憂慮生命的危險；想要瞭解的問題遍及天地之間的人，我認為他的生機將會受到阻礙。處於盛滿地位，這是很危險的。聲名遍傳天下的，不如就此罷手。聲名進而不已，定將導致身敗，這是自然的規律。處於鼎盛的國家，不宜去作官任職；處於鼎盛的家族，不宜嫁給女兒；驕橫倨暴的人，不宜與之結交。

道之大如天，其廣如地，其重如石，其輕如羽。民之所以❶，知者寡。故曰何道之近，而莫之能服❷也，棄近而就遠，何以費力也。故曰：欲愛吾身，先知吾情❸。周視❹六合，以考內身。以此知象，乃知行情。既知行情，乃知養生。左右前後，周而復所❺。執儀服象❻，敬迎來者。今夫來者，必道其道，無遷無衍❼，命乃長久。和以反中，形性相葆❽。一以無貳，是謂知道。將欲服之，必一其端，而固其所守。責其往來，莫知其時。索之於天，與之為期，不失其期，乃能得之。故曰：吾語若大明之極❾，大明之明非愛❿，人不予⓫也。同則相從，反則相距⓬也。吾察反相距，吾以故知古從之同⓭也。

【章　旨】此章言守正養和之術。

【注　釋】❶所以　即「所與」。指共處。❷莫之能服　即「莫能服之」。沒有誰能行道。尹知章注：「服，行也。」原句「之」下有「與」字，據古本刪。❸欲愛吾身二句　尹知章注：「知己情，則能自保其身。」情，真心；內心。❹周視　全面觀察。原文為「君親」。俞樾謂：「『君』字乃『周』字之誤」，「惟『親』字無義」，「或『視』字之誤」。❺所　似指道之所在。❻象　法式；規律。❼衍　展延；拖延。❽葆　通「保」。保全。❾大明之極　指日月升到了頂空。大明，指日月。〈內業〉：「視於大明。」尹知章注：「日月也。」之，往；到。❿愛　通「薆」。隱蔽貌。⓫予　通「與」。讚許。⓬距　通「拒」。牴觸。⓭古從之同　意謂自古以來能依道而行的人，都是由於與道順合的緣故。尹知章注為「古之從者，以其同也」。丁士涵謂「當作『古之從同』」。郭沫若謂「『古』是『同』之壞字」。錄供參考。

【語　譯】道，高大如天，廣闊如地，重如巨石，輕如毛羽。人們跟道共處，卻很少有人懂得它。這就可以說明，道離人雖近，卻沒有誰能遵行；人們捨近就遠而求道，為什麼要這般勞形費力。所以說：要是珍愛自身而求道，先要瞭解自己的真心。要遍察天地間的事物，來驗證自己的內心活動。以此瞭解外部事物的狀態，才能懂得什麼是自己可以作的事情。已經知道了自己可以作的事情，便會懂得保養生命。或從左右，或從前後，要全面而反覆地找尋道的本所。然後執行常禮，採用常典，恭恭敬敬地迎接前來的道。這時，道的到來，必然會經由自己的道路，不會改變方向，也不會延誤時間；這樣，生命便會長久。和諧地還歸中正，身心便都能保全。專一而無二心，這就叫做懂得了「道」。誰想要行道，必須開始就能專一，而且堅定地保持這一操守。尋求道的往來，沒有誰知道它的時間。只能求詢上天，與天訂定約期，只要不違約期，便能達到目的。因而可以說：我的這番話，就像日月升到了頂空，日月的光芒並沒有遮蔽，只是人們不肯讚賞而已。與道順合，則相依從；與道反逆，則相牴觸。我從審察當今與道反逆則相牴觸的情況，懂得了自古以來，能依道而行的人，都是由於與道順合的緣故。

卷十四

水地　第三十九

【題解】此為《管子》第三十九篇，題為「水地」，意謂水在大地的地位與作用。全文十一章。在第一、二兩章中，作者明確提出，水於大地，是「血氣」，有如「筋脈」之於身軀。倘筋脈不通，則全身皆廢。接著便分析水有「五德」——仁愛、精誠、公正、適度、謙卑，讚揚水是材美兼具之物：堪稱一則「水德頌」。第三至九章備言水的作用。作者認為，水是萬事萬物的依據，是一切生命的核心，是所有是非得失的根基。它能育成尋常的人與璧玉、神奇的龜與潛龍、怪異的蟡與慶忌，能使萬物盡其生機，復歸本性。繼而發為感嘆：「人皆服之，而管子則之；人皆有之，而管子以之。」讚賞管子的高明，就在於能取法與用以治政。第十、十一兩章，作者先是讚美水就是大地，就是萬物的本源，就是生命的發脈，就是善美與醜惡、賢明與不肖、愚蠢與聰慧的成因，與首章緊相照應。而後作者將主旨加以深化，提出水性釀成民性，希望治政者識水知民性，取法利用之。聖人化世，「其解在水」，聖人治世，「其樞在水」數語，妙能點睛，揭示了〈水地〉既是一篇全面論水之作，又是一篇藉水議政之文。

文末由水性論及民性，是一段雖不甚科學，卻頗有異趣的文字。作者對齊、越、秦、晉、燕等盡為微辭，於楚、宋則獨多褒語。謂楚水「淖弱而清」，楚人「輕果而敢」；謂宋水「輕勁而清」，宋人「簡易而好正」。綜觀戰國時代文獻，於宋人多有不恭之辭，此文為何譽楚而兼及於宋？郭沫若在其《管子集校・水地篇》「按語」中作了探討，他說：「此乃西楚霸王都彭城時作品。項羽乃下相人，下相與彭城均古宋地，而楚則項羽之故國，而有天下之號也。」

地者，萬物之本原，諸生之根菀❶也，美惡、賢不肖、愚俊❷之所生也。水者，地之血氣❸，如筋脈之通流者也。故曰：水，具材❹也。

【章　旨】此章言水於大地是「血氣」，有如「筋脈」之於身軀。

【注　釋】❶根菀　藏根之處。菀，通「蘊」。聚積；藏蓄。❷俊　才智傑出的人。❸血氣　此指血液與元氣。❹具材　材美具備，無不兼有。

【語　譯】大地，是萬物的本原，是一切生命的紮根之所，是善美與醜惡、賢明與不肖、愚蠢與聰慧的生發之處。水，是大地的血液與元氣，像人體的筋脈一樣，遍流在大地之中。所以說：水，是材美具備，無不兼有。

何以知其然也？曰：夫水淖弱❶以清，而好灑❷人之惡❸，仁也。視之黑而白，精❹也。量之不可使概❺，至滿而止，正也。唯無不流，至平而止，義❻也。人皆赴高，己獨居下，卑❼也。卑也者，道之室，王者之器也，而水以為都居❽。

【章　旨】此章言水的品性，可稱一則「水德頌」。

【注　釋】❶淖弱　猶「淖約」。柔順貌；柔和貌。尹知章注：「淖，和也。」❷灑　通「洗」。洗滌。❸惡　污穢。尹知章注：「垢穢也。」❹精　通「情」。誠實。下文「瑕適皆見，精也」，「精」亦同此義。❺概　度量的器具。此處用為動詞，意為刮平、削平。❻義　適宜；合理。尹知章注：「方圓邪曲，無所不流，平則止，不可增高。如此者，義也。」❼卑　謙抑；謙下。❽都居　聚居。尹知章注：「都，聚也。」

【語　譯】怎麼知道水是材美具備呢？回答說：水，柔順而且清白，愛為人們洗滌污穢，這是仁愛。看上去是黑色，質地卻是清白，這是精誠。計量不須用概刮平，平滿則罷，這是持正。無處不可流布，達到平衡，便會自動停止，這是適度。眾物皆趨高，自己獨居下，這是謙卑。謙卑是「道」的住室，是帝王的器度；而水，也以卑下處作為匯聚的地方。

準❶也者，五量❷之宗也。素❸也者，五色之質❹也。淡也者，五味之中❺也。是以水者，萬物之準也，諸生之淡也，韙非❻得失之質也。是以無不滿，無不居也。集於天地，而藏於萬物，產於金石，集於諸生。故曰水神❼。集於草木，根得其度，華得其數，實得其量。鳥獸得之，形體肥大，羽毛豐茂，文理明著。萬物莫不盡其幾❽，反❾其常❿者，水之內度適⓫也。

【章　旨】此章言水是「神靈」，能使萬物盡其生機，復歸本性。

【注　釋】❶準　水準器（今稱水平儀）。《漢書・律曆志上》：「準者，所以揆平取正也。」❷五量　五種計量器具。《漢書・律曆志上》：「量者，龠、合、升、斗、斛也，所以量多少也」，「以井水準其概」。尹知章注：「水可為平準，五量取則焉，故為五量之宗也。」❸素　白色的生絹，借指白色。對照於五色七彩而言，也可叫做無色。尹知章注：「無色謂之素。水雖無色，五色不得不成，故為五色質也。」❹質　根源；根基。❺中　中心；內核。尹知章注：「無味謂之淡。水雖無味，五味不得不平也，故為五味中也。」❻韙非　是非。原文為「違非」。俞樾云：「『違』當作『韙』，『韙非』猶曰是非，正與『得失』一律」。❼水神　此謂水為神靈之物。尹知章注：「莫不有水焉，不知其所，故謂之神也。」❽幾　通「機」。即生機。❾反　返歸；恢復。❿常　質；性。⓫內度適　指體內所含水分的程度恰好，無偏枯偏腴，和諧適度。

【語　譯】如果說，準，是各種量具的依據；素，是各種色彩的根基；淡，是各種味道的內核；因而也就可以說，水是萬物的依據，是一切生命的核心，是所有是非得失的根基。這是因為它無處不能充滿，無處不可停留。它聚集在天空、地上，儲藏在萬物內部，產生在金石之間，凝集在一切生命之中。所以說，水是神靈之物。水聚集在草木之上，草木的根柢可以長入相當的深度，花朵可以開出相當的數目，果實可以結到相當的數量。鳥獸得到水，可以長得形體肥大，羽毛豐滿，色彩明豔，花紋彰著。萬物之所以能無不盡其生機，復歸本性，就是因為體內所含的水分和諧適度的緣故。

夫玉之所貴者，九德❶出焉。夫玉溫潤以澤❷，仁也。鄰❸以理者，知❹也。堅而不蹙❺，義也。廉而不劌❻，行也。鮮而不垢，潔也。折而不撓，勇也。瑕❼適❽皆見，精也。英華❾光澤，並通而不相陵❿，容也。叩之，其音清摶⓫徹遠，純而不殺⓬，辭⓭也。是以人主貴之，藏以為寶，剖以為符瑞，九德出焉。

【章　旨】此章言玉有九德，因而為人主所貴，可稱一則「玉賦」。

【注　釋】❶九德　九種品德。石一參云：「仁者春之德，義者秋之德，知者冬之德，廉者夏之德，潔者水之德，勇者木之德，容者火之德，清遠者金之德，瑕瑜互見者土之德。」郭沫若云：「理、仁、知、義、行、潔、勇、精、容，並為九德。」❷澤　潤澤；光澤。❸鄰　何如璋云：「『鄰』當作『粼』，粼，清澈也。」譯文依此。❹知　同「智」。明智。❺蹙　屈縮。尹知章注：「蹙，屈聚也。」❻劌　刺傷；損傷。❼瑕　玉的赤色斑點、毛病。❽適　善。此指玉的優點、光彩。❾英華華美；精美。原文為「茂華」。王引之謂：「當作『英華』」。❿陵　欺侮；侵陵。⓫清摶　清澈劃一。原文為「清搏」。段玉裁云：「『搏』當作『摶』，『摶』古『專』壹字。」豬飼彥博謂：「『摶』當作『揚』。」錄供參考。⓬殽　混雜；錯亂。原文為「殺」。許維遹謂：「當作『殽』，形近之誤也。」⓭辭　古「治」字。理。此指有條理。郭沫若云：「『辭』者治也，理也」，「容謂寬恕，精謂誠信，行謂品節，辭謂條理也」。

【語　譯】美玉珍貴的地方，在於它能表現九種品德。玉溫潤而有光澤，是仁。晶瑩而有紋理，是智。堅硬而不屈縮，是義。方正而不傷人，是甚有品節。常新而不污染，是質地純潔。寧可折斷而不可彎曲，是勇毅。瑕瑜顯露無遺，是誠信。精美與光澤融為一體而互不侵陵，是寬恕。敲擊的聲音清脆劃一，傳向遠方，純而不雜，是有條理。因此，君主珍愛，把它收藏作為國寶，把它分剖作為符瑞；玉的九種美德，於是得到充分展現。

人，水也❶。男女精氣合，而水流形❷。三月如咀❸，咀者何？曰五味。五味者何？曰五藏❹。酸主脾，鹹主肺，辛主腎，苦主肝，甘主心。五藏已具，而後生五內❺。脾生膈❻，肺生骨，腎生腦，肝生革❼，心生肉。五內已具，而後發為九竅。脾發為鼻，肝發為目，腎發為耳，肺發為竅❽。五月而成，十月而生。生而目視，耳聽，心慮。目之所視❾，非特山陵之見也，察於荒忽❿。耳之所聽，非特雷鼓之聞也，察於淑湫⓫。心之所慮，非特知於麤粗⓬也，察於微眇⓭。

【章　旨】此章言水生育人類的過程。

【注　釋】❶人二句　意謂人是由水生育而成。石一參云：「此言人為精氣之合，精氣為水分之合，故人亦水之化體也。」❷流形　指流布而成胎形。尹知章注：「陰陽交感，流布成形也。」❸三月如咀　指胎兒在母體中，三月而知咀味。如，而。咀，含味。❹五藏　同「五臟」。即下文所謂心、肝、脾、肺、腎。❺生五內　指從體內長育五種結構，即下文所謂膈、骨、腦、革、肉。原文為「生肉」。丁士涵云：「『生肉』之『肉』當作『內』，『內』上當有『五』字」，「肉亦五內之一，不得專舉『肉』以包五內」。下文「五內」，原文為「五肉」。亦據此改正。❻膈　指人體中分隔胸腔與腹腔的肌膜結構，亦稱橫膈膜。原文為「隔」。古本作「膈」。此依古本。❼革　皮膚。❽竅　此當指口、肛門、陰道，方可與鼻、目、耳合為上文所言「九竅」。安井衡云：「『肺發為竅』蓋謂口及下二竅，此三竅者直達於腹中，故得專竅名。」❾目之所視　原文為「目之所以視」。古本、劉本無「以」字，且據下文「耳之所聽」、「心之所慮」體例，亦當無「以」字，故刪。❿荒忽　同「恍惚」。隱約模糊，難於辨識。⓫淑湫　似指始帶涼意的秋聲，與《老子》所謂「希聲」相類。淑，通「俶」。開始。湫，涼貌。石一參注：「俶湫，涼意，幾於無聲。」⓬麤粗　粗大；巨大。原文為「麤麤」。王念孫云：「當依朱本作『麤粗』，『麤粗』與『微眇』對文」，「二字義同而音異，學者不能分別，故傳寫多誤」。⓭微眇　細微渺小。原文此句下尚有「故修要之精」。張佩綸以為「此五字衍文」。石一參云：「此下疑有闕文，不可強解。或曰，要，腰古文，以繫腎。腎藏精，故修道者重之。」

【語　譯】人，是由水生育而成。男女精氣媾合，由「水」流布成為胎形。胎形三個月便知含味。含味是指什麼？是指咀吸五味。五味是管什麼？是管生成五臟。酸味管長脾，鹹味管長肺，辣味管長腎，苦味管長肝，甜味管長心。五臟已經長齊，隨後便長育五種內部組織。脾管長膈，肺管長骨，腎管長腦，肝管長皮，心管長肉。五種內部組織已經長齊，而後便生發九竅。從脾生發鼻孔，從肝生發眼目，從腎生發雙耳，從肺生發其他孔穴。五個月，長齊形體；十個月，嬰兒出生。出生之後，雙目能視，雙耳能聽，心能思慮。眼睛能看到的，不只是看到山峰，也能看清隱微難辨的事物。耳朵能聽到的，不只是大鼓的聲響，也能聽清始帶涼意的秋聲。心靈能想到的，不只是顯眼的大事物，也能想到隱微細小的情況。

是以水集於玉，而九德出焉；凝蹇❶而為人，而九竅五慮❷出焉。此乃其精麤濁蹇，能存而不能亡者也❸。

【章　旨】此章為上二章總括之文，言玉與人都是由水養育而成。

【注　釋】❶凝蹇　凝滯；滯留。尹知章注：「蹇，停也。言精液凝停則為人也。」❷五慮　尹知章注：「五慮，謂耳目鼻口心也。」郭沫若云：「『五慮』當然『功能』而言，『即〈洪範〉之五事『貌曰恭，言曰從，視曰明，聽曰聰，思曰睿』也」。石一參云：「水之精，在地則鍾於玉，在物則鍾於人。鍾於玉而九德咸備，鍾於人而九竅就理。耳目鼻口心，五慮順序，精之至也。」❸此乃其精麤濁蹇二句　意謂水之精麤濁蹇，能永存而不隱沒者，則育成人與玉。原文為「此乃其精也，精麤濁蹇，能存而不能也」。王引之云：「上『也』字及下『精』字皆後人所加」，句謂「生人與玉，乃水之精麤濁蹇，能亡而不能亡者也」。

【語　譯】因此，水凝聚在玉中，玉的九種品德便產生了；凝聚而養育成人，人的九竅五慮便形成了。這玉和人，就是由水的精麤濁蹇所生成，而不能隱沒的例子。

伏闇能存而能亡者，蓍龜❶與龍是也。龜生於水，發之於火❷，於是為萬物先❸，為禍福正❹。龍生於水，被五色❺而游，故神。欲小則化為蠶蠋❻，欲大則藏於天下❼，欲尚❽則凌於雲氣，欲下則入於深泉。變化無日❾，上下無時，謂之神。龜與龍，伏闇能存而能亡者也。

【章　旨】此章言水能生成神靈之物——龜與龍。

【注　釋】❶蓍龜　本指蓍草與龜甲，可用以占卜吉凶。此處借指神龜。郭沫若云：「『蓍』假為『耆』耳」，「因非所有之龜均可貴，必龜之老者，方用之以卜吉凶也」。錄供參考。❷發之於火　指卜者用火鑽灼烤龜甲，方能依據紋理發現吉凶徵兆。發，現。❸先　指先知。❹正　通「徵」。徵驗；證明。❺被五色　舊有「龍從雲，虎從風」之說，傳說飛龍往往披五色祥雲出遊。被，通「披」。❻蠋　桑蟲，似蠶。❼藏於天下　包藏天下；囊括天下。陳奐云：「疑古本作『函於天地』。」錄供參考。❽尚　通「上」。向上。❾無日　不限時日。尹知章注：「隨時而變，不期於日。」

【語　譯】也有隱伏在幽暗的深水之中，既能生存又能隱沒的，神龜和飛龍就是如此。神龜生長在水中，占卜時通過火灼，顯示吉凶，因而成為萬物的先知，成為禍福的徵驗。飛龍生長在水中，可以披著五色祥雲出遊，所以成為神靈。牠要是變小，便能小如蠶蠋；要是變大，便能囊括天下；要是上天，便能凌越雲氣；要是下地，便能潛入深淵。變化沒有固定的月日，升沈不拘一定的時分，因而稱為神靈。龜與龍，都是深藏水中，既能長育，又能隱沒的神物。

或世見❶，或世不見者，生蟡與慶忌。故涸澤❷數百歲，谷之不徙，水之不絕者生慶忌。慶忌者，其狀若人，其長四寸，衣黃衣，冠黃冠，戴黃蓋，乘小馬，好疾馳。以其名呼之，可使千里外一日反報。此涸澤之精也。涸川之精者，生蟡❸。蟡者，一頭而兩身，其形若蛇，其長八尺。以其名呼之，可使❹取魚鼈。此涸川水之精也。

【章　旨】此章言水能生成精怪之物——慶忌與蟡。

【注　釋】❶見　同「現」。出現。❷涸澤　指冰凍的大澤。林圃云：「此『涸』字及下『涸川』，均非乾涸之涸。《漢書・五行志》『滯涸』，顏師古云：『涸讀與沍同』。沍，凝也。本作『沍』，凍結。」❸生蟡　謂涸川之水生成蟡。原文為「生於蝸」。王念孫謂「於」為衍文。❹可使　原文為「可以使」。王念孫云：「〈北山經注〉、《法苑珠林》引此，『可以』並作『可使』。據上文云『可使千里外一日反報』，則作『可使』者是。」

【語　譯】有的時代出現，有的時代卻不出現的，是在水中生成的蝸與慶忌。所以，冰凍的大澤，經過數百年，山谷不移位，水源不斷絕的，便會生出慶忌。慶忌的狀貌像人，高四寸，穿黃衣，戴黃帽，頂著黃斗篷，跨著小馬，愛好奔馳。如果按照牠的名字使喚，可以叫牠馳騁上千里而一天返回。這就是冰凍的大澤中的精怪。冰川中的精怪，則是由水生成的蝸。蝸有一顆頭顱，兩條身軀，形狀像蛇，身長八尺。如果按照牠的名字使喚，可以叫牠捉取魚鼈。這就是冰封的大川中的精怪。

是以水之精麤濁蹇，能存而不能亡者，生人與玉。伏闇能存而能亡者❶，著龜與龍。或世見，或世不見❷者，蝸與慶忌。故人皆服❸之，而管子則❹之；人皆有❺之，而管子以❻之。

【章　旨】此章為以上五章的總括之文，備言水的作用，謂水能生成人與玉、著龜與龍、蝸與慶忌。但只有管子能視為法則而加以利用。

【注　釋】❶而能亡者　原文為「而亡者」。古本、劉本、朱本均有「能」字，此據補。❷或世不見　原文為「或不見」。王念孫云：「『或不見』亦當依上文作『或世不見』。」❸服　取用。❹則　法則。此指用為法則。❺有　占有；富有。❻以　用。意謂廣泛利用。

【語　譯】因此，水的精麤濁蹇、所長存而不能隱沒的，是由水養育而成的人和玉。隱藏在幽暗的深淵之中，既能生長又能隱沒的，是神龜和潛龍。有的時代出現，有的時代卻不出現的，是蝸和慶忌。水，人人都服用它，但只有管子懂得用它來作為法則；人人都擁有它，但只有管子能廣泛利用它。

是故具者何也？水是也。萬物莫不以生，唯知其託❶者能為之正❷。具者，水是也。故曰：水者何也❸？萬物之本原也，諸生之宗室❹也。美惡、賢不肖、愚俊之所產也。

【章旨】此章盛讚水德，是首章的照應與深化。

【注釋】❶託 寄託；依託。何如璋云：「託者，言水為萬物之精，而為萬物所託也。」❷正 通「證」。證明；證實。❸水者何也 陶鴻慶謂為：「涉上文而誤，錯亂其辭耳。」郭沫若謂當為：「『水具材也』之誤，重複篇首語。」錄供參考。❹宗室 借指發脈處。

【語譯】因此，所謂材美兼具的事物，是指什麼呢？水，就是這樣。萬物之中，沒有什麼不是靠水生存的，但只有懂得水是萬物的依託，才能作出這番證實。材美兼具，水就是如此！所以說：水是什麼？水就是一切事物的本源，就是一切生命的發脈處。善美與醜惡，賢明與不肖，愚蠢與聰慧，都是由水所產生的。

何以知其然也？夫齊之水遒躁❶而復❷，故其民貪麤而好勇。楚之水淖弱而清，故其民輕果而敢❸。越之水濁重而洎❹，故其民愚疾❺而垢❻。秦之水泔㝡而稽❼，淤❽滯而雜，故其民貪戾罔❾而好事❿齊⓫。晉之水枯旱⓬而運⓭，淤滯而雜，故其民諂諛葆詐⓮，巧佞而好利。燕之水萃下⓯而弱，沈滯而雜，故其民愚戇而好貞，輕疾而易死。宋之水輕勁而清，故其民簡易⑯而好正。是以聖人之化世也，其解⑰在水。故水一則人心正，水清則民心易。一則欲不污⑱，民心易則行無邪。是以聖人之治於世也，不人告也，不戶說也，其樞⑲在水。

【章　旨】此章言民性，隨水性而轉移，治理政事，當善相地宜，因地而治。

【注　釋】❶遒躁　迫急；急躁。遒，原文為「道」。王念孫云：「『道』當為『遒』，字之誤也」，「遒，急也」，「『遒躁』二字連讀，猶言急躁耳」。❷復　盛大。《呂氏春秋・季冬篇》：「水澤復。」高誘注：「復，亦盛也。」❸輕果而敢　指行事輕捷、果斷而敢為。原文為「輕果而賊」。郭沫若云：「『果賊』殊不辭，乃『果敢』之誤耳。」❹洎　浸潤。尹知章注：「洎，浸也。浸則多所漸入。」❺疾　通「嫉」。妒忌。❻垢　污穢；骯髒。❼泔冣而稽　指濁水會聚而遲滯。泔，本指淘米水，此處喻指水質渾濁。冣，聚積。稽，停留。❽[illegible]　同「淤」。濁泥。❾罔　欺詐；虛妄。❿事　通「剚」。刺殺。⓫齊　通「剪」。剪除；斬削。郭沫若云：「『事』讀為『剚』，『齊』當訓為『翦』，謂好殺伐也。」⓬枯旱　許維遹謂：「當讀為『苦悍』」，指「味苦澀」。⓭運　俞樾謂：「『渾』之假字，唯其『枯旱』，是以渾濁。」⓮葆詐　包藏狡詐。葆，隱蔽；包藏。⓯萃下　指水潦聚甚深。《易・萃》：「象曰：澤上於地，萃。」孔穎達疏：「『澤上於地』，則水潦聚，故曰澤上於地，萃也。」⓰簡易　指性情坦率和悅。原文為「閒易」。古本、劉本、朱本均作「簡易」。此依古本。⓱解　指瞭解情況。尹知章注：「言解人之邪正，嘗水而知。」⓲一則欲不污　人心純一，則內心想法不會污穢。安井衡云：「『此覆說上文，當作「人心正則欲不污」，今本脫「人心」二字，「正」壞為「一」耳。』」語譯依安說。⓳樞　樞紐；關鍵。尹知章注：「樞，主運轉者也。言欲轉化於人，但則水之理。故曰『其樞在水也』。」

【語　譯】怎麼知道水是這樣的呢？齊國的水流急迫而盛大，因而齊人貪利、粗疏而好勇。楚國的水流柔順而清澈，因而楚人敏捷、果斷而敢為。越國的水流渾濁、沈重而強於浸蝕，因而越人愚頑、妒忌而污濁。秦國的水流濃濁匯聚而留阻，淤泥沈滯而混雜，因而秦人貪吝、暴戾、欺詐而好殺伐。晉國的水流味澀而質渾，濁滯而混雜，因而晉人善於諂媚，深藏詐偽，巧言惑人而好財利。燕國的水流潦積而柔弱，深沈滯阻而混雜，因而燕人愚樸戇厚而好堅貞，容易嫉惡如仇而拚死。宋國的水流輕盈強勁而清澄，因而宋人坦率和悅而好扶持正氣。所以，聖人欲移易世風，瞭解情況的辦法，在於辨識水性。水若純一，則人心持正；水若清澈，則民心和悅。人心持正，思想便不污穢；民心和悅，行為便不偏邪。因而聖人對於社會風氣的整治，不必去人人曉諭，不必去戶戶遊說，關鍵在於掌握水的性質。

四時 第四十

【題解】此為《管子》第四十篇，題為「四時」，旨在說明春夏秋冬應行的政事及號令。全篇強調三個要點：一是布政必順時令。不懂得順時布政，便將失掉民心，喪失國家根基。不懂得五穀因時生長的規律，田地歉收，民無儲糧，國家便將衰敗。「刑」、「德」的施行合於時令，便能造福長久；倘若違背時令，便將釀成災禍。二是四時各有政事及號令。春夏布「德」，秋冬施「刑」，必須順時行政，不能顛倒混淆。三是聖王治政，必須堅持以「刑德」法天，力求合於天地的運行規律。果能如此，則五穀蕃息，六畜興旺，甲兵強盛。否則，人事亂則感應於天，便將「春凋，秋榮，冬雷，夏有霜雪」，氣候反常，國多禍患。全文融法家與陰陽家言於一體。其中陰陽家以自然現象規範人事之說，顯然多有牽強比附之處。我國古時政制，向以陰陽五行四時為天人契合之機，倡言體天出治，敬事恤民，常以政令不失時宜為唯一精義。管子〈四時〉，即是這種風貌的明顯體現。

管子曰：令有時❶。無時則必視順❷天之所以來，五漫漫，六惛惛❸，孰知之哉？唯聖人知四時。不知四時，乃失國之基。不知五穀之故❹，國家乃路❺。故天曰信明❻，地曰信聖，四時曰正。其王信明聖，其臣乃正。何以知其王之信明信聖也？曰：慎使能而善聽信❼。使能之謂明，聽信之謂聖，信明聖者，皆受天賞。使不能為惛❽，惛而忘❾也者，皆受天禍❿。是故上見成事而貴功，則民事接⓫

勞而不謀⑫。上見功而賤，則為人下者直⑬，為人上者驕。是故陰陽者，天地之大理也；四時者，陰陽之大經也；刑德者，四時之合⑭也。刑德合於時則生福，詭⑮則生禍。

【章　旨】此章言布令必順四時。

【注　釋】❶時　指四時特點。❷視順　指觀察與順應。丁士涵云：「『視』字衍。」郭沫若云：「當衍『順』字。」或云：「『順』當作『須』。」錄供參考。❸五漫漫二句　郭沫若云：「『五慢慢，六惛惛』，猶今言亂七八糟耳」，「『時』乃曆數之謂，無曆數，則只得聽其自然，如是則昏昏蒙蒙，誰能有明確認識？」石一參云：「五調五官，六調六府。漫漫惛惛，昏瞶之貌。」錄供參考。漫漫，即「茫茫」。模糊不清；糊塗。惛惛，糊塗；心中昏暗不清。❹故　原故。此指規律。❺路　通「露」。衰敗。❻天曰信明　意謂聖人對於天道，的確是明晰的。曰，郭沫若謂：「與爰同意」，「『爰』古又通作『焉』」。故「天曰信明，地曰信聖，四時曰正」者，即「『天焉信明，地焉信聖，四時焉（爰）正』也」。❼善聽信　意謂善於聽察真情。原文為「善聽信之」。通觀上下文意，「之」字誠如丁士涵所說，當作「衍文」對待，故刪。❽使不能為惛　俞樾云：此下「有闕文」，「據上文『使能之謂明，聽信之謂聖』，則此文當有『聽不信為忘』字。『忘』讀為『芒』」，「與惛同義」。錄供參考。❾忘　迷亂。❿天禍　指上天所給的懲罰。王引之云：「當作『皆受天殃』，『殃』與『賞』為韻也。」錄供參考。⓫接　通「捷」。敏捷；快速。章炳麟云：「『接』當借為『嚶』」，「即謂煩苛之意」。錄供參考。⓬謀　計。章炳麟云：「謀者借為『悔』」，「悔者恨也」。錄供參考。⓭直　指因不滿而直諫。俞樾云：「『直』當為『悳』」，「古『德』字，言為下者自以為德也」。錄供參考。⓮合　適合；適應。此指相應措施。⓯詭　違背。

【語　譯】管子說：頒行政令，要有時令依據。沒有時令可依，人們便必然只能觀望、順從天時的到來；迷迷昏昏，誰能明確認識呢？只有聖人懂得依順四時發布政令。不懂得順時布令，便會喪失國家的根基。不懂得五穀的生長規律，國家便會衰敗。所以，聖人對於天道的確明晰，對於地道的確通曉，對於四時的確認識，也誠能正確。如果君王的確英明睿聖，他的臣下，便會正確行事。怎麼知道君主的確英明、的確睿聖呢？回答是：慎於任用賢能，善於聽察真情。使用賢能叫做英明，聽察真情叫做睿聖。真正英明睿聖的君王，都會受到上天的獎賞。使用庸才叫做昏亂；昏亂糊塗的君王，都會受到上天的懲罰。因此，君王一見到於事有所成就，便器重臣民的功績，臣民便會辦事敏捷，勞苦而不計較。如果君上看到臣民的功績而予以輕視，那麼，作臣民的，便會因不滿而直言不諱，作人君的，將會更加驕橫。因此，陰陽變化，是天地的根本原理，四時運行，是陰陽的根本法則，施刑和施德，是應與四時相應的措施。刑德的施行合於時令，便能造福；違背時令，將會生禍。

然則春夏秋冬將何行？

東方曰星，其時曰春，其氣曰風，風生木與骨❶。其德喜嬴❷，而發出節時❸。其事號令❹，修除❺神位❻，謹禱弊梗❼，宗正陽❽，治堤防，耕芸樹藝，正津梁，修溝瀆，甃❾屋行水，解怨赦罪，通四方。然則柔風甘雨乃至，百姓乃壽，百蟲❿乃蕃，此謂星德。星掌發⓫，發為風。是故春行冬政則雕⓬，行秋政則霜⓭，行夏政則欲⓮。是故春三月以甲乙⓯之日發五政。一政曰：論⓰幼孤，舍⓱有罪。二政曰：賦爵列，授祿位。三政曰：凍解修溝瀆，復亡人⓲。四政曰：端險阻⓳，修封疆，正千百⓴。五政曰：無殺麑夭㉑，毋蹇華絕萼㉒。五政苟時㉓，春雨乃來。

【章　旨】此章言春時當行的政事及號令。

【注　釋】❶風生木與骨　意調春風可以促成樹木與骨骼的生長。石一參云：「此言天地之生物，秉氣於風，於植物，則挺而直者為木，於動物，則堅而直者為骨。骨與木，皆東方之象，而得風氣之先者也。」❷贏　通「贏」。盈；滿。❸節時　適合時令。節，適合；恰好。❹號令　指向眾人傳布的命令。❺除　修治。❻神位　指神靈憑依之所。❼弊梗　即「幣梗」。指用幣禱祭。王引之云：「『弊』與『幣』同。『梗』，禱祭也。『幣梗』者，梗用幣也」，《淮南子・時則》曰『脩除祠位，幣禱鬼神』，文義正與此同」。❽宗正陽　尹知章注：「春陽事，故以正陽為宗。」宗，宗仰；崇尊。❾甃　治理；修治。❿百蟲　此指各種禽獸。蟲，泛指動物。⓫星掌發　星掌管生長發育之事。原文為「星者掌」。戴望云：「下文『日掌賞，賞為暑；歲掌和，和為雨；辰掌收，收為陰；月掌罰，罰為寒』，當與之一例。刪『者』字補『發』字。」⓬雕　「凋」的借字。凋落；萎謝。⓭霜　意謂衰頹。《釋名》：「其氣慘毒，物皆喪也。」⓮欲　意謂疲困。郭沫若云：「『欲』殆假為『卻』，《說文》作『㕁』，訓『疲極也』。」⓯甲乙　以陰陽五行言，甲乙為木王之日，與「星氣」相應。⓰論　通「倫」。排列；安排。⓱舍　即「捨」，通「赦」。減免；寬赦。⓲復亡人　招回逃亡的人，使復舊業。⓳端險阻　修治道路。端，平治。⓴千百　即「阡陌」。田間小路。㉑麑夭　即「麛麇」。指鹿子與麋子。㉒蹇華絕萼　拔花折萼。蹇，拔取。萼，花萼。原文為「芋」。王念孫云：「『芋』為『萼』之譌耳。」㉓苟時　倘能應時。孫星衍謂當作「徇時」，意謂「循其時序」。

【語　譯】既然如此，那麼，春夏秋冬將作些什麼事情呢？

東方稱為星，它的時令叫作春，它的氣便是風，春風能促進樹木和骨骼的生長。它的性格喜歡盈滿，能使萬物適時育成。這時要辦的事情和要行的政令是，修治神靈憑依的處所，恭敬地用幣禱祭，宗仰正陽，整修堤岸，耕耘種植；修整橋梁，疏通溝渠，修蓋屋頂以便流水；消解仇怨，寬赦罪犯，友好交結四方鄰國。這樣作了，那麼，柔和的春風與甜潤的春雨，便會及時而至，百姓便能年歲長久，禽獸便能繁殖興旺。這就稱為「星德」。「星」是主管生長發育諸事，生長發育的表現為風。因此，春季倘行冬季的政令，便將草木凋落；倘行秋季的政令，便將諸事衰頹；倘行夏季的政令，便將民眾疲困。所以，春天的三個月中，當在逢甲、乙的日子裡，來頒布五項政令。第一項政令是：安排好幼弱孤兒的生活，寬赦有罪的人。第二項政令是：賦予爵秩，授給祿位。第三項政令是：解凍之後，修整溝渠，招回流亡異鄉的人。第四項政令是：平整道路，修整地界，規正田間小道。第五項政令是：不准捕殺幼鹿幼麋，不准折花掐蕚。這五項政令，若能依時頒行，春雨便會應時而至。

南方曰日，其時曰夏，其氣曰陽，陽生火與氣❶。其德施舍修樂。其事號令，賞賜賦爵，受❷祿順鄉❸；謹修神祀❹，量功賞賢，以助❺陽氣。大暑❻乃至，時雨乃降，五穀百果乃登❼，此謂日德❽。日掌賞，賞為暑❾。夏行春政則風，行秋政則水，行冬政則落。是故夏三月以丙丁之日發五政。一政曰：求有功發❿勞力者而舉之。二政曰：開久墳⓫，發故屋，辟⓬故窌⓭，以假貸。三政曰：令禁扇去笠⓮，毋扱免⓯，除急漏⓰田廬。四政曰：求有德賜布施於民者而賞之。五政曰：令禁罝⓱設⓲禽獸，毋殺飛鳥。五政苟時，夏雨乃至也。

【章　旨】此章言夏時當行的政事及號令。

【注　釋】❶陽生火與氣　此言日為火精，於五行象火，於動植生物則象氣。❷受　通「授」。授給。❸順鄉　即巡視鄉邑。順，古文為「巡」。巡行；巡視。❹修神祀　意謂舉行祭祀活動。❺助　助長。尹知章注：「陽氣主仁，故行恩賞以助之也。」原文為「動」。王念孫云：「『動』當為『助』，字之誤也。」❻大暑　指盛熱之氣。原文為「九暑」。王引之云：「『九』當為「大」，字之誤也。『大暑乃至』與下『大寒乃止』對文。」❼登　成熟。❽此謂日德　原文在此句下有「中央曰土」至「此謂歲德」一段，共六十六字。張文虎云：「此節不當錯出於此，當在下文『夏雨乃至也』。」據文意、文例看，張說可從。❾賞

為暑　指純陽之象，於政為「賞」，於氣為「暑」。此句之下，原文有「歲掌和，和為雨」六字。據文意、文例看，當移於「此謂歲德」之下。⑩發　古與「伐」聲同通用。意即功勞、功績。⑪久墳　疑指舊積。劉師培云：「『墳』疑『積』訛。」⑫辟　通「闢」。敞開。⑬窌　藏粟的地窖。⑭扇去笠　指夜晚敞開門戶睡覺。扇，門扇。笠，《廣雅・釋室》：「戶牡也。」指門閂。⑮扱免　插衽免冠，儀表不敬。⑯急漏　疑為「隱漏」，即「井匽」。指村中路廁。張佩綸云：「『急』當作『隱』，字之誤也」，「『隱漏』即《周禮》之『井匽』」，「鄭司農說：匽，路廁也」。⑰置　捕獸的網。⑱設　取。

【語　譯】南方稱為日，它的時令叫作夏，它的氣便是陽，陽於五行為火，於物則為氣。它的性格是施澤與行樂。這時要辦的事情和要行的政令是，賞賜臣民，賦予爵位，授給祿秩，巡視鄉邑；認真舉行祭神活動，衡量功績，獎賞賢能，助長陽氣的發揮。這樣，盛熱之氣，便會到來，應時之雨，便會降落，五穀百果，便會成熟豐足。這就稱為「日德」。「日」主管獎賞諸事，獎賞之政，可助暑氣的發揮。夏季倘行春季的政令，便會釀成風災；倘行秋季的政令，便會釀成水災；倘行冬季的政令，便會釀成草木凋零。因此，夏天的三個月中，當在逢丙、丁的日子裡，來頒發五項政令。第一項政令是：找出有功及為國出力的人，加以提拔。第二項政令是：動用舊時積儲，打開陳倉、老窖，把糧食借給民眾度荒。第三項政令是：禁止夜晚敞門睡覺，白天不准插衽免冠，經常清理路廁田間小屋。第四項政令是：調查對於民眾有德澤施捨的官家富戶，加以獎賞。第五項政令是：禁止用網羅捕取禽獸，不准射殺飛鳥。這五項政令，若能依時頒行，夏雨便會應時而至。

中央曰土，土德實❶輔四時，入出❷以風雨，節土益力❸。土生皮肌膚。其德和平用均❹，中正無私，實輔四時：春嬴育，夏養長，秋聚收，冬閉藏；大寒乃極❺，國家乃昌，四方乃服。此謂歲德。歲掌和❻，和為雨。

【章　旨】此章言「土德」的作用，在於輔成四時。

【注　釋】❶實　此；這。❷入出　指四時的運行。❸益力　指增進生長之力。尹知章注：「土德雨遍，益其生植之力。」❹和平用均　指土性和順，效用均一。尹知章注：「土無不載，無不生，故和平而用均也。」❺極　至；到來。❻和　指陰陽二氣交會。

【語　譯】中央稱為土，土的德性是輔成四時，借助風雨促成四時運行，調節土氣而增進生長之力。土可生長皮膚肌肉。它的性格和順，效用均平，中正不偏，沒有私憎私愛，是在輔成四時：春時盛育，夏時滋長，秋時收集，冬時蓄藏；盛寒到來，國家昌盛，四方順服。這就稱為「歲德」。歲是主管陰陽二氣交會之事，陰陽交會，便形成雨水。

西方曰辰，其時曰秋，其氣曰陰，陰生金與甲❶。其德憂哀、靜正、嚴順❷，居不敢淫佚❸。其事號令，毋使民淫暴，順旅聚收❹，量民資以畜聚。賞彼群幹❺，聚彼群材。百物乃收，使民毋怠。所惡其察，所欲必得，我信則克❻。此謂辰德。辰掌收，收為陰❼。秋行春政則榮❽，行夏政則水，行冬政則耗。是故秋三月以庚辛之日❾發五政。一政曰：禁博塞❿，圉⓫小辯，譯忌鬥⓬。二政曰：毋見五兵之刃。三政曰：慎旅農⓭，趣⓮聚收。四政曰：補缺塞坼⓯。五政曰：修牆垣，周門閭。五政苟時，五穀皆入⓰。

【章　旨】此章言秋時當行的政事及號令。

【注　釋】❶陰生金與甲　「陰」於五行為金，於生物為甲，性皆堅勁。尹知章注：「陰氣凝結堅實，故生金為爪甲也。」

甲，革甲。❷嚴順　指莊嚴和順。❸淫佚　或作「淫泆」。指縱欲放蕩。《左傳・隱公三年》：「驕奢淫泆，所自邪也。」孔穎達疏：「淫，謂嗜欲過度；泆，謂放恣無藝。」❹順旅聚收　尹知章注：「謂順時理軍旅，聚而收之也。」旅，軍旅。指戰爭之事。❺賞彼群幹　指獎賞那些有才幹的人。石一參注：「幹，有力者，賞而進之。」丁士涵云：「『賞』疑『畜』字誤。」劉師培云：「『賞』疑『賚』訛。」錄供參考。❻我信則克　尹知章注：謂「我既誠信，故能克敵。」我信，謂我以誠信待民。吳志忠云：「『我』，『義』之壞字」，「我信」即為「義信」。錄供參考。❼陰　指收斂閉藏之象。❽榮　指違失時令，草木開花而不凋落。❾庚辛之日　依五行為金王之日，故秋時以為發令之期。❿博塞　本謂遊戲之事，此借指賭財。《莊子・駢拇》：「問谷奚事，則博塞以游。」成玄英疏：「行五道而投瓊曰博，不投瓊曰塞。」尹知章注：「博塞長姦邪，故禁之。」⓫圉　拘禁；限制。尹知章注：「小辯則利口覆國」，「當禁圉之也」。⓬譯忌門　排解因小忌而爭鬥的糾紛。原文為「鬥譯跽」。尹知章注為「譯傳言語相疾忌為鬥訟」。郭沫若云：「俞依注訂正為『譯忌門』，是也。唯『譯』當讀為釋。謂因小忌而至於鬥者，排解之，〈禁藏篇〉所謂『解仇讎』也。」⓭旅農　外來農戶。石一參注：「旅農，旅居而業農事者，即客佃也。」⓮趣　催促；促進。⓯坼　裂縫；裂口。⓰入　指有收入、有收成。

【語　譯】西方稱為辰，它的時令叫作秋，它的氣便是陰，陰於五行為金，於生物為甲。它的性格是憂慮哀憐、虛靜平正、莊嚴和順，居處不敢縱欲放蕩。這時要辦的事情和要行的政令是，不准臣民放蕩暴戾，順時治理軍事，收集軍賦，計量民眾財力而加以蓄積。獎賞那些有才幹的人，藉以聚積人才。各種作物都將收割，使民眾不能懈怠。對所憎惡的事情，應當察究，對所希望的事情，必須作成。我以誠信對待民眾，便能克敵制勝。這就稱為「辰德」。「辰」主管收斂諸事，收斂閉藏，就是陰象。秋季倘行春季的政令，便會草木反常而開花；倘行夏季的政令，便會秋水泛濫；倘行冬季的政令，便會收成耗歉。因此，秋天的三個月中，當在逢庚、辛的日子裡，來頒發五項政令。第一項政令是：嚴禁賭博，限制小是小非的爭辯，排解因小忌而爭鬥的糾紛。第二項政令是：不准顯示刀兵武力。第三項政令是：審慎地對待外來農戶，促進儲備糧食。第四項政令是：修補倉庫縫隙。第五項政令是：修整牆垣，嚴守閭里門戶。這五項政令，若能依時頒行，五穀便會都有好收成。

北方曰月，其時曰冬，其氣曰寒，寒生水與血❶。其德淳越❷、溫恕❸、周密。其事號令，修❹禁徙民，令靜止，地乃不泄❺。斷刑致罰，無赦有罪，以符陰氣❻。大寒❼乃至，甲兵乃強，五穀乃熟，國家乃昌，四方乃備❽。此謂月德。月掌罰，罰為寒❾。冬行春政則泄，行夏政則靁❿，行秋政則旱。是故冬三月以壬癸之日⓫發五政。一政曰：論孤獨，恤長老。二政曰：善順陰，修神祀，賦爵祿，授備位。三政曰：效⓬會計，毋發山川之藏。四政曰：捕姦遁，得盜賊者有賞。五政曰：禁遷徙，止流民，圉分異⓭。五政苟時，冬事不過，所求必得，所惡必伏⓮。

【章　旨】此章言冬時當行的政事及號令。

【注　釋】❶寒生水與血　石一參注：「冬月結冰，其氣嚴寒」，「北方冬月，於五行屬水，其於生物則象血，血與水皆流動體也」。❷淳越　淳樸清越。❸溫恕　溫良仁恕。原文為「溫怒」。古本為「溫恕」。此依古本。❹修　施行。❺不泄　指地氣不致發散。石一參云：「禁遷徙以安其居，民俗靜，地氣厚也。」❻符陰氣　指符合、適應陰寒肅殺之氣。❼大寒　盛寒之氣。大寒雨雪，可兆豐年。❽備　順服。《禮．祭統》：「無所不順者謂之備。」❾罰為寒　意謂掌罰以符寒象。尹知章注：「罰則殺物，故為寒也。」❿靁　即「雷」。此指雷聲滾滾。雷聲本為春夏之象，冬有雷聲，則是氣候反常，為災異之象。今湖湘一帶，尚有「雷打冬，十隻牛欄九隻空」之說。⓫壬癸之日　依五行為水王之日，故冬時以為發令之期。⓬效　稽核；考察。《廣雅．釋言》：「效，考也。」⓭分異　指分家異處。尹知章注：「分異，謂離居者。」石一參注：「室家分異，情感日疏，非所以厚民俗也。」⓮伏　制伏；伏罪。

【語　譯】北方稱為月，它的時令叫作冬，它的氣便是寒，寒於五行為水，於生物象血。它的性格是淳樸清越、溫良仁恕、周詳嚴密。這時要辦的事情和要行的政令是，施行禁止遷徙民眾，讓人們得以安靜穩定，地氣便不會泄散。判定刑事，順時懲罰，不寬赦罪犯，以適應冬時的陰寒肅殺之氣。盛寒因而到來，武力因而強大，五穀因而成熟，國家因而昌盛，四方各國，因而順服。這就稱為「月德」。「月」主管懲罰諸事，刑罰懲處，就是寒象。冬季倘行春季的政令，便會泄散地氣；倘行夏季的政令，便會雷聲滾滾；倘行秋季的政令，便會發生旱象。因此，冬天的三個月中，當在逢壬、癸的日子裡，來頒發五項政令。第一項政令是：關懷孤獨，照顧老人。第二項政令是：好好順應陰象，辦好祭祀事宜，頒賜官爵，賞定秩祿，授予並配備職位。第三項政令是：稽核財會收支，不要發掘山川寶藏。第四項政令是：捉拿逃犯，捕到盜賊，就有獎賞。第五項政令是：嚴禁遷徙，阻止流民，限制分家。這五項政令，若能依時頒行，冬時的政事，便不會有過失，所企求的，必定可以獲得，所憎惡的，必定可以降伏。

是故春凋，秋榮，冬雷，夏有霜雪，此皆氣之賊[1]也。刑德易節失次，則賊氣遬[2]至；賊氣遬至，則國多菑[3]殃。是故，聖王務時而寄政[4]焉，作教而寄武，作祀而寄德焉。此三者，聖王所以合於天地之行也。日掌陽，月掌陰，星[5]掌和。陽為德，陰為刑，和為事。是故日食，則失德之國惡之；月食，則失刑之國惡之；彗星見，則失和之國惡之；風與日爭明[6]，則失生[7]之國惡之。是故，聖王日食則修德，月食則修刑，彗星見則修和，風與日爭明則修生。此四者，聖王所以免於天地之誅[8]也。信能行之，五穀蕃息，六畜殖，而甲兵強。治積則昌，暴虐積則亡。

【章旨】此章言聖王治理政事，應力求合於天地之行。

【注釋】❶賊　虐害；殘害。❷遫　同「速」。迅速。❸菑　此即「災」字。災害。❹務時而寄政　意謂必順時宜而推行政令。寄，託寓；寄託。❺星　星辰。張佩綸謂此指「歲星」。郭沫若謂「星」當為「歲」字之誤。錄供參考。❻風與日爭明　指風災。石一參注：「風與日爭，謂大風塵霾，日光失其明，陰蔽陽。」❼失生　喪失生生之理；失去生生之資。許維遹云：「『生』當作『正』，『正』讀為『政』，『失政』與上『失德』、『失刑』、『失和』，義均相類。」錄供參考。❽誅　責備。

【語譯】因此，春天萬木凋謝，秋天百草開花，冬天雷聲滾滾，夏天卻有霜雪，這些，都是天氣的虐害。刑罰德澤，改換了時令，失掉了次序，虐殺之氣，便會迅速到來；虐殺之氣迅速到來，國家便會多生災害與禍殃。因而聖明的君王，必順時宜，來推行政令，設置教令，來演習軍事，興辦祭祀，來寄寓德行。這三項，都是聖王用來順應天地運行規律的措施。日掌管陽象，月掌管陰象，星掌管陰陽二象的協調。陽表現為德澤，陰表現為刑罰，協調表現為政事。因此，出現日食，德政失修的國家，便憎惡它；出現月食，刑罰失措的國家，便憎惡它；出現彗星，失去了協調氣氛的國家，便憎惡它；出現了風塵與日光爭明的現象，失去了民生生計的國家，便憎惡它。所以，聖明的君王，見到日食，便修治德政，見到月食，便整頓刑罰，遇到彗星出現，便注重協調，見到風塵與日光爭明的現象，便改進民生生計。這四項，都是聖王用來免受天地責罰的措施。果真能夠施行這些措施，就會五穀生長茂盛，六畜繁殖興旺，而且兵力隨之強盛。治行累積，國家便能昌盛；暴虐累積，國家便會衰亡。

道生天地❶，德出賢人❷。道生德❸，德生正❹，正生事❺。是以聖王治天下，窮則反，終則始。德始於春，長於夏；刑始於秋，流於冬。刑德不失，四時如一；刑德離鄉❻，時乃逆行。作事不成，必有大殃。月有三政❼，王事必理，以為久長。不中❽者死，失理者亡。國有四時，固執王事。四守有所❾，三政執輔❿。

【章旨】此章言聖王治理政事，應堅持以刑德法天行。

【注釋】❶道生天地　石一參注：「道者萬物所共由，天地其自然之象也。」❷德出賢人　尹知章注：「德者，賢人所修為，故能生賢也。」❸道生德　此指道與德的關係，謂自身體道，便能生成德行。❹正　通「政」。政令。下句「正」字同此義。❺事　事業；事功。❻鄉　通「向」。方向。❼三政　似指上章所謂「務時而寄政，作教而寄武，作祀而寄德」三項政治措施。石一參謂當為「三正」，言「子丑寅皆可為歲首。夏首寅，商首丑，周首子，履端不同而月建則一」。錄供參考。❽中　適合；符合。❾四守有所　意謂遵守四季規律施政，使政事各得其所。❿輔　指輔助手段。

【語譯】「道」生出天地，「德」長育聖賢。自身體「道」，便能生成德行；德行施於國家，便能生成政令；施政及於民眾，便將成為政事。因此，聖王治理天下，無不順著時令而行，循環反覆，始終如一。德澤始布在春季，增進在夏季；刑罰始施在秋季，鋪展在冬季。施刑布德，不出現失誤，春夏秋冬，就會始終如一的正常運行；刑罰與德澤背離了方向，春夏秋冬就會反常。不但辦事沒有成效，而且必遭禍殃。月月都有三項政令措施，聖王事業，必須依此治理，功業才能久長。不相符合的便會毀滅，不依照治理的便會衰亡。國家有四時不同的政令，牢牢執掌這些政令，就是聖王的職事。既要遵循四時的規律，使政事各得其所，還要以三項政令措施作為輔助手段。

五行 第四十一

【題　解】此為《管子》第四十一篇，題為「五行」。五行，即木、火、土、金、水。本文以冬至日，為歲氣發端之始，自甲子、丙子、戊子、庚子以至壬子，將全年三百六十日分為五個部分，各得七十二日，恰與五行相配。作者認為行政的動機，應該是順陰陽，本五行；行春政，則應依據木德原則，行夏政，則應依據火德原則，行夏秋之間政事，則應依據土德原則，行秋政，則應依據金德原則，行冬政，則應依據水德原則。如此順時治理政事，便可以上應天道，下協地宜，中合人事，臻於「治之至境」。若是逆時治理政事，則將禍國殃民，君危臣死。以上說法，顯然是陰陽五行學說頗為盛行的戰國時代的產物。古代陰陽家學，今存者多夷於術數方技，其涉及政治法度者，周末已不能言其詳，漢代更無從考其制。幸賴本文之存，而於古代陰陽家的議政得失、規模，猶可一窺其梗概。

一者本❶也，二者器❷也，三者充❸也，治者四也，教者五也，守❹者六也，立❺者七也，前❻者八也，終❼者九也，十❽者然後具五官❾於六府❿也，五聲⓫於六律⓬也。

【章　旨】此章言人事管理方面的十項內容。

【注　釋】❶本　指本業、農事。尹知章注：「本，農桑也。」❷器　農具；器械。尹知章注：「器，所以理農桑之具也。」❸充　相當；相適應。尹知章注：「充，謂人力能稱本與器也。」❹守　掌管；管理。尹知章注：「人既奉法從教，則設官以守之。」❺立　立業；成功。尹知章注：「既設官以守之，則能立事。」❻前　《說文》：「齊斷也，俗作剪。」修剪；

整頓。❼終　終結；總結。❽十　石一參謂當為「九」字之誤，「九者亦為九本」。❾五官　五種官職的合稱。《禮記・曲禮》：「天子之五官，曰：司徒、司馬、司空、司士、司寇，典司五眾。」《淮南子・天文》：「何謂五官？東方為田，南方為司馬，西方為理，北方為司空，中央為都。」❿六府　掌管府庫的官職。《禮記・曲禮下》：「天子之六府，曰：司土、司木、司水、司草、司器、司貨，典司六職。」《淮南子・天文》則謂：「子午、丑未、寅申、卯酉、辰戌、巳亥是也。」⓫五聲　即五音：宮、商、角、徵、羽。⓬六律　陽律。即太簇、姑洗、蕤賓、夷則、無射、黃鐘。

【語　譯】第一是農事，第二是農具，第三是人員要與農事及農具相適應，治理是第四，教化是第五，掌管是第六，立業是第七，調整是第八，總結是第九，第十則是設置五官，分管六府，正如配五音正於六律一般。

六月日至❶，是故人有六多❷，六多所以街❸天地也。天道以九制❹，地理以八制❺，人道以六制❻。以天為父，以地為母，以開❼萬物，以總一統。通乎九制❽、六府❾、三充❿，而為明天子。修概⓫水土⓬，以待乎天菫⓭；反五藏⓮，以視不親⓯；治祀之下，以觀地位⓰；貨曋神廬⓱，合於精氣⓲。已合而有常，有常而有經。審合其聲，修十二鐘⓳，以律⓴人情。人情已得，萬物有極㉑，然後有德㉒。

【章　旨】此章言聖明天子之作為。

【注　釋】❶日至　指夏至與冬至。尹知章注：「陽生至六，為夏至；陰生至六，為冬至。」❷六多　郭沫若云：「據尹注，『多』確是『爻』字之誤。」爻是構成《易》卦的基本符號，旨在表示事物的交錯與變化。戴望則謂：「『六多』疑『六府』之誤。」語譯依郭說。❸街　本指四通的道路，此處用為動詞，意謂通向、通達。《說文》：「街，四通道也。」❹以九制　意謂以九為制。石一參云：「天形大圜，測以規，氣純陽，故以九起數。圜者徑一而圍三，三三而九，九九八十一而陽氣究。」

❺以八制　意謂以八為制。石一參云：「地形以方測，一縱一橫，四方四隅，度以矩。二二而四，二四而八，故以八起數，矩以開方。八八六十四而萬象賅。」❻以六制　意謂以六為制。石一參云：「人道法天地，三陰三陽，度以準。準者水平，水數六，故以六起數，六六三十六而人事盡。為政者通天人之理，審陰陽之象，故因其自然之制而布令也。」❼開　開拓；開創。原文為「開乎」。丁士涵云：「『乎』字衍，『以開萬物』，與下文『以總一統』對文。」❽九制　代指上文所言「天道」。李哲明云：「『九制』疑即為『九功』，涉上『九制』而誤。」錄供參考。❾六府　即水、火、金、木、土、穀。似代指上文所言「地理」。❿三充　似指上文所謂生產人員與農事及器械三者之間的適應關係，亦即總言「人事」。李哲明云：「『充』疑當為『事』。」錄供參考。⓫概　此處用為動詞。概平；平整。⓬水土　指水道與田地。原文為「水上」。花齋本、葛本「上」作「土」。據而改「上」為「土」。⓭以待乎天堇　用以防備水災旱災。天堇，即天時。指旱澇之時。郭沫若謂「乎」當為「平」，宜移於下句之首，使此句與下句均成四字句。⓮反五藏　郭沫若謂當為「平發五藏」，「『平』字誤為『乎』，錯入上句，『發』字誤為『反』，草書發字與反相近。『五藏』者五穀之倉廩也」，「『平發』者謂『平糶』也」。據此，句謂平糶五穀。⓯以視不親　郭沫若謂當為「以視不賑」，「『視』亦待也。『不賑』與『天饉』同意，賑誤為親」。據此，句謂以備災荒。⓰地位　郭沫若謂當為「地利」，「『利』誤為位」。⓱貨曋神廬　意謂教化深入心靈。郭沫若謂「貨曋」當讀為「化潭」，「『貨曋神廬』者謂心受教養而深厚，即所謂『定心』，故能『合於精氣』也」。⓲精氣　精靈之氣。《易・繫辭上》：「精氣為物，游魂為變。」孔穎達疏：「云精氣為物者，謂陰陽精靈之氣，氤氳積聚而為萬物也。」⓳十二鐘　指應十二個月而合六律六呂的鐘。即黃鐘大呂、太簇夾鐘、姑洗仲呂、蕤賓林鐘、夷則南呂、無射應鐘。⓴律　規範；陶冶。㉑萬物有極　意謂全部掌握了物理。極，窮盡。尹知章注：「得人情則物理極。」㉒有德　指能躬行。《周禮・春官・大司樂》：「凡有道者、有德者，使教焉。」鄭玄注：「德，能躬行者。」

【語　譯】每年經六個月為夏至與冬至。所以與此相應，人的卦象也有六爻，六爻是表示通達天地之間萬事萬物的變化的。天道以九數為制，地理以八數為制，人道以六數為制。以天為父，以地為母，開創萬物，總成一體，而且通達天道、地理、人事，就能成為聖明的天子。修治水道，平整田土，用以防患旱澇之時；平價發放五穀，用以救濟不足之民。舉行祭祀活動，用以昭示土地財利。促使教化深入心靈，以求符合精氣。已經符合精氣要求，行為便有了常度；行為有了常度，政事便有典法可循。精審地感應天籟音聲，製成能應合六律六呂的鐘，用來陶冶人心。掌握了人情，通達了物理，然後便可以內心有得而身體力行。

故通乎陽氣，所以事天❶也，經緯❷日月，用之於民；通乎陰氣，所以事地也，經緯星曆，以視❸其離❹。通若道❺，然後有行。然則神筮不靈❻，神龜不卜，黃帝澤參❼，治之至也。昔者黃帝得蚩尤而明於天道，得大常而察於地利，得奢龍❽而辯❾於東方，得祝融而辯於南方，得大封而辯於西方，得后土而辯於北方。黃帝得六相❿而天下治⓫，神明之至也⓬。蚩尤明乎天道，故使為當時⓭；大常察乎地利，故使為廩者⓮；奢龍辯乎東方，故使為士師⓯；祝融辯乎南方，故使為司徒⓰；大封辯於西方，故使為司馬⓱；后土辯乎北方，故使為李⓲。是故春者士師也，夏者司徒也，秋者司馬也，冬者李也。

【章　旨】此章言黃帝明乎天地日月星曆之道，且得賢輔政，因才任使，故能上符天道，中合地宜，下達人治。

【注　釋】❶事天　遵循天道。事，服侍；事奉。引申為遵循。石一參云：「天純陽」，「故善事天，法其陽剛」。❷經緯　治理；調理。引申為掌握、駕馭。❸視　審察。❹離　次序。《禮・明堂位》：「叔之離磬。」注：「離謂次序其聲懸也。」❺若道　道。謂上文所言天地日月星曆之道。若，此；這。❻神筮不靈　陳奐謂當作「神筴不筮」，與下句「神龜不卜」方成對文。錄供參考。筮，以蓍草預測休咎。《詩・衛風・氓》：「爾卜爾筮，體無咎言。」傳：「龜曰卜，蓍曰筮。」❼澤參　德澤滲入。參，參錯；滲透。石一參謂當作「澤滲」，「猶言德澤之浸淫漸漬也」。郭沫若則謂：「『黃帝澤參』四字均當是衍文。」❽蒼龍　或作「蒼龍」、「青龍」。❾辯　通「辨」。辨明；明察。❿六相　六個助手。相，輔佐者。⓫天下治　指天下安定。原文為「天地治」。王念孫云：「《初學記・帝王部》、《北堂書鈔・帝王部》十一、《太平御覽・皇王部》四，竝引作『天下治』，是也。」⓬神明之至也　意謂英明到了極點。原文為「神明至」。許維遹云：「『神明至』當依《書鈔》、《御覽》引作『神明之至也』，與上文『治之至也』，文同一例。」⓭當時　此為官名，職在掌管天時。當，主持；執掌。⓮廩者　官名，執掌廩藏食貨百物。⓯士師　官名，為庶士群吏之師，執掌教人法紀。原文為「土師」，或本作「工師」，郭沫若謂二者「當是『士師』之誤」。下文中「士師」同此例。⓰司徒　官名，執掌農事。⓱司馬　官名，執掌軍事。⓲李　通「理」。執掌刑事。尹知章注：「李，獄官也。」

【語　譯】因此，通曉陽氣的消長，是為了遵循天道，掌握日月運行的規律，施用於人事；通曉陰氣的消長，是為了遵循地理，掌握星曆節氣，審察其運行次序。通曉了天地日月星曆之道，便可以付諸實行。這樣，即使神妙的測算不顯神通，神奇的龜甲不用以占卜，只要中央之帝——黃帝的德澤浸滲漸漬，也是可以達到最好的治理境界的。從前，黃帝找到蚩尤為相而明察天道，找到大常為相而明察地利，找到奢龍為相而明察東方，找到祝融為相而明察南方，找到大封為相而明察西方，找到后土為相而明察北方。黃帝找到了這六個助手而天下安定，真可謂聖明到了極點。蚩尤明察天道，因而叫他掌管天時；大常明察地利，因而叫他擔任廩者；奢龍明察東方，因而叫他擔任士師；祝融明察南方，因而叫他擔任司徒；大封明察西方，因而叫他擔任司馬；后土明察北方，因而叫他擔任獄官。所以，春是士師，夏是司徒，秋是司馬，冬是獄官。

昔者❶黃帝以其緩急作立❷五聲，以政❸五鍾❹。令❺其五鍾，一曰青鍾大音，二曰赤鍾重心，三曰黃鍾灑光，四曰景❻鍾昧其明，五曰黑鍾隱其常。五聲既調，然後作立五行以正天時，五官以正人位。人與天調，然後天地之美❼生。

【章　旨】此章言黃帝始立五聲五行，協調天人關係，促進美好事物成長。

【注　釋】❶昔者　原文作「昔」。據朱長春本、凌汝亨本及上文「昔者黃帝得蚩尤」句，當有「者」字。❷作立　始立；創立。原文無「立」字。《北堂書鈔》卷一〇八引「作」下有「立」字。王念孫云：「今本無『立』字者，後人不曉文義而刪之也。『作立』者，始立也。」❸政　通「正」。訂正；規正。❹五鍾　五鐘分象五方，以配四時。鍾，同「鐘」。樂器。❺令　通「命」。命名。❻景　白貌。《博雅》：「景景，白也。」❼美　指美好事物。尹知章注：「美，謂甘露、醴泉之類也。」

【語　譯】從前，黃帝依據聲氣感應的緩急，創立宮商角徵羽五聲，用以規正五鐘。並且給五鐘的音調確立了名稱，第一稱為青鐘大音，第二稱為赤鐘重心，第三稱為黃鐘灑光，第四稱為景鐘昧其明，第五稱為黑鐘隱其常。五聲已經協調，然後創立五行，用以規正時令季節，設置五官，用以匡正人們的位次。人與天的關係協調了，而後天地間的美好事物便會產生。

日至❶，睹❷甲子木行❸御。天子出令，命左右士師內御。總別列爵，論❹賢不肖士吏；賦祕❺，賜賞於四境之內。發故粟❻，以田數❼。出國衡❽，順❾山林，禁民斬木，所以愛草木也。然則冰解而凍釋，草木區萌❿。贖蟄蟲卵菱⓫，春辟⓬勿時⓭，苗足本⓮，不癘雛鷇⓯，不夭麑麇⓰，毋傅速⓱，亡⓲傷繈褓⓳。時⓴則不凋㉑。七十二日而畢㉒。

【章　旨】此章言依木德所應行之春事。

【注　釋】❶日至　此謂冬至。❷睹　遇見；遭遇。❸木行　五行之一。下文「火行」、「土行」、「水行」、「金行」同。木行，亦即木德。石一參云：「陽生後六十日以內，逢甲子之日，木德王。春氣始御宇也。」❹論　評定。❺賦祕　散發祕藏物品。

賦，敷；布；散發。石一參謂「祕」當作「祚」。錄供參考。❼以田數　以田畝計數貸給糧食，扶助農耕。❽國衡　朝廷掌管山林的官員。《周禮．地官》有「林衡」，其職為「掌巡林麓之禁令而平其守」。❾順　古通「巡」。巡視。❿區萌　即「句萌」。指草木的芽苗。拳者稱為「句」，直者稱為「萌」。⓫贖蟄蟲卵菱　意謂消滅害蟲及其卵殼。贖，毀胎。《說文》：「贖，胎不成也。」蟄蟲，多為害蟲。卵菱，似指卵角、卵殼。菱，俗稱「菱角」。此處疑借用其「角」「殼」之意。郭沫若謂：「『卵』當從古本作『卯』，楊慎云『卯言菱之萌芽』，蓋讀『卯』為萌，可從。」錄供參考。⓬春辟　即「春闢」。春耕。⓭時　通「伺」。伺候；等待。尹知章注：「春當耕闢，無得不及時也。」⓮苗足本　將苗培足根基。尹知章注：「足，猶擁也。春生之苗，當以土擁其本。」⓯不癘雛鷇　不傷殺雛鳥幼禽。尹知章注：「癘，殺也。」雛鷇，待母哺食的雛鳥。⓰不夭麑麇　不傷害幼小的麋鹿。夭，夭折；早死。麑，幼麋。麇，幼鹿。⓱傅速　縛速；緊束。郭沫若云：「傅讀為縛，速謂緊束也。春風已和，不可縛之過緊，免傷襁褓。」⓲亡　通「無」。即「毋」。不要。⓳繈緥　亦作「襁褓」。繈，布幅，用以絡負。緥，小兒的被，用以裹覆。泛指背負小兒所用的東西。此處代指襁褓中的嬰兒。尹知章注：「襁褓之嬰孩，無得傷損也。」⓴時　指依時行事。㉑凋　凋謝。尹知章注：「若能行上事，春則繁茂而不凋枯也。」㉒七十二日而畢　自甲子日始，至丙子日止，恰為七十二日，故謂「七十二日而畢」。此處指冬至節後始至夏令開始時止。

【語　譯】從冬至節後，遇到甲子日開始，應依據木德的原則順時行事。天子發布政令，飭令左右士師內侍治事。統一區別官爵等次，評定出士吏的賢明與不肖；拿出祕藏珍品，賜賞給全國各地。發放積儲的糧食，按田畝計數，貸給耕農。派出朝廷官員，巡視山林，禁止人們砍伐，以求愛護草木。這樣，屆時便能冰消凍解，草木萌發，消滅害蟲及其卵殼。春耕不可延擱，苗要培足根基，不要宰殺雛鳥，不要傷害幼鹿。不要縛束過緊，不要妨礙嬰孩成長。依時行事，則草木不凋，持續七十二天之後，春事即可完畢。

睹丙子火行御。天子出令，命行人❶內御。令掘溝澮❷，津❸舊塗❹。發臧❺，任君賞賜。君子修游馳❻，以發地氣。出皮幣，命行人修春秋之禮❼於天下，諸侯通，天下遇者兼和。然則天無疾風，草木發奮，鬱氣息❽，民不疾❾而榮華❿蕃⓫。七十二日而畢⓬。

【章　旨】此章言依據火德所應行之夏事。

【注　釋】❶行人　官名，掌管朝覲聘問、交通交際事務。尹知章注：「行人，行使之官也。」❷溝澮　用以防旱排澇的田間水道。❸津　津梁，此處用為動詞，意謂架設橋梁。❹舊塗　尹知章注為「先時濟水處」。❺臧　同「藏」。儲積。❻修游馳　講求游樂。石一參注：「游，游泳，為水嬉。馳，試馬，習騎術也。夏月地氣發，故游馳以順時養生也。」❼春秋之禮　指國與國之間的聘饗之禮。尹知章注為「春秋二時聘問之禮」。❽鬱氣息　鬱悶蒸熱之氣消除。尹知章注：「謂鬱蒸之氣止息也。」❾不疾　指不染疾疫。❿榮華　本指草木開花，引申為昌盛發達。⓫蕃　繁殖。此指生育眾多。⓬七十二日而畢　從夏令第一丙子日起，至遇戊子日止，歷七十二日而夏事畢。

【語　譯】從夏令遇到第一個丙子日開始，應依據火德的原則順時行事。天子發布政令，飭令掌管朝覲聘問的官員內侍治事。下令疏通田間溝渠，在舊時濟水處架設橋梁。開放積藏，交由君主用為賞賜。君子講求游樂，藉以發泄地氣。拿出皮革、絲帛，派遣使臣往天下各國奉行聘問之禮，與諸侯通好，使天下有交往的國家都能和睦相處。這樣，便會天無暴風，草木生長茂盛，鬱悶蒸熱之氣消散，民眾不染疾疫，人口發達興旺。如此持續七十二天，而夏事即可完畢。

睹戊子土行御。天子出令，命左右司徒內御。不誅不貞❶，農事為敬❷。大揚惠言❸，寬刑死，緩罪人。出國司徒❹令，命順民之功力❺，以養五穀。君子之❻靜居❼，而農夫修其功力極❽。然則天為粵宛❾，草木養長，五穀蕃實秀大，六畜犧牲⑩具；民足財，國富，上下親，諸侯和。七十二日而畢⑪。

【章　旨】此章言依據土德所應行之夏秋間事。

【注　釋】❶貞　俞樾謂「貞」為「賞」字「闕壞」所誤，「蓋賞以春夏，刑以秋冬，古制如此。至戊子土行御，則不誅不賞，但務農事而已」。丁士涵則謂：「『貞』當為『責』。」錄供參考。❷敬　戒慎；勤謹。王念孫云：「『敬』當作『亟』，「急也」，「言夏時不行誅罰，唯農事為急也」。錄供參考。❸惠言　仁惠的言論，即德政主張。❹國司徒　石一參注：「國司徒，大司徒也，職司民事。」❺順民之功力　巡察民眾的勞動情況。功力，指功效。❻之　語助詞，此處義近「則」字。張佩綸云：「『之』字衍。」錄供參考。❼靜居　靜養。❽極　通「亟」。急。❾粵宛　意謂消散鬱結之氣。粵，同「越」。消散。宛，通「鬱」。鬱結。❿犧牲　祭祀用牲的通稱。色純者為「犧」，體全者為「牲」。⑪七十二日而畢　從夏秋中間之戊子日起，至遇庚子日止，歷七十二天而土德中央之事畢，交入秋令。

【語　譯】從夏秋之間，遇到第一個戊子日開始，應依據土德的原則順時行事。天子發布政令，飭令左右司徒內侍治事。不誅罰，不行賞，只勤謹於農事。大力宣揚德政主張，寬論刑死，緩判罪人。發出大司徒的布告，命令所屬官員，巡察民眾的生產功效，促其蓄育五穀。君子則靜養，而農夫卻急需講求生產功效。這樣，天氣便會消散鬱結之氣，草木旺盛地生長，糧食作物蕃盛而堅實，開花茂密而結實碩大，六畜及祭祀用牲齊備；民眾多財，國家富庶，君主臣民相親，諸侯各國和睦。如此持續七十二天，而夏秋間事即可完成。

睹庚子金行御。天子出令，命祝宗❶選禽獸之禁❷、五穀之先熟者❸，而薦❹之祖廟與五祀❺，鬼神饗其氣焉，君子食其味焉。然則涼風至，白露下，天子出令，命左右司馬內御❻，組甲❼厲兵❽，合什為伍❾，以修於四境之內，諛然❿告民有事⓫，所以待⓬天地之殺斂⓭也。然則晝炙陽⓮，夕下露，地競環⓯，五穀鄰熟⓰，草木茂實，歲農豐年而大茂。七十二日而畢⓱。

【章　旨】此章言依據金德所應行之秋事。

【注　釋】❶祝宗　執掌祭祀的官員。祝，祠廟中司祭禮的人。❷禁　指專供祭祀之用，平時禁止宰殺的禽獸。尹知章注：「禁，謂牢、囿圃所養，擬供祭祀也。」❸五穀之先熟者　指五穀中先熟的部分。選用少許以祭天地祖先「嘗新」，以示秋成當先報本。❹薦　敬獻；進奉。❺五祀　指天子供祭的五種神祇。即尹知章所注「門、行、戶、竈、中霤」。❻左右司馬內御　謂以左右司馬為內侍治事。原文為「左右司馬衍」。張佩綸云：「或『衍』字即『內御』二字之壞。」今上文有「命左右士師內御」、「命行人內御」、「命左右司徒內御」，因據補，以求文例統一。❼組甲　用絲織成的帶子，聯綴皮革或鐵片，而製成鎧甲。❽厲兵　即「礪兵」。磨礪兵器。❾合什為伍　聚十人為「什」，編五人為「伍」，統指組織軍隊。❿諛然　即「俞然」。態度和恭貌。郭沫若云：「諛然，猶瞿然，警惕貌。」錄供參考。⓫事　指征伐之事。⓬待　備；禦。⓭殺斂　殺伐與收殮。斂，通「殮」。收殮；入殮。⓮晝炙陽　意謂秋天白晝太陽酷熱，有如燻烤，即常言所謂「二十七個秋老虎」。炙，燻烤。⓯地競環　地氣競相炙灼。尹知章注：「環，炙實貌。方秋之時，晝則暴炙，夕則下寒露而潤之，陰陽更生，故地氣交競而炙實。」郭沫若謂：「疑尹所見本『環』本作『燂』。」燂即烤灼。⓰鄰熟　接連成熟。《釋名・釋州國》：「鄰，連也。」⓱七十二日而畢　從立秋第一庚子日起，至下遇壬子日止，歷七十二天而秋事畢。

【語　譯】從立秋遇到第一個庚子日開始，應依據金德的原則順時行事。天子發布政令，飭令掌管祭祀的官員，選取平日禁止宰殺、專供祭祀之用的禽獸及最早成熟的五穀，進奉到祖廟與五種神祇面前，讓先祖及神靈饗用祭品的馨香，而由君子宴食祭品。這樣，便會涼風漸至，白露普降。天子又發布政令，飭令左右司馬內侍治事。磨礪兵器，整頓行伍，在全國範圍內練兵習武，和悅而慎重地告誡民眾，將有征伐之事，這是用以防備天地秋令將行的殺伐與收殮。這時，白晝陽光灼熱，夜晚白露普降，地氣競相炙灼，五穀相繼成熟，草木茂密豐實，農業豐收，年歲美盛。如此持續七十二天，而秋事即可完成。

睹壬子水行御。天子出令，命左右使人❶內御。其氣❷足則發❸而❹止，其氣不足則發撊瀆❺盜賊。數剸❻竹箭❼，伐檀柘❽，令民出獵，禽獸不釋巨少而殺之，所以貴天地之所閉藏也。然則羽卵者不段❾，毛胎者不牘❿，䐈婦⓫不銷⓬棄⓭，草木根本美⓮。七十二日而畢⓯。

【章　旨】此章言依據水德所應行之冬事。

【注　釋】❶使人　使者，此指擔負特定官職的人。張佩綸謂：「『使』當作『李』，篆文相近。」譯文依此。石一參云：脫「司李」二字，「誤衍一『人』字。李為刑官，歲終決獄，故內御也。」錄供參考。❷其氣　指寒氣、冬氣。原文為「御其氣」。王念孫謂「御」為衍文。❸發　揭露；暴露。❹而　意同「乃」。❺撊瀆　即「瞯黷」。窺伺錢財的貪污者。❻剸　截削。❼箭　竹之一種。《廣群芳譜》引戴凱之《竹譜》：「箭竹，高者不過一丈，節間三尺，堅勁中矢。江南諸山皆有之。」尹知章注：「言數剸削竹箭以為矢也。」❽檀柘　兩種樹木，其質堅韌，可用作弓。尹知章注：「伐檀柘所以為弓也。」❾段　通「毈」。孵不成鳥。《說文》：「毈，卵不孚也。」❿牘　同「殰」。敗胎流產。《淮南子・原道》：「獸胎不殰，鳥卵不毈。」高誘注：「胎不成獸曰殰，卵不成鳥曰毈。」⓫䐈婦　即「孕婦」。⓬銷　同「消」。指嬰兒不足月而生。⓭棄　指嬰兒墮地無人撫養。⓮根本美　根基完好。尹知章注：「閉藏實堅，則根本美。凡此，皆順冬閉藏之政所致也。」⓯七十二日而畢　冬令自壬子日起，至下遇甲子日止，歷七十二天而冬事畢。五行合三百六十日，歲功成後，又起春令，終而復始。

【語　譯】從冬令遇到壬子日開始，應依據水德的原則順時行事。天子發布政令，飭令左右司李內侍治事。冬氣旺盛，則發姦捕盜之事，便可停止；冬氣不旺，則宜著力發捕貪污盜竊之徒。多削箭竹為矢，多砍檀柘為弓，動員百姓，外出狩獵，飛禽走獸，不放過大小，一律捕殺，用以崇尚天地閉藏肅殺之氣。這樣，鳥類便不會孵化不成，獸類便不會壞胎流產，孕婦不會出現胎兒夭折，嬰兒不會無人撫養，草木也會根基完好。如此持續七十二天，而冬事即可完成。

睹甲子木行御，天子不賦不賜賞❶，而大斬伐傷，君危。不然❷，太子危，家人夫人死。不然，則長子死。七十二日而畢。睹丙子火行御，天子敬行❸急政，旱札❹、苗死、民厲❺。七十二日而畢。睹戊子土行御，天子修宮室，築臺榭，君危。外築城郭，臣死❻。七十二日而畢。睹庚子金行御，天子攻山擊石，有兵作戰而敗，士死，喪執政。七十二日而畢。睹壬子水行御，天子決塞，動大水，王后夫人薨❼。不然，則羽卵者段，毛胎者膭，腫婦銷棄，草木根本不美。七十二日而畢也。

【章　旨】此章言天子施政不順天時的禍害。

【注　釋】❶不賦不賜賞　與上文所言「賦祕賜賞」相反，天子不拿出祕藏珍品，不賜賞給全國各地。極言春不推恩，逆時行政。❷不然　原文為「不殺」。孫詒讓云：「當作『不然』」，蓋「殺」俗作「煞」，「與『然』形近，故傳寫易訛」。❸敬行　石一參謂「敬行」當作「苟行」，或作「茍行」。錄供參考。敬，王念孫云：「『敬』當作『亟』」，「亟，數也」。數，屢次；經常。譯文依此。❹旱札　因嚴重乾旱而引起的瘟疫流行。札，因遭瘟疫而早死。❺厲　通「癘」。傳染疫病。❻臣死　指司事之臣罪當處死。因為大築城郭，妨礙農時，必遭民怨。❼薨　周代稱諸侯之死為「薨」。此指王后夫人之死。《禮記・曲禮下》：「天子死曰崩，諸侯死曰薨。」

【語　譯】從冬至節後，遇到甲子日開始，應依據木德的原則順時治事。如果天子不拿出祕藏珍品，不賜賞給全國各地，反而大施刑罰、征伐，傷害生靈，君位就會危險。不然，太子就會危險，家人、夫人，就會死亡。再不然，長子就會死亡。而且這種逆時行政的災禍，將持續七十二天才能了結。從夏令遇到第一個丙子日開始，應依據火德的原則順時治事。如果天子屢行苛政，便會造成嚴重乾旱，木苗枯死，百姓染疫。而且這種逆時行政的災禍，將持續七十二天才能了結。從夏秋之間，遇到第一個戊子日開始，應依據土德的原則順時治事。如果天子大修宮室，高築臺榭，君位就會危險。如果除此而外，進而大修城郭，主事的大臣，便罪當處死。而且這種逆時行政的災禍，將持續七十二天才能了結。從立秋後遇到第一個庚子日開始，應依據金德的原則順時治事。如果天子發動攻山擊石，凡是興兵作戰則敗，士卒難免於死，這樣便會喪失執政權柄。而且這種逆時行政的災禍，將持續七十二天才能了結。從冬令遇到壬子日開始，應依據水德的原則順時治事。如果天子決開或堵塞江河，興動巨大治水工程，王后夫人便會死亡。不然，鳥類便會孵化不成，獸類便會壞胎流產，孕婦便會出現胎兒夭折，嬰兒便會無人撫養，草木也會根基敗損。而且這種逆時行政的災禍，也將持續七十二天才能了結。

卷十五

勢第四十二

【題解】此為《管子》第四十二篇，題為「勢」。勢，即趨勢、規律。本文要旨在談軍事，凡所涉及，多帶有規律的性質。比如「戰而懼水，此謂膽滅」，「戰而懼險，此謂迷中」。很明顯，作者反對「畏懼」，主張「膽壯」，反對「迷中」，主張「明智」；認為戰勝之道，在於氣盛，氣盛則源於見明備豫。又比如，談到「靜與作」，即防守與進攻的問題，作者認為懂得靜守的作用，防禦便能自收其利；懂得事態的發展趨勢，出擊必有預期功效。而防守與進攻的正確處理，又在於掌握有「度」。「度」，就是法則、規律。再比如，作者明確提出，用兵成功之道，貴在慎其「贏縮」，「一偃一側」，有張有弛；貴在善於借助天時、人事之利，乘人之弊；貴在謀慮機密，處事明察，使自己立於不敗之地。凡此種種，都是很可貴的經驗，都是帶有規律性的問題。與題之名「勢」，都是頗相吻合的。

戰而懼水，此謂膽滅❶。小事不從，大事不吉。戰而懼險，此謂迷中❷。分❸其師眾❹，人既❺迷芒❻，必其將亡之道❼。

【章旨】此章言無勇無智，必將敗亡。

【注釋】❶膽滅 膽氣盡淨。《爾雅・釋詁》：「滅，絕也。」原文為「澹滅」。張佩綸云：「『澹』當為『膽』，字之誤也。」❷迷中 內心迷惑；心中無數。❸分 通「紛」。紛亂。《淮南子・繆稱》：「禍之生也分分。」注：「猶紛紛。」❹師眾 眾人，此指所部官兵。師，眾。❺既 全；盡。❻芒 通「茫」。模糊不清。❼必其將亡之道 意謂必然將走向滅亡的道路。陶鴻慶云：「『之道』上當奪『亡』字，下奪『也』字，原文本云：『人既迷芒，必其將亡，亡之道也。』」錄供參考。

【語譯】作戰而畏懼涉水，這叫做全無膽氣。這種人，小事尚且不能遂意，大事必然不會吉祥。作戰而畏懼前途險阻，這叫做內心無主。既惑亂了部眾，自己又茫然而無主張，這種人，必然是走向滅亡的道路。

重靜❶者比於死❷，重作者比於鬼❸，重信❹者比於距❺，重詘❻者比於避❼。夫靜與作，時以為主人，時以為客，貴得度。知靜之備，居而自利❽；知作之從❾，每動有功。故曰，無為❿者帝，其此之謂也。

【章旨】此章言「靜」、「作」，貴在得「度」；能依照規律行事，便能成就帝業。

【注釋】❶重靜 崇尚靜止；強調靜止。原文為「動靜」。俞樾云：一連四句，「『動』字皆作重」。❷比於死 近於死。❸比於鬼 近於鬼。極言「作」之神異。原文為「比於醜」。張佩綸云：「『醜』當為『鬼』，字之誤也。」❹信 通「伸」。伸展；擴充。❺距 雄雞距後突出像腳趾的部分，爭鬥時用以刺敵。古戈亦有距。❻詘 通「屈」。屈曲。❼避 通「辟」。辟，又通「躄」。躄，瘸腿。❽知靜之備二句 李哲明云：謂「能知靜之不敢忽，而常為之備，則居處之間，自無不利」。備，待用。原文為「修」。張佩綸云：「『修』當作『備』，備，利韻。」❾從 隨從。引申為發展趨勢。❿無為 指無為而治，按法則、規律行事。

【語譯】強調靜止的時候，應當近於死屍一樣安詳；強調行動的時候，應當近於神鬼一樣出沒無定；強調伸展的時候，應當近於雄雞的跖距一樣有力；強調屈縮的時候，應當近於瘸腿一樣退避。靜止或行動，時而成為主人，時而成為客位，貴在得其法度。懂得靜止以待用，駐守便能自收其利；懂得行動的發展趨勢，每次出擊必有功效。所以說，無為而治的君主可以成就帝王功業，說的就是這個道理。

逆節❶萌生，天地未形，先為之政❷，其事乃不成，繆❸受其刑。天因人❹，聖人因天❺。天時不作勿為客❻，人事不起勿為始❼，慕❽和其眾，以備❾天地之從。人❿先生之，天地刑⓫之，聖人成⓬之，則與天同極⓭。正靜不爭，動作不貣⓮，素質不留⓯，與地同極。未得天極，則隱於德⓰；已得天極，則致其力。既成其功，順守其從，人不能代。

【章　旨】此章言欲與征伐，必因天時、人事之利。

【注　釋】❶逆節　指敵方悖逆之事。❷政　通「征」。征伐。❸繆　同「繚」。繚繞；糾結不斷。❹人　指人的善惡行為。❺天　指天的跡象、徵兆。❻客　客位。此指進攻者的位置。❼始　此指戰事之始。❽慕　愛撫。許維遹云：「『慕』當為『纂』字之誤」，與「選」字「聲近義同」，「選有齊義」。錄供參考。❾備　等待；準備。原文為「修」。郭沫若云：「『修』當為『備』」，「謂先求人和，以待天時地利也」。❿人　他人。此指敵方之人。⓫刑　通「形」。顯露；表現。⓬成　完成；成就。⓭極　準則。⓮貣　同「忒」。差錯；過失。原文為「貳」。王念孫云：「『貳』當為『貣』」，「『貳』與『貣』字相近，故『貣』誤作『貳』」。⓯不留　不肯殺伐。留，通「鎦」，同「劉」。殺伐。下文「留」字同此義。⓰隱於德　安定下來，修養仁德。隱，憑倚，引申為安定。《方言》第六：「隱，定也。」尹知章注：「隱而修德。」

【語　譯】敵方的悖亂事態，剛剛萌發，天地也還沒有出現什麼徵兆，便預先給予征討，這樣的事情，便不能成功，還會糾結不斷地受到懲罰。上天會依據人們的善惡不同，而給予禍福，聖人將依據天地顯現的徵兆，而發動征伐。敵方的天時沒有發生怪異，切不要發起攻擊；敵方的人事沒起重大變化，切不要挑起戰端；愛撫與團結自己的民眾，以等待天時地利跟隨而來。敵方先已發生事端，天地繼而顯現懲罰的徵兆，然後聖人運用征伐手段加以完成，這便與上天是同一準則了。如果能堅持公正、虛靜而不事爭奪，行動不出現差錯，素性沒有殺戮之心，這便與大地是同一準則了。尚未符合天的準則，便要安定下來，修養仁德；已經符合天的準則，便要竭盡自己的能力。既已成就功業，只要順應與堅持事物的發展趨勢，就會任何人都不能取代。

成功之道，贏縮❶為寶。毋亡❷天極，究數而止❸。事若未成，毋改其形❹，毋失其始❺，靜民觀時❻，待令❼而起。故曰，修❽陰陽之從，而道❾天地之常。贏贏縮縮，因而為當；死死生生❿，因天地之形。天地形之⓫，聖人成之。小取者小利，大取者大利，盡行之者有天下。

【章　旨】此章言成功之道在慎其「贏縮」。

【注　釋】❶贏縮　有餘與減少，引申為進退屈伸。下文「贏贏縮縮」，同此義。❷亡　通「忘」。忘記。❸究數而止　尹知章注：謂「但盡天之數，則止而勿為。」究數，窮盡天數。❹形　正常形態。尹知章注：「形，謂常形也。」❺始　意謂初衷。尹知章注：「守常修始，事終有成也。」❻靜民觀時　尹知章注：「言事未成之時，但安靜其人，謹候其時。」靜民，使民眾安靜。❼令　指上天的命令，即上文所謂「天地之形」。❽修　堅持；遵行。王念孫云：「『修』亦當作『循』。」郭沫若云：「『修』亦當為『備』。」錄供參考。❾道　取道；遵循。❿死死生生　此指隱顯。尹知章注：「死生，猶隱顯也。聖人隱顯必因天地之形。」⓫天地形之　原文為「天地之形」。王念孫云：「『天地之形』當依上文作『天地形之』。」

【語　譯】成功的奧祕貴在能伸能屈。不要忘記上天的準則，凡事窮盡天數則止。舉事若是未能成功，不可改易常態，不可喪失初衷；應當使民眾安定，靜觀天時，等待上天的命令，應時而舉。所以說，要遵行陰陽變化的趨向，要遵循天地運行的常規。伸伸屈屈，順時為當；隱隱顯顯，要依據天地顯現的徵兆行事。天地顯現徵兆，聖人完成征伐。小行征伐，則小得利益，大行征伐，則大得利益，盡行征伐，則擁有天下。

故賢者誠信以仁之，慈惠以愛之，端政象❶不敢以先人。中靜不留，裕德無求❷，形於女色❸。其所處者，柔安靜樂，行德而不爭，以待天下之濆作❹也。故賢者安徐正靜，柔節❺先定，行於不敢，而立於不能，守弱節而堅處之。故不犯天時，不亂民功。秉時養人❻，先德後刑。順於天，微度❼人。

【章　旨】此章言賢者的行事及自處原則。

【注　釋】❶端政象　似指公布政策法令條文。端，雙手捧出。此指懸掛、公布。象，即「像」。法式。《周禮・大司馬職》：「正月之吉，始和，布政於邦國都鄙，乃縣政象之法于象魏，使萬民觀政象，挾日而斂之。」❷裕德無求　尹知章注：謂「道德饒裕，無求於人」。求，索求；貪求。❸形於女色　即形於其色。意謂賢者的正靜，裕德的內質，已流露於外表神態。俞樾云：「此『女』字，當讀為爾女之女，『形於女色』，猶言形於其色耳。蓋既『裕德無求』，則其安徐正靜，必有見於顏色者，故云然。」❹濆作　本指泉水自地下直湧而出，借喻動亂勃興。尹知章注：「濆，動亂也。」❺柔節　指自守柔弱的節操。義同下文「弱節」。❻秉時養人　尹知章注：謂「持四時之政，以順養其人。」秉時，掌管四時政事。秉，執掌；主持。❼微度　暗中揣度；深入考察。

【語　譯】所以賢明的人，對民眾誠信而寬仁，慈惠而友愛，頒布政策法令，不願以一己意旨，先加於人。內心正靜，無爭奪殺伐之欲；道德寬宏，不嗜索求。這些都已流露在外表神態。這種人的處世原則，是以柔弱為心安，以虛靜為樂趣，施行德政而不與他人爭奪，以等待天下動亂的發生。因而這種賢明人的閒適、舒坦、公正、虛靜，柔和的操守，早已形成。行事立足於不願恃勇仗氣，建功立足於不願爭勝於人，恪守著柔弱節操，堅明以自處。所以，這種人能夠不違背天時，不奪亂民事，執掌四時政事，順養全國民眾，先施德澤，後用刑罰。既能順應天道，又能深入揣度人心。

善周❶者，明❷不能見也；善明者，周不能蔽也。大明勝大周，則民❸無大周也；大周勝大明，則民無大明也。大周之先，可以奮信❹；大明之祖❺，可以代天❻。下索而不得，求之招搖❼之下。

【章　旨】此章言謀慮機密與處事明察之間的關係及其作用。

【注　釋】❶周　周密；機密。❷明　明察；稽察。❸民　即「人」。他人；對方。❹奮信　即「奮伸」。奮然擴展。❺祖　始。與上文「先」字均有「最」、「至」之義。❻代天　替代上天的啟示。❼招搖　星名。尹知章注：「招搖之星，隨斗杓順時而建者也。」

【語　譯】精於機密的，儘管明察也不能發現；精於稽察的，儘管機密也無法隱蔽。如果高度明察，超過了對方的高度機密，對方便無所謂高度機密了；如果高度機密超過了對方的高度明察，對方便無所謂高度明察了。謀慮最為機密的，可以奮然擴展勢力；處事最為明察的，可以替代上天徵兆的啟示。如果從地利方面察求而得不到啟發，便應當索求於上天的星象。

獸厭走❶，而有伏網罟。一偃一側❷，不然不得。大文三曾❸，而貴義與德；大武三曾，而偃❹武與力。

【章　旨】此章言治理政務，當一偃一側，文武兼施。

【注　釋】❶厭走　滿足於一味奔跑。厭，通「饜」。滿足。❷一偃一側　有起有伏；有進有退。偃，仰。側，伏。❸三曾　即「三層」。指政績連續累積。曾，通「層」。安井衡云：「『三層』謂積累至三，言重行不已也。」❹偃　此指停止、止息。

【語　譯】走獸因為滿足於一味奔跑，所以有暗設的網罟，足以制伏。治政之所以應該有起有伏，是因為不如此，便達不到目的。大行文治，政績多所積累，天下就會看重道義與仁德；大行武治，政績多所積累，天下便能止息刀兵與暴力。

正第四十三

【題解】此為《管子》第四十三篇，題為「正」。意即匡正、規正，講的是治民之道。全文分為兩個部分：第一部分，闡述治國者必須從刑、政、法、德、道五方面規正國民，既強調刑政，亦強調教化，論述甚為全面。第二部分，闡述治國者必須從「正身」作起。作者認為，只有治國者率先垂範，做到行政服信，進德日新，始終守慎，舉人無私，得利在後，才能達到匡正國民的預期目的。這既是作者對於治國者提出的理想要求，也是作者所總結的一條很重要的執政經驗。孔子所謂「其身正，不令而行；其身不正，雖令不從」（《論語・子路》），說的正是這個意思。

制斷❶五刑❷，各當其名，罪人不怨，善人不驚，曰刑。正之，服之，勝之，飾❸之，必嚴其令，而民則之，曰政。如四時之不貣❹，如星辰之不變，如宵如晝，如陰如陽，如日月之明，曰法。愛之，生之，養之，成之，利民不德❺，天下親之，曰德。無德無怨，無好無惡，萬物崇一❻，陰陽同度，曰道。刑以弊❼之，政以命之，法以遏之，德以養之，道以明之。刑以弊之，毋失民命；令之以終❽其欲，明之毋徑❾；遏之以絕其志意❿，毋使民幸⓫；養之以化其惡⓬，必自身始；明之以察其生⓭，必修⓮其理。致⓯刑，其民庸心以敬⓰；致政，其民服信⓱

以聽；致德，其民和平以靜；致道，其民付⑱而不爭。罪人當名曰刑，出令當時⑲曰政，當故⑳不改曰法，愛民無私曰德，會民所聚曰道㉑。

【章　旨】此章言諸侯、國君正民之法。

【注　釋】❶制斷　專權；裁斷；執掌。❷五刑　指墨、劓、刖、宮、大辟五種刑律。❸飾　通「飭」。整飭；整頓。❹貣　同「忒」。差失；過錯。❺不德　不以為德；不自恃有德。❻崇一　即「宗一」。以一為本，《老子》所謂「一生二，二生三，三生萬物」之意。俞樾云：「『崇』讀為宗，《尚書．牧誓》『是崇是長』，《漢書．谷永傳》『崇』作『宗』，是古字通也」，「『萬物宗一』言萬物本乎一也」。❼弊　裁決；裁斷。❽終　終止；消除。王念孫云：「『終』當為『絕』，字之誤也。」陶鴻慶云：「『終』當作『給』，以草書相似而誤。」錄供參考。❾明之毋徑　意謂使民眾明辨是非而不走入邪路。《廣雅》：「徑，邪也。」劉績云：「『明之毋徑』，當作『毋使民徑』，字之誤也。」錄供參考。❿絕其志意　意謂截斷其念頭。劉師培云：「此與『終其欲』、『化其惡』、『察其生』並文，『志意』二字當衍其一。」⓫毋使民幸　尹知章注：謂「用法正人之志意，不使人有非分之幸也」。幸，僥倖。⓬化其惡　使人們改變惡行。化，改變；轉變。《老子》：「我無為而民自化。」⓭生　同「性」。性情。⓮修　奉行；遵行。王念孫云：「『修』當作『循』。」錄供參考。⓯致　送達。引申為施與、施加。下文「致」字同此義。⓰庸心以敬　用心而戒慎。敬，原文為「蔽」。俞樾云：「『蔽』字與聽、靜、爭，不協韻，『蔽』蓋『敬』字之誤。」⓱服信　任用誠信；奉守誠信。⓲付　古通「附」。親附。⓳當時　適時；合時。當，適合；合宜。原文為「時當」。古本、劉本、朱本皆作「當時」。此依古本。⓴當故　合於成規。故，成規；成例。㉑會民所聚曰道　尹知章注：「聚，謂眾所宜也。能令眾宜，道之謂也。」聚，眾人所宜。

【語　譯】裁斷五種刑法，各種刑法都與犯罪情況名實相當，使得罪犯無從抱怨，好人不致驚惶，這就是「刑」。匡正民眾，制服民眾，駕馭民眾，整治民眾，必須嚴明政令，使人們把政令作為行動準則，這就是「政」。像四時運行一樣不出差錯，像星辰顯現一樣不變更方位，像夜晚、像白天的到來一樣守時，像陰與陽的變化一樣有規律，像太陽月亮一樣明朗，這就是「法」。愛撫人們，生育人們，教養人們，成就人們，造福於民而不以德自居，使得天下民眾都來親附，這就是「德」。不施德澤，不結仇怨，無所喜愛，無所憎惡，認為萬事萬物都是以一為本，陰與陽都是同一歸宿，這就是「道」。應當運用刑律裁決民眾，運用政策指揮民眾，運用法令抑制民眾，運用「德」來教育民眾，運用「道」來曉諭民眾。運用刑律裁決，就不會誤傷人命；指使人們消除私欲，就是告訴人們不要走上邪路；抑制民眾，杜絕他們的非分之心，就是不讓他們希圖僥倖；教育民眾欲改變惡俗，必須從自身作起；告訴民眾欲省察性情，必須遵行事理。施以刑律，人們做事就會盡心而且謹慎；施以政令，人們就會奉守誠信，聽從指揮；施以德化，人們就會平和安靜；依「道」而治，人們就會親附而無爭奪。判處符合罪名，就是「刑」；發令合乎時宜，就是「政」；合乎成章而不常改易，就是「法」；愛撫民眾，不懷偏私，就是「德」；合於眾人所宜，就是「道」。

立常❶行政，能服信乎？中和慎敬，能日新乎？正衡❷一靜，能守慎乎？廢私立公，能舉人乎？臨政❸官民，能後其身乎？能服信❹，此謂正紀。能日新❺，此謂行理。守慎正名，偽詐自止。舉人無私，臣德咸道❻。能後其身，上佐天子。

【章　旨】此章言諸侯、國君之正己及其作用。

【注　釋】❶立常　建樹綱常。〈幼官〉：「明法審數，立常備能，則治。」❷正衡　指政局平穩。正，通「政」。尹知章注：「衡，平也。」❸臨政　即視政。處理政事。❹服信　奉守誠信。原文為「服信政」。「政」為衍文。丁士涵云：「蓋由淺人見下文皆四字為句，遂欲整齊句例，強加一字以足成之，殊不知於理難通也。」❺日新　指德操常有進步。原文為「服日新」。「服」字為衍文。成因亦如丁說。❻舉人無私二句　尹知章注：「無私則不妄舉，故臣德皆合於道也。」咸道，意謂全合於正道。

【語 譯】樹立綱紀，施行政令，能夠恪守誠信嗎？修養中正平和、謹慎謙敬的德行，能夠每天有所進步嗎？在政局平穩、全國安定的情況下，還能保持謹慎態度嗎？拋棄私衷，樹立國家觀念，能夠體現在舉拔人才方面嗎？處理政事，治理民眾，能夠把自身利益擺在次要位置嗎？能夠恪守誠信，這就叫做力行端正綱紀。能夠每日刷新德行，這就叫做履行正道。能夠堅持謹慎，辨正名分，偽善狡詐的行為自然消失。舉拔官吏不懷私衷，臣民的德行自會全合正道。辦事能夠把個人利益擺在次要位置，便可以輔佐天子了。

九變 第四十四

【題 解】此為《管子》第四十四篇，題為「九變」。全文主旨，在於闡明民眾之所以能為君主效死，能自竭其力，以應國家之急，守則固而戰則勝，絕非偶然。其所以不自居功，是以為義所當然。作者細繹了個中九方面的緣由。這九項緣由，也就是君主平日精心教化與治理的結果。對照下文所謂「三闇」而言，也是選擇士卒的九條正確原則，故題為「九變」。變，猶正也，「九變」亦即「九正」。

這是一篇軍事短論，突出強調了軍隊應依靠什麼人的問題。作者認為，只有依靠「守戰至死」，而不自恃有功於國的士卒，才能成為常勝之師。如果依靠「不信之人」、「不守之民」、「不戰之卒」，則是愚昧昏聵的表現。這種把士卒的思想、政治素質，放在突出位置的觀點，是《管子》軍事思想中很高明、很重要的組成部分。

關於「九變」的涵義，郭沫若曾另有一番解釋，他說：「『變』乃『孌』字之誤。《說文》『孌，慕也』。字亦作『戀』，《易．小畜》『有孚攣如』，《釋文》引〈子夏傳〉『戀，思也』。篇中例舉九種思慕，以明『民之所以守戰至死而不德其上』之由，故名其篇曰『九變』。『罰嚴而可畏』與『有深怨於敵人』，雖不能說之為慕，然可說之為思。且九中慕居其七，無妨從眾。尹注『謂人之情變有九』，是所據本已訛為『變』矣。」此說至詳，謹錄以供參考。

凡民之所以守戰至死而不德其上❶者，有數以至❷焉。曰，大者親戚❸墳墓之所在也，田宅富厚足居也。不然，則州縣鄉黨與宗族足懷樂也。不然，則上之教訓、習俗，慈愛之於民也厚，無所往而得之。不然，則山林澤谷之利足生也。不然，則地形險阻，易守而難攻也。不然，則罰嚴而可畏也。不然，則賞明而足勸也。不然，則有深怨於敵人也。不然，則有厚功於上❹也。此民之所以守戰至死而不德其上者也。

【章　旨】此章言士眾願意為國效死守戰的原因。

【注　釋】❶不德其上　不以為有德於其上，即不自居有功於國家。極言其至誠、自願。尹知章注：「或守或戰，雖復至死，不敢持之以德於上。」❷有數以至　即「有所以至」。意謂有達到這種境界的緣由。《集韻》：「數，音所，義同。」❸親戚　父母。此處擴展指祖先。❹有厚功於上　意謂對國家曾有重大貢獻而享有卓著聲譽和豐厚俸祿。尹知章注：「功厚則祿多，故亦自為戰，而不德於君。」

【語　譯】凡是民眾之所以願意守戰至死，而不認為是對君主有什麼功德，這是有達到這種境況的緣由的。詳細說來，最大的緣由，是祖先的丘墓在這裡，而且這個地方的田地房屋充裕，足可以安居樂業。不然，便是州縣鄉黨及宗族之間的情誼，足以使人感到快慰。不然，便是君主的教化以及由此形成的風尚，對於民眾愛撫深厚，而往別處則無法得到。不然，便是山林澤谷的資源，足以使人們維持生計。不然，便是地勢險要，容易守禦而難於攻取。不然，便是刑罰嚴峻，令人感到畏怯。不然，便是獎賞明允，足以激勵人們。不然，便是對於敵人有深刻仇怨。不然，便是對於君主曾有大功。這些都是民眾的所以願意守戰至死，而不自恃對君主有功的緣由。

今恃不信之人，而求以智❶；用不守之民❷，而欲以固；將❸不戰之卒，而幸以勝。此兵之三闇❹也。

【章　旨】此章言用兵方面的三種愚昧表現。

【注　釋】❶智　通「知」。此指瞭解敵情。〈小問〉所謂「恃不信之人，而求以外知」，正與此句同義。❷不守之民　指不願守禦至死的人。❸將　率領；帶領。❹闇　愚昧不明。

【語　譯】如今依靠不可信任的人們，而希望瞭解敵情；任用不願效死守禦的民眾，而想要鞏固國防；率領不願效死出戰的士卒，而企圖僥倖取得勝利。這就是用兵方面的三種愚昧不明的表現。

任法 第四十五

【題解】此為《管子》第四十五篇，題為「任法」，意即治國必須運用法度，依法行事。為了說明這一主旨，作者舉出堯與黃帝為代表，說：「堯之治也，善明法禁之令而已矣。」「黃帝之治也，置法而不變，使民安其法者也。」在此基礎上，作者又進而指出：聖主之「聖」，在於任法以致治；明主之「明」，在於明法固守，禁限徇私；失主之「失」，則在於徇私好惡，枉法毀令，終至失威德而蹈危地。全文反覆對比，備陳利害，觀點至為鮮明。在作者看來，法度穩定，便可以達到「無為」之效。但「無為」並非無所作為，而是「任法而不任智，任數而不任說，任公而不任私，任大道而不任小物」，「間識博學辯說」、「偉服」「奇行」之士，無所售其伎，貧富貴賤親疏遠近美惡，全納之於法，一概聽從人主之生殺賞罰禁令，而不敢有所私好私惡雜於其間，柄不下移，位不虛設，無枉無廢，無侵無怨，必公必正，一以度量斷而依法行事。這就是作者在本文中所宣揚的立法行法的理想境界。

聖君任法而不任智❶，任數❷而不任說❸，任公而不任私，任大道而不任小物，然後身佚而天下治。失君❹則不然，舍法而任智，故民舍事❺而好譽❻；舍數而任說，故民舍實而好言；舍公而任私❼，故民離法而妄行；舍大道而任小物，故上勞煩，百姓迷惑，而國家不治。聖君則不然，守道要，處佚樂，馳騁弋獵，鐘鼓竽瑟，宮中之樂，無禁圉❽也。不思不慮，不憂不圖，利身體，便形軀，養壽命，垂拱⑨而天下治。是故人主有能用其道者，不事心，不勞意，不動力，而土地自辟⑩，囷倉自實，蓄積自多，甲兵自強，群臣無詐偽，百官無姦邪，奇術技藝之人，莫敢高言孟行⑪，以過其情⑫，以遇⑬其主矣。

【章旨】此章言任法、任數、任公、任大道的重大作用。

【注釋】❶智 指個人智謀。❷數 方術；辦法。❸說 主張；學說。❹失君 與「聖君」相對而言。意謂糊塗、不明智的君主。失，錯誤；糊塗。❺事 生產；農事。❻譽 聲譽。此指虛名。石一參注：「以智倡者民以智應，故虛譽起而事實荒。」❼任私 原文為「好私」。依上文「任公而不任私」之例，當為「任私」。張佩綸云：「『好私』當作『任私』，涉上『好譽』『好言』而誤。」❽禁圉 禁止。圉，拘禁；阻擋。尹知章注：「宮中之樂，所以悅體安性，故不禁禦之也。」❾垂拱 垂衣拱手，不勞心力。本用以形容無為而治，此處則藉以極言任法、任數、任公、任大道的巨大效果。尹知章注：「但任法、數，則事簡，故身不勞，壽命長而天下自理也。」❿辟 即「闢」。開闢；擴充。⓫孟行 此指誇大的行為效果。尹知章注：「孟，大也。」張文虎云：「『孟』疑『猛』之借字。」錄供參考。⓬情 實際狀況。⓭遇 迎合。俞樾云：「『遇』讀為愚」，「『愚其主』者，自以為知，而以其主為愚也」。錄供參考。

【語譯】聖明的君主治國，是憑藉法度，而不憑藉個人智謀，憑藉實際措施，而不憑藉空頭學說，憑藉立公，而不憑藉謀私，憑藉著眼大道，而不憑藉拘泥小事。這樣一來，結果是自身逸樂，而天下安定。糊塗的君主治國，便不是這樣。他拋開法度，而憑藉個人智謀，因而百姓也就拋棄農事，而追求虛名；他拋開實際措施，而信憑空頭學說，因而百姓也就捨棄實幹，而崇尚清談；他拋開立公，而憑藉謀私，因而百姓也就違背法度，而作亂為非；他拋開著眼大道，而憑藉拘泥小事，君主自身勞碌繁忙，百姓迷亂而無所適從，國家因而不得安定。聖明的君主，卻不是這樣。他執掌著治國的原則與綱要，過著安閒快樂的日子，縱馬射獵，鳴鐘擊鼓，吹竽彈瑟，宮中悅樂，無所禁止。他不思不謀，無憂無慮，利於身體，適於形軀，養壽延年，垂衣拱手而天下太平。因此，君主有善於運用這個原則治理政務的，便不勞心，不傷神，不費勁，而土地自然開闢，倉廩自然充實，蓄積自然富足，兵力自然強盛，群臣沒有作虛弄假的現象，百官沒有姦邪不軌的行為。有奇特技藝的人，也沒有誰敢用高談闊論、浮誇舉止，來掩蓋實情，以圖迎合君主了。

昔者堯之治天下也，猶埴❶之在埏❷也，唯陶❸之所以為；猶金之在鑪，恣❹治❺之所以鑄。其民引之而來，推之而往，使之而成，禁之而止。故堯之治也，善明法禁之令而已矣。黃帝之治天下也，其民不引而來，不推而往，不使而成，不禁而止。故黃帝之治也，置法而不變，使民安❻其法者也。

【章　旨】此章言法猶模型，貴常而惡變；堯與黃帝均能任法以致治。

【注　釋】❶埴　黏土。〈考工記．總序〉：「摶埴之工二。」鄭玄注：「摶之言拍也；埴，黏土也。」❷埏　本義為揉黏土，引申為製造陶器的模型。❸陶　此指製造陶器的工匠。❹恣　任憑。❺治　此指冶鑄金屬器皿的工匠。❻安　適應；習慣。

【語　譯】從前堯帝治理天下，民眾好比黏土處在陶模之中，唯憑陶工隨意製作；好比金屬處在熔爐之中，聽任治工取來鑄造。天下人民招引便來，推動便往，指點便成，禁阻便止。因而堯帝的治理方法，就是善於頒明法律禁令而已。黃帝治理天下，民眾不需招引便來，不需推動便往，不需指點便成，不需禁阻便止。因而黃帝的治理方法，就是確定常法而不變更，使民眾適應於遵行法度。

所謂仁義禮樂者，皆出於法。此先聖之所以一民❶者也。周書❷曰：「國法，法不一❸，則有國者不祥；民不道❹法，則不祥；國更❺立法以典民❻，則不祥❼；群臣不用禮義教訓，則不祥；百官服事者離法而治，則不祥。」故曰：法不可不恒❽也，存亡治亂之所從出，聖君所以為天下大儀也。群臣❾上下貴賤皆發❿焉，故曰「法」。

【章　旨】此章引周書所謂「五不祥」，以證法貴守恒。

【注　釋】❶一民　使民一致；統一民眾。❷周書　此當泛指周代文書檔案，不一定就是指《尚書》中的〈周書〉，因為現存《尚書・周書》中並沒有這段引文。❸法不一　指法律行文不一致，彼此相矛盾。郭沫若云：「『法』字讀為廢。法廢則政出多門，故有國者不祥。」錄供參考。❹道　取道；依從。尹知章注：「道，從也。」❺更　改易；更換。❻典民　管理民眾。典，掌管。尹知章注：「典，主也。」❼不祥　不吉祥；遭禍亂。原文為「祥」。丁士涵云：「上下文四言『不祥』，此亦當言『不祥』，『祥』上脫『不』字，當補。」❽不恒　不固守；不堅持。原文無「不」字。根據上下文意，句當作「法不可不恒」，即法度不可不堅持之意。❾群臣　當是「君臣」之誤。❿發　遵守；奉行。尹知章注：「發，行也。」

【語　譯】所謂仁義禮樂，都是從法度滋生出來的。這些都是先代聖王用來統一民眾言行的。周書說：「國家雖有法度，但如果彼此不相一致，執掌國政的人，便會不吉祥；如果民眾不依從法度，國君也會不吉祥；如果國家輕易改變已經建立的法度來治理民眾，國君也會不吉祥；如果群臣不用禮義來訓導民眾，國君也會不吉祥；如果文武百官，遇事背離法度而行，國君也會不吉祥。」所以說：法度不可不堅持，它是關係國家存亡治亂的根源，是聖君用來作為國家最高準則的依據。君臣上下，貴者賤者，都得一體遵行，因而叫作「法」。

古之法也，世無請謁任舉❶之人，無間識❷博學辯說之士，無偉服❸，無奇行❹，皆囊於法❺以事其主。故明王之所恒者二：一曰明法而固守之，二曰禁民私而收使之❻。此二者，主之所恒也。夫法者，上之所以一民使下也，私者，下之所以侵法亂主也。故聖君置儀設法而固守之，然故堪材❼習士❽、閒❾識博學之人不可亂也，眾彊富貴私勇者不能侵也，信近親愛者不能離❿也，珍怪奇物不能惑也，萬物百事，非在法之中者不能動也。故法者，天下之至道也，聖君之實用⓫也。

【章　旨】此章言明王之「明」在於守恒。

【注　釋】❶請謁任舉　請見、求託、擔保、舉薦，盡是鑽營拉扯之術。❷間識　即閒識、嫻識。意謂多所聞見，熟悉時勢之事。間，同「閒」。即「嫻」。熟練。❸偉服　奇裝異服。《說文》：「偉，奇也。」❹奇行　怪誕行徑。尹知章注：「偉服奇行，皆過越法制者。令止息者，畏法故也。」❺囊於法　指收斂到法度允許的範圍內。尹知章注：「囊者，所以斂藏也。謂人皆斂藏過行，以順於法，上事其主。」❻收使之　使之收斂，加以役使。尹知章注：「謂以法收斂而使之。」❼堪材　能勝任重負的人。原文為「諶杵」。孫詒讓云：「『諶杵』當為『堪材』，皆形之誤也」，「『堪材』謂材力強勝能任事者，與《呂覽》『堪士』義同」。下同。❽習士　研習法度的人。尹知章注：「習士，謂習法之士。」❾閒　即「嫻」。原文為「聞」。孫詒讓云：「『聞』亦當為『閒』。『堪材習士，閒識博學』，四者文正相對。」下同。❿離　違背；背離。尹知章注：「離，猶違也。」⓫實用　最切實的用物。安井衡云：「『實』字不可通」，「蓋原文作『寶用』」，「今本俱作『實』，轉寫之訛耳」。錄供參考。

【語　譯】古代的法治，當時沒有遊說請託、權貴保薦的人，沒有精熟時勢、博古多聞、善辯巧說的人，沒有奇裝自異的人，沒有怪誕行事的人，人們都自我約束到法度允許的範圍內而為君主服務。所以賢明的君主，應當堅持兩項原則：一是頒明法度，而堅持執行，二是禁止人們妄行己意，而使之自我約束，然後加以役使。這兩項是君主必須堅持的。法度，是君主用來統一人們行為、役使臣民的工具；妄行己意，是臣民因而侵犯法度，淆亂君主的根源。所以聖君設置準則、訂立法度，而堅持執行。這樣，那些材力強勝的人，研習法度的人，精熟時勢、博古多聞的人，就不能淆亂君主了，那些人多勢眾、有錢有權的人們及其保鏢，就不能觸犯法度了，那些是君主的親信、近臣、戚屬及寵愛的人們，就不能背離法度了，即使奇珍異寶，也不能惑亂君主，各種不在法度範圍之內的事物，也就不能通行。所以，法度是天下的法寶，是聖君的最切實用的武器。

今天下則不然，皆有善法而不能守也。然故堪材習士、閒識博學之士，能以其智亂法惑上❶，眾彊富貴私勇者，能以其威犯法侵陵❷，鄰國諸侯，能以其權置子立相❸，大臣能以其私❹附百姓❺，翦❻公財以祿❼私士。凡如是而求法之行，國之治，不可得也。

【章　旨】此章言君主不能固守法度的惡果。

【注　釋】❶亂法惑上　使法度淆亂、君主困惑。自此以下諸句，極言「任智不任法」的危害。❷侵陵　此指侵擾欺陵君主。尹知章注：「謂侵陵於君也。」❸置子立相　此指諸侯廢棄太子，另立輔相。尹知章注：「鄰國恃權，能廢置君之子，援立國相。」❹私　指個人恩惠。❺附百姓　使百姓親附；籠絡百姓。尹知章注：「謂用私恩誘百姓使附也。」❻翦　削弱；損害。❼祿　此為動詞，給予俸祿。

【語　譯】當今天下的情況便不是這樣，而是有完善的法度卻不能遵行。因而那些材力強勝的人，研習法度的人，精熟時勢、博古多聞的人，能夠憑藉他們的智謀淆亂法度，困惑君主；那些人多勢眾、有錢有權的人們及其保鏢，能夠憑藉他們的威勢觸犯法度，脅迫君主；鄰國諸侯能夠憑藉他們的權力廢置太子，援立輔相；執政大臣能夠憑藉他們的個人恩惠來籠絡百姓，侵吞公財來培植私人勢力。凡屬這樣的情況，而想求得法度通行，國家安定，都是不可能的。

聖君則不然❶，卿相不得翦其私❷，群臣不得辟其所親愛❸。聖君亦明其法而固守之，群臣修通輻湊❹以事其主，百姓輯睦❺聽令道❻法以從其事。故曰：有生法，有守法，有法於法。夫生法者，君也；守法者，臣也；法於法者，民也。君臣上下貴賤皆從法，此謂為大治。

【章　旨】此章言聖君之「聖」，在能任法以致治。

【注　釋】❶不然　不像上章所謂「有善法而不能守」。意謂聖君「任法而任智」。❷卿相不得翦其私　郭沫若云：全句「當是『卿相不得翦公以祿其私』，奪去『公以祿』三字。」錄供參考。翦其私，意謂培植私人勢力。翦，派生；培植。《說文》：「翦，羽生也。」❸辟其所親愛　意謂任人唯親。辟，徵召；徵引。❹輻湊　即「輻輳」。車輻湊聚於車轂，比喻集聚一處。此處借指群臣向君主靠攏。尹知章注：「謂各自通於君，如輻之湊也。」❺輯睦　和睦道法；依從法度。❻道　尹知章注：「道，從也。」

【語　譯】聖君治政便不是這樣，卿相不能營植私人勢力，群臣不能任用自己的親屬及寵愛者作官。聖君自己，也彰明準則而堅持執行，群臣戮力同心，靠攏君主，為君主服務，百姓和睦團結，聽從命令，遵循法度，從事生產。所以說，有制訂法度的，有奉行法度的，有遵循法度而行的。制訂法度的，是君主；奉行法度的，是官吏；遵循法度而行的，是百姓。君臣上下，貴者賤者，一律依法行事，這就稱為大治。

故主有三術❶：夫愛人不私賞也，惡人不私罰也，置儀設法，以度量斷❷者，上主也。愛人而私賞之，惡人而私罰之，倍❸大臣，離❹左右，專以其心斷❺者，中主也。臣有所愛而為私賞之，有所惡而為私罰之，倍其公法，損其正心，專聽其大臣者，危主也。故為人主者，不重愛人❻，不重惡人。重愛曰失德❼，重惡曰失威❽。威德皆失，則主危也。

【章　旨】此章言法度運用，要在不可徇私好惡，否則將失威德而蹈危地。

【注　釋】❶術　方法；作法。❷以度量斷　根據法度衡量判斷事物。❸倍　通「背」。背棄；違背。❹離　背離；離違。❺以其心斷　以己心斷，意謂憑個人想法，作為判斷是非的標準。與「以度量斷」正相對立。❻不重愛人　謂重法而不重個人好惡。重，偏重。❼失德　錯施德澤。重愛則私賞，私賞則不當，故謂「失德」。❽失威　錯施威嚴。重惡則私罰，私罰則不當，故謂「失威」。

【語　譯】所以，君主治理政事，有三種不同作法：對於喜愛的人，不偏私獎賞，對於憎惡的人，不挾私懲罰，設置標準，訂立法度，而且根據法度衡量判斷事物的，這是上等的君主。對於喜愛的人便偏私獎賞，對於憎惡的人便挾私懲罰，違反大臣的忠告，背離近侍的建議，專憑一己私意，作為判斷是非的標準，這是中等的君主。凡是大臣喜愛的人，就替他給予偏私的獎賞，凡是大臣憎惡的人，就替他處以挾私的懲罰，違背朝廷的法度，損害自己的本心，任憑大臣的擺布，這是危亡的君主。因而當君主的人，不能偏重對於某人的喜愛，也不能偏重對於某人的憎惡。偏重個人喜愛，便會錯施德澤，偏重個人憎惡，便會濫施刑威。刑威和德澤全都失誤，君主也就危險了。

故明王之所操者六：生之，殺之，富之，貧之，貴之，賤之。此六柄者，主之所操也。主之所處者四：一曰文，二曰武，三曰威，四曰德。此四位者，主之所處也。藉人以其所操，命曰奪柄；藉人以其所處，命曰失位。奪柄失位，而求令之行，不可得也。法不平，令不全，是亦奪柄失位之道也❶。故有為枉法，有為毀令，此聖君之所以自禁也。故貴不能威❷，富不能祿❸，賤不能事❹，近不能親❺，美不能淫❻也。植固❼而不動，奇邪❽乃恐，奇革而邪化，令往而民移。故聖君矢❾度量，置儀法，如天地之堅，如列星之固，如日月之明，如四時之信，然故令往而民從之。而失君則不然，法立而還❿廢之，令出而復⓫反之，枉法而從私，毀令而不全。是貴能威之，富能祿之，賤能事之，近能親之，美能淫之。此五者，不禁於身，是以群臣百姓⓬，人挾其私而幸其主。彼幸而得之，則主日侵；彼幸而不得，則怨日產。夫日侵而產怨，此失君之所慎⓭也。

【章旨】此章言枉法毀令是奪柄失位之道，君主宜有以自慎。

【注釋】❶法不平三句　謂法出不平，令出不全，君主自立法而自枉之，自出令而自毀之，雖無奪柄之臣，亦有失位之懼。道，緣由。❷威　威逼；挾制。❸祿　給予利祿。意謂賄賂。郭沫若云：「『祿』與賂同意。」❹事　此指通過事奉而討好。❺親　親近；親暱。郭沫若云：「『親』疑當為『侵』，聲之誤也。」錄供參考。❻淫　惑亂。❼植固　指依法治理政事的意志堅定。植，心志。❽奇邪　義同〈版法〉中「倚邪」。即指乖戾邪僻之人。❾矢　通「施」。陳設；設置。原文為「失」。安井衡云：「『失』當為『矢』，形近之訛。」王念孫則云：「『設』與『失』，聲之誤也。」錄供參考。❿還　通「旋」。即刻；隨即。⓫復　又；再。原文為「後」。古文、劉本、朱本作「復」。此依朱本。⓬百姓　此指貴族。《詩・小雅・天保》：「群黎百姓。」鄭玄箋：「百姓，百官族姓也。」下同。⓭慎　慎戒。郭沫若云：「『慎』當為『循』，字之誤耳。」錄供參考。

【語　譯】所以，明智的君主，應當執掌的權柄有六項：使人活，使人死，使人富，使人貧，使人貴，使人賤。這六項權柄，是君主應當執掌的。君主應當占據的領域有四個：一是文治，二是武功，三是刑威，四是德澤。這四方面，都是君主應當占據的。把自己執掌的權柄交託他人，名叫「奪柄」；把自己占據的領域交託他人，名叫「失位」。將權柄交給他人，失了位，還想政令能夠通行，是不可能的。立法不平正，出令不周全，這也是造成喪權失位的緣由。因此，凡是有關歪曲法度、有關毀損政令的行為，這都是聖明的君主所要自加約束的。因而貴臣不能威逼他，富豪不能賄賂他，下民不能討好他，近侍不能親昵他，美女不能惑亂他。君主依法治理政事的心志堅定不移，乖戾邪僻的人，便會內心恐懼。乖戾邪僻的人，也有了改進和變化，一旦法令下達，人們便會遵照執行了。所以，聖明的君主設立制度，置定法規，像天地一樣堅定，像群星一樣穩固，像日月一樣光明，像四季的推移一樣可信。這樣，法令一旦發布，人們便會依從。糊塗的君主卻不是如此，而是法度剛立，便又隨即廢棄，政令剛發，便又隨即收回，歪曲法度而順從私意，損毀政令而不求健全。這樣，貴臣便能威逼他，富豪便能賄賂他，下民便能討好他，近侍便能親昵他，美女便能惑亂他。由於在這五方面，君主不能約束自己，因此群臣貴族，便會人人挾帶私心，而討好君主。他們討好達到了目的，君主的權柄，便會天天被侵削；他們討好而達不到目的，便會天天產生怨怒。天天侵削君權，天天產生怨怒，這是糊塗君主應當慎戒的。

凡為主而不得用其法，不能❶適其意，顧❷臣而行，離法而聽貴臣，此所謂貴而威之也。富人用金玉事主而求❸焉，主離法而聽之，此所謂富而祿之也。賤人以服約❹卑敬悲色告愬❺其主，主因離法而聽之，所謂賤而事之也。近者以偪近親愛有求其主，主因離法而聽之，此謂近而親之也。美者以巧言令色請❻其主，主因離法而聽之，此所謂美而淫之也。治世則不然，不知親疏、遠近、貴賤、美惡，以度量斷之。其殺戮人者不怨❼也，其賞賜人者不德也❽。以法制行之，如天地之無私也。是以官無私論，士無私議，民無私說，皆虛其匈❾以聽於上。上以公正論，以法制斷，故任天下而不重❿也。今亂君則不然，有私視也，故有不見也；有私聽也，故有不聞也；有私慮也，故有不知也。夫私者，壅蔽失位之道也。上舍公法而聽私說，故群臣百姓，皆設私立方⓫以教於國，群黨比周以立其私，請謁任舉以亂公法，人用其心以幸於上。上無度量以禁之，是以私說日益，而公法日損，國之不治，從此產矣。

【章旨】此章言治理政事，當任法無私。

【注釋】❶不能　原文無「能」字。此據古本、劉本補。❷顧　察視；觀望。尹知章注：「凡有所行，不敢自專，顧望其臣而為之也。」❸求　求請；要求。原文為「來」。王念孫云：「『來』當為『求』」，隸書二者形近致誤。❹服約　順服而窮愁憂困貌。尹知章注：「服約，謂屈服隱約也。」❺告愬　即「告訴」。求告；訴說。❻請　請求；求託。❼不怨　此指不怨恨君主。尹知章注：「殺當其罪，故不怨也。」❽其賞賜人者不德也　此句與上句，都是承上文「以度量斷之」而來，極言殺戮賞賜任法無私。尹知章注：「以功受賞，故不德於君也。」不德，此指不必感激君主的恩澤。❾匈　同「胸」。胸懷。

⑩不重　指國事不繁重。尹知章注：「法制行則事簡，故不重也。」⑪方　方略；主張。尹知章注：「方，謂異道術也。」

【語譯】凡屬作為君主，而不能行使自己的法度，不能隨順自己的意志，而是察看大臣的臉色行事，背離法度而任憑大臣擺布，這就叫做貴臣可以挾制他。富人使用黃金碧玉事奉君主，君主背離法度而依從允諾，這就叫做富人可以賄賂他。賤民憑藉順服窮愁謙恭可憐的神態求告君主，君主於是背離法度而聽信同情，這就叫做賤民可以討好他。近侍憑藉靠攏親近君主的機會，向君主提出要求，君主於是背離法度而聽從答應，這就叫做近侍可以親昵他。美女憑藉花言巧語、諂媚神情求託君主，君主於是背離法度而欣然應允，這就叫做美色可以惑亂他。太平時代的情況就不是如此，不論親疏、遠近、貴賤、美醜，一律憑法度衡量判斷事物。君主處殺罪人，罪人並不怨恨君主；君主獎賞功臣，功臣不必感激君主恩澤。依據法度規章行事，就像天地一樣沒有偏私。因此，官吏沒有個人政見，士子沒有竊竊私議，民間沒有私下主張，臣民全都虛懷若谷聽從君主。君主依據公正原則處理問題，依據法度規章裁斷事物，因而肩負治理天下的大任感到繁重。當今昏亂的君主便不是這樣。他們有偏私觀點，因而有看不見的事物；有偏聽毛病，因而有聽不到的情況；有偏私成見，因而有不能發覺的問題。這種偏私意識，正是被閉塞、被蒙蔽，釀成治政「失位」的緣由。君主背離朝廷法度而聽從私說，群臣貴族，便會獨創私說，另立主張，在全國範圍內傳播，結黨營私來培植私人勢力，到處請託保舉來擾亂朝廷法度，人人費盡心機來爭取君主的寵信。君主沒有法規來禁限這些行為，因此個人政見天天增多，朝廷法度天天毀損，國家之所以不能安定，就從這裡播下禍根了。

夫君臣者，天地之位也；民者，眾物之象也。各立其所職以待君令，群臣百姓，安得各用其心而立私乎？故遵主令而行之，雖有傷敗，無罰❶；非主令而行之，雖有功利，罪死❷。然故下之事上也，如響之應聲也；臣之事主也，如影之從形也。故上令而下應，主行而臣從，此治之道也。夫非主令而行，有功利，因賞之，是教妄舉也；遵主令而行之，有傷敗，而罰之，是使民慮利害而離法也。群臣百姓人慮利害，而以私心舉措❸，則法制毀而令不行矣。

【章　旨】此章言治理政事之道，在於依法行事。

【注　釋】❶無罰　即「毋罰」。不應處罰。尹知章注：「遵令而行，敗非己致，故無罰也。」❷罪死　罪當處死。尹知章注：「失令有功，法所不赦，故罪死。」❸舉措　舉止；行動。

【語　譯】君與臣的關係，好比天與地的方位；民眾則好比是天地之間萬物的影像。人們應當各自固定職守，聽候君主的命令，群臣貴族，怎麼能夠各費心思而謀立私利呢？因此，遵照君主的命令行事，雖有挫折失敗，也不應當處罰；不是君主的命令而行動，雖有成功、效益，也是罪當處死。這樣，下屬聽從上司，就同回響反應聲源一樣；臣民聽從君主，就同身影追隨身軀一樣。所以，上司發令，下屬響應；君主行事，臣民跟從，這就是治理政事之道。不是君主的命令而行動，有了成功、效益，因而給予獎賞，這是引誘人們妄行不法；是君主的命令而行動，有了挫折失敗，便給予處罰，這是促使人們顧及利害而背離法度。群臣貴族，人人顧及利害而憑著一己之意決定舉止，那麼，法度規章便會毀敗，政令也就不能推行了。

明法　第四十六

【題解】此為《管子》第四十六篇，題為「明法」，旨在闡明尊君重法思想。「明」即明確。作者認為：君主一要明確立法的重要。治國而「法之不立」，則「滅、侵、塞、擁」乘隙而生，「滅、侵、塞、擁之所生」，則君不得尊，國必敗亡。二要明確守法的重要。治理政事，若釋法而採虛聲，進能舉官，若以毀譽為據，則群臣百官，必重私術而輕公道。如此則黨同伐異之端啟，定將弄得政風日壞，國無人才。為了引起執政者的重視，作者反覆標舉先王的作法，頌揚先王治國，專心於法而「不淫意於法之外」，「動無非法」而「不為惠於法之內」；「使法擇人」而不妄自舉拔，「使法量功」而不妄行揣度。嚴於律己，力求「禁過而外私」。正因為如此，所以，「威不兩錯，政不二門」，君臣之「間」，昭然有別，君主之權，得以獨尊。

作者的這種認識，是既看到了現實的嚴重弊端，又認真研究了歷史經驗而得來的。鮮明的現實性和頗為突出的普遍意義，使本文成為全書中，具有較高價值的一篇法治論文。

所謂治國者，主道❶明❷也；所謂亂國者，臣術❸勝也。夫尊君卑臣，非親也❹，以埶❺勝也；百官論職❻，非惠也，刑罰必也。故君臣共道❼則亂，專授❽則失。

夫國有四亡：令本❾不出謂之滅，出而道留謂之擁❿，下情本⓫不上通謂之塞，下情上而道止謂之侵⓬。故夫滅、侵、塞、擁之所生，從法之不立也。是故先王之治國也，不淫意⓭於法之外，不為惠於法之內也。動無非法者，所以禁過而外私⓮

私也。威不兩錯⑮，政不二門⑯，以法治國，則舉錯⑰而已。

【章　旨】此章言先王以法治國，權令獨攬，動無非法，舉措裕如。

【注　釋】❶主道　君道。指君主的威勢、刑政原則。❷明　尊奉；尊重。《禮記・禮運》：「故君者所明也。」《疏》：「明猶尊也。」❸術　此指私術，即個人手段。尹知章注：「臣術勝，則私事立，故國亂。」❹非親也　原文為「非計親也」。丁士涵云：「『計』字衍，『非親也』與『非惠也』句同。」親，親近；親愛。❺埶　同「勢」。權勢；威勢。尹知章注為「但令君執其勝也」，是誤「埶」為「執」。❻論職　治理職事。論，理。原句作「百官識」。劉績云：「當依〈解〉（案：指本書〈明法解〉，下同）作『百官論職』，乃字缺誤。」❼共道　指君臣之道，混淆不清，權限不分。即〈明法解〉所謂「主行臣道」，「臣行主道」。尹知章注：「臣行君事，故曰共道。」❽專授　指君主將自己的專擅之權交給大臣。❾本　開初；起始。原文為「求」。王念孫云：「『求』當為『本』。」❿擁　通「壅」。阻塞。尹知章注：「中道而留止，故曰擁。」⓫本　原文亦為「求」。俞樾云：「亦『本』字之誤。」⓬侵　侵淩。尹知章注：「下情雖欲上通，中道為左右所止，此則臣侵上事也。」⓭淫　花費心思。淫，流動；移徙。尹知章注：「淫，遊也。」《禮記・曲禮》：「毋淫視。」《疏》：「淫謂流移也。」⓮外　拋棄。尹知章注：「外，遺也。」⓯兩錯　即「兩措」。兩置。尹知章注：「臣行君威為兩置。」⓰政不二門　意謂政令只能出自君主，不能出自大臣。尹知章注：「臣出政，是為二門也。」⓱舉錯　同「舉措」。措施；施行。

【語　譯】所謂太平的國家，是由於君主的公法，得到了尊奉；所謂混亂的國家，是由於臣下的私術，占據了優勢。上者為君，下者為臣，並非臣下敬愛君上，而是迫於君上的權勢強大；百官克盡職守，並非君主私愛百官，而是百官畏怯刑罰必將施行。因此，君臣之道混淆不分，朝政就會紊亂；君權交給臣下，君主就要「失位」。國家有四種敗亡現象：政令方始制訂，便頒發不出，叫做「淹沒」；頒發之後，中途滯留，叫做「壅蔽」；民情一開始便不能上達，叫做「閉塞」；民情正將上達而被中途阻遏，叫做「侵淩」。淹沒、侵淩、閉塞、壅蔽之所以發生，都是由於法度不曾確立的緣故。所以，先王治理國事，不在法度之外花費心思，不在法度之內再施私愛。凡有所動，無不符合法度，這正是為了禁絕失誤而拋棄偏私的。君主的權威，不能君臣共同占有，朝廷的政令，不能君臣共同頒發。所謂使用法度治理國政，就是一切舉措依法施行而已。

是故有法度之制者，不可巧以詐偽；有權衡之稱者，不可欺以輕重；有尋❶丈之數者，不可差以長短。今主釋法以譽❷進能，則臣離上而下比周矣；以黨❸舉官，則民務交而不求用❹矣。是故官之失其治也，是主以譽為賞，以毀❺為罰也。然則喜賞惡罰之人，離公道而行私術矣，比周以相為匿❻。是故❼忘主外交❽，以進其譽❾。故交眾者愈多，外內朋黨，雖有大姦，其蔽主多矣。是以忠臣死於非罪，而邪臣起於非功。所死者非罪，所起者非功也，然則為人臣者，重私而輕公矣。十至私人之門，不一至於庭❿；百慮其家，不一圖國。屬數⓫雖眾，非以尊君也；百官雖具，非以任國⓬也。此之謂國無人。國無人者，非朝臣之衰⓭也，家與家務相益⓮，不務尊君也。大臣務相貴⓯，而不任國；小臣持祿養交，不以官為事，故官失其能。是故先王之治國也，使法擇人，不自舉也；使法量功，不自度也。故能匿⓰而不可蔽，敗而不可飾也；譽者⓱不能進，而誹者⓲不能退也。然則君臣之間⓳明別，明別則易治也。主雖不身下為，而守法為之可也。

【章旨】此章言治理政事，不能以毀譽為賞罰，擇賢量功，均當任法而不任意。

【注釋】❶尋　長度單位，八尺為尋。❷譽　讚美；稱頌。❸黨　朋輩；同僚。❹用　實效；實績。尹知章注：「交合則自進官，何須求用？」❺毀　即「譭」。此謂批評、指責。❻以相為匿　即「以相偽也」。意謂共同作虛弄假。為，通「偽」。虛假。郭沫若云：「『匿』乃『医』字之誤。秦文以『殹』為『也』」，「殹從医聲，『殹』既可用為『也』，則医自可用為『也』矣」。王念孫則云：「『匿』與『慝』同，『比周以相為慝』，猶言朋比為黨也。」錄供參考。❼是故　原文為「是」。俞樾云：「『是』下奪『故』字，後〈解〉『比周以相為匿，是故忘主死佼，以進其譽』，可證也。」❽外交　此指趨私交結。原文為「㚘(死)交」。王念孫云：「《韓非子・有度篇》『死』作『外』，是也」，「外、㚘字相近，故『外』譌作『㚘』。」❾譽　通「與」。黨與。下句「譽」字同此義。❿庭　通「廷」。朝廷。⓫屬數　屬官之數；部眾。⓬任國　擔負國事。尹知章注：「各務私，故不任國事。」⓭衰　遞減；減少。⓮益　附益；增進。⓯貴　推舉；尊崇。⓰匿　亦當作「医」，同「也」。郭沫若云：「『匿』字亦是『医』字之誤。〈有度篇〉作『能者不可蔽』。『也』與『者』，古亦每相混用。」⓱譽者　此指無才而被稱頌讚揚者，即徒有虛聲者。尹知章注：「無材，雖譽之而不能進也。」⓲誹者　此指有功而被批評指責者。尹知章注：「有功，雖誹之而不能退也。」⓳間　界限；差別。

【語　譯】因此，有了法度的規定，人們便不能巧行詐偽；有了權衡的計量，人們便不能妄定輕重；有了尋丈的數計，人們便不能錯算長短。如今，君主若是拋開法度，憑藉虛聲稱頌進用人才，那麼，群臣便會背離君主，而在下面植黨營私；君主若是聽信朋黨的推薦，提拔官吏，那麼，人們便會專務私人結交，而不講求辦理公事的實績了。因此，對於百官之所以失去治理辦法，這正是因為君主憑藉虛聲行賞，聽信誹謗行罰的結果。這樣一來，愛賞憎罰的人，便會背離國家原則，而施展個人手段，彼此勾結，共同作虛弄假。由此進而忘記君主，對外交結，進用同黨。這樣，私交愈眾的人，朋黨愈多，朝廷內外，遍是朋黨，即使有了大姦巨惡，他們欺蒙君主的辦法，也是很多的。因此，忠臣死於無罪，邪臣舉於無功。遭處死的人無罪，得舉拔的人無功，這樣一來，作人臣的，自然會重私術而輕公道了。他們可以十次拜謁私人門第，而一次也不上朝廷；可以百般顧及私事，而一次也不謀慮國事。朝廷屬員雖多，並不尊奉君主；各級官員雖然完備，並不承擔國事。這就叫做「國無人才」。所謂「國無人才」，並非朝臣驟減，而是私家與私家在盡力攀附，並不專力尊奉君主。大臣盡力互相抬舉，而不擔當國事；小臣運用俸祿以供結交，不以職守為事。於是各級官吏失去了作用。因此，先王治理國政，使用法度選取人才，不憑私意妄作舉拔；使用法度累計功績，不憑私意自作衡量。因而賢能的人，不可能埋沒，敗壞的人，不可能掩飾，徒有虛聲的人，不能進用，橫遭指責的人，不被革退。這樣一來，君臣的界限，使昭然有別。昭然有別，也就易於治理了。君主雖不親手辦事，只要遵循法度辦理，也就可以了。

正世 第四十七

【題解】此為《管子》第四十七篇，題為「正世」，旨在闡述匡正時勢，治國治民之道。如何「正世」？本文強調了三點：一、是調查研究，「觀國政，料事務，察民俗」，弄清「治亂之所生」，「得失之所在」，端正思想認識，「然後從事」，才能有的放矢，不致盲目；二、是君主當運用厚賞重罰手段，為天下致治除亂，制民既不宜失之偏急，也不宜失之偏緩，既不能迷信古代，也不能滯於時尚，貴在因時因俗，找到一個適中的措施，「期於利民而已」；三、是法制與教化宜兼而用之，相互為用，方可做到政行而事舉，俗定而化成，禮義起而文教興。就行文而言，全文所述內容，正與標題要求相應；就治理政事言，本文總結了頗為新鮮的經驗。其中關於強調調查研究，提倡因時因俗而治的觀點，尤有借鑑意義。

古之欲正世調❶天下者，必先觀國政，料❷事務，察民俗，本❸治亂之所生，知得失之所在，然後從事❹。故法可立而治可行。

【章旨】此章言欲匡正時勢，協和天下，必須先作調查研究。

【注釋】❶調　和諧；協調。❷料　計數；核計。《國語・周語上》：「乃料民於太原。」韋昭注：「料，數也。」❸本　此謂探本、查究根源。❹從事　辦事；治事。尹知章注：「從，為。」

【語譯】古時想要匡正時勢，協和天下的人，必定要事先查察國家的政情，稽核國家的事務，瞭解民眾的習俗，研究治亂產生的根源，懂得政教得失的所在，然後才能動手治事。這樣，法度才可確立，措施才可推行。

夫萬民不和，國家不安，失非在上，則過在下。今使人君行逆不修道，誅殺不以理，重賦斂，竭民財，急使令，罷❶民力，財竭則不能毋侵奪，力罷則不能毋墮倪❷。民已侵奪、墮倪，因以法隨而誅之，則是誅罰重而亂愈起。夫民勞苦困不足，則簡禁❸而輕罪，如此則失在上。失在上而上不變，則萬民無所託其命。今人主輕刑政，寬百姓，薄賦斂，緩使令，然民淫躁❹行私❺，而不從制，飾智❻任詐，負力而爭，則是過在下。過在下，人君不廉❼而變，則暴人不勝❽，邪亂不止。暴人不勝，邪亂不止，則君人者，勢傷而威日衰矣。

【章旨】此章言民不和、國不安的原因，在於人主不能察民俗而改變措施。

【注釋】❶罷　通「疲」。疲困。❷墮倪　怠惰傲慢。墮，通「惰」。尹知章注：「倪，傲也。」❸簡禁　怠慢法禁；無視法令。《漢書・五行志上》：「簡宗廟之罰也。」顏師古注：「簡，慢也。」❹淫躁　意謂胡來。淫，無節制。躁，盲動。❺行私　妄意而行；憑一己之意而行。❻飾智　喬裝聰智，欺騙他人。❼不廉　不考察；不查詢。尹知章注：「廉，察也。」❽不勝　此指不能被壓倒。勝，占有壓倒優勢。

【語譯】民眾不和睦，國家不太平，不是失誤在君主，就是過錯在下民。假使君主倒行逆施，而不遵循規律，亂施刑殺而不依理行事，加重賦斂，搜刮民財，急徵勞役，疲敝民力，那麼，民財枯竭，就不會沒有侵奪行為，民力疲憊，就不會沒有怠惰傲慢現象。百姓中已經發生侵奪行為、傲慢現象，於是便用刑法跟著誅罰，便會誅罰愈重而禍亂愈生。民眾到了疲病困苦貧窮的地步，便會無視法禁，輕蔑處罪了。像這種情況，失誤就在君主。失誤在君主，而君主不改變措施，百姓便無從安身託命了。假如君主減輕刑罰，寬待百姓，薄取賦斂，緩徵勞役，而百姓卻胡施妄行而不服從法規，弄巧行騙，恃力鬥爭，這就是錯在下民。錯在下民，君主若不查察而設法改變，暴亂的人民，便不能被壓倒，邪惡的行為，便不能被制止。暴亂之民不能壓倒，邪惡的行為不能制止，那麼，君主的權力，就會受到損傷，威嚴也將一天天衰滅。

故為人君者，莫貴於勝。所謂勝者，法立令行之謂勝。法立令行，故群臣奉法守職，百官有常。法不繁匿❶，萬民敦愨❷，反本而儉力❸。故賞必足以使，威必足以勝，然後下從。

【章　旨】此章言君主貴在處「勝」，法立令行。

【注　釋】❶繁匿　滋衍姦邪；助長邪惡。匿，通「慝」。邪惡。❷敦愨　忠厚純樸。愨，樸實；誠篤。❸儉力　節儉勤勞。尹知章注：「謂廉嗇而勤力也。」

【語　譯】因此，作君主的，沒有什麼比能處於絕對優勢地位更加重要的。所謂絕對優勢地位，就是指確立法度，推行政令。法度確立，政令通行，群臣便會奉行法令，恪守職責，各級官吏，便有常則可遵。法不扶邪，民眾便會忠厚樸實，趨奔農事，節儉勤勞。因而獎賞必然能起促進作用，刑罰必定能有威懾力量。然後臣民就能順從君主了。

故古之所謂明君者，非一君也。其設賞，有薄有厚，其立禁，有輕有重，迹行❶不必同。非故相反也，皆隨時而變，因俗而動。夫民躁而行僻，則賞不可以不厚，禁不可以不重。故聖人設厚賞，非侈也；立重禁，非戾❷也。賞薄，則民不利❸，禁輕，則邪人不畏。設人之所不利，欲以使，則民不盡力；立人之所不畏，欲以禁，則邪人不止。是故陳❹法出令，而民不從。故賞不足以勸，則士民不為用，刑罰不足畏，則暴人輕犯禁。民者，服於威殺然後從，見利然後用，被治然後正，得所安然後靜者也。夫盜賊不勝，邪亂不止，彊劫弱，眾暴寡，此天下之所憂，萬民之所患❺也。憂患不除，則民不安其居；民不安其居，則民望絕於上矣。

【章　旨】此章言古時明君設賞立禁，隨時因俗而變，旨在勸勉士民，禁止邪亂。

【注　釋】❶迹行　此指傳留下來的作法。❷戾　暴虐。《荀子・榮辱》：「猛貪而戾。」❸不利　不以為利。❹陳　宣示；頒布。❺患　憂慮。

【語　譯】古時所稱的賢明君主，不是僅止一人。他們施行獎賞，有薄有厚，設立禁令，有輕有重，傳留下來的作法，不一定相同，但不是故作相反，而都是跟隨時勢而變化，依據民俗而行動。如果民眾情緒躁動，而且行為邪僻，獎賞便不可以不厚，法禁便不可以不重。因而聖人設置厚賞，不算過分；頒布重禁，不算暴虐。獎賞太薄，人們不視為利；禁令太輕，惡人並不畏懼。設置人們不視為利的薄賞，想要驅使人們，人們便不會盡力；頒布人們並不畏懼的輕禁，想要禁止作惡行為，惡人並不會停止作惡。這樣一來，再彰明法度，頒發政令，人們也不會服從了。所以，獎賞不足以激勵人們，士民便不會為君主效力；刑罰不足以形成威懾，惡人便會輕易違犯禁令。百姓懾於威殺而後順服，見到實惠而後盡力，受到管轄而後規正，得到安定而後平靜。盜賊之徒不能壓住，邪亂行為不能禁止，強暴脅迫弱小，多數傷害少數，這些現象，都是國家和百姓的憂患。憂患不消除，百姓便不能安居；百姓不能安居，他們對於君主，也就絕望了。

夫利莫大於治，害莫大於亂。夫五帝三王，所以成功立名，顯於後世者，以為天下致利❶除害也。事行不必同，所務❷一❸也。夫民貪行躁，而誅罰輕，罪過不發❹，則是長淫亂而便邪僻也。有愛人之心，而實合於傷民❺。此二者❻不可不察也。

【章　旨】此章言君主當運用誅罰手段，為天下致治除亂。

【注　釋】❶致利　招利；興利。致，招致；招引。《漢書・公孫弘傳》：「致利除害。」顏師古注：「致，謂引而至也。」❷務　勉力從事；努力追求。❸一　一致；同一目標。尹知章注：「莫不務於理也。」❹發　揭露；揭發。尹知章注：「有罪過者不發舉也。」❺有愛人之心二句　尹知章注：意謂「輕刑以愛人，姦多反傷人也」。合，應當；當是。❻二者　指愛人之心與傷民之實。

【語　譯】天下的利益，沒有比安定更大的，天下的危害，沒有比動亂更大的。五帝三王之所以成就功業，建立聲名，顯揚於後世，就是因為他們能為天下興利除害啊！他們的所事所行，不一定相同，但努力追求的目標是一致的。人們多半性好貪利而行為急躁，如果誅罰太輕，罪過不予揭發，這便是助長混亂，並給邪僻之徒提供便利。表面似有愛護百姓之心，實則對於百姓當是傷害。這二者，不可不加明察。

夫盜賊不勝，則良民❶危❷，法禁不立，則姦邪繁。故事莫急於當務，治莫貴於得齊❸。制民急則民迫，民迫則窘，窘則民失其所葆❹；緩則縱，縱則淫，淫則行私，行私則離公，離公則難用。故治之所以不立者，齊不得也。齊不得則治難行。故治民之齊，不可不察也。聖人者，明於治亂之道，習於人事之終始者也。其治民❺者，期於利民而止。故其位齊❻也，不慕古，不留今❼，與時變，與俗化。

【章　旨】此章言制民，既不宜失之偏急，也不宜失之偏緩，貴在「得齊」。

【注　釋】❶良民　泛指好人、善人。❷危　不安貌。❸得齊　謂不緩不急，適得其中。《爾雅》：「齊，中也。」❹葆　通「保」。保證；保障。尹知章注：「葆，謂所恃為生者也。」❺治民　原文為「治人民」。張佩綸云：「衍『人』字，本避唐諱改『民』為『人』，寫者複之。」❻位齊　意謂「立齊」。即確立適中之道。❼留今　意謂滯於時尚之習。尹知章注：「留，謂守常不變。」

【語　譯】盜賊壓制不住，好人就會不安；法禁不能確立，姦邪行為就會滋長。所以，治理政事沒有比解決面臨的以上問題，更急迫的了，治民沒有比找到適中之道，更重要的了。控制過嚴，百姓會受到束縛；百姓受到束縛，便會困惑徬徨；百姓困惑徬徨，便會覺得行動失去保障。控制過鬆，百姓便會行為放縱；行為放縱，便將導致淫邪；百姓淫邪，便將妄行己意；妄行己意，便會背離朝廷法度；背離朝廷法度，便會難以役使。因而治理政事，措施的所以不能確立，就是因為適中之道沒有找到。適中之道掌握不準，治政措施就難於推行。所以治民的適中之道，不可不加明察。聖人，就是明晰治亂規律，嫻熟人事終始的人。他們的治民原則，就是要求利民而已。因此，他們確立這個適中之道的時候，不追慕古代，不滯於時習，而是依據時勢而變，隨著民俗而化。

夫君人之道，莫貴於勝。勝，故君道立；君道立，然後下從；下從，故教❶可立而化❷可成也。夫民不心服體從，則不可以禮義之文❸教也。君人者，不可以不察也。

【章旨】此章言君道確立，教化方可發揮作用。

【注釋】❶教　指教育措施。❷化　指感化作用。❸文　指禮樂制度。

【語譯】統治民眾的方法，沒有什麼比掌握絕對優勢更為重要。掌握了絕對優勢，君主的整套原則才能確立；君主的整套原則已經確立，然後臣民才會服從。臣民已經服從，因而教育措施才可以設立，感化作用才能夠形成。假使臣民不是內心悅服，自覺的去遵行，便不可能用禮儀制度及其原則來教育感化。統治民眾的君主，對此不可以不明察。

治國 第四十八

【題　解】此為《管子》第四十八篇，題為「治國」。全文主旨非常明確：欲求治理好國家，必先使人民富裕；善於治國的君主，必先富民，然後再談治理；使民富裕而且安定，便是統一天下，成就王業的途徑。如何達到這一目的？最可靠的措施，是禁止末作文巧，改變急徵無時，施行重農政策，促進增產糧食。作者認為，執行這一措施，是帝王的為政之本，是君主的治政急務，是得民擁護的通途，是治好國家的要道。

全文所述，都是治國「握本之談」，與標題完全相合；而且實實在在，正是太史公所稱「論卑而易行」之議。其富民主張及對「上徵暴急無時」的大膽批評，尤為新鮮可取。

凡治國之道，必先富民。民富則易治也，民貧則難治也。奚以知其然也？民富則安鄉重家，安鄉重家，則敬上畏罪，敬上畏罪，則易治也。民貧則危鄉❶輕家，危鄉輕家，則敢陵上犯禁，陵上犯禁，則難治也。故治國常富，而亂國必貧。是以善為國者，必先富民，然後治之。

【章　旨】此章言治國之道，必先富民。

【注　釋】❶危鄉　與「安鄉」相對。謂不安心於鄉里。危，不安貌。尹知章注：「危，謂不安其所居也。」

【語　譯】所有治國的原則，必須先使百姓富裕。百姓富庶，便易於治理；百姓貧窮，便難於治理。怎麼知道會是這樣呢？百姓富庶，便會安心鄉里，而器重家園；安心鄉里，器重家園，便會尊敬君主，而畏懼犯罪；

尊敬君主，畏懼犯罪，便易於治理了。百姓貧窮，便會不安心鄉里，而輕視家園；不安心鄉里，輕視家園，便敢於侵陵君主，而觸犯法禁；膽敢侵陵君主，觸犯法禁，便難於治理了。所以，安定的國家，往往是富裕的，而動亂的國家，必然貧困。因此，善於治理國政的君主，必定是先使民眾走向富裕，然後再作治理。

昔者七十九代❶之君，法制不一，號令不同，然俱王天下者，何也？必國富而粟多也。夫富國多粟生於農，故先王貴之。凡為國之急者，必先禁末作❷文巧❸，末作文巧禁，則民無所游食❹，民無所游食，則必農❺。民事農，則田墾，田墾，則粟多，粟多，則國富，國富者❻兵彊，兵彊者戰勝，戰勝者地廣。是以先王知眾民、彊兵、廣地、富國之必生於粟也，故禁末作，止奇巧，而利農事。今為末作奇巧者，一日作而五日食❼。農夫終歲之作，不足以自食也。然則民舍本事而事末作。舍本事而事末作，則田荒而國貧矣。

【章　旨】此章言治國之急務，在先禁末作文巧，使民事農。

【注　釋】❶七十九代　不詳如何算法，當是泛指以往朝代。姚永概云：「『七十九代之君』，疑即〈封禪篇〉所云『古者封泰山，禪梁父者七十二家』，『九』當作『二』。」錄供參考。❷末作　指工商等業。❸文巧　指製作奢玩物品的奇技淫巧。❹游食　本謂不勞而食，此指不事農而食。❺農　此為動詞，務農。❻者　用法同「則」。以下兩句中「者」字同。❼食　食用。指生活所需。尹知章注：「言取一日之利，可共五日之食也。」

【語　譯】古時候，歷代的君主法度雖不一致，政令也不盡相同，然而都能統一天下，這是為什麼呢？一定是國富而糧多。這富國多糧的景況，來源於農業。因而先王都很重視農事。大凡治國的急務，必須先行禁止工商末業及奇技淫巧。工商末業及奇技淫巧被禁止，人們便無法不事耕種而生活。人們無法不事耕種而生活，便一定會務農。人們都從事農耕，田地便會得到開墾。田地大量開墾，糧食便會增多。糧食多則國家富，國家富則兵力強，兵力強則戰爭可以取勝，戰爭能勝則土地可以擴展。因此，先王懂得增加人口，增強兵力，擴展土地，富庶國家，都必定來源於糧食生產，於是禁止工商末業、奇技淫巧，而便利農事。從事工商末業及奇技淫巧的人，一天勞作，可得五天食用。農夫整年勞動，卻不足以供給一家人的生活。這樣，人們便會拋棄農事，而從事工商末業，田地便會荒蕪而國家貧窮。

凡農者，月不足而歲有餘❶者也。而上徵暴急無時❷，則民倍貸❸以給上之徵矣。耕耨者有時，而澤❹不必足，則民倍貸以取庸❺矣。秋糴以五，春糶以束❻，是又倍貸也。故以上之徵而倍取於民者四❼，關市之租、府庫之徵、粟什一❽、廝輿之事❾，此四時亦當一倍貸矣。夫以一民養四主❿，故逃徙者刑⓫而上不能止者，粟少而民無積也。

【章　旨】此章言農民逃徙的原因，在於負擔過重，生活貧困。

【注　釋】❶月不足而歲有餘　此指農業經營的特點，是需要長時間付出生產投入，收割後方可計算收入。就每月而言，是支出甚多，就全年而言，才是收入大於支出。❷無時　沒有時間規律。尹知章注：「謂徭稅不以時。」❸倍貸　加倍償還的借貸，即高利貸。尹知章注：「倍貸，謂貸一還二也。」❹澤　雨澤；雨水。❺民倍貸以取庸　謂農民因恐貽誤農時而雨水不足，只得高利借貸而僱工耕地。庸，通「傭」。僱工。❻秋糴以五二句　尹知章注：「謂富者秋時以五糴之，至春出糶，便收其束矣，此亦倍貸之類也。束，十足也。」束，即「十」。指糧價比原價「五」加倍增長。❼倍取於民者四　指成倍向農民索取的四種情況。尹知章注：「謂上無時之徵，一也；澤不足，二也；秋糴春糶，三也；下關市、府庫之徵，四也。」❽粟什一　指田賦徵取糧食收成的十分之一。❾廝輿之事　指劈柴與駕車的勞役。《漢書・嚴助傳》：「廝輿之卒，有一不備而歸者。」注：「廝，析薪者。輿，主駕車者。」❿四主　意謂上述「倍取於民」的四種債主。⓫刑　指處以刑罰。

【語　譯】大凡從事農耕，按月計算總是入不敷出，依年計算才有盈餘。然而朝廷徵稅急驟而無定時，農民便只得用加倍的高利借貸，來供給朝廷的徵斂。耕田除草都有季節規定，然而雨水不一定充足，於是農民又只得用加倍的高利借貸，來僱取零工。富商秋天買進的糧價是「五」，春天賣出的糧價是「十」，對於缺糧戶，這等於又是一項加倍的高利借貸。所以，將上述加倍向農民徵索的情況總算起來，就有四項。因為關市的布縷徵收，府庫的地方特產徵收，十分之一的田賦徵收，劈柴、駕車之類的力役徵取，這一年四季的徵索相加，也相當於一項加倍的高利索取了。這樣一來，因為一個農民要供養四個債主，所以雖然對於逃亡的農民要處以刑罰，但君主也無法制止農民逃亡。這是因為糧食太少，農民沒有積蓄的緣故。

常山❶之東，河汝之間，蚤❷生而晚殺❸，五穀之所蕃孰❹也。四種而五穫❺。中年畝二石，一夫為粟二百石。今也倉廩虛而民無積，農夫以粥❻子者，上無術以均之❼也。故先王使農、士、商、工四民交能❽易作❾，終歲之利，無道相過❿也。是以民作一⓫而得均。民作一則田墾，姦巧不生。田墾則粟多，粟多則國富。姦巧不生則民治。富而治，此王之道也。

【章　旨】此章言使民眾富裕而安定，是成就王業的途徑。

【注釋】❶常山 石一參云：「常山，恒山，今山西、河南地。」郭沫若云：「『常山』當是『嵩山』之誤，『常』與『嵩』字形相近。『嵩山之東』與『河汝之間』方能成一區域。」錄供參考。❷蚤 通「早」。❸殺 衰退；衰落。❹蕃孰 指五穀生長茂盛，成熟率高。孰，通「熟」。❺四種而五穫 當指春夏之時種正穀，秋冬之時種雜糧或蔬菜。四時播種，歲有五熟。❻粥 通「鬻」。賣。❼均之 意謂使農民收入與士、工、商均衡。❽交能 謂通力合作。❾易作 謂以出品和勞力相交換。❿無道相過 謂使農、士、商、工四民，各無法獲得過當的利益。道，方法；途徑。⓫作一 泛指四民作業劃一。

【語譯】常山東麓，黃河、汝水一帶，作物生長期早，衰落期遲，正是五穀生長、成熟的好地區。正穀、雜糧、蔬菜等物，四時皆種，一年五熟。中等年成，畝產二石，一個農夫，可種粟二百石。如今卻國家倉庫空虛，百姓沒有存糧，農夫賣兒賣女，這是因為君主沒有辦法使農民收入與士、商、工均衡的緣故。所以，先王讓農、士、商、工四民通力合作，各以出品和勞力相交換，就終年而言，使四民各自無法獲得過當的利益。因而四民作業劃一，彼此之間，利益便會大體均衡。四民作業劃一，田地便會得到墾殖，姦巧現象，便不會產生。田地墾殖，糧食便會增多；糧食增多，國家便會富庶。姦巧現象不發生，百姓便會安定。國家富庶，百姓安定，這正是成就王業的途徑。

不生粟之國亡，粟生而死❶者霸，粟生而不死者王。粟也者，民之所歸❷也；粟也者，財之所歸也；粟也者，地之所歸也。粟多則天下之物盡至矣。故舜一徙成邑，二徙成都，參❸徙成國。舜非嚴刑罰、重禁令，而民歸之矣，去者必害，從者必利也。先王者，善為民除害興利，故天下之民歸之。所謂興利者，利農事也。所謂除害者，禁害農事也。農事勝則入粟多，入粟多則國富，國富則安鄉重家，安鄉重家，則雖變俗易習，敺❹眾移民，至於殺之，而民不惡也。此務粟之功也。上不利農則粟少，粟少則人貧，人貧則輕家，輕家則易去，易去則上令不能必行，上令不能必行，則禁不能必止，禁不能必止，則戰不必勝、守不必固矣。夫令不必行，禁不必止，戰不必勝，守不必固，命之曰寄生❺之君。此由不利農、少粟之害也。粟者，王之本事也，人主之大務，有人❻之塗，治國之道也。

【章　旨】此章言貴粟重農，是王者根本之圖；治國有民急務，無大於此。

【注　釋】❶粟生而死　指生產的糧食足夠消費。死，此謂消失、費盡。❷歸　歸附；趨向。❸參　同「叄」。即「三」。三次。傳說舜帝曾在歷山一帶耕種，耕者互相推讓共有的田岸；舜帝多次率眾遷徙，開發農田，民眾都樂於跟從，因而糧食生產面積愈來愈廣。❹敺　即「驅」字。驅遣；役使。❺寄生　暫託為生。尹知章注：「謂暫寄為生，不能長久。」❻有人　保有民眾；擁有民眾。

【語　譯】不生產糧食的國家，必將滅亡，糧食生產能滿足消費的國家，可以成為霸主，糧食生產綽有盈餘的國家，便可以統一天下。糧食，是民眾歸附的引力；糧食，是財富聚集的體現；糧食，是領土擴充的保證。糧食多，天下的人民就全會到來。所以，舜第一次率民遷移擴展耕地，建成了「邑」；第二次遷移，建成了「都」；第三次遷移，建成了「國」。舜沒有使用嚴峻的刑罰和苛重的禁令，然而人民都願意歸附他，因為離開他必受損害，跟從他必能得益。先王也正是善於為民除害興利，因而天下百姓歸附他。所謂興利，就是利於發展農事。所謂除害，就是禁止損害農事。農業生產興旺，收入糧食就多；收入糧食多，國家就富庶；國家富庶，人們就安心鄉居，珍惜家園；安心鄉居，珍惜家園，則即使改變風俗習慣，對民眾加以驅使差遣，甚至有所處殺，人們也不會怨惡。這就是致力於增產糧食的作用。君主不促進農事，糧食就少；糧食少，人民就會貧窮；人民貧窮，就會輕視家園；人民輕視家園，就會容易拋離鄉土；人民易於拋離鄉土，君令就不能保證施行；君令不能保證施行，君禁也便不能必止；君禁不能必止，出戰便不一定獲勝，防守便不一定堅牢。有令不能「必行」，有禁不能「必止」，出戰不一定獲勝，防守不一定堅牢，這就叫做「暫寄為生」的君主。這正是由於不促進農事、缺少糧食而造成的危害。因此，生產糧食，是帝王的根本大事，是君主治理政事的急務，是擁有民眾的通途，是治理國家的要道。

卷十六

內業　第四十九

【題解】此為《管子》第四十九篇，題為「內業」，意即內功。全文主要內容，是談修養內心的方法。作者認為，養氣育德，不須崇尚智力，而宜提倡守敬；調節情欲，宜去煩去亂，持守和諧；養氣儲精，貴能正心靜意，潔心去欲，敬慎反躬。所有這些，其旨都在於使自己能成為「與時變而不化，從物而不移」，「中無惑意，外無邪菑；心全於中，形全於外；不逢天菑，不遇人害」，「能君萬物」而「不為物使」的「聖人」，最後達到「氣意得而天下服，心意定而天下聽」的目的。

此外，本文亦談及養生之道，強調調節守中、節制飲食與心情舒暢的重要。核心仍在於「中」、「和」二字。

總覽全文所述，石一參認為既有老子所「渾而未發」之意，又與孔氏「中庸之理、誠明位育之旨有潛通」之處，堪稱精深微妙的「內聖之功」（《管子今詮・內業》）。

凡物之精，比❶則為生。下生五穀，上為列星。流於天地之間，謂之鬼神。藏於胸中，謂之聖人。是故此氣❷，杲❸乎如登於天，杳❹乎如入於淵，淖❺乎如在於海，卒乎⑥如在於己。是故此氣也，不可止以力⑦，而可安以德⑧；不可呼以聲，而可迎以音⑨。敬守勿失，是謂成德。德成而智出，萬物畢得⑩。

【章旨】此章言養氣育德之功，不須崇尚智力，而專以守敬為主。

【注釋】❶比　結合。原文為「此」。石一參謂當為「比」，「比，合也。陰陽二氣氤氳訢合而物由此生」。❷此氣　指精氣。石一參云：「人也，鬼也，神也，聖人也，列星也，五穀暨各生物也，皆此氣之為之也。」原文為「民氣」。丁士涵云：「『民』乃『此』字誤，氣即精氣也，下文云『是故此氣也』，是其證。」❸杲　光明；明亮。尹知章注：「杲，明貌也。」❹杳　幽暗。❺淖　同「綽」。緩綽；寬廣。此處引申為渺遠。❻卒乎　即忽然。卒，通「猝」。以上四句皆言精氣運化之妙。❼止以力　謂以強力制止。尹知章注：「以力止之，氣愈去。」自此以下二句，言養氣固精之法。❽安以德　謂自修德性，使精氣安於自身。尹知章注：「靜心念德，氣自來也。」❾音　即「意」。心志。王念孫云：「『音』即『意』字也，言不可呼之以聲，而但可迎之以意也」，《說文》『意，从心音聲』，意音聲相近，故『意』字或通作『音』。下文「修心靜音」、「音以先言」、「音然後形」中的「音」字均同此例。❿畢得　意謂全能掌握、理解。原文為「果得」。王念孫云：「『果』當為『畢』，字之誤也。」

【語譯】所有事物的精氣，妙合起來便有生機。在地下便生成五穀，在天上便化為群星。流布在天地之間的，稱為鬼神。保存在胸中的，稱為聖人。這種精氣，明亮時，好像登上了天堂，幽暗時，好像進入了深淵，渺遠時，好像飄零在大海，逼近時，突然就在自身。因此，這種精氣，不可以用強力來留滯，而可以用德性來穩定；不可以用呼聲去召喚，而可以用心志去迎合。敬肅地保持而不喪失，這就叫做養成德性。德性養成，則智慧自出，萬事萬物的規律，就全能掌握了。

凡心之刑❶，自充自盈❷，自生自成❸。其所以失之，必以憂樂喜怒欲利。能去憂樂喜怒欲利，心乃反濟❹。彼心之情❺，利安❻以寧❼。勿煩勿亂，和❽乃自成。折折乎❾如在於側，忽忽乎如將不得，渺渺乎❿如窮無極。此稽⓫不遠，日用其德。

【章旨】此章言調節情欲，宜去煩去亂，專以和諧為主。

【注釋】❶刑　通「形」。此指形態。❷盈　完滿；圓滿。❸成　具備；成全。石一參云：「心者氣之主，氣者體之充，充則盈，盈則生，生則成，皆一氣之所為之，無資乎外也。」❹反濟　指返回平正、平和狀態。濟，止息；平靜。《淮南子・天文》：「大風濟。」高誘注：「濟，止也。」❺情　情性；特質。❻安　安定；穩定。❼寧　平靜；寧靜。石一參云：「情貴節，節則心安。情尚靜，靜則心寧。安則不外適，寧則不內躁。」尹知章云：「安寧者，心之所利也。」❽和　指心的和諧狀態。尹知章注：「若無煩亂，心和自成。」❾折折乎　明晰貌。《禮記・祭法》：「瘞埋於泰折祭地也。」注：「折，昭晢也，必為昭明之，名尊神也。」尹知章注：「折折，明貌。」❿渺渺乎　指渺茫、曠遠狀態。尹知章注：「渺渺，微遠貌。」⓫稽　考索；找尋。

【語譯】所有心的形態，本身就能自然充實，自然圓滿，自然生長，自然成全。其所以會失去本心，必是因為憂、樂、喜、怒、嗜欲、好利的干擾。若能拋棄憂、樂、喜、怒、嗜欲與好利，本心又會返回平正的狀態。心的特性，是以安定、寧靜為有利，不煩不亂，和諧狀態自可保全。這種和諧，有時清清楚楚，好像就在身旁，有時恍恍惚惚，好像找尋不著形影，有時迷茫曠遠，好像追蹤不見盡頭。此中奧妙，考索起來，並不渺遠，人們天天都在享用它的德澤。

夫道者，所以充形也，而人不能固❶。其往不復，其來不舍❷。謀乎❸莫聞其音，卒乎乃在於心，冥冥❹乎不見其形，淫淫❺乎與我俱生。不見其形，不聞其聲，而序❻其成，謂之道。凡道無所，善心安❼愛❽。心靜氣理❾，道乃可止。彼道不遠，民得以產❿；彼道不離，民因以知。是故卒乎其如可與索，眇眇⓫乎其如窮無所。彼道之情，惡音與聲，修心靜音，道乃可得。道也者，口之所不能言也，目之所不能視也，耳之所不能聽也；所以修心而正形⓬也；人之所失以死，所得以生也；事之所失以敗，所得以成也。凡道，無根無莖，無葉無榮。萬物以生，萬物以成，命之曰道。

【章　旨】此章言「道」的特性與作用。

【注　釋】❶固　指堅守虛靜之道。尹知章注：「人不能固守其虛，反以利欲塞也。」❷舍　止息；留處。❸謀乎　俞樾云：「『謀乎』乃形況之辭」，「『謀』即《禮記・玉藻》『瞿瞿梅梅』之梅，正義曰『梅梅猶微微，謂微昧也』」，「『梅』或體作『楳』，與『謀』並從『某』聲，故得通用」。謀，通「楳」。微昧；隱微。❹冥冥　昏暗。❺淫淫　浸淫；浸潤。❻序　次第；序次。此指有次序、有步驟。❼安　借為「焉」。於是。❽愛　通「薆」。隱蔽；留處。❾理　調理；理順。尹知章注：「若靜心，則氣自調理，故道來止也。」❿產　生存；生長。尹知章注：「人得之以生，則道在人，故不遠也。」⓫眇眇　同「渺渺」。迷茫、曠遠。⓬形　此指外表形態、外在行為。尹知章注：「雖不可以言語視聽，用之修心，則外形自正也。」

【語　譯】道，是用以充盈心的形體的，然而人們往往不能固守。它一旦離去，便不再返回，即使返回，也不肯留處。它很隱微，沒有誰能聽出它的聲音，但忽然之間，又出現在人們的內心；昏昏暗暗，看不見它的形影，卻又潛浸默潤和我們共同存在。看不見它的形影，聽不到它的聲音，卻能井然有序地促成萬物完滿，這就稱為「道」。大凡「道」，並沒有固定的住所，遇上善心，便作居處。心靜氣順，「道」便可以留住。那「道」並不遙遠，人們能夠靠它生存；那「道」並不拋離人們，因而能夠被人感知。因此，忽然之間，好像可以求索，有時卻又迷茫曠遠，好像追尋不到定處。那「道」的特性，是厭惡聲音言語，修養心靈，寧靜意緒，「道」便可得。所謂「道」，是口不能言傳，眼不能察覺，耳不能聽到的；是用來陶冶心靈、匡正行為的；人們失去它便會死亡，得到它才能生存；舉事失去它便會失敗，得到它才能成功。所謂「道」，無根無幹，無葉無花。但萬物因為有它才生發，因為有它才成長，因而給它取名叫做「道」。

天主正❶，地主平❷，人主安靜❸。春秋冬夏，天之時也；山陵川谷，地之材❹也；喜怒取予，人之謀也。是故聖人與時變而不化，從物而不移❺。能正能靜，然後能定。定心在中，耳目聰明，四枝堅固❻，可以為精舍❼。精也者，氣之精者也。氣，道乃生，生乃思，思乃知，知乃止❽矣。凡心之形，過知失生❾。

【章旨】此章主旨，在倡言正、靜、定、止之精義。

【注釋】❶主正　以正為主；以正為宗。正，指不偏不倚。尹知章注：「平分四時，天之正也。」❷平　均一。尹知章注：「均生萬物，地之平也。」❸安靜　安定寧靜。尹知章注：「無為而無不為，人之安靜也。」❹材　原料；資源。原文為「枝」。王念孫云：「『枝』當為『材』字之誤也。」❺不移　指本心不變。尹知章注：「物遷而從之，聖本不移。」以上二句，意謂持其不變，以應至變。❻四枝堅固　郭沫若云：「『枝』與『肢』通。古本作『四肢堅固』，劉本、朱本、梅本同。」❼精舍　意謂精氣的住所。尹知章注：「心者，精之所舍。」❽止　指止於至善。❾過知失生　與《莊子・養生主》所謂「其生也有涯，而知也無涯，以有涯隨無涯，殆矣」之旨相近。過知，指求知過甚。石一參云：「過知，謂求知太過，而不知止其所當止也。天有止而後正，地有止而後平，人有止而後安靜，一也。」

【語　譯】天以公正為宗，地以均平為宗，人以安靜為宗。春秋冬夏，是天的時令；山陵川谷，是地的資材；喜怒取予，是人的謀望。因此，聖人能順時應變，而不為時所化，能隨物變遷，而不移本心。能公正，能虛靜，然後才能安定。有顆安定的心在胸中，就能耳目聰明，四肢強健，就能作為精氣的住所。所謂「精」，就是氣中的精華。氣，得「道」便能產生生命，有生命便有思維，有思維便有知識，有知識便宜止於至善。大凡心的形體，求知太過，便會損傷生機。

一物❶能化謂之神，一事能變謂之智。化不易氣，變不易智，唯執一之君子能為此乎！執一不失，能君❷萬物。君子使物，不為物使，得一之理。治心在於中，治言出於口，治事加於人，然則天下治矣。一言得❸而天下服，一言定❹而天下聽，公❺之謂也。

【章　旨】此章言執一則能「神」、「智」，而使天下治。

【注　釋】❶一物　意謂堅持專一以應對萬物。石一參云：「一物，謂物雖萬，所以應之者一」，「應物者一，則化物而不為物所化」。❷君　君臨；駕馭。❸得　得當；正確。❹定　裁斷；確定。❺公　中正；大公至正。尹知章注：「理心之謂。」意指上文所謂「得一之理」的「治心」。王念孫云：「『公之謂』，本作『此之謂』。『此』字，指上文『治心在於中』以下四句而言。」錄供參考。

【語　譯】堅持專一以應對萬物，能促成萬物的發展，叫作「神」；堅持以應對萬事，能促進萬事的變化，叫做「智」。促成萬物的發展，而自己不改變正氣，促進萬事的變化，而自己不改變謀慮，只有堅持專一的君子能作到這點吧！堅持專一而不喪失，便能駕馭萬物。君子役使萬物，不被萬物役使，就是因為能掌握專一的原則。合理的心思藏在胸中，合理的言論從口中說出，合理的舉措施及眾人，這樣，天下就能安定了。一言得當，天下順服，一言裁定，天下聽從，指的就是大公至正。

形不正，德不來；中不靜，心不治。正形攝❶德，天仁地義❷，則淫然而自至神明之極❸，照❹乎知萬物。中守❺不忒，不以物亂官❻，不以官亂心，是謂中得❼。

【章旨】此章言修身正心，宜內外兼至。

【注釋】❶攝　整頓。《儀禮・士冠禮》：「再醮攝酒。」鄭玄注：「攝，猶整也。」❷天仁地義　意謂能體天地之德，養成仁義。❸極　頂峰；最高境界。❹照　通「昭」。彰明；明徹。古本、劉本、朱本「照」作「昭」。❺中守　即內心守靜。原文作「中義守」。王念孫云：「『義』字涉上文『天仁地義』而衍，據尹注云『若常守中，則無差忒』，則無『義』字明矣。」❻亂官　即擾亂視聽。官，指視聽器官、視聽功能。❼中得　即下文所謂「內得」。指內心有所實得，意謂「得道」。

【語譯】外在表現不端正，道德便不會歸附；內中不守虛靜，心思謀慮便不會合理。匡正外在表現，修養整飭內德，效法天地的仁義，便會潛移默化地自然達到精神的最高境界，從而明察萬物。內心堅守虛靜，行為不發生差錯，不因外物擾亂視聽，不因視聽擾亂內心，這就叫作內心有所實得。

有神❶自在身，一往一來，莫之能思。失之必亂，得之必治。敬除其舍，精❷

將自來。精想❸思之，寧念治之，嚴容畏敬，精將至定❹。得之而勿捨，耳目不淫，心無他圖。正心在中，萬物得度❺。

【章　旨】此章言定精寧神之法，在潔心去欲。

【注　釋】❶神　此指心之靈氣。❷精　與「神」同義。指心中最高潔之物。精以載神，神隨精至，「精」、「神」往往連用。❸精想　意謂精純內心的想法。❹至定　至為穩定。❺得度　握有統一標準。

【語　譯】本來有「神」存在於自身，但一往一來，似乎不可思念。喪失了它必然紛亂，得到了它必然安定。敬肅地清除內心雜念，「精」便會自然到來。精純內心來思考問題，平息雜念來處理事物，嚴肅外容，內懷敬畏，「精」便會極為穩定。掌握「精」而不拋棄，視聽就不會迷亂，內心就沒有雜念。平正的心靈保存在內，對待外界事物，就能有統一法度。

道滿天下，普在民所❶，民不能知也。一言之解，上察❷於天，下極於地，蟠❸滿九州。何謂解之？在於心安❹。我心治，官乃治；我心安，官乃安。治之者心也，安之者心也。心以藏心❺，心之中又有心焉。彼心之心，音以先言。音然後形，形然後言。言然後使❻，使然後治。不治必亂，亂乃死。

【章　旨】此章言心安，然後事治。

【注　釋】❶民所　人們的住所；人們的身邊。❷察　通「際」。至。❸蟠　遍及。❹心安　內心寧靜。張佩綸謂：「『安』

為『衍文』。」郭沫若云：「『安』當作『治』，與『之』為韻。」錄供參考。❺心以藏心　即以心藏心。前「心」指官體之心，即心宮、心舍。後「心」指神明之心，即「精」或「神」。精、氣、神，道家謂之「三寶」。❻使　役使；遣使。尹知章注：「有言則出命，故有所使令。」

【語　譯】「道」滿布天下，普遍存在於人們的身旁，但人們不能認識它。其實，只要對這一個——「道」有了領悟，便可以理解上至於天，下至於地，以至遍及整個九州的事物。什麼叫做有了領悟呢？標誌在於內心寧靜。我的內心調理好了，感官就能調理；我的內心寧靜，感官就能寧靜。調理是由於內心，寧靜也是由於內心。心內包藏著心，心的形體中又有顆靈明之心。那個心中的心，意識產生在言語之前。有了意識，然後便需加以體現；要求體現，然後發為語言。發為語言，然後產生驅使作用；發揮驅使作用，然後可以調理事物。不善於調理，必然紛亂，紛亂便會導致敗亡。

精存❶自生，其外安❷榮❸，內藏❹以為泉原，浩然和平，以為氣淵❺。淵之不涸，四體乃固；泉之不竭，九竅遂通。乃能窮❻天地，被❼四海。中無惑意❽，外無邪菑；心全❾於中，形全於外；不逢天菑，不遇人害：謂之聖人。人能正靜，皮膚裕寬❿，耳目聰明，筋信⓫而骨強。乃能戴大圓而履大方⓬，鑒於大清⓭，視於大明⓮。敬慎無忒，日新其德，徧知天下，窮於四極。敬發其充⓯，是謂內得。然而不反⓰，此生⓱之忒。

【章　旨】此章言養氣儲精之法，在能正心靜意，敬慎反躬。

【注釋】❶存　儲存；保持。❷安　即「焉」。乃；於是。❸榮　有光澤。❹內藏　指精氣藏於心舍。尹知章注：「內藏於精，則無窮竭，若水之原。」❺氣淵　「精也者，氣之精者也」，「精存」而「內藏」不竭，因而成為「氣淵」。淵，淵源。❻窮　此指功窮、功盡。❼被　此指德布、澤施。❽惑意　惑亂意識；糊塗思想。❾全　健全；完美。❿裕寬　豐滿舒展。自此以下三句，皆言「人能正靜」之效，與常言所謂「德澤潤身」、「心寬體胖」旨意相同。⓫信　通「伸」。通暢。⓬戴大圜而履大方　即今所謂「頂天立地」之意。大圜，指天。大方，指地。古謂「天圓地方」。⓭大清　虛空；天空。⓮大明　指日月。⓯充　指充滿在體內的精氣。⓰反　指修身當反求諸己，而不逐於外物。⓱生　指養生。

【語　譯】「精」存體內，人體自然富有生氣。體現於外表是甚有光澤，深藏於體內則成為泉源，廣大而平和，形成正氣的淵源。淵源不乾涸，四肢便強健；泉源不枯竭，九竅便通達。治世則能功盡天地，德布四海。內無迷亂意識，外無邪僻禍害行為；心健全於內，體健全於外；不遭天災，不遭人禍：這樣的人，可稱為聖人。人能心正意靜，便能皮膚豐滿舒展，耳聰目明，筋暢而骨健。這樣，便能頂天立地，審察虛空，明察日月。如果保持嚴肅謹慎而無差失，日日刷新德行，便能全面瞭解整個天下，直至四方極遠地區的事物。能夠敬肅地發揮充滿在體內的精氣，這就稱為內心有得。然而人們往往不能反求諸己，這便是養生方面的錯誤。

凡道，必周必密，必寬必舒，必堅必固。守善勿舍，逐淫❶澤薄❷，既❸知其極，反於道德。全心在中，不可蔽匿，知❹於形容，見於膚色。善氣迎人，親於弟兄；惡氣迎人，害於戎兵❺。不言之聲，疾於雷鼓❻。心氣之形，明於日月❼，察於父母❽。賞不足以勸善，刑不足以懲過。氣意得❾而天下服，心意定❿而天下聽。

【章　旨】此章言道的特點及善於體道的不可思議的作用。

【注　釋】❶淫　邪惡。❷澤薄　即「釋薄」。拋棄浮薄。澤，通「釋」。《史記・孝武本紀》：「古者，先振兵澤旅，然後封禪。」裴駰集解引徐廣曰：「古釋字作澤。」❸既　全；盡。❹知　察知。原文為「和」。劉績云：「『和』乃『知』字誤也。前〈心術〉作『外見於形容，可知於顏色』，是也。」❺戎兵　兵器；殺人凶器。戎，即兵器的總稱。弓、殳、矛、戈、戟稱五戎。❻疾於雷鼓　比響雷擊鼓的聲音傳播得更快。疾，急速。尹知章注：句謂「全心以德感物者也，德者不疾而速，不崇朝而遍天下，故疾於雷鼓也」。❼明於日月　這是誇張之語，意即日月之明由外生，心之神明自內具，故謂比日月更顯明。❽察於父母　這也是誇張之語，意即父母對於子女雖然明察，但猶為二體；而心之明察，則是以我察我，全體畢見，故謂比父母更昭明。察，昭著；明顯。❾氣意得　指靜意養氣得宜。尹知章注：「若不慕賞，不畏刑，意氣內得，此誠善也，故天下服。」❿心意定　指修心靜意之志堅定。尹知章注：「心意定則理明，故天下聽也。」

【語　譯】所謂道，必然是周全而精到，寬廣而舒和，堅定而牢固的。堅守至善而不捨棄，逐除邪惡，革去輕浮，完全領會守善的準則，便可以返回道德之途了。完美的心靈，雖是深藏在胸，但仍然是不能隱蔽的，可以從形體容顏方面察知，可以從皮膚色澤方面體現。用至善氣態對待他人，彼此之間，便會親於弟兄；用邪惡氣勢對待他人，彼此之間，便會仇於凶殺。這種無需言語的聲音，比響雷擊鼓的聲音傳播得更快。這種心氣的顯露，比日月的光芒更耀眼，比父母明察子女更透徹。獎賞並不完全能夠激勵至善，刑罰並不完全能夠戒止過錯。靜意養氣得宜，天下便會順服；修心靜意之志堅定，天下便會信從。

摶氣❶如神，萬物備存。能摶乎？能一乎？能無卜筮而知吉凶乎？能止乎？能已❷乎，能勿求諸人而得之己乎？思之，思之，又重思之。思之而不通，鬼神將通之。非鬼神之力也，精氣之極❸也。

【章　旨】此章言專一於精氣的作用。

【注　釋】❶摶氣　聚結純正之氣。尹知章注：「摶，謂結聚也。」❷已　完畢。原文為「己」。當作「已」，形近而誤。❸極　頂點。

【語　譯】聚結純正之氣如有神力，可以把萬事萬物的規律，全部儲存在心中。但人們能夠聚結嗎？能夠專一嗎？能夠不用卜筮而預知吉凶嗎？能夠做到想停就停嗎？能夠做到想完畢就完畢嗎？能夠做到不求他人而反求於己嗎？想想吧，想想吧，再反覆想想吧！思慮若不通達，鬼神將使你通達。這並非鬼神的力量，而是精氣的作用發揮到了頂端。

四體既正，血氣既靜，一意摶心，耳目不淫，雖遠若近。思索生知❶，慢易生憂❷，暴傲生怨❸，憂鬱生疾❹，疾困乃死❺。思之而不舍❻，內困外薄❼，不蚤❽為圖，生將巽❾舍❿。食莫若無飽⓫，思莫若勿致⓬。節適之齊，彼將自至⓭。

【章　旨】此章言養生之道，在善於調節守中。

【注　釋】❶知　同「智」。智慧。❷慢易生憂　尹知章注：「疏慢輕易，必致凶禍，故生憂。」慢，疏慢；怠忽。易，輕率。❸暴傲生怨　尹知章注：「殘暴傲虐，傷害必多，故生怨也。」暴，兇暴；殘暴。傲，傲慢；傲虐。❹憂鬱生疾　尹知章注：「憂恚鬱塞，懷不通暢，故生疾也。」憂鬱，憂思閉結。❺疾困乃死　尹知章注：「既疾而困，可謂彌留而死。」疾困，意謂被長期病痛弄得窘迫不堪。❻舍　休息。❼薄　迫近；脅迫。❽蚤　此即「早」字。及早。❾巽　通「遜」。退讓；離開。❿舍　房舍。此指生機託處之所——身軀。⓫食莫若無飽　石一參云：「食與其過飽而傷生也，不若使脾胃間恒有飢意，所以調血氣也」，「血氣調適，則可以長生」。無飽，謂不宜過飽。⓬思莫若勿致　石一參云：「思與其過當而失度也，不若守中而勿推致其極，所以調精神也」，「精神調適，則可以廣其思力」。勿致，謂不宜達到極限。致，盡；極。⓭節適之齊二

句　尹知章注：「齊，中也。言能節食適思，常莫過中，則生將自至。」齊，適度的定限。

【語　譯】形體已經端正，血氣已經寧靜，便能專意聚心，視聽也不致惑亂。這樣，雖是遠方的事物，也能明察如同近處一樣。思慮，產生智慧，怠忽輕率，產生憂患，兇暴傲慢，產生仇怨，憂愁鬱結，產生疾病，久病困頓，將導致死亡。冥思苦索而不休息，內遭困窘、外受脅迫，而不及早設法，生機就會離棄軀體。吃東西不如不要過飽，想問題不如不達到極限。節制飲食，調適思慮，控制在一個「中」度，生機便會自然來到。

凡人之生也，天出其精，地出其形，合此以為人。和乃生，不和不生。察和之道，其精不見，其徵不醜❶。平正擅匈❷，論治❸在心，此以長壽。忿怒之失度，乃為之圖。節其五欲❹，去其二凶❺，不喜不怒，平正擅匈。

【章　旨】此章言人之生生機理，在於一個「和」字。

【注　釋】❶察和之道三句　尹知章注：「醜，類也。言欲察和，則精不可見，至於徵驗，又不知其類也。」醜，類比。❷平正擅匈　尹知章注：「和之精類，雖不可知見，但能平而正，則和氣獨擅於匈中。」擅匈，獨擅胸中。匈，通「胸」。❸論治　郭沫若云：「『論治』二字，當是『淪治』二字之誤，言天地之和氣，瀰滿於心中也，即所謂『淪肌浹髓』。」❹五欲　即目欲色，耳欲聲，鼻欲香，口欲味，心欲佚樂。❺二凶　指喜與怒。得則喜，不得則怒，最易動氣而累及平正之心，故稱「二凶」。此中為害，又以忿怒失正為甚。

【語　譯】人的生命，是上天供給精氣，大地供給形體，合此二者而形成人。二者和諧結合，便有生命，不和諧結合，便沒有生命。考究「和諧結合」的奧祕，精氣不能看見，形體也不可類比。但平和中正藏在胸中，充滿在內心，這就能夠長壽。忿怒若是過分，便當設法消除。控制五種情欲，去掉兩個「元凶」，不因外物觸發而生喜怒，平和中正，便可獨占胸懷了。

凡人之生也，必以平正。所以失之，必以喜怒憂患。是故止怒莫若詩❶，去憂莫若樂，節樂莫若禮，守禮莫若敬❷，守敬莫若靜。內靜外敬，能反其性❸，性將大定❹。

【章旨】此章言詩、樂、禮為治心方術。

【注釋】❶止怒莫若詩　尹知章注：「詩有清風之慰，故能止怒。」自此以下五句，俱言治心之法。❷敬　敬肅；戒慎。此指外形而言。❸性　意謂平和中正的本性，本心。石一參云：「性本平正，與人生而俱來，惟日役於喜怒憂患而漸失其度。」善復其性者，能於「敬」、「靜」二字求之。❹大定　義同上文「至定」。即極為安定。

【語譯】人的生命，必須依賴於平和中正。其所以有失，必定是因為喜怒憂患的影響。然而節制忿怒，沒有什麼能比過詩歌，排遣煩憂，沒有什麼能比過音樂，節制歡樂，沒有什麼能比過禮義，恪守禮義，沒有什麼能比過外形敬肅，保持敬肅，沒有什麼能比過內心虛靜。內心虛靜，外形敬肅，便能恢復平和中正的本性，而且本性也將大為穩定。

凡食之道，大充❶，傷而形不臧❷；大攝，骨枯而血沍❸。充攝之間，此謂和成❹，精之所舍❺，而知之所生。飢飽之失度，乃為之圖。飽則疾動❻，飢則廣思❼，老則長慮❽。飽不疾動，氣不通於四末❾；飢不廣思，飽而不廢❿；老不長慮，困乃遫竭⓫。大心而敢⓬，寬氣而廣，其形安而不移，能守一而棄萬苛⓭，見利不誘，見害不懼，寬舒而仁，獨樂其身，是謂雲氣⓮，意行似天。

【章　旨】此章言養生術中的飲食之道。

【注　釋】❶大充　指飲食過飽。❷不臧　不善。此指形體發育不良。❸大攝二句　謂飲食過嗇，營養不良，則骨不榮而近枯，血不通而近涸。大攝，指飲食過飢。攝，斂抑；吝嗇。沍，閉結；停滯。❹和成　指血氣和暢，形體壯健。❺舍　寄託之所。❻疾動　速動；趕快活動，以期化食。❼廣思　節制思慮。廣，通「曠」。空缺。此指控制。❽長慮　從長計議。石一參云：「處事長，則養老得其宜，而心身交快。」❾四末　指四肢。❿不廢　當作「不發」。不能發揚；不能發展。⓫遫竭　即「速竭」。指生機速盡。⓬敢　指敢拒外物。⓭苛　指煩苛瑣事。⓮雲氣　運氣；調氣。石一參謂「雲氣」當作「靈氣」，「人天之際，皆一氣之感應為之」。錄供參考。

【語　譯】大凡飲食的規律，是過飽便損傷腸胃而形體發育不良，過飢便骨近枯而血近涸。恰在不飽不飢之中，這就可以血氣和暢，形體壯健，精氣能夠居處，智慧能夠增長。飢飽若是失度，便當設法克服。過飽，便當趕快活動；過飢，便當控制思慮；到了老年，更要從長計議。過飽若不及時活動，血脈精氣便不能通達於四肢；過飢若不控制思慮，雖到飽時，也不能發揮思維能力；到了老年，若再不從長計議，遇到困頓，便會加速死亡。宏闊心胸而敢拒外物，寬舒意氣而廣拓思路，形體安泰而不移徙，堅持專一而拋棄煩苛，見利不受誘惑，見害無所驚懼，心懷舒暢而仁愛，自身獨樂而逍遙，這就稱作「運氣」的內功，意念的運行，也好似升騰在天空一樣，自由自在。

凡人之生也，必以其歡❶。憂則失紀❷，怒則失端❸。憂悲喜怒，道乃無處。

愛欲靜之，遇亂❹正之，勿引勿推❺，福將自歸。彼道自來，可藉與謀，靜則得之，躁則失之。靈氣❻在心，一來一逝，其細無內，其大無外。所以失之，以躁為害。心能執靜，道將自定。得道之人，理丞❼而毛泄❽，胸中無敗❾。節欲之道，萬物不害。

【章　旨】此章言養生之道，在於心情舒暢，忌因外物而憂悲喜怒。

【注　釋】❶歡　歡暢；舒暢。尹知章注：「歡則志氣和，故生也。」❷紀　條理；次序。❸端　頭緒。❹遇亂　即「愚亂」。指邪亂。遇，通「愚」。章炳麟云：「『愚亂』即『遇亂』也。然則愚亂者必邪，故當正之。」❺勿引勿推　石一參云：「物欲之未來，靜吾心，勿有以引之；其既至，則正吾心，勿推之極之。」引，導引。推，推移。❻靈氣　即下文所謂「道將自定」之「道」。❼理丞　即「理烝」。通過肌理蒸發。❽毛泄　通過毛孔排泄。原文為「屯泄」。王引之云：「『丞』讀為『烝』，烝，升也。泄，發也。『屯』當為『毛』，字之誤也。」意謂「得道之人，和氣四達，烝泄於毛理之間，故匈中無敗也」。❾胸中無敗　石一參云：「得道者以時修養，而去其敗濁，存其精華，使胸中浩然皭然。」敗，濁腐之物。

【語　譯】人的生命，必然有賴於心情歡暢。憂愁便會失去條理，憤怒便會失去頭緒。憂愁悲傷，狂喜盛怒，「道」便無處安身。愛欲的雜念應當止息，邪亂的思想應當匡正。不因物欲引誘，不被物欲推移，幸福將自然歸附。那「道」是自然降臨的，人們可以藉來謀劃事物。虛靜便可得「道」，躁亂便將失「道」。靈氣居處心中，時來時去，小可小到沒有內限，大可大到沒有外界。人們之所以會失掉「靈氣」，是因為躁亂為害。內心若能保持虛靜，「道」將會自然穩定。掌握了「道」的人，猶如通過皮膚蒸發，通過毛孔排泄，而內中沒有濁腐之物。能實行節制欲念的原則，萬事萬物便不能為害了。

封禪　第五十

【題　解】此為《管子》第五十篇，題為「封禪」。「封」，指登泰山築壇祭天，「禪」，指登梁父山闢基祭地，「封禪」是帝王宣揚天命，炫耀君權的莊嚴活動。齊桓公稱霸之後，亟欲封禪。管仲認為時機並不成熟，先窮之以辭，繼設之以事，勸諫桓公打消這個念頭。

尹知章注謂此篇原文已亡，這是用司馬遷《史記・封禪書》所載管子之言補綴而成的。洪頤煊則謂「〈封禪篇〉唐初尚未亡，《史記・封禪書・索隱》云『今《管子・封禪篇》是也』。《尚書・序・正義》、《禮記・王制・正義》、《文選・羽獵賦・注》引此篇『古者封泰山，禪梁父』以下皆作《管子》，是孔沖遠、司馬貞、李善輩猶見之」。劉師培云：「竊以唐代《管子》匪僅一本，尹注所據雖缺此篇，以孔、李之博，所見當非一本。或此篇他本尚存，尹偶未考。」

桓公既霸，會諸侯於葵丘❶，而欲封禪。

【章　旨】此章言桓公亟欲封禪。

【注　釋】❶葵丘　地名。春秋宋地，在今河南蘭考、民權境內。《春秋・僖公九年》：「公會宰周公、齊侯、宋子、衛侯、鄭伯、許男、曹伯於葵丘。」亦即此地。

【語　譯】桓公已經成就霸業之後，在葵丘會盟諸侯，並且想要舉行祭祀天地的封禪大典。

管仲曰：「古者封泰山❶，禪梁父❷者七十二家，而夷吾所記者十有二❸焉。昔無懷氏❹封泰山，禪云云❺；虙羲❻封泰山，禪云云；神農封泰山，禪云云；炎帝封泰山，禪云云；黃帝封泰山，禪亭亭❼；顓頊封泰山，禪云云；帝嚳封泰山，禪云云；堯封泰山，禪云云；舜封泰山，禪云云；禹封泰山，禪會稽❽；湯封泰山，禪云云；周成王封泰山，禪社首❾。皆受命❿然後得封禪。」桓公曰：「寡人北伐山戎⓫，過孤竹⓬；西伐大夏，涉流沙，束馬懸車，上卑耳之山⓭；南伐至召陵⓮，登熊耳山⓯以望江漢。兵車之會三，而乘車之會六⓰，九合諸侯，一匡天下，諸侯莫違我。昔三代受命，亦何以異乎？」於是管仲睹桓公不可窮以辭，因設之以事，曰：「古之封禪，鄗上⓱之黍，北里之禾，所以為盛⓲；江淮之間，一茅⓳三脊，所以為藉⓴也。東海致比目之魚㉑，西海致比翼之鳥㉒，然後物有不召而至者十有五焉。今鳳凰麒麟㉓不來，嘉穀㉔不生，而蓬蒿藜莠㉕茂，鴟梟㉖數至，而欲封禪，毋乃不可乎？」

【章旨】此章言管仲先窮之以辭，繼設之以事，極力諫止桓公封禪。

【注釋】❶泰山　位於山東省中部。主峰玉皇頂，在泰安縣城北，古稱東嶽，又名岱山、岱宗，峻拔雄偉，孔子曾有「登東山而小魯，登泰山而小天下」之嘆。❷梁父　一作「梁甫」。山名。在今山東泰安東南。❸十有二　即十二。有，通「又」。

❹無懷氏　尹知章注為「古之王者，在伏羲前」。❺云云　山名。是泰山下的一座小山。《漢書・郊祀志上》：「昔無懷氏封泰山，禪云云。」顏師古注引晉灼曰：「云云山，在蒙陰縣故城東北，下有云云亭。」❻虙羲　即伏羲。虙，古通「伏」。❼亭亭　山名。在今山東泰安南。❽會稽　山名。在浙江省中部紹興、嵊縣、諸暨、東陽間。《史記索隱》引《吳越春秋》：「禹巡天下，登茅山，群臣乃大會計，更名茅山為會稽。」❾社首　尹知章注為「山名，在博縣，或云在鉅平南十三里」。❿受命　指受上天之命，是宣揚「君權神授」之辭。⓫山戎　又名北戎。北方民族名，居今河北省東部一帶。⓬孤竹　國名。在今河北盧龍南，存在於商、西周、春秋時。⓭卑耳之山　卑耳山，即辟耳山，在今山西平陸。尹知章注：「卑耳，即齊語所謂辟耳。」《史記・齊太公世家》：「束馬懸車，登太行，至卑耳山而還。」⓮召陵　春秋時楚邑，戰國時屬秦。在今河南郾城東。⓯熊耳山　在河南省西部。秦嶺東段支脈。以兩峰狀若熊耳得名。⓰兵車之會三二句　《史記・齊太公世家》、《漢書・郊祀志》亦同此說。但〈大匡〉、〈小匡〉、〈霸形〉諸篇，則作「乘車之會三，兵車之會六」。對此，郭沫若曾有解釋，云：「齊桓公會合諸侯，據《春秋》所載實不止九次。古人以九為極數，故喜用『九』字以表示其多。兵車之會可云六，就其大者而言亦可云三。乘車之會可云三，兼其小者而言亦可云六。」⓱鄗上　尹知章注：「鄗上，山名，鄗音臛。」⓲盛　指盛在祭器中的黍稷。⓳茅　此指菁茅，又名靈茅。每支有三條脊梗。〈輕重丁〉：「江淮之間，有一茅而三脊，毌至其本，名之曰菁茅。」⓴藉　供坐臥的草墊。《文選・游天台山賦》：「藉萋萋之纖草。」李善注：「以草薦地而坐曰藉。」㉑比目之魚　尹知章注：「各有一目，不比不行，其名曰鰈。」㉒比翼之鳥　尹知章注：「各有一翼，不比不飛，其名曰鶼鶼。」㉓麒麟　此為傳說中的動物，其狀如鹿，獨角，全身有鱗甲，牛尾。與鳥中鳳凰一樣，多作為吉祥的象徵。㉔嘉穀　又稱嘉禾。是生長得特別茁壯的禾稻，常被視為祥瑞的象徵。㉕藜莠　雜草；惡草。㉖鴟梟　即鴟鴞。像貓頭鷹一類的猛禽，常被視為不祥之兆。

【語　譯】管仲進諫說：「古代帝王登泰山築壇祭天，登梁父山闢基祭地的，共有七十二家。然而我管夷吾能記得的，僅十二家而已。這就是從前的無懷氏，曾登泰山築壇祭天，登云云山闢基祭地；虙羲曾登泰山祭天，登云云山祭地；神農曾登泰山祭天，登云云山祭地；炎帝曾登泰山祭天，登云云山祭地；黃帝曾登泰山祭天，登亭亭山祭地；顓頊曾登泰山祭天，登云云山祭地；帝嚳曾登泰山祭天，登云云山祭地；堯曾登泰山祭天，登云云山祭地；舜曾登泰山祭天，登云云山祭地；禹曾登泰山祭天，登會稽山祭地；湯曾登泰山祭天，登云云山祭地；周成王也曾登泰山祭天，登社首山祭地。這些人，都是承奉天命而後舉行封禪典禮的。」桓公說：

「我北伐，征服了山戎，越過了孤竹國；西伐，征服了大夏，渡過了流沙河，纏束戰馬，懸鉤戰車，登上了卑耳山；南伐，到達了召陵，登上了熊耳山，而眺望著長江與漢水。跟諸侯各國的兵車之會，舉行了三次，乘車之會，舉行了六次，九次會盟諸侯，一手匡正天下，諸侯之中，沒有誰違抗我。從前的夏商周三代，承奉天命，與此有什麼不同呢？」在這種情況下，管仲看出桓公不能憑言辭說服他，於是又擺出事實，說：「古代舉行封禪典禮時，鄗上一帶的黍，北里一帶的稻，用來裝在祭器裡；江淮一帶三根脊梗的靈茅，用來作為草墊。東海送來比目魚，西海獻上比翼鳥，然後不召而至的物品還有十五種。現在是鳳凰麒麟沒降臨，嘉禾沒生長，而蓬蒿藜莠很繁茂，鴟鴞常出現，卻還想舉行封禪典禮，豈不是不適宜嗎？」

於是桓公乃止。

【章　旨】桓公終止封禪的設想。

【語　譯】於是桓公終止了封禪的打算。

小問 第五十一

【題解】此為《管子》第五十一篇，題為「小問」，意即這是記述日常零星的問答。正因為如此，行文比較自由，涉及層面甚為廣泛。大至富國強兵、牧民伐國之事，小至疑釋述異、說客婢女之言，無不載錄。但都是桓公諮詢，管仲解答，使零星的內容能包容在統一的形式之中。桓公的疑無不問，問無不從，豁達大度，忍而能省，管仲的知無不言，言無不盡，智聖博聞，察微知著，以及桓管二人君臣一體，宅心強齊，也都得到了頗為生動的體現。

桓公問管子曰：「治而不亂，明而不蔽，若何？」管子對曰：「明分任識，則治而不亂，明而不蔽矣。」公曰：「請問富國奈何？」管子對曰：「力地而動於時，則國必富矣。」公又問曰：「吾欲行廣仁大義，以利天下，奚為而可？」管子對曰：「誅暴❶禁非❷，存亡❸繼絕❹，而赦無罪，則仁廣而義大矣。」公曰：「吾聞之也，夫誅暴禁非，而赦無罪者，必有戰勝之器，攻取之數，而後能誅暴禁非，而赦無罪。請問戰勝之器❺？」管子對曰：「選天下之豪傑，致天下之精材，來❻天下之良工，則有戰勝之器矣。」公曰：「攻取之數何如？」管子對曰：「毀其備，散其積，奪之食，則無固城矣。」公曰：「然則取士❼若何？」管子對曰：「假❽而禮之，厚而勿欺，則天下之士至矣。」公曰：「致天下之精材❾若何？」管子對曰：「五而六之，九而十之，不可為數❿。」公曰：「來工若何？」管子對曰：「三倍⓫，不遠千里。」桓公曰：「吾已知戰勝之器，攻取之數矣。請問行軍襲邑，舉錯⓬而知先後，不失地利，若何？」管子對曰：「用貨察圖⓭。」公曰：「野戰必勝若何？」管子對曰：「以奇⓮。」公曰：「吾欲徧知天下，若何？」管子對曰：「小以⓯吾不識，則天下不足識也。」公曰：「守、戰、遠見⓰，有患。夫民不必死，則不可與出乎守戰之難；不必信，則不可恃而外知⓱。夫恃不死之民，而求以守戰，恃不信之人，而求以外知，此兵之三闇⓲也。使民必死必信若何？」管子對曰：「明三本⓳。」公曰：「何謂三本？」管子對曰：「三本者，一曰固，二曰尊，三曰質。」公曰：「何謂也？」管子對曰：「故國父母墳墓之所在，固也；田宅爵祿，尊也；妻子，質也。三者備，然後大其威，厲其意，則民必死而不我欺也。」

【章　旨】此章言桓公問管子，以治民富國強兵戰勝攻取之事。

【注　釋】❶暴　指暴虐之國、殘暴之君。❷非　指違理行徑。❸亡　指被滅亡的國家。❹絕　指絕祿的世家。❺請問戰勝之器　原文為「公曰請問戰勝之器」。據上下文意，「公曰」二字當為衍文，故刪。❻來　招致。❼取士　選取豪傑之士。原文為「取之」。王念孫云：『取之』當為『取士』，下文『則天下之士至矣』，正對此句而言。」尹知章亦注為「謂取其士」。❽假　嘉獎；稱美。❾精材　指製造軍用器械的優質材料。❿數　定數；常數。尹知章注：「欲致精材者，必當貴其價。故他處直五，我酬之六；他處直九，我酬之十。常令貴其一分，不可為定數。如此，則天下精材可致也。」⓫三倍　此指高出三倍的工價。尹知章注：「酬工匠之庸，直常三倍他處，則工人不以千里為遠，皆至矣。」⓬舉錯　通「舉措」。舉動；措施。⓭用貨察圖　尹知章注：「用貨為反間，則知其先後。察彼國圖，則不失地利也。」貨，錢財。此指花錢收買耳目。圖，此指敵國的軍事部署地圖。⓮奇　奇兵；奇計。⓯以　而；如果。⓰遠見　察知遠方事物。指偵查。⓱外知　察知外事。義同「遠見」。尹知章注：「人必誠信，然後為君視聽，故知外事也。」⓲三闇　三方面的糊塗、愚昧表現。尹知章注：「苟不死不信，則守闇、戰闇、外闇，故曰三闇。」⓳三本　三項根本條件。

【語　譯】桓公問管子說：「想使國家安定而不紊亂，想要明察是非而不受蒙蔽，怎麼辦呢？」管子回答說：「區別名分來安排職事，便可安定而不紊亂，明察而不被欺蒙了。」桓公說：「請問要使國家富庶，該怎麼辦呢？」管子回答說：「努力耕地而且舉措合於農時，那麼國家必然富庶。」桓公又問：「我想施行大仁大義而造福天下，怎樣做才適宜？」管子回答說：「誅伐暴虐之國，阻禁違理行徑，救存滅亡的國家，延續絕祿的世族，寬赦無辜的人，便是大仁大義了。」桓公說：「我曾聽說，誅伐暴虐之國，阻禁違理行徑，寬赦無辜的人，必須有戰勝敵國的武器，攻取敵軍的謀略，然後才能達到誅伐暴國，阻禁惡行，寬赦無罪的目的。請問戰勝敵國的武器怎麼得來？」管子回答說：「選拔天下的豪傑之士，蒐求天下的優質資材，招致天下的能工巧匠，便有戰勝敵國的武器了。」桓公說：「攻取敵軍的謀略怎樣？」管子回答說：「搗毀對方的設施，消耗對方的蓄積，奪取對方的糧食，就沒有可以固守的城池了。」桓公說：「選拔豪傑之士當怎麼辦呢？」管子回答說：「嘉獎而且尊重，厚待而不相欺，天下的豪傑之士就到來了。」桓公說：「蒐求天下的優質資材，當怎麼辦呢？」管子回答說：「他人給五我給六，他人給九我給十，不能只給固定價格。」桓公說：「招致能工巧匠，應當怎麼辦呢？」管子回答說：「付給高出三倍的工價，工匠會不遠千里而來。」桓公說：「我已經懂得如何獲得戰勝敵國的武器和怎樣攻取敵軍的謀略了。請問欲使行軍打仗、襲擊城邑，懂得用兵部署孰先孰後，不失地利，應當怎麼辦呢？」管子回答說：「用錢收買耳目，察知敵國地圖。」桓公說：「要爭取野戰必勝，應當怎麼辦呢？」管子回答說：「以奇制勝。」桓公說：「我想要全面瞭解天下各國的情況，應當怎麼辦呢？」管子回答說：「小的方面，如果我們不去認識，那麼天下各國的情況，就不可能認識了。」桓公說：「防守、出戰、偵察，都有值得憂慮的地方。民眾如果不抱必死的決心，便不能跟他們一道共赴守戰的危難；民眾如果不能堅守誠信，便不能依賴他們對外偵察。依賴不抱必死決心的人們而希求能夠固守、決戰，依賴不能堅守誠信的人們而希求有效地對外偵察，這是用兵的三種昏暗表現。要使人們能抱必死決心和堅守誠信，應當怎麼辦呢？」管子回答說：「要明確三項根本條件。」桓公問：「什麼叫做三項根本條件呢？」管仲回答說：「三項根本條件，一叫固，二叫尊，三叫質。」桓公問：「具體怎麼講呢？」管子回答說：「故國、父母、祖墳安然存在，這是固定人心的條件；田地、房屋、爵位、秩祿，這是尊顯身分的條件；妻室兒女，這是維繫誠信的條件。這三項條件具備，然後張揚他們的尊嚴，激勵他們的鬥志，那麼，人們就會抱定必死決心，而不會欺蒙我們了。」

桓公問治民於管子。管子對曰：「凡牧民者，必知其疾❶，而憂❷之以德，勿懼以罪，勿止以力❸。慎此四者，足以治民也。」桓公曰：「寡人睹其善也，何為其寡❹也？」管仲對曰：「夫寡非有國者❺之患也。昔者天子中立❻，地方千里，四言者該❼焉。何為❽其寡也？夫牧民，不知其疾則民疾❾，不憂以德則民多怨，懼之以罪則民多詐❿，止之以力則往者不反⓫，來者鷙距⓬。故聖王之牧民也，不在其多也。」桓公曰：「善，勿已，如是又何以行之？」管仲對曰：「質信極忠⑬，嚴以有禮，慎此四者，所以行之也。」桓公曰：「請聞其說。」管仲對曰：「信也者，民信之；忠也者，民懷之；嚴也者，民畏之；禮也者，民美之。語曰：澤命⑭不渝，信也；非其所欲，勿施於人，忠⑮也；堅中外正，嚴也；質信以讓，禮也。」桓公曰：「善哉！牧民何先？」管子對曰：「有時先政⑯，有時先德。飄風暴雨不為人害，涸旱不為民患，百川道⑰，年穀熟，糴貸賤⑱，禽獸與人聚，食民食，民不疾疫。當此時也，民富且驕。牧民者，厚收善歲以充倉廩，禁藪澤，先之以事⑲，隨之以刑，敬之⑳以禮樂以振其淫㉑。此謂先之以政。飄風暴雨為民害，涸旱為民患，年穀不熟，歲饑糴貸貴，民疾疫。當此時也，民貧且罷㉒。牧民者發倉廩、山林、藪澤以共其財。後之以事，先之以恕，以振其罷。此謂先之以德。其收之也，不奪民財；其施之也，不失有德。富上而足下，此聖王之至事也。」桓公曰：「善！」

【章　旨】此章言桓公問管仲以牧民之術。

【注　釋】❶疾　疾苦；憂愁。尹知章注：「疾，謂患疾也。」❷憂　思慮；關心。或謂憂通「優」。優禮；厚待。❸力　此指強力、強權。❹寡　少。意謂簡單。尹知章注：「謂四言雖善，然以之理國，恐其太少。」❺有國者　治國者。有，通「為」。治理。❻中立　立於中央。❼該　通「賅」。包括一切。尹知章注：「該，備也。謂四言足以備千里之化，不為少。」❽為　謂；以為。❾疾　厭惡；憎恨。尹知章注：「疾，謂憎嫌之也。」❿詐　欺騙。尹知章注：「設詐以避罪也。」⓫不

反　不再回來。尹知章注：「創其力役之苦。」⓬鷙距　止步不前。原文為「鷙距」。王念孫云：「『鷙』當為『鷙』，字之誤也。鷙、距，皆止也，言來者止而不前也。」⓭忠　忠恕。宋翔鳳云：「《說文》『仁』字古文作『忎』，此與『忠也者民懷之』兩忠字，當是『忎』字之誤。《管子》多古字，寫者不識，改為『忠』。」錄供參考。⓮澤命　即「釋命」。捨棄性命。澤，通「釋」。《史記・孝武本紀》：「古者，先振兵澤旅，然後封禪。」裴駰集解引徐廣曰：「古釋字作澤。」⓯忠　義亦忠恕。原文為「仁」。王引之云：「『仁』字後人所改，此承上文信忠嚴禮而分釋之，論忠非論人也。《中庸》曰『忠恕違道不遠，施諸己而不願，亦勿施於人』，故曰『非其所欲，勿施於人，忠也』。」郭沫若云：「此『仁』字不誤，上二『忠』字誤耳。」錄供參考。⓰先政　先事刑政。自此以下四句，原文為「有時先事，有時先政，有時先德，有時先恕」。王念孫云：「案原文內本無『有時先恕』四字，後人以下文言『先之以恕』，故增此四字也。」陶鴻慶云：「今案『有時先事』四字，亦後人妄增也。」郭沫若云：「『有時先事』與『有時先恕』乃古時讀書者注語，被鈔書者誤鈔入正文。」⓱道　通「導」。疏通；通暢。⓲賤　此指價格低廉。⓳先之以事　原文為「此謂先之以事」。陶鴻慶云：「『此謂』二字亦衍文。」事，政事。⓴敬之　使之敬肅；使之慎戒。㉑振其淫　消除淫邪習氣。《左傳・昭公十八年》：「被於四方，振除火災，禮也。」注：「振，棄也。」㉒罷　通「疲」。疲敝。

【語　譯】桓公向管子問治理民眾的事，管子回答說：「凡是治理民眾，必須察知民眾的疾苦，用施德澤的辦法關心他們，不要動用刑罰使他們畏懼，也不要使用強權加以禁限。慎重地施行這四點，就可以治理民眾了。」桓公說：「我看到這四點的優越性了，但為什麼這樣簡單呢？」管仲回答說：「內容簡單，並不是治理國政的憂患。從前天子位居中央，領土四周千里，有了這四點，也就包括一切了。怎麼能說內容簡單呢？治理百姓，若是不瞭解百姓的疾苦，百姓便會憎恨；不用施德澤的辦法去關心百姓，百姓便會多所怨怒；使用治罪的辦法讓人畏懼，百姓便會多行欺騙；運用強力手段禁限百姓，一旦離去就不會再回來，要來的人也常會止步。所以聖王治理民眾，不在條文繁多。」桓公說：「很好，治民當不僅止此而已。即使如此，又當如何具體施行呢？」管仲回答說：「誠信忠恕，嚴肅有禮，慎重地施行這四點，就是具體施行的辦法。」桓公說：「請讓我聽聽詳細解說。」管仲回答說：「誠信，人民就會相信；忠恕，人民就會歸附；嚴肅，人民就會敬畏；有禮，人民就會讚美。常言說：寧可拋棄性命，不可改變諾言，這就是誠信；不是人們所想望的，不去強加於人們，這就是忠恕；內心堅定，外表端正，這就是嚴肅；忠誠謙讓，這就是有禮。」桓公說：「解說得好啊！但治理民眾，應把什麼擺在前面呢？」管子回答說：「有的時候是先事刑政，有的時候是先施德澤。在暴風淫雨不來給人們造成災害，嚴重乾旱不來給人們造成憂患的年成，百川通暢，年穀豐登，糧食糴價低廉，禽獸與人同吃糧食，人們沒有病痛和瘟疫。在這種時候，人們富有，意氣洋洋。治理民眾的人，便應當廣積豐年糧食，充實國家倉庫，封禁山林湖澤，先擬好行政措施，隨之施行刑罰，用禮樂教化，使人們行為敬肅，消除淫邪習氣。這就叫做先事刑政。在暴風淫雨給人們造成了災害，嚴重乾旱給人們造成了憂患的年成，五穀不豐熟，終年鬧饑荒，糧食糴價高，人們染上了疾病和瘟疫。在這種時候，人們貧窮而且疲憊。治理民眾的人，便應當打開倉庫、山林、草澤，使人們共同享有這些財物。後施政事，先行忠恕，藉以消除人們的疲困。這就叫做先施德澤。豐年積累，不爭奪百姓財力；荒年施賑，不喪失施德原則。富國足民，這就是聖王的崇高事業。」桓公說：「太好了！」

桓公問管仲曰：「寡人欲霸，以二三子[1]之功，既得霸矣。今吾有欲王[2]，其可乎？」管仲對曰：「公當召叔牙而問焉。」鮑叔至，公又問焉。鮑叔對曰：「公當召賓胥無而問焉。」賓胥無趨而進，公又問焉。賓胥無對曰：「古之王者，其君豐[3]，其臣殺[4]。今君之臣豐。」公遵遁[5]，繆然[6]遠立[7]。三子遂徐行而進。公曰：「昔者大王[8]賢，王季[9]賢，文王賢，武王賢；武王伐殷克之，七年而崩；周公旦輔成王而治天下，僅能制於四海之內矣。今寡人之子不若寡人，寡人不若二三子。以此觀之，則吾不王必矣。」

【章旨】此章言桓公問欲成就王業之事，而後自省。

【注釋】❶二三子　這是桓公對管仲等大臣的親暱稱呼。❷有欲王　即「又欲王」。又想進而成就王業。有，通「又」。❸豐　此指德豐、德高。❹殺　衰減。原文為「教」。王引之云：「『教』當作『殺』，『殺』與『豐』正相對」，「『殺』字或書作『敎』，與『教』相似而誤」。❺遵遁　同「逡巡」。卻退貌。❻繆然　即「穆然」。誠敬貌。繆，通「穆」。誠敬。❼遠立　即避席。離座起立。立，原文為「二」。郭沫若云：「『二』乃『立』之殘文。『立』者位也」，「『遠位』者，離其席位也」。❽大王　指周文王的祖父古公亶父。❾王季　指周文王的父親季歷。

【語譯】桓公問管仲說：「當初我想成就霸業，憑藉你們幾位大臣的功勞，已經稱霸了。如今我又想要成就王業，這可以嗎？」管仲回答說：「您應當找鮑叔牙來問問。」鮑叔到了，桓公又向他提出這個問題。鮑叔回答說：「您應當找賓胥無來問問。」賓胥無急步上前，桓公又向他提出這個問題。賓胥無回答說：「古代成就王業的人，都是君主的德望很高，大臣的德望較低。如今卻是您的大臣德望很高。」桓公後退一步，誠敬地離開了座席。三人於是慢步跟上前去。桓公說：「從前大王聖明，王季聖明，文王聖明，武王也聖明；武王討伐商紂獲勝，七年之後死了；周公旦輔佐成王治理天下，也僅能控制四海之內而已。如今我的兒子比不上我，我也比不上諸位大臣。就憑這點來看，那麼，我不能成就王業，是必然的了。」

桓公曰：「我欲勝民❶，為之奈何？」管仲對曰：「此非人君之言❷也。勝民為易。夫勝民之為道，非天下之大道也。君欲勝民，則使有司疏獄❸，而謁❹有罪者償❺，數省❻而嚴誅❼。若此，則民勝矣。雖然，勝民之為道，非天下之大道也。使民畏公而不見親，禍亟❽及於身。雖能不久❾，則人持❿莫之弑⓫也，危哉。君之國岌乎⓬！」

【章　旨】此章言桓公向管仲問勝民之事。

【注　釋】❶勝民　指用權勢制服民眾。尹知章注：「言欲勝服於民。」❷非人君之言　意謂不是君主應有的言論。尹知章注：「人君之言，當仁以化之，不可直用刑勝也。」❸疏獄　指分條寫好刑事規章。疏，分條陳述。❹謁　說明。此指揭發、告發。❺償　酬報。尹知章注：「謂疏錄獄囚，謁告有罪者則償之。」❻省　省視；察看。❼誅　處罪；誅罰。尹知章注：「數省有過，嚴其誅罪。」❽亟　急速。❾不久　不能持久。尹知章注：「雖能勝人，不可久安。」❿人持　即「民持」。民眾堅持不動。⓫弑　通「試」。效力。尹桐陽云：「『弑』同『試』，用也。言民不為己用。」⓬岌乎　危險貌。

【語　譯】桓公說：「我想勝服人民，對此應當怎麼辦呢？」管仲回答說：「這不是君主應有的言論。勝服人民，是容易的事。但以勝服人民作為一種治民辦法，並不是天下很正大的辦法。您想勝服人民，便命令官吏分條寫好刑事規章，對告發罪犯的人給予酬報，再多加省察而從嚴誅罰。像這樣做下去，人民便可被勝服了。雖然如此，但以勝服人民作為一種治民辦法，並不是天下很正大的辦法。使得人民懼怕您而不敢親近，禍患很快就會累及自身。雖然能夠以力勝服，但並不能夠長治久安。就是人民保持不動，沒有誰肯效力，也是憂患呢。這樣下去，您的國家會很危險啊！」

桓公觀於廄，問廄吏曰：「廄何事最難？」廄吏未對。管仲對曰：「夷吾嘗為圉人❶矣，傅馬棧❷最難。先傅曲木❸，曲木又求曲木，曲木已傅，直木毋所施矣。先傅直木❹，直木又求直木，直木已傅，曲木亦無所施矣。」

【章　旨】此章言管仲藉「傅馬棧」為喻，勸戒桓公曲直不可兼用。

【注　釋】❶圉人　養馬人。❷傅馬棧　即「附馬棧」。用互相牽綴依附的竹木，編構馬欄。傅，通「附」。❸曲木　彎曲的木條。喻指邪曲之徒。❹直木　喻指正直之士。

【語　譯】桓公到馬廄去觀看，問管馬廄的官員說：「馬廄中什麼事情最難辦？」管馬廄的官員沒能回答。管仲回答說：「我曾經當過養馬人，我看是編排木條、構築馬棚最難。如果首先排立的是曲木，曲木又需找曲木相配合；曲木已經相依排定，直木便無法施展了。如果首先排立的是直木，直木又需找直木相配合；直木已經相依排定，曲木也就無法施展了。」

桓公謂管仲曰：「吾欲伐大國之不服者，奈何？」管仲對曰：「先愛四封❶之內，然後可以惡竟外❷之不善者❸；先定卿、大夫之家❹，然後可以危❺鄰之敵國。是故先王必有置也，然後有廢也；必有利也，然後有害也。」

【章　旨】此章言桓公向管仲問勝敵國之事。

【注　釋】❶四封　即四境。此指國內。封，疆界。❷竟外　即境外。指國外。竟，通「境」。❸不善者　指不行善政的國家。尹知章注：「四封之內見愛，則人致死，可以惡竟外之不善者。」❹家　指卿、大夫等官員的采地食邑。《周禮・夏官・序官》：「家司馬各使其臣。」注：「家，卿、大夫采地。」❺危　危害；危及。尹知章注：「卿、大夫之家既定，則國強，故可以危鄰國。」

【語　譯】桓公對管仲說：「我想要征服不順服我們的大國，應當怎麼辦呢？」管仲回答說：「首先要愛護國內的人民，然後才可以憎恨國外不行善政的人；首先要安定卿與大夫等官員的采邑，然後才可以危及相鄰的敵國。所以，先王一定是先有樹立，然後才可以有廢棄；一定要先興利，然後才可以有所傷害。」

桓公踐位❶，令釁社❷塞禱❸。祝❹鳧已疵❺獻胙❻，祝❼曰：「除君苛疾❽與君❾之多虛而少實。」桓公不說❿，瞋目⓫而視祝鳧已疵。祝鳧已疵受⓬酒而祭之曰：「又與君之若賢⓭。」桓公怒，將誅之，而未也。以復⓮管仲。管仲於是知桓公之可以霸也。

【章　旨】此章言桓公能忍受逆耳之言。

【注　釋】❶踐位　指帝王即位。❷釁社　殺生以鮮血祭祀土地神。尹知章注：「殺生以血澆落於社，曰釁社。」❸塞禱　意謂祭祀祈禱。塞，通「賽」。酬神祭祀。❹祝　此指司祝之官，即祝史。❺鳧已疵　當是「鳧之疵」，祝史之名。尹知章注：「祝，祝史，鳧其名也。」❻胙　祭肉。❼祝　此謂祝禱，即以言告神祈福。❽苛疾　苛細煩瑣的毛病。❾君　原文為「若」。王引之云：「『若』當為『君』，下文云，『又與君之若賢』，是其證也。」❿說　同「悅」。高興。⓫瞋目　怒目。原文為「瞑目」。宋本、古本、劉本、朱本均作「瞋目」。此從宋本。⓬受　接受。原文為「授」。古本、劉本、朱本作「受」。此從古本。⓭若賢　似賢而非賢。若，似。⓮復　告；告訴。

【語　譯】桓公剛登君位的時候，下令殺生祭祀土地神，並進行祈禱。祝史鳧已疵獻上祭肉，祝禱說：「請消除國君苛細煩瑣的缺點及國君貪圖虛名、缺乏實幹的作風。」桓公不高興，瞪大眼睛看著祝史鳧已疵。祝史鳧已疵接過酒來又祭神說：「再請消除國君似賢非賢的毛病。」桓公大怒，準備殺掉祝史鳧已疵，但終於沒有動手。桓公將這番過程告訴了管仲。管仲由此看出了桓公可以成就霸業。

桓公乘馬，虎望見之而伏。桓公問管仲曰：「今者寡人乘馬，虎望見寡人而不敢行，其故何也？」管仲對曰：「意者君乘駮馬❶而洀桓❷，迎日而馳乎？」公曰：「然。」管仲對曰：「此駮象❸也。駮食虎豹，故虎疑❹焉。」

【章　旨】此章言桓公向管仲問怪異之事。

【注　釋】❶駮馬　亦作「駁馬」。指毛色不純的馬。❷洀桓　即「盤桓」。徘徊；盤旋。尹知章注：「洀，古盤字。」❸駮象　駮的形象。駮，獸名。《爾雅·釋畜》：「駮如馬，倨牙，食虎豹。」《山海經》則云：「中曲山有獸如馬而身黑，二尾一角，虎牙爪，音如鼓，名曰駮，食虎豹，可以禦兵。」❹疑　疑惑；疑懼。王念孫云：「『疑』猶恐也。」

【語　譯】桓公騎馬外出，老虎望見而躲了起來。桓公問管仲說：「今天我騎馬外出，一隻老虎望見我而不敢前行，這是什麼緣故呢？」管仲回答說：「想來您是騎著雜毛馬在路上盤旋，而後向著太陽奔馳的嗎？」桓公說：「正是這樣。」管仲回答說：「這是駮的形象。駮能咬吃虎豹，因而老虎有所疑懼。」

楚伐莒❶，莒君使人求救於齊桓公。將救之，管仲曰：「君勿救也。」公曰：「其故何也？」管仲對曰：「臣與其使者言，三辱其君，顏色不變❷。臣使官無滿其禮❸，三強❹其使者，爭之以死。莒君，小人❺也，君勿救。」桓公果不救而莒亡。

【章　旨】此章言管仲勸戒桓公不要救助小人之國。

【注釋】❶莒 國名，西周時封，建都介根（今山東膠州西南），春秋初年遷於莒（今山東莒縣）。西元前四三一年為楚所滅。❷三辱其君二句 尹知章注：「辱其君而色不變，則無羞恥也。」辱，羞辱。❸無滿其禮 意謂對其贈禮有所不足。❹強相值；相等。丁士涵云：「《爾雅》：『彊，當也。』相值謂之當。」❺小人 這是批評莒君為渺小之徒。以臣觀君，莒君所用使者，如此怯公勇私，故為「小人」者流。尹知章注：「其使不賢，故知其君小人也。」

【語譯】楚國攻伐莒國，莒君派人向齊桓公要求救援。桓公準備前往救助，管仲說：「您不要去救。」桓公問：「這是什麼緣故呢？」管仲回答說：「我同莒國的使者談過話，曾三次羞辱他的國君，他的表情都沒有絲毫變化。我叫府庫少給了他一點贈禮，後來曾多次補足他的數額，他是以死相爭。莒國君主是小人，您不必去救助。」桓公果然不去救助，而莒國終於滅亡。

桓公放春❶，三月觀於野。桓公曰：「何物可比於君子之德乎？」隰朋對曰：「夫粟，內甲❷以處，中有卷城❸，外有兵刃❹。未敢自恃，自命曰粟❺。此其可比於君子之德乎！」管仲曰：「苗，始其少也，眴眴❻乎何其孺子也！至其壯也，莊莊❼乎何其士也！至其成也，由由❽乎茲免❾，何其君子也！天下得之則安，不得則危，故命之曰『禾❿』。此其可比於君子之德矣。」桓公曰：「善！」

【章旨】此章言管仲藉禾粟為喻，說明國家安危，繫於民生息養。

【注釋】❶放春 指春天放賑。尹知章注：「春物放發，皆曰放春。」❷甲 甲冑。此以粟的外殼比喻為「甲冑」。❸卷城 即「圈城」。圍城。卷，通「圈」。圓圈。此以粟米之外、粟殼之內的一層皮膜，比喻為「圍城」。❹兵刃 武器。此以粟殼外的尖芒，比喻為「武器」。❺粟 喻指微小、渺小。❻眴眴 通「恂恂」。謙恭謹慎貌；柔順貌。尹知章注：「眴眴，柔順貌。穀苗始則柔順，故似孺子也。」❼莊莊　嚴肅貌；端莊貌。尹知章注：「莊莊，矜直貌也。」❽由由　和悅恭敬貌。❾茲免　即「滋勉」。更加激勵。尹知章注：「茲勉，謂益有謹勵。」❿禾　通「和」。寓「和調」之意。尹知章注：「以其和調人之性命。」

【語譯】桓公春天放賑，三月天在郊野巡察。桓公說：「什麼東西可以跟君子的德行相比呢？」隰朋回答說：「粟粒，居處在甲冑之內，中層有圍城保護，外圍有兵刃相衛。但仍不敢自恃強固，而自稱為渺小。這大概可以跟君子的德行相比了吧！」管仲說：「禾苗，剛剛生長的時候，柔順得多麼像個小孩！到了壯盛的時候，端莊得多麼像個士子！到了成熟的時候，和悅謙恭，更加自勵，多麼像個君子！國家獲得了它就能安定，得不到它就會危險，所以給它取名為『禾』。這大概可以跟君子的德行相比了吧。」桓公說：「比喻得好！」

桓公北伐孤竹，未至卑耳之谿十里，闟❶然止。瞠❷然視，援弓將射，引而未敢發也。謂左右曰：「見是前人乎？」左右對曰：「不見也。」公曰：「事其不濟乎？寡人大惑。今者寡人見人長尺，而人物具❸焉：冠，右祛❹衣，走馬前疾。事其不濟乎？寡人大惑。豈有人若此者乎？」管仲對曰：「臣聞登山之神有俞兒者，長尺而人物具焉。霸王之君興，而登山之神見❺。且走馬前疾，道也。祛衣，示前有水也。右祛衣，示從右方涉也。」至卑耳之谿，有贊水者❻曰：「從左方涉，其深及冠；從右方涉，其深至膝。若右涉，其大濟。」桓公立拜管仲於馬前曰：「仲父之聖至若此，寡人之抵罪❼也久矣。」管仲對曰：「夷吾聞之，聖人先知無形。今已有形，而後知之，臣非聖也，善承教也。」

【章　旨】此章言管仲博異多聞，致使桓公尊信其聖智。

【注　釋】❶闟　突然停立貌。尹知章注：「闟，住立貌。」❷瞠　瞪著雙眼。❸人物具　意謂人的品貌風度齊備。❹袪　撩起；舉起。❺見　通「現」。出現。❻贊水者　引導涉水的人。《國語・晉語八》：「韓宣子贊授客館。」韋昭注：「贊，導也。」尹知章注：「謂贊引渡水者。」❼抵罪　當罪。自責之辭。

【語　譯】桓公向北征伐孤竹國時，在離卑耳谿尚有十里的地方，突然停止下來。瞪大眼睛注視前方，挽弓欲射，但扣弦而沒敢發箭。桓公問身旁近侍，說：「看到這前面的人了嗎？」近侍回答說：「沒有見到。」桓公說：「北伐的事，難道不能成功嗎？我十分疑惑。剛才我看見一人，身高僅止一尺，但人物品貌風度全備：戴著帽子，右手撩起衣衫，跑在馬的前面，速度很快。事情難道不能成功了嗎？我因此十分疑惑不解。難道有人會像這個樣子嗎？」管仲回答說：「我曾聽說登山上的神靈，有個叫做俞兒的，僅高一尺而人物風貌齊全。每當成就霸王之業的君主出現的時候，登山上的神靈便會出現。他跑在馬的前面，速度很快，是作為前導。揭起衣裳，是表示前面有水。右手撩起衣裳，是表示需從右邊涉渡。」到達卑耳谿，果然有指引渡水的人說：「從左邊涉渡，水深到達頭頂；從右邊涉渡，水深到達膝蓋。倘從右邊涉渡，這是最為有利的。」桓公當即在馬前拜謝管仲說：「仲父的聖明，高到了這樣的程度，我是很久以來就應當處罪了。」管仲回答說：「我聽說，聖人能預知尚未成形的事物。如今已經有形，而後我才知道。我並非聖明，只是善於接受教訓而已。」

桓公使管仲求甯戚，甯戚應之曰：「浩浩❶乎。」管仲不知，至中食而慮之。

婢子曰：「公何慮？」管仲曰：「非婢子之所知也。」婢子曰：「公其毋少少❷，毋賤賤❸。昔者吳干❹戰，未齔❺不得入軍門。國子擿❻其齒，遂入，為干國多❼。百里奚，秦國之飯牛者也。穆公舉而相之，遂霸諸侯。由是觀之，賤豈可賤，少豈可少哉？」管仲曰：「然。公使我求甯戚，甯戚應我曰：『浩浩乎』，吾不識。」婢子曰：「詩有之：『浩浩者水，育育❽者魚。未有室家，而安召我居？』甯子其欲室❾乎！」

【章　旨】此章言管仲之婢，亦識見非凡。

【注　釋】❶浩浩　水勢盛大貌。❷少少　意謂瞧不起年輕人。前「少」字，為形容詞，意即輕視。❸賤賤　意謂看不起身分低微者。前「賤」字，為形容詞。賤視；輕視。❹干　國名，或作「邗」。❺未齔　意謂乳齔未脫的小孩，此處借指未成年者。齔，本謂兒童脫去乳齒，長出恒齒，因以借指童年。❻擿　同「擲」。拋棄；毀掉。《莊子・胠篋》：「擿玉毀珠。」陸德明《釋文》：「擿，義與擲同。」❼多　此指戰功多。尹知章注：「戰功曰多。言於干戰國子功多也。」❽育育　自得自在貌。尹知章注：「水浩浩然盛大，魚育育然相與而遊其中，喻時人皆得配偶以居其室家。甯戚有伉儷之思，故陳此詩以見意。」❾室　此指娶妻。

【語　譯】桓公叫管仲去找甯戚徵求意見，甯戚回答說：「水勢真浩大。」管仲不解，到中午吃飯的時候仍在思考。婢女問：「您在考慮什麼？」管仲說：「不是你所能瞭解的。」婢女說：「您還是不要看不起年輕人，不要輕視微賤者吧。從前吳、干交戰，規定沒有換掉乳齒的少年，不能進入軍門參戰。有個名叫國子的少年，拔掉了自己的乳齒，才進了軍門，結果為干國立功很多。百里奚是秦國的養牛人，秦穆公舉拔他而用為國相，他終於幫助穆公稱霸諸侯。由此看來，微賤者豈可輕視，年輕人豈可小看？」管仲說：「說得是。桓公叫我去找甯戚徵求意見，甯戚回答說：『水勢真浩大』，我不懂。」婢女說：「詩裡有這樣的語句：『浩浩水勢大，育育魚兒游。室家也沒有，怎能叫我安？』」甯戚大概是想娶個妻室吧！」

桓公與管仲闔門❶而謀伐莒，未發也，而已聞於國矣。桓公怒謂管仲曰：「寡人與仲父闔門而謀伐莒，未發也，而已聞於國，其故何也？」管仲曰：「國必有聖人。」桓公曰：「然。夫日之役者，有執席食❷以視上❸者，必彼是❹邪？」於是乃令之復役，毋復相代❺。少焉，東郭郵至。桓公令儐者❻延而上，與之分級而立❼，問焉，曰：「子言伐莒者乎？」東郭郵曰：「然，臣也。」桓公曰：「寡人不言伐莒而子言伐莒，其故何也？」東郭郵對曰：「臣聞之，君子善謀，而小人善意❽，臣意之也。」桓公曰：「子奚以意之？」東郭郵曰：「夫欣然喜樂者，鐘鼓❾之色也；夫淵然清靜者，縗絰❿之色也；漻然⓫豐滿，而手足拇⓬動者，兵甲之色也。日者，臣視二君之在臺上也，口開而不闔，是言莒也；舉手而指，勢當莒也。且臣觀小國諸侯之不服者，唯莒。於是臣故曰伐莒。」桓公曰：「善哉！以微射⓭明，此之謂乎？子其坐，寡人與子同之⓮。」

【章　旨】此章言東郭郵善析事理，桓公擬與之謀莒。

【注釋】❶闔門　關閉門戶，以示機密。❷食　指進奉飯食。❸視上　指察看君主顏色。尹知章注：「桓公與管仲謀時，役人於前，乃有執席而食，私目上視，所以察君也。」❹是　這個人。指管仲所謂「聖人」。尹知章注：「必是人者知吾謀也。」❺代　替代；輪換。尹知章注：「時執席而食者代人入役，因得察君。今不令相代，彼亦知君覺已（愚按：「已」當為「己」），必當來也。」❻儐者　導引、迎接賓客的人。尹知章注：「儐，謂贊引賓客者也。」❼立　立定；站立。原文為「上」。王念孫云：「『上』當為『立』，此涉上句而誤也。」❽善意　尹知章注：「善以意度之也。」意，臆度；猜想。❾鐘鼓　鳴鐘擊鼓，指婚姻喜慶之事。《詩・周南・關雎》：「窈窕淑女，鐘鼓樂之。」❿縗絰　穿戴縗絰，指喪葬之事。縗，喪服，用粗麻布縫製，披於胸前。絰，與喪服配套而用麻帶，在首為首絰，在腰為腰絰。⓫漻然　神思清澈貌。⓬拇　拇指。⓭射　猜度；預測。⓮同之　即同此。意謂同謀伐莒之事。

【語譯】桓公跟管仲閉門密謀攻伐莒國，尚未行動，便已傳聞滿城了。桓公憤怒地對管仲說：「我跟仲父閉門密謀攻伐莒國，尚未行動，便已傳聞滿城，這是什麼緣故呢？」管仲說：「都城中，一定有聖明的人。」桓公說：「對。那天的役人中，有一個執席進奉飯食，而察看我的神色的人，一定就是這個人吧？」於是便叫他繼續服役，不再輪換。不久，那個叫東郭郵的役人來了。桓公叫迎賓的官員請他上廷，跟他分賓主的位置站定，問他，說：「你是傳出伐莒消息的人嗎？」東郭郵說：「對，是我。」桓公說：「我沒說伐莒而你說會伐莒，這是什麼緣故呢？」東郭郵回答說：「我曾聽說，君子善於謀劃，而小人善於猜測，我是猜測的。」桓公問：「你憑什麼猜測的呢？」東郭郵說：「歡欣悅樂，是鳴鐘擊鼓的喜慶神色；淵默肅靜，是披縗帶絰的哀喪神色；神思清澈，意態豐滿而指手劃腳，是將要發動戰爭的神色。那天，我看到你們二位在臺上交談時，口張開而不閉合，這是說的『莒』字；舉手所指，情勢是對著莒國的方向。而且我看到小國諸侯中，不順服齊國的，只有莒國。由此我所以說將會攻伐莒國。」桓公說：「好啊！憑藉隱微的神情動作，就能夠猜度出明確的行動方向，指的就是這種情形吧！您坐下，我將跟您一道謀劃攻伐莒國的事。」

客或欲見於齊桓公，請仕上官❶，授祿千鍾❷。公以告管仲。曰：「君予之。」客聞之曰：「臣不仕矣。」公曰：「何故？」對曰：「臣聞取人以人❸者，其去人也，亦用人❹。吾不仕矣。」

【章旨】此章藉說客之言，諷諭齊桓公應當憑自己的明察，而決斷大官的去留。

【注釋】❶上官　此指高官、大官。❷鍾　量度單位。《左傳・昭公三年》：「釜十則鍾。」杜預注：「（鍾）六斛四斗。」❸取人以人　即以人取人。意謂全憑他人的意見選用官員。❹用人　此謂採用他人意見。

【語譯】有個說客想要被齊桓公引見，要求擔任大官，獲取千鍾俸祿。桓公把這件事告訴了管仲。管仲說：「您給予他吧。」說客聽到之後，說：「我不要求當官了。」桓公問：「什麼緣故呢？」這人回答說：「我聽說，全憑別人的意見取用官員的人，他罷黜官員的時候，也會只聽別人的意見。因而我不要求在這裡當官了。」

卷十七

七臣七主　第五十二

【題解】此為《管子》第五十二篇，題為「七臣七主」。但論述時卻是「七主」在前，「七臣」在後，故嚴格說來，篇名當作「七主七臣」。全文主要篇幅，是論述七類君主——申（信）主、惠主、侵主、芒（荒）主、勞主、振主、芒（茫）主的為君之道及七類大臣——法臣、飾臣、侵臣、諂臣、愚臣、姦臣、亂臣的為臣之道。七種類型，一是六過，兩兩對應，是非分明，確是一篇頗有價值的總結君臣得失的文字。

唯中間插入一段，縱言一國存亡，繫於君主；明主必得，暗主必失。議論雖甚可取，但要旨只是涉及一般的為君之道，與全文似有游離之嫌。故論者多疑為錯簡竄入之文。

或以平虛❶請論七主之道❷，得六過一是，以還自鏡，以知得失。以繩❸七臣，得六過一是。嗚呼❹美哉！成事矣❺。

【章旨】此章言客觀地評論君臣得失，而借以自鏡，是一種「美哉盛事」。

【注釋】❶平虛　公正虛靜；平心靜氣。❷道　指為君之道。原文為「過」。陳奐云：「『過』當為『道』，涉下文兩『過』

字而誤。六過、一是為七主，若云『七主之過』，則不可通矣。」❸繩　按一定的標準衡量。❹嗚呼　原文為「呼嗚」。古本、朱本等作「嗚呼」。據改。❺成事矣　丁士涵云：「『成』疑當為『盛』，盛、成古通用。『疾』疑『矣』字誤。」成事即「盛事」。美事。成，古通「盛」。矣，原文為「疾」。

【語　譯】有的國君以公允虛心的態度，評論七類君主的為君之道，得出「六過一是」的認識，回過頭來自我對照，察知得失。又依此辨法，按照標準，衡量七類大臣，同樣得出「六過一是」的認識。啊呀真好！這是一種盛事。

申主❶，任勢❷守數❸以為常，周聽遠近以續明❹。皆❺要❻審則法令固，賞罰必則下服度。不備待❼而得和❽，則民反素❾也。

惠主❿，豐賞厚賜以竭藏，赦姦縱過以傷法。藏竭則主權衰，法傷而姦門闓⓫。故曰：「泰則反敗矣⓬。」

侵主⓭，好惡反法以自傷，喜決難知以塞明⓮。從狙⓯而好小察，事無常而法令申⓰。不啎⓱，則國失勢。

芒主⓲，目伸⓳五色，耳常五聲。四鄰⓴不計，司聲㉑不聽，則臣下恣行而國權大傾。不啎，則所惡及身。

勞主㉒，不明分職㉓，上下相干，臣主同則㉔。刑振㉕以豐㉖，豐振以刻㉗。去之而亂，臨㉘之而殆，則後世何得？

振主㉙，喜怒無度，嚴誅無赦。臣下振恐㉚，不知所錯，則人反其故㉛。不啎，則法數日衰而國失固。

芒主㉜，通人情㉝以質疑，故臣下無信。盡自治其事，則事多，多則昏，昏則緩急俱植㉞。不啎，則見所不善，餘力自失而罰㉟。

故主虞而安，吏肅而嚴，民樸而親。官無邪吏，朝無姦臣，下無侵爭，世無刑民㊱。

【章旨】此章言七類君主的為君之道及君主當「虞」而且「安」。

【注釋】❶申主　即「信主」。誠信的君主。申，古通「信」。❷勢　指事勢發展。❸數　必然之理；規律。❹續明　不斷明察。❺皆　假為「稽」。查察；核計。❻要　即「要會」。簿書。月計曰要，歲計曰會。❼備待　意謂武力防禦。備，兵器。《左傳・昭公二十一年》：「齊致死莫如去備。」杜預注：「備，長兵也。」待，備；禦。❽得和　即「德和」。用德政使民親和。❾反素　歸樸；守常。❿惠主　此指濫施澤惠的君主。原文為「惠王」。依上下文例，當是「惠主」之誤。⓫闓　開。⓬泰則反敗矣　尹知章注：「為惠太過，故反成敗也。」泰，過甚。⓭侵主　侵凌法度的君主。尹知章注：「越法行事謂之侵。」⓮決難知以塞明　尹知章注：「決難知，則理不當，故明塞也。」決，決斷；判定。⓯從狙　意謂用人而疑，跟蹤窺伺。尹知章注：「狙，伺也，謂既任臣有所為，必從而伺之。」⓰申　重複。⓱啎　通「悟」。覺悟。俞樾云：「『啎』乃『悟』之假字，言不覺悟則國勢必失也。」下文「啎」字同此義。⓲芒主　此指荒亂的君主。芒，通「荒」。荒淫；荒亂。〈戒〉：「從樂而不反者，謂之荒。」⓳伸　放縱任性。尹知章注：「伸，謂放恣也。」⓴四鄰　即四近、四輔。指天子左右的大臣。《書・益稷》：「欽四鄰。」偽孔安國傳：「四近前後左右之臣。」㉑司聲　納言之官，即諫官。尹知章注：「司聲之官，隨君所好，不為聽其理亂之音也。」㉒勞主　指不善用人、徒自煩勞的君主。㉓分職　職分；職守。㉔則　制度；規章。㉕振　通「震」。使民震恐。㉖豐　繁多、豐足貌。㉗刻　苛嚴。㉘臨　摹仿；依循。㉙振主　即「震主」。使人震恐的君主，義近暴君。尹知章注：「動發威嚴，謂之振也。」㉚振恐　即「震恐」。震驚恐懼。㉛故　巧偽；欺詐。㉜芒主　即「茫主」。指幽暗不明、茫然不曉識的君主。芒，通「茫」。模糊昏瞶。張佩綸云：「『芒』當作『亡』。」錄供參考。㉝通人情　張佩綸謂「通人情」當作「不通人情」。錄供參考。通人，學識淵博、貫通古今的人。此指高明的謀士。情，誠；真誠。㉞俱植　意謂凡事不分緩急，俱成植立不移之局。洪頤煊云：「『植』，古『置』字」，句謂「緩急皆置而不行」。亦通。㉟罰　意謂任情峻罰。㊱故主虞而安七句　此節為全章總結「所得」之辭。郭沫若謂此節計二十九字，均當上移，接前「則民反素也」句下，「蓋七主六過一是，當以一是之『伸主』居先，下文七臣六過一是，亦以一是之『法臣』居先也。」錄供參考。虞而安，指君主當善於預計而且安靜不躁。虞，臆度；預測。

【語　譯】恪守誠信的君主，能將順應形勢的發展，遵奉必然的事理，來作為常規常法，全面瞭解遠近情況，而不斷明察國事。稽核計算明審，法令也就穩定；賞罰必行，臣民便會服從法度。不採取武力防備手段，運用德政措施以親和百姓，人們便會返歸樸素境界。

濫施澤惠的君主，無原則地重賞厚賜，而竭盡國家財富，寬赦姦邪、縱容罪過，而損害朝廷法度。國家財富枯竭，則君主權力衰微；朝廷法度損壞，則姦邪之門頓開。所以說：「凡事為之過甚，反會造成敗局。」

侵越法度的君主，好行邪惡、違背法度而自取損害，妄決疑難而閉塞視聽。用人則跟蹤窺伺而好施暗察，處事則沒有常規而法令重複。如果不能省悟，國家定將失去權勢。

荒亂的君主，雙目放恣五色，雙耳常戀五聲。四輔的建議不加考慮，諫官的意見不予聽取，臣下於是恣意妄行，因而君權旁落。如果不能省悟，惡果便將累及自身。

徒自煩勞的君主，不能明辨職守，上下互相干擾，君臣混同規章。刑罰爭施，使人民震恐，而且名目繁多，名目愈多，民眾愈恐，又愈苛嚴。去掉這種狀況，將會陷入混亂；依循這套措施，便將走向危殆。這樣，後嗣將會得到什麼呢？

令人震恐的君主，喜怒沒有常度，嚴誅不講寬赦。臣民震恐，不知所措，人們便會回到弄巧作偽的狀態。如果不能省悟，法令便會日益衰頹，國家也將失去牢固的基礎。

糊塗昏聵的君主，對於真誠而高明的謀士，也會心存懷疑，因而對臣下無法取信。盡由自己處理政事，政事便愈見繁多；繁多難理，便愈見昏聵；昏聵糊塗，便事無緩急都去辦理。如果不能省悟，則見到自己認為不好的事情，在已失盡餘力的情況下，只好任情峻罰。

所以，君主善於預度而性耽安靜，官吏便會敬肅而莊嚴，人民便會樸素而親和。官府沒有邪吏，朝廷沒有姦臣，民間沒有侵奪，整個社會，也就沒有應受刑罰的人了。

故一人之治亂❶在其心❷，一國之存亡在其主。天下得失，道一人❸出。主好本❹，則民好墾草萊；主好貨❺，則人賈市❻；主好宮室，則工匠巧；主好文采，則女工靡❼。夫楚王好小腰而美人省食❽，吳王好劍而國士輕死。死與不食者，天下之所共惡也。然而為之者，何也？從主之所欲也。而況愉樂音聲之化乎？夫男不田，女不緇❾，工技力於無用，而欲土地之毛❿，倉庫滿實，不可得也。土地不毛，則人不足，人不足，則逆氣⓫生，逆氣生，則令不行。然彊敵發而起，雖善者⓬不能存。何以效⓭其然也？昔者紂⓮是也。誅賢忠，近讒賊之士，而貴婦人，好殺而不勇，好富而忘貧。馳獵無窮，鼓樂無厭，瑤臺玉餔⓯不足處，馳車千駟不足乘，材女樂⓰三千人，鐘石絲竹之音不絕。百姓罷之⓱，君子無死⓲，卒莫有⑲人，人有反心，遇周武王，遂為周氏之禽⑳。此營於物㉑而失其情者也，愉㉒於淫樂而忘其後患者也。故設用無度國家踣㉓，舉事不時，必受其菑㉔。夫倉庫非虛㉕空也，商宦非虛壞也，法令非虛亂也，國家非虛亡也。彼時有春秋，歲有賑凶㉖，政有急緩。政有急緩，故物有輕重㉗；歲有賑凶，故民有羨㉘不足；時有春秋，故穀有貴賤㉙。而上不調淫㉚，故游商得以什伯其本㉛也。百姓之不田，貧富之不訾㉜，皆用此㉝作㉞。城郭不守，兵士不用，皆道此始。夫亡國踣家者，非無壤土也，其所事者，非其功也。夫凶歲雷旱，非無雨露也，其燥濕非其時也。亂世煩政，非無法令也，其所誅賞者非其人也。暴主迷君，非無心腹也，其所取舍非其術也。故明主有六務四禁。六務者何也？一曰節用，二曰賢佐，三曰法度，四曰必誅，五曰天時，六曰地宜。四禁者何也？春無殺伐，無割㉟大陵、倮大衍㊱、伐大木、斬大山、行大火、誅大臣、收穀賦。夏無過水達名川、塞大谷、動土功、射鳥獸。秋毋赦過、釋罪、緩刑。冬無賦爵賞祿、傷伐五藏㊲。故春政不禁，則百長不生；夏政不禁，則五穀不成；秋政不禁，則姦邪不勝；冬政不禁，則地氣不藏。四者俱犯，則陰陽不和，風雨不時，大水漂州流邑，大風漂㊳屋折樹，暴火㊴焚地焦草；天冬雷，地冬霆㊵，草木夏落而秋榮；蟄蟲不藏，宜死者生，宜蟄者鳴；苴(41)多螣蟇(42)，山多蟲蝱(43)，六畜不蕃，民多夭死；國貧法亂，逆氣下生。故曰：「臺榭相望者，亡國之廡(44)也；馳車充國者，追寇之馬也；羽(45)劍珠飾者，斬生之斧也；文采纂組(46)，燔功之窑也。明王知其然，故遠而不近也。能去此(47)取彼(48)，則人主道備矣。夫法者所以興功懼暴也，律者所以定分止爭也，令者所以令人知(49)事也。法律政令者，使(50)民規矩繩墨也。夫矩不正，不可以求方；繩不信(51)，不可以求直。法令者，君臣之所共立也；權勢者，人主之所獨守也。故人主失守則危，臣吏失守則亂。罪決於吏則治，權斷於主則威，民信其法則親。是故明王審法慎權，下上有分。夫凡私之所起，必生於主。夫上好本(52)，則端正之士在前，上好利，則毀譽之士在側；上多喜善賞，不隨其功，則士不為用；數出重法，而不克(53)其罪，則姦不為止。明王知其然，故見必然之政，立必勝之罰。故民知所必就，而知所必去，推則往，召則來，如墜重於高，如瀆水(54)於地。故法不煩而吏不勞，民無犯禁，故有百姓(55)，無怨於上矣(56)。

【章　旨】此章言一國存亡，繫於君主；明主必得，闇主必失。

【注　釋】❶治亂　此指行為合理、正確與否。合理謂「治」，反之謂「亂」。❷在其心　尹知章注：「在其心之邪正。」在，在於；取決於。❸道一人　尹知章注：「道，從也。一人，為主也，明主得，闇主失。」道，由；從。❹本　此指經濟之根本。即農業。尹知章注：「本，謂農桑也。」❺貨　錢財；財利。❻賈市　行賈設市，統指作生意。❼靡　華麗；侈靡。❽楚王好小腰而美人省食　指楚靈王喜愛細腰美女，天下美人因而節食減肥。此事《墨子・兼愛中》、《荀子・君道》、《韓非子・二柄》等均有記載。楚靈王於西元前五四〇～前五二九年在位，其管仲時已死百有餘年。因而不少學者多以此證明《管子》非出於管仲之手。❾緇　通「純」。《說文》：「純，絲也。」此謂繅絲。❿毛　指地面生長的草木與五穀。尹知章注：「毛，謂嘉苗。」⓫逆氣　指反抗意識。尹知章注：「不足則怨怒，故逆上之氣生。」⓬善者　指聰明能幹的人。尹知章注：善，「謂善為計謀」。⓭效　徵驗；證明。⓮紂　商紂王。原文為「桀紂」。王念孫云：「『桀』字後人所加，下文『遇周武王』云云，專指紂而言，則無『桀』字明矣。」⓯玉餔　猶瑤圃。《楚辭・涉江》：「吾與重華遊兮瑤之圃。」戴望云：「《類要》作『玉輔』，餔、輔皆圃之假字。」餔，通「圃」。⓰材女樂　語譯從尹知章注：「謂有才能之女樂也。」⓱罷乏　即「疲乏」。精疲力竭。罷，通「疲」。⓲無死　即「無尸」。無人理政。郭沫若云：「『死』與『尸』通，謂為官者無所職事也。」尸，主持。⓳有　擁有；保有。⓴周氏之禽　尹知章注：「為周所禽獲也。」禽，通「擒」。擒獲。㉑營於物　指迷惑於物質享受。營，通「䁝」。惑亂。尹知章注：「物，謂臺榭車音，所為侈靡者。」㉒愉　通「偷」。苟且。㉓踣　滅亡；敗亡。㉔菑　即「災」。災殃。㉕虛　徒然；無故。㉖賑凶　指富貧、豐歉。賑，富裕。原文為「敗凶」。陶鴻慶云：「此及下文『敗』皆『賑』字之誤。《說文》：『賑，富也。』賑與凶兩文相對，與『時有春秋』，『政有急緩』同例。」㉗輕重　此指價格的高低。百姓需拋售產品以交納賦稅，朝廷徵求愈急，百姓拋售的產品價格愈低；徵求稍緩，產品價格則高。〈國蓄〉所謂「朝令而夕具，則財物之賈什去九」，即指徵求急的危害。㉘羨　剩餘。原文為「義」。王念孫云：「『義』當為『羨』，字之誤也。」㉙貴賤　指穀價高低。尹知章注：「春穀貴，秋穀賤。」㉚調淫　尹知章注：「淫，過也。謂穀物過於貴賤，則上當收散以調之。」淫，過度；無節制。㉛什伯其本　指贏利高出其本十倍百倍。㉜不訾　不可限制；沒有限度。尹知章注：「訾，限也。」㉝用此　因此。㉞作　發生；興起。㉟割　開墾；開掘。尹知章注：「割，謂掘徙之也。」㊱倮大衍　焚燒大沼澤。尹知章注：「倮謂焚燒，令蕩然俱盡。」㊲五藏　此謂五穀的收藏。尹知章注：「五穀之藏。」原文為「五穀」。宋本、古本、劉本、朱本均作「五藏」。此依宋本。㊳漂　通「飄」。吹。㊴暴火　烈火。原文為「火暴」。王念孫云：「『火暴』當為『暴火』，與『大水』、『大風』對文。」㊵霆　震動。尹知章注：「霆，震。」㊶苴　通「菹」。多水草的沼澤地帶。《孟子・滕文公下》：「驅蛇龍而放之菹。」趙岐注：「菹，澤生草者也。」㊷螣蟁　即螟螣。食苗葉的小青蟲。《詩・小雅・大田》：「去其螟螣。」毛傳：「食心曰螟，食葉曰螣。」原文為「螣蟇」。孫詒讓云：「此『蟇』當為『蟁』之變體，『螣蟁』猶《詩》言『螟螣』

也。」㊸蟁　蚊子。原文為「蝱」。孫詒讓云：「『蟲』下『蝱』字當作『蟁』。《說文‧䖵部》云『蟁、蟁或從昏，蚊，俗蟁從蟲從文』。」㊹廡　廊房；走廊。㊺羽　指箭。㊻纂組　指絲帶。纂，五彩的絛。組，用絲織成的闊帶。㊼此　指追求享受的腐敗作風。㊽彼　指節用愛民的積極態度。尹知章注：「此謂珠飾等物，彼謂節用愛民。」㊾知　主持。㊿使　役使；指揮。原文為「吏」。古本、劉本、朱本均作「使」。此依古本。(51)信　通「伸」。伸展。(52)本　根本。此指道德、德政。尹知章注：「本，謂道德之政。」(53)克　即「剋」。制勝；勝伏。(54)瀆水　開渠引水。瀆，小溝渠。(55)有百姓　擁有百姓；能得百姓擁護。郭沫若謂「有」通「友」。錄供參考。(56)矣　原文無「矣」字。下句卻有「上亦」二字。何如璋云：「『上亦』二字乃『矣』字之譌，連上為句者。」

【語　譯】所以，一個人的行為是否合於規範，取決於各自心靈的邪正；一個國家的存亡，取決於君主的智愚。天下得失，都是出於君主一人。君主重視農業，百姓就會重視開墾荒地；君主貪求財利，百姓就會行商設市；君主企求宮室華麗，工匠就會追求工藝精巧；君主愛好錯雜華美的色彩，婦女的製作，就會講求靡麗。楚王喜愛細腰美女，天下美人因而節食減肥；吳王愛好擊劍比武，國士因而輕於拼死。死亡與不吃飯，是天下人們共同厭惡的事情。然而有人願意去做，這是什麼原因呢？是為了追從君主的喜好。又何況能使人愉快悅樂的音樂之類的感化力量呢？男子不耕地，女人不繅絲，工匠技藝盡力於無用勞作，而想要田地長出好禾苗，倉庫盈滿充實，這是不可能的。土地不長作物，人民就會貧困；人民貧困，反抗意識就會產生；反抗意識一旦產生，政令就會行不通。這樣，強敵若是發兵舉事，即使是聰明能幹的人，也難於保全。如何驗證情況必然如此呢？從前的紂王就是這樣。他誅戮賢德忠誠之士，親近讒諂姦邪之徒，並且寵幸女人，嗜好械鬥，而不求真勇，貪愛財富，而忘記卹貧。馳馬射獵，沒個窮盡，擊鼓奏樂，沒個滿足。瑤臺玉圃似的樓閣庭院，滿足不了他的居處，快車千輛，滿足不了他的乘遊，才藝高超的女樂有三千人，金石管絃之音日夜不斷。結果弄得百姓精疲力竭，官吏無人理政，最後竟沒有什麼人擁護，人人都有反叛之心，遇上周武王舉兵討伐，紂王終於被周武王擒獲。這就是迷亂於物質享受，而貽誤了民情，苟且貪圖過度歡樂，而忘掉了後患的惡果。所以，設施耗用若沒有限度，國家就會敗亡；朝廷舉事，若不合時宜，農事必受災害。朝廷倉庫，並非無緣無故用空的，商賈官吏，並非無緣無故變壞的，法規政令，並非無緣無故弄亂的，國家政權，並非無緣無故滅亡的。那是因為時令有春秋，年成有豐歉，政令有急緩。因為政令有急緩，所以產品價格有高低；因為年成有豐歉，所以人們有富餘與不足；因為時令有春秋，所以穀價有貴賤。如果朝廷不用聚散的辦法，適時調劑穀價的過度貴賤，遊商就可以從中牟取高出本金十倍百倍的贏利。百姓之所以不願種田，貧富懸殊之所以無限度，都是因此產生的。城郭之所以不能堅守，兵士之所以不願效力，也都是由此開始的。大凡亡國敗家的，並非沒有土地，而是他們所做的事情，不是他們應該做的。大凡凶年的水患乾旱，並非沒有雨露，而是晴雨不得其時。亂世苛政，並非沒有法令，而是誅罰獎賞不當其人。暴主昏君，並非沒有心腹，而是取捨親疏不合其道。所以，聖明的君主有「六務」、「四禁」。「六務」是指什麼呢？一是節省用度，二是以賢為佐，三是堅持法度，四是誅罰果決，五是掌握天時，六是注重地利。「四禁」是指什麼呢？春天不要殺掠攻伐，不要開掘大丘陵、焚燒大沼澤、砍伐大樹、墾復大山、放火畬田、殺戮大臣、徵收穀賦。夏天不要阻攔河水匯入大江、堵塞山谷、大興土木、射獵鳥獸。秋天不要寬赦罪過、釋放罪犯、減輕刑罰。冬天不要封爵賜祿、妨害五穀的收藏。所以，春政不行禁令，百物便不能生長；夏政不行禁令，五穀便不能成熟；秋政不行禁令，姦邪便不能勝服；冬政不行禁令，地氣便不能保存。「四禁」都違犯了，便會陰陽不協調，風雨不應時，大水漂流州邑，大風掀屋拔樹，烈火焚地焦草；天上冬天響雷，地上冬天震動，草木夏天凋落而秋天榮茂；蟄蟲不躲到泥土中過冬，應當死亡的仍然活著，應當冬眠的卻叫起來；草澤多螟螣，山地多蚊蟲；六畜不繁育，人們多夭死；國家貧窮，法治紊亂，反抗氣氛在下層滋生。所以說：「絡繹不絕的樓臺亭閣，是導向亡國的走廊；奔馳不息的遊車充斥都城，是引寇入侵的先導；用珠玉裝飾的箭劍，是殺身的斧鉞；華麗的衣冠絲帶，是焚毀功業的爐窯。聖明的君王明白這些道理，因而遠遠迴避而不肯接近。能夠拋棄以上一些行為而明確以下一番道理，為君之道就具備了。法，是用來舉拔功勞、震懾暴行的；律，是用來明確界線、制止紛爭的；令，是用來指揮民眾、管理政事的。法律政令，是役使民眾的規矩繩墨。矩不正，就不可以求方；繩不伸展，就不可以求直。法令，是君臣共同制定的；權勢，是君主所獨攬的。所以，君主喪失職守，政權就會危險；

臣吏喪失職守，國家就會混亂。處罪取決於官吏，社會便會安定；權勢獨斷於君主，國家便有威嚴；民眾相信法令，便會親附君主。因此，聖明的君主，總是明審法度，慎施權威，使朝廷上下各有職分。凡是私弊的產生，必是生於君主。君主崇尚道德，品行端方正直之士就在眼前；君主看重利祿，慣於誹謗、吹捧之徒便環繞左右。君主多憑喜好而不憑功績行賞，士人便不會為朝廷效力；君主雖多次發布苛重刑法，倘不能制服罪犯，作姦為邪的現象，就不能禁止。聖明的君主明瞭這番道理，因而公布堅決兌現的政令，確立堅決制服的刑罰。所以，百姓懂得哪些是一定要趨從的，哪些是一定要去掉的，推之使前則往，召喚使進則來，有如從高處墜下重物一樣自然，也有如在田間開溝引水一樣容易。這樣，法令不煩雜，官吏不勞累，百姓也沒有違犯法禁的。所以君主能擁有百姓，而百姓也就沒有怨怒君主的了。

法臣❶，法斷名決❷，無誹譽。故君法則主位安，臣法則貨賂❸止，而民無姦。

嗚呼美哉，名斷言澤❹。

飾臣❺，克❻親貴以為名，恬爵祿以為高❼。好名則無實，為高則不御❽。《故記》❾曰：「無實則無勢，失轡❿則馬焉制？」

侵臣⓫，事小察以折法令，好佼友⓬而行私請。故私道行則法度侵，刑法繁則姦不禁，主嚴誅則失民心。

諂臣⓭，多造鍾鼓，眾飾婦女以惽⓮上。故上惽則四鄰⓯不計，而司聲直祿⓰。

是以諂臣貴而法臣賤，此之謂微孤⓱。

愚臣，深罪厚罰以為行，重賦斂，多兌⑱道以為上⑲，使身見憎而主受其謗。《故記》稱之曰「愚忠讒賊」，此之謂也。

姦臣，痛言人情以驚主，開罪黨以為讎除⑳。為讎除㉑則罪不辜，罪不辜則與讎居。故善言可惡以自信㉒，而主失親。

亂臣，自為辭㉓功祿，明為下請厚賞。居㉔為非母㉕，動㉖為善棟㉗。以非買名，以是㉘傷上，而眾人不知。此㉙之謂微攻。

【章　旨】此章言七類大臣的為臣之道。

【注　釋】❶法臣　恪守法禁的大臣。❷名決　意謂依據罪名裁決。❸貨賂　賄賂；私贈財物以行請託。❹言澤　指獄訟得以判別。澤，通「釋」。判別。❺飾臣　虛偽的大臣。飾，偽裝；掩飾。❻克　抑制；勝伏。❼恬爵祿以為高　尹知章注：「佯棄爵祿以自安恬，以此為高。」恬，恬淡；淡視。❽不御　不能駕馭。尹知章注：「恬爵祿者不能御也。」❾故記　古書名。《呂氏春秋・至忠》高注：「《故記》，古書也。」❿轡　駕馭牲口的韁繩。此處喻指俸祿。尹知章注：「制馬必以轡，制臣必以祿。」⓫侵臣　侵凌法度的大臣。⓬佼友　交友。張佩綸云：「〈法禁篇〉『以朋黨為友』即『好佼友』也。」佼，通「交」。結交。原文為「佼反」。豬飼彥博云：「張榜本作『交友』，是。」⓭諂臣　善於諂媚的大臣。原文為「亂臣」。陳奐云：「此『亂臣』當作『諂臣』。下文云『是以諂臣貴而法臣賤』，是其明證。」⓮惛　同「惛」。欺蒙；迷惑。⓯四鄰　注見前。原文為「隟」。張佩綸云：「『隟不計』當作『四鄰不計』，應上文。」⓰直祿　徒享俸祿。直，特；但。尹知章注：「其司聲之官，直得祿而已，不憂其職務也。」⓱微孤　暗中勢孤。⓲兌　聚斂。《荀子・議兵》楊注：「兌，猶聚也。」⓳上　通「尚」。誇耀；自負。⓴為讎除　意謂給同夥清除道路。讎，同「儔」。同伴；同夥。除，除路；開路。㉑為讎除　原文僅一「讎」字。郭沫若謂此句「有奪字」，「當作『為讎除則罪不辜』，蓋後人不解『除』字義而妄加刪削者也」。㉒自信　即「自伸」。自我擴張。㉓為辭　即「偽辭」。假意推辭。為，通「偽」。偽裝。尹知章注：「己有功當得祿，則佯辭之以為名。」㉔居　居處。此指退朝居家。㉕母　喻指為首者、策源處。㉖動　與「居」相對。出動。此指上朝露面。㉗棟　棟梁；骨幹。㉘是　即上文之「善」。意謂附和、肯定君主的錯誤乃至歌功頌德。㉙此　原文無。陳奐云：「『之』上脫『此』字。『此之謂微攻』與上文『此之謂微孤』，同一句例。」

【語　譯】恪守法禁的大臣，依照法度斷處，根據罪名裁決，沒有誹謗和讚譽。所以君主重法，則君位安定，大臣守法，則賄賂消除，而百姓中沒有姦邪現象。啊呀，這真是好極了，依據罪名斷決，訟獄就能判別清楚了。

善於巧飾的大臣，克制親貴以求取公直虛名，淡視爵祿而顯出清高姿態。愛好虛名，則無視實惠，炫耀清高，則不服駕馭。正如《故記》所說：「大臣無視實惠，君主便失掉了威勢的憑藉，這等於馬失繮繩，怎能駕馭呢？」

侵淩法度的大臣，專事暗中窺察，來損害法令，愛好結交朋黨，來助長私情請託。因而私道盛行，則法度受損，刑律雖繁，而姦邪仍無法止禁，君主嚴誅，便會失掉民心。

慣於諂媚的大臣，大造鐘鼓器樂，打扮眾多的美女，來迷惑君主。君主被迷惑，便不肯聽取左右大臣的建議，司聲之官，也只能徒享俸祿而已。因此，諂媚的大臣得志，守法的大臣便被輕視，這就叫做暗中孤立君主。

愚昧的大臣，把深入羅織罪名、百般加重處罰，當作行為準則，把加重賦稅、增多聚斂，視為自誇的資本。結果自身被人憎惡，君主遭受誹謗。《故記》所稱「愚忠等於讒賊」，說的就是這個意思。

姦邪的大臣，痛切陳述「民情」，來打動君主，妄開罪黨之獄，來為同夥掃清道路。為同夥掃清了道路，便處罪無辜，處罪無辜之後，便與同夥安然而處。這種人善於藉妄說他人的可惡，來自我擴張，而使君主喪失親附的臣民。

逆亂的大臣，自己假意推辭功祿，卻公開為下屬要求重賞。退朝居家，為非議朝政的禍首，上朝露面，是歌功頌德的棟梁。藉非議朝政沽取聲名，藉肯定一切傷害君主，而眾人並不瞭解內情。這就叫做暗中攻擊國君。

禁藏 第五十三

【題　解】此為《管子》第五十三篇，題為「禁藏」。這是摘取首句「禁藏於胸脅之內」的開頭二字作為標題。以篇首二字名篇，這在本書之中尚屬首例。在《史記・管晏列傳》中，司馬遷曾稱〈形勢〉為「〈山高〉」，雖也是以篇首二字為標題，但在本書之中，則仍稱為〈形勢〉，因而不在此列。

本文闡明了君主應當自我約束，垂範吏民；厲行法治，取信於民；「富民」「食民」，使民效死等許多道理，並且提示有了這些前提，才可以謀攻他國，或稱霸，或稱王，或稱帝。內容頗為豐富，是一篇綜合性很強的政論文字。全文所涉及的範圍，並非篇首二字所能概括。即以開篇二句「禁藏於胸脅之內，而禍避於萬里之外」而言，所謂「禁藏」，實為「藏禁」。意即要求君主能牢記自禁，亦即自我克制的原則，以「禁藏」名篇，殊為不合。郭沫若謂「疑本作『藏禁』，為後人所乙倒」，可備一說。

禁藏於胸脅之內，而禍避於萬里之外。能以此❶制彼❷者，唯能以己知人者也。夫冬日之不濫❸，非愛❹冰也；夏日之不煬❺，非愛火也；為不適於身便於體也。夫明王不美宮室，非喜小❻也；不聽鐘鼓，非惡樂也；為其傷於本事而妨於教也。故先慎於己而後彼❼，官亦慎內而後外，民亦務本而去末。

【章　旨】此章言君主宜自禁慎己。

【注　釋】❶此　指「禁藏於胸脅之內」的辦法。即自我約束。❷彼　指禍患、禍殃。❸濫　濫漿；冰水。尹知章注：「濫，謂泛冰於水以求寒，所謂濫漿。」❹愛　愛惜；吝嗇。《孟子・梁惠王上》：「百姓皆以王為愛也，臣固知王之不忍也。」朱熹注：「愛，猶吝也。」❺煬　烘烤；烤火。❻小　此與「美」相對而言。意謂簡陋。❼後彼　即「後慎於彼」。意謂然後嚴格要求別人。慎，慎肅；嚴格。

【語譯】把「自禁」的原則，牢記在胸中，便可以避禍於萬里之外。用這種自我約束的辦法，所以能夠防止禍患，只是因為善於度己察人的緣故。冬天不用冰水降溫，並非吝嗇冰塊；夏天不烘烤取暖，並非吝嗇柴火：都是因為不適宜於身體。聖明的君主，不美化宮室，並非喜愛簡陋；不嗜聽鐘鼓之音，並非厭惡音樂：都是因為怕傷害農業，妨礙教化。所以，君主能夠先嚴格要求自己，而後再嚴格要求別人，官吏也就會先修養內心，而後端正言行，百姓也才會致力於農業的生產，而捨棄奢侈品的末業。

居民於其所樂❶，事之於其所利❷，賞之於其所善❸，罰之於其所惡❹，信之❺於其所餘財，功之❻於其所無誅。於下無誅者，必❼誅者也；有誅者，不必誅者也。以❽有刑至無刑者，其法易❾而民全；以無刑至有刑者，其刑煩而姦多。夫先易者❿後難，先難而後易，萬物盡然。明王知其然，故必誅而不赦，必賞而不遷者，非喜予而樂其殺也，所以為人致利除害也。於以養老長弱⓫，完活萬民，莫明⓬焉。

【章旨】此章言明君誅賞必行，旨在為民興利除害。

【注釋】❶居民於其所樂　尹知章注：「居其所樂，則敦土不遷。」居民，使民居處；安置百姓。❷事之於其所利　尹知章注：「事其所利，則不勸而自勵。」事之，即「事民」。使民從事。❸賞之於其所善　尹知章注：「賞其所善，則皆悅而立功。」所善，指民眾認為美好的事物。善，善良；美好。❹罰之於其所惡　尹知章注：「罰其所惡，則忌慎而無犯。」所惡，指民眾認為醜惡的事物。❺信之　使民相信。信，相信；承認。❻功之　以之為功；給予記功。❼必　堅決。❽以　自；從。❾易　簡易。❿者　用法同「則」。⓫長弱　撫養幼弱。弱，年少；幼小。朱本作「長幼」。義同。⓬明　可貴。郭沫若云：「明猶尊也，尚也，言莫貴於此。」

【語　譯】把百姓安置在他們樂意居處的地方，使他們從事於自己認為有利的事情，對於他們認為美好的事物給予獎賞，對於他們認為醜惡的行為給予懲罰，對於他們的餘財，給予使用的機會，對於從無受過懲罰的人民，給予記功。對於百姓能無所誅罰，是堅決施行有罪必誅的結果；對於百姓常有誅罰，則正是沒有堅持有罪必誅的原則所造成的。從常有刑罰過渡到沒有刑罰的國家，是由於它的刑法簡明而百姓得以保全；從不用刑罰變化到常用刑罰的國家，是由於它的刑法煩瑣而姦邪增多。先易則後難，先難則後易，萬事全都如此。明君瞭解這個道理，因而堅持誅罰而不寬赦，堅持獎賞而不遷延的原因，並非喜愛獎賞而樂於殺戮，而是用來為民興利除害。至於用來養老撫幼，保全與存活萬民，則沒有比這更可貴的了。

夫不法❶法則治。法者，天下之儀❷也，所以決疑而明是非也，百姓所縣命❸也。故明王慎之，不為親戚故貴❹易其法，吏不敢以長官威嚴危❺其命，民不以珠玉重寶犯其禁。故主上視法嚴於親戚，吏之舉令敬於師長，民之承教重於神寶❻。故法立而不用，刑設而不行也。夫施功而不鈞，位雖高，為用者少❼；赦罪而不一，德雖厚，不譽者多；舉事而不時❽，力雖盡，其功不成；刑賞不當，斷斬雖多，其暴不禁❾。夫公之所加，罪雖重，下無怨氣；私之所加，賞雖多，士不為歡❿。行法不道，眾民不能順；舉錯⓫不當，眾民不能成。不攻不備，當命⓬為愚人。

【章　旨】此章言明君當慎於行法。

【注　釋】❶不法　意謂不廢棄、不拋棄。郭沫若云：「上『法』字當讀為廢，金文廢字，一律以灋為之，此猶存古意。」❷儀　標準；法度。尹知章注：「儀，謂表也。」❸縣命　即「懸命」。牽繫性命；關涉性命。尹知章注：「刑罰一差，人無所措手足，故曰縣命。」❹故貴　故舊權貴。尹知章注：「故，謂恩舊。」❺危　危害；毀壞。尹知章注：「危，謂毀敗。」❻神寶　即神保。借指祖先。❼施功而不鈞三句　尹知章注：「施恩不均，則有功者怨。故雖有高位，人不為用。」施功，指施恩於有功者。意即賞功。不鈞，即不均。鈞，通「均」。均平；公正。為用，此指為君主效力。❽不時　不合時令。❾刑賞不當三句　張佩綸云：「當作『斷刑而不當，斬雖多，其暴不禁』，與上句一例。」錄供參考。刑賞，本謂罰賞。❿歡　古通「勸」。勸勉；激勵。⓫錯　通「措」。措施。⓬命　命名；取名。原文為「令」。姚永概云：「『令』當作『命』」，「既不能攻人，又不能備人，故當命之曰愚人耳」。

【語　譯】不荒廢法度，便能治理好國家。法度，是天下的準則，是用來決斷疑惑，明辨是非的，關涉到百姓的性命。因而聖明的君主，很慎重地對待它，不為親屬恩舊權貴而改變法度，官吏也不敢憑藉長官威嚴而危及法令，百姓也不敢用珠玉重寶行賄而觸犯法禁。所以君主把法度看得比皇親國戚還要尊嚴，官吏就會把行令看成比對待師長還要敬肅，百姓就會把接受政教看成比對待神寶還要莊重。這樣，法度設立而可以不用，刑罰設置而可以不施。賞功制度如果不公平，賞給的官位即使很高，肯為君主效力的人也會很少；赦罪尺度如果不一致，施予的德澤即使很重，不稱揚的人也會很多；辦事如果不合時令，氣力即使用盡，事情也不會成功；刑罰如果施行不當，誅殺即使很多，暴亂也不能禁止。按公法施行，處罪即使很重，下民也會沒有怨氣；按私意行事，獎賞即使再多，士子也不會得到激勵。施行法度不合正道，民眾就不會順從；措施不合時宜，民眾就不能成事。既不能攻擊，又不能防守，應當稱為愚蠢的人。

故聖人之制事也，能節宮室、適❶車輿以實藏❷，則國必富，位必尊；能適衣服，去玩好以奉本❸，而用必贍❹，身必安矣；能移❺無益之事、無補之費，通幣❻行禮，而黨❼必多、交必親矣。夫眾人❽者，多營❾於物，而苦其力、勞其心，故困而不贍，大者以失其國，小者以危其身。凡人之情，得所欲則樂，逢所惡則憂，此貴賤之所同有也。近之不能勿欲，遠之不能勿忘，人情皆然。而好惡不同，各行所欲，而安危異❿焉，然後賢不肖之形見⓫也。夫物有多寡，而情⓬不能等；事有成敗，而意⓭不能同；行有進退，而力不能兩⓮也。故立身於中，養有節⓯：宮室足以避燥濕，食飲足以和血氣，衣服足以適寒溫，禮儀足以別貴賤，游虞⓰足以發歡欣，棺槨足以朽骨，衣衾足以朽肉，墳墓足以道記⓱。不作無補之功，不為無益之事，故意定而不營氣情⓲。氣情不營，則耳目穀⓳、衣食足；耳目穀、衣食足，則侵爭不生，怨怒無有，上下相親，兵刃不用矣。故適身行義，儉約恭敬，其唯⓴無福，禍亦不來矣；驕傲侈泰，離度絕理，其唯無禍，福亦不至矣。

是故君子上觀絕理者以自恐㉑也，下觀不及者以自隱㉒也。故曰：譽不虛出，而患不獨生，福不擇家，禍不索人，此之謂也。能以所聞瞻察，則事必明矣。

【章旨】此章言明主當立身於中，養之有節。

【注釋】❶適　節制；減省。《呂氏春秋・重己》：「故聖人必先適欲。」高誘注：「適，猶節也。」❷實藏　充實貯備。尹知章注：「不費於宮室車輿，則庫藏自實也。」❸奉本　意謂加強農業。奉，事奉；扶植。❹贍　充裕；富足。❺移　改變。❻通幣　指互相贈送禮物。幣，即帛。古時通常用作相互贈送的禮物。❼黨　朋輩。❽眾人　此與「聖人」相對而言。指一般的平庸君主。❾營　通「䁝」。惑亂；迷惑。❿安危異　尹知章注：「適理而欲，則安；背理而欲，則危。」異，指因適理與否而有差異。⓫見　同「現」。顯示。⓬情　情欲；欲望。⓭意　意志；願望。⓮兩　並比；匹敵。⓯養有節　張佩綸云：「當作『養之有節』。」錄供參考。養，將養；調養。⓰游虞　即「遊娛」。遊，遊樂。虞，通「娛」。⓱道記　標記。⓲氣情　此指一時的意氣與感情。⓳穀　良好。尹知章注：「穀，善也。謂聰明不虧。」⓴唯　猶「雖」。即使。㉑觀絕理者以自恐　尹知章注：「觀絕理者致禍，故恐。」自恐，自懼；自戒。㉒自隱　自度；自省。尹知章注：「隱，度也。度己有不及之事，當效之也。」

【語譯】因此，聖人制訂行事的原則，能夠省儉宮室建築，簡化車駕設施，用以充實國庫貯備，因而國家必然富足，君位必然尊嚴；能夠省儉衣冠服飾，摒棄僅供玩賞的奢侈物品，用以扶植農業生產，因而財用必然充裕，君位必然安穩；能夠改變無益的活動、無補的耗費，用以贈送禮物，進行禮尚交往，因而盟國必然增多，交往必然親善。至於一般的平庸君主，大都被物質享受所迷惑，苦費體力，勞累心志，因而弄得困頓不堪，財用不足，大者導致亡國，小者危及自身。大凡人之常情，實現了欲望便高興，遇上了憎惡便憂愁，這是不論身分高低，人所共有的心情。面對著喜愛的事物不能不追求，遠離了喜愛的事物不能不忘記，人們的情感都是這樣。但人們的好惡並不相同，各人按照自己的願望行事，因而安危定然各異，然後賢明與不肖的情形，也就得以顯現。財富有多有少，人的欲望並不能相等；舉事有成有敗，人的意願並不能一致；行動有進有退，人的力量並不能兩兼。所以立身處事，要保持適中，調養生活，要有節制：房屋只需足以避燥防溼，食飲只需足以調和氣血，衣服只需足以適合冷熱，禮儀只需足以區分貴賤，遊樂只需足以發抒歡情，棺槨只需足以收殮朽骨，衣衾只需足以包裹朽肉，墳墓只需足以作出標記。不要從事無補償的勞作，不要去做無效益的事情，因而心志就會堅定，而不會被意氣與感情所惑亂。不被意氣與感情迷惑，便會耳目聰明，衣食充裕；耳目聰明，衣食充裕，便不會發生侵凌爭奪，便沒有怨嫉憤怒，君臣人民，便會互相親近，這樣，武力也就可以不用了。所以，身心安適，行為合宜，節儉謙恭，即使一時不能得福，禍殃也不致到來；如果驕橫極侈，離違法度，絕棄常理，即使一時沒有禍患，福祥也不會降臨。因此，君子既考察絕棄常理的情況用以自戒，又借鑑努力不足的情況用以自省。所以說：榮譽不會憑空出現，憂患不會獨自發生，福祥不會選擇誰家，禍殃不會刻意找人，說的就是這個意思。能用自己的見聞去省察，凡事必能明瞭。

故凡治亂之情，皆道❶上始。故善者圉❷之以害，牽之以利。能利害者，財多而過寡矣。夫凡人之情，見利莫能勿就，見害莫能勿避。其商人通賈❸，倍道兼行❹，夜以續日，千里而不遠者，利在前也。漁人之入海，海深萬仞，就波❺逆流❻，乘危百里，宿夜❼不出者，利在水也。故利之所在，雖千仞之山，無所不上；深淵❽之下，無所不入焉。故善者勢利之在❾，而民自美❿安；不推而往，不引而來，不煩不擾，而民自富。如鳥之覆卵，無形無聲，而惟見其成。

【章　旨】此章言君主治民，宜善執利害，用以「牽」「圉」。

【注　釋】❶道　自；從。尹知章注：「道，從也。事明則理，反是則亂也。」❷圉　阻擋；制約。❸通賈　指往來作生意。❹倍道兼行　極言快速前進。尹知章注：「疾至則得利，故速行而不倦也。」倍道，意謂一日行兩日的路程。兼行，指以加倍的速度行進。❺波　波濤。原文為「彼」。古本、劉本、朱本作「波」。此依古本。❻逆流　面對激流。逆，迎。❼宿夜　即「夙夜」。早晚；晝夜。❽深淵　原文為「深源」。王念孫云：「『深源』當為『深淵』。《意林》『淵』作泉，避唐高祖諱也，則本作淵，明矣。」淵，深潭。❾勢利之在　即「勢利是處」。意謂處在有勢有利的位置。張佩綸云：「『勢』當作『執』。」郭沫若云：「『在』當為『任』。」錄供參考。❿美　羨慕；嚮往。張佩綸云：「『美』字涉上『善』字而誤衍。」錄供參考。

【語　譯】凡是治亂情況的出現，都是由君主導源的。所以，善於治國的君主，用「害」來制約人們，用「利」來引導人們。能掌握「利害」二字的君主，就可以使財富多而過失少。大凡人之常情，見有利益，沒有誰會不願追求的，見有損害，沒有誰能不作迴避的。那些商人來來往往作生意，一天要趕兩天的路程，夜以繼日，千里而不嫌遠，就是因為利益擺在前面。漁人下海，海深萬仞，面對波濤，迎著激流，冒險百里，晝夜都不登陸，就是因為利在水中。所以，利益所在，即使是千仞高山，無處不敢上；即使是深淵之中，也無處不敢入。因而善於治國的君主，處在「權利」的源頭，民眾便自然會因嚮往而安定；不需推動，人們也會前往，不需招引，人們也會到來；不煩民，不擾民，民眾自然會走向富裕。正如鳥兒孵卵，就是在無形無聲之中，只見小鳥成長起來了。

夫為國之本，得天之時而為經❶，得人之心而為紀❷，法令為維綱❸，吏為網罟❹，什伍❺以為行列，賞誅為文武❻。繕農具當器械，耕農當攻戰，推引銚❼耨❽以當劍戟，被蓑❾以當鎧鑐❿，菹笠⓫以當盾櫓⓬。故耕器具則戰器備，農事習則功⓭戰巧矣。當春三月，萩室⓮熯造⓯，鑽燧易火⓰，杼井易水⓱，所以去茲⓲毒也。舉春祭，塞久禱⓳，以魚為牲，以糵⓴為酒。相召，所以屬㉑親戚也。毋殺畜生㉒，毋拊㉓卵，毋伐木，毋夭英㉔，毋拊竿㉕，所以息百長㉖也。賜鰥寡，振㉗孤獨，貸無種，與無賦，所以勸弱民。發五正㉘，赦薄罪，出拘民，解仇讎，所以建時功㉙、施生穀也。夏賞五德㉚，滿爵祿，遷官位，禮孝弟，復㉛賢力㉜，所以勸功也。秋行五刑，誅大罪，所以禁淫邪，止盜賊。冬收五藏㉝，最㉞萬物，所以內㉟作民㊱也。四時事備，而民功百倍矣。故春仁、夏忠、秋急、冬閉㊲。順天之時，約地之宜，忠人之和㊳，故風雨時，五穀實，草木美多，六畜蕃息，國富兵彊，民材㊴而令行，內無煩擾之政，外無彊敵之患也。

【章　旨】此章言治國當順天時，約地宜，忠人和。

【注　釋】❶經　織物的縱線。此處喻指治國的關鍵性條件。❷紀　理出散絲的頭緒。此處喻指治國的重要方法。❸維綱　維繫網罟的總繩。此處喻指法令是治民的總綱。❹網罟　用繩線織成的捕魚或鳥獸的用具。此處喻指官吏是治民的工具。❺什伍　此指戶籍編制。五家為伍，十家為什。❻賞誅為文武　指治理國家的兩種手段——文治和武功。尹知章注：「賞則文，誅則武。」❼銚　大鋤。❽耨　小手鋤。❾被蓑　即「披蓑」。蓑，蓑衣；雨具。尹知章注：「蓑，雨衣，被著之，所以禦雨露。」❿鎧鐳　鎧甲。鐳，通「襦」。短衣。⓫菹笠　用沼澤地帶的草編織的斗笠。尹知章注：「取菹澤草以為笠。」⓬盾櫓　盾牌。櫓，大盾。⓭功　通「攻」。攻擊。⓮萩室　即「樵室」。用煙火薰烤屋室。萩，通「樵」。焚燒。⓯熯造　點燃竈火。熯，古「然」字。《說文》：「然，燒也。」造，即「竈」字。⓰鑽燧易火　古時按時令不同而用不同的木材鑽燧取火。

尹知章注：「四時易火，至春則取榆柳之火。」⑰杼井易水　尹知章注：「三月之時，陽氣盛發，易生瘟疫」，「春時之井，又當復杼之，以易其水」。杼井，掏井。杼，通「抒」。⑱茲　通「滋」。滋生。⑲塞久禱　禳禱，祈除疾殃。塞，古「賽」字。指祭祀酬神。久，通「疚」。疾病。⑳蘗　同「糵」。酒麴。㉑屬　集合；會集。㉒畜生　餵養的禽獸。㉓拊　擊；拍。尹知章注：「拊，謂擊剝之也。」㉔夭英　採折初生的花朵。㉕竿　幼筍。尹知章注：「竿，筍之初生也。」㉖息百長　使百物生長。尹知章注：「所以生息百物之長。」㉗振　通「賑」。救濟。㉘五正　即「五政」。〈四時〉：「是故春三月以甲乙之日發五政。」㉙時功　指農時事功。㉚五德　此指仁、義、禮、智、信。尹知章注：「五德，謂五常之德。」㉛復　免除徭役。㉜賢力　即賢勞。指勞苦的人。賢，通「艱」。艱苦；勞累。㉝五藏　尹知章注：「五穀之藏。」㉞最　聚合。《公羊傳・隱公元年》：「會猶最也。」㉟內　通「納」。收納。㊱作民　即「作夫」。指生產者。㊲閉　閉塞。尹知章注：「生者，仁也；長者，忠也；收當急也；藏當閉也。」㊳忠人之和　尹知章注：「忠猶稱也，事稱人理則和。」忠，適合；符合。㊴材　通「財」。此謂富庶。

【語　譯】治國的根本原則是，掌握天時叫做「經」，獲得民心叫做「紀」，法令就像維繫網罟的總綱，官吏就像網罟，居民的什伍組織，就像軍隊的行列，獎賞誅罰，就是文治與武功。應當把修造的農具當作軍事器械，把耕種農田當作進攻、出戰，把推拉鋤耨當作擊劍刺戟，把披上的蓑衣當作鎧襦，把菹笠當作盾牌。這樣，耕田的農具完整，則作戰的器械齊備，農事熟練，攻戰的技術也就精巧了。每當季春三月，應當焚燒竈火，薰烤屋室，更換木料鑽燧取火，掏井換水，用來消除春季滋生的毒氣。應當舉行春祭，祭神禳禱，祈除病災，用鮮魚作為供品，用酒麴釀成美酒。然後互相宴請，藉以聚會親戚。不准宰殺畜養的禽獸，不准敲剝禽卵，不准砍伐林木，不准採摘花朵，不准攀折幼筍，藉以使百物順利生長。施惠鰥寡，賑濟孤獨，借種給無力播種的農戶，救助無力納賦的人家，藉以勸勉貧弱的人民。頒發五項政令，寬赦較輕的罪犯，釋放拘押的人員，調解仇怨，藉以建樹農時事功，用力於糧食生產。夏季應當獎賞五種德行，加爵祿，升官位，禮敬講求孝悌的人，免除終年勞碌者的徭役，藉以激勵立功。秋季應當施行五種刑罰，誅戮罪大惡極的人，藉以禁遏淫邪，消除盜賊。冬季應當收藏五穀，積蓄萬物，藉以接納流徙的勞力。四時政事安排完善，人們的勞作就將收效百倍。這樣，就叫作春天仁愛，夏天忠誠，秋天嚴厲，冬天封閉。順應天時，控制地利，符合人和，便能風雨適時，五穀盈實，草木豐美，六畜興旺，國富兵強，百姓富裕，政令暢行，內無煩擾民眾的苛政，外無強敵的禍患了。

夫動靜順❶然後和❷也，不失其時❸然後富，不失其法然後治。故國不虛富，民不虛治。不治而昌，不亂而亡者，自古至今，未嘗有也。故國多私勇者其兵弱，吏多私智者其法亂，民多私利者其國貧。故德莫若博厚，使民死之❹；賞罰莫若必成❺，使民信之❻。

【章　旨】此章言君主當施德博厚，賞罰「必成」，使民信賴，而且願意效死。

【注　釋】❶動靜順　意謂舉措順遂。❷和　此指國事和諧、協調。❸其時　指農時。❹德莫若博厚二句　尹知章注：「博厚則感人深，故死之也。」死之，意謂為君主拼死。❺必成　堅決而且穩定。王念孫云：「『必成』本作『成必』，『成』即『誠』字也」，「『誠必』與『博厚』相對為文」。錄供參考。❻信之　意謂把君主看成可以信賴的知己。

【語　譯】舉措順遂，然後才能國事和諧，不失農時，然後才能國家富裕，不違法度，然後才能國家安定。所以，國家不會憑空富裕，百姓不會憑空安定。不安定而能昌盛，不動亂而會敗亡的事情，從古到今，是不曾有過的。國家多勇於私鬥的人，兵力就會削弱；官吏多顯示個人才智的人，法度就會紊亂；民眾多貪取私利的人，國家就會貧窮。因此，施德不如廣博深厚，使民眾願意為君主效死；賞罰不如堅決而且穩定，使民眾認定君主值得信賴。

夫善牧民者，非以城郭也，輔之以什，司❶之以伍。伍無非其人❷，人無非其里，里無非其家。故奔亡者無所匿，遷徙者無所容，不求而約❸，不召而來。故民無流亡之意，吏無備追之憂。故主政可往❹於民，民心可繫❺於主。夫法之制民也，猶陶之於埴❻，冶之於金也。故審利害之所在，民之去就，如火之於燥濕，水之於高下。夫民之所生，衣與食也；食之所生，水與土也。所以富民有要❼，食民有率❽。率三十畝而足於卒歲。歲兼美惡，畝取一石，則人有三十石；果蓏素食❾當十石，糠秕❿六畜當十石，則人有五十石。布帛麻絲，旁入奇⓫利，未在其中也。故國有餘藏，民有餘食。夫錣鈞⓬者，所以多寡⓭也；權衡者，所以視⓮輕重也；戶籍田結⓯者，所以知貧富之不訾⓰也。故善者必先知其田，乃知其人。田備⓱然後民可足也。

【章　旨】此章言「富民」、「食民」之道，在於使人口穩定，土地足用。

【注　釋】❶司　掌管；管理。❷非其人　意謂不屬該「伍」的外來人員。❸約　約束；制約。❹往　此指通往、通行。❺繫　牽掛；聯綴。❻埴　陶模用的黏土。❼要　要領；要道。❽率　標準。❾果蓏素食　指以瓜菜為食。湖南農村過去曾有「瓜菜半年糧」的說法。尹知章注：「果蓏不以火化而食，故曰素食。」❿糠秕　指米糠癟穀。⓫奇　零星；剩餘。尹知章注：「奇，餘。言不在五十石之中也。」⓬錣鈞　籌碼。錣，原文為「敘」。古本、劉本、朱本作「錣」。此依古本。鈞，丁士涵云：「『鈞』疑『鉤』字誤」，「『鉤』亦籌類」。譯文依此。⓭所以多寡　文意不順。俞樾云：「『所以』下有奪字。下文云：

「權衡者，所以視重輕也；戶籍田結者，所以知貧富之不訾也」，可證。」郭沫若云：「『多寡』上疑脫『定』字。」譯文依此。⑭視　比照；比較。⑮田結　土地使用情況的登記冊。⑯不訾　不齊一；有差別。訾，通「齊」。⑰田備　田地充足。

【語譯】善於治理民眾的君主，不是憑藉城廓，而是依靠基層組織「什」來輔助，「伍」來管理。「伍」中沒有不是該「伍」的外來人口，人們沒有不是定居在該里的，里中沒有不是該里的人家。所以，逃亡者無處藏匿，流離者無處安身。不用另作要求，人們就會受到制約；不用刻意召喚，人們也會前來。百姓沒有流徙逃亡的念頭，官吏沒有戒備追捕的煩憂。君主的政令，可以通行於民眾之中，民心可以維繫在君主身上。用法制駕馭百姓，好比陶模駕馭黏土，熔爐駕馭金屬一樣。只要明確了利害所在，人們的向背趨勢，就會像火苗選擇乾柴溼柴，水流選擇高地低地一樣明白。人們賴以生活的，是衣著與食物；食物賴以生長的，是水分與土地。用以使百姓富裕的方法，有其要領，使百姓足食，有其標準。這標準就是有三十畝地，便可以滿足一年的生活。年成有好有壞，每畝獲取一石，每人便有三十石；瓜菜抵上十石，米糠癟穀與畜牧生產，抵上十石，每人便有五十石糧食。布帛麻絲與其他收入及零星雜利，尚未包括其中。這樣，國庫有了積存，百姓有了餘糧。錣和鉤，是用來算定多少的；權和衡，是用來比較輕重的；戶籍和田結，是用來測算貧富差別的。因而善於治國的君主，必須先瞭解土地的情況，而後再瞭解人口的情況。田地充足，然後百姓才可以富裕起來。

凡有天下者，以情❶伐❷者帝，以事伐者王，以政❸伐者霸。而謀功者有五❹。

一曰，視其所愛，以分其威，一人兩心，其內❺必衰。世臣❻不用，其國可危。

二曰，視其所憎❼，厚其貨賂，得情❽可深。身內情外，其國可知。三曰，聽其淫樂，以廣其心❾。遺❿以竽瑟美人，以塞其內⓫，遺以諂臣文馬，以蔽其外⓬。

外內蔽塞，可以成敗。四曰，必深親之，如與同生⑬。陰內⑭辯士，使圖其計；內勇士，使高其氣。內人他國，使倍⑮其約，絕其使，拂其意，是必士⑯鬥。兩國相敵，必承其弊。五曰，深察其謀，謹其忠臣，睽⑰其所使，令內不信，使有離意。離意不能令⑱，必內自賊。忠臣已死，故政可奪。此五者，謀功之道也。

【章　旨】此章言五項謀攻之道。

【注　釋】❶情　此指人情、人心。❷伐　建立功業。❸政　通「征」。征戰。❹而謀功者有五　原句為「而謀有功者五」。丁士涵云：「下文云『此五者，謀功之道也』，當作『而謀功者有五』。」功，通「攻」。進攻；攻擊。❺內　親近；親信。《禮記・大學》：「外本內末。」孔穎達疏：「外，疏也。內，親也。」❻世臣　指世代在本國出仕的貴族。世，原文為「也」。林圃云：「『也臣』當為『世臣』。『世』字避唐諱作『丗』，與『也』字形極近，故致誤。」❼視其所憎　原文為「視其陰所憎」。王念孫云：「『陰』字涉下文『陰內辯士』而衍。『視其所憎』，與上文『視其所愛』相對。」❽情　此指敵情。❾以廣其心　尹知章注：「使之聽淫樂，心廣於嗜欲。」廣，通「曠」。荒廢。❿遺　贈送。⓫以塞其內　尹知章注：「耽於竽瑟美女，則心惑亂，故其內閉塞也。」塞，閉塞；蒙蔽。⓬以蔽其外　尹知章注：「耳惑於諂臣，目惑於文馬，則耳目喪矣。故其外蔽也。」外，指宮外情況。⓭如與同生　意謂親密之情如同兄弟。原文為「如典之同生」。朱長春云：「『典』疑『與』字誤。」陶鴻慶云：「『之』字亦衍。」⓮內　通「納」。藏入；送進。下文「內勇士」、「內人他國」中「內」字同此例。⓯倍　通「背」。背叛；違背。⓰士　軍士。郭沫若云：「『士殆互之訛。』」錄供參考。⓱睽　分離；離間。原文為「揆」。姚永概云：「『揆』當是『睽』字，謂分睽其所使之人各立徒黨也。」⓲離意不能令　原文為「離氣不能令」。王念孫云：「『離氣』本作『離意』，即承上『使有離意』而言。」丁士涵云：「『氣』字衍。『令』乃『合』字誤。『離不能合』，承上『使有離意』句。上下文皆四字為句。」錄供參考。令，使令；指揮。

【語　譯】凡是據有天下的君主，靠人心建立功業的，可以稱帝；靠政事建立功業的，可以稱王；靠征戰建立功業的，可以稱霸。而謀攻敵國的方法則有五條。第一是弄清敵國君主所寵愛的世臣，分割他們的權力，使他們懷有二心。這樣，他們對君主的親近必然減弱。世臣不肯效力，國家必將危殆。第二是弄清敵國君主所憎惡的大臣，加重對他們的賄賂。這樣，獲得的敵情便可深入。有了身居朝廷、心通外國的人，這個國家的機密便可察知。第三是探聽敵國君主荒淫縱樂的情況，消磨他的志向。贈給竽瑟美女，在內宮蒙蔽他；贈給諂媚的侍臣、文飾的車馬，在外廷蒙蔽他。君主在內宮外廷都受蒙蔽，便可以釀成這個國家的敗亡。第四是必須深入親密敵國的君主，跟他如同兄弟。暗中送進雄辯之士，幫助出謀獻計；暗中送進勇武之士，促成高傲氣勢。再送人進入別國，唆使別國跟他背棄盟約，斷絕通使，違逆意願。這樣一來，必然造成兩國軍士相鬥。兩國相鬥，就一定能夠找到弊端。第五是深入弄清敵國君主的謀劃，恭敬地對待他的忠臣，離間他的部屬，使他們內部互不信任，造成離心現象。一旦離心，便不能指揮，必然在內部自相殘殺。忠臣死後，政權便可奪取。這五條，就是謀攻敵國的方法。

卷十八

入國　第五十四

【題解】此為《管子》第五十四篇，題為「入國」。以篇首二字作為標題，這是本書中的第二例。「入國」二字，尹知章注為「謂始有國，入而行化」，《史記・管晏列傳・正義》引《管子》則謂「相齊以九惠之教」，據此，其義當指管仲相齊執掌國政而言。

本文所敘，全為「九惠之教」的具體內容，即「老老」、「慈幼」、「恤孤」、「養疾」、「合獨」、「問病」、「通窮」、「振困」、「接絕」等，展示了管仲的愛民胸襟與教民方略，為後世治理政務者，提供了有益的啟示。但全文並未涉及「執掌國政」的其他政績，題為「入國」，純屬僅取篇首二字為名而已。

石一參《管子今詮》謂本文開篇二句，當為「入國四徇，立行九惠之教」，並改題為「九惠」，則題文甚為切合。茲錄備一說。

入國四旬❶，五行九惠之教❷。一曰，老老❸；二曰，慈幼；三曰，恤孤；四曰，養疾❹；五曰，合獨；六曰，問病❺；七曰，通窮❻；八曰，振❼困；九曰，接絕。

【章旨】此章言管仲相齊，所推行的九項仁政措施。

【注釋】❶四旬　即四十天。❷九惠之教　九項仁愛的政令。教，教令；政令。❸老老　敬老；養老。《荀子・修身》：「老老，而壯者歸焉。」楊倞注：「老老，謂以老為老而尊敬之也。」❹疾　指殘疾人。❺問病　慰問病人。原文為「問疾」。王引之云：「『問疾』當為『問病』」，方與下文相應。下文中「問病者」與「病甚者」，原文為「問疾者」與「疾甚者」。王引之謂：「二『疾』字，皆當作『病』」，「今本作『疾』者，蓋『六曰問病』，已誤作『疾』，後人又據已誤之上文，改不誤之下文耳」。❻通窮　通報困窘情況。❼振　通「賑」。救濟。

【語譯】（管仲相齊）執掌國政才四十天，便五次督行九項仁政措施。一叫「老老」，二叫「慈幼」，三叫「恤孤」，四叫「養疾」，五叫「合獨」，六叫「問病」，七叫「通窮」，八叫「振困」，九叫「接絕」。

所謂「老老」者，凡國❶、都，皆有掌老❷。年七十已上❸，一子無征❹，三月有饋肉❺；八十已上，二子無征，月有饋肉；九十已上，盡家無征，日有酒肉。死，上共❻棺槨❼。勸子弟：精膳食，問所欲，求所嗜❽。此之謂「老老」。

所謂「慈幼」者，凡國、都，皆有掌幼。士民有子，子有幼弱不勝養為累❾者，有三幼者無婦征❿，四幼者盡家無征，五幼又予之葆⓫，受⓬二人之食，能事⓭而後止。此之謂「慈幼」。

所謂「恤孤」者，凡國、都，皆有掌孤。士民[14]死，子幼孤，無父母所養[15]，不能自生者，屬之其鄉黨、知識[16]、故人。養一孤者，一子無征；養二孤者，二子無征；養三孤者，盡家無征。掌孤數行問之，必知其食飲飢寒身之膌胜[17]而哀憐之。此之謂「恤孤」。

所謂「養疾」者，凡國、都，皆有掌養疾。聾、盲、喑啞、跛躄[18]、偏枯[19]、握遞[20]，不耐[21]自生者，上收而養之疾官[22]，而衣食之，殊身[23]而後止。此之謂「養疾」。

所謂「合獨」者，凡國、都，皆有掌媒[24]。丈夫無妻曰鰥，婦人無夫曰寡，取鰥寡而合和之，予田宅而家室之，三年然後事之[25]。此之謂「合獨」。

所謂「問病」者，凡國、都，皆有掌病。士民有病者，掌病以上令問之：九十以上，日一問；八十以上，二日一問；七十以上，三日一問；眾庶五日一問。病甚者，以告上，身問之。掌病行於國中，以問病為事。此之謂「問病」。

所謂「通窮」者，凡國、都，皆有掌窮[26]。若有窮夫婦無居處，窮賓客絕糧食，居其鄉黨以聞者有賞，不以聞者有罰。此之謂「通窮」。

所謂「振困」者，歲凶，庸[27]人訾厲[28]，多死喪；弛刑罰，赦有罪，散倉粟以食之。此之謂「振困」。

所謂「接絕」者，士民死上事、死戰事，使其知識、故人受資於上而祠之㉙。此之謂「接絕」也。

【章旨】此章言九項仁政措施的具體內容。

【注釋】❶國 此指城邑。❷掌老 掌管敬老事務的官員。尹知章注：「謂置掌老之官。」下文「掌幼」、「掌孤」、「掌養疾」、「掌媒」、「掌病」等，概為官職名稱。❸已上 即「以上」。已，同「以」。下文「已上」同此。❹無征 指不服征役。尹知章注：「不預國之征役。」❺餽肉 指國家贈給的肉。尹知章注：「謂官餽之肉。」❻共 通「供」。供應。❼棺槨 棺材。內為棺，外為槨。❽問所欲二句 尹知章注：「問老者何所欲，求訪其所以嗜欲而供也。」嗜，嗜欲；愛好。❾不勝養為累 尹知章注：「勝，堪也。謂不堪自養，故為累。」不勝養，無能養育。❿婦征 向婦女徵取布帛。《周禮·閭師》：「任嬪以女事，貢布帛。」孫詒讓正義云：「此嬪婦布帛之貢，為民家女口之力征，即《管子·入國篇》所謂『婦征』，亦即《孟子》所謂『布縷之征』也。」⓫葆 通「保」。保姆。尹知章注：「葆，今之教母。」⓬受 通「授」。給予；發給。⓭事 治事，此指長大成人。⓮士民 泛指百姓。原文為「士人」。陶鴻慶云：「篇內凡言『士人』，皆當依前作『民』，由唐人避諱，而校者回改未盡耳。」下文「士民有病者」亦由「士人有病者」改。⓯所養 指可以收養幼孤的親人。尹知章注：「既無父母，又無所養之親也。」⓰知識 指相知、相識、親友。⓱膌胜 即「瘠胜」。瘦弱。胜，瘦。⓲跛躄 瘸腿。⓳偏枯 偏枯症，即半身不遂。⓴握遞 雙手相盤繞。尹知章注：「遞，著也。謂兩手相拱著而不申者謂之握遞。」㉑耐 通「能」。能夠。㉒疾官 當指國家設置的收養殘疾人的處所。官，古「館」字。㉓殊身 歿身；死亡。王念孫云：「《說文》：『殊，死也』，猶言歿身而後止也。」㉔掌媒 指掌管為鰥寡成婚的官員。《周禮·媒氏》：「司男女之無夫家者而會之。」會，意即會合成婚。㉕事之 意謂為國家服役供職。尹知章注：「事謂供國之職役也。」㉖掌窮 指掌管通報困窘情況的官員。原文為「通窮」。王引之云：「『通』當作『掌』。」取與上文一律。㉗庸 通「傭」。僱工。㉘呰厲 同「疵癘」。疾病。尹知章注：「呰，疾也；厲，病也。」㉙祠之 祭祀為國事、戰事而死的人。

【語　譯】所謂「老老」，就是凡屬城邑和國都，都派有「掌老」的官員。年齡在七十以上的老人，一個兒子免除征役，每三個月國家送給一次肉；八十歲以上的，兩個兒子免除征役，每月送給一次肉；九十歲以上的，全家免除征役，每天送給一次酒肉。這些老人死了，朝廷供給棺槨。平時，掌老還要負責勸勉他們的子弟：精作膳食，詢問老人的要求，找出老人的嗜好。這就稱為「老老」。

所謂「慈幼」，就是凡屬城邑和國都，都派有「掌幼」的官員。士民中有幼弱的子女、無力養育而成為累贅的，養有三個幼兒的，可免除「婦徵」，養有四個幼兒的，可全家免除「婦徵」，養有五個幼兒的，還可配給保姆，並且發給兩人的糧食，直至幼兒長大成人為止。這就稱為「慈幼」。

所謂「恤孤」，就是凡屬城邑和國都，都派有「掌孤」的官員。士民死後，子女年幼孤苦，沒有父母及親人養育，不能生活自理的，就歸父母的同鄉、朋友、故舊撫養。養育一個孤兒的，一個兒子免除征役；養育兩個孤兒的，兩個兒子免除征役；養育三個孤兒的，可全家免除征役。「掌孤」的官員，要多次上門詢問，必須瞭解孤兒的飲食飢寒和身體瘦弱狀況，而給予關懷。這就稱為「恤孤」。

所謂「養疾」，就是凡屬城邑和國都，都派有「掌養疾」的官員。凡是耳聾、眼瞎、啞吧、瘸腿、半身不遂、雙手握抱不能伸張，因而不能生活自理的人們，國家就收養在「疾館」，供應他們穿吃，直到死時為止。這就稱為「養疾」。

所謂「合獨」，就是凡屬城邑和國都，都派有「掌媒」的官員。成年男子沒有妻室稱為鰥，成年女子沒有丈夫稱為寡，把鰥寡找來和合成婚，給予田地房屋，讓他們安家，三年之後，才叫他們給國家供職服役。這就稱為「合獨」。

所謂「問病」，就是凡屬城邑和國都，都派有「掌病」的官員。士民有病的，「掌病」託君主的旨意慰問：九十歲以上的老人，每天慰問一次；八十歲以上的，兩天慰問一次；七十歲以上的，三天慰問一次；一般的病人，五天慰問一次。病情嚴重的，把情況報告君主，君主親自慰問。「掌病」的官員，在全國巡行，以慰問病人為職責。這就稱為「問病」。

所謂「通窮」，就是凡屬城邑和國都，都派有「掌窮」的官員。倘有貧苦夫婦無處居住，困頓的使者斷了口糧，所在鄉黨及時報告情況的，給予獎賞；不將情況及時報告的，給予懲罰。這就稱為「通窮」。

所謂「振困」，是指遇到凶年，為人作僱工的人，往往染上病疫，多有死亡；應當鬆緩刑罰，寬赦罪人，發放國庫存糧而給予救濟。這就稱為「振困」。

所謂「接絕」，是指對於為國事而死、為戰事而死的士民，(倘無後人祭祀，則)國家動員他們的朋友或故舊，領取一筆資金，負責祭祀他們。這就稱為「接絕」。

九守　第五十五

【題解】此為《管子》第五十五篇，題為「九守」，「守」謂守則，意即君主執政，當遵行如下九項原則。一是居位原則，君主當柔靜以待；二是察事原則，善於集思廣益，則不受蒙蔽；三是聽政原則，君主當志如高山，胸如深淵，明如神祇；四是刑賞原則，行賞施刑信實堅決，則能取信於民，懾伏姦偽；五是諮詢原則，君主應於天地人三道無所不聞；六是引導原則，君主因勢利導，遵循規律，便能政事閒逸，國運久長；七是慎密原則，君主若行蹤慎密，則不為群臣所亂；八是參驗原則，君主宜洞察隱微，及早防範姦偽；九是督責原則，君主當循名責實，把握綱要。

這是一篇總結為君之道的政治家言。內容周備，語言簡易，文分九章，正與「九守」相應。

安徐而靜❶，柔節❷先定，虛心平意以待須❸。

右主位❹

【章旨】此章言君主的居位原則。

【注釋】❶安徐而靜　尹知章注：「人君居位，當安徐而又靜默。」徐，舒緩；不急躁。靜，默靜；寧靜。❷柔節　柔和的操守。石一參注：「柔則不過剛。」❸待須　須，石一參謂當是「順」字之誤。待順，意謂等待順適之時。譯文依此。俞樾云：「『須』本作『傾』」，「『待』訓為備」。錄供參考。❹右主位　總結語。意謂以上所言，是關於君主的居位問題。尹知章注：「人主居位當如此。」

【語譯】君主居位，應當安然舒緩而寧靜，柔和的操守先自堅定，虛心靜氣地等待順適的時機。

以上所言，是關於君主的居位問題

目貴明，耳貴聰，心貴智。以天下之目視，則無不見也；以天下之耳聽，則無不聞也；以天下之心慮，則無不知也。輻湊❶竝進，則明不塞❷矣。

右主明❸

【章旨】此章言君主的察事原則。

【注釋】❶輻湊　車輻湊集於轂上。此喻眾人聚集一處，合力同心。❷明不塞　尹知章注：「言聖人不自用其聰明思慮，而任之天下。故明者為之視，聰者為之聽，智者為之謀。輻湊竝進，不亦宜乎？故曰：『明不可塞。』」不塞，不可蒙蔽。❸主明　意謂君主的明察所在。尹知章注：「主明，在於用天下耳目視聽之。」

【語譯】眼睛最重要的在於明察，耳朵最重要的在於靈敏，心靈最重要的在於聰慧。依靠天下人的眼睛來看，沒有看不到的事物；依靠天下人的耳朵來聽，沒有聽不到的情況；依靠天下人的心靈來思慮，沒有不能明白的問題。像車轂一樣，集中各方的力量共同行事，視聽就不會受蒙蔽了。

以上所言，是關於君主的明察問題

聽❶之術，曰：勿望而距，勿望而許❷。許之則失守，距之則閉塞。高山，仰之不可極也；深淵，度之不可測也。神明❸之德，正靜其極也。

右主聽

【章　旨】此章言君主的聽政原則。

【注　釋】❶聽　處理；判斷。❷勿望而距二句　石一參注：「望者，不及細察也。不察而輕距人，不察而輕許人，皆明者所不取也。」距，通「拒」。拒絕。許，應允；贊同。❸神明　神祇；神靈。

【語　譯】處理政事的方法是：不要不加細察，便輕易拒絕別人的意見，也不要不加細察，便輕易贊同別人的意見。輕易贊同，便會失去原則，輕易拒絕，便會閉目塞聽。要像高山一樣，仰視不可見頂；要像深淵一樣，俯測不可觸底。要像神祇的德性一樣，中正、虛靜到極點。

以上所言，是關於君主的聽政問題

用賞者貴誠❶，用刑者貴必❷。刑賞信，必於耳目之所見，則其所不見，莫不闇化矣。誠，暢乎天地，通於神明，見❸姦偽也。

右主賞

【章　旨】此章言君主的刑賞原則。

【注　釋】❶誠　義同「信」。真實。❷必　堅決。❸見　同「現」。顯露；揭示。俞樾云：「『見』乃『兄』字之誤，《管子》書每以『兄』為『況』字」，「此言精神可以暢天地，通神明，況姦偽乎！」錄供參考。

【語　譯】行賞最重要的在於信實，施刑最重要的在於堅決。行賞施刑信實堅決的情況，讓人們耳聞目見了，那麼，那些沒有親見親聞的人們，也就無不闇中同化了。誠信的力量，能夠暢行天地，通達神明，揭露為姦作偽的人們。

以上所言，是關於君主的刑賞問題

一曰天之，二曰地之，三曰人之。四方❶上下，左右前後，熒惑❷其❸處安在？

右主問

【章旨】此章言君主的諮詢原則。

【注釋】❶四方　原文為「四曰」。王念孫云：「《鬼谷子・符言篇》『四曰』作『四方』，『於義為長』，『「上下四方」承天地而言』。❷熒惑　迷惑；眩惑。❸其　用同「之」。

【語譯】一是天，二是地，三是人。四方上下，左右前後，疑惑的地方在哪裡呢？

以上所言，是關於君主的諮詢問題

心不為❶九竅，九竅治❷；君不為五官❸，五官治。為善者，君予之賞；為非者，君予之罰。君因❹其所以來，因而予之，則不勞矣。聖人因之，故能掌之❺。因之循❻理，故能長久。

右主因

【章旨】此章言君主的因勢利導原則。

【注釋】❶為　治事；從事。❷治　合理；有秩序。尹知章注：「心任九竅，九竅自治。」❸五官　五種重要官職的合稱，即《周禮・曲禮》所謂司徒、司馬、司空、司土、司寇。此處泛指大臣。❹因　此謂依據。❺聖人因之二句　尹知章注：「掌，主也。因來而賞，物皆屬己，故能主之。」掌，執掌；主管。❻循　遵循。原文為「修」。王念孫謂「『修』當為『循』」。《管子》之文多如此。

【語　譯】心不代庖九竅的事，九竅的運行會很有秩序；君主不代庖五官的職事，五官也會治理得很好。作得好的，君主予以獎賞；作錯了的，君主予以懲罰。君主依據人們各自造成的狀況，從而予以獎賞或懲罰，政務便不煩勞了。聖人能夠因勢利導，所以能夠執掌天下。因勢利導，遵循規律，所以能夠國運久長。

以上所言，是關於君主的因勢利導問題

人主不可不周❶。人主不周，則群臣下亂。寂乎其無端也，外內不通，安知所怨？關閉❷不開，善否❸無原。

右主周

【章　旨】此章言君主的慎密原則。

【注　釋】❶不周　尹知章注：「周，謂謹密也」，「不周，則泄其機事」。周，周密；慎密。❷關閉　門閂。《說文》：「關，以木橫持門戶」，「閉，闔門也，从門才，所以距門」。原文為「關閈」。王引之云：「『關閈』當為『關閉』」，「『閉』字本作『閇』，與『閈』相似而誤」。❸否　惡。

【語　譯】君主不可不慎密。君主不慎密，群臣便會在下面作亂。君主靜悄悄地不露出任何端倪，使內外不能串通，群臣怎麼會知道君主的行蹤而有所怨怒呢？宮廷的門戶不打開，說好說壞，也就沒有發源地了。

以上所言，是關於君主的慎密問題

一曰長目❶，二曰飛耳❷，三曰樹明❸。明知於千里之外，隱微之中，曰動姦❹。

姦動則變更❺矣。

右主參

【章　旨】此章言君主的參驗原則。

【注　釋】❶長目　此言使目力加長。指看得遠。❷飛耳　使耳能飛越。指聽得遠。❸樹明　建立明察制度。❹曰動姦　郭沫若云：「曰，爰也。『動』假為『洞』。」動姦，洞察姦邪。❺更　梗阻；阻禁。郭沫若云：「『更』讀為『梗』。姦洞，則禍變梗塞也。」

【語　譯】一是要看得遠，二是要聽得遠，三是要建立明察制度。對於千里之外、隱微之中的情況，若能明察瞭解，便能洞察姦邪。姦邪被洞察，禍變便被阻禁了。

以上所言，是關於君主的驗察問題

循名而督實❶，按實而定名。名實相生，反相為情❷。名實當則治，不當則亂。名生於實，實生於德，德生於理，理生於智，智生於當。

右督名

【章　旨】此章言君主的循名責實原則。

【注　釋】❶循名而督實　即「循名責實」。意謂依據名稱察求實際。循，依照。原文為「修」。王念孫云：「『修』當為『循』。」❷為情　意謂顯示實情。

【語　譯】依據名稱察求實際，按照實際確定名稱。名實互相依存，又互相說明。名實相符則治，不相符則亂。

名自實生，實自德生，德自理生，理自智生，智自名實相符而生。

以上所言，是關於君主的督責問題

桓公問　第五十六

【題　解】此為《管子》第五十六篇，題為「桓公問」。全文記敘桓公詢問「有而勿失，得而勿忘」之道，管仲答以學習「聖帝明王」、博採眾議、「時至而隨」、戒民所惡之法，既扼要地總結了黃帝、堯、舜、禹、湯、周武王等歷代君主的納諫措施，又具體地設計了齊國的納諫機構與制度，是一篇於當時很有現實作用的論述納諫問題的文字。

此文所敘，為桓管問答，而題目標為「桓公問」者，也是採用摘取篇首幾字名篇之法。

齊桓公問管子曰：「吾念有❶而勿失，得而勿忘❷，為之❸有道乎？」對曰：「勿創勿作❹，時❺至而隨。毋以私好惡害公正。察民所惡，以自為戒。黃帝立明臺❻之議者，上觀於賢也；堯有衢室❼之問者，下聽於民❽也；舜有告善之旌❾，而主不蔽也；禹立諫鼓於朝❿，而備訊⓫也⓬；湯有總街之庭⓭，以觀民誹⓮也；武王有靈臺⓯之復⓰，而賢者進也。此古聖帝明王所以有而勿失，得而勿忘者也。」

【章　旨】此章言桓管問答「有而勿失，得而勿忘」之道。

【注　釋】❶有　占有；擁有。❷忘　同「亡」。敗亡。❸之　此。❹作　製作；創造。❺時　時機。❻明臺　傳說為黃帝聽政、諮詢的處所。《三國志・魏文帝紀》：「軒轅有明臺之議，放勛有衢室之問，皆所以廣詢於下也。」❼衢室　指建築在交通要道的屋室。天子用以向民間徵詢意見的處所。❽民　原文為「人」。當是唐人避諱而改。《三國志・魏文帝紀注》引「人」

字亦作「民」。❾告善之旌　傳說古時天子豎掛旌旗於百姓聚居之處，以招引人們進諫善言。告，請求。《史記・孝文本紀》：「古之治天下者，朝有進善之旌，誹謗之木。」❿立諫鼓於朝　石一參注：天子「設鼓於外朝，使之盡忠告。」諫鼓，供眾人敲擊以要求進諫之鼓。⓫備訊　用以聽納忠告。訊，報告；陳訴。⓬也　原文為「唉」。郭沫若云：「『唉』乃衍文。蓋『也』字誤為『矣』，校書者於字左作小圈以識之，乃並誤為『唉』字也。」⓭總街之庭　傳說為成湯設在交通要道用以徵詢意見的處所。石一參注：「總街，亦通衢交會之處。」⓮民誹　此謂百姓的批評指責。民，原文為「人」。當是唐人避諱所改。《藝文類聚》「人」作「民」。⓯靈臺　臺名，周文王所建。《孟子・梁惠王上》：「文王以民力為臺為沼，而民歡樂之，謂其臺曰靈臺，謂其沼曰靈沼。」據說武王曾用此臺納諫。⓰復　報告。尹知章注：「復，謂白也。」

【語　譯】 齊桓公問管子說：「我想擁有民眾而不喪失，獲得天下而不敗亡。要做到這一點，有辦法嗎？」管仲回答說：「不求首創，不求立新，時機成熟，便順應行事。不要憑一己好惡，損害公正原則。要明瞭百姓憎惡的事物，自身引以為戒。黃帝設立明臺的諮議制度，是為了在朝廷考察賢才；堯設立衢室的詢問制度，是為了從下面向百姓聽取意見；舜豎有徵求善言的旌旗，因而君主也就不受蒙蔽；禹在朝廷設置進諫之鼓，是為了用來聽納忠告；成湯在交通要道建築庭室，是用來瞭解人們的批評指責；武王有靈臺的報告制度，因而賢才得以進用。這就是古代聖帝明君用以保有民眾而不喪失，獲得天下而不敗亡的辦法。」

桓公曰：「吾欲效而為之，其名云何？」對曰：「名曰嘖室之議❶。曰：法簡而易行，刑審而不犯，事約❷而易從，求❸寡而易足。人有非上之所過，謂之正士❹，內❺於嘖室之議。有司執事者，咸以厥事奉職，而不忘焉❻。此嘖室之事也，請以東郭牙❼為之。此人能以正事爭於君前者也。」桓公曰：「善。」

【章　旨】此章言桓管問答如何仿效聖帝明王之所為。

【注　釋】❶嘖室之議　指在內部爭論的議事制度。嘖，爭論。此處有暢所欲言之意。尹知章注：「謂議論者，言語讙嘖。」❷約　簡要。❸求　需求；徵求。此指徵收賦稅。❹正士　諫士。許維遹云：「『正』即『証』省，《說文》『証，諫也』，是『正士』猶諫士。」❺內　通「納」。收納；納入。❻焉　原文為「為」。古本為「焉」。劉本、朱東光本、梅士享本同。此從古本。❼東郭牙　齊大夫。〈小匡〉：「管仲曰：『……犯君顏色，進諫必忠，不辟死亡，不撓富貴，臣不如東郭牙。請立以為大諫之官。』」

【語　譯】桓公說：「我想效法聖君而實行這種制度，名稱叫作什麼呢？」回答說：「名稱叫『嘖室』的議事制度吧。就是說：法度要簡明而容易施行，刑罰要審慎而使人們不來觸犯，政事要簡要而容易遵循，徵稅要輕而使人們易於交足。百姓有批評君主過錯的，稱為『正士』，其意見應納入『嘖室』的議論範圍。負責行政的人員，都要把『嘖室』議論的這些事項，奉為職守來辦理，而不能遺忘。這『嘖室』的事，請讓東郭牙主持。這是一位能夠把正事提到君主面前來爭辯的人。」桓公說：「好。」

度地 第五十七

【題解】此為《管子》第五十七篇，題為「度地」，意即勘測地形。首章所言都城建設的地理條件，即正與「度地」符合。接著，作者由地理而言及水、旱、風霧雹霜、厲、蟲「五害」，由「五害」而重點論及治水，提出了一套頗為完整而具體的治水方案。如何選拔治水官吏，如何組織治水勞力，如何徵集治水器材，如何確定治水季節，如何保護堤防等，皆有所及。尤可貴者，是提出了防蓄並舉與常備不懈的治水方針。由此，可以說這是一篇甚有學術價值的治水專論。

昔者桓公問管仲曰：「寡人請問度地形而為國❶者，其何如而可？」管仲對曰：「夷吾之所聞，能為霸王❷者，蓋天下❸聖人也。故聖人之處❹國者，必於不傾之地，而擇地形之肥饒者，鄉❺山，左右經水若❻澤，內為落渠❼之寫❽，因大川而注焉。乃以其天材❾、地之所生利，養其人以育六畜。天下之人，皆歸其德而惠❿其義。乃⓫別制斷⓬之，不滿州者謂之術⓭，不滿術者謂之里。故百家為里，里十為術，術十為州，州十為都，都十為霸國⓮。不如霸國者，國也。以⓯奉天子，天子有萬諸侯也，其中有公侯伯子男焉。天子中而處，此謂因天之材⓰，歸⓱地之利。內為之城，城外為之郭，郭外為之土閬⓲：地高則溝之，下則堤之。命之曰金城⑲。樹以荊棘，上相穡著者，所以為固也⑳。歲修增而毋已，時修增而無已，福及孫子，此謂人命萬世無窮之利，人君之葆守㉑也。臣服之以盡忠於君，君體有之以臨天下，故能為天下之民先也。此宰㉒之任，則㉓臣之義㉔也。故善為國者，必先除其五害，人乃終身無患害而孝慈焉。」

【章　旨】此章言都城建設的地理條件。

【注　釋】❶國　此指都城。❷為霸王　成就霸業、王業。❸天下　原文為「天子」。吳志忠云：「『子』乃『下』字誤。」❹處　安排；確定。❺鄉　通「嚮」，同「向」。向，指北面的窗戶。《詩・豳風・七月》：「塞向墐戶。」毛傳：「向，北出牖也。」鄉山，此處當反訓為北面靠山。❻若　或者。❼落渠　即渠道網。落，通「絡」。網絡。❽寫　通「瀉」。宣瀉；排瀉。❾天材　天然資源。❿惠　柔順；順從。尹知章注：「惠，順。」⓫乃　如果。⓬制斷　裁斷；劃分。⓭不滿州者謂之術　原文為「州者謂之術」。王引之云：「『州者』上亦當有『不滿』二字，下文『里十為術，術十為州』，故曰『不滿州者謂之術』。」⓮霸國　指成就了霸業的諸侯國。⓯以　論。⓰材　原文為「固」。許維遹謂當為「材」，「『因天之材』，與下『歸地之利』，文同一例」。⓱歸　歸納；集中。⓲土閬　無水的城壕。即護城河。尹知章注：「閬，謂隍。」⓳金城　堅固的城池。⓴樹以荊棘三句　何如璋云：「樹荊棘於溝之外隍之上，使相合著以為固也。」穡著，合著；結合。穡，通「嗇」。《廣雅・釋詁》：「嗇，積也。」《方言》十二：「嗇，合也。」㉑人君之葆守　尹知章注：「謹置國都，繕修城郭，此人君所保全而守。」葆守，保全守護。葆，通「保」。㉒宰　冢宰；太宰。尹知章注：「宰謂執君之政者也。」㉓則　而。㉔義　指應當作的事情。

【語　譯】從前，桓公曾問管仲說：「我想請問您測定地形、建設都城的事，應當怎樣作才適宜？」管仲回答說：「我所聽說的是，能成就霸業、王業的，都是天下的聖人。聖人安排國都，必定在平穩堅固的地帶，選擇肥沃富饒的地方，北面靠山，左右有江河或者湖澤，城內建設排水的渠道網絡，隨著河道而注入江流。這樣便可以利用天然資源和耕地所生產的財富，供養百姓而繁育六畜。天下的民眾，便都會歸順君主的德義。如果將區域分別加以劃分，不滿『州』的稱為『術』，不滿『術』的稱為『里』。所以，百家稱為『里』，十『里』稱為『術』，十『術』稱為『州』，十『州』稱為『都』，十『都』稱為『霸國』。不如『霸國』的，就是普通的諸侯國。若論擁戴天子的情況，天子可以擁有上萬個諸侯國，諸侯分公侯伯子男五等。天子位居中央，因為這樣，可以利用全國的自然資源，徵集全國耕地所生產的財利。建設都城要修造內城，城外修郭，郭外修築護城壕：地勢高處便挖溝，地勢低處便築堤。這才可以稱作堅固的城池。城牆邊要種植荊棘，使不斷上長，彼此結合，用以加固城牆。每年不斷加修，每季不斷加固，造福子子孫孫，這是有關人民生命、萬世無窮的利益，也是對君主地位的保全與守護。群臣憑藉都城而盡忠於君主，君主擁有都城而君臨天下，因而都城能成為天下百姓的最重要的地方。這建設都城，既是冢宰的責任，也是群臣的義務。然而善於治國的君主，還必須消除五害，人們才能夠終身沒有禍患災難，而作到子孝父慈。」

桓公曰：「願聞五害之說。」管仲對曰：「水，一害也；旱，一害也；風霧雹霜，一害也；厲❶，一害也；蟲，一害也。此謂五害。五害之屬，水最為大。五害已除，人乃可治。」桓公曰：「願聞水害。」管仲對曰：「水有大小，又有遠近❷。水之出於山而流入海者，命曰經水❸；水別❹於他水，入於大水及海者，命曰枝水❺；山之溝，一❻有水、一毋水者，命曰谷水；水之出於地❼，流於大水及海者，命曰川水；出地而不流者，命曰淵水。此五水者，因其利而注之❽，可也，因而扼之，可也❾，而不久常有危殆矣。」桓公曰：「水可扼而使東西南北及高乎？」管仲對曰：「可。夫水之性，以高走下則疾，至於漂石⑩；而下向高，即留而不行。故高其上⑪，領瓴⑫之，尺有十分之，三里滿四十九⑬者，水可走也。乃迂其道而遠之，以勢行之。水之性，行至曲，必留退，滿則後推前。地下則平行，地高則控⑭，杜曲⑮則擣毀，杜曲激則躍。躍則倚，倚則環，環則中，中則涵⑯，涵則塞，塞則移，移則控，控則水妄行，水妄行則傷人，傷人則困，困則輕法，輕法則難治，難治則不孝，不孝則不臣矣。故五害之屬，傷殺之類，禍福同矣。知備此五者，人君天地⑰矣。」

【章　旨】此章言「五害」以水為最。

【注　釋】❶厲　通「癘」。疫病。尹知章注：「厲，疾病也。」❷遠近　指流程長短。❸經水　尹知章注：「言為眾水之經。」❹別　分流。尹知章注：「謂從他水分流，若江別為沱。」❺枝水　支流。枝，分支。尹知章注：「言水之枝。」❻一時而；有時。❼地　原文為「他」。且下有「水溝」二字。王念孫云：「『出於他水』，本作『出於地』，下文『出地而不流者，命曰淵水』，正對此出地而流者言之。」許維遹云：「『溝』字亦涉上文而衍。」❽因其利而注之　尹知章注：「句『謂因地之勢，疏引以溉灌』。」注，流注；流灌。原文為「往」。王念孫云：「『往』當為『注』，字之誤也。」❾因而扼之二句　尹知章注：「扼，塞也。恐其泛溢而塞之，亦可也。」扼，堵截；控制。❿漂石　即「漂石」。極言水急力大，能把石頭浮起來。尹知章注：「謂能漂浮於石。」⓫高其上　尹知章注：「上，謂水從來處。高之者，欲注下取勢也。」上，向上游。⓬領瓴　指用瓦梘加以導引。瓴，瓦溝；瓦梘。⓭三里滿四十九　指在三里的距離內，渠底降落四十九寸。大約相當於一千一百分之一的坡降。⓮控　控制；制約。此謂挫退。尹知章注：「控，頓也。言水頓挫而卻。」⓯杜曲　指地勢曲折。許維遹云：「『杜』與『土』通」，「『土曲』與地曲同義」。⓰涵　沈浸。此指泥沙沈積。⓱人君天地　或謂君主如同天地一樣偉大。或曰「君」

指統治、主宰，句謂「人就可以主宰天地了」。二說皆通，譯從後者。

【語　譯】桓公說：「我希望聽聽關於五害的解說。」管仲回答說：「大水是一害，乾旱是一害，風霧雹霜是一害，疾疫是一害，蟲也是一害。這些就稱為五害。五害之中，水的危害算是最大。五害消除了，百姓便可以治理好。」桓公說：「我希望聽聽水害的問題。」管仲回答說：「水量有大有小，流程又有遠有近。水從山上發源而流入大海的，名叫『經水』；從別的河中分流出來而流入大江及大海的，名叫『枝水』；山間溝壑，時而有水，時而無水的，名叫『谷水』；水從平地流出，注入大江及大海的，名叫『川水』；水從地下湧出而不外流的，名叫『淵水』。這五種水，順著地勢加以疏導，是可以的；憑藉地形，加以攔截，也是可以的。但時隔不久，也會常有危險。」桓公說：「水，可以堵截而使它流向東西南北以至高處嗎？」管仲回答說：「可以。水的個性，是從高往下流則急，甚至於可以把石頭沖走；但從低向高走，便滯留而不進。所以，提高水的上游，用瓦梘加以導引，瓦梘每尺以十等分以三里下降四十九寸的坡度向下傾斜，水就可以急速前進了。這樣便可以使水迂道流遠，順勢流往高處。水的特性，是流到曲折的地方，必然停滯而後退，滿了，再推向前進。地勢漸低，則水能平穩前進；地勢漸高，則水將受到制約；地勢曲折，則水流或者擣毀堤岸，或者激蕩跳躍。跳躍便會偏流，偏流便會環繞，環繞便會集中，集中便會泥沙沈積。泥沙沈積，便會水道淤塞；水道淤塞，便會河流改道；河流改道，便會受到阻遏；水流受到阻遏，便會恣意妄行；河水恣意妄行，便會損傷生命財產；損傷了生命財產，人們便會貧困。貧困便會輕視法度；輕視法度，便會難於治理；難於治理的人，便會在家不孝敬父母；不孝敬父母的人，在外便也不會臣服君主的。所以五害之類，屬於傷人殺人的範疇，帶來的禍患是相同的。懂得了防備五害的辦法，人類就可以主宰天地了。」

桓公曰：「請問備五害之道？」管子對曰：「除五害❶，以水為始。請為置水官❷，令習水者為吏。大夫、大夫佐各一人，率部校長❸、官佐各財足❹。乃取水官左右❺各一人，使為都匠水工。令之行水道、城郭、堤川、溝池、官府、寺舍及州中，當繕治者，給卒財足。令曰：常以秋歲末之時，閱❻其民，案❼家人比地，定什伍口數，別男女大小。其不為用者，輒免之；有錮疾❽不可作者，疾之❾；可省❿作者，半事之。並行⓫以定甲士，當被兵之數，上其都。都以臨下，視有餘不足之處，輒下水官。水官亦以甲士當被兵之數，與三老、里有司、伍長行里，因父母案行。閱其⓬備水之器，以冬無事之時。籠臿板築⓭，各什六⓮；土車什一，雨輂⓯什二；食器兩具，人有之。錮藏⓰里中，以給喪⓱器。後常令水官吏與都匠，因三老、里有司、伍長案行之。常以朔日始，出閱具之，取完堅，補弊久⓲，去苦惡⓳。常以冬少事之時，令甲士以更次益薪⓴，積之水旁。州大夫將之，唯毋後時。其積薪也，以事之已㉑；其作土也，以事未起。天地和調，日有長久。以此觀之，其利百倍。故常以毋事具器，有事用之，水常可制，而使毋敗。此謂素有備而豫具者也。」

【章　旨】此章言防備水害的辦法。

【注　釋】❶除五害　原文為「請除五害之說」。張佩綸云：「『請除』之『請』，涉上下文而衍。」陶鴻慶云：「『之說』二字不當有，涉上文『願聞五害之說』而衍。」❷水官　負責治水的官員。❸校長　此指古代下級軍官。❹財足　即「材足」。當差出力的徒屬。指服勞役者。財，通「材」。郭沫若云：「『材足』猶言捷足或健足，即所謂徒也。下文『當繕治者，給卒財足』亦謂給予卒與徒。篇末云：『可治者趣治，以徒隸給。』詞例相同，可為互證。」❺水官左右　原文為「水左右」。張佩綸云：「當作『水官左右』。」❻閱　省視。❼案　考察；查核。❽錮疾　同「痼疾」。指經久難癒的疾病。❾疾之　意謂按病人對待。尹知章注：「著其名於疾者之數，有以賙恤之也。」❿省　減少；少量。⓫並行　普遍查察。許維遹云：「『並』讀為普，普、偏同義，『並行』猶言普遍視察也。」⓬其　原文為「具」。古本作「其」。此依古本。⓭籠臿板築　都是治水用的器具。籠，此指土筐。臿，掘土的農具。即鍬。板，築堤用的夾板。築，搗土用的杵。⓮什六　每什貯備六套。什，指居民基層組織。⓯雨輂　蔽雨車篷。原文為「雨輦」。王念孫云：「『輦』當為『輂』，字之誤也。」⓰錮藏　封存；貯備。⓱喪丟失；破損。⓲弊久　破敗陳舊。久，舊。⓳苦惡　粗劣。⓴益薪　增添柴草。㉑其積薪也二句　尹知章注：「已，畢也。農事既畢，然後益薪。」已，結束；完畢。

【語　譯】桓公說：「請問防備五害的辦法。」管子回答說：「要消除五害，應把消除水害作為第一步。請設置治水官員，指令熟悉治水的人擔任職事。委派大夫、大夫佐各一人，統率校長、官佐和徒役。並選擇水官部下各一人，指令為水工頭目。派遣他們察視水道、城郭、堤川、溝池、官府、寺舍及州中，發現應當修治的地方，便調撥士卒和徒役。還頒布通令說：各地要在每年秋末，察視民間，普查各家人口及耕地狀況，核定每什每伍的人口數量，並分別統計男女老幼的情況。那些不能從事治水勞動的，一律免除；有痼疾不能服役的，按病人對待；只可少量勞作的，按半勞力對待。通過人口普查，來選定各地的兵士，當作被徵用的總人數，上報給都的水官，都水官便按照這個數字下去察視，發現有餘或者不足，便通知下屬水官。這些水官，也把選定的兵士，當作被徵用的總人數，與三老、里有司、伍長到里中察視，並找被徵者的父母協同查驗。檢查防治水害的器具準備情況，則在冬閒沒有農事的時候進行。土筐、鐵鍬、夾板、杵築，每什貯備六套，土車，每什一輛；防雨車篷，每什兩個；食器兩套，人人如此。這些器具，都要封存在里中，用以補充器具的損缺。然後經常指令治水官吏與都匠，依靠三老、里有司、伍長等進行檢查。常從每月初一開始，打開倉庫，清查準備的工具，留取完好堅實的，修補破損陳舊的，剔除質量粗劣的。常在冬季少有農事時，命令兵士輪換次序採集柴草，存積在堤岸旁。此事由州大夫率領，不可誤時。採集柴草，在農事完畢以後；整修堤防，在春耕尚未開始以前。這段期間，天地二氣和調，時日比較久長。由此看來，好處百倍。所以，經常在沒有農事的時候備好器材，有農事的時候，一旦需要，便可使用，這樣，水就可以常被控制，使它不能損壞堤岸。這就稱為平時有準備，便能防患於未然了。」

桓公曰：「當何時作之？」管子曰：「當❶春三月，天地乾燥，水糾列❷之時也。山川涸落，天氣下，地氣上，萬物交通。故事已，新事未起，草木荑生❸可食。寒暑調，日夜分❹。分之後，夜日益短，晝日益長。利以作土功之事，土乃益剛。今甲士作隄大水之旁，大其下，小其上，隨水而行。地有不生草者，必為之囊❺。大者為之隄，小者為之防。夾水四道❻，禾稼不傷。歲埤❼增之，樹以荊棘，以固其地。雜之以柏楊，以備決水。民得其饒，是謂流膏❽。令下貧守之，往往❾而為界，可以毋敗。當夏三月，天地氣壯。大暑至，萬物榮華❿，利以疾薅⓫，殺草薉⓬。使令不欲擾，命曰不長。不利作土功之事，放⓭農焉，利皆耗十分之五，土功不成。當秋三月，山川百泉踊⓮，降雨下⓯，山水出，海路距⓰，雨露屬⑰，天地湊泊⑱。利以疾作，收斂毋留⑲。一日把⑳，百日餔㉑。民毋男女，皆行於野。不利作土功之事，濡濕日生，土弱㉒難成。利耗十分之六，土工之事亦不立。當冬三月，天地閉藏。暑雨止，大寒起，萬物實熟。利以填塞空郄㉓，繕邊城，塗郭術㉔，平度量，正權衡，虛牢獄，實廥㉕倉，君修樂，與神明相望㉖。凡一年之事畢矣，舉有功，賞賢，罰有罪，遷有司之吏而第之。不利作土工之事，利耗十分之七，土剛不立㉗。晝日益短，而夜日益長，利以作室，不利以作堂㉘。四時以㉙得，四害皆服。」

【章旨】此章言與修水利之事，當在春季進行，而夏秋冬三季，皆不相宜。

【注釋】❶當春三月　丁士涵云：「『春』上脫『當』字，下文夏秋冬皆有。〈禁藏〉云『當春三月』，是其證。」此章言春季「天氣乾燥」、「山川涸落」，宜於興修水利，夏秋冬三季，則皆不相宜。此以其時各國曆法皆有不同，本文所言之「春」，當指今日「冬至」至「春分」一段時間。當，值；在。原文無「當」字。❷糾列　矯正位次。此指整修水道。❸荑生　初生。荑，茅草的嫩芽。❹分　平分；一半。❺囊　指蓄水池、水庫。❻道　通「導」。導引；流灌。❼埤　增益；加高。❽膏　油脂。此處極言土地肥沃。❾往往　處處。❿榮華　本指草木開花，此指作物繁茂。⓫薅　拔除田中雜草。⓬薉　雜草。⓭放　通「妨」。妨礙。⓮踊　通「涌」。水向上翻。⓯降雨下　大雨降落。降，通「洚」。大水。原文為「下雨降」。當是「降雨下」之誤。⓰距　離開；遠離。因為水量加大，難於疏泄，所以水面增廣，造成入海路遠。⓱屬　連接；連綿。⓲湊泊　聚結；凝聚。原文為「湊汐」。李哲明云：「『汐』當為『泊』」，係草書形近而訛。⓳留　耽擱；遲滯。⓴把　言一手所握的收割物。㉑餔　吃；食。㉒弱　軟弱；鬆散。㉓空郄　空隙；縫隙。此處當指房屋漏隙。㉔術　指城邑中的道路。㉕廥　存放柴草的房舍。㉖望　指祭祀山川。㉗立　建立；建築。㉘堂　堂屋。與「室」相對而言。「室」指內，「堂」指外。㉙以　通「已」。

已經。

【語譯】桓公說：「應當何時動工？」管子說：「在春季三個月裡，天氣乾燥，正是整治水道的時候。這時，山川乾涸，水位跌落，天氣下降，地氣上升，萬物往返活動。舊時農事早已結束，新年農事尚未起動，草木的嫩芽，已經可供食用。寒熱調和，晝夜平分。平分以後，夜間漸漸縮短，白天漸漸加長。利於作築隄一類的事情，因為土質日益堅牢。應當派甲士在江河兩岸修隄築壩，底部要寬，隄面要窄，長隄應沿著水道而行。在沿河附近、不長草木的地段，一定要修建蓄水池，大池要修隄，小池要修防。制約池水向四方泄灌，使莊稼不受水旱損傷。隄防要每年增修，栽種荊棘，用以加固隄身。還要間種柏楊，以防決隄。在這一帶，人們可以獲得豐收，這就叫做流水膏腴的地方。指派貧困戶守護隄防，分段劃好界線，用這種辦法，保持河隄不致損壞。在夏季的三個月裡，天氣地氣壯盛。大暑到來以後，萬物生長繁茂，應當利用這段時間加速拔去田草，剷除雜草。行使政令不要侵擾農事，下令徵用勞力，也不宜時間太長。這段期間，不宜作築隄一類的事情，因為這會妨害農事。即使花掉十分之五的土工費用，築隄之類也不會有什麼成就。在秋季的三個月裡，山川百泉的地下水向上翻，大雨降落，山洪暴發，入海水路加長。加上雨露連綿，天地便呈現渾凝狀態。極宜加速農事，收割不能遲緩。所謂『一日收割，百日得食』。百姓無論男女，都得到田野工作。這時不宜於作築隄一類的事情，因為濡溼之氣日益加濃，土質鬆散，隄壩難於築牢。即使花掉十分之六的土工費用，築隄之類也不會建立業績。在冬季的三個月裡，天氣地氣轉入閉關貯藏。暑雨止息，嚴寒開始，各種作物的果實都已成熟。這段期間，宜於填塞房屋漏隙，修繕邊防，修整城郭道路，核準度量，匡正權衡，騰空牢獄，充實倉庫，君主舉行娛樂活動，祭祀山川神明。一年之事已畢，還應當選拔功臣，獎賞賢才，懲罰犯罪，升遷官吏，加高他們的級別。不宜於作築隄一類的事情，即使花掉十分之七的工費，也會因為土質凝凍而不能築成。這時白天日益縮短，而夜晚日益加長，只利於在室內工作，不宜於作堂外活動。一年四季的事務，既已安排得當，其餘四害便能制服了。」

桓公曰：「寡人悖❶，不知四害之服奈何。」管仲對曰：「冬作土功，發地藏，則夏多暴雨，秋霖不止。春不收枯骨朽脊❷，伐枯木而去之，則夏旱至矣。夏有大露原煙❸，噎❹下百草，人采食之，傷人。人多疾病而不止，民乃恐殆。君令五官之吏，與三老、里有司、伍長行里順❺之，令之家起火為溫，其田及宮中皆蓋井，毋令毒下及食器，將飲傷人。有❻下蟲傷禾稼。凡天菑害之下也，君子謹避之，故不八九❼死也。大寒、大暑、大風、大雨，甚至不時者，此謂四刑❽。或遇以死，或遇以生，君子避之，是亦傷人。故吏者所以教順也，三老、里有司、伍長者，所以為率❾也。五者已具，民無願者，願其畢也。故常以冬日順三老、里有司、伍長，以冬❿賞罰，使各應其賞而服其罰。五者不可害，則君之法犯⓫矣。此示民而易見，故民不比⓬也。」

【章旨】此章言征服四害的辦法。

【注釋】❶悖　惑亂；糊塗。❷脊　即「瘠」。通「胔」。尚未完全腐爛的屍體。❸原煙　指濃厚的瘴氣。原，本有廣平、高平之意，此指濃厚、濃烈。❹噎　此指窒塞、聚結。❺順　通「訓」。訓示；教訓。下文「順」字同此義。❻有　通「又」。❼八九　此指十分之八九。❽四刑　意謂四種災難。❾率　表率；示範。❿冬　通「終」。最終；年終。⓫犯　抵禦；防範。⓬比　勾結。

【語譯】桓公說：「我很糊塗，不知道四害的征服辦法應當怎樣。」管仲回答說：「冬季動土興工，開掘地藏，則夏天必多暴雨，秋天也會霖雨不止。春季不收埋枯骨腐屍，不砍去枯木朽株，則夏天的乾旱必然到來。夏天有濃露厚瘴，聚結在百草上，人們如果採來食用，必定會傷害身體。百姓如果多有疾病而不能診治，便會惶恐不安。君主當指派各個部門的官吏，與三老、里有司、伍長等巡視鄉里，訓示百姓，命令人們家家戶戶生火溫熱食物；田野、院內都要蓋井，不讓毒氣沾及食器，防止飲用井水而傷人。又要防止發生蟲災而毀壞莊稼。凡是自然災害發生的時候，執政的人能謹慎地予以預防，十分之八九不會死人。大寒、大暑、大風、大雨，來得不合時令的，這就稱為『四刑』。有的遇上便死，有的遇上幸存；執政的人即使謹慎地加以預防，這也難免傷人。因此，官吏是用來訓導百姓的，三老、里有司、伍長等，是用來作示範的。防治五害的工作已經做好，百姓就沒有什麼要求了，他們的願望應當滿足了。所以，應當經常在冬季訓練三老、里有司及伍長，在年終確定賞罰，使每人得到相應的獎賞，或受到應得的懲罰。五害不能造成災害，君主的法令就可以起防範的作用了。這些措施擺在百姓的面前，顯而易見，因而人們也就不會勾結為非了。」

桓公曰：「凡一年之中十二月，作土功，有時則為之，非其時而敗，將何以待❶之？」管仲對曰：「常令水官之吏，冬時行隄防，可治者章❷而上之都。都以春少事作之。已作之後，常案行。隄有毀作，大雨，各葆❸其所。可治者趣❹治，以徒隸給。大雨，隄防可衣者衣之；衝水，可据❺者据之。終歲以毋敗為固❻。此謂備之常時，禍從何來？所以然者，濁水❼蒙壤，自塞而行者，江河之謂也。歲高其隄，所以不沒也。春冬取土於中❽，秋夏取土於外，濁水入之，不能為敗。」

桓公曰：「善。仲父之語寡人畢矣，然則寡人何事乎哉？亟為寡人教側臣❾。」

【章　旨】此章言治水之要，在於常備不懈。

【注　釋】❶待　對待；防備。❷章　意謂書面報告。❸葆　通「保」。保護。❹趣　急速；趕快。❺据　拒守；守護。❻固　牢固。宋本作「故」。古本、劉本作「效」。錄供參考。❼濁水　指夾帶泥沙的河水。濁，渾濁。原文作「獨」。王念孫云：「『獨水』當為『濁水』，見下文。」❽中　指江河之中。❾側臣　左右近臣。

【語　譯】桓公說：「一年之中十二個月，動土治水，只有合乎時令，才能有成，不是適合的季節，便會失敗，應當用什麼辦法來防備呢？」管仲回答說：「要經常指派治水官吏，在冬季巡視隄防，應當整治的地段，要及時向都水官作書面報告。都水官往往在春季農事甚少的時候，部署修治。已經修治的，要經常檢查巡視。河隄有了毀壞的部分，如果遇上大雨，就要派人分段守護。急需修治的趕快修治，派遣足夠的徒隸去完成任務。遇上大雨，隄防需覆蓋的要覆蓋；遇上衝擊隄防的激流，隄防需守護的要守護。以能終年保持不壞，作為隄防牢固的標準。這就叫做常備不懈，禍從何來？其所以要這樣作，是因為渾濁的水流，經常夾帶著泥沙，自身阻塞自身而向前推進，江河就是如此。每年加高隄防，江河所以不至淹沒。春冬兩季，從江河中取土加高隄身，秋夏兩季，從江河外取土加高隄身，這樣，渾濁的泥水流入江河之中，也就不會損壞隄岸了。」桓公說：「好。仲父給我講解得夠詳盡的了，然而我能作些什麼呢？趕快替我將這番道理，教給左右大臣。」

卷十九

地員 第五十八

【題解】此為《管子》第五十八篇，題為「地員」。《說文》：「員，物數也。」物，種類也。「地員」即指土壤及其物產的種類。

本文篇幅甚長，所述內容主要有二：一是分析土壤的優劣、性質及類別，二是記述糧食作物及其他物產的品種與產量情況。「九州之土」，「上土」三十，「中土」三十，「下土」三十，共計三類六等九十種；上、中、下三土，各載十二種糧食作物，共計三十六種。記述之全面，分類之細密，實為古代農家文獻所罕見。石一參讚譽此篇「於土性之等次，穀物草木之宜否，如數掌紋，真東方哲理，最古最完最精要之地質史」，並謂「良非深入田間、詳稽土物，而又加以甚深微妙之學識者，不能道其一二也」（《管子今詮·地員》）。此論誠不為虛譽。

夫管仲之匡天下也，其施❶七尺。

瀆田❷息徒❸，五種❹無不宜。其立后❺而垂實❻。其木宜蚖❼、萮❽與杜、松，其草宜楚棘⑨。見是土也，命之曰五施，五七三十五尺而至於泉。呼音中角⑩。其水倉⑪，其民彊。

【章　旨】此章言「瀆田息徒」地帶的特性及物產。

【注　釋】❶施　尺度名稱。尹知章注：「施者，大尺之名也，其長七尺。」❷瀆田　指江、淮、河、濟四瀆流域沖積而成的田地。❸息徒　即息土。沃土。《大戴禮・易本命》：「息土之人美。」盧辯注：「息土，謂衍沃之田。」原文為「悉徙」。孫詒讓云：「『悉』當為『息』，亦形近而誤。」許維遹云：「徙」，「疑當作『徒』，形相近也」，「『徒』與『土』古字通用」。❹五種　即五穀。❺立后　即「粒厚」。粒大。章炳麟云：「『立』借為『粒』，『后』借為『厚』，『厚訓大』。❻垂實　指穀穗飽滿。原文為「手實」。郭沫若云：「『手』即『垂』字之誤，草書形近而訛。垂謂穗也。」❼蚖　通「杬」。木名。《文選・吳都賦》：「緜、杬、杶、櫨。」劉逵注引《異物志》曰：「杬，大樹也，其皮厚，味近苦澀。剝乾之，正赤，煎訖以藏眾果，使不爛敗，以增其味，豫章有之。」❽菕　通「棆」。一種小樟木。《爾雅・釋木》：「棆，無疵。」郭璞注：「棆，梗屬，似豫章。」❾楚棘　即商棘。或作商蕀、顛蕀。多年生蔓草。因為楚古為商的與國，故有此稱。❿呼音中角　謂呼音相當於五音之一的角聲。夏緯瑛《管子地員篇校釋》云：「何以土地會各有它的呼音呢？這恐怕與它的水泉深淺有關。我猜想：測驗水泉，必須鑿井至泉。若對井口呼喊，當因井的深淺，而有不同的聲音；就拿這五土的五音，傅會五行之說。」⓫倉　通「蒼」。青色。

【語　譯】管仲治理天下，一施定為七尺。

河套沃土，種植穀物無不相宜。顆粒碩大而穀穗飽滿。植樹，宜於杬、棆與杜、松，種草，宜於楚棘。凡是見到這種土壤，可稱為五施土，即指深入五七三十五尺，便可接通泉水。呼音可合「角」聲。這裡的水泛青色，人民體格強壯。

赤壚❶，歷彊❷肥，五種無不宜。其麻白，其布黃，其草宜白茅❸與雈❹，其木宜赤棠❺。見是土也，命之曰四施，四七二十八尺而至於泉。呼音中商。其水白而甘，其民壽。

【章旨】此章言「赤壚」地帶的特性與物產。

【注釋】❶壚　黑色堅硬的土壤。❷歷彊　尹知章注：「歷，疏也；彊，堅也。」❸白茅　俗稱「茅草」。全草可造紙，根莖可入藥。❹雈　草名。即蘿藦。❺赤棠　喬木名。木理堅韌，果實苦澀。

【語譯】赤黑色的土壤，組織鬆疏，顆粒堅硬，質地肥沃，種植穀物，無不適宜。種麻則麻色潔白，織成的布則白中泛黃。種草，適宜白茅與蘿藦，植樹，宜於赤棠。凡是見到這種土壤，可稱為四施土，即指深入四七二十八尺，便可接通泉水。呼音可合「商」聲。這裡的水，呈白色而甜美，人民健康長壽。

黃唐❶，無宜也，唯宜黍秫❷也。宜縣澤❸。行廧落❹，地潤數毀，難以立邑置廩❺。其草宜茮❻與茅，其木宜櫄❼、擾❽、桑。見是土也，命之曰三施，三七二十一尺而至於泉。呼音中宮。其泉黃而糗❾，流徙❿。

【章旨】此章言「黃唐」地帶的特性與物產。

【注釋】❶唐　即「溏」。泥漿。張佩綸云：「《廣雅・釋詁》：『滆、溏，淖也。』」「《說文》無溏字，即唐之孳乳也」，「『黃唐』即〈禹貢〉塗泥」。❷秫　黏高粱。多用以釀酒。《說文・禾部》：「秫，稷之黏者。」❸縣澤　即「懸澤」。竭澤，使之乾涸。郭沫若云：「『縣』如縣磬之縣，同懸，謂宜竭其澤而涸之。」❹廧落　即「牆落」。指圍牆。落，籬笆。❺置稟　張佩綸云：「『置廧』當作『置廩』」，「其地潤溼，故不能立都邑，置倉廩也」。稟，通「廩」。倉廩。原文為「廧」。❻茮　草名。即山薊。原文為「黍秫」。張佩綸云：「黍字衍。『秫』當作『茮』。」❼櫄　同「椿」。木名。即香椿。❽擾　本作「擾」。即檍樹。似棣，細葉，葉新生可飼牛。❾糗　假為「臭」。氣味。❿流徙　此指其民流離遷徙。郭沫若云：「此『黃唐』及下『斥埴』之末，當是『其民流徙』。因地脊民貧，不能定居也。」

【語　譯】黃唐土，不適合種植別的作物，只宜種植黍和高粱。應使土壤保持乾燥。用這種土質修造的圍牆，遇溼易毀，所以更難用來修建城邑和倉廩。這種土質，種草，適宜山薊與白茅，種樹，適宜椿樹、檍樹與桑樹。凡是見到這種土壤，可稱為三施土，即指深入三七二十一尺，便可接通泉水。呼音可合「宮」聲。這裡的泉水，呈黃色而有氣味，居民往往流離遷徙。

斥❶埴❷，宜大菽與麥。其草宜萯❸、雚，其木宜杞。見是土也，命之曰再施，二七十四尺而至於泉。呼音中羽。其泉鹹赤❹，流徙❺。

【章　旨】此章言「斥埴」地帶的特性與物產。

【注　釋】❶斥　鹽鹹地。❷埴　黏土。❸萯　草名。王萯，即今王瓜。❹赤　赤色。原文為「水」。郭沫若云：「五土之水有倉（蒼）、白、黃、黑而缺赤。此言『其泉鹹赤』。『水』即『赤』之壞字也。」❺流徙　義同上章「流徙」。郭沫若云：「『流徙』上當奪『其民』二字。」

【語　譯】斥埴土，適宜種植大豆與小麥。這種土質，種草，適宜王萯與蘿藦，種樹，適宜杞柳。凡是見到這種土壤，可稱為二施土，即指深入二七一十四尺，便可接通泉水。呼音可合「羽」聲。這裡的泉水，有鹹味而呈赤色，居民往往流離遷徙。

黑埴，宜稻麥。其草宜苹❶、蓨❷，其木宜白棠。見是土也，命之曰一施，七尺而至於泉。呼音中徵。其水黑而苦。

【章旨】此章言「黑埴」地帶的特性與物產。

【注釋】❶苹　草名。藾蒿。《爾雅・釋草》：「苹，藾蕭。」郭璞注：「今藾蒿也，初生亦可食。」❷蓨　草名。又名「蓧」。即羊蹄菜。《爾雅・釋草》：「蓧，蓨。」郝懿行《義疏》謂指羊蹄菜。

【語譯】黑埴土，適宜種植稻麥。這種土質，種草，適宜藾蒿與羊蹄菜，種樹，適宜白棠。凡是見到這種土壤，可稱為一施土，即指深入七尺，便可接通泉水。呼音可合「徵」聲。這裡的水，呈黑色而有苦味。

凡聽徵，如負豬❶，豕❷覺而駭。凡聽羽，如鳴馬在野。凡聽宮，如牛鳴窌❸中。凡聽商，如離群羊。凡聽角，如雉登木以鳴，音疾以清。凡將起五音凡首❹，先主一而三之，四開❺以合九九，以是生黃鐘❻小素之首，以成宮。三分而益之以一，為百有八❼，為徵。不無❽有三分而去其乘❾，適足，以是生商。有三分，而復於其所，以是成羽。有三分，去其乘，適足，以是成角。

【章旨】此章言五音的識別與形成。

【注釋】❶豬　古時特指小豬。《爾雅・釋獸》：「豕子，豬。」❷豕　此指大豬。❸窌　地窖。❹凡首　即風調。章炳麟云：「『凡』字乃『風』之省借」，「『首』者調也。凡樂之一調、詩之一篇，皆謂之首」。下文「黃鐘小素之首」，「首」字亦同此義。❺四開　意謂作四次分開。❻黃鐘　十二律中的第一律。《漢書・律曆志》：「五聲之本，生於黃鐘之律。」❼百有八　即一百零八。有，通「又」。下文「有三分」中的「有」，均通「又」，再。❽不無　丁士涵謂為「衍文」。語譯依此。❾乘　此謂三分之一。尹知章注：「乘亦三分之一也。」

【語　譯】凡是想聽出「徵」聲，就好像是背走了小豬，大豬發覺之後而驚叫的聲音。凡是想聽出「羽」聲，就好像是馬兒在荒野中嘶叫。凡是想聽出「宮」聲，就好像是牛在地窖中長鳴。凡是想聽出「商」聲，就好像是離群的羊叫。凡是想聽出「角」聲，就好像是野雞飛在樹上歌唱，聲音急促而清越。凡是將要起奏五音風調，應先確立一根絃而劃作三等分，這樣四次等分之後，而合成九九八十一，由此生發黃鐘、小素的音調，而成為「宮」聲。將八十一三等分，並將其一分加給八十一，便成為一百零八，這便是「徵」聲。再將一百零八三等分，而減去一百零八的三分之一，剛好足數，由此生成「商」聲。再作三等分，而後（將其一分）又加到原數上，由此生成「羽」聲。再作三等分，減去九十六的三分之一，剛好足數，由此生成「角」聲。

墳延❶者，六施，六七四十二尺而至於泉。陜之芳❷，七施，七七四十九尺而至於泉。阸陜❸，八施，七八五十六尺而至於泉。杜陵❹，九施，七九六十三尺而至於泉。延陵❺，十施，七十尺而至於泉。環陵❻，十一施，七十七尺而至於泉。蔓山❼，十二施，八十四尺而至於泉。付山❽，十三施，九十一尺而至於泉。付山白徒❾，十四施，九十八尺而至於泉。中陵❿，十五施，百五尺而至於泉。青山，十六施，百一十二尺而至於泉；青龍之所居，庚泥⓫不可得泉。赤壤磝山⓬，十七施，百一十九尺而至於泉；其下清商⓭，不可得泉。陮山⓮白壤，十八施，百二十六尺而至於泉；其下駢石，不可得泉。陡山⑮，十九施，百三十三尺而至於泉；其下有灰壤，不可得泉。高陵土山，二十施，百四十尺而至於泉。

【章　旨】此章言丘陵地帶的水土情況。

【注　釋】❶墳延　即「墳埏」。墳墓。此指墳墓狀的高地。❷陜之芳　指峽谷地帶。王紹蘭云：「《說文》『陜，隘也』，『芳』即『方』，方之言旁也。『陜之芳』謂陜隘之旁。」❸阨陜　指峽谷。阨，原文為「祀」。王紹蘭云：「『祀』當為『阨』，形之誤也。《說文》：『阨，塞也。』」❹杜陵　即土陵。指純土質的丘陵。王紹蘭云：「此九施之杜陵，亦是杜之言土，以其大阜純土，非土戴石，石戴土之比，因名『杜陵』矣。」❺延陵　此指丘陵的延伸地帶。❻環陵　指丘陵的周圍地帶。❼蔓山　蔓聊之山。指山體的蔓延地帶。❽付山　即附山。指山體的附著地帶。王紹蘭云：「『付』，『附』省。」❾白徒　指白土地帶。徒，通「土」。❿中陵　即陵中。指丘陵的中心地帶。⓫庚泥　堅泥。顏昌嶢云：「《釋名・釋天》：『庚，堅強貌也。』然則庚泥謂堅實之泥，故不可得泉。」⓬礅山　多小石的山。礅，原文為「勢」。孫詒讓云：「『勢』當為『礅』，《釋名・釋山》云『山多小石曰礅』。」⓭清商　尹知章注：「清商，神怪之名。」張佩綸云：「『青』當作『睿』，《說文・阜部》『睿，睿商，小塊』。」錄供參考。⓮陞山　石山。王紹蘭云：「『陞』即『陙』之譌字」，「《說文・阜部》『陙，磊也』，〈石部〉『磊，眾石也』。故下文『其下駢石不可得泉』，因有陞山之稱矣」。⓯陡山　陡峭的山巒。陡，原文為「徙」。元本作「陡」。此依元本。《玉篇》：「陡，通作阧，峻也。」

【語　譯】高坡地，是六施土，即深入六七四十二尺，便可接通泉水。峽谷兩側，是七施土，即深入七七四十九尺，便可接通泉水。峽谷，是八施土，即深入七八五十六尺，便可接通泉水。丘陵，是九施土，即深入七九六十三尺，才可接通泉水。丘陵的延伸地帶，是十施土，即深入七十尺，才可接通泉水。丘陵的周圍地帶，是十一施土，即深入七十七尺，才可接通泉水。山巒的延伸地帶，是十二施土，即深入八十四尺，才可接通泉水。山巒的附著地帶，是十三施土，即深入九十一尺，才可接通泉水。山巒附近的白土地帶，是十四施土，即深入九十八尺，才可接通泉水。丘陵的中心地帶，是十五施土，即深入一百零五尺，才可接通泉水。青山，是十六施土，即深入一百一十二尺，才可接通泉水；但青龍所居的底下，則是堅硬的泥土，不可接通泉水。紅土的小石山，是十七施土，即深入一百一十九尺，才可接通泉水；下面是神怪清商所居，不可得到泉水。石山的白土地帶，是十八施土，即深入一百二十六尺，才可接通泉水；底下片石相連的區域，不可找到泉水。陡峭的山巒，是十九施土，即深入一百三十三尺，才可接通泉水；底下的灰土地帶，不可找到泉水。丘陵高處的土山，是二十施土，即深入一百四十尺，才可接通泉水。

山之上，命之曰縣泉❶。其地不乾，其草如茅❷與走❸，其木乃樠❹。鑿之二尺，乃至於泉。山之上，命曰復呂❺。其草魚腸❻與蕕❼，其木乃柳。鑿之三尺，而至於泉。山之上，命之曰泉英❽。其草蘄、白昌，其木乃楊。鑿之五尺，而至於泉。山之側❾，其草葝❿與薔⓫，其木乃格⓬。鑿之二七十四尺，而至於泉。山之側，其草葍⓭與蔞⓮，其木乃區榆⓯。鑿之三七二十一尺，而至於泉。

【章　旨】此章言山巒上的草木水土情況。

【注　釋】❶縣泉　即「懸泉」。此指山上高地名稱。夏緯瑛云：「有森林的高山，林木茂密，時常落雨；林下積有枯枝敗葉，且生有苔蘚之類，把雨水先蓄存下來，然後再從地的表層，緩溜而下，這就是所說的『縣泉』。」❷如茅　俞樾云：「『如茅』疑即《爾雅・釋草》所謂『茹藘、茅蒐』，非必二草也。」❸走　夏緯瑛云：「『走』殆即『蘆』」，「類今烏拉草，殆莎草科高山植物」。❹樠　松木之類。《漢書・西域傳下》：「(烏孫國)山多松樠。」顏師古注：「樠，木名，其心似松。」❺復呂　高地名稱。夏緯瑛云：「『復呂』當即『複婁』。《集韻》『複，山復也』，《埤倉》『婁，山顛也』。複婁，殆有重複層疊意。」❻魚腸　竹類。古可稱草。《說文》：「竹，冬生草也。」❼蕕　水邊草。❽泉英　高地名稱。夏緯瑛云：「『泉英』當是英山之有泉者，《爾雅・釋山》「再成英」，郭璞注「兩山相重」，邢昺疏「山形兩重者名英」。」❾山之側　原文為「山之材」。陳奐云：「『山之材』當為山之側，與下文『山之側』同，此言兩山之側，猶上文三言『山之上』也。」尹知章注：「材猶旁也。」「材」無「旁」訓，疑為「側」字之誤。側，斜坡。❿兢　王紹蘭云：「『兢』蓋『薟』之譌。《說文》『薟，白薟也』。」薟，草名，即豨薟。⓫薔　草名。即薔蘼。⓬格　通「椵」。柚樹之類。俞樾云：「木無名『格』者，格乃椵之借字。《爾雅・釋木》：『櫠，椵。』郭注以為柚屬。」⓭葍　一種多年生的蔓草。又叫「小旋花」、「麪根藤兒」，莖可蒸食，有甘味。⓮蔞　草名。即蔞蒿（白蒿）。⓯區榆　刺榆。灌木類。原文為「品榆」。王引之云：「『品榆』當為『區榆』，是『區』『脫「匚」字而為『品』矣」。

【語譯】山的頂峰，有一處名叫「縣泉」的高地。這裡的地面不乾燥，生長的草，是如茅和蘆草，樹是樠樹。深鑿二尺，便可通到泉水。山的頂峰，另有一處名叫「復呂」的高地。生長的草，是魚腸竹與蕕草，樹是柳樹。深鑿三尺，便可通到泉水。山的頂峰，還有一處名叫「泉英」的高地。生長的草，是蘄與白昌，樹是楊樹。深鑿五尺，便可通到泉水。山的一側，生長的草，是豨薟與薔蘼，樹是椵樹。深鑿二七一十四尺，才可通到泉水。山的另一側，生長的草，是葍草與蔞蒿，樹是刺榆。深鑿三七二十一尺，才可通到泉水。

凡草土之道，各有穀造❶。或高或下，各有草土。葉❷下於虋❸，虋下於莞❹，莞下於蒲，蒲下於葦，葦下於雚，雚下於蔞，蔞下於荓❺，荓下於蕭❻，蕭下於薜❼，薜下於萑❽，萑下於茅。凡彼草物，有十二衰❾，各有所歸。

【章旨】此章言百草各有所歸。

【注釋】❶穀造　善往；最好的歸趨。❷葉　疑指海帶之類。郭沫若云：「疑『葉』乃昆布或海帶等海生植物，以其僅有葉，故以『葉』名之，其生地為最低。」❸虋　指菱。夏緯瑛云：「『虋』當是『蘬』之省文，古『芰』字，今之『菱』。」

❹莞　水蔥。又名蓆子草。原文為「莧」。王念孫云：「『莧』當為『莞』」，「莞似蒲而小，故曰莞下於蒲。若莧，則非其類矣」。下句中「莞」亦由「莧」字改。❺荓　草名。馬帚。俗名鐵掃帚。❻蕭　蒿類植物名。即艾蒿。❼薜　薜荔。此指木蓮。❽萑　通「蓷」。蓷草名。即益母草。❾衰　等衰；差別。《淮南子・說林》：「大小之衰然」。高誘注：「衰，差也。」

【語　譯】大凡百草與土壤的結合，各有其最好的歸趨。或是高山，或是窪地，各有不同的草類與土質。有葉無莖、海生植物的生長地域，比菱要低，菱的生長地域，比水蔥要低，水蔥的生長地域，比蒲要低，蒲的生長地域，比蘆葦要低，蘆葦的生長地域，比蘿蘼要低，蘿蘼的生長地域，比蔞蒿要低，蔞蒿的生長地域，比馬帚要低，馬帚的生長地域，比艾蒿要低，艾蒿的生長地域，比木蓮要低，木蓮的生長地域，比益母草要低，益母草的生長地域，比白茅要低。概而言之，大地的草類有十二個等差，各自有其歸趨。

九州之土，有九十物❶。每土❷有常，而物有次❸。

群土之長，是唯五粟❹。五粟之物，或赤，或青，或白，或黑，或黃。五粟五章❺。五粟之狀，淖而不肕❻，剛而不觳❼，不濘車輪，不污手足。其種❽，大重細重❾，白莖白秀❿，無不宜也。五粟之土，若在陵在山，在隫⓫在衍⓬，其陰其陽，盡宜桐柞，莫不秀長。其榆其柳，其檿其桑，其柘其櫟，其槐其楊，群木蕃滋，數⓭大條直以長。其澤則多魚，牧則宜牛羊。其地其樊⓮，俱宜竹、箭⓯、藻⓰、龜⓱、楢⓲、檀。五臭⓳生之：薜荔⓴、白芷、蘼蕪、椒、連㉑。五臭所校㉒，寡疾難老，士女皆好，其民工巧。其泉黃白，其人夷㉓姤㉔。五粟之土，乾而不垎㉕，湛㉖而不澤㉗，無高下，葆澤㉘以處㉙。是謂粟土。

【章旨】此章言「粟土」地帶的特性與物產。

【注釋】❶物　此指種類。❷土　土壤。原文為「州」。王念孫云：「『每州有常』，《困學紀聞・周禮類》引作『每土有常』，是也」，「此涉上文『九州』而誤」。❸次　指土質的等次、差異。❹五粟　指五種粟土。五，依土的顏色有五種而言。❺章　標記；特徵。❻肕　柔而且堅。即黏。❼觳　通「确」。瘠薄。❽種　此指種植的穀物。❾大重細重　指兩種穀物的名稱。❿秀　本指草類結實，此指穀穗。⓫隤　通「墳」。指水邊高地。⓬衍　指低平之地、平原。⓭數　快速。下文「條長數大」，尹知章注：「數，謂速長。」⓮樊　此指山邊、山崖。《淮南子・精神》高誘注：「樊，崖也。」⓯箭　箭竹。江南多有此物。⓰藻　夏緯瑛謂為「棗」的同音假借字。即指棗樹。⓱龜　「龝」的省文。即「萩」，通「楸」。落葉喬木。⓲楢　木名。《說文・木部》：「楢，柔木也，工官以為耎輪。」⓳五臭　指五種香草。臭，香味。「臭」字此處反訓為香。《易・繫辭上》有「同心之言，其臭如蘭」之語。⓴薜荔　此指香草。〈離騷〉：「貫薜荔之落蕊。」王逸注：薜荔，「香草也」。㉑連　古通「蘭」。指秋蘭。下文「蓮」亦通「蘭」。㉒校　效用；作用。王紹蘭云：「『校』之言，效也。〈曲禮〉鄭注『效猶呈也』，謂五臭之草，其香味所呈效，令人寡疾難老也。」㉓夷　通「怡」。指容顏悅暢。㉔姤　和善；善良。㉕挌　當為「垎」。堅硬。王紹蘭云：「『挌』當為『垎』，形之誤也。《說文》『垎，水乾也，一曰堅也』，此云『乾而不挌』，謂其土不溼不堅。」㉖湛　滋潤。㉗澤　通「釋」。解散；鬆散。㉘葆澤　即「保澤」。保持溼潤。㉙處　常；經常。

【語譯】九州的土壤，有九十種。每種土壤，都有各自固定的特徵，而且種類之間，也各有等次。

所有土壤中的最上等，就是五種粟土。五種粟土的顏色，有紅，有青，有白，有黑，有黃。五種粟土有五種標記。五種粟土的性狀，是溼潤而不黏糊，乾燥而不瘠薄，不泥糊車輪，也不污染手腳。用它來種植穀物，則大重和細重，白莖和白穗，沒有哪種不適合。五種粟土，或在丘陵，或在山地，或在水邊，或在平原，或在背面，或在正面，都適宜種植桐樹、柞樹，而且無不長得茂美和高大。這裡的榆樹、柳樹、檿樹、桑樹、柘樹、櫟樹、槐樹、楊樹，各類樹木，都生長茂盛，長得又快又大，枝幹又直又長。這裡的池澤則多魚，牧埸則宜於牛羊生長。這裡的土地，這裡的山麓，都適宜楠竹、箭竹、棗樹、楸樹、楢樹、檀樹的生長。五種香料植物，也生長在這種土壤中：薜荔、白芷、蘼蕪、花椒、秋蘭。這五種香料植物所產生的作用，是能使人們減少疾病，推遲衰老，青年男女，都長得漂亮，百姓都心靈手巧。這類土地的泉水呈黃白色，人的容顏和悅，心地善良。五種粟土，乾燥而不堅硬，滋潤而不鬆散，無論高崖窪地，都能經常保有水分。這種土壤，就稱為粟土。

粟土之次，曰五沃。五沃之物，或赤，或青，或黃，或白，或黑。五沃五物，各有異則❶。五沃之狀，剽❷忞❸橐土❹，蟲易全處；忞剽不白❺，下乃以澤。其種，大苗細苗，赨❻莖黑秀箭長❼。五沃之土，若在丘在山，在陵在岡，若在陬、陵之陽，其左其右，宜彼群木：桐、柞、枎❽、櫄，及❾彼白梓。其梅其杏，其桃其李，其秀生莖起。其棘❿其棠，其槐其楊，其榆其桑，其杞其枋，群木數大，條直以長。其陰則生之楂藜，其陽安⓫樹之五麻⓬，若高若下，不擇疇所。其麻大者，如箭如葦，大長以美；其細者，如萑如蒸⓭，欲⓮有⓯與⓰名⓱。大者不類⓲，小者則治，揣⓳而藏之，若眾練絲⓴。五臭疇㉑生：蓮、與㉒、蘼蕪、藁本、白芷。其澤則多魚，牧則宜牛羊。其泉白青，其人堅勁，寡有疥騷，終無痟酲㉓。五沃之土，乾而不斥㉔，湛而不澤，無高下，葆澤以處。是謂沃土。

【章　旨】此章言「沃土」地帶的特性與物產。

【注　釋】❶異則　差異；等次。《說文》：「則，等畫物也。」❷剽　輕。❸悉　密。❹橐土　謂土中多竅穴若橐。橐，袋子。❺白　指田土乾裂。❻赨　赤色。❼箭長　借指禾稈修長。❽柍　木名。柍桑。或謂柍蘇，或謂柍移。❾及　原文為「其」。當是「及」字之誤。❿棘　酸棗樹。⓫安　則。原文為「則安」。王念孫云：「『則』字衍，安亦則也。」⓬五麻　指枲麻、苴麻、胡麻、紵麻、檾麻。⓭蒸　指細小的木柴。《周禮・天官・甸師》：「帥其徒以薪蒸，役外內饔之事。」鄭玄注：「木大曰薪，小曰蒸。」⓮欲　婉順貌。⓯有　富有；繁多。⓰與　以。⓱名　此指行列分明。《釋名》：「名，明也。」原文為「各」。古本、劉本、朱本均作「名」。此依古本。⓲類　古通「纇」。疵節。⓳揣　通「團」。聚集。⓴練絲　白絲。練，也作「湅」。指將絲麻或布帛煮得柔軟潔白。㉑疇　本指不同農作物種植的分區，此指劃分區域栽種。㉒輿　香草。又名揭車。原文為「與」。張佩綸云：「『與』字誤」，「當為『輿』」。㉓痟酲　指頭痛暈眩之病。㉔斥　同「坼」。乾裂；開裂。

【語　譯】比粟土要差一些的土壤，是五種沃土。五種沃土的顏色，有紅，有青，有黃，有白，有黑。也就是五種沃土有五種顏色，因而各有差別。五種沃土的性狀，是輕密而內有竅穴，蟲類易於存藏身處；正因為細密輕鬆而不乾燥，所以底層便能保持溼潤。用它來種植穀物，則大苗和細苗，紅莖和黑穗，都能長得禾稈修長。五種沃土，或在小丘，或在大山，或在矮山，或在高岡，或在邊角之地，或在丘陵正面，左右兩側，都適宜種植下列樹木：桐樹、柞樹、柍桑、椿樹，以及白梓之類。這裡的梅樹、杏樹、桃樹、李樹，也都是花繁幹挺。這裡的酸棗、棠梨、槐樹、白楊、榆樹、桑樹、杞樹、枋樹，都長得又快又大，幹直枝長。這一帶的背陰處，可培育山楂和藜樹，向陽處，可種植五麻，或者高處，或者低處，都不需選擇地域。麻長得粗壯的，像箭竹，像蘆葦，又粗又長又美；長得細小的，像蘿蘼，像小木柴，又柔順，又茂密，又行列分明。大麻沒有疵節，小麻也易治理，團聚而貯藏起來，就像一團白絲。這一帶有五種香料植物，分區生長著：秋蘭、揭車、蘼蕪、藁本、白芷。這裡的池澤則多魚，牧場則宜於牛羊生長。這裡的泉水白中泛青，人們長得堅實有力，既少疥瘡瘙癢，更無頭痛眩暈病痛。五種沃土，乾燥而不坼裂，溼潤而不鬆散，無論高岡窪地，都能經常保有水分。這種土壤，就稱為沃土。

沃土之次，曰五位❶。五位之物，五色雜英❷，各有異章。五位之狀，不塥❸不灰，青悉以菭❹。及其種，大葦無❺，細葦無，秱莖白秀。五位之土，若在岡在陵，在墳在衍，在丘在山，皆宜竹、箭、求、黽❻、楢、檀。其山之淺，有蘢❼與斥❽。群木安❾逐❿，條長數大：其桑其松，其杞其茸⓫。種木胥容⓬，榆、桃、柳、楝⓭。群藥安生，薑與桔梗，小辛、大蒙。其山之梟⓮，多桔、符⓯、榆；其山之末，有箭與苑⓰；其山之旁，有彼黃虻⓱，及彼白昌，山藜葦芒。群藥安聚，以圉⓲民殃。其林其漉⓳，其槐其楝，其柞其穀⓴，群木安逐，鳥獸安族㉑。既有麋麃㉒，又且多鹿。其泉青黑，其人輕直㉓，省事少食。無高下，葆澤以處。是謂位土。

【章　旨】此章言「位土」地帶的特性與物產。

【注　釋】❶五位　石一參謂當為「五立」，即「五粒」，蓋「立」為古文「位」字，且通「粒」。粒，指顆粒土。❷雜英　意謂草木英華五色相雜。《爾雅・釋草》：「木謂之華，草謂之榮，不榮而實者謂之秀，榮而不實者謂之英。」❸塥　指土不結成硬塊。尹知章注：「塥，謂堅而相著。」❹菭　尹知章注：「音苔。」下文「黑土黑菭」注：「菭，地衣也。」❺葦無　當是一種穀物。❻求黽　尹知章注：「求、黽，亦竹類也。」或謂參據上文「求、黽」亦當為「藻、龜」。錄供參考。❼蘢　草名。《爾雅・釋草》：「蘢，天蘥。」❽斥　草名。即澤。《爾雅・釋草》：「澤，烏蕵。」郭沫若謂『斥』或本『介』字之誤，假為『芥』」。錄供參考。❾安　於是。下文「群藥安生」、「群藥安聚」、「群木安逐」、「鳥獸安族」中「安」字，均同此義。❿逐　意謂茂盛。《爾雅》：「逐，彊也。」⓫茸　通「楫」。木名。似檀。⓬胥容　都能包容其中。胥，皆。⓭楝苦楝。木名。木質堅實，種子、花、葉、樹皮，均可入藥。⑭梟　山頂。尹知章注：「梟，猶顛也。」⑮符　指鬼目草。又名白英。張佩綸云：「『符』當作『苻』。」《爾雅・釋草》：「苻，鬼目。」郭璞注：「莖似葛，葉員而毛，子如耳璫也，赤色叢生。」郝懿行《義疏》謂即白英。⑯苑　通「菀」。紫菀。可入藥。⑰寅　即「蝱」。貝母。藥草名。⑱圉　阻遏；防止。⑲漉　山麓。⑳穀　楮樹。皮可造紙。㉑族　指品類繁多。原文為「施」。王念孫云：「『施』當為『族』。」㉒麃　獸名。鹿屬，似獐，牛尾，一角。㉓輕直　爽快正直。尹知章注：「言其性廉。」

【語譯】比沃土要差一些的土壤，是五種粒土。五種粒土的顏色，是五色相雜，各有不同標記。五種粒土的性狀，是既不結成硬塊，也不鬆散如灰，青色細密而有綠苔。至於這裡所種植的穀物，則有大葦無，細葦無，紅莖和白穗。五種粒土，或在山岡，或在丘陵，或在高地，或在低處，或在小丘，或在大山，都適宜種植楠竹、箭竹、求竹、黽竹、楢樹和檀樹。在山的低處，還有天蘥和烏飱。各種樹木都長得茂盛，枝幹修長，長得又快又大：比如桑樹、松樹、杞樹和楫樹。凡在丘山各處所能種植的樹木，都能包容在這塊土地上，比如榆樹、桃樹、柳樹和苦楝。各種藥材，也在這裡生長，比如薑與桔梗，小辛與大蒙。山頂上，多產桔梗、鬼目草、榆樹；山腳下，多有箭竹和紫菀；山兩側，多有黃蝱、白昌、山藜、葦芒。多種藥材叢生，可以使人們防止病痛。這裡的山林山麓，槐樹、苦楝、柞樹、楮樹，各種樹木，都長得茂盛，鳥獸也品類繁多。既有麋麃，又多野鹿。這裡的泉水，色呈青黑，人民生性爽直，辦事簡樸，食用省儉。不論高地窪地，都能經常保有水分。這種土壤，就稱為粒土。

位土之次，曰五隱❶。五隱之狀，黑土黑菭，青怵❷以肥，芬然❸若灰。其種，櫑葛❹，赨莖黃秀恚目❺，其葉若苑❻。以蓄殖果木❼，不若三土以十分之二。是謂隱土。

【章　旨】此章言「隱土」地帶的特性與物產。

【注　釋】❶隱　隱土。《淮南子·墬形》：「東北薄州曰隱土。」高誘注：「氣所隱藏，故曰隱土也。」原文為「𨼆」。古本、劉本、朱本作「隱」。此依古本。❷怷　同「恣」。細密。❸芬然　粉碎貌。芬，「粉」之假字。❹櫺葛　當作「穭穞」。稻禾類。或謂豆屬。❺恚目　綻開貌。尹知章注：「恚目，謂穀實怒開也。」❻菀　鬱結；蘊結。尹知章注：「菀，謂蘊結。」❼蓄殖果木　指畜牧、農業、種果、種樹的生產。蓄，通「畜」。指畜牧飼養。殖，指農業生產。果，指培育果樹。木，指生產林木。

【語　譯】比粒土差一些的土壤，是五種隱土。五種隱土的性狀，是黑土黑苔，略帶青色，土質細密而肥沃，粉碎有如草木灰。這裡種植的穀物，宜於穭穞，紅莖黃穗而顆粒綻開，葉子好像蘊結不解。總計畜牧、農業、種果、種樹，產量要比粟土、沃土、粒土相差十分之二。這種土壤，就稱為隱土。

隱土之次，曰五壤。五壤之狀，芬然若澤❶、若屯土❷。其種，大水腸❸、細水腸，赨莖黃秀以慈❹。忍水旱，無不宜也。蓄殖果木，不若三土以十分之二。是謂壤土。

【章　旨】此章言「壤土」地帶的特性與物產。

【注　釋】❶澤　郭沫若云：「『澤』當假為『擇』。」擇，指草木凋落的皮葉。❷屯土　此指堆積的土肥。❸水腸　水稻名。疑即清腸稻。《拾遺記》：「樂浪之東，有清腸稻。」❹慈　通「滋」。多。

【語　譯】比隱土差一些的土壤，是五種壤土。五種壤土的性狀，粉解的狀態，好像草木凋落的皮葉，又好像堆肥。這裡種植的穀物，宜於大水腸、小水腸，紅莖黃穗而結實繁多。能耐水旱，無處不宜種植。總計畜牧、農業、種果、種樹，產量要比粟土、沃土、粒土相差十分之二。這種土壤，就稱為壤土。

壤土之次，曰五浮❶。五浮之狀，捍然❷如米。以葆澤，不離❸不坼。其種，忍蘦❹。忍葉如雚葉，以長狐茸。黃莖黑莖黑秀，其粟大，無不宜也。蓄殖果木，不如三土以十分之二。

凡上土三十物，種十二物。

【章　旨】此章言「五浮」地帶的特性與物產。

【注　釋】❶浮　意謂細碎。❷捍然　堅實貌。❸離　通「麗」。依附；黏附。❹忍蘦　穀物之一種。尹桐陽云：「忍蘦，隱忍之倒語。《爾雅》：『蒡，隱忍。』『蒡』，即『稖』。《說文》：『稖稈，穀名。』」

【語　譯】比壤土差一些的土壤，是五種浮土。五種浮土的性狀，堅實得有如米粒。加上保有水分，因而既不黏附，也不乾裂。這裡種植的穀物，宜於忍蘦。忍蘦的葉子像蘿藦葉，長著狐毛似的茸毛。無論黃莖、黑莖、黑穗，都是粟粒粗大，無處不宜種植。總計畜牧、農業、種果、種樹，產量要比粟土、沃土、粒土相差十分之二。

總括起來，上等土壤共三十種，可種植十二類穀物。

中土曰五怷。五怷之狀，廩焉❶如壏❷，潤溼以處。其種，大稷細稷，秫莖黃秀以❸慈。忍水旱，細粟如麻❹。蓄殖果木，不若三土以十分之三。

【章　旨】此章言「五怸」地帶的特性與物產。

【注　釋】❶廩焉　即凜然。寒冷貌。張佩綸云：「『廩』當為『凜』。《說文》：『凜，寒也。』」❷塩　郭沫若謂「假用為鹽字也」。❸以　原文無。張佩綸云：「『慈』上奪『以』字。」❹如麻　尹知章注：「其繁美若麻也。」

【語　譯】中等土壤中，有一類是五種怸土。五種怸土的性狀，凜然就像鹽粒，總是保持潤溼狀態。這裡種植的穀物，宜於大稷、細稷，紅莖黃穗而結實繁多。能耐水旱，細粟繁美如麻。總計畜牧、農業、種果、種樹，產量要比粟土、沃土、粒土相差十分之三。

怸土之次，曰五纑❶。五纑之狀，強力剛堅。其種，大邯鄲❷、細邯鄲，莖葉如扶櫄❸，其粟大。蓄殖果木，不若三土以十分之三。

【章　旨】此章言「五纑」地帶的特性與物產。

【注　釋】❶纑　通「壚」。《說文》：「壚，剛土也。」❷邯鄲　本為地名，「邯鄲自古宜稻粱」，此以地名代指稻粱之屬。❸扶櫄　尹知章注：「扶櫄，亦草名。」

【語　譯】比怸土差一些的土壤，是五種壚土。五種壚土的性狀，是強力堅硬。這裡種植的穀物，宜於大邯鄲和細邯鄲，莖葉都像扶櫄，顆粒大。總計畜牧、農業、種果、種樹，產量要比粟土、沃土、粒土相差十分之三。

纑土之次，曰五塥。五塥之狀，芬焉若糠以脆❶。其種，大荔❷、細荔，青莖黃秀。蓄殖果木，不若三土以十分之三。

【章旨】此章言「五壚」地帶的特性與物產。

【注釋】❶脆　鬆脆。原文為「肥」。陶鴻慶云：「『肥』當為『脆』，字之誤。」❷荔　穀之一種。疑即「⿰禾劦」。《玉篇》：「⿰禾劦，長禾。」

【語譯】比壚土差一些的土壤，是五種壚土。五種壚土的性狀，是粉解得像米糠而鬆脆。這裡種植的穀物，宜於大荔和細荔，青莖黃穗。總計畜牧、農業、種果、種樹，產量要比粟土、沃土、粒土相差十分之三。

壚土之次，曰五剽。五剽之狀，華然如芬以脤❶。其種，大秬❷、細秬，黑莖青秀。蓄殖果木，不若三土以十分之四。

【章旨】此章言「五剽」地帶的特性與物產。

【注釋】❶脤　孫詒讓云：當為「脃」，「脃脤形近，傳寫譌互」。語譯依此。❷秬　黑黍。

【語譯】比壚土差一些的土壤，是五種剽土。五種剽土的性狀，潔白如粉而且質脆。這裡種植的穀物，宜於大秬和細秬，黑莖青穗。總計畜牧、農業、種果、種樹，產量要比粟土、沃土、粒土相差十分之四。

剽土之次，曰五沙。五沙之狀，粟焉如屑塵厲❶。其種，大萯❷、細萯，白莖青秀以蔓。蓄殖果木，不如三土以十分之四。

【章　旨】此章言「五沙」地帶的特性與物產。

【注　釋】❶粟焉如屑塵厲　尹知章注：全句「言地粟碎，故若屑塵之厲。厲，踊起也。」粟焉，細如粟粒。❷萯　穀物名。

【語　譯】比剽土差一些的土壤，是五種沙土。五種沙土的性狀，細如粟粒，好像屑塵躍起。這裡種植的穀物，宜於大萯、細萯，白莖青穗且有枝蔓。總計畜牧、農業、種果、種樹，產量要比粟土、沃土、粒土相差十分之四。

沙土之次，曰五塥❶。五塥之狀，累然如僕累❷，不忍水旱。其種，大穋⿰禾己❸、細穋⿰禾己，黑莖黑秀。蓄殖果木，不若三土以十分之四。

凡中土三十物，種十二物。

【章　旨】此章言「五塥」地帶的特性與物產。

【注　釋】❶塥　沙磧。❷僕累　蝸牛。《山海經・中山經》：「墠渚是多僕累。」郭璞注：「僕累，蝸牛也。」❸穋⿰禾己　禾名。原文為「樛杞」。王念孫云：「『樛』當為『穋』，『杞』當為『⿰禾己』，『穋』即『黍稷重穋』之穋。『⿰禾己』即『維糜維芑』之芑。」

【語　譯】比沙土差一些的土壤，是五種塥土。五種塥土的性狀，是顆粒堆聚有如蝸牛，不耐水旱。這裡種植的穀物，宜於大穋⿰禾己、細穋⿰禾己，黑莖黑穗。總計畜牧、農業、種果、種樹，產量要比粟土、沃土、粒土相差十分之四。

總括起來，中等土壤共三十種，可種植十二類穀物。

下土曰五猶❶。五猶之狀如糞。其種，大華❷、細華，白莖黑秀。蓄殖果木，不如三土以十分之五。

【章 旨】此章言「五猶」地帶的特性與物產。

【注 釋】❶猶 即「蕕」。臭草。此指下土帶有蕕草氣味。石一參注：「蕕，水草氣。蕕臭如朽木然，土臭似之。」❷華 黍的別名。

【語 譯】下等土壤中有一類是五種猶土。五種猶土的性狀，是帶有糞土氣味。這裡種植的穀物，宜於大華與細華，白莖黑穗。總計畜牧、農業、種果、種樹，產量要比粟土、沃土、粒土相差十分之五。

猶土之次，曰五壯❶。五壯之狀如鼠肝。其種，青粱❷，黑莖黑秀。蓄殖果木，不如三土以十分之五。

【章 旨】此章言「五壯」地帶的特性與物產。

【注 釋】❶壯 壯土。南方之土。《淮南子・墬形》：「壯土之氣，御於赤天。」許慎注：「壯土，南方之土也。」原文為「弡」。元本作「壯」。此依元本。下文同此。❷青粱 穀物名。此當為大青粱、細青粱二種。如此，方既與上下文例相符，又與下文「其種三十六」之數相合。

【語 譯】比猶土差一些的土壤，是五種壯土。五種壯土的性狀，就像鼠肝。這裡種植的穀物，宜於青粱，黑莖黑穗。總計畜牧、農業、種果、種樹，產量要比粟土、沃土、粒土相差十分之五。

壯土之次，曰五殖。五殖之狀，甚澤❶以疏，離圻以臞塉❷。其種，雁膳❸黑實，朱跗❹黃實。蓄殖果木，不如三土以十分之六。

【章　旨】此章言「五殖」地帶的特性與物產。

【注　釋】❶澤　通「釋」。散解。❷臞塉　意謂土壤貧瘠。臞，瘦。❸雁膳　穀物名。夏緯瑛謂「『膳』當為『籼』」，即粳稻。何如璋謂「雁膳，即菰蔣也」。亦稱粱。❹朱跗　米名。一名紅米粘，又名赤米。尹桐陽云：「『跗』同『[米付]』，米皮也。今所謂紅米粘，吳語謂之赤米。程大昌《演繁露》：『赤米俗呼紅霞米，田高卬者種之，以其早熟，且耐旱也。』」

【語　譯】比壯土差一些的土壤，是五種殖土。五種殖土的性狀，是很散落而疏鬆，乾裂而貧瘠。這裡種植的穀物，宜於黑粒的雁膳和黃粒的朱跗。總計畜牧、農業、種果、種樹，產量要比粟土、沃土、粒土相差十分之六。

五殖❶之次，曰五觳❷。五觳之狀婁婁然❸，不忍水旱。其種，大菽、細菽❹，多白實。蓄殖果木，不如三土以十分之六。

【章　旨】此章言「五觳」地帶的特性與物產。

【注　釋】❶五殖　依上下文例，當為「殖土」。❷觳　通「确」。指土地貧瘠。❸婁婁然　疏鬆貌。《說文》：「婁，空也。」❹大菽細菽　同屬大豆，品種不同。豆類統屬五穀之一。

【語　譯】比殖土差一些的土壤，是五種觳土。五種觳土的性狀，非常疏鬆，不耐水旱。這裡種植的穀物，宜於大菽和細菽，多是白色顆粒。總計畜牧、農業、種果、種樹，產量要比粟土、沃土、粒土相差十分之六。

觳土之次，曰五舃❶。五舃之狀，堅而不骼❷。其種，陵稻❸黑鵝、馬夫❹。

蓄殖果木，不如三土以十分之七。

【章旨】此章言「五舃」地帶的特性與物產。

【注釋】❶舃　通「瀉」。瀉土，指有鹽質而不宜生長草木的土壤。原文為「舄」。孫詒讓云：「此『舄』當為『舃』，形近而誤。」下文「舃」均係「舄」字校改。❷不骼　指不會結成骨骼似的硬塊。❸陵稻　陸稻；旱稻。❹黑鵝馬夫　均指稻穀名稱。

【語譯】比觳土差一些的土壤，是五種舃土。五種舃土的性狀，是堅實而不至結成硬塊。這裡種植的穀物，宜於旱稻黑鵝與馬夫。總計畜牧、農業、種果、種樹，產量要比粟土、沃土、粒土相差十分之七。

舃土之次，曰五桀❶。五桀之狀，甚鹹以苦，其物為下。其種，白稻❷長狹❸。

蓄殖果木，不如三土以十分之七。

凡下土三十物，其種十二物。

凡土物九十，其種三十六。

【章旨】此章言「五桀」地帶的特性與物產。

【注釋】❶桀　意謂枯。《說文》：「桀，磔也。」「磔，辜也。」《周禮・掌戮・注》：「辜之言枯也，謂磔之。」❷白稻　稻穀名。依上下文例，此處當有二種稻穀名稱。只言白稻，疑有脫漏。❸長狹　指稻的顆粒形狀。何如璋云：「『狹』乃

『莢』字，《廣雅》豆角謂之莢。」錄供參考。

【語　譯】比舄土差一些的土壤，是五種桀土。五種桀土的性狀，是極鹹且有苦味。這種土壤是下等的。這裡種植的穀物，宜於顆粒狹長的白稻。總計畜牧、農業、種果、種樹，要比粟土、沃土、粒土相差十分之七。

累計下等土壤共三十種，宜於種植的穀物有十二種。

累計全部土壤共九十種，宜於種植的穀物有三十六種。

弟子職　第五十九

【題　解】此為《管子》第五十九篇，題為「弟子職」。《爾雅‧釋詁》：「職，常也。」「弟子職」者，意即弟子所應遵守的常則。

全文共計九章，首章兼言學業與德行，可視為總則。其餘八章，分言早作執事、受業應客、侍食、就餐、灑掃、執燭、服侍先生寢息與復習功課諸項規則，都是具體要求。且於童子進德修業事師之規，無不詳備。

這是我國古代的一部內容最全面，篇章最完整，記述最明晰，年代也最久遠的校規學則。它不但具有珍貴的史料價值，而且其中諸如注重正蒙，提倡質疑討論，主張寓教於日常行為之中，使習與性成之類的教育觀點與教學方法，至今仍有借鑑意義。

先生施教，弟子是則❶，溫恭自虛，所受是極❷。見善從之，聞義則服❸。溫柔孝悌，毋驕恃力。志❹毋虛邪，行必正直。游❺居有常❻，必就有德。顏色整齊❼，中心必式❽。夙興夜寐，衣帶必飾❾；朝益暮習，小心翼翼。一❿此不解⓫，是謂學則。

【章　旨】此章言求學準則。

【注　釋】❶則　效法；學習。❷極　謂最高境界、最大限度。❸服　用；行。❹志　此指思想。原文為「赤」。與「志」音近致誤。❺游　即「遊」。行走。此指外出。❻常　常則；常規。❼整齊　整肅齊莊；嚴肅莊重。❽式　法式；準則。尹知章注：「式，法。」❾飾　整治；整理。❿一　專一。⓫解　通「懈」。鬆懈怠惰。

【語　譯】先生施予教誨，弟子遵照實行，若是保持謙恭虛心的態度，受到的教益自能達到最大的限度。見到好的，就跟著去做，聽到是正確的，就努力實行。堅持溫柔孝悌，不可驕橫而自恃勇力。思想不可虛偽邪惡，品行必須正直。出外居家，都要有個常則，必須接近有才德的人。外表要嚴肅莊重，內心必須合乎法式。早起晚睡，衣帶必須注意整治；天天增長新知，時時加以溫習，小心翼翼地對待學業。專一於此而不懈怠，這就是求學的準則。

少者之事，夜寐蚤作。既拚❶盥漱❷，執事有恪❸。攝衣❹共❺盥，先生乃作。沃盥❻徹盥❼，汎拚❽正席，先生乃坐。出入恭敬，如見賓客。危坐❾鄉❿師，顏色毋怍⓫。

【章　旨】此章言漱洗正席、服侍老師的規則。

【注　釋】❶拚　清掃。尹知章注：「掃席前曰拚。」❷盥漱　洗手漱口。盥，潔手。漱，淨口。❸恪　謹慎；恭敬。❹攝衣　揭起衣襟。以示恭敬。❺共　通「供」。供給；供奉。❻沃盥　指服侍先生洗漱。沃，澆水。❼徹盥　收拾洗漱用具。徹，通「撤」。撤除。❽汎拚　灑掃。❾危坐　屈膝伸腰而坐；正坐。❿鄉　通「向」。面向。⓫怍　變動面色。尹知章注：「怍，謂變其容貌。」

【語　譯】少年學子所當做的，應是晚睡早起。起床清掃座位而後洗漱，做事要謹慎恭敬。輕揭衣襟，備好洗漱用具，等待老師起來。服侍老師洗漱，收拾洗漱用具，灑掃屋室，端正講席，而後服侍老師入座。出入老師面前，都要畢恭畢敬，如同拜見賓客。聽講應當直身而坐，面向老師，容顏端莊，不可隨意改變。

受業之紀❶，必由長始；一周則然，其餘則否。始誦必作，其次則已。凡言與行，思中以為紀❷。古之將興者，必由此始。後至就席，狹坐則起❸。若有賓客，弟子駿作❹。對客無讓❺，應且遂行，趨進受命。所求雖不在，必以反命，反坐復業。若有所疑，奉手❻問之。師出皆起。

【章　旨】此章言弟子受業與應對賓客的規則。

【注　釋】❶紀　次序；規則。❷思中以為紀　尹知章注：「思合中和以為綱紀。」中，中和之道。❸狹坐則起　尹知章注：句謂「狹坐之人，見後至者則當起。」狹坐，指座位較窄，相距甚近。❹駿作　迅起。《詩・周頌・噫嘻》：「駿發爾私。」鄭玄《箋》：「駿，疾也。」❺讓　通「攘」。排斥。此謂冷淡。❻奉手　即捧手、拱手。以示敬意。

【語　譯】弟子從師學習的次序，一定要從年長的開始；第一輪是這樣進行，其餘就不必如是。首次誦讀必須起立，以後則可作罷。凡屬言語、行為，都要想著以中和之道為綱紀。古時想要有所成就的人，必定都是從這一點開始的。同窗後到入座，近座的人，要起身相讓。倘有賓客到來，弟子要迅速起身。對待客人不可冷淡，要一面應對，一面行動，急速進去向老師請示。來賓所找的人，即使不在，去找的人，也必須回來報告，而後返回座位繼續學習。倘有疑難，便當拱手提出問題。老師離開課堂，學生都應起立。

至於食時，先生將食，弟子饌饋❶。攝衽盥漱，跪坐而饋。置醬錯❷食，陳膳毋悖。凡置彼食：鳥獸魚鼈，必先菜羹❸。羹胾❹中別，胾在醬前❺，其設要方。飯是為卒❻，左酒右漿❼。告具而退，奉手而立。三飯二斗。左執虛豆❽，右執挾匕❾，周還而貳❿。唯嗛⓫之視，同嗛以齒。周則有始，柄尺不跪。是謂貳紀。先生已食，弟子乃徹。趨走進漱⓬，拚前斂祭⓭。

【章　旨】此章言弟子侍食、進饌的規則。

【注　釋】❶饌饋　進奉飯菜。饌，選進。饋，餽遺。❷錯　同「措」。安放；擺設。❸菜羹　指蔬菜羹湯。尹知章注：「先菜後肉，食之次也。」❹胾　大塊的肉。《史記‧絳侯周勃世家》：「召條侯賜食，獨置大胾。」裴駰集解：「韋昭曰：『胾，大臠也。』」❺胾在醬前　此指菜食擺設的方位。尹知章注：「遠胾近醬，食之便也。」❻飯是為卒　句謂飯在飲後。卒，終了。❼漿　此指古時飲宴之後，用以漱口的淡酒。原文為「醬」。劉績云：「『醬』蓋『漿』之誤。」❽虛豆　即空豆。此指用以添飯的食器。❾挾匕　筷子和飯匙。挾，通「梜」。箸；筷子。匕，飯匙；飯瓢。❿貳　再。此指再次添飯。⓫嗛　通「歉」。此指碗中的飯已吃光。⓬漱　此指承接漱口之用的漱器。⓭斂祭　古時每飯必祭，此指飯後收拾祭品、祭器。

【語　譯】到了飯時，老師將要吃飯，弟子先把飯食送上。挽袖洗漱之後，跪坐把飯菜進奉給師長。置醬擺菜，陳列膳食，不可違背規矩。一般上菜的程序，是送上鳥獸魚鼈之前，必先送上蔬菜羹湯。羹湯與肉食相間擺置，肉擺在醬的前面，擺設的形式要方正。飯要上在最後，左右再放漱口用的酒漿。飯菜上全而後退下，拱手站立一旁。一般是三碗飯和二斗酒。弟子左手端著空碗，右手握著箸匙，巡迴添加酒飯，用心注意杯碗將空的情況。若是多人空了杯碗，就要按年齡分別先後添加。周而復始，用柄長一尺的飯勺添飯，就不要跪著送上。這些就是添加酒飯的規矩。老師吃食之後，弟子便當撤去食具。還要急忙送進漱具，然後清掃席前，收拾祭品、祭器。

先生有命，弟子乃食。以齒相要❶，坐必盡席❷。飯必奉擥❸，羹不以手。亦有據膝，毋有隱肘❹。既食乃飽，循咡❺覆手。振衽❻埽席，已食者作，摳衣❼而降。旋而鄉席，各徹其餽，如於賓客。既徹并❽器，乃還而立。

【章　旨】此章言弟子進食的規則。

【注　釋】❶要　相約；要約。❷盡席　此指盡量靠近席位。尹知章注：「所謂食坐盡前。」❸奉擥　即「捧擥」。王筠云：「『捧擥者，食必以手，左捧之，右擥之也』。《說文》：『擥，撮持也。』撮者，兩指撮也。」❹隱肘　俯伏狀。隱，憑倚。尹知章注：「隱肘則大伏也。」❺咡　口旁，泛指嘴唇周圍。尹知章注：「咡，口也。覆手而循之，所以拭其不潔也。」❻振衽　指抖振衣襟。古人穿長衫，食畢下席時，因恐衣襟為他人別物所壓，故需輕輕抖振，然後起立離席。❼摳衣　即攝衣。提起衣襟。❽并　即「屏」省文。收藏。

【語　譯】老師下令之後，弟子便可以進餐。按年齡入座，座席要盡量靠前。飯須用手捧撮，菜羹不能直接用手撮揀。可以雙手憑據膝頭，但不可以俯伏兩肘。已經吃完吃飽，要用手揩拭嘴邊。輕抖衣襟，搬開坐墊，吃完起身，提衣離席。不久又要回到席前，各自撤下剩餘食物，如同為賓客撤席一般。撤席之後，收拾好食器，回去垂手而立。

凡拚之道：實水于盤，攘臂袂及肘，堂上則播灑，室中握手❶。執箕膺揲❷，厥中有帚。入戶而立❸，其儀不忒。執帚下箕，倚於戶側。凡拚之紀，必由奧❹始。俯仰磬折❺，拚毋有徹❻。拚前而退，聚於戶內。坐板排之，以葉適己，實帚于箕。先生若作，乃興而辭。坐執而立，遂出棄之。既拚反立，是協是稽❼。

暮食復禮❽。

【章旨】此章言灑掃屋室的規則。

【注釋】❶握手　指以手掬水而灑。尹知章注：「室中隘，故握手為掬以灑。」❷膺揲　指以箕舌向著胸口。揲，箕舌。❸立　指站立片刻，以備老師另有吩咐。❹奧　指室內西南角。《釋名・釋宮室》：「室中西南隅曰奧，不見戶明，所在祕奧也。」❺磬折　彎腰如磬。此指灑掃者操作時情狀。❻徹　通「撤」。撤除；搬動。尹知章注：「徹，動也。」❼稽　與「協」同義。均指相合、一致。❽禮　禮儀；規則。尹知章注：「謂復朝之禮也。」

【語譯】關於灑掃的方法：是將清水裝入盤中，把衣袖從手臂挽到肘部，堂上可以揚手播灑，室中只宜掬水澆噴。手提撮箕時，要把箕舌對著自身，撮箕中要放上掃帚。進門時要站立片刻，禮節方面不要有所差失。拿起掃帚，就要同時放下撮箕，撮箕應靠在門側。灑掃的順序是，必須從西南角開始。灑掃時，要低頭彎腰，不要觸動屋內陳設。由前往後，邊掃邊退，把垃圾聚到門角。蹲下來用木板把垃圾排進撮箕，並注意將箕舌面向自己，把掃帚放進撮箕。老師倘若此時出來有事，便當起身上前告止。再蹲下去拿著箕帚站起來，然後出門倒掉垃圾。灑掃完畢之後，回來垂手而立。這些，就算合乎規範。進晚餐時，仍然要遵守早餐時的禮儀。

昏將舉火，執燭❶隅坐。錯總❷之法，橫于坐所，櫛❸之遠近，乃承厥火，居句❹如矩❺。蒸❻間容蒸，然❼者處下，奉椀❽金以為緒❾。右手執燭，左手正櫛。有墮❿代燭，交坐毋倍⓫尊者。乃取厥櫛，遂出是去⓬。

【章旨】此章言弟子執燭的規矩。

【注　釋】❶燭　古無蠟燭，此指火炬。❷錯總　安置柴薪。錯，通「措」。放置。總，指成束的柴薪或麻秸。❸櫛　此指火炬餘燼。尹知章注：「櫛，謂燭盡。」❹句　指置火炬處。❺矩　法式；方法。❻蒸　細薪。❼然　即「燃」。燃燒。❽椀　即「碗」。此處用以貯存灰燼。❾緒　指火炬餘燼。尹知章注：「緒，燃燭燼也。椀，所以貯緒也。」❿墮　通「惰」。怠惰；疲倦。⓫倍　通「背」。背向。⓬去　拋棄。

【語　譯】黃昏時候，便要點燃火炬，弟子握執，坐在屋室的一角。安置柴薪的方法，是把柴薪橫擺在所坐的地方，根據火炬剩餘的長短，不斷加以接續，將新添的火炬如法放置在燃燒處。束薪之間，要留有一束的空隙。燃燒的束薪放在底下，還要捧碗來貯存火炬餘灰。右手握持火炬，左手修整餘燼。有誰疲倦了，就由另外的人接替舉炬，輪番換坐，不可背向老師。最後收取餘燼，出門倒掉。

先生將息，弟子皆起。敬奉枕席，問所何趾❶。俶❷衽❸則請❹，有常則❺否。

【章　旨】此章言弟子服侍先生寢息的規則。

【注　釋】❶趾　腳。❷俶　開始。❸衽　床席。此指布席鋪床。❹請　請示。尹知章注：「廢其衽席，則當問其所趾。」❺則　原文為「有」。陶鴻慶云：「『有常有否』，當作『有常則否』。尹注云『若有常處，則不請也』，即其證。」

【語　譯】老師準備寢息，弟子都應起立服侍。恭敬地捧上枕席，問明老師腳伸何處。第一次鋪床布席需問清楚，有了定規，就不必再問。

先生既息，各就其友，相切相磋❶，各長其儀❷。

周而復始，是謂弟子之紀。

【章旨】此章言復習功課的規則。

【注釋】❶相切相磋 本義是指把骨角玉石磨製成為器物，引申義為學問上的商討研究。切，兩物相磨。磋，磨光。❷儀 通「義」。義理。

【語譯】先生寢息之後，弟子應當邀集自己的朋友，互相切磋商討，發揮各自所學的義理。將以上各項周而復始地堅持下去，這就是弟子的規矩。

言昭 第六十（亡）

修身 第六十一（亡）

問霸 第六十二（亡）

牧民解 第六十三（亡）

卷二十

形勢解 第六十四

【題解】此為《管子》第六十四篇，題為「形勢解」。全文對〈形勢〉（篇序第二）正文或逐句，或擇句，依次作了詳盡解說。既闡釋了正文涵義，又作了引申發揮，於讀者理解正文，甚有裨益。

此類「解文」，全書共有五篇，自成一組，稱為〈管子解〉。除〈牧民解〉已亡之外，本文及〈立政九敗解〉、〈版法解〉、〈明法解〉，都是保存完整的篇章。

同書既有「正文」，又有「解文」，且各自獨立成篇。這種奇特的現象，正可說明《管子》一書確非一人一時所作。

山者，物之高者也。惠者，主之高行❶也。慈者，父母之高行也。忠者，臣之高行也。孝者，子婦❷之高行也。故山高而不崩，則祈羊至；主惠而不解❸，則民奉養；父母慈而不解，則子婦順；臣下忠而不解，則爵祿至；子婦孝而不解，則美名附。故節高而不解，則所欲得矣。解，則不得。故曰：「山高而不崩，則祈羊至矣。」

淵者，眾物之所生也，能深而不涸，則沈玉至。主者，人之所仰而生也，能寬裕純厚而不苛忮❹，則民人附。父母者，子婦之所受教也，能慈仁教訓而不失理，則子婦孝。臣下者，主之所用也，能盡力事上，則當❺於主。子婦者，親之所以安也，能孝弟順親，則當於親。故淵涸而無水，則沈玉不至；主苛而無厚，則萬民不附；父母暴而無恩，則子婦不親；臣下墮❻而不忠，則卑辱困窮；子婦不安親則禍憂至。故淵不涸，則所欲者至；涸，則不至。故曰：「淵深而不涸，則沈玉極。」

天，覆萬物，制寒暑，行日月，次星辰，天之常也。治之以理，終而復始。主，牧萬民，治天下，莅百官，主之常也。治之以法，終而復始。和子孫，屬❼親戚，父母之常也。治之以義，終而復始。敦敬忠信，臣下之常也。以事其主，終而復始。愛親善養，思敬奉教，子婦之常也。以事其親，終而復始。故天不失其常，則寒暑得其時，日月星辰得其序。主不失其常，則群臣得其義，百官守其事。父母不失其常，則子孫和順，親戚相驩。臣下不失其常，則事無過失，而官職政治❽。子婦不失其常，則長幼理而親疏和。故用常者治，失常者亂。天未嘗變，其所以治也。故曰：「天不變其常。」

地生養萬物，地之則也。治安百姓，主之則也。教護家事，父母之則也。正諫死節，臣下之則也。盡力共❾養，子婦之則也。地不易其則，故萬物生焉。主不易其則，故百姓安焉。父母不易其則，故家事辦焉。臣下不易其則，故主無過失。子婦不易其則，故親養備具。故用「則」者安，不用「則」者危。地未嘗易，其所以安也。故曰：「地不易其則。」

春者，陽氣始上，故萬物生。夏者，陽氣畢上，故萬物長。秋者，陰氣始下，故萬物收。冬者，陰氣畢下，故萬物藏。故春夏生長，秋冬收藏，四時之節也。賞賜刑罰，主之節❿也。四時未嘗不生殺也，主未嘗不賞罰也。故曰：「春夏秋冬，不更其節也。」

天，覆萬物而制之；地，載萬物而養之；四時，生長萬物而收藏之。古以至今，不更其道。故曰：「古今一也。」

蛟龍，水蟲之神者也。乘於水則神立，失於水則神廢。人主，天下之有威者也。得民則威立，失民則威廢。蛟龍待得水而後立其神，人主待得民而後立其威。故曰：「蛟龍得水而神可立也。」

虎豹，獸之猛者也。居深林廣澤之中，則人畏其威而載⑪之。人主，天下之有勢者也。深居則人畏其勢。故虎豹去其幽而近於人，則人得之而易⑫其威。人主去其門而迫⑬於民，則民輕之而傲其勢。故曰：「虎豹託幽而威可載也。」

風，漂⑭物者也。風之所漂，不避貴賤美惡。雨，濡物者也。雨之所墮，不避小大強弱。風雨至公而無私，所行無常鄉⑮。人雖遇漂濡，而莫之怨也。故曰：「風雨無鄉，而怨怒不及也。」

人主之所以令則行、禁則止者，必令於民之所好，而禁於民之所惡也。民之情莫不欲生而惡死，莫不欲利而惡害。故上令於生、利人，則令行；禁於殺、害人，則禁止。令之所以行者，必民樂其政也，而令乃行。故曰：「貴有以行令也。」

人主之所以使下盡力而親上者，必為天下致利除害也。故德澤加於天下，惠施厚於萬物，父子得以安，群生得以育，故萬民驩盡其力而樂為上用。入則務本疾作以實倉廩，出則盡節死敵以安社稷，雖勞苦卑辱而不敢告也。此賤人之所以亡⑯其卑也。故曰：「賤有以亡卑。」

起居時，飲食節，寒暑適，則身利而壽命益。起居不時，飲食不節，寒暑不適，則形體累而壽命損。人惰而侈則貧，力而儉則富。夫物莫虛至，必有以也。

故曰：「壽夭貧富無徒歸也。」

法立而民樂之，令出而民銜[17]之，法令之合於民心，如符節之相得也，則主尊顯。故曰：「銜令者，君之尊也。」

人主出言，順於理，合於民情，則民受其辭。民受其辭，則名聲章[18]。故曰：「受辭者，名之運也。」

明主之治天下也，靜其民而不擾，佚其民而不勞。不擾則民自循，不勞則民自試。故曰：「上無事而民自試。」

人主立其度量，陳其分職，明其法式，以蒞其民，而不以言先之，則民循正。所謂抱蜀者，祠器也。故曰：「抱蜀不言，而廟堂既修。」

將將鴻鵠，貌之美者也。貌美，故民歌之。德義者，行之美者也。德義美，故民樂之。民之所歌樂者，美貌[19]德義也，而明主、鴻鵠有之。故曰：「鴻鵠將將，維民歌之。」

濟濟者，誠莊事斷也；多士者，多長者也。周文王誠莊事斷，故國治。其群臣明理以佐主，故主明。主明而國治，竟[20]內被其利澤，殷民舉首而望文王，願為文王臣。故曰：「濟濟多士，殷民化之。」

紂之為主也，勞民力，奪民財，危民死。冤暴之令，加於百姓；憯[21]毒之使[22]，施於天下。故大臣不親，小民疾怨，天下畔[23]之而願為文王臣者，紂自取之也。故曰：「紂之失也[24]。」

無儀法程式，蜚[25]搖而無所定，謂之蜚蓬之問。蜚蓬之問，明主不聽也。無度之言，明主不許也。故曰：「蜚蓬之問，不在所賓。」

道行則君臣親，父子安，諸生育。故明主之務，務在行道，不顧小物。燕爵[26]，物之小者也。故曰：「燕爵之集，道行不顧。」

明主之動靜[27]得理義，號令順民心，誅殺當其罪，賞賜當其功。故雖不用犧牲珪璧禱於鬼神，鬼神助之，天地與[28]之，舉事而有福。亂主之動作失義理，號令逆民心，誅殺不當其罪，賞賜不當其功。故雖用犧牲珪璧禱於鬼神，鬼神不助，天地不與，舉事而有禍。故曰：「犧牲珪璧不足以享鬼神。」

主之所以為功者，富強也。故國富兵強，則諸侯服其政，鄰敵畏其威，雖不用[29]寶幣事諸侯，諸侯不敢犯也。主之所以為罪者，貧弱也。故國貧兵弱，戰則不勝，守則不固，雖出名器重寶以事鄰敵，不免於死亡之患。故曰：「主功有素，寶幣奚為？」

羿，古之善射者也。調和其弓矢而堅守之。其操弓也，審其高下，有必中之道，故能多發而多中。明主，猶羿也。平和其法，審其廢置而堅守之，有必治之道，故能多舉而多當。道者，羿之所必中也，主之所以必治也。射者，弓弦發矢也。故曰：「羿之道非射也。」

造父，善馭馬者也。善視其馬，節其飲食，度量馬力，審其足走，故能取遠道而馬不罷[30]。明主，猶造父也。善治其民，度量其力，審其技能，故立功而民不困傷。故術者，造父之所以取遠道也，主之所以立功名也。馭者，操轡也。故曰：「造父之術非馭也。」

奚仲之為車器也，方圜[31]曲直，皆中規矩鉤繩[32]，故機旋[33]相得，用之牢利，成器堅固。明主，猶奚仲也。言辭動作，皆中術數。故眾理相當，上下相親。巧者，奚仲之所以為器也，主之所以為治也。斲削者，斤[34]刀也。故曰：「奚仲之巧，非斲削也。」

民，利之則來，害之則去。民之從利也，如水之走下，於四方無擇也。故欲來民者，先起其利，雖不召而民自至。設其所惡，雖召之而民不來也。故曰：「召遠者使無為焉。」

莅民如父母，則民親愛之。道之純厚，遇之有實，雖不言曰吾親民，而民親矣。莅民如仇讎，則民疏之。道之不厚，遇之無實，詐偽並起，雖言曰吾親民，民不親也。故曰：「親近者，言無事焉。」

明主之使遠者來而近者親也，為之在心。所謂夜行者，心行也。能心行德，則天下莫能與之爭矣。故曰：「唯夜行者，獨有之乎！」

【章旨】此章係逐句解釋〈形勢〉「山高而不崩」章，進而闡明事物各有其固定規律，明主因能從內心行德，故能獲得民心。

【注釋】❶高行 崇高的德行。❷婦 此指兒媳。❸解 通「懈」。鬆弛；懈怠。下同。❹苛忮 苛刻剛愎。❺當 適合；合宜。❻墮 通「惰」。怠惰。❼屬 連接；聯結。❽政治 此謂政務得到治理。❾共 通「供」。供給；供奉。❿節 節令；節度。古代的賞賜刑罰，常有季節規定。此「節」即指依據時節制定的政令。⓫戴 尊奉；推崇。⓬易 輕賤；輕視。⓭迫 逼近；接近。⓮漂 通「飄」。吹。⓯鄉 通「向」。方向。⓰亡 通「忘」。忘記。下同。⓱銜 遵奉；接受。⓲章 通「彰」。顯揚。⓳美貌 原文為「美行」。王念孫云：「『美行』當為『美貌』。美貌謂鴻鵠，德義謂明主。」貌，體貌；外形。⓴竟 通「境」。疆域。㉑憯 同「慘」。慘痛。㉒使 古通「吏」。官吏。㉓畔 通「叛」。叛離。㉔紂之失也 〈形勢〉中，此四字因與上下文意不貫而刪去。黃鞏云：（「殷民化之」）「下有『紂之失也』句，蓋古注文。」㉕蜚 通「飛」。飛揚。㉖爵 通「雀」。麻雀。下同。㉗動靜 指行止。丁士涵云：「『動靜』當依下文作『動作』。」錄供參考。㉘與 援助。《戰國策・秦策一》：「不如與魏以勁之。」高誘注：「與，猶助也。」㉙用 原文為「明」。誤。㉚罷 通「疲」。疲勞。㉛圜 同「圓」。下同。㉜鉤繩 均為木工工具。〈宙合〉云：「夫繩，扶撥以為正」，「鉤，入枉而出直」。㉝旋 指轉軸。㉞斤 斧頭。

【語譯】山，是萬物中的崇高之物。仁惠，是君主的崇高德行。慈愛，是父母的崇高德行。忠誠，是人臣的崇高德行。孝順，是兒子媳婦的崇高德行。所以，山高而不崩塌，則因求福而烹羊設祭的人們便會到來；君主仁惠而堅持不懈，人民便會供養；父母慈愛而堅持不懈，兒子媳婦便會孝順；臣下忠誠而堅持不懈，爵位俸祿便會到來；兒子媳婦孝順而堅持不懈，美名便會歸附。所以，節操高尚而不懈怠，所求的目的便能達到。懈怠，便不能達到。所以說：「山高而不崩，則祈羊至矣。」

深淵，是眾物生長的地方，能深而不乾涸，投玉求神的人們便會到來。君主，是人們所敬仰而賴以生存的，能寬宏純厚而不苛刻剛愎，人民就會歸附。父母，是兒子媳婦所應當接受其教育的，能仁慈教導而不失正理，兒子媳婦便會孝順。臣下，是為君主服務的，能全力事奉君主，便能滿足君主的心意。兒子媳婦，是父母的精神寄託，能友愛兄弟，孝敬雙親，便合父母的心意。所以，深潭乾涸而無水，投玉求神的人就不會來；君主苛峻而不寬厚，萬民就不會歸附；父母兇暴而無恩惠，兒子媳婦就不會親近；臣下怠惰而不忠誠，就會受到屈辱困頓；兒子媳婦不能使雙親得到寄託，禍患憂愁就會來臨。所以，深潭不枯竭，所希望的事物就會來到；水若枯竭，就不會到來。所以說：「淵深而不涸，則沈玉極。」

上天，覆育萬物，控制寒暑，運行日月，安措星辰，這是天的常責。天總是依據規律行事，終而又始。君主，管轄萬民，治理天下，統率百官，這是君主的常責。君主總是依法行事，終而又始。和睦子孫，團結親屬，這是父母的常責。父母總是依義行事，終而又始。敦敬忠信，這是臣下的常責。臣下應當依此原則事奉君主，終而又始。親愛父母，善事贍養，內心尊敬，遵循教導，這是兒子媳婦的常責。兒子媳婦應當依此原則事奉父母，終而又始。所以，天不失去常規，寒暑變化就會恰得其時，日月星辰就會恰得其序。君主不失常規，群臣就會力行其義，百官就會盡其職守。父母不失常規，子孫就能和順，親屬就能歡洽。臣下不失常規，辦事就沒有過錯，而且官吏稱職，政務得治。兒子媳婦不失常規，就會長幼有序，親疏和諧。所以，依據常規辦事，就能得治，違背常規辦事，就會混亂。天從不變易常規，這就是常處於「治」的原因。所以說：「天不變其常。」

地應生養萬物，這是地的準則。治理安定百姓，這是君主的準則。教導和監領家事，這是父母的準則。

匡正諷諫君主，為堅守臣節而獻身，這是臣下的準則。盡力供養父母，這是兒子媳婦的準則。地不改變它的準則，因而萬物生長。君主不改變他的準則，因而百姓安定。父母不改變自己的準則，因而家事得以治理。臣下不改變自己的準則，因而君主沒有過失。兒子媳婦不改變自己的準則，因而父母就能被奉養周全。所以，遵循「準則」辦事就安寧，違背「準則」辦事就危險。地從不改變它的準則，這就是常處安定的原因。所以說：「地不易其則。」

春天，陽氣開始上升，因而萬物滋生。夏天，陽氣全部上升，因而萬物成長。秋天，陰氣開始降落，因而萬物收斂。冬天，陰氣全部降落，因而萬物閉藏。所以春夏萬物生長，秋冬萬物收藏，這是四時的節令。賞賜刑罰，這是君主的節度。四時從沒有不實施生殺的，君主也從沒有不實施賞罰的。所以說：「春夏秋冬，不更其節也。」

天，覆育萬物而加以控制；地，承載萬物而加以養育；四時，生長萬物而加以收藏。古而至今，從未改變這個常規。所以說：「古今一也。」

蛟龍，這是水蟲中的神物。憑藉著水，神威就能樹立；失去了水，神威就會消失。君主，這是天下最有權威的人。得到民眾的擁戴，權威就能樹立；失去民眾的擁戴，權威就會消失。蛟龍需要得到深水才能樹立自己的神威，君主需要得到民眾才能樹立自己的權威。所以說：「蛟龍得水而神可立也。」

虎豹，這是野獸中最兇猛的。藏身在深林大澤中時，人們就畏懼牠們的威力而看重牠們。君主，是天下最有威勢的人。深居朝廷時，人們便畏懼他的威勢。虎豹若是拋棄牠們的深山幽谷而靠近人群，人們就會把牠們捕殺而無視牠們的威風。君主若是拋離國門而靠近民眾，人們也會輕慢他而輕視他的權勢。所以說：「虎豹託幽而威可載也。」

風，是飄拂萬物的。風飄拂時，從不迴避貴賤美惡。雨，是霑溼萬物的。雨降落時，從不迴避小大強弱。風雨最為公正而無偏私，行跡沒有既定方向。人們縱然遇到風吹雨打，卻沒有誰會產生怨怒。所以說：「風雨無鄉，而怨怒不及也。」

君主之所以能做到下令則行，頒禁則止，必然是因為「令」行在人們喜好的方面，「禁」止在人們憎惡的方面。人之常情，沒有誰不愛生而惡死，沒有誰不愛利而惡害。所以君主下令若是讓人生存、讓人得利，命令便能通行；頒禁若是制止殺戮、制止害人，施禁便能制止。政令之所以能夠推行，必定要人民悅樂其政，只有這樣，政令才能推行。所以說：「貴有以行令也。」

君主之所以能使百姓盡力國事而親附自己，必須為天下致利除害。所以，德澤給予天下，恩惠厚施萬物，父子能夠安居，群生獲得養育，因而萬民歡悅，竭盡心力而樂於為君主效勞。在家便致力農事，努力耕作以充實國庫，在戰場便盡節拼死以保衛國家安全，縱然勞苦委屈也不敢訴說。這就是地位低微的人，可以忘記自己身分卑賤的原因。所以說：「賤有以亡卑。」

起居定時，飲食有節，寒暑適宜，便於身體有利而使壽命增長。起居不定時，飲食不節制，寒暑不適宜，便於形體有累而使壽命減損。人若懶惰而奢侈則貧，力耕而節儉則富。任何現象都不會憑空出現，一定有它自身的原因。所以說：「壽夭貧富無徒歸也。」

法立而百姓樂從，令出而百姓遵奉，法令與民心相合的程度，倘若能像符節那樣相應，君主的聲威就能尊顯。所以說：「銜令者，君之尊也。」

君主發表言論，順應義理，適合民情，臣民就會接受他的指令。臣民接受他的指令，君主的聲名就會尊顯。所以說：「受辭者，名之運也。」

聖明的君主治理天下，使百姓安寧而不受干擾，使百姓閒適而不遭勞困。不受干擾，人們就會自遵法度；不遭勞困，人們就會自覺效力。所以說：「上無事而民自試。」

君主樹立標準，頒布職責，彰明法規，用來治理臣民，而不是憑藉言語先行指揮，臣民便會循規趨正。所謂抱「蜀」，指的就是祭器。所以說：「抱蜀不言，而廟堂既修。」

鏘鏘高飛的鴻鵠，體貌長得很美。因為體貌很美，所以人們歌頌牠。德和義，都是品行方面的一種美。因為具有德義美，所以人們都喜愛。人們所歌頌和喜愛的，正是美貌與德義，而明主、鴻鵠，正好具有這些。

所以說：「鴻鵠將將，維民歌之。」

「濟濟」，是指忠誠、莊重而辦事果決；「多士」，是指許多德才兼備的人。周文王忠誠、莊敬而辦事果決，因而國家安定。他的群臣深明理義而輔佐君主，因而君主聖明。君主聖明，國家安定，四境之內都得到了他的實惠和恩澤，殷民翹首而盼望文王，願意作為他的臣民。所以說：「濟濟多士，殷民化之。」

商紂作為君主，勞困民力，劫奪民財，害民於死地。殘暴的政令，強加給百姓；慘毒的官吏，散布於全國。因而大臣不親附，小民生怨恨，天下叛離而願意作為文王的臣民，這於商紂來說，是禍由自取。所以說：「紂之失也。」

沒有法度規矩，模稜搖擺而沒有定見，叫做沒有根據的議論。沒有根據的議論，聖明的君主是不會聽取的。不合法度的言談，聖明的君主是不會讚許的。所以說：「蜚蓬之問，不在所賓。」

大道施行，則君臣親近，父子安居，生命繁衍。所以，明主的職責，最切要者在於施行大道，而不必顧及細微事物。燕雀，是飛鳥中的細小者。所以說：「燕爵之集，道行不顧。」

明主的舉止合乎理義，號令順應民心，誅殺與罪行相當，賞賜與功績相稱。所以，他縱然不用牛羊璧玉祈禱鬼神，鬼神也會保佑，天地也會幫助，辦事都能得福。昏君的舉止，喪失理義，號令違逆民心，誅殺與罪行不符合，賞賜與功績不相稱。所以，雖然用牛羊璧玉祈禱鬼神，鬼神不保佑，天地不幫助，辦事都將招禍。所以說：「犧牲珪璧不足以享鬼神。」

君主所可以稱為功績的，是使國家富強。所以，國富兵強，諸侯便會服從他的政令，相鄰的敵國，便會畏懼他的聲威。雖然不用珠寶財幣事奉諸侯，諸侯也不敢侵犯。君主所可以成為罪孽的，是弄得國家貧弱。所以，國貧兵弱，出戰則不能取勝，防守則不會牢固。即使搬出名器重寶來事奉毗鄰實力相等的國家，也免不了要遭滅亡之禍。所以說：「主功有素，寶幣奚為？」

后羿，是古代的優秀射手。他能調和弓矢而牢牢掌握。他操弓時，審明高低，掌握了有發必中的規律，因而能夠多發而多中。聖明的君主，就好比是后羿。他調整治國法度，審明廢立目標，堅持貫徹實施，掌握有舉必治的規律，因而能夠多辦而多宜。規律，使得后羿所發必中，君主所舉必治。至於射箭的動作，只見扳弓弦發箭枝而已。所以說：「羿之道非射也。」

造父，是優秀的馭馬手。他善於對待自己的馬，調節牠的飲食，估量牠的體力，審明牠的速度，因而馬能行駛遠程而不疲累。聖明的君主，就好比是造父。要善於治理自己的民眾，估量他們的能力，審明他們的技能，因而建立了功業而民眾並不感到疲病。所以，技藝方略，是造父能夠行駛遠道的法寶，也是君主能夠建立功名的法寶。至於馭馬的動作，只是執掌繮繩而已。所以說：「造父之術非馭也。」

奚仲製造車器，方圓曲直，全合規矩鉤繩，因而機軸相合，使用牢固快速，成器堅實耐久。聖明的君主，就好比是奚仲。言談舉止，全合方略。所以，各項治理措施都很適宜，君臣互相親近。技巧，使得奚仲能製成車器，使得君主能治好國家。至於斲削木頭，只是揮動刀斧而已。所以說：「奚仲之巧，非斲削也。」

民眾，有利則來，有害則去。人們趨利，就像水流低處，不選東南西北。因而要招攬民眾，若能先行興利，則即使不作召喚，人們也會自動到來。如果設置危惡，雖作百般召喚，人們也不會到來。所以說：「召遠者使無為焉。」

治理人民，若用父母一樣的心懷，人民自然會親近和愛戴君主。用純厚之道來引導人民，用有實惠的措施來對待人民，雖然不公開宣言「我親近人民」，人民自然會來親近。治理人民若像對待仇敵，人民自然會疏遠君主。引導人民不以厚道，對待人民沒有實惠，欺詐與虛偽手段一齊用上，雖然公開宣稱「我親近人民」，人民也不會來親近。所以說：「親近者，言無事焉。」

聖明的君主，能使遠者歸附，近者親近，最起作用的因素，在於內心。所謂「夜行」，就是內心暗行。能從心靈深處行德，天下就沒有誰能夠跟他爭衡了。所以說：「唯夜行者，獨有之乎！」

為主而賊，為父母而暴，為臣下而不忠，為子婦而不孝，四者人之大失也。

大失在身，雖有小善，不得為賢。所謂平原者，下澤也。雖有小封❶，不得為高。故曰：「平原之隰❷，奚有於高？」

為主而惠，為父母而慈，為臣下而忠，為子婦而孝，四者人之高行也。高行在身，雖有小過，不為不肖。所謂大山者，山之高者也。雖有小隈，不以為深。故曰：「大山之隈，奚有於深？」

毀訾賢者之謂訾，推譽不肖之謂讆。訾讆之人得用，則人主之明蔽，而毀譽之言起。任之大事，則事不成而禍患至。故曰：「訾讆之人，勿與任大。」

明主之慮事也，為天下計者，謂之譕巨❸。譕巨則海內被其澤。澤布於天下，後世享其功，久遠而利愈多。故曰：「譕巨者可與遠舉。」

聖人擇可言而後言，擇可行而後行。偷得利而後有害，偷得樂而後有憂者，聖人不為也。故聖人擇言必顧其累，擇行必顧其憂。故曰：「顧憂者可與致道。」

小人者，枉道而取容，適主意而偷說❹，循❺利而偷得。如此者，其得之雖速，禍患之至亦急。故聖人去而不用也。故曰：「其計也速而憂在近者，往而勿召也。」

舉一而為天下長利者，謂之舉長。舉長則被其利者眾，而德義之所見遠。故曰：「舉長者可遠見也。」

天之裁❻大，故能兼覆萬物；地之裁大，故能兼載萬物；人主之裁大，故容物多而眾人得比❼焉。故曰：「裁大者，眾之所比也。」

貴富尊顯，民歸樂之，人主莫不欲也。故欲民之懷樂己者，必服道德而勿厭也，而民懷樂之。故曰：「欲❽人之懷，定服而勿厭也。」

聖人之求事也，先論其理義，計其可否。故義則求之，不義則止；可則求之，不可則止。故其所得事者，常為身寶。小人之求事也，不論其理義，不計其可否。不義亦求之，不可亦求之。故其所得事者，未嘗為賴也。故曰：「必得之事，不足賴也。」

聖人之諾已❾也，先論其理義，計其可否。義則諾，不義則已；可則諾，不可則已。故其諾未嘗不信也。小人不義亦諾，不可亦諾，言而必諾。故其諾未必信也。故曰：「必諾之言，不足信也。」

謹於一家，則立於一家；謹於一鄉，則立於一鄉；謹於一國，則立於一國；謹於天下，則立於天下。是故其所謹者小，則其所立亦小；其所謹者大，則其所立亦大。故曰：「小謹者不大立。」

海不辭水，故能成其大；山不辭土石，故能成其高；明主不厭人，故能成其眾；士不厭學，故能成其聖。飡⑩者，多所惡也。諫者，所以安主也；食者，所以肥體也。主惡諫則不安，人飡食則不肥。故曰：「飡食者，不肥體也。」

言而語道德忠信孝弟者，此言無棄者。天公平而無私，故美惡莫不覆；地公平而無私，故小大莫不載。無棄之言，公平而無私，故賢不肖莫不用。故無棄之言者，參伍⑪於天地之無私也。故曰：「有無棄之言者，必參之於天地也⑫。」

明主之官物也，任其所長，不任其所短，故事無不成而功無不立。亂主不知物之各有所長所短也，而責必備。夫慮事定物，辯明禮義，人之所長而蝚蝯⑬之所短也；緣高出險，蝚蝯之所長而人之所短也。以蝚蝯之所長責人，故其令廢而責不塞⑭。故曰：「墜岸三仞，人之所大難也，而蝚蝯飲焉。」

明主之舉事也，任聖人之慮，用眾人之力，而不自與焉。故事成而福生。亂主自智也，而不因聖人之慮；矜奮自功，而不因眾人之力；專用己，而不聽正諫。故事敗而禍生。故曰：「伐矜好事，舉事之禍也。」

【章　旨】此章係逐句解釋〈形勢〉「平原之陘」章，進而闡明明主治國，當識別賢愚，察納雅言，力戒自是。

【注　釋】❶小封　此指小土堆。❷陘　斜坡。原文為「隰」。郭沫若云：「『隰』當作『陘』。」❸譕巨　即「謨巨」。意謂謀略宏遠。原文為「譕臣」。戴望云：「『臣』，『巨』字之誤，下同。」❹偷說　苟且取悅於人。說，同「悅」。❺循　通「巡」。察視；追求。原文為「備」。王念孫云：「『備』當為『循』。」隸書形似而誤。❻裁　通「材」。材器。下同。❼比　依靠；信賴。❽欲　希望；想要。原文為「美」。因上文有「欲民之懷樂己者，必服道德而勿厭也」，據此而改。❾諾已　即諾否。意謂承諾與否。❿訾　厭惡；厭倦。尹知章注：「嫌食貌。」⓫參伍　錯綜比驗。⓬也　原文為「矣」。〈形勢〉為「也」，據之而改。⓭蝚蝯　古本作「蝯蝚」。《爾雅．釋獸》：「蝯蝚善援。」即〈形勢〉中所謂「猿猱」。⓮塞　抵塞；完成。

【語　譯】作為君主而害民，作為父母而殘暴，作為臣下而不忠，作為子、婦而不孝，這四種情況，都是人的大過失。自身存在大過失，雖然也有小優點，不能稱為賢。所謂平原，指的是低平的地帶。雖然也有小土堆，不能稱為高。所以說：「平原之陘，奚有於高？」

作為君主而仁惠，作為父母而慈愛，作為臣下而忠誠，作為子、婦而孝順，這四種情況，都是人的高尚德行。高尚德行在自身，雖然有些小毛病，不能稱為不肖。所謂大山，指的是山中最高者。雖然也有小溝壑，不能稱為深。所以說：「大山之隈，奚有於深？」

詆毀賢者稱為「訾」，吹捧不肖之徒稱為「讆」。「訾讆」之徒得到信用，君主的視聽就會被蒙蔽，毀謗與吹捧的讒言就會興起。倘若任用他們承擔大事，便會事情辦不成而禍患臨頭。所以說：「訾讆之人，勿與任大。」

明主考慮事物，是為整個國家打算，這叫做謀慮宏遠。謀慮宏遠則全國都受到他的恩澤。這種恩澤廣布於天下，後世享受他的功業，愈是久遠而利澤愈多。所以說：「譕巨者可與遠舉。」

聖人選準了可說的話而後發表，選準了可行的事而後施行。苟且得利而後會有危害，苟且得樂而後會有憂患的事情，聖人是不做的。所以聖人選擇所言，必定要顧及事後之累，選擇所行，必定要顧及事後之憂。所以說：「顧憂者可與致道。」

小人，常用不正當的辦法來討人歡心，迎合君主心意而苟求愉悅，追逐財利而希圖苟得。這樣做，得利雖然迅速，禍患的到來也會急迫。因而聖人遠離小人而不予任用。所以說：「其計也速而憂在近者，往而勿召也。」

辦一件事，而為天下謀得長遠利益的，稱為「舉長」。能謀得長遠利益，則受到利澤的人就眾多，而德義的影響也就深遠。所以說：「舉長者可遠見也。」

天的材器很大，因而能兼覆萬物；地的材器很大，因而能兼載萬物；君主的材器很大，因而能夠包容眾多的事物，而使眾人有所依附。所以說：「裁大者，眾之所比也。」

權重、財多、位尊、名顯，萬民歸附感戴，這是君主沒有誰不想望的。然而想要人民感懷並樂意歸順自己，必須堅持行德而不滿足，而後人民才會感懷而樂於歸順。所以說：「欲人之懷，定服而勿厭也。」

聖人對辦事的要求，是首先判斷它是否合於理義，並估量它可不可以辦成。合於義則辦，不合於義則不辦；可能成功則辦，不可能成功則不辦。所以他所辦的事情，常常是很寶貴的。小人對於辦事的要求，則不判斷它是否合於理義，不估量它可不可以辦成。不合於義的也要求辦，不可能成功的也要求辦。所以他所辦的事情，常常是不可信賴的。所以說：「必得之事，不足賴也。」

聖人對於辦事的承諾與否，是首先判斷它是否合於理義，並估量它可不可能成功。合於義則答應，不合於義則不答應。可行的就做，不可行的就止。因而他的承諾，從沒有不可信賴的。小人則不合於義也承諾，不可能成功也承諾，可以說是一提出便一定承諾。因而這種承諾，是不一定能信賴的。所以說：「必諾之言，不足信也。」

謹慎地對待一家的事情，便可在一家的範圍內有所建樹；謹慎地對待一鄉的事情，便可在一鄉的範圍內有所建樹；謹慎地對待一國的事情，便可在一國的範圍內有所建樹；謹慎地對待天下的事情，便可在整個天下有所建樹。因此，謹慎從事的範圍小，則將有所建樹的範圍也小；謹慎從事的範圍大，則將有所建樹的範圍也大。所以說：「小謹者不大立。」

海不拒絕水，因而能造成它的宏大；山不拒絕土石，因而能造成它的崇高；明主不滿足於原有人數，因而能實現人口眾多；士子不滿足於所學，因而能成為聖哲。厭食，是多有嫌惡的食物。諷諫，是為了穩固君位；進食，是為了壯健體魄。君主嫌惡進諫，便不能穩固君位；人若挑揀食物，便不能壯健體魄。所以說：「訾食者，不肥體也。」

發言就談到道德忠信孝悌的，這樣的話是不能廢棄的。天公平而無偏私，因而美的醜的無所不覆；地公平而無偏私，因而小的大的無所不載。不能廢棄的言語，也是公平而無所偏私的，因而賢者與不肖者無不可以運用。所以，不能廢棄的言語，可以參配在天地的無所偏私之中。所以說：「有無棄之言者，必參之於天地也。」

明主的任官於人，是用其所長，不用其所短，因而事無不成而功無不立。昏君不知人們各有所長，各有所短，而求全責備。考慮事情，判定是非，辨明禮義，這是人之所長，而是猿猱之所短；攀高跨險，這是猿猱之所長，而是人之所短。用猿猱之所長要求於人，因而政令便會失效而任務不能完成。所以說：「墜岸三仞，人之所大難也，而蝚蝯飲焉。」

明主辦事，信任聖人的謀慮，運用眾人的力量，而不親自干預。因而事成而得福。昏君自恃聰慧，而不依靠聖人的謀慮；自逞能幹，而不信賴眾人的力量；獨斷自負，而不聽正確的批評。因而事敗而遭禍。所以說：「伐矜好專，舉事之禍也。」

馬者，所乘以行野也。故雖不行於野，其養食❶馬也，未嘗解惰❷也。民者，所以守戰也。故雖不守戰，其治養民也，未嘗解惰也。故曰：「不行其野，不違其馬。」

天生四時，地生萬財，以養萬物而無取焉。明主配天地者也。教民以時，勸之以耕織，以厚民養，而不伐其功，不私其利。故曰：「能予而無取者，天地之配也。」

解惰簡慢，以之事主則不忠，以之事父母則不孝，以之起事則不成。故曰：
「怠倦者不及也。」

以規矩為方圜則成，以尺寸量短長則得，以法數治民則安。故事不廣❸於理者，其成若神。故曰：「無廣者疑❹神。」

事主而不盡力則有刑，事父母而不盡力則不親，受業問學而不加務❺則不成。故朝不勉力務進，夕無見功。故曰：「朝忘其事，夕失其功。」

中情信誠，則名譽美矣；修行謹敬，則尊顯附矣。中無情實，則名聲惡矣；修行慢易，則汙辱生矣。故曰：「邪氣襲內，正色乃衰也。」

為人君而不明君臣之義以正其臣，則臣不知於為臣之理以事其主矣。故曰：
「君不君，則臣不臣。」

為人父而不明父子之義以教其子而整齊❻之，則子不知為人子之道以事其父矣。故曰：「父不父，則子不子。」

君臣親，上下和，萬民輯❼，故主有令則民行之，上有禁則民不犯。君臣不親，上下不和，萬民不輯，故令則不行，禁則不止。故曰：「上下不和，令乃不行。」

言辭信，動作莊，衣冠正，則臣下肅。言辭慢，動作虧❽，衣冠惰❾，則臣下輕之。故曰：「衣冠不正，則賓者不肅。」

儀者，萬物之程式也；法度者，萬民之儀表也；禮義者，尊卑之儀表也。故動有儀則令行，無儀則令不行。故曰：「進退無儀，則政令不行。」

人主者，溫良寬厚則民愛之，整齊嚴莊則民畏之。故民愛之則親，畏之則用。夫民親而為用，主之所急❿也。故曰：「且懷且威，則君道備矣。」

人主能安其民，則事其主如事其父母。故主有憂則憂之，有難則死之。主視民如土，則民不為用。主有憂則不憂，有難則不死。故曰：「莫樂之，則莫哀之；莫生之，則莫死之。」

民之所以守戰至死而不衰⓫者，上之所以加施於民者厚也。故上施厚，則民之報上亦厚；上施薄，則民之報上亦薄。故薄施而厚責⓬，君不能得之於臣，父不能得之於子。故曰：「往者不至，來者不極。」

【章　旨】此章係逐句解釋〈形勢〉「不行其野」章，進而闡明君主治民之道，要在安民厚施，懷威兼用。

【注　釋】❶養食　即「飼養」。食，通「飼」。餵養。❷解惰　即「懈惰」。鬆弛怠惰。解，通「懈」。懈怠。下同。❸廣　通「曠」。荒廢；棄絕。下同。❹疑　通「擬」。比擬。❺加務　加倍盡力。務，勉力從事。❻整齊　整治。此指管教。❼輯和睦。❽虧　此與莊肅相對而言。意謂懶散。引申為無禮。❾惰　懈怠。引申為不整、不敬。❿急　急迫。此謂迫切需要。⓫衰　衰退。此謂後退。⓬厚責　意謂厚求。責，求取。

【語　譯】馬，是用以騎坐到野外跑路的。所以，即使不到野外跑路的時候，對馬的餵養，也從不應當懈怠。民眾，是用以衛國出戰的。所以，即使沒有碰上戰爭，對於民眾的治理與養育，也是從不應當懈怠的。所以說：「不行其野，不違其馬。」

天生有春夏秋冬，地生有各種財富，以此養育萬物而不索取任何報償。明主也是可以匹配天地的。他教育人民依時行事，勉勵人民耕種繅織，以此來滿足人民生活所需，而不誇耀功勞，不私取其利。所以說：「能予而無取者，天地之配也。」

懈怠輕慢，用這種態度事奉君主，便是不忠，用這種態度事奉父母，便是不孝，用這種態度辦事，便不能成功。所以說：「怠倦者不及也。」

用規矩畫方圓，便能畫成；用尺寸量長短，便能量準；用法度、政策治理民眾，便能安定。所以，辦事不拋棄規矩的，其成效似有神力。所以說：「無廣者疑神。」

為君主辦事而不盡力，便會受到刑罰；為父母辦事而不盡力，便會無人親近；受業求學而不加倍努力，便會無所成就。早上不努力追求長進，晚上就不會見到成績。所以說：「朝忘其事，夕失其功。」

內心信實忠誠，聲名便會很美；修身謹慎莊敬，尊顯的地位便會歸附。內心不忠誠信實，聲譽便會敗壞；修身簡慢輕忽，污辱便會來臨。所以說：「邪氣襲內，正色乃衰也。」

身為君主，而不明瞭君臣之間的原則，而用以匡正臣下，則臣下便不會懂得作臣下的道理，而用以事奉君主了。所以說：「君不君，則臣不臣。」

身為人父而不明瞭父子之間的原則，而用以教導子女並加以管束，則子女便不會懂得為子女的道理，而用以事奉父母了。所以說：「父不父，則子不子。」

君臣親密，上下協調，萬民和睦，因而君主發令，臣民便會執行；君主禁止，臣民便不會違犯。君臣不相親，上下不協調，萬民不和睦，因而君主發令，卻不能推行；君主禁止，卻無人遵守。所以說：「上下不和，令乃不行。」

言語信實，舉止莊重，衣冠端正，臣下就會敬肅。言語輕忽，舉止懶散，衣冠不整，臣下就會輕慢。所以說：「衣冠不正，則賓者不肅。」

儀則，是萬物的規章法式；法度，是萬民的行為準則；禮義，是尊卑關係的準則。君主的舉動合乎儀則，政令便能推行；不合儀則，政令便不能推行。所以說：「進退無儀，則政令不行。」

作為君主，能溫良寬厚，人民便會愛戴；能整肅莊嚴，人民便會敬畏。人民愛戴他，便會親附；人民敬畏他，便會效力。人民親附而且為之效力，這是君主所迫切需要的。所以說：「且懷且威，則君道備矣。」

君主能使人民生活安定，人民事奉君主，便會如同事奉自己的父母。因而君主有了憂愁，人民便會為他分憂；君主有了危難，人民便會為他效死。君主若是視民如同糞土，人民便不會為他效力。君主有了憂愁，人民便不會為他分憂；君主有了危難，人民便不會為他效死。所以說：「莫樂之，則莫哀之；莫生之，則莫死之。」

人民之所以願意守戰至死而不後退，是因為君主給予人民的恩澤厚重。因而君主施惠厚重，人民的報償也就厚重；君主施惠微薄，人民的報償也就微薄。若是薄於施惠而厚於求償，則君主不能從臣下手中達到目的，父母也不能從兒女手中達到目的。所以說：「往者不至，來者不極。」

道者，扶持眾物，使得生育，而各終其性命者也。故或以治鄉，或以治國，或以治天下。故曰：「道之所言者一也，而用之者異。」

聞道而以治一鄉，親其父子，順其兄弟，正其習俗，使民樂其上，安其土，為一鄉主幹者，鄉之人也。故曰：「有聞道而好為鄉者，一鄉之人也。」

民之從有道也，如飢之先食也，如寒之先衣也，如暑之先陰也。故有道則民歸之，無道則民去之。故曰：「道往者，其人莫來；道來者，其人莫往。」

道者，所以變化身而之❶正理者也。故道在身，則言自順，行自正，事君自忠，事父自孝，遇人自理。故曰：「道之所設，身之化也。」

天之道，滿而不溢，盛而不衰。明主法象天道，故貴而不驕，富而不奢，行理而不惰。故能長守貴富，久有天下而不失也。故曰：「持滿者與天。」

明主救天下之禍，安天下之危者也。夫救禍安危者，必待萬民之為用也，而後能為之。故曰：「安危者與人。」

地大國富，民眾兵強，此盛滿之國也。雖已盛滿，無德厚以安之，無度數以治之，則國非其國，而民無其民也。故曰：「失天之度，雖滿必涸。」

臣不親其主，百姓不信其吏，上下離而不和，故雖自安，必且危之。故曰：

「上下不和，雖安必危。」

主有天道，以御其民，則民一心而奉其上，故能貴富而久王天下。失天之道，則民離叛，而不聽從，故主危而不得久王天下。故曰：「欲王天下而失天之道，天下不可得而王也。」

人主務學術數，務行正理，則化變日進，至於大功，而愚人不知也。亂主淫佚邪枉，日為無道，至於滅亡，而不自知也。故曰：「莫知其為之，其功既成；莫知其舍❷之也，藏之而❸無形。」

古者三王五伯❹，皆人主之利天下者也，故身貴顯而子孫被其澤。桀、紂、幽、厲，皆人主之害天下者也，故身困傷而子孫蒙其禍。故曰：「疑今者察之古，不知來者視之往。」

神農教耕生穀，以致民利。禹身決瀆，斬高橋下❺，以致民利。湯武征伐無道，誅殺暴亂，以致民利。故明王之動作雖異，其利民同也。故曰：「萬事之生❻也，異趣❼而同歸，古今一也。」

【章旨】此章係擇句解釋〈形勢〉「道之所言者一也」章，進而闡明君主欲統一天下，必須法象天道而致民利。

【注　釋】❶之　趨往；走向。❷舍　拋離。〈形勢〉正文「舍」為「澤」（通「釋」），義同而文異。❸而　〈形勢〉正文中無此字，句作「藏之無形」。❹五伯　即「五霸」。伯，通「霸」。❺橋下　即「矯下」。指整治低窪地帶。橋，通「矯」。矯正。《荀子．儒效》：「以橋飾其情性。」楊倞注：「橋與矯同。」❻生　通「性」。原文為「任」。〈形勢〉正文作「生」。此依正文。❼趣　通「趨」。趨向。原文為「起」。古本、劉本、朱本均作「趣」。此依古本。

【語　譯】道，是扶助眾物，使它們能夠生長發育，並各自完成其生命進程的。因此，有的用它來治理一鄉，有的用它來治理一國，有的用它來治理整個天下。所以說：「道之所言者一也，而用之者異。」

理解了「道」而用來治理一鄉，使一鄉父子親近，兄弟和順，習俗純正，使人民愛悅君主，守土安居，成為一鄉主幹的，便是治鄉的人才。所以說：「有聞道而好為鄉者，一鄉之人也。」

人民追隨有道的君主，就像飢餓時看重食物，寒冷時看重衣服，炎熱時看重蔭涼。因而君主有道，人民就會歸附，君主無道，人民就會叛離。所以說：「道往者，其人莫來；道來者，其人莫往。」

道，是用來改造人們自身，並使人們走向正理的。所以，有道在身，則言語自能和順，品行自能端正，事君自能忠誠，事父自能孝敬，待人自能順理。所以說：「道之所設，身之化也。」

天道，飽滿而不外溢，旺盛而不衰竭。明主效法天道，因而位尊而不驕傲，富有而不奢侈，依理行事而不懈怠。所以能夠長年保持富貴地位，久占天下而不喪失政權。所以說：「持滿者與天。」

明主是解救天下禍亂，安定天下危局的。解救天下禍亂，安定天下危局，必須有待於廣大民眾為君主效力，而後才能辦到。所以說：「安危者與人。」

地大國富，民眾兵強，這是昌盛的國家。雖然已經昌盛，假使君主沒有深厚的德澤來安定它，沒有法度方略來治理它，國家便不會是他自己的國家，人民也不會是他自己的人民。所以說：「失天之度，雖滿必涸。」

臣下不親附他們的君主，百姓不相信他們的官吏，上下離心而不協調，暫時雖依然安定，但必將走向危殆。所以說：「上下不和，雖安必危。」

君主掌握了天道，用來駕馭他的百姓，百姓便會一心一意尊奉他們的君主。因而君主能夠維護貴富地位，而長久統治天下。君主喪失了天道，百姓便會離心反叛，而不服從駕馭。因而君主便將處於危險境地，而不能長久統治天下。所以說：「欲王天下而失天之道，天下不可得而王也。」

君主努力學習韜略，努力遵行正道，則每天都有發展長進，以至於成就巨大功業，而愚蠢的人，是不會理解的。昏君淫逸邪亂，每日妄行無道，以至於走向滅亡，而不自知原因。所以說：「莫知其為之，其功既成；莫知其舍之也，藏之而無形。」

古時三王五霸，都是有益於天下的君主，因而自身貴顯而子孫受到德澤。夏桀、商紂、周幽王、周厲王，都是有害於天下的君主，因而自身困傷而子孫也遭到禍患。所以說：「疑今者察之古，不知來者視之往。」

神農教民耕田種穀，使民得益。夏禹親自疏決河道，削高治低，使民得益。商湯王、周武王征伐無道昏君，誅殺暴亂之徒，使民得益。明主的作為，雖然各異，但他們的有利於人民則完全相同。所以說：「萬事之生也，異趣而同歸，古今一也。」

棟生橈❶不勝任則屋覆，而人不怨者，其理然也。弱子，慈母之所愛也。不以其理❷下瓦，則慈母笞❸之。故以其理動者，雖覆屋不為怨；不以其理動者，下瓦必笞。故曰：「生棟覆屋，怨怒不及；弱子下瓦，慈母操箠。」

行天道，出公理，則遠者自親；廢天道，行私為，則子母相怨。故曰：「天道之極，遠者自親；人事之起，近親造怨。」

古者，武王地方不過百里，戰卒之眾不過萬人。然能戰勝攻取，立為天子，而世謂之聖王者，知為之之術也。桀、紂貴為天子，富有海內，地方甚大，戰卒至眾。而身死國亡，為天下僇❹者，不知為之之術也。故能為之，則小可為大，賤可為貴。不能為之，則雖為天子，人猶奪之也。故曰：「巧者有餘，而拙者不足也。」

明主上不逆天，下不壙❺地，故天予之時，地生之財。亂主上逆天道，下絕地理，故天不予時，地不生財。故曰：「其功順天者，天助之；其功逆天者，天違之。」

古者，武王，天之所助也。故雖地小而民少，猶之為天子也。桀、紂，天之所違也。故雖地大民眾，猶之困辱而死亡也。故曰：「天之所助，雖小必大；天之所違，雖大必削❻。」

【章旨】此章係擇句解釋〈形勢〉「生棟覆屋」章，進而闡明君主須知「為之之術」，力行「天道」。

【注釋】❶橈　通「撓」。曲折。❷不以其理　意謂無緣無故。原文為「不以其理動者」。王念孫云：「宋本無『動者』二字」，「此涉下文兩『動者』而衍」。❸笞　鞭打。❹僇　通「戮」。殺戮。❺壙　通「曠」。荒廢。❻雖大必削　〈形勢〉正文作「雖成必敗」。

【語譯】如果棟梁彎曲，是由於不堪負荷，致使房屋倒塌，而人們並不抱怨的，這是因為理該如此。幼子，是慈母最鍾愛的。但他如果無緣無故地拆下屋瓦，慈母也會鞭打他的。所以，理當如此的，即使垮了房屋，也不會生怨怒；不當如此的，即使拆下片瓦，也必遭鞭打。所以說：「生棟覆屋，怨怒不及；弱子下瓦，慈母操筆。」

篤行天道，出於公理，遠方的人民，也會前來親近；廢棄天道，妄行私為，母子也會彼此抱怨。所以說：

「天道之極，遠者自親；人事之起，近親造怨。」

古時候，周武王擁有的地方不過百里，戰卒的總數不過萬人。然而能夠戰則勝，攻則取，立為天子，而且被後世稱為聖王，就是因為他懂得治國為君的方法。夏桀、商紂貴為天子，富有海內，地方極大，戰卒極多。然而身死國亡，被天下所殺，就是因為他們不懂得治國為君的方法。因而善於治國，則小可以變大，賤可以變貴。不善於治國，則即使成了天子，人們仍然會要奪取。所以說：「巧者有餘，而拙者不足也。」

明主上不違背天道，下不廢棄地理，因而天為他提供有利時機，地給他生產財富。昏君上違逆天道，下棄絕地理，因而天不給時令，地不生財富。所以說：「其功順天者，天助之；其功逆天者，天違之。」

古時候，周武王是天所幫助的君主。所以，雖然地盤小而且人口少，但依舊成為了天子。夏桀、商紂，是天所背棄的君主。所以，雖然地盤大，人口多，但依舊遭到困辱而身死國亡。所以說：「天之所助，雖小必大；天之所違，雖大必削。」

與人交，多詐偽，無情實，偷取一切，謂之烏集之交。烏集之交，初雖相歡，後必相咄❶。故曰：「烏集之交，雖善不親。」

聖人之與人約結❷也，上觀其事君也，內觀其事親也，必有可知❸之理，然後約結。約結而不襲於理，後必相倍❹。故曰：「不重之結，雖固必解。道之用也，貴其重也。」

明主與聖人謀，故其謀得；與之舉事，故其事成。亂主與不肖者謀，故其計失；與之舉事，故其事敗。夫計失而事敗，此與不可之罪。故曰：「毋與不可。」

明主度量人力之所能為，而後使焉。故令於人之所能為，則令行；使於人之所能為，則事成。亂主不量人力，令於人之所不能為，故其令廢；使於人之所不能為，故其事敗。夫令出而廢，舉事而敗，此強不能之罪也。故曰：「毋強不能。」

狂惑之人，告之以君臣之義，父子之理，貴賤之分，不信聖人之言也，而反害傷❺之。故聖人不告也。故曰：「毋告不知。」

與不肖者舉事，則事敗；使於人之所不能為，則令廢；告狂惑之人，則身害。故曰：「與不可，強不能，告不知，謂之勞而無功。」

常以言翹明❻其與人也，其愛人也，其有德於人也，以此為友則不親，以此為交則不結，以此有德於人則不報。故曰：「見與之友，幾於不親；見愛之交，幾於不結；見施之德，幾於不報。四方之所歸，心行者也。」

明主不用其智，而任聖人之智；不用其力，而任眾人之力。故以聖人之智思慮者，無不知也；以眾人之力起事者，無不成也。能自去而因天下之智力起，則身逸而福多。亂主獨用其智，而不任聖人之智；獨用其力，而不任眾人之力，故其身勞而禍多。故曰：「獨任❼之國，勞而多禍。」

明主內行其法度，外行其理義。故鄰國親之，與國信之。有患則鄰國憂之，有難則鄰國救之。亂主內失其百姓，外不信於鄰國。故有患則莫之憂也，有難則莫之救也。外內皆失，孤特❽而無黨❾，故國弱而主辱。故曰：「獨國之君，卑而不威。」

明主之治天下也，必用聖人，而後天下治；婦人之求夫家也，必用媒，而後家事成。故治天下而不用聖人，則天下乖亂而民不親也；求夫家而不用媒，則醜恥而人不信也。故曰：「自媒之女，醜而不信。」

明主者，人未之見而有親心焉者，有使民親之之道。故其位安而民往之。故曰：「未之見而親焉，可以往矣。」

堯舜，古之明主也。天下推之而不倦，譽之而不厭，久遠而不忘者，有使民不忘之道也。故其位安而民來之。故曰：「久而不忘焉，可以來矣。」

日月，昭察萬物者也。天多雲氣，蔽蓋者眾，則日月不明。人主，猶日月也。群臣多姦立私，以擁蔽❿主，則主不得昭察其臣下，臣下之情不得上通。故姦邪日多而人君愈蔽。故曰：「日月不明，天不易也。」

山，物之高者也。地險穢不平易，則山不得見。人主，猶山也。左右朋黨⑪比周，以壅其主，則主不得見。故曰：「山高而不見，地不易也。」

人主出言不逆於民心，不悖於理義，其所言足以安天下者也，人唯恐其不復言也。出言而離父子之親，疏君臣之道，害天下之眾，此言之不可復者也。故明主不言也。故曰：「言而不可復者，君不言也。」

人主身行方正，使人有禮，遇人有信⑫，行發於身而為天下法式者，人唯恐其不復行也。身行不正，使人暴虐，遇人不信，行發於身而為天下笑者，此不可復之行，故明主不行也。故曰：「行而不可再者，君不行也。」

言之不可復者，其言不信也；行之不可再者，其行賊暴也。故言而不信則民不附，行而賊暴則天下怨。民不附，天下怨，此滅亡之所從生也，故明主禁之。故曰：「凡言之不可復，行之不可再者，有國者之大禁也。」

【章旨】此章係逐句解釋〈形勢〉「烏鳥之狡」章，進而闡明君主用「道」，貴在慎重。

【注釋】❶咄　怒叱斥責之聲。❷約結　約盟結好。❸知　相契；相親。❹倍　通「背」。違逆。❺害傷　毀短。❻翹明　示明；彰明。翹，特出。❼獨任　〈形勢〉正文作「獨王」。均含獨斷專行之意。❽孤特　孤立。❾黨　朋輩。❿擁蔽　同「壅蔽」。蒙蔽；隔絕。⓫朋黨　指拉幫結派。原文為「多黨」。王引之云：「『多』當為『朋』，字之誤也。」⓬遇人有信　原文為「遇人有理」。古本作「遇人有信」，與下文「遇人不信」，正相對為文，故從古本。有信，守信用。

【語 譯】跟人交往，頗多欺詐，不講誠實，只求苟且謀取一切，這叫做一群烏鴉似的交誼。這種烏合之交，最初雖然融洽，最後必相叱咄。所以說：「烏集之交，雖善不親。」

聖人與人約盟結好，在朝廷，要觀察他事奉君主的態度，在家中，要觀察他事奉父母的情況，一定要有可以相親的理由，然後才與結交。結交而不依據可以相契的理由，以後必然會互相違逆。所以說：「不重之結，雖固必解。道之用也，貴其重也。」

明主因與聖人共同謀劃，所以他的謀劃總是正確；因與聖人共同舉事，所以他的事業能夠成功。昏君因與不肖之徒共同謀劃，所以他的計畫往往失誤；因與不肖之徒共同舉事，所以他的國事必然敗壞。計畫失誤而國事敗壞，這都是結交不當的過錯。所以說：「毋與不可。」

明主總是估量各人力所能及的情況，然後加以使用。所以，命令人們作力所能及的事情，命令便能貫徹施行；指派人們作力所能及的事情，事情便能辦成。昏君不估量各人的能力，命令人們作力不能及的事情，所以命令失效；指派人們作力不能及的事情，所以舉事無成。命令發出而失效，舉事而無成，這都是勉強人力所不能的過錯。所以說：「毋強不能。」

對於狂妄而糊塗之徒，若告知他君臣間的準則，父子間的倫理，貴賤間的界限，他不但不會相信聖人之言，而且會反加毀短。因而聖人不願告知。所以說：「毋告不知。」

與不肖之徒一道舉事，事情便會敗壞；派人們作力不能及的事情，命令便會失效；把事理告訴狂惑之徒，自身反遭毀短。所以說：「與不可，強不能，告不知，謂之勞而無功。」

有的人，常常用言語表明自己對人親密，對人友愛，對人甚有德澤。用這種態度與人為友，便不會親密；用這種態度與人結交，便不會牢固；用這種態度施德於人，便不會得到報償。所以說：「見與之友，幾於不親；見愛之交，幾於不結；見施之德，幾於不報。四方之所歸，心行者也。」

明主不是依仗自己的才智，而是信賴聖人的智慧；不是依仗自己的能力，而是依靠眾人的力量。所以，憑藉聖人的智慧來考慮問題，沒有不能明瞭的；依靠眾人的力量來興辦事業，沒有不能成功的。能自我擺脫而借助天下人的聰明才力與辦國事，因而自身安逸而造福眾多。昏君獨恃自己的才智，而不信賴聖人的智慧；獨恃自己的能力，而不依靠眾人的力量，因而自身困頓而遭禍甚多。所以說：「獨任之國，勞而多禍。」

明主對內施行法度，對外遵行理義。因而鄰國親附，盟國信任。有了禍患，鄰國為他分憂；有了危難，鄰國給他援救。昏君在內失去百姓擁護，在外不能取信於鄰邦。因而國有禍患，沒有誰為他分憂；國有危難，沒有誰給他援救。國內國外，都已失去同情，孤立而沒有朋侶，因而國力衰微而君主困辱。所以說：「獨國之君，卑而不威。」

明主治理天下，一定要用聖人，而後天下得治；女人求嫁夫婿，一定要用良媒，而後家事可成。因此，治理天下而不信賴聖人，便會天下乖亂，百姓不予親附；求嫁夫婿而不依靠良媒，便會聲名醜惡，無人信任。所以說：「自媒之女，醜而不信。」

明主，人們還沒有見到他，便會有親附之心，因為他有使人們親附自己的治世之道。因此，他的君位穩固而人民歸附。所以說：「未之見而親焉，可以往矣。」

堯和舜，是古代的明主。天下人推崇他們而不知厭倦，讚頌他們而不知厭倦，儘管年代已經久遠，而仍然不會忘記他們。這是因為他們有使人們不能忘懷的治世之道。因此，他們的地位穩固而人民前來歸附。所以說：「久而不忘焉，可以來矣。」

日月，是明照萬物的。若是天空充滿雲氣，遮擋的雲層多，日月便會不太明亮。君主，就如日月一樣。如果群臣多姦，樹立私黨，蒙蔽君主，君主便不能明察臣下，臣下之情也不能上達。所以，姦邪之徒，如果日益增多，君主便會愈加受到蒙蔽。所以說：「日月不明，天不易也。」

山，是崇高之物。大地如果險惡不平，山也就看不見了。君主，就如山峰一樣。左右近臣，如果拉朋結黨，營私舞弊，欺蒙君主，君主也就看不清了。所以說：「山高而不見，地不易也。」

君主發言，若不違逆民心，不悖亂理義，他所講的話，便足可安定天下，人們便唯恐他不肯多講。發言若是離間父子親近，疏遠君臣關係，為害天下民眾，這種言論，便是不可重複的。因而明主是不講這種話的。

所以說：「言而不可復者，君不言也。」

君主自身行為端正，役使臣下有禮，待人恪守信實，行事能為天下榜樣的，人們唯恐他不肯多所作為。若是自身行為不正，役使臣下暴虐，待人不守信實，行事而被天下恥笑的，這便是不可重複的行為，因而明主是不會這樣作的。所以說：「行而不可再者，君不行也。」

說了不可重複的錯話，這種話，是不可信從的；作了不可重複的錯事，這種事，是害人至深的。出言而不可信從，人民便不會歸附；行事而害人至深，天下便會怨怒。人民不歸附，天下生怨怒，這便是滅亡隨之而生的根由，因而明主禁絕這種情況。所以說：「凡言之不可復，行之不可再者，有國者之大禁也。」

卷二十一

立政九敗解　第六十五

【題解】此為《管子》第六十五篇，題為「立政九敗解」。〈立政〉為《管子》第四篇，闡述了君主臨政視事所必須關注與解決的九個問題，其中第八個問題就是「九敗」。所謂「九敗」，意謂九項敗政因由，即指「寢兵」、「兼愛」、「全生」、「私議自貴」、「金玉貨財」、「群徒比周」、「觀樂玩好」、「請謁任舉」、「諂諛飾過」等九種錯誤論調。但正文僅指出其危害，未展開論述。「九敗解」，則針對正文所提出的九項結論，逐句逐條作了簡明解說與具體分析，頗能幫助讀者加深對正文的理解。

人君唯毋❶聽寢兵，則群臣賓客莫敢言兵。然則內之不知國之治亂，外之不知諸侯強弱。如是則城郭毀壞，莫之築補；甲弊兵彫，莫之修繕。如是，則守圉❷之備毀矣。遼遠之地謀❸，邊竟❹之士修❺，百姓無圉敵之心。故曰：「寢兵之說勝，則險阻不守。」

人君唯毋聽兼愛之說，則視天下之民如其民，視國如吾國。如是，則無并兼攘奪❻之心，無覆軍敗將之事。然則射御勇力之士不厚祿，覆軍殺將之臣不貴爵。如是，則射御勇力之士出在外❼矣。我能毋攻人可也，不能令人毋攻我。彼❽求地而予之，非吾所欲也；不予而與戰，必不勝也。彼以教士，我以敺眾❾；彼以良將，我以無能。其敗必覆軍殺將。故曰：「兼愛之說勝，則士卒不戰。」

人君唯無好全生❿，則群臣皆全其生而生，又養生。養⓫，何也？曰：滋味也，聲色也，然後為養生。然則從⓬欲妄行，男女無別，反於禽獸。然則禮義廉恥不立，人君無以自守也。故曰：「全生之說勝，則廉恥不立。」

人君唯無聽私議自貴，則民退靜隱伏，窟穴⓭就山，非世間⓮上，輕爵祿而賤有司。然則令不行，禁不止。故曰：「私議自貴之說勝，則上令不行。」

人君唯無好金玉貨財，必欲得其所好，然則必有以易⓯之。所以易之者，何也？大官尊位，不然則尊爵重祿也。如是，則不肖者在上位矣。然則賢者不為力⓰，智者不為謀，信者不為約，勇者不為死。如是，則敺國而捐之也。故曰：「金玉貨財之說勝，則爵服下流。」

人君唯毋聽群徒比周，則群臣朋黨，蔽美揚惡。然則國之情偽不見於上。如是，則朋黨⑰者處前，寡黨者處後。夫朋黨者處前，賢、不肖不分，則爭奪之亂起，而君在危殆之中矣。故曰：「群徒比周之說勝，則賢、不肖不分。」

人君唯毋聽觀樂玩好，則敗。凡觀樂者，宮室、臺池、珠玉、聲樂也。此皆費財盡力傷國之道也。而以此事君者，皆姦人也。而人君聽之，焉得⑱毋敗？然則府倉虛，蓄積竭。且姦人在上，則壅遏賢者而不進也。然則國適有患，則優倡侏儒⑲起而議國事矣。是敺國而捐之也。故曰：「觀樂玩好之說勝，則姦人在上位。」

人君唯毋聽請謁任舉⑳，則群臣皆相為請。然則請謁得於上，黨與成於鄉。如是，則貨財行於國，法制毀於官。群臣務佼㉑而不求用㉒，然則無爵而貴，無祿而富。故曰：「請謁任舉之說勝，則繩墨不正。」

人君唯無聽諂諛飾過之言，則敗。奚以知其然也？夫諂臣者，常使其主不悔其過，不更其失者也，故主惑而不自知也。如是，則諫臣㉓死而諂臣尊矣。故曰：「諂讒㉔飾過之說勝，則巧佞者用。」

【章　旨】此章係逐句解釋〈立政〉「九敗」章，詳盡闡釋九條敗政因由。

【注 釋】❶毋 語助詞，無實義。下文「無」字同。《詩・大雅・文王》：「王之藎臣，無念爾祖。」毛傳：「無念，念也。」❷圉 通「禦」。防守。❸謀 假為「晦」。本指草木凋零貌，引申為敗落、失落。郭沫若云：「『謀』殆假為『晦』。金文〈王孫遺者鐘〉『誨猷丕飭』，『誨』假為『謀』。謀、誨可通，則謀、晦亦可通矣。」❹竟 通「境」。❺修 當為「循」字之誤。《管子》中多如此。循，即謂因循苟且。郭沫若云：「『修』殆『偷』字之誤，謂邊境之士偷惰也。」錄供參考。❻攘奪 奪取。❼外 此指境外、外國。❽彼 原文為「被」。字誤。下文「彼以教士」，原文亦作「被以教士」。❾敺眾 驅眾。即臨時徵集士卒。敺，「驅」的異體字。❿全生 此指提倡保全性命的論調。⓫養 指養生。即保養生命。自此以上數句，斷句多有不同，或謂當作：「則群臣皆全其生，而又養生。養生何也？」錄供參考。⓬從 通「縱」。放縱；縱情。⓭窟穴 窟居洞穴。指隱居。⓮閒 即「間」字。離間。引申為擾亂。《左傳・定公四年》：「甚間王室。」孔穎達疏：「甚，毒；間，亂。」⓯易 交換。⓰力 原文為「下」。古本、劉本、朱本均作「力」。此依古本。⓱朋黨 此指有朋黨活動。王念孫云：「『朋』當為『多』，下『朋黨』同。『多』與『寡』正相對。」錄供參考。⓲焉得 安得；怎能。原文為「焉則」。「則」字涉下文而誤。⓳優倡侏儒 指唱歌、跳舞、演戲、玩雜耍的藝人。⓴舉 指保舉、薦舉。原文為「譽」。古本、劉本、朱本均作「舉」。此依古本。㉑佼 通「交」。指私交。㉒不求用 意謂不求為國效力。原文為「求用」。王念孫云：「『求用』上當有『不』字。」㉓諫臣 直諫之臣。原文為「謀臣」。王念孫云：「『謀』當為『諫』，『諫臣』與『諂臣』正相對，無取於『謀臣』也。此因字形相似而誤」。㉔諂讒 〈立政〉正文作「諂諛」。

【語 譯】君主只要聽信廢止軍備的主張，群臣使者便沒有誰敢於談論兵事。這樣一來，便既不知國內將是太平還是動亂，也不知國外各諸侯是誰強誰弱。像這樣下去，城郭毀壞，沒有人去築補；盔甲破敗，兵器殘損，沒有人去修繕。長此以往，國防設施也就歸於毀滅了。遼遠的領土喪失，邊境的士卒因循苟且，百姓也將喪失抵禦敵人的鬥志。所以說：「寢兵之說勝，則險阻不守。」

君主只要聽信兼相友愛的主張，便會看待天下的民眾，如同自己的民眾，看待別的國家，如同自己的國家。真像這樣，便會沒有吞併奪取別國的心願，便會沒有覆沒敵軍、戰敗敵將的業績。這樣一來，善於射敵、車戰的勇士得不到厚祿，能夠覆沒敵軍、斬殺敵將的功臣得不到貴爵。長此以往，射敵、車戰的勇士，便要出奔境外了。我們不攻擊別人是能夠作到的，但不能叫別人不進攻我們。敵方要求割地，便割給土地，這不是我們所願意的；不割給土地而與對方作戰，一定不能取勝。對方用的是訓練有素的士卒，我們用的是臨時徵集的民眾；對方用的是良將，我們用的是無能之輩。戰敗時必然是全軍覆沒而將領被殺。所以說：「兼愛之說勝，則士卒不戰。」

君主只要喜好提倡全性保命的主張，群臣便都會為保全性命而活著，並進而大談養生之道。養生之道是些什麼內容呢？回答是：吃喝滋味，聲色玩樂，如此這般，而後說成是「保養生命」。這樣一來，便會放縱情欲，妄行無忌，男女無別，退回到禽獸狀態。於是禮義廉恥的信念不能確立，君主也無法自我約束。所以說：「全生之說勝，則廉恥不立。」

君主只要聽信私立異說、自標清高的議論，人們便會退居靜處，隱姓埋名，窟居洞穴，遠避山林，非議世事，擾亂君上，輕蔑爵祿，賤視官吏。這樣，便會令不能行，禁不能止。所以說：「私議自貴之說勝，則上令不行。」

君主只要嗜好金玉錢財，就必然想要滿足自己的嗜欲，那麼，也就必然會有辦法去進行交換。用以交換的辦法是什麼呢？用大官高位，不然，就用尊爵重祿。真像這樣，不肖之徒就要高居上位了。那麼，賢者便不會盡心效力，智者便不會出謀劃策，信實的人便不會遵約辦事，勇士便不會為國捐軀。像這樣下去，就等於把國家趕上了被拋棄的道路。所以說：「金玉貨財之說勝，則爵服下流。」

君主只要聽任群徒勾結的議論，群臣便會拉朋結黨，隱善揚惡。那麼，國情的真假，就不能通達君主了。真像這樣，慣於拉朋結黨的，便會占據臺前，黨羽少的，便被擠到臺後。慣於拉朋結黨的人占據臺前，賢者、不肖者就會無法分辨，爭權奪利的禍亂便會發生，君主便處在危殆之中了。所以說：「群徒比周之說勝，則賢、不肖不分。」

君主只要聽信提倡觀樂玩好的論調，國事就將敗壞。所謂觀賞玩樂，無非是宮室、樓臺、池苑、珍珠、璧玉、聲色、歌舞之類。所有這些，都是浪費錢財、耗竭民力、損傷國家元氣的東西。拿這些來事奉君主的，都是姦邪之徒。而君主聽信他們，怎麼能不敗壞國事呢？這樣一來，便會府庫倉廩空虛，蓄積枯竭。而且因為姦邪之徒竊居上位，便會阻遏賢者不得進用。那麼，國家如果有難，優倡侏儒之輩，便會起而議論國事了。這就等於把國家趕上了被拋棄的道路。所以說：「觀樂玩好之說勝，則姦人在上位。」

君主只要聽任請託保舉的現象存在，群臣便都會相為請託。那麼，請託拜謁在朝廷進行，黨與同夥在鄉中結成。像這樣下去，便會錢財流通於都城，法制毀壞於官府。群臣致力於私人交往，而不求為朝廷出力，那麼，沒有爵位也可以尊貴，沒有俸祿也可以致富。所以說：「請謁任舉之說勝，則繩墨不正。」

君主只要聽信諂媚逢迎、飾非文過的言論，便會導致失敗。為什麼知道會如此呢？因為諂媚之臣，常常使君主不能悔悟自己的過錯，不知更改自己的失誤，所以君主受到蒙蔽而尚不自知。像這樣下去，便會諫臣遭戮而諂臣得尊了。所以說：「諂讒飾過之說勝，則巧佞者用。」

版法解 第六十六

【題解】此為《管子》第六十六篇，題為「版法解」。〈版法〉為本書第七篇，意謂載之於版的法規。所述內容為無私親疏，無違規律，遍施德澤等項治政要務。〈版法解〉則是對這些「政要」的解說。

「解」文前五章，緊扣〈版法〉正文，反覆強調君主應當「法天地」，「象四時」，「以行法令，以治事理」，摒棄喜怒，無犯眾忿，愛施兼行，任賢悅眾，爭取長治久安，對正文的觀點，作了詳盡正確的闡釋與發揮。唯最末二章，則令人生疑。前者是議論虞舜及周武王子民之德，後者是記述桓公與管仲討論修身之事，不但為〈版法〉正文所未錄，抑且行文體例也與前五章迥異，當是《管子》亡篇斷簡所竄入。

法❶者，法天地之位，象四時之行，以治天下。四時之行，有寒有暑，聖人法之，故有文有武。天地之位，有前有後，有左有右，聖人法之，以建經紀❷。春生於左，秋殺於右；夏長於前，冬藏於後。生長之事，文也；收藏之事，武也。是故文事在左，武事在右。聖人法之，以行法令，以治事理。凡法事者，操持不可以不正。操持不正，則聽治❸不公。聽治不公，則治不盡理，事不盡應。治不盡理，則疏遠微賤者無所告訴❹；事不盡應，則功利不盡舉。功利不盡舉，則國貧；疏遠微賤者無所告訴，則下饒❺。故曰：「凡將立事，正彼天植。」

天植者，心也。天植正，則不私近親，不孽❻疏遠。不私近親，不孽疏遠，則無遺利，無隱治❼。無遺利，無隱治，則事無不舉，物無遺者。欲見天心，明以風雨。故曰：「風雨無違，遠近高下，各得其嗣❽。」

萬物尊天而貴風雨。所以尊天者，為其莫不受命焉也；所以貴風雨者，為其莫不待風而動、待雨而濡也。若使萬物釋天❾而更有所受命，釋風而更有所仰動，釋雨而更有所仰濡，則無為尊天而貴風雨矣。今人君之所尊安者，為其威立而令行也。其所以能立威行令者，為其威利之操❿莫不在君也。若使威利之操不專在君，而有所分散，則君日益輕而威利日衰，侵暴之道也。故曰：「三經既飭，君乃有國。」

【章旨】此章係逐句解釋〈版法〉「凡將立事」章，闡明君主治理天下，必須「法天地之位，象四時之行」，純正思想，遵循規律，澤被天下。

【注釋】❶法　法度；政令。原文為「版法」。王念孫云：「『版』字涉上『版法解』而衍。『法天地之位』云云，非釋『版法』二字。諸解皆不釋篇名，故知『版』為衍文也。」❷經紀　秩序。《禮記・月令》：「毋失經紀。」鄭玄注：「謂天文進退度數。」❸聽治　處治。聽，處理；判斷。❹愬　同「訴」。訴說。❺饒　通「擾」。擾亂。❻孽　損害。❼治　通「辭」。指訟詞。❽嗣　即「治」字。治理。詳見〈版法〉注。❾釋天　拋開天。釋，通「捨」。捨棄；拋棄。❿威利之操　指權勢與錢財的掌握。

【語　譯】所謂法度，就是取法天地的方位，依照四時的運行，用以治理天下的。四時的運行，有寒有暑，聖人以此作為法式，因而有文有武。天地的方位，有前有後，有左有右，聖人以此作為法式，用以建立正常秩序。春天繁育在左，秋天成熟在右；夏日盛長在前，冬日閉藏在後。生長之事，屬於文；收藏之事，屬於武。因此，文事在左，武事在右。聖人以此作為法式，用以推行法令，用以調治事理。凡是行法治事，執掌不可以不正。執掌不正，則判斷不公平。判斷不公平，便會治獄不盡合理，處事不盡得當。治獄不盡合理，與官吏關係疏遠、地位低微的人們，便無處報告和訴說；處事不盡得當，興功謀利事業，便不能充分舉辦。興功謀利事業不能充分舉辦，國家便會貧窮；與官吏關係疏遠、地位低微的人們無處求告和訴說，下民便會騷亂。所以說：「凡將立事，正彼天植。」

所謂天植，是指心靈。天植純正，便能既不偏私近臣及親屬，也不加害關係疏遠的人。不偏私近臣及親屬，不加害關係疏遠的人，朝廷便沒有散失的財利，民間便沒有無處申訴的訟詞。沒有散失的財利，沒有無處申訴的訟詞，國家事業便沒有不能興辦起來的，財物也就會沒有被浪費的。想要看出天心，便需要從風雨的規律方面加以辨明。所以說：「風雨無違，遠近高下，各得其嗣。」

萬物都尊崇上天而珍視風雨。其所以尊崇上天，是因為萬物沒有不秉承上天旨意的；其所以珍視風雨，是因為萬物沒有不有賴於輕風吹拂和雨露滋潤的。倘若使得萬物拋開上天而另外秉承旨意，拋開輕風而另外仰賴吹拂，拋開雨露而另外仰賴滋潤，便不必尊崇上天而珍視風雨了。如今君主之所以位尊而身安，就是因為他能使權威確立，政令推行。之所以能夠確立權威，推行政令，是因為權力和財富的控制沒有不在君主手中的。倘若使得權力和財富不是獨掌在君主手中，而是有所分散，君主便將日益遭到輕賤，權勢和財富，也將日益削減，這是一條導致侵奪暴亂的道路。所以說：「三經既飭，君乃有國。」

乘夏方長，審治刑賞。必明經紀，陳義[1]設法，斷事以理。虛氣平心，乃去怒喜。若倍❷法棄令而行怒喜，禍亂乃生，上位乃殆。故曰：「喜無以賞，怒無以殺。喜以賞，怒以殺，怨乃起，令乃廢。驟令❸而❹不行，民心乃外，外之有徒，禍乃始牙❺。眾之所忿，寡不能圖。」

冬既閉藏，百事盡止，往事畢登，來事未起。方冬無事，慎觀終始，審察事理。事有先易而後難者，有始不足見而終不可及者。此常利之所以不舉，事之所以困者也。事之先易者，人輕行之；人輕行之，則必困❻難成之事。始不足見者，人輕棄之；人輕棄之，則必失不可及之功。夫數困難成之事，而時失不可及之功，衰耗之道也。是故明君審察事理，慎觀終始，為必知其所成，成必知其所用，用必知其所利害。為而不知所成，成而不知所用，用而不知所利害，謂之妄舉。妄舉者，其事不成，其功不立。故曰：「舉所美，必觀其所終；廢所惡，必計其所窮。」

凡人君者，欲民之有禮義也。夫民無禮義，則上下亂而貴賤爭。故曰：「慶勉敦敬以顯之，富祿有功以勸之，爵貴有名以休之。」

凡人君者，欲眾之親上鄉❼意也，欲其從事勝任❽也。而眾者，不愛則不親，不親則不明❾，不教順❿則不鄉意。是故明君兼愛以親之，明教順以道⓫之，便其勢，利其備，愛其力，而勿奪其時以利之。如此，則眾親上鄉意，從事勝任矣。故曰：「兼愛無遺，是謂君心。必先順教，萬民鄉風。旦暮利之，眾乃勝任。」

【章旨】此章係逐句解釋〈版法〉「喜無以賞」章，進而闡明君主治民，必須審治刑賞，審察事理，教以禮義，兼愛無遺。

【注釋】❶義　通「儀」。儀法；準則。❷倍　通「背」。違背。❸驟令　屢次下令。❹而　〈版法〉正文無此字。❺牙　通「芽」。萌發；發生。❻困　此謂失誤、失策。下文「夫數困難成之事」句中「困」字亦同此義。郭沫若云：「『困難成之事』凡兩見，均與『失不可及之功』為對。《方言》及《廣雅》『困，逃也』，即此『困』字義，逃亦猶失也。」❼鄉　通「向」。趨向；順從。❽從事勝任　指辦事能圓滿完成任務。從事，治事；辦事。原文為「從事之勝任」。王念孫云：「『之』字涉上句而衍。『從事勝任』，與『親上鄉意』對文。」❾不親則不明　俞樾云：「『不親則不明』句，當為衍文，上下文均無此意。」語譯姑存。不明，意謂不便明示、不便教育。❿順　通「訓」。訓導。⓫道　通「導」。引導。

【語譯】趁著夏時白晝正長，應審慎地研討刑賞問題。必須申明綱紀，頒布準則、法度，依據情理決斷事務。要靜氣平心，才能排除個人喜怒。倘若違棄法令，而憑個人喜怒辦事，禍亂便將發生，君位便將危殆。所以說：「喜無以賞，怒無以殺。喜以賞，怒以殺，怨乃起，令乃廢。驟令而不行，民心乃外，外之有徒，禍乃始牙。眾之所忿，寡不能圖。」

冬天萬物都已收藏，各種農事活動便已全部停止，一年的農事全已完成，來年的耕作還沒開始。正值冬時沒有農事，應當慎重地回顧一下國事的全部過程，辨明事物發展規律。事情有在開始時認為容易，而後才覺得為難的，也有開頭沒有注意，最終卻不可補救的。這常常是有利的事功不能興辦，致使國事困頓的原因。開始便認為容易辦成的事情，人們便會輕率對待；人們輕率對待，便必然失算於難成之事。開始沒有引起注意的事情，人們便會輕易拋開；人們輕易拋開，便必然會失去無可補救的事功。多次失算於難成的事項，經常失去無可補救的事功，這就是摧敗事業的途徑。因此，明哲的君主，能辨明事物的發展規律，慎重回顧國事的全部過程，舉事一定知道將會成功的緣由，成事一定知道成功後的作用，發揮作用，一定知道將帶來的利害。舉事而不知預測成功，成事而不知預測作用，發揮作用而不知預測利害，稱為輕舉妄動。輕舉妄動的人，舉事不能成功，功業不能建立。所以說：「舉所美，必觀其所終；廢所惡，必計其所窮。」

凡是君主，都希望人們講求禮義。人們不講求禮義，便會尊卑混亂而貴賤相爭。所以說：「慶勉敦敬以顯之，富祿有功以勸之，爵貴有名以休之。」

凡是君主，都希望民眾親附朝廷，服從君命，希望民眾為國辦事而且力能勝任。而民眾，不予愛撫，便不相親附；不相親附，則不便明示教育；不明示教育，則不會順從君命。因此，明哲的君主，全面施愛，來親近民眾，明示教育，來引導民眾，順應他們的要求，精銳他們的器用，愛護他們的勞力，不侵擾他們的農時，而為他們創造有利條件。像這樣，百姓便會親附君主，順從君命，願意為國辦事而力求勝任了。所以說：「兼愛無遺，是謂君心。必先順教，萬民鄉風。旦暮利之，眾乃勝任。」

治之本二：一曰人，二曰事。人欲必用，事欲必工❶。人有逆順，事有稱量。人心逆，則人不用；失稱量，則事不工。事不工則傷，人不用則怨。故曰：「取人以己，成事以質。」

成事以質者，用稱量也；取人以己者，度恕而行也。度恕者，度之於己也，己之所不安，勿施於人。故曰：「審用財，慎施報，察稱量。故用財不可以嗇，用力不可以苦。用財嗇則費❷，用力苦則勞矣。」

奚以知其然也？用力苦則事不工，事不工而數復之，故曰勞矣。用財嗇則不當人心，不當人心則怨起。用財而生怨，故曰費。怨起而不復反，眾勞而不得息，則必有崩阤❸堵壞❹之心。故曰：「民不足，令乃辱；民苦殃，令不行。施報不得，禍乃始昌；禍昌而❺不悟，民乃自圖。」

【章旨】此章係逐句解釋〈版法〉「取人以己」章，進而闡明君主治事，宜愛惜民力，顧及民心。

【注釋】❶事欲必工　原句為「事人欲必工」。「人」字衍，故刪。工，精緻；完善。❷費　此即「拂」。違背；違逆。❸崩阤　《國語．周語下》：「是故聚不阤崩，而物有所歸。」韋昭注：「大曰崩，小曰阤。」阤，塌下；崩頹。❹堵壞　敗壞。尹桐陽云：「『堵』同『屠』。《廣雅》云『壞也』。」❺而　〈版法〉正文無此字。

【語譯】治理政務的根本有兩項：一是治人，二是治事。治人是要求人們必須效力，治事是要求事情必須作得完善。人有逆意順意，事有衡量標準。人心違逆，便不願效力；事失標準，便不會完善。事不完善，便是有殘缺；人不願效力，便是有怨怒。所以說：「取人以己，成事以質。」

所謂「成事以質」，就是要依據客觀標準來衡量；所謂「取人以己」，就是以「恕」道作為衡量標準來行事。所謂以「恕」道作為衡量標準，實際上就是以自己的內心作為衡量標準。自己內心認為不妥的，就不要施及他人。所以說：「審用財，慎施報，察稱量。故用財不可以嗇，用力不可以苦。用財嗇則費，用力苦則勞矣。」

為什麼知道會是這樣呢？役用民力太苦，事情就不會辦得精緻；事情辦得不精緻而多次重做，因而叫做「勞」。君主用財於民吝嗇，便會不得民心；不得民心，則怨心萌發。用財於民而反生怨忿，因而叫做「費」。怨心萌發而不能平復，民眾勞累而不得休息，便必然會有搗毀敗壞的念頭。所以說：「民不足，令乃辱；民苦殃，令不行。施報不得，禍乃始昌；禍昌而不悟，民乃自圖。」

凡國無法，則眾不知所為；無度，則事無儀❶。有法不正，有度不直，則治辟❷。治辟則國亂。故曰：「正法直度，罪殺不赦，殺僇必信，民畏而懼，武威既明，令不再行。」

凡民者，莫不惡罰而畏罪。是以人君嚴教以示之，明刑罰以敬❸之。故曰：「頓卒怠倦以辱之，罰罪有過以懲之，殺僇犯禁以振之。」

治國有三器，亂國有六攻。明君能勝六攻而立三器，則國治；不肖之君，不能勝六攻而立三器，故國不治。三器者何也？曰：號令也，斧鉞也，祿賞也。六攻者何也？親也，貴也，貨也，色也，巧佞也，玩好也。三器之用何也？曰：非號令無以使下，非斧鉞無以畏❹眾，非祿賞無以勸民。六攻之敗何也？曰：雖不聽而可以得存，雖犯禁而可以得免，雖無功而可以得富。夫國有不聽而可以得存者，則號令不足以使下；有犯禁而可以得免者，則斧鉞不足以畏眾；有無功而可以得富者，則祿賞不足以勸民。號令不足以使下，斧鉞不足以畏眾，祿賞不足以勸民，則人君無以自守也。然則明君奈何？明君不為六者變更號令，不為六者疑錯❺斧鉞，不為六者益損祿賞。故曰：「植固而❻不動，奇邪乃恐。奇革邪化，令往民移。」

【章　旨】此章係逐句解釋〈版法〉「正法直度」章，進而闡明君主治民，當「勝六攻而立三器」。

【注　釋】❶儀　儀法；準則。原文為「機」。《藝文類聚》卷五四、《太平御覽》卷六三八皆引作「儀」。「機」字誤。❷治辟　意謂指揮不靈。辟，通「躄」。瘸腿。❸敬　通「儆」。警戒。原文為「致」。郭沫若云：「『致』殆『敬』字之誤。敬者儆也，又可訓為檠。」❹畏　通「威」。威懾；威壓。《列子・黃帝》：「不畏不怒，願慤為之使。」張湛注：「畏，威也。」❺錯　通「措」。施行；設置。❻而　〈版法〉正文無此字。

【語　譯】國家沒有法禁，民眾便不知該怎麼行動；沒有規章，作事便沒有準則。如果有法禁而不公正，有規章而不平直，指揮便會失靈。指揮失靈，則國政紊亂。所以說：「正法直度，罪殺不赦，殺僇必信，民畏而懼，武威既明，令不再行。」

　凡是百姓，沒有不羞愧受刑而懼怕治罪的。因此，君主要嚴加教育來訓示他們，彰明刑罰來警告他們。所以說：「頓卒怠倦以辱之，罰罪有過以懲之，殺僇犯禁以振之。」

　安定的國家有「三器」，動亂的國家有「六攻」。明哲的君主能夠制勝「六攻」而設置「三器」，因而國家安定；糊塗的君主不能制勝「六攻」而設置「三器」，因而國家無法安定。「三器」是指什麼？回答是：政策法令，斧鉞牢獄，利祿獎賞。「六攻」是指什麼？回答是：親近者，顯貴者，錢財，美色，巧佞之徒，玩好之物。「三器」的作用是什麼呢？回答是：沒有號令，無法指揮臣下；沒有斧鉞，無法威服百姓；沒有祿賞，無法激勵人們。「六攻」的損害是什麼呢？回答是：雖然不聽從法令，而可以得到安居；雖然犯了法禁，而可以得到豁免；雖然沒有功績，而可以獲得財富。國家有了不聽從法令而可以得到安居的先例，號令便不能夠指揮臣下；有了違犯法禁而可以得到豁免的先例，斧鉞便不能夠威服百姓；有了沒有功績而可以獲得財富的先例，祿賞便不能夠激勵人們。號令不可以指揮臣下，斧鉞不可以威服百姓，祿賞不可以激勵人們，君主便無法自保王位了。那麼，明哲的君主應當如何作呢？明哲的君主不因為這六者而改變號令，不因為這六者而遲疑或濫施斧鉞，不因為這六者而加重或減輕祿賞。所以說：「植固而不動，奇邪乃恐。奇革邪化，令往民移。」

凡人君者，覆載萬民而兼有之，燭臨萬族而事使之。是故以天地、日月、四時為主，為質❶，以治天下。天覆而無外也，其德無所不在；地載而無棄也，安固而不動。故莫不生殖。聖人法之，以覆載萬民，故莫不得其職姓❷。得其職姓，則莫不為用。故曰：「法天合德，象地無親。」

日月之明無私，故莫不得光。聖人法之，以燭萬民，故能審察，則無遺善，無隱姦。無遺善，無隱姦，則刑賞信必。刑賞信必，則善勸而姦止。故曰：「參於日月。」

四時之行，信必而著明。聖人法之，以事❸萬民，故不失時功。故曰：「伍於四時。」

凡眾者，愛之則親，利之則至。是故明君設利以致之，明愛以親之。徒利而不愛，則眾至而不親；徒愛而不利，則眾親而不至。愛施俱行，則說❹君臣，說朋友，說兄弟，說父子。愛施所設，四固❺不能守。故曰：「說眾❻在愛施。」

凡君所以有眾者，愛施之德也。愛有所移，利有所并，則不能盡有。故曰：「有眾在廢私。」

愛施之德，雖行而無私，內行不修，則不能朝遠方之君。是故正君臣上下之義，飾❼父子兄弟夫妻之義，飾男女之別，別疏數❽之差，使君德臣忠，父慈子孝，兄愛弟敬，禮義章明。如此，則近者親之，遠者歸之。故曰：「召遠在修近。」

閉禍在除怨，非有怨乃除之，所事之地常無怨也。凡禍亂之所生，生於怨咎；怨咎所生，生於非理。是以明君之事眾也必經，使之必道，施報必當，出言必得，刑罰必理。如此，則眾無鬱怨之心，無憾恨之意。如此，則禍亂不生，上位不殆。故曰：「閉禍在除怨也❾。」

凡人君所以尊安者，賢佐也。佐賢，則君尊、國安、民治；無佐，則君卑、國危、民亂。故曰：「備長在❿乎任賢。」

凡人者，莫不欲利而惡害。是故與天下同利者，天下持之；擅天下之利者，天下謀之。天下所謀，雖立必隳；天下所持，雖高不危。故曰：「安高在乎同利。」

【章　旨】此章係逐句解釋〈版法〉「法天合德」章，進而闡明長治久安之計，在於「以天地、日月、四時為主，為質，以治天下」，愛施任賢，與民同利。

【注　釋】❶質　標準；依據。❷職姓　意謂恒產。《爾雅·釋詁》：「職，常也。」姓，通「生」。郭沫若云：「生猶產也」，「所謂『職生』者，猶言恒產耳」。❸事　事使；役使。❹說　同「悅」。❺四固　謂四境堅固之國。❻說眾　意謂使君臣、朋友、兄弟、父子諸相愛悅。原文無「眾」字。此據〈版法〉正文補。❼飾　通「飭」。整頓。❽疏數　疏密；親疏。❾也〈版法〉正文無此字。❿在　原文為「存」。此據〈版法〉正文改。

【語　譯】凡是君主，都是護衛著萬民而全部擁有他們，燭照著萬姓萬族而役使他們。因此，他以天地、日月、四時，作為主要依據，來統治天下。天覆蓋萬物而無一例外，它的德澤無處不施；地乘載萬物而無一遺棄，牢固而不動。因而萬物無不生長繁殖。聖人以天地作為法式，護衛萬民，因而萬民無不獲得恒產。能夠獲得恒產，便沒有誰不願意為君主效力。所以說：「法天合德，象地無親。」

日月的照耀沒有私衷，因而沒有什麼地方得不到它們的光芒。聖人以日月作為法式，普照萬民，因而能夠明察，既不會有被遺忘的善舉，也不會有可隱匿的邪行。既沒有被遺忘的善舉，又沒有可隱匿的邪行，刑罰獎賞，便能準確而堅決。刑罰獎賞準確而堅決，善舉便能得到激勵，邪行便能得到禁止。所以說：「參於日月。」

四時的運行，可靠、穩定而顯明。聖人以四時作為法式，役使萬民，因而能不失時效。所以說：「伍於四時。」

凡是百姓，給予愛撫，他們便會親附；給予利澤，他們便會來歸。因此，聖明的國君，設置福利吸引他們，彰明仁愛親近他們。只設利而不施愛，百姓便只歸順而不親近；只有仁愛之心而無實惠，百姓便只會表示親近而不肯歸附。愛心與實惠一道施行，便可使君臣悅樂，朋友悅樂，兄弟悅樂，父子悅樂。愛心與實惠兼施的國家，即使四境堅固的國家，也不能抵禦。所以說：「說眾在愛施。」

凡君主之所以擁有民眾，是由於有愛撫與施利的德澤。愛心倘有所改易，財利倘有所獨併，民眾便不能盡歸己有了。所以說：「有眾在廢私。」

君主的愛撫與施利的德澤，雖已行及於民，而且沒有偏私現象，但如果君主的個人操守不講修養，便仍然不能使遠方的君主來朝。因此，要匡正君臣上下之間的界限，整頓父子兄弟夫妻之間的界限，整頓男女之間的界限，分清親疏之間的差異，使得君德臣忠，父慈子孝，兄愛弟敬，禮義彰明。能像這樣，便會近處的百姓來親近，遠處的百姓來歸附。所以說：「召遠在修近。」

所謂禁絕禍亂在於消除民眾的怨怒，並不是有了怨怒才去消除，而是要使所管轄的地域，常年沒有怨怒。所有禍亂的發生，都是生於怨咎；而怨咎的產生，又是生於不合理。因此，明君治理民眾，必然講求常則；役使民眾，必然講求道理；施予報酬，必然講求適當；發布言論，必然講求正確；施行刑罰，必然講求合理。能像這樣，民眾便沒有鬱悶怨怒心情，也沒有遺憾憤恨意念。這樣，禍亂便不會發生，君位便不會危殆。所以說：「閉禍在除怨也。」

君主之所以能夠位尊而身安，是因為有賢明的輔佐。輔佐賢明，便能君受尊奉，國保安寧，民眾有序；沒有賢明的輔佐，便會君遭卑辱，國趨危殆，民眾淆亂。所以說：「備長在乎任賢。」

所有的人，沒有誰不好利而惡害。因此，與天下人同享利澤的人，天下人便支持他；獨霸天下利澤的人，天下人便謀算他。被天下人所謀算的人，縱已立為君主，也必將毀滅；為天下人所支持的人，縱然獨居高位，也不會危殆。所以說：「安高在乎同利。」

凡所謂能以所不利利人者❶，舜是也。舜耕歷山，陶❷河濱，漁雷澤，不取其利，以教百姓，百姓舉利之。此所謂能以所不利利人者也。所謂能以所不有❸予人者，武王是也。武王伐紂，士卒往者，人有書社❹。入殷之日，決鉅橋之粟，散鹿臺之錢，殷民大說❺。此所謂能以所不有予人者也。

【章旨】此章言虞舜及武王予民之德。

【注釋】❶以所不利利人者 意謂針對人們的困難情況，而為人們謀福利。自此以下二章，〈版法〉正文未錄，行文體例也與本篇前五章殊異，疑是《管子》亡篇斷簡竄入。姑存於此。❷陶 製造瓦器。❸不有 即無有、貧窮。❹書社 古代二十五家為一社，將社人姓名寫入冊籍，稱為「書社」。借指一定數量的土地和居住在當地的人口。❺大說 即「大悅」。非常高興。

【語譯】所謂能針對人民的困難情況，而為人民造福，舜就是這樣的人。舜在歷山種田，在河濱製造瓦器，在雷澤捕魚，自己不取收益，只是用來教會百姓，百姓全都受益。這就是所謂能針對人民的難處，而為人民造福的人。所謂能針對人民的貧窮狀況，而給予人民財富，周武王就是這樣的人。武王討伐商紂，前往的士卒，每人給有一定數量的土地和相應的人口。進入殷都的那天，打開鉅橋的糧倉，散發鹿臺的錢幣，殷都的人民極為高興。這就是所謂能針對人民的貧困，而給予人民財富的人。

桓公謂管子曰：「今子教寡人法天合德，合德長久。合德而兼覆之，則萬物受命。象地無親，無親安固。無親而兼載之，則諸生皆殖。參於日月，無私葆光。無私而兼照之，則美惡不隱。然則君子之為身，無好無惡然已乎？」管子對曰：「不然。夫學者所以自化，所以自撫❶。故君子惡稱❷人之惡，惡不忠而怨妬，惡不公議而名常❸稱，惡不位下而位上，惡不親外而內放❹。此五者，君子之所恐行，而小人之所以亡。況人君乎？」

【章 旨】此章言桓公與管仲討論修身之事。

【注 釋】❶撫 通「拊」。扶養；修養。❷稱 稱揚；宣揚。❸常 原文為「當」。古本、劉本、朱本作「常」。此依古本。❹放 恣縱；放任。

【語 譯】桓公對管子說：「如今您教導我效法上天的普施德澤；普施德澤，才能君位長久。普施德澤，而全面護衛萬物，萬物便能獲得生命。教導我模仿大地的不存私親；不存私親，君位才能牢固。不存私親，而全面養載眾生，眾生便能繁育。教導我參配日月，不要暗藏光輝；不暗藏光輝而普照天下，美與醜惡，便都不可藏匿。那麼，君子的修身只要無私愛、私憎就可以了嗎？」管子回答說：「不是。所謂學習，就是要求得自我變化，自我修養。所以，君子厭惡宣揚別人的短處，厭惡不忠誠而心生怨妒，厭惡不經公議而名聲常被稱揚，厭惡不願屈居下位而好高踞人上，厭惡在外不親善他人，在家放縱恣肆。這五點，是君子所懼怕的行為，也正是小人身遭毀亡的原因。何況人君呢？」

明法解 第六十七

【題解】此為《管子》第六十七篇，題為「明法解」。〈明法〉為本書第四十六篇，旨在闡明法度的重要，是全篇中價值較高的一篇法治論文。〈明法解〉則是對其正文的詳盡解說。

綜觀全篇，「解」文不但對正文依次逐句作了符合原意的解說，而且作了不少引申和發揮。諸如「群臣之不敢欺主者，非愛主也，以畏主之威勢也；百姓之爭用，非以愛主也，以畏主之法令也」，「人臣之行理奉命者，非以愛主也，且以就利而避害也；百官之奉法無姦者，非以愛主也，欲以受爵祿而避罰也」，就把法令的威懾作用和利祿的誘導作用，闡述得十分明確而實在。

對照《管子解》中現在的其餘三篇「解」文，本文與正文的論說次序與旨義最為合轍，既無餘贅，也無舛漏，是所有「解」文中至為完整而嚴密的篇章。

明主者，有術數而不可欺也❶，審於法禁而不可犯也，察於分職而不可亂也。故群臣不敢行其私，貴臣不得蔽❷賤，近者不得塞❸遠，孤寡老弱，不失其所職❹，竟內❺明辨而不相踰越。此之謂治國。故〈明法〉曰：「所謂治國者，主道明也。」

明法❻者，上之所以一民使下也；私術者，下之所以侵上亂主也。故法廢而私行，則人主孤特而獨立，人臣群黨而成朋。如此，則主弱而臣強。此之謂亂國。故〈明法〉曰：「所謂亂國者，臣術勝也。」

明主在上位，有必治之勢，則群臣不敢為非。是故群臣之不敢欺主者，非愛主也，以畏主之威勢也；百姓之爭用，非以愛主也，以畏主之法令也。故明主操必勝之數，以治必用之民；處必尊之勢，以制必服之臣。故令行禁止，主尊而臣卑。故〈明法〉曰：「尊君卑臣，非親❼也，以勢勝也。」

明主之治也，縣❽爵祿以勸其民，民有利於上，故主有以使之；立刑罰以威其下，下有畏於上，故主有以牧之。故無爵祿，則主無以勸民；無刑罰，則主無以威眾。故人臣之行理奉命者，非以愛主也，且以就利而避害也；百官之奉法無姦者，非以愛主也，欲以受❾爵祿而避罰也。故〈明法〉曰：「百官論職，非惠也，刑罰必也。」

人主者，擅生殺，處威勢，操令行禁止之柄，以御其群臣，此主道也。人臣者，處卑賤，奉主令，守本任，治分職，此臣道也。故主行臣道則亂，臣行主道則危。故上下無分，君臣共道，亂之本也。故〈明法〉曰：「君臣共道則亂。」

人臣之所以畏恐而謹事主者，以欲生而惡死也。使人不欲生，不惡死，則不可得而制也。夫生殺之柄專在大臣，而主不危者，未嘗有也。故治亂不以法斷，而決於重臣，生殺之柄不制於主，而在群下，此寄生之主也。故人主專以其威勢予人，則必有劫殺之患；專以其法制予人，則必有亂亡之禍。如此者，亡主之道也。故〈明法〉曰：「專授則失。」

凡為主而不得行其令，廢法而恣群臣，威嚴已廢，權勢已奪，令不得出，群臣弗為用，百姓弗為使，竟內之眾不制，則國非其國，而民非其民。如此者，滅主之道也。故〈明法〉曰：「令本不出謂之滅。」

明主之道，卑賤不待尊貴而見，大臣不因左右而進，百官條通⑩，群臣顯見。有罰者，主見其罪；有賞者，主知其功。見知不悖，賞罰不差。有不蔽之術，故無壅遏之患。亂主則不然，法令不得至於民，疏遠鬲⑪閉而不得聞。如此者，壅主⑫之道也。故〈明法〉曰：「令出而留⑬謂之壅。」

人臣之所以乘而為姦者，擅主也。臣有擅主者，則主令不得行，而下情不上通。人臣之力，能鬲君臣之間⑭，而使美惡之情不揚聞，禍福之事不通徹，人主迷惑而無從悟。如此者，塞主之道也。故〈明法〉曰：「下情不上通⑮謂之塞。」

明主者，兼聽獨斷，多其門戶。群臣之道，下得明上，賤得言貴。故姦人不敢欺。亂主則不然，聽無術數，斷事不以參伍⑯。故無能之士上通，邪枉之臣專國，主明蔽而聽塞，忠臣之欲謀諫者不得進。如此者，侵主之道也。故〈明法〉

曰：「下情上而道止謂之侵。」

人主之治國也，莫不有法令賞罰。是故[17]其法令明而賞罰之所立者當，則主尊顯而姦不生；其法令逆而賞罰之所立者不當，則群臣立私而壅塞之，朋黨而劫殺之。故〈明法〉曰：「滅、塞、侵、壅之所生[18]，從法之不立也。」

法度者，主之所以制天下而禁姦邪也，所以牧領海內而奉宗廟也。私意者，所以生亂長姦而害公正也，所以壅蔽失正而危亡也。故法度行則國治，私意行則國亂。明主雖心之所愛而無功者不賞也，雖心之所憎而無罪者弗罰也。案[19]法式而驗得失，非法度不留意焉。故〈明法〉曰：「先王之治國也，不淫意於法之外。」

明主之治國也，案其當宜[20]，行其正理。故其當賞者，群臣不得辭也；其當罰者，群臣不敢避也。夫賞功誅罪，所以為天下致利除害也。草茅不去，則害禾穀；盜賊弗誅，則傷良民。夫舍[21]公法而行私惠，則是利姦邪而長暴亂也。行私惠而賞無功，則是使民偷幸而望於上也；行私惠而赦有罪，則是使民輕上而易為非也。夫舍公法，用私惠，明主不為也。故〈明法〉曰：「不為惠於法之內。」

凡人主，莫不欲其民之用也。使民用者，必法立而令行也。故治國使眾莫如法，禁淫止亂莫如刑。故貧者非不欲奪富者財也，然而不敢者，法不使也；強者非不能暴弱也，然而不敢者，畏法誅也。故百官之事，案之以法，則姦不生；暴慢之人，誅之以刑，則禍不起；群臣竝進，筴㉒之以數，則私無所立。故〈明法〉曰：「動無非法者，所以禁過而外私也。」

人主之所以制臣下者，威勢也。故威勢在下，則主制於臣；威勢在上，則臣制於主。夫蔽主者，非塞其門、守其戶也，然而令不行、禁不止、所欲不得者，失其威勢也。故威勢獨在於主，則群臣畏敬；法政獨出於主，則天下服聽㉓。故威勢分於臣，則令不行；法政出於臣，則民不聽。故明主之治天下也，威勢獨在於主，而不與臣共；法政獨制於主，而不從臣出。故〈明法〉曰：「威不兩錯，政不二門。」

明主者，一度量，立表儀，而堅守之。政令下而民從。法者，天下之程式也，萬事之儀表也。吏者，民之所懸命也。故明主之治也，當於法者賞之，違於法者誅之。故以法誅罪，則民就死而不怨；以法量功，則民受賞而無德㉔也。此以法舉錯之功也。故〈明法〉曰：「以法治國，則舉錯而已。」

【章　旨】此章係逐句解釋〈明法〉「所謂治國者」章，進而闡明了「道」、「術」、「勢」的作用，強調了明主之「明」，在於以法治國，不行私意。

【注釋】❶明主者二句　俞樾云：「『有』字乃『明』字之誤。『明』字之下，又奪『於』字。當云『明主者明於術數而不可欺也』，與下文『審於法禁而不可犯也，察於分職而不可亂也』，文誼一律。」錄供參考。有，擁有；握有。❷蔽　遮擋。❸塞　阻塞。❹所職　即所常。指經常性的供養。❺竟內　即國內。下同。竟，通「境」。❻明法　明確的法度。原文為「明主」。王念孫云：「『明主』當為『明法』，明法與私術相對成文。下文『法廢而私行』，即承此『法』字而言。今本涉上下文『明主』而誤。」❼非親　並非出乎親愛。原文為「非計親」。「計」為衍文，故刪。❽縣　即「懸」。設立。❾受　接受；獲得。原文為「愛」。古本、劉本、朱本作「受」。此依古本。❿條通　暢通。條，通達。⓫鬲　通「隔」。阻隔。下同。⓬壅主　被壅塞的君主。原文為「壅遏」。丁士涵云：「『壅遏』當為『壅主』，下文言『塞主之道』，是其例。」⓭令出而留　指政令發出而被滯留。〈明法〉正文作「出而道留」。⓮閒　「間」的本字。⓯下情不上通　指民情不能上達。〈明法〉正文作「下情求不上通」。「求」為「本」字之誤。⓰不以參伍　意謂不借助比照的方法。參伍，驗證；比照。⓱是故　原文作「具故」。豬飼彥博謂：「當作『是故』。」⓲滅塞侵壅之所生　意謂發生淹沒、閉塞、侵凌、壅蔽的原因。〈明法〉正文作「滅、侵、塞、擁之所生」。⓳案　通「按」。依照。⓴當宜　正義。俞樾云：「『當』猶正也」，「『誼』者古『義』字，『宜』乃『誼』之省耳」。㉑舍　同「捨」。放棄；拋棄。下同。㉒筴　即「策」。鞭策；駕馭。㉓服聽　服從聽命。原文為「服德」。王念孫云：「『服德』當依朱本作『服聽』，字之誤也。」㉔德　此為動詞。感激恩德。

【語　譯】聖明的君主，掌握著謀略方法，即不可欺蒙，審悉法度，即不可冒犯，明察上下職責，即不容錯亂。因而群臣不敢妄行己意，貴臣不能妨礙賤者，近臣不能阻塞遠者，孤寡老弱，不會失去經常性的供養，國內尊卑明確，而不會互相僭越。這就叫做安定有秩序的國家。所以，〈明法〉說：「所謂治國者，主道明也。」

明確的法度，是君上用來統一民眾、役使臣下的；陰謀手段，是臣下用來侵凌朝廷、擾亂君主的。所以，法度廢弛，陰謀手段橫行，君主就會孤立而陷入無援，臣吏就會群集而結成朋黨。這樣，就會變成主弱而臣強。這就叫做混亂無秩序的國家。所以，〈明法〉說：「所謂亂國者，臣術勝也。」

明主居於上位，掌握住斷然整治的權力，群臣便不敢作壞事。因此，群臣不敢欺蒙君主的原因，並非敬愛君主，而是因為懼怕君主的威嚴權勢；百姓爭相效力，也並非親愛君主，而是因為懼怕君主的法禁政令。

所以，明主操持著必然制勝的策略，用來治理必須效力的民眾；占據著必然尊重的勢位，用來駕馭必須順服的臣子，因而能夠做到令行禁止，君尊臣卑。所以，〈明法〉說：「尊君臣卑，非親也，以勢勝也。」

明主的治理方法，是設置爵祿來激勵人們，讓人們可以從君主那裡獲得實惠，因而君主就有辦法役使他們；設立刑罰來威懾下民，讓下民畏懼君主，因而君主就有辦法管束他們。所以，沒有爵祿，君主便無法激勵人們；沒有刑罰，君主便無法威懾民眾。人臣之所以遵循正理，奉行君命，並不是因為熱愛君主，而是為著追求實惠而躲避禍患；百官之所以奉行法度而不為姦邪，並不是因為敬愛君主，而是為了獲得爵祿而躲避刑罰。所以，〈明法〉說：「百官論職，非惠也，刑罰必也。」

作為君主，獨掌生殺大權，踞有作威作勢的高位，操持著令行禁止的權柄，來駕馭群臣，這就是為君之道。作為人臣，安居卑賤地位，奉行君主指令，恪守本身職責，管理本職事務，這就是為臣之道。君行臣道，便將混亂；臣行君道，便將危殆。因此，上下尊卑不分，君道臣道相混，便是亂國的根本。所以，〈明法〉說：「君臣共道則亂。」

人臣之所以誠惶誠恐而慎重小心地事奉君主，是因為求生而怕死。倘若人們都不求生，都不怕死，便不可能控制了。生殺的權柄專擅在大臣手裡，君主卻不危殆，這樣的事是從沒有的。所以，國事的治理不是依法裁定，而是由大臣決斷；生殺大權，不是由君主控制，而是在群臣手中，這就是依附臣下而生存的君主。因而君主若是全部把自己的權力給予臣下，便必然會有身遭劫殺的憂患；若是全部把自己的法制昭示臣下，便必然會有國遭亂亡的禍殃。像這樣，就是亡國之君的道路。所以，〈明法〉說：「專授則失。」

凡是作為君主而不能推行自己的政令，廢棄法度而放任群臣，威嚴已經消失，權力已遭剝奪，政令不能發出，群臣不肯效力，百姓不聽役使，國內的民眾不受控制，那麼，國家便不是他的國家，而民眾也不是他的民眾了。像這樣，就是滅頂之君的道路。所以，〈明法〉說：「令本不出謂之滅。」

明君的方法，是使出身微賤的人，不必依靠身分尊貴的人介紹，便可拜見君主，大臣不必憑藉近臣推薦，便可得到進用，百官與朝廷的渠道暢通，群臣的情況顯然可察。當罰的，君主可察見他的罪過；當賞的，君主也明白他的功勞。所見所知，不存謬誤；當賞當罰，不生差失。由於握有不受欺蒙的籌策，因而沒有會遭壅阻的憂患。昏君便不是這樣。法令不能通達民眾，疏遠隔絕而不能瞭解下情。像這樣，就是身遭壅蔽的君主的道路。所以，〈明法〉說：「令出而留謂之壅。」

人臣之所以追逐為姦，是為了控制君主。臣下有了控制君主的情況，君令就不能推行，下情就不能上達。憑人臣的力量，而能阻隔君臣聯繫，致使好壞情況不能傳揚，禍福事態不能通報，君主迷惑而無法悟察。像這樣，就是身遭阻塞的君主的道路。所以，〈明法〉說：「下情不上通謂之塞。」

明君要普遍聽察，獨自裁斷，他觀察的管道是很多的。他治理群臣的方法，是下屬要能提醒上司，賤者可以進言貴者。因而姦臣不敢欺蒙。昏君便不是這樣。聽察下情，沒有方法；裁斷事務，不作比照。因而無能之輩進入朝廷，邪曲之徒擅掌國政，君主的視聽，遭到蔽塞，忠臣想要獻謀直諫的，也不能進入。像這樣，就是身遭侵凌的君主的道路。所以，〈明法〉說：「下情上而道止謂之侵。」

君主治國，沒有誰不具有法令和賞罰措施。因此，法令彰明而賞罰措施得當，君主就能權尊位顯，姦邪現象也就不會發生；法令背理而賞罰措施不當，群臣就會謀立私利，欺蒙君上，以致拉朋結黨，劫殺君主。所以，〈明法〉說：「滅、塞、侵、壅之所生，從法之不立也。」

法度，是君主用來駕馭天下而禁止姦邪的，是用來統領海內而奉事宗廟的。私意，是產生混亂，助長姦邪，損害公正原則的，是欺蒙君主，導致國家喪失正道而走向危亡的。因而法度暢行，則國家安定；私意妄行，則國家危亂。明君對於雖然自己心愛而無功勞的人，也不給獎賞，對於雖然自己憎惡而無罪過的人，也不施刑罰。依據法式來驗核得失，不屬法度方面的事不予關注。所以，〈明法〉說：「先王之治國也，不淫意於法之外。」

明主治理國政，總是依據正義，施行正理。因而對於應當獎賞的，群臣不會推辭；對於應當懲罰的，群臣不敢躲避。獎賞立功，誅罰犯罪，是用來為天下興利除害的。草茅不剷除，便會損害禾穀；盜賊不誅罰，便會傷害良民。拋棄公法而施行私惠，便會利於姦邪而助長暴亂。因為施行私惠而獎賞無功的人，就是教民苟且僥倖而仰賴君上；施行私惠而寬赦有罪的人，就是使人輕視君主而輕易作惡。因而拋棄公法，使用私惠，明君是不會做的。所以，〈明法〉說：「不為惠於法之內。」

凡是君主，沒有誰不想要自己的民眾效力的。要使民眾效力，必須法令確立，政令暢行。所以，治理國家，役使民眾，沒有什麼能像法令一樣有效；禁遏荒淫，防止動亂，沒有什麼能像刑罰一樣有力。貧者並不是不希望劫奪富者的財富，然而不敢這樣作，是因為法令不容許；強者並不是不能凌暴弱者，然而不敢這樣作，是因為懼怕法律的誅罰。所以，百官的職事，依據法令而行，姦邪現象便不會發生；強暴傲慢之徒，用刑罰加以懲治，禍亂就不會興起；群臣用同一標準進用，運用策略加以駕馭，私惠便無法樹立。所以，〈明法〉說：「動無非法者，所以禁過而外私也。」

君主用以制服臣下的，是威權。所以，如果威權在下，君主便會被臣下控制；如果威權在上，臣下便會被君主制服。所謂被蔽塞的君主，並非有誰堵塞了他的出入，把守了他的門戶，然而有令不能行，有禁不能止，所要求的目的達不到，就是因為喪失了自己的威權。所以，威權只在君主手中，群臣便會畏怯和尊敬；法禁政令只由君主發出，天下就會歸服聽從。威權散落群臣手中，君令便不能推行；法禁政令由群臣發出，民眾便不會聽從。因而明君治理天下，威權全由自己獨攬，而不與群臣共享；法禁政令全由自己控制，而不由群臣發出。所以，〈明法〉說：「威不兩錯，政不二門。」

聖明的君主，統一法度，設置準則，而且堅定地加以維護。因而政令下達，民眾便能聽從。法度，是天下的規章法式，是萬事的準則標尺。官吏，則懸繫著民眾的生命。所以，明君的治理方法，是合於法的，便給予獎賞；違犯法的，便給予誅罰。依法誅罪，人們走向刑場，也不會抱怨；依法計功，人們受到獎賞，也不必感恩。這都是依法行事的功效。所以，〈明法〉說：「以法治國，則舉錯而已。」

明主者，有法度之制，故群臣皆出於方正之治，而不敢為姦。百姓知主之從事於法也，故吏之所使者，有法則民從之，無法則止。民以法與吏相距❶，下以法與上從事。故詐偽之人不得欺其主，嫉妒之人不得用其賊心，讒諛之人不得施其巧。千里之外，不敢擅為非。故〈明法〉曰：「有法度之制者，不可巧以詐偽。」

權衡❷者，所以起輕重之數也。然而人不事者，非心惡利也，權不能為之多少其數，而衡不能為之輕重其量也。人知事權衡之無益，故不事也。故明主在上位，則官不得枉法，吏不得為私，民知事吏之無益，故財貨不行於吏。權衡平正而待物，故姦詐之人不得行其私。故〈明法〉曰：「有權衡之稱者，不可欺以輕重。」

尺寸尋丈者，所以得短長之情❸也。故以尺寸量短長，則萬舉而萬不失矣。是故尺寸之度，雖富貴眾強，不為益長；雖貧賤卑辱，不為損短。公平而無所偏，故姦詐之人不能誤也。故〈明法〉曰：「有尋丈之數者，不可差以長短。」

國之所以亂者，廢事情而任非譽❹也。故明主之聽也，言者責之以其實，譽人者試之以其官。言而無實者誅，吏而亂官者誅。是故虛言不敢進，不肖者不敢受官。亂主則不然。聽言而不督其實，故群臣以虛譽進其黨；任官而不責成功，故愚污之吏在庭。如此，則群臣相推以美名，相假以功伐，務多其佼❺，而不為主用。故〈明法〉曰：「主釋法以譽進能，則臣離上而下比周矣；以黨舉官，則民務佼而不求用矣。」

亂主不察臣之功勞，譽眾者，則賞之；不審其罪過，毀眾者，則罰之。如此者，則邪臣無功而得賞，忠正無罪而有罰。故功多而無賞，則臣不務盡力；行正而有罰，則賢聖無從竭能；行貨財而得爵祿，則汙辱之人在官；寄託之人❻不肖而位尊，則民倍公法而趨有勢。如此，則慤愿❼之人失其職，而廉潔之吏失其治。故〈明法〉曰：「官之失其治也，是主以譽為賞，而以毀為罰也。」

平吏之治官也，行法而無私，則姦臣不得其利焉。此姦臣之所務傷也。人主不參驗其罪過，以無實之言誅之，則人臣❽不能無事貴重而求推譽，以避刑罰而受祿賞焉。故〈明法〉曰：「喜賞惡罰之人，離公道而行私術矣。」

姦臣之敗其主也，積漸積微，使主迷惑而不自知也。上則相為候望❾於主，下則買譽於民。譽其黨而使主尊之，毀不譽❿者而使主廢之。其所利害者，主聽而行之。如此，則群臣皆忘主而趨私佼矣。故〈明法〉曰：「比周以相為慝⓫，是故忘主私佼⓬以進其譽。」

主無術數，則群臣易欺之；國無明法，則百姓輕為非。是故姦邪之人用國事，則群臣仰利害也。如此，則姦人為之視聽者多矣。雖有大義⑬，主無從知之。故〈明法〉曰：「佼眾譽多，外內朋黨，雖有大姦，其蔽主多矣。」

凡所謂忠臣者，務明法術，日夜佐主明於度數之理，以治天下者也。姦邪之臣，知法術明之必治也，治則姦臣困而法術之士顯。是故邪之所務事者，使法無明，主無悟，而己得所欲也。故方正之臣得用，則姦邪之臣困傷矣。是方正之與姦邪不兩進之勢也。姦邪在主之側者，不能勿惡也。唯惡之，則必候主閒⑭而日夜危之。人主不察而用其言，則忠臣無罪而困死，姦臣無功而富貴。故〈明法〉曰：「忠臣死於非罪，而邪臣起於非功。」

富貴尊顯，久有天下，人主莫不欲也。令行禁止，海內無敵，人主莫不欲也。蔽欺侵凌，人主莫不惡也。失天下，滅宗廟，人主莫不惡也。忠臣之欲明法術、以致主之所欲、而除主之所惡者，姦臣之擅主者，有以私危之，則忠臣無從進其公正之數⑮矣。故〈明法〉曰：「所死者非罪，所起者非功，然則為人臣者重私而輕公矣。」

亂主之行爵祿也，不以法令案⑯功勞，其行刑罰也，不以法令案罪過，而聽重臣之所言。故臣有所欲賞，主為賞之；臣欲有所罰⑰，主為罰之。廢其公法，專聽重臣。如此，故群臣皆務其黨，重臣而忘其主，趨重臣之門而不庭。故〈明法〉曰：「十至於私人之門，不一至於庭。」

明主之治也，明於分職，而督其成事。勝其任者處官，不勝其任者廢免。故群臣皆竭能盡力以治其事。亂主則不然。故群臣處官位，受厚祿，莫務治國者，期於管國之重而擅其利，牧漁其民以富其家。故〈明法〉曰：「百慮其家，不一圖其⑱國。」

明主在上位，則竟內之眾盡力以奉其主，百官分職致治以安國家。亂主則不然。雖有勇力之士，大臣私之，而非以奉其主也；雖有聖智之士，大臣私之，非以治其國也。故屬數雖眾，不得進也；百官雖具，不得制也。如此者，有人主之名而無其實。故〈明法〉曰：「屬數雖眾，非以尊君也；百官雖具，非以任國也。此之謂國無人。」

明主者，使下盡力而守法分⑲，故群臣務尊主而不敢顧其家。臣主之分明，上下之位審，故大臣各處其位而不敢相貴。亂主則不然。法制廢而不行，故群臣得務益其家；君臣無分，上下無別，故群臣得務相貴。如此者，非朝臣少也，眾不為用也。故〈明法〉曰：「國無人者，非朝臣衰也⑳。家與家務相益，不務尊君也；大臣務相貴，而不任國也。」

人主之張㉑官置吏也，非徒尊其身、厚奉㉒之而已也，使之奉主之法，行主之令，以治百姓而誅盜賊也。是故其所任官者大，則爵尊而祿厚；其所任官者小，則爵卑而祿薄。爵祿者，人主之所以使吏治官也。亂主之治㉓也，處尊位，受厚祿，養所與佼，而不以官為務。如此者，則官失其能矣。故〈明法〉曰：「小臣持祿養佼，不以官為事，故官失職㉔。」

明主之擇賢人也，言勇者試之以軍，言智者試之以官。試於軍而有功者則舉之，試於官而事治者則用之。故以戰功之事定勇怯，以官職之治定愚智。故勇怯愚智之見也，如白黑之分。亂主則不然。聽言而不試，故妄言者得用；任人而不官，故不肖者不困。故明主以法案其言而求其實，以官任其身而課㉕其功，專任法不自舉焉。故〈明法〉曰：「先王之治國也，使法擇人不自舉也。」

凡所謂功者，安其上，利萬民者也。夫破軍殺將，戰勝攻取，使主無危亡之憂，而百姓無死虜之患，此軍士之所以為功者也。奉主法，治竟內，使強不凌弱，眾不暴㉖寡，萬民驩盡其力而奉養其主，此吏之所以為功也。匡主之過，救主之失，明理義以道其主，主無邪僻之行，蔽欺之患，此臣之所以為功也。故明主之治也，明分職而課功勞，有功者賞，亂治者誅。誅賞之所加，各得其宜，而主不自與焉。故〈明法〉曰：「使法量功，不自度也。」

明主之治也，審是非，察事情，以度量案之。合於法則行，不合於法則止。功充其言則賞，不充其言則誅。故言智能者，必有見功而後舉之；言惡敗者，必有見過而後廢之。如此，則士上通而莫之能妬，不肖者困廢而莫之能舉。故〈明法〉曰：「能不可蔽㉗，而敗不可飾也。」

明主之道，立民所欲以求其功，故為爵祿以勸之；立民所惡以禁其邪，故為刑罰以畏之。故案其功而行賞，案其罪而行罰。如此，則群臣之舉無功者，不敢進也；毀無罪者，不能退也。故〈明法〉曰：「譽者不能進，而誹者不能退也。」

制群臣，擅生殺，主之分也；縣㉘令仰制，臣之分也。威勢尊顯，主之分也；卑賤畏敬，臣之分也。令行禁止，主之分也；奉法聽從，臣之分也。故君臣相與，高下之處也，如天之與地也；其分畫之不同也，如白之與黑也。故君臣之間㉙明別，則主尊臣卑。如此，則下之從上也，如響之應聲；臣之法主也，如景㉚之隨形。故上令而下應，主行而臣從；以令則行，以禁則止，以求則得。此之謂易治。故〈明法〉曰：「君臣之間明別，則易治㉛。」

明主操術任臣下，使群臣效其智能，進其長技。故智者效㉜其計，能者進其功。以前言督後事，所效當則賞之，不當則誅之。張官任吏治民，案法試課成功。守法而法之㉝，身無煩勞而分職㉞。故〈明法〉曰：「主雖不身下為，而守法為之可也。」

【章　旨】此章係逐句解釋〈明法〉「是故有法度之制者」章，進而闡明依法治理政務，課功擇賢的作用。

【注　釋】❶距　通「拒」。抗拒；抵制。❷權衡　指秤。權為秤錘，衡為秤桿。❸情　誠；實。此指實數。下文「廢事情」，意謂拋開事實。❹非譽　誹謗與誇譽。非，通「誹」。❺佼　通「交」。交往；結交。❻寄託之人　此指委以重任的大臣。❼愨愿　篤誠老實。❽人臣　原文為「姦臣」。俞樾云：「『姦臣』當作『人臣』，蓋人主以無實之言誅人，則人臣皆事貴重以求免，非必姦臣也。涉上文兩云姦臣而誤。」❾候望　伺望；窺伺。❿不譽　指不同黨派。即異己。譽，通「與」。黨與。下文「以進其譽」、「交眾譽多」中「譽」，同此義。⓫慝　邪惡。〈明法〉正文作「匿」。⓬私佼　即「私交」。〈明法〉正文作「以交」。王念孫謂「以」為「外」之訛。⓭大義　大姦；大邪。戴望云：「『義』，『俄』之借字。」《廣雅》：「俄，衺也。」衺，即「邪」。邪惡。⓮閒　即「間」。空隙；機會。⓯數　策略。⓰案　考察；查核。⓱欲有所罰　依上文「臣有欲賞」例，此當為「有所欲罰」。意謂有想要加以懲罰的對象。語譯依此。⓲其　〈明法〉正文無此字。⓳法分　法度與職分。⓴非朝臣衰也　〈明法〉正文作「非朝臣之衰也」。衰，減少。㉑張　陳設；安排。㉒厚奉　優厚的俸祿。奉，通「俸」。㉓治　古通「嗣」。官司；官吏。㉔失職　拋開職守，不負責任。〈明法〉正文作「失其能」。㉕課　考核；試驗。㉖暴　侵淩；損害。㉗能不可蔽　〈明法〉正文作「故能匿而不可蔽」。蔽，掩蓋；埋沒。㉘縣　同「懸」。牽掛；紀念。㉙閒　即「間」。差別；界限。㉚景　即「影」。身影。㉛則易治　〈明法〉正文作「明別則易治也」。㉜效　獻出；貢獻。㉝守法而法之　遵守法度且依法行事。法，上「法」為名詞。指法度。下「法」為動詞。謂行法。㉞分職　分掌職事。

【語　譯】聖明的君主，掌握著法度的制約權力，因而群臣都從方正的治理上面顯出才能，而不敢妄行邪惡。

百姓明白君主依法辦事，所以對於官吏的驅遣，有法可依百姓則聽從，無法可依則拒絕。百姓憑藉法度與官吏相制約，下屬依據法度為上司辦理事務。因而欺詐作偽之徒，不能蒙騙君主，妒忌之徒，不能使出害人之心，讒誹阿諛之徒，不能施展機巧。縱在千里之外，人們也不敢為非作惡。所以，〈明法〉說：「有法度之制者，不可巧以詐偽。」

權衡，是用來顯示物體的輕重數目的。然而人們卻不使用它，這並非是內心憎惡財利，而是因為秤錘不能給人們增大或減小數字，秤桿不能給人們加重或減輕份量。人們明白使用「權衡」沒有好處，所以便不使用它。明君高居尊位，百官不能枉法，群吏不能行私，百姓明白尊奉官吏沒有益處，因而錢財也就不會行賄到官吏手中。能像「權衡」一樣公正地處理一切人事，姦詐之徒，便不能謀取私利了。所以，〈明法〉說：「有權衡之稱者，不可欺以輕重。」

尺寸尋丈，是用來量度長短實情的。所以，用尺寸衡量長短，便能萬用而萬不失誤。尺寸的計量，雖是對於富豪尊貴、人多勢盛的人，也不會為他增長；雖是對於貧賤無依、位卑身辱的人，也不會給他縮短。因為它公正而無所偏私，所以姦詐之徒，也不能使它有所差失。所以，〈明法〉說：「有尋丈之數者，不可差以長短。」

國家所以混亂，往往是因為君主拋開事實而信任誹謗與誇譽。所以，明君聽取意見的時候，對於進言的，要求舉出實例；對於誇譽他人的，要用任官情況來檢驗。空言而無實際的，給予誅罰；官吏管理混亂的，也給予誅罰。因而謊言不敢再進，不肖之徒，不敢承擔官職。昏君便不是這樣。聽取意見不督察實情，因而群臣憑藉虛名來薦舉同黨；任用官吏而不責求成就事功，因而愚蠢污濁的官吏居於朝廷。像這樣，群臣便標榜「美名」而互相抬舉，誇耀「功勞」而互相借重，盡力增多私交，而不替君主效力。所以，〈明法〉說：「主釋法以譽進能，則臣離上而下比周矣；以黨舉官，則民務佼而不求用矣。」

昏君不詳察臣下的功勞，誇譽的人多，便獎賞；不細究臣下的罪過，誹謗的人多，便誅罰。這樣，便是邪臣無功而得賞，忠臣無罪而遭罰。功多而沒有獎賞，臣下便不願盡力；行事忠正而反遭誅罰，賢聖便無法竭盡才能；施用賄賂而能得到爵祿，污濁之徒便可居處官府；委以重任的人不賢明而居尊位，人們便會背離公法而投靠勢要。這樣，忠厚老實的人，便會失掉職守，廉潔的官吏，便會失去治理的辦法。所以，〈明法〉說：「官之失其治也，是主以譽為賞，而以毀為罰也。」

普通官吏辦理職事，假如施行法度而不顧私情，姦臣便得不到利益。這種人就是姦臣務必要中傷的。君主若不查驗這種人的「罪過」，而根據不實之詞加以誅罰，人臣便不能不侍奉權貴重臣來求取薦舉誇譽，以便避免刑罰而獲得祿賞。所以，〈明法〉說：「喜賞惡罰之人，離公道而行私術矣。」

姦臣摧敗君主的辦法，是採取由小到大，由微到顯，使君主迷惑而不察覺。在朝廷，他們便對君主的行動進行窺探；在下面，他們便向民間收買名聲。誇耀同黨，使得君主重視；詆毀異己，使得君主廢黜。針對他們想要利用、想要損害的人，讓君主聽信而照此施行。這樣，群臣便都忘掉君主而爭趨私交了。所以，〈明法〉說：「比周以相為慝，是故忘主私佼以進其譽。」

君主沒有方法與謀略，群臣便易於蒙騙他；國家沒有彰明的法度，百姓便易於作惡。因此，姦邪之徒若執掌國事，便成了群臣切身利害的仰賴者。這樣，為姦邪之徒作耳目的就多。姦邪之徒雖有大惡行為，君主也無法知道。所以，〈明法〉說：「佼眾譽多，外內朋黨，雖有大姦，其蔽主多矣。」

凡是所謂忠臣，都是致力精通法度方略，日夜輔佐君主、明悉法度謀略的道理，而治理天下的人。姦邪之臣，懂得法度策略修明，則國家必然得治，得治則姦臣遭困，而講求法術的人尊顯。因此，姦邪之徒所盡力謀求的，便是使法度不能修明，君主不能覺悟，而自己得其所欲。所以，方正之臣得到重用，姦邪之臣必遭困傷。這是方正與姦邪不能兩者兼相進用的必然之勢。姦邪之臣處在君主身旁，不能不覦視方正之臣。正因為覦視，則必然窺測君主的嫌隙而日夜圖謀危害。君主倘不明察而誤信姦臣的話，忠臣便會無罪而遭困死，姦臣便能無功而享富貴。所以，〈明法〉說：「忠臣死於非罪，而邪臣起於非功。」

富貴尊顯，長久據有天下，君主沒有不想望的。令行禁止，海內無敵，君主沒有不想望的。蒙蔽、欺詐、侵權、凌越，君主沒有不憎惡的。喪失天下、夷滅宗廟，君主沒有不憎惡的。忠臣希望修明法度、謀略，以求實現君主的願望，消除君主的嫌惡；姦臣如果控制了君主，有用營私的辦法來加以危害的情況，忠臣便無法進獻他的公正的策略了。所以，〈明法〉說：「所死者非罪，所起者非功，然則為人臣者重私而輕公矣。」

昏君頒賞爵祿，不依據法令、察核功勞，施行刑罰，也不依據法令、察核罪過，而只聽取權重之臣的話。因而重臣有要賞的，君主為他行賞；重臣有要罰的，君主為他行罰。廢棄朝廷公法，專門聽信重臣。這樣，群臣都盡力發展私黨，重視同僚而忘了君主，爭赴重臣家門而不進入朝廷。所以，〈明法〉說：「十至於私人之門，不一至於庭。」

明君管理臣下，明確他們的職守，並且督促他們完成職事。勝任職責的留任，不稱職的廢免。因而群臣都竭能盡力來辦理職事。昏君卻不是這樣。因而群臣身居官位，享受厚祿，沒有誰盡力治理國事，只是希望掌管國家重權而獨占其利，管束、漁奪民眾而獨富自家。所以，〈明法〉說：「百慮其家，不一圖其國。」

明君居於上位，國內民眾便會盡力尊奉君主，百官分工盡力治理而安定國家。昏君居於上位，便不是如此。雖然國有勇士，卻被大臣私養，而不是用來事奉君主；雖然國有賢才，卻為大臣私有，不是用來治理國家。因而部屬雖然眾多，但不能進用；百官雖然齊備，但不能控制。像這樣的情況，就是有君主之名，而無君主之實。所以，〈明法〉說：「屬數雖眾，非以尊君也；百官雖具，非以任國也。此之謂國無人。」

明君督促臣下盡力辦事而遵守法令職責，因而群臣竭力尊奉君主而不敢顧及私家。臣主的職責分明，上司與下屬的地位明確，因而大臣各安職位而不敢互相推重。昏君便不是這樣。法度廢弛而不能推行，因而群臣得以盡力增益私財；君臣不分，上下無別，因而群臣能夠盡力互相推重。像這種情況，並非朝臣缺少，而是眾多的朝臣不為君主效力。所以，〈明法〉說：「國無人者，非朝臣衰也。家與家務相益，不務尊君也；大臣務相貴，而不任國也。」

君主設置官吏，不只是提高他們的身分、加重他們的俸祿而已，而是要使他們尊奉君主的法度，執行君主的政令，來治理百姓而誅滅盜賊。因此，所任的官職大，便會爵位高而俸祿厚；所任的官職小，便會爵位低而俸祿薄。爵位與俸祿，是君主用以役使和治理官吏的。昏君的官吏，則是安處尊位，享受厚祿，私養黨羽，而不把職守作為要務。像這樣的情況，便是官吏失去作用了。所以，〈明法〉說：「小臣持祿養佼，不以官為事，故官失職。」

明君選擇賢才，稱勇的到軍隊考核，稱智的到官府考核。在軍隊考核而有功勞的便提拔，在官府考核而有政績的便進用。所以，這是憑所立戰功的實績判定勇怯，憑所任職事的政績鑑別愚智。因而勇怯愚智的體現，便如白黑一樣分明。昏君便不是這樣。聽人所言而不加考核，因而說假話的人得到舉用；授任予人而不試以職事，因而不肖之徒不遭困頓。因此，明君堅持依照法度、核驗言論而責求實事，委以職責而考察功績，專靠法度擇賢，而不作個人舉薦。所以，〈明法〉說：「先王之治國也，使法擇人不自舉也。」

大凡所謂功績，指的就是能安定君主，造福萬民。擊破敵軍，斬殺敵將，戰能獲勝，攻能奪取，致使君主沒有面臨危殆滅亡的憂慮，而百姓沒有死亡被俘的禍患，這是軍士可用來作為功績的。遵行君主法度，治好國內政事，使勢強的不欺凌勢弱的，人多的不損害人少的，萬民歡悅地竭盡才力奉養君主，這是官吏可用來作為功績的。糾正君主的過錯，匡救君主的失誤，闡明理義以開導君主，致使君主沒有邪僻的行為，沒有遭受蒙蔽欺騙的憂慮，這是大臣可用來作為功績的。因而明君治理國政，注意明確職責而考核功勞，有功則賞，亂政則罰。罰賞所施，各得其當，君主不妄自干預。所以，〈明法〉說：「使法量功，不自度也。」

明君治理國政時，辨別是非，考察事實，都是依據法度來檢驗。合於法度便施行，不合法度便廢止。功效符合所言則賞，不符所言則誅。對稱為有智慧才能的人，必須有可見到的功績而後舉用他；對稱為有腐敗作風的人，必須有可見到的過錯而後廢黜他。這樣，賢士便能直通朝廷而沒有誰能妒忌，不肖之徒遭到困廢而沒有誰能舉用。所以，〈明法〉說：「能不可蔽，而敗不可飾也。」

明君的治政方法，是設置人們所嚮往的措施，用來促使人們立功，因而設立爵祿來激勵他們；設置人們所憎惡的措施，用來禁止人們作惡，因而設立刑罰來威懾他們。所以，按照人們的功勞而施行獎賞，依據人們的罪過而進行懲罰。這樣，受群臣誇譽而沒有功勞的人，也不敢進用；被群臣詆毀而沒有罪過的人，也不會廢退。所以，〈明法〉說：「譽者不能進，而誹者不能退也。」

駕馭群臣，獨掌生殺，是君主的職分；記住君令，仰仗制約，是人臣的職分。威勢尊顯，是君主的職分；卑賤畏敬，是人臣的職分。令行禁止，是君主的職分；守法服從，是人臣的職分。所以，君臣之間的交往，各自所處的高下，正如天地的差異；彼此職分的分畫不同，正如白黑一樣分明。因而君臣的界限分明有別，便能主尊臣卑。這樣，臣下聽從君上，便像回聲應合聲響；人臣效法君主，便像身影追隨軀體。所以，君上發令而臣下響應，君主行動而人臣跟從；施令則行，施禁則止，欲求則得。這就稱為容易治理。所以，〈明法〉說：「君臣之間明別，則易治。」

明君掌握著策略來任用臣下，致使群臣獻出各自的聰明才力，進奉各自的特長。因而智者獻出自己的計謀，能者獻出自己的事功。用先前承諾之言，來督察事後實際，所實現的相符，便獎賞他們；不相符合，便懲罰他們。設置官爵，任命官吏，治理民眾，都要依據法度，檢驗查核成果。遵守法度，依法治事，自身沒有煩勞，百官各掌職事。所以，〈明法〉說：「主雖不身下為，而守法為之可也。」

匡乘馬　第六十八

【題解】此為《管子》第六十八篇，亦為《管子》「輕重十九篇」中的第一篇。題為「匡乘馬」。原文為「臣乘馬」，或作「巨乘馬」。元本、古本、朱東光本作「匡乘馬」。字書無「匡」。林圃說：「原書篇名當為『匡乘馬』，元本、古本、朱東光本作『匡』，乃沿宋本避宋諱缺筆。古本『大匡』『中匡』『小匡』三匡字均如是作，可證。匡者簿也，策也（郭先生說，見〈大匡〉），故『匡乘馬』即所謂『筴（策）乘馬』。後人不識匡字，並不解匡字義，故『匡』或誤為『巨』，或誤為『臣』。」乘，為四則運算方法之一，代指運算、計算。馬，通「碼」，是作計算用的籌碼，代指籌劃。匡，依郭說，即簿，即策。策，指策略、手段。「策乘馬」或「匡乘馬」，即指運用計算籌劃手段來整理財政。全文內容正與此義相合。

〈匡乘馬〉是《管子》「輕重十九篇」中的第一篇論文，為中央朝廷明確提出了在「不奪民時」，促使「五穀興豐」的前提下，具體控制穀價的理財方法。一經調控，獲利「一切什九」，剝削程度不可謂不驚人，但比之於不顧生產，「衡籍其九」的無止掠奪，還是要高明一籌。至於作者說這是「有虞之筴乘馬」，則顯然是為了提高這一理財方法身價的依託之辭。

桓公問管子曰：「請問乘馬。」管子對曰：「國無儲❶在令。」桓公曰：「何謂國無儲在令？」管子對曰：「一農之量，壤❷百畝也，春事二十五日之內。」桓公曰：「何謂春事二十五之內？」管子對曰：「日至❸六十日而陽❹凍釋，七十五日❺而陰凍釋。陰凍釋而秇❻稷，百日不秇稷，故春事二十五日之內耳也。」

今君立扶臺❼，五衢❽之眾皆作。君過春而不止，民失其二十五日，則五衢之內，阻棄之地❾也。起一人之繇❿，百畝不舉；起十人之繇，千畝不舉；起百人之繇，萬畝不舉；起千人之繇，十萬畝不舉。春已失二十五日，而尚有⓫起夏作，是春失其地，夏失其苗。秋起繇而無止，此之謂穀地數亡。穀失於時，君之衡籍⓬而無止；民食什伍⓭之穀，則君已籍九矣。有衡求幣焉。此盜暴之所以起，刑罰之所以眾也。隨之以暴，謂之內戰。」桓公曰：「善哉！」

【章　旨】此章言政令失當，則國貧民亂。

【注　釋】❶國無儲　指國庫空虛。儲，此指積蓄財富。❷壤　本謂曾經耕作的土地，此為動詞，指耕地、耕種。❸日至　冬至、夏至，皆稱「日至」。此指冬至。❹陽　表面；地面。下句中「陰」指背面、地下。❺七十五日　原文為「七十日」。豬飼彥博云：「『七十』下蓋脫『五』字。」❻秇　同「蓺」。即藝。種植。❼扶臺　臺名。應是當時齊國的高大建築。但齊桓公占用農時修築扶臺一事，古籍無可稽考。❽五衢　即指五方。衢，通向四方的道路。《爾雅·釋宮》：「四達謂之衢。」❾阻棄之地　荒廢之地。阻，許維遹謂「讀為『苴』」，枯草。《楚辭·九章·悲回風》：「草苴比而不芳。」王逸注：「生曰草，枯曰苴。」❿繇　通「傜」。徵役；傜役。⓫有　通「又」。再。下文「有衡求幣焉」中「有」字同此例。⓬衡籍　強行徵取。衡，通「橫」。下文同。籍，本指徵籍。古代各種捐稅的統稱。此指徵稅。⓭什伍　十分之五。

【語　譯】桓公問管子說：「請問經濟方面的計算籌劃。」管子回答說：「國家沒有積蓄，原因在於政令。」桓公問：「為什麼說國家沒有積蓄，原因在於政令呢？」管子回答說：「一個農夫的限量，只宜耕種百畝土地，春時農事只宜在二十五天之內完成。」桓公問：「為什麼說春時農事只宜在二十五天之內呢？」管子回答說：「冬至過後六十天，地面的冰凍才消融，七十五天以後，地下才解凍。地下解凍以後才能種稷，冬至後百天以外便不能再種，因而春時農事只宜在二十五天之內。如今君王建造扶臺，東西南北中各方的民眾都來勞作。如果過了春時，君王還不下令停工，民眾一旦喪失了二十五天的春耕時機，全國之內，便會成為荒廢之地。徵用一人服徭役，百畝之田便不能耕種；徵用十人服徭役，千畝之田便不能耕種；徵用百人服徭役，萬畝之田便不能耕種；徵用千人服徭役，十萬畝之田便不能耕種。春時已經失掉二十五天春種期，還再徵用夏時勞役，這便是春天耽誤了播種，夏天耽誤了護苗。若是秋天仍徵用徭役而無休止，這便稱為糧食與地利屢遭喪失。糧食生產已經耽誤了農時，君王卻橫徵不止；人們食用的糧食至少需要收成的一半，君主卻已徵斂九成了。又進而徵斂貨幣。這就是盜賊、暴徒之所以產生，刑罰措施之所以增多的原因。倘若隨著這種狀況的出現，而施行暴力鎮壓，就叫做發動內戰。」桓公說：「分析得好啊！」

管子曰❶：「筴❷乘馬之數求盡❸也。彼王者不奪民時，故五穀興豐。五穀興豐，則士輕祿，民簡❹賞。彼善為國者，使農夫寒耕暑耘，力❺歸於上，女勤於纖微❻，而織❼歸於府者。非怨民心、傷民意，高下❽之筴，不得不然之理也。」

【章　旨】此章言治國理財最重要之舉，在於充實國庫，控制物價。

【注　釋】❶管子曰　原文無此三字。王念孫云：「『筴』上當有『管子曰』三字。」❷筴　即「策」。策略；手段。此指運用策略。❸求盡　意謂謀求將財富集中。安井衡云：「『求』當為『未』字之誤。」錄供參考。❹簡　怠慢；輕視。❺力　本謂勞力，此指勞動成果。❻纖微　細微。此指紡績諸事。❼織　此指絲織物一類的婦女勞動成果。❽高下　此指物價高低。

【語　譯】管子說：「運用計算籌劃的理財方法，目的在於謀求使國家財富集中。那些成就王業的君主，不侵奪民眾的農時，因而能使五穀豐收。但五穀豐收之後，軍士便會輕視爵祿，百姓便會小看獎賞。那些善於治理國事的君主，則能使農夫不避寒暑，努力耕耘，勞動成果歸於朝廷，婦女勤勞紡績，而絲織歸於官府。這並非要激怒民心，挫傷民意，而是為了控制物價有高有低這一籌策，不能不如此辦理。」

桓公曰：「為之奈何？」管子曰：「虞國❶得筴乘馬之數矣。」桓公曰：「何謂筴乘馬之數？」管子曰：「百畝之夫，予之筴❷：『率二十五日❸為子之春事，資❹子之幣。』泰秋❺，子穀大登❻，國穀之重❼去分❽，謂農夫曰：『幣之在子者，以為穀而廩❾之州里。』國穀之分在上，國穀之重再十倍❿。謂遠近之縣、里、邑百官，皆當奉器械⓫備。曰：『國無幣，以穀準幣。』國穀之櫎⓬，一切⓭什九。還穀⓮而應穀⓯，穀⓰器皆資⓱，無藉⓲於民。此皆有虞之筴乘馬也。」

【章　旨】此章言虞舜時代，運用的計算籌劃理財方法。

【注　釋】❶虞國　與下文「有虞」，均指傳說中虞舜所建立的國家。那時不可能有如此完善的理財方法，當是作者依託之詞。❷筴　此指策令。即今書面命令。❸二十五日　原文為「二十七日」。王引之云：「『七』當為『五』」，「古『五』字作『乂』」，與七相似，故『五』譌為『七』」。上文亦言「春事二十五日」，故改。❹資　供給款項。即今貸款。❺泰秋　大秋。林圃云：山東方言謂「八月諸穀熟為『大秋』」。原文為「春秋」。王念孫云：「『春秋』當為『泰秋』，此涉上文『春事』而誤。」❻大登　熟透了。登，成熟。❼重　此指價格。下同。❽去分　消減一半。❾廩　本指米倉，此謂儲入倉庫。❿再十倍　即二十倍。再，此為數詞。即二。⓫器械　指手工業製品。包括農具、服役用具及兵械。⓬櫎　此指穀價。馬元材云：「櫎指物價而言，視『鄉櫎』、『市櫎』（〈山國軌〉）可知。」⓭一切　一例；劃一。《史記・李斯列傳》：「請一切逐客。」司馬貞索隱：「一切猶一例，言盡逐之也。」⓮還穀　指以穀償還朝廷「所資之幣」。⓯應穀　指「以穀準幣」。購買器械。應，應付；代替。丁士涵云：「應穀」當作「應幣」。錄供參考。⑯穀　原文為「國」。郭沫若云：「『穀』字原作『國』，因音近而訛。」

⑰資　此指供應。⑱藉　通「籍」。徵收。

【語　譯】桓公問：「對於此事，應當如何作呢？」管子說：「虞國早已掌握了運用計算籌劃這一手段的理財方法。」桓公問：「什麼叫作運用計算籌劃的理財方法？」管子說：「對於種地百畝的農夫，給他們一個通令：『從現在開始大約二十五天，作為你們的春耕春種時間，國家借給你們資金。』到了大秋，農民的穀子熟透了，全國的糧價降低一半，又通令農夫，說：『借給你們的資金，折成穀償還，要送到州、里的糧倉。』到了全國糧食的半數掌握在國家手中時，國家的糧價可提高二十倍。朝廷又通令全國各縣、里、邑的官吏，各地都應當送交兵器及服役用具備用。並且通告說：『國家沒有現幣，用穀折價購買。』這樣，在國內穀價方面，朝廷一概獲利十分之九。通過以穀償還朝廷『所資之幣』，又通過以穀折價購買器械，朝廷的糧食和器械，都將得到供應，而且無須向百姓直接徵斂。這些就是有虞氏運用計算籌劃手段的理財方法。」

乘馬數　第六十九

【題解】此為《管子》第六十九篇，亦為《管子》「輕重十九篇」中的第二篇，題為「乘馬數」。數者，術也。乘馬數，即運用計算謀劃的理財方法。本文是《管子》「輕重十九篇」中的第二篇論文，也是藉桓公與管仲一問一答的形式，議論理財方略。作者在〈匡乘馬〉的基礎上，進一步提出了一些理財措施，明確主張發展糧食生產與控制物價、控制市場流通，兼行並用，主張區別土地肥瘠，制定徵收標準，主張荒年實行「以工代賑」政策。這些都是穩定人口，保護勞動力的有效措施。

桓公問管子曰：「有虞筴乘馬已行矣。吾欲立筴乘馬，為之奈何？」管子對曰：「戰國❶修其城池之功❷，故其國常失其地用❸。王國則以時❹行也。」桓公曰：「何謂依時行？」管子對曰：「出準之令❺，守地用人筴❻，故開闔❼皆在上，無求❽於民。」

【章旨】此章言桓管問答「立筴乘馬」事。

【注釋】❶戰國　指想憑藉戰爭統一天下的國家。❷功　通「工」。事。❸地用　即土地財用。指農業生產。❹以時　依時；因時。❺準之令　意猶平準令。即調控物資供求與市場價格的政令。《史記・平準書》：「大農之諸官，盡籠天下之貨物，貴即賣之，賤則買之。如此富商大賈，無所牟大利，則反本，而萬物不得騰躍。故抑天下物，名曰平準。」❻人策　人所籌劃之策。此指物價政策。❼開闔　此指控制市場的兩大措施。即開放與收閉。❽求　索求；徵斂。

【語譯】桓公問管子說：「有虞氏運用計算籌劃的理財方法，是早已施行了。我也想在這個方面有所建樹，應當怎麼辦呢？」管子回答說：「想憑藉戰爭統一天下的國家，只注重修建城池的事，因而這類國家，往往荒廢農業生產。想成就王業的國家，則能按因時制宜的原則行事。」桓公問：「什麼叫做按因時制宜的原則行事？」管子回答說：「頒布『平準』的政令，堅持發展農業生產與調控物價政策，因而市場開放與收閉的主動權全在朝廷，無須直接向百姓徵斂。」

「霸國❶守分❷，上與下游於分之間❸而用足。王國守始❹，國用一不足則加❺一焉，國用二不足則加二焉，國用三不足則加三焉，國用四不足則加四焉，國用五不足則加五焉，國用六不足則加六焉，國用七不足則加七焉，國用八不足則加八焉，國用九不足則加九焉，國用十不足則加十焉。人君之守高下，歲藏三分，十年則必有三年❻之餘。若歲凶旱❼水泆❽，民失本事❾，則修宮室臺榭，以前無狗後無彘❿者為庸⓫。故修宮室臺榭，非麗其樂⓬也，以平⓭國筴⓮也。今至於其亡筴乘馬之君，春秋冬夏，不知時終始，作功起眾，立宮室臺榭。民失其本事，君不知其失諸春筴，又失諸夏秋之筴⓯也。民無饘⓰賣子者數⓱矣。猛毅之人淫暴，貧病之民乞請⓲。君行律度焉，則民被刑僇⓳，而不從於主上。此筴乘馬之數亡也。」

【章　旨】此章言霸國之君、王國之君與「亡筴乘馬之君」的理財方法及其結果。

【注　釋】❶霸國　指欲成就霸業的國家。❷分　一半。此指土地財用的一半。❸閒　「間」的本字。❹守始　指掌握土地財用生產的主動權。諸如〈匡乘馬〉中所謂「資幣春耕」，先行控制糧食收購之類。❺加　指朝廷通過控制糧食，操縱糧價，加高獲利。❻三年　原文為「五年」。與文意不合。王引之云：「『五』當為『三』。」❼凶旱　兇猛的乾旱。即指大旱。❽水泆　指大水。泆，通「溢」。水量過大。❾本事　農業生產。原文為「本」。陶鴻慶云：「『民失本』下當有『事』字。下文云『立宮室臺榭，民失其本事』，是其證。」❿彘　即豬。《方言》第八：「豬，關東西或謂之彘」。⓫庸　通「傭」。僱工。句謂以傭代賑之法。⓬麗其樂　指觀賞之樂。麗，同「覼」。觀賞。其，用法同「之」。⓭平　治理；施行。⓮國筴　此指「以工代賑」的經濟政策。⓯筴　原文為「筴數」。馬非百云：「此處『數』字乃『策』字之注文，寫者誤以入正文者。《漢書・律曆志》注引蘇林曰：『策，數也。』即其證。」⓰䊪　即「饘」。濃粥。⓱賣子者數　原文無「者」。聞一多云：「『子』下挩『者』字。〈山權數篇〉『民之無䊪賣子者』亦有者字。言民無食，屢賣其子也。」⓲乞請　謂乞討求食。請，求。⓳刑僇　刑殺。僇，通「戮」。

【語　譯】「成就霸業的國家，只能控制土地財富的一半，朝廷與百姓總是游移在各占財富的半數左右來求取國用充足。成就王業的國家，因為控制了生產財富的主動權，所以能夠做到國家財政一分不足，則補充一分；二分不足，則補充二分；三分不足，則補充三分；四分不足，則補充四分；五分不足，則補充五分；六分不足，則補充六分；七分不足，則補充七分；八分不足，則補充八分；九分不足，則補充九分；十分不足，則補充十分。君主掌握物價的高低，每年可以儲備十分之三的糧食，十年便必有三年的餘糧。若是年成遭遇大旱大水，百姓失去了農業的依靠，朝廷便修造宮室臺榭，招募前庭無狗、後院無豬的赤貧者傭工謀生。所以，這種修造宮室臺榭，並非為了觀賞之樂，而是為了施行國家『以工代賑』的經濟政策。至於當今那些不懂得運用計算謀劃手段的君主，春秋冬夏，不知年始年終，一味興工動眾，修造宮室臺榭。百姓失去了農業的依靠，國君還不知道自己既喪失了春天的理財方策，又喪失了夏天與秋天的理財方策，結果弄得人民沒有飯吃，賣兒賣女的人多了起來。勇猛剛烈的人發動暴亂，貧病兼身的人乞討求生。君主若是施行法律制裁，則人民寧可遭受刑殺，也不願服從君主。這種局面，即使運用計算謀劃的手段來理財，也沒有作用了。」

「乘馬之準❶，與天下齊準❷。彼物輕則見泄❸，重則見射❹。此鬥國相泄，輕重之家❺相奪也。至於王國，則持流❻而止矣。」桓公曰：「何謂持流？」管子對曰：「有一人耕而五人食者，有一人耕而四人食者，有一人耕而三人食者，有一人耕而二人食者。此齊力而功❼地。田筴相員❽，此國筴之時守也。君不守以筴，則民❾且守於下❿，此國筴流⓫已。」

【章旨】此章言理財之要，在控制國內的流通市場。

【注釋】❶準　標準；水準。此指物價水平。❷齊準　統一的標準。齊，統一；一致；一樣。❸泄　泄散。此指向外拋售貨物。❹射　射利。即逐取財利。❺輕重之家　指研究物價高低的專門家。即理財家。❻流　此指國內的流通市場。❼功　通「攻」。治理。❽員　原文為「圓」。李哲明云：「『圓』當從宋本作員。員，猶運。田策相員，即『地用人策』。兩者相輔而行。」❾民　此指富商大賈。❿守於下　意謂在下面操縱物價。下，原文為「上」。豬飼彥博云：「當作『下』。」⓫流　流失。此指喪失作用。

【語譯】「經過計算籌劃的物價標準，應與各諸侯國的物價標準比價齊一。各類貨物，價格低便會被本國商人向外傾銷，價格高便會被外國商人運來取利。這就是敵對國家也會互相傾銷貨物，理財家彼此爭利的緣由。至於已經成就王業的統一國家，則掌握住國內市場的流通就足夠了。」桓公問：「什麼叫掌握住國內市場的流通呢？」管子回答說：「有一人種田而可供應五人食用的，有一人種田而可供應四人食用的，有一人種田而可供應三人食用的，有一人種田而只能供應二人食用的。這都是一樣用力種地的。掌握生產狀況與物價政策相輔而行，這就是國家理財政策的及時調控了。君主倘若不運用政策去調控，富商大賈便將從下面操縱。這就是國家理財政策喪失作用了。」

桓公曰：「乘馬之數，盡於此乎？」管子對曰：「布織財物，皆立其貲❶。財物之貲，與幣高下。穀獨貴獨賤❷。」桓公曰：「何謂獨貴獨賤？」管子對曰：「穀重而萬物輕，穀輕而萬物重。」

【章旨】此章言布帛諸物需有穩定的價格，穀價則可適時浮動。

【注釋】❶貲　通「資」。此指價格。❷穀獨貴獨賤　指將糧食單獨依時作價，以便國家「以穀準幣」，購買「布織財物」。

【語譯】桓公問：「運用計算籌劃手段理財的方法，至此就完全了嗎？」管子回答說：「對於布織財物，都要制定價格標準。各類財用物資的價格，都要與貨幣比值的高下相適應。糧食價格的貴賤，則應單獨訂定。」桓公問：「單獨訂定貴賤的意義是什麼呢？」管子回答說：「糧食價格高，則可以使各類貨物價格變低；糧食價格低，則可以使各類貨物價格變高。」

公曰：「賤❶筴乘馬之數奈何？」管子對曰：「郡縣上臾之壤❷守之若干，間壤❸守之若干，下壤守之若干。故相❹壤定籍❺，而民不移；振❻貧補不足，下樂上。故以上壤之滿，補下壤之眾❼，章❽四時，守諸開闔，民之不移也，如廢❾

方於地。此之謂筴乘馬之數也。」

【章　旨】此章言如何實施經常性的運用計算謀劃手段的理財方法。

【注　釋】❶賤　同「踐」。實行。❷上臾之壤　指最肥沃的土地。臾，通「腴」。肥沃。❸閒壤　即中等肥力的土地。閒，「間」的本字。❹相　觀察；鑑別。❺籍　此指徵稅標準。❻振　通「賑」。賑濟。❼眾　虛空。尹桐陽云：「『眾』同『盅』，虛也。」❽章　阻塞。引申為控制。❾廢　通「置」。擱置。《公羊傳・宣公八年》注：「廢，置也。置者，不去也，齊人語。」

【語　譯】桓公問：「實施經常性的運用計算謀劃手段的理財方法，還應當怎麼作呢？」管子回答說：「對郡縣最肥沃的土地，徵收一定數量的糧食；對中等肥力的土地，徵收一定數量的糧食；對劣等土地，徵收一定數量的糧食。這樣，區別土地優劣，制定徵收標準，則百姓不會流離遷徙；賑濟貧窮，彌補不足，百姓便會對君主滿意。所以，用上等土地提供的盈餘，彌補下等土地產量的不足，控制四時的物價，掌握市場的開放與閉收，百姓的不肯遷離本土，就像把方形的物體擱置在平地上一樣。這就可稱作運用計算謀劃手段理財的方法。」

問乘馬　第七十（亡）

卷二十二

事語 第七十一

【題解】此為《管子》第七十一篇，亦為《管子》「輕重十九篇」中的第四篇，題為「事語」。「事」為「事之至數」之「事」，「語」指言談，「事語」即謂管仲關於治國方略的一番議論。管仲的意見很明確，一是反對在齊國朝廷提倡高消費，主張注重儲備。理由是齊國領土狹小，而目標遠大，欲舉與大國爭雄。然而「非有積蓄不可以用人，非有積財無以勸下」，所以，「泰奢之數，不可用於厄隘之國」。二是反對依賴外援，主張立足於增強國力：開墾荒地，安定百姓，充實倉廩，重視教化，鞏固國防，加強儲備。只有這樣，才能「發如風雨，動如雷霆」，獨往獨來，無可阻擋。這些議論，與〈侈靡〉所述完全不同。〈侈靡〉恰好主張提倡高消費，發展高消費。同一著述之中，這種「矛盾」現象如何看待呢？應當說，〈事語〉所述，是就整體消費原則而言，〈侈靡〉所論，則是就具體消費政策而言。二者結合起來，便構成了《管子》的「消費論」。

桓公問管子曰：「事之至數❶可聞乎？」管子對曰：「何謂至數？」桓公曰：「秦奢❷教我曰：『帷蓋❸不修❹，衣服不眾❺，則女事不泰❻。俎豆之禮不致牲，諸侯太牢❼，大夫少牢❽，不若此，則六畜不育。非高其臺榭，美其宮室，則群材不散。』此言何如？」管子曰：「非數也。」桓公曰：「何謂非數？」管子對曰：「此定壤之數也。彼天子之制，壤方千里，齊諸侯❾方百里，負海子❿七十里，男五十里，若胸臂之相使也。故準⓫徐疾、羸不足，雖在下也，不為君憂。彼壤狹而欲舉與大國爭者，農夫寒耕暑耘，力歸於上，女勤於緝績徽⓬織，功歸於府者，非怨民心、傷民意也，非有積蓄不可以用人，非有積財無以勸下。泰奢⓭之數，不可用於厄⓮隘之國。」桓公曰：「善。」

【章　旨】此章言齊國不應奢侈散財，而宜注重儲備。

【注　釋】❶至數　最佳方略。❷泰奢　人名。與後文「佚田」，皆係假託。姚永概云：「『秦』乃誤字」，「當作『泰』」。錄供參考。❸帷蓋　指車的帷幔與蓋頂的布篷。都是女工製品。❹修　修飾；裝飾。❺眾　多樣化。❻泰　通暢；發達。❼太牢　指牛、羊、豕三牲全備的祭禮。也有專指用牛作祭品的。❽少牢　指用豕、羊為牲的祭禮。也有僅用羊的。《大戴禮記・曾子天圓》：「諸侯之祭，牲牛曰太牢，牲羊曰少牢。」❾齊諸侯　指列國諸侯。《淮南子・原道》：「齊靡曼之色。」高誘注：「齊，列也。」❿負海子　指靠近海邊、列為子爵的小國。下句「男」，即第五等爵名。⓫準　控制；調節。⓬徽　束；紡。⓭泰奢　過於奢華。泰，同「太」。古本、劉本、朱本作「秦奢」。孫星衍云：秦、泰「二字必有一誤」。⓮厄　原文為「危」。許維遹云：「『危』當作『厄』，皆形近之誤也。」

【語　譯】桓公問管子說：「國事最好的治理方略，可以講給我聽聽嗎？」管子回答說：「什麼叫做最好的方略呢？」桓公說：「泰奢告訴我說：『車帷車蓋不修飾，衣服不多種多樣，女工的生產事業就不會發達。祭祀禮儀不用牲，比如諸侯祭祀的牛、羊、豕三牲，大夫祭祀的豕、羊二牲，不這樣，六畜便不能繁育。不高築樓臺，裝飾宮室，各種木材便不能發揮作用。』這種說法怎樣？」管子說：「這是錯誤的方略。」桓公問：「為什麼說是錯誤的方略呢？」管子回答說：「這是特定地域的方略。天子統轄的地域方圓千里，諸侯列國方圓百里，近海的子國七十里，男國五十里，就像心胸與手臂一樣相互為用。因而調節供需的緩急餘缺時，即使錢糧散在百姓手中，也不會成為國君的憂患。那地域狹小，卻想起來與大國爭雄的國家，之所以要使農夫不避寒暑耕耘，成果歸於朝廷，要使婦女辛勤繅績紡織，成果歸於國庫，並非想要激怒民心，傷害民意，而是因為非有儲糧，不可以役使百姓，非有積財，沒辦法激勵臣下。用度過於奢侈的理財方略，不能運用在地域狹小的國家。」桓公說：「很有道理。」

桓公又問管子曰：「佚田謂寡人曰：『善者❶用非其有❷，使非其人，何不因諸侯權以❸制天下？』」管子對曰：「佚田之言非也。彼善為國者，壤辟舉❹則民留處，倉廩實則知禮節。且無委❺致圍，城脆❻致衝。夫不定內，不可以持天下。佚田之言非也。」管子曰：「歲藏一，十年而十也。歲藏二，五年而十也。穀十而守五，綈素❼滿之，五在上。故視歲而藏，縣時❽積歲，國有十年之蓄，富勝貧，勇勝怯，智勝愚，微❾勝不微，有義勝無義，練士勝敺眾❿。凡十勝者⓫盡有之。故發如風雨，動如雷霆，獨出獨入，莫之能禁止，不待權與。故佚田之言非也。」桓公曰：「善。」

【章　旨】此章言齊國欲「制天下」，不在依賴「權與」，而在慎於自治。

【注　釋】❶善者　即下文所謂「善為國者」。❷有　所有。指資財。❸權以　即下文所謂「權與」（當作「權與」）。意謂外援。聞一多云：「『權』讀為勸。《廣雅·釋詁》『勸，助也』。」以，與；幫助。❹辟舉　開闢殆盡。辟，即「闢」。開墾。❺委　堆積；積蓄。❻脆　不堅牢。❼綈素　絲織物。借指朝廷消費用品。❽縣時　長年累月。縣，即「懸」。有延長、久遠之意。❾微　精妙。❿敺眾　即「驅眾」。臨時驅趕湊聚的民眾。亦即烏合之眾。⓫十勝者　指全部制勝因素。十，意謂完滿具足。

【語　譯】桓公又問管子說：「佚田對我說：『善於治國的人，既然能夠利用並非自己擁有的資財，能夠役使並非自己擁有的民眾，為什麼不能借助各諸侯國的援助來制服天下呢？』」管子回答說：「佚田的話是錯誤的。那些善於治國的人，都懂得荒地大量開墾，百姓便能留住；糧倉充實，百姓才能懂得禮節。國家倘無積蓄，便將招致敵國圍攻；城防若不堅固，便將遭到敵國衝擊。若不安定國內，便不能控制天下。佚田的話是錯誤的。」管子又說：「每年儲備一成糧食，十年便是十成。每年儲備二成糧食，五年便是十成。十成穀物，國家控制五成，如果朝廷的綈素諸物充足，這五成糧食便可常儲國庫。因而根據年成豐歉加強儲備，長年積歲，國家一旦有了食用十年的積蓄，便能以富勝貧，以勇勝怯，以智勝愚，以謀劃精妙勝不精妙，以有義勝無義，以訓練有素的士卒戰敗烏合之眾。這樣，所有制勝的因素就全都具備了。因而發兵就像風雨一樣急驟，行動就像雷霆一樣迅猛，獨往獨來，沒有誰能阻擋，不需依賴外援。所以，佚田的話是錯誤的。」桓公說：「很有道理。」

海王 第七十二

【題解】此為《管子》第七十二篇，亦為《管子》「輕重十九篇」中的第五篇。題為「海王」。尹知章云：「海王，言以負海之利而王其業。」意即利用海洋資源成就王業。但全文四章，首章言朝廷理財，當控制山海資源，第二、三兩章，分言官營鹽業、鐵業的具體作法，末章言借用別國山海資源之事。篇中多以山海並稱，正與《史記・平準書》「齊桓公用管仲之謀，通輕重之權，徼山海之業以朝諸侯，用區區之齊顯成霸名」之說相合，故學者多謂篇名當作〈山海王〉為是。

本文為《管子》財政學的重要篇章。糧食、鹽、鐵是廣大民眾維持生活、擴大生產不可或缺的重要物資。概由朝廷經營，可以穩定財政狀況，有利於鞏固政權。

桓公問於管子曰：「吾欲藉❶於臺䠶❷，何如？」管子對曰：「此毀成❸也。」「吾欲藉於樹木？」管子對曰：「此伐生❹也。」「吾欲藉於六畜？」管子對曰：「此殺生也。」「吾欲藉於人，何如？」管子對曰：「此隱情❺也。」桓公曰：「然則吾何以為國？」管子對曰：「唯官山海❻為可耳。」

【章旨】此章言治國理財，朝廷當壟斷山海資源。

【注釋】❶藉 通「籍」。徵收；徵稅。下文「藉」字同此例。❷臺䠶 即「臺榭」。樓臺亭閣。原文為「臺雉」。王引之云：「臺雉二字意義不倫」，「雉蓋䠶之譌也」，「䠶射同（見《說文》），即榭字之假借」。❸成 現成之物。指「臺榭」之類。

❹生　未成熟。此指幼林。❺隱情　指禁閉情欲，以絕生育。因為那時人們不懂節育，故有此說。隱，藏匿。引申為禁閉。❻官山海　意謂由朝廷壟斷山海資源。官，專擅。

【語　譯】桓公向管子提問，說：「我想徵收樓臺亭閣稅，怎麼樣呢？」管子回答說：「這會使人們拆毀現成的樓閣。」「我想徵收林木稅呢？」管子回答說：「這會使人們砍伐幼林。」「我想徵收牲畜稅呢？」管子回答說：「這會使人們宰殺幼畜。」「我想對人口徵稅，怎麼樣呢？」管子回答說：「這是叫人們禁閉情欲。」桓公說：「這樣說來，那麼我靠什麼來治理國家財政呢？」管子回答說：「唯有控制山海資源，才是可行的措施。」

桓公曰：「何謂官山海？」管子對曰：「海王之國，謹正鹽筴❶。」桓公曰：「何謂正鹽筴？」管子對曰：「十口之家，十人食鹽，百口之家，百人食鹽。終月，大男食鹽五升❷少半❸，大女食鹽三升少半，吾子❹食鹽二升少半。此其大曆❺也。鹽百升而釜❻。今鹽之重升加分彊❼，釜五十也。升加一彊，釜百也。升加二彊，釜二百也。鍾❽二千，十鍾二萬，百鍾二十萬，千鍾二百萬。萬乘之國，人數開口❾千萬也。禺筴之❿，商⓫日二百萬，十日二千萬，一月六千萬。萬乘之國，正人⓬百萬也。月人三十錢之籍，為錢三千萬。今吾非籍之諸君吾子，而有二國之籍者六千萬。使君施令曰『吾將籍於諸君吾子』，則必囂號⓭。今夫給之鹽筴，則百倍歸於上，人無以避此者，數也。」

【章　旨】此章言徵收鹽業稅的理財方法。

【注　釋】❶正鹽筴　徵取鹽業稅的方法。正，通「征」。賦稅。此指徵稅。《周禮・夏官・司勛》：「唯加田無國正。」鄭玄注引鄭司農云：「正謂稅也。」❷升　小量器。相當於今二百零五毫升。❸少半　此指三分之一。《史記・項羽本紀》：「漢有天下太半。」裴駰集解引韋昭曰：「凡數三分有二為太半，一為少半。」❹吾子　小孩。尹知章注：「吾子，謂小男小女也。」戴望校正：「吾讀為蛾」，「吾子即蛾子，皆幼稚之稱」。❺大曆　概數。尹知章注：「曆，數。」❻釜　量器名。一釜等於百升。❼分彊　半錢。彊，即「強」。黃鞏云：「『強』同『繦』。一強一錢，分強半錢也。」❽鍾　量器名。一鍾等於十釜。❾開口　指張口而需食鹽者。意謂人口總數。❿禺筴之　折合計算。禺，通「偶」。合。⓫商　總計。尹知章注：「商，計也。」⓬正人　即「征人」。指當徵收人口稅的人。原文為「正九」。王引之云：「『正』與『征』同」，「九當為人」，因隸書「相似而誤」。⓭囂號　喧嘩吼叫。以示抗議。

【語　譯】桓公說：「什麼叫作獨掌山海資源呢？」管子回答說：「依靠海洋資源欲成王業的國家，要認真施行徵收鹽業稅的理財方法。」桓公說：「什麼叫做徵收鹽業稅的理財方法？」管子回答說：「十口之家，十人要吃鹽；百口之家，百人要吃鹽。一個月內，一個成年男子，要吃鹽五升多一點，一個成年女子，要吃鹽三升多一點，一個小孩，要吃鹽二升多一點。這還只是一個概數。一百升鹽為一釜。若使鹽價每升增加半錢，一釜就是五十錢。若是每升加價一錢，一釜就是一百錢。若是每升加價二錢，一釜就是二百錢。一鍾就是二千，十鍾就是二萬，百鍾就是二十萬，千鍾就是二百萬。一個擁有萬輛兵車的大國，人口總數達千萬。折合計算，總計每天可收入二百萬，十天可收入二千萬，一月可收入六千萬。一個萬乘大國，當徵人口稅的，不過一百萬人。每月每人作三十錢徵收，總數不過三千萬。現在我們無需向所有大人小孩直接收稅，便可得到相當於兩個萬乘大國的六千萬稅金。假使您下令說『我將向所有成人小孩直接收稅』，便必然會激起人們喧嘩吼叫。如今取給於徵收鹽業稅，即使百倍贏利歸於君上，人們也是無法逃脫的，這就是理財方略。」

「今鐵官之數曰：一女必有一鍼一刀❶，若❷其事立。耕者必有一耒❸一耜❹一銚❺，若其事立。行服連軺輂者❻，必有一斤❼一鋸一錐一鑿，若其事立。不爾❽而成事者，天下無有。今鍼之重加一也，三十鍼一人之籍。刀之重加六，五六三十，五刀一人之籍也。耜鐵之重加十❾，三耜鐵一人之籍也。其餘輕重皆準此而行。然則舉臂勝事❿，無不服籍者。」

【章　旨】此章言官營冶鐵業的理財方法。

【注　釋】❶一鍼一刀　指縫衣針與剪刀。這都是女紅必備之物。❷若　尹知章注：「若，猶然後。」❸耒　上古時代的翻土工具。❹耜　古時農具。由耒改進而成。即改裝上去的部分稱作耜。《易．繫辭下》：「斫木為耜，揉木為耒。」❺銚　大鋤。❻行服連軺輂者　指製造與修理車輛、器物的工匠。連，人力車。尹知章注：「輂名，所以載任器，人挽者。」軺，小巧輕便的馬車。《漢書．平帝紀》：「親迎立軺並馬。」顏師古注引服虔曰：「立軺，立乘小車也。並馬，驪駕也。」輂，運貨馬車。尹知章注：「大車駕馬。」❼斤　斧頭。❽爾　如此；這樣。❾十　原文為「七」。據上文意，當為「十」。❿勝事　任事；幹活。

【語　譯】「現在官營鐵業的理財方法是這樣：一個女子，必須有一根針、一把剪刀，然後她的職事才能完成。一個農夫必須有一把耒、一把耜、一把大鋤，然後他的耕作才能完成。一個修造車輛器物的工匠，必須有一把斧、一條鋸、一支錐、一支鑿，然後他的任務才能完成。不具備這些條件而能完成以上事務的人，天下是沒有的。使針的價格增加一錢，三十根針的加價部分，就相當於一個成人所交納的人口稅。使剪刀的價格增加六錢，五六得三十，五把剪刀的加價部分，就相當於一個成人所交納的人口稅。使鐵耜的價格增加十錢，三把鐵耜的加價部分，就相當於一個成人所交納的人口稅。其餘鐵器的加價高低，都可依據這個標準行事。

這樣一來，那麼，凡是動手幹活的人，沒有不負擔這種稅收的。」

桓公曰：「然則國無山海不王乎？」管子曰：「因人之山海假❶之。名❷負海❸之國讎❹鹽於吾國，釜五十❺，吾受而官出之以百。我未與其本事❻也，受人之事，以重相準❼。此用人❽之數也。」

【章旨】此章言利用別國山海資源的理財方法。

【注釋】❶假　借助；利用。❷名　同「命」。令。❸負海　靠近海濱。原文為「有海」。丁士涵云：「『有』乃『負』字誤，〈事語〉曰『負海子七十里』。」❹讎　出售。❺釜五十　指釜價五十錢。五十，原文為「十五」。王引之云：「『十五』當為『五十』。」❻本事　此指採鹽、冶鐵諸事。❼準　度量；計算。原文為「推」。聞一多云：「『推』當為『準』。」❽用人　意謂利用他人的資源。尹知章注：「彼人所有而皆為我用之。」原文為「人用」。聞一多云：「用」當「與『人』字互易」。

【語譯】桓公說：「那麼，一個國家若沒有山海資源，便不能成就王業嗎？」管子說：「可以借助人家的山海資源而加以利用。讓靠近海濱的國家賣鹽給我們，每釜五十錢，我們買進之後，官府可以每釜百錢的價格出售。我們雖不參與鹽鐵生產，但可以買進別人的生產成品，以原價作為盈利的計算標準。這就是借助他人資源的理財方法。」

國蓄 第七十三

【題解】此為《管子》第七十三篇，亦為《管子》「輕重十九篇」中的第六篇。題為「國蓄」。「國蓄」二字，既是摘取本文首句「國有十年之蓄」名篇，又包容了「國家財政積蓄」的旨義，二者是《管子》全書中少有的妙合。

本文主旨如題所示，在於闡釋富國之策。作者提出了幾個很重要的見解。一是認為國家必須積蓄雄厚，「萬室之都必有萬鍾之藏，藏繈千萬」，「千室之都必有千鍾之藏，藏繈百萬」，才能調節民用緩急，控制穀價畸貴畸賤，保障國家穩定。二是認為國家必須掌握貨幣發行。控制這個流通樞要，及時發放貸款，「春以奉耕，夏以奉芸」，才能促進農業生產的發展，才能防止富商巨賈豪奪百姓。三是認為中央和地方，應當權限明確，「天子籍於幣，諸侯籍於食」，都要廢其徵籍，蠲其租稅，不應強索於民，而應採用「富強徵於調價」的辦法求取「國蓄」。這些主張，正是為齊國的「以商自立」的總方針服務的。

國有十年之蓄，而民不足於食，是❶皆以其技能望君之祿也；君有山海之金❷，而民不足於用，是皆以其事業❸交接❹於君上也。故人君挾其食，守其用，據有餘而制不足，故民無不累❺於上也。五穀食米❻，民之司命❼也；黃金刀❽幣，民之通施❾也。故善者執其通施以御其司命，故民力可得而盡也。

【章旨】此章言掌握貨幣發行，以控制糧食購銷的理財方法。

【注　釋】❶是　此；這。原文無此字。朱本「皆」上有「是」字，據增，以與下文一例。❷山海之金　指官營鹽鐵業的收入。金，錢幣；貨幣。❸業　此指財產、產業。❹交接　交易；互換。❺累　聯繫；牽制。《禮記・儒行》：「不累長上。」注：「累，猶繫也。」❻食米　聞一多謂為「粒米」，云：「『食』為『飱』之壞字。『飱』，古文粒字。」郭沫若則謂「『食』當為『粟』，聲之訛也。」語譯依聞說。❼司命　掌管性命；主宰性命。❽刀　此指錢幣。《史記・平準書》：「農工商交易之路通，而龜貝金錢刀布之幣興焉。」司馬貞索隱：「刀者錢也，以其形如刀，故曰刀。」❾通施　意同「通移」。即交易流通。

【語　譯】國家已有十年的積蓄，然而百姓的糧食仍然不夠吃，這樣，百姓便都會用自己的技藝才能，來獲取君主的利祿；君主擁有山海資源的貨幣收入，然而百姓的用度仍然不足，這樣，百姓便都會用自己的事功和財產，來交換君主的貨幣。所以，君主把持著全國的糧食，掌握著全國的貨幣，憑藉著朝廷的積儲，而制馭著民間的不足，這樣，百姓就沒有不受君主牽制的了。五穀米粒，是百姓生命的主宰；黃銅刀幣，是百姓的流通手段。因而善於理財的君主，只要把握住百姓的流通手段，來控制主宰他們性命的糧食，百姓的勞力，就可以最大限度地為朝廷所用了。

夫民者信親❶而死利，海內皆然。民予則喜，奪則怒，民情皆然。先王知其然，故見❷予之形，不見奪之理❸。故民愛可洽❹於上也。征籍❺者，所以彊求也；租稅者，所慮❻而請❼也。王霸之君，去其所以彊求，廢❽其所慮而請，故天下樂從也。

【章　旨】此章言王霸之君的理財方法，在求明予暗奪，去籍設稅。

【注　釋】❶信親　相信友愛自己的人。原文為「親信」。古本、朱本作「信親」。此依古本。❷見　同「現」。顯現。❸理　本謂玉石的紋路，此指事物的痕跡。❹洽　和協；融洽。尹知章注：「洽，通也。」❺征籍　即〈海王〉所謂徵取臺榭諸稅，是臨時附加。原文為「租籍」。豬飼彥博謂當作「正籍」，正、征同。❻慮　思慮；謀劃。❼請　求索；索取。❽廢　與上文「去」相對而言。意謂設置。

【語　譯】百姓大都是信任友愛自己的人，而且拼命謀求財利，普天之下都是如此。百姓又大都是有施予便高興，遇奪取便怨怒，人心都是這樣。先王懂得這個道理，因而張揚施予的情形，不露奪取的痕跡。這樣，百姓便愛戴君主，與君主融洽了。「征籍」的辦法，是用強制的手段向百姓索求；「租稅」的辦法，是經過策劃而向百姓收取。成就王業霸業的君主，總是拋棄強行索取的手段，而採用經過謀慮的收取方式，因而天下樂於服從。

利出於一孔❶者，其國無敵；出二孔者，其兵半詘❷；出三孔者，不可以舉兵；出四孔者，其國必亡。先王知其然，故塞民之羨❸，隘❹其利途。故予之在君，奪之在君，貧之在君，富之在君。故民之戴上如日月，親君若父母。

【章　旨】此章言財利當高度集中，由君主統一控制。

【注　釋】❶孔　孔穴；門徑。❷半詘　半數力屈。尹知章注：「詘與屈同。屈，窮也。」原文為「不詘」。許維遹云：「『不』當為『半』，字之誤也。」❸羨　利。原文為「養」。聞一多云：「『養』字無義，疑『羨』字之譌。」「尹注『養，利也』亦當作『羨，利也』。」❹隘　通「阨」。阻止。

【語　譯】財利集中出於君主一家，這樣的國家不可抵擋；分散出於君臣二家，兵力將削弱一半；分散出於君臣商賈三家，就將不可發兵出戰；分散出於君臣商賈平民四家，這樣的國家，必將滅亡。先王懂得這個道理，所以，杜絕臣民謀取高利的渠道，阻遏他們獲得高利的途徑。因而施予取決於君主，剝奪取決於君主，讓誰貧窮取決於君主，讓誰富裕也取決於君主。這樣，百姓擁戴君主，就如同景仰日月，親近君主，就如同依附父母了。

凡將為國，不通於輕重，不可為籠❶以守民；不能調通民利，不可以語制❷為大治。是故萬乘之國，有萬金之賈，千乘之國，有千金之賈，然者何也？國多失利❸，則臣不盡其忠，士不盡其死矣。歲有凶穰❹，故穀有貴賤；令有緩急，故物有輕重。然而人君不能治，故使蓄賈❺游市，乘民之不給❻，百倍其本。分地若一❼，彊者能守；分財若一，智者能收。智者有什倍人之功，愚者有不賡本❽之事。然而人君不能調，故民有相百倍之生❾也。夫民富則不可以祿使也，貧則不可以罰威也。法令之不行，萬民之不治，貧富之不齊也。且君引錣❿量用，耕田發草，上得其數矣。民人所食，人有若干⓫步畝之數⓬，計本量委⓭則足矣。然而民有飢餓不食者何也？穀有所藏也。今君⓮鑄錢立幣，民庶之通施也，人有若干百千之數矣。然而人事不及⓯、用不足者何也？利有所并⓰也。然則人君非能散積聚，鈞⓱羨不足，分并財利而調民事也，則君雖彊本趣⓲耕，而自⓳為鑄幣而無已，乃今使民下相役耳，惡能以為治乎？

【章　旨】此章言治國之要，必須調節控制經濟，防止貧富懸殊。

【注　釋】❶籠　鳥籠。借喻管理經濟的政策措施。❷制　控制；統轄。❸失利　此指散失財利。❹凶穰　年成之歉收或豐收。凶，指穀物不收。穰，指五穀豐熟。❺蓄賈　指囤積居奇的富商。❻給　豐足；富裕。❼若一　如一；相同。❽賡本　抵償成本。❾生　產業。安井衡云：「生，產也。人君不能調和貧富而均一之，故民產至有相差百倍者也。」❿錣　計數的籌碼。尹知章注：「錣，籌也。」⓫若干　此為無定之詞。指一定數量。⓬步畝之數　指田畝數量。步為長度單位。古時丈量田畝，為簡便起見，常用複步計算法，即一個複步，相當於四尺五寸。原文「數」下有「矣」。丁士涵云：「『矣』字衍。」⓭委　積蓄。尹知章注：「委，積也。」⓮今君　指桓公。原文為「人君」。王念孫云：「『人君』當為『今君』」，「今作『人君』者，涉上下文『人君』而誤」。⓯人事不及　指日常用費不足。人事，即民事。尹知章注：「民事，謂常費也。」⓰并　通「屏」。儲藏；囤積。原文「并」下有「藏」字。古本、劉本、朱本、梅本均無。此依古本。⓱鈞　同「均」。平均。⓲趣　催促；促進。⓳自　依然。吳志忠云：「『自』疑『日』字誤。」錄供參考。

【語　譯】凡治理國事，不通曉輕重之術，就不能制定政策來駕馭民眾；不善於調節溝通民利，就不能通過講求經濟控制來實現國家大治。因此，萬乘之國有了積蓄萬金的富商，千乘之國有了積蓄千金的富商，這種狀況，將說明什麼呢？說明國家大量散失財利，便會造成群臣不肯竭盡忠誠，士卒不肯獻出生命。年成有歉有豐，因而穀價有貴有賤；徵稅有緩有急，因而物價有高有低。這樣，如果君主不善於治理，便會使得富商往來於市場，乘百姓困難之機，獲取百倍的高利。分的土地相同，強者善於管理；分的財利相同，智者善於獲利。智者有高人十倍的功利，愚者有不能償本的現象。這樣，如果君主不善於調節，人們的財產，便會有百倍的差距。百姓富裕了，便不能用利祿來驅使；百姓太貧窮，便不能用刑罰來威懾。法令不能推行，民眾不能治理，就是由於貧富不均。君主使用籌碼計算用度，當耕田墾地多少，是掌握了總數的。百姓食用，每人需有多少田畝，計量生產與積蓄，本來是夠吃用了。然而百姓仍有飢餓而不可得食的情況，這是什麼原因呢？

是因為糧食有人囤積起來了。如今君主鑄造的錢幣，是民眾的流通手段，也計算了每人需有多少數量。然而百姓仍有日常費用不夠、用度不足的情況，這是什麼原因呢？是因為財用有人兼併起來了。然則君主如果不能散發囤積，平衡餘缺，分散兼併的錢財，調劑百姓的用度，即使強調農事，催促耕種，依然不停地鑄造錢幣，也只是像如今這樣，使民眾互相奴役而已，怎能算作國家大治呢？

歲適美，則市糶無予❶，而狗彘食人食。歲適凶，則市糴釜十繦❷，而道有餓民。然則豈壤力固不足，而食固不贍也哉？夫往歲之糶賤，狗彘食人食，故來歲之民不足也。物適賤，則半力❸而無予，民事❹不償其本。物適貴，則什倍而不可得，民失其用。然則豈財物固寡，而本委不足也哉？夫民利之時失，而物利之不平也。故善者委施❺於民之所不足，操事於民之所有餘。夫民有餘則輕之，故人君斂之以輕；民不足則重之，故人君散之以重。斂積之以輕，散行之以重，故君必有十倍之利，而財之櫎❻可得而平也。

【章旨】此章言君主理財之術，在於權衡百姓的食用餘缺，而通其積散。

【注釋】❶無予　即無售、賣不出去。俞樾云：「《方言》：『予，讎也。』此『予』字當訓為讎，讎即售字」，「此言『無予』，即無售也」。❷十繦　十貫錢。石一參注：「繦通鏹，錢貫也，一千為一貫。」❸半力　指勞力成本的一半。❹事　此指農事。❺委施　此指將積存的糧食發放出去。❻櫎　此指物價。

【語譯】年成遇上豐收，農民的糧食賣不出，豬狗也都餵糧食。年成遇上歉收，買糧一釜需十貫，路途到處有飢民。這難道是地力本來不足，糧食本來不夠嗎？這是由於往年的糧食賣價太低，豬狗也餵糧食，因而來年的民食便不夠了。貨物遇上跌價，便按勞力成本的一半也賣不出，人們的生產不能抵償本金。貨物遇上漲價，便出十倍價錢也買不到，人們失去了日用所需。這難道是財物本來很少，生產和儲存都不夠嗎？這是由於調控百姓財利的時機被錯失，因而物價也就不能穩定了。所以，善於理財的君主，往往在百姓食用不足的時候，將積存的糧食發放出去，而在百姓食用有餘的時候，把貨物積貯起來。百姓有餘，便肯低價出售，因而君主可以用低價徵集；百姓食用不足，便肯高價購進，因而君主可以用高價發放。用低價徵集，用高價發放，這樣，不但君主必然獲得高額盈利，而且財貨的價格，也就可以得到穩定了。

凡輕重之大利，以重射❶輕，以賤泄平❷。萬物之滿虛隨時❸，準平❹而❺不變，衡絕則重見❻。人君知其然，故守之以準平。使萬室之都必有萬鍾之藏，藏繈千萬；使千室之都必有千鍾之藏，藏繈百萬。春以奉耕，夏以奉芸❼。耒耜械器，種穰❽糧食，畢取贍於君。故大賈蓄家不得豪奪吾民矣。然則何君養其本謹也？春賦以斂繒帛，夏貸以收秋實❾。是故民無廢事，而國無失利❿也。

【章旨】此章言理財當掌握「準平」原則，以控制財源，促進農業發展。

【注釋】❶射　逐取；購取。❷泄平　指發放積存物資以平定價格，防止物價暴漲。❸隨時　原作「隨財」。張佩綸云：「『隨財』之『財』當作『時』，《漢志》可證。」（《漢書‧食貨志下》引此篇文，有「凡輕重斂散之以時則準平」一語）時，指時令、季節。❹準平　即「平準」。意謂國家調節供求，控制物價。❺而　猶「則」。❻見　同「現」。出現。❼芸　通「耘」。除草。❽種穰　種子。原文為「鍾饟」。宋本、古本作「種饟」。聞一多云：「饟」「當作『穰』，『種穰』即種子耳」。❾春

賦以斂繒帛二句　尹知章注：「蓋方春蠶家闕乏，而賦與之，約收其繒帛。方夏農人闕乏，亦賦與之，約取其穀實也。」秋實，穀粒；秋糧。❿無失利　指財利不致流失於富商大賈手中。尹知章注：「人之所乏，君悉與之，則豪商富人，不得擅其利。」

【語譯】大凡掌握輕重之術的巨大好處，就在於先用稍高的價格，購集低價的物資，然後用低於市場的價格銷售，藉以平定物價。各種物資的餘缺狀況，往往隨著時令而變化，掌握了「準平」原則，便可以保持物價基本不變；平衡失調，物價暴漲的現象便會出現。君主瞭解這個道理，因而注意掌握「準平」這一原則。使有萬戶人口的都邑，必須儲有萬鍾糧食，積有千萬貫錢幣；使有千戶人口的都邑，必須儲有千鍾糧食，積有百萬貫錢幣。春天用作供應春耕，夏天用作供應夏耘。耒耜器械，種子糧食，全部由國家供給。因而大賈富商，不能強行掠奪百姓了。那麼，什麼才是君主認真地發展農業的措施呢？春耕時給予資助，用來徵集絲綢；夏耘時發放貸款，用來徵集秋糧。因此，百姓不會荒廢農事，國家也不會流失財利了。

凡五穀者，萬物之主也。穀貴則萬物必賤，穀賤則萬物必貴。兩者為敵❶，則❷不俱平。故人君御穀物之秩相勝❸，而操事於其不平之間。故萬民無籍，而國利歸於君也。夫以室廡❹籍，謂之毀成；以六畜籍，謂之止生❺；以田畝籍，謂之禁耕❻；以正人籍，謂之離情❼；以正戶籍，謂之養贏❽。五者不可畢用。故王者徧行❾而不盡❿也。故天子籍於幣，諸侯籍於食。中歲之穀，糶石十錢。大男食四石，月有四十之籍；大女食三石，月有三十之籍；吾子食二石，月有二十之籍。歲凶穀貴，糶石二十錢。則大男有八十之籍，大女有六十之籍，吾子有四十之籍。是人君非發號令收嗇⓫而戶籍也，彼人君守其本委謹，而男女諸君吾子無不服籍者也。一人廩食⓬，十人得餘；十人廩食，百人得餘；百人廩食，千人得餘。夫物多則賤，寡則貴，散則輕，聚則重。人君知其然，故視國之羨不足而御其財物。穀賤則以幣予食，布帛賤則以幣予衣。視物之輕重而御之以準。故貴賤可調，而君得其利。

【章　旨】此章言「天子籍於幣」、「諸侯籍於食」的作用。

【注　釋】❶敵　對抗；對立。❷則　猶「而」。❸秩相勝　即「迭相勝」。意謂互占優勢。王念孫云：「『秩』讀為『迭』，迭，更也。」❹室廡　小屋、大屋。尹知章注：「小曰室，大曰廡。」❺止生　此謂停止繁育。❻禁耕　謂若按所耕田畝徵稅，種地愈多，徵稅愈重，則農民將棄耕避稅，這無異於禁止農民耕稼。❼離情　絕棄情欲，以免生育。❽贏　指大賈富商。尹知章注：「贏，謂大賈畜家也。正數之戶，既避其籍，則至浮浪為大賈畜家之所役屬，增其利耳。」❾徧行　指曾普遍試行。❿不盡　謂不可全用。⓫嗇　徵集；徵收。尹知章注：「嗇，斂也。」⓬廩食　指從官倉購取糧食。

【語　譯】五穀是各類物資的主宰。穀價昂貴，則其他物資的價格必然低廉；穀價低廉，則其他物資的價格必然昂貴。二者互為對立，而不會均平。因而君主要掌握五穀與其他物價的互為漲落，而且在它們的漲落變化之間從事調控。這樣便能做到不向民眾徵稅，而使全國的財利歸集於君主。若按房屋徵稅，等於毀壞現成房屋；若按六畜徵稅，等於停止繁育牲畜；若按田畝徵稅，等於禁止農民耕稼；若按人口徵稅，等於要人們棄絕情欲；若按戶數徵稅，等於優待富豪。這五項不可全面施行。因而成就王業的君主，雖然曾經普遍試行，但也不曾同時盡行採用。所以，天子應利用發行貨幣來徵集財利，諸侯應利用購銷糧食來徵集財利。中等年成的五穀，每賣出一石，可加價十貫錢。一個成年男子，每月吃糧四石，這就等於國家每月向他徵有四十貫錢稅；一個成年女子，每月吃糧三石，這就等於國家每月向她徵有三十貫錢稅；一個小孩，每月吃糧二石，這就等於國家每月向他徵有二十貫錢稅。年成若是荒歉，穀價必然更貴，買糧一石，可加二十貫錢。一個成年男子就等於徵有八十貫錢稅，一個成年女子就等於徵有六十貫錢稅，一個小孩就等於徵有四十貫錢稅。這樣，君主不必發布號令挨戶徵收賦稅，只須認真控制糧食的生產與儲備，成年男女以至小孩，就沒有不向國家納稅的了。一個人向國庫買糧，比向十個人徵取人口稅的所得還多；十個人向國庫買糧，比向百個人徵取人口稅的所得還多；百個人向國庫買糧，比向千個人徵取人口稅的所得還多。各類物資都充足則價低，稀缺則價高，發放則跌價，收購則漲價。君主明白這個道理，因而應根據國內市場貨物的餘缺狀況來控制貨幣與物資。糧食價格低，就將貨幣投放到糧食市場；布帛價格低，就將貨幣投放到布帛市場。根據物價的漲落，而運用靈活調整的原則來控制。這樣，物價的高低漲落，既可得到及時調控，而君主又可從中獲得盈利。

前❶有萬乘之國，而後有千乘之國，謂之抵國❷。前有千乘之國，而後有萬乘之國，謂之距國❸。壤正方，四面受敵，謂之衢國❹。以百乘衢處，謂之託食之君。千乘衢處，壤削太半❺。萬乘衢處，壤削少半❻。何謂百乘衢處、託食之君也？夫以百乘衢處，厄懾❼圍阻千乘萬乘之間。夫國❽之君不相中❾，舉兵而相攻，必以為扞格❿蔽圉之用。有功利不得鄉⓫。大臣死於外，分壤而功；列陳⓬繫壘⓭獲虜，分賞而祿。是壤地盡於功賞，而稅臧⓮殫於繼孤也。是特名羅於為君耳，無壤之有；號有百乘之守，而實無尺壤之用，故謂託食之君。然則大國內款⓯，小國用⑯盡，何以及⑰此？曰：百乘之國，官賦軌符⑱，乘四時之朝夕⑲，御之以輕重之準。然後百乘可及也。千乘之國，封⑳天財㉑之所殖，械器之所出，財物之所生，視歲之滿虛輕重其祿。然後千乘可足也。萬乘之國，守歲之滿虛，乘民之緩急，正其號令而御其大準㉒。然後萬乘可澹㉓也。

【章旨】此章言「抵國」、「距國」、「衢國」的補給之法。

【注釋】❶前　指南方。下文「後」，指北方。郭沫若云：「古人坐北向南，故以東為左，以西為右。此『前』當指南，『後』當指北。北亦與背通。」❷抵國　意謂國家南北受敵，南方壓力更大。抵，或作「牴」、「觝」。以角相觸，此喻前方用力甚多。❸距國　意謂國家南北受敵，北方壓力更大。距，本指雄雞、雉等跖後突出像腳趾的部分，此喻後方用力甚多。❹衢國　即「衢處之國」。本指國家四方通達，此喻四面受敵。❺太半　即「大半」。多半。原文為「少半」。陶鴻慶云：「『少半』『太半』當互易。上文云『以百乘衢處，謂之託食之君』，明國愈小則削愈易也。」❻少半　原文為「太半」。據文意改，說見上。❼厄懾　即「隘懾」。夾持。厄，原文為「危」。聞一多云：「『危』當作『厄』，字之誤也」，「『厄懾』猶夾持也」。❽夫國　此指大國。聞一多云：「夫、大古字通」，「此『夫國』即大國也」。❾不相中　不相得。指意見不和，關係不睦。❿扞格　互相抵觸、對抗。⓫鄉　即「饗」。通「享」。分享；享用。⓬列陳　即「列陣」。指出陣作戰的將士。陳，通「陣」。⓭繫纍　指捆綁俘虜。⓮稅臧　即「稅藏」。指積累的稅金。⓯內款　即「納窾」。指積蓄耗盡。內，通「納」。收入；積蓄。款，通「窾」。空。⓰用　財用；財力。⓱及　通「給」。充足。⓲軌符　指法定的債券。⓳朝夕　藉潮水的漲落喻指物價的起伏。⓴封　封禁。㉑天財　即「天材」。樹木。㉒大準　指整體調控原則。㉓澹　古「贍」字。充裕；富足。原文為「資」。王引之云：「『資』乃『澹』之誤字。」

【語譯】前有萬乘之國相威脅，後有千乘之國相威脅，這樣的國家稱為「抵國」。前有千乘之國相威脅，後有萬乘之國相威脅，這樣的國家稱為「距國」。領土正方，四面受敵，這樣的國家稱為「衢國」。以百乘小國而處於四面受敵的狀況，這種國家的君主，稱為寄食之君。千乘之國，處於四面受敵的狀況，領土將被割去多半。萬乘之國，處於四面受敵的狀況，領土也將被割去少半。怎麼稱四面受敵的百乘之國的君主是寄食之君呢？一個國家，僅憑百輛兵車的實力，處於四面受敵的狀況，夾持圍阻在千乘與萬乘大國之間。一旦大國的君主不相和睦，發兵互相攻擊，必然會把這個國家當成進攻或者防禦的工具。大國之爭，即使有功有利，這個小國，也得不到分享。而本國的大臣戰死在外，還要分封土地賞功；將士捕獲了敵虜，還要頒獎加祿。這樣，國土盡用於計功行賞，稅金積蓄，全部耗費在撫卹陣亡將士的遺孤了。這樣的國君，只不過名義上列為君主而已，實際上已經沒有領土；名義上號稱有百輛兵車的國防力量，實際上已經沒有一尺的用武之地，所以稱為寄食之君。那麼，大國的積蓄用空，小國的財用耗盡，用什麼辦法才能彌補這樣的狀況呢？回答是：百輛兵車的小國，可以由朝廷發行法定債券，根據一年四季的物價漲落，運用輕重之術，加以調控。然後百乘之國的財政，就可以獲得補給了。千輛兵車的中等國家，可以封禁天然林木的開發，壟斷農具器械的製造，控制生財的來源，再根據年成的豐歉，運用輕重之術，調整盈利。然後千乘之國的財用，就可以獲得滿足了。萬輛兵車的大國，可以根據年成的豐歉，利用人們需求的緩急，端正政令措施，並掌握整體調控原則。然後萬乘之國的財用，就可以充裕了。

玉起於禺氏❶，金起於汝漢❷，珠起於赤野❸，東西南北，距周❹七千八百里。水絕壤斷，舟車不能通。先王為其途之遠，其至之難，故託用於其重，以珠玉為上幣，以黃金為中幣，以刀布❺為下幣。三幣，握之則非有補於煖也，食之則非有補於飽也，先王以守財物，以御民事，而平天下也。今人君籍求❻於民，令曰十日而具，則財物之賈❼什去一；令日八日而具，則財物之賈什去二；令日五日而具，則財物之賈去半；朝令而夕具，則財物之賈什去九。先王知其然，故不求於萬民而籍於號令也。

【章　旨】此章言君主發行珠玉、黃金、刀布這三種錢幣的目的，在於控制財政開支，調節日常費用，進而平治天下。

【注　釋】❶禺氏　即「月氏」。古代的少數民族。漢文、景帝時，居於且末、于闐之間，其地產玉。可參讀王國維《觀堂別集補遺》中〈月氏未西徙大夏時故地考〉一文。❷汝漢　疑指汝水、漢水流域。❸赤野　具體地域不詳。安井衡云：「赤野蓋在崑崙虛之西。」❹周　指周都鎬京。❺布　此指古時錢幣。❻籍求　此指強制徵收貨幣稅。❼賈　同「價」。價格。

【語　譯】璧玉出產在禺氏地區，黃金出產在汝水、漢水流域，珍珠出產在赤野一帶，東西南北遠離周都七千八百里。水隔山阻，船隻車輛不能相通。先王就是因為這些東西取道遙遠，得來艱難，因而借助它們的貴重，以珠玉作為上值貨幣，以黃金作為中值貨幣，以刀布作為下值貨幣。這三種貨幣，握著不能幫助取暖，吃了不能幫助飽肚，先王只是為了用來控制財政開支，調節日常費用，進而平治天下。當今的君主，卻向百姓強行徵取貨幣稅，限令十天交齊，財物的價格便會削減十分之一；限令八天交齊，財物的價格便會削減十分之二；限令五天交齊，財物的價格便會削減十分之五；早晨下令，而限定傍晚交齊，財物的價格便會削減十分之九。先王明瞭這番道理，所以，既不向百姓索求貨幣稅，更不用限令的手段強行徵取。

山國軌　第七十四

【題解】此為《管子》第七十四篇，亦為《管子》「輕重十九篇」中的第七篇。題為「山國軌」。「山」字如何理解，意見最為分歧。何如璋有『「山」字無義，當是『官』字」之說，張佩綸有「山」字「不可解」之說，石一參有「山國」、「海國」對稱之說，孫毓棠有「疑是『上』（通「尚」）字之誤」說，郭沫若則有「衍文」之說。以上諸說雖各有據，但似以馬非百說最能令人信服。他說：「三篇（編者按：指本篇與〈山權數〉〈山至數〉）篇名皆有『山』字，似不能三篇皆有衍誤，必有其所以命名之由。《漢書・楊敞傳》：『惲遷中郎將。郎官故事：令郎出錢市財用給文書，迺得出，名曰山郎。』張晏注曰：『山，財用之所出，故取名焉。』《釋名》：『山，產也。產萬物者也。』《鹽鐵論・禁耕篇》亦云：『山海者財用之寶也。』據此，則凡物產所生，財用所出者，皆可名之為山，乃漢人之習俗。」「本書之以山名篇，殆亦取義於『山者財用所出』，與漢人之以山名郎者蓋全相同。」至於「國軌」之「軌」，馬說：「軌與會通。本篇共有三十個軌字，而所言皆屬於會計之事。」（《管子輕重篇新詮・山國軌》）「會」，即總計、統計，兼容「統籌」之義。由此，「山國軌」意即關於國家物產、財用的總計與統籌問題。

全文所述，要點有三：一是區別田土，發放農貸，控制糧食與貨幣；二是收購牛馬，寓「乘」於牧；三是林業專營。如此作法，目的在於限制私人生產，防止富家蓄戶兼併，保障君主壟斷。實質則是將「籍」、「求」、「田賦」這種強制捐稅，通過所謂「輕重之策」即調控價格政策的手段，而全部轉嫁到民眾的身上，在表面上看，是「加惠」於民，其實是為了達到財用的總計與統籌的目的。這就是「山國軌」的中心義旨。

桓公問管子曰：「請問官❶國軌。」管子對曰：「田有軌，人有軌，用有軌，人事❷有軌，幣有軌，鄉有軌❸，縣有軌，國有軌。不通於軌數❹而欲為國，不可。」

【章 旨】此章言欲執掌國政，必須明瞭理財統計的方法。

【注 釋】❶官 通「管」。管理；掌握。下文「善官而守之」、「官天財」中「官」字同此義。❷人事 即「民事」。指日常費用。❸鄉有軌 原文接在「用有軌」之下。但從文意而言，鄉、縣、國三者應成一貫，故作此移動。張佩綸云：「『鄉有軌』句似當在『縣有軌』上。」❹軌數 指理財統計的方法。數，術。

【語 譯】桓公問管子說：「請問關於管理國家財政的統計問題。」管子回答說：「田地有統計，人口有統計，用物有統計，常費有統計，錢幣有統計，鄉有統計，縣有統計，國有統計。不明瞭理財的統計方法而想要執掌國政，是不適宜的。」

桓公曰：「行軌數奈何？」對曰：「某鄉田若干？人事之準❶若干？穀重若干？曰：某縣之人若干？田若干？幣若干而中用❷？穀重若干而中幣❸？終歲度人食，其餘若干？曰：某鄉女勝事者終歲績，其功業若干？以功業直時而櫎之❹，終歲，人已衣被之後，餘衣若干？別群軌❺，相❻壤宜。」

【章 旨】此章言實施理財統計的方法，首先在於調查研究，弄清情況。

【注 釋】❶人事之準 即民事之準。指日常費用的水準。❷中用 符合用度；恰好夠用。中，相宜；適合。❸中幣 適應貨幣流通數量。❹直時而櫎之 指以工時為值，計算物價。直，同「值」。下文「直幣而庚之」中「直」字同此義。❺群軌 指首章所言八方面的統計。❻相 考察；調查。

【語　譯】桓公問：「施行理財統計的方法是怎樣的呢？」回答說：「某鄉的田地是多少？日常費用的水準是多少？糧食價格是多少？又如：某縣的人口是多少？田地是多少？貨幣發行多少才合用？糧價多少才與貨幣的流通量相適應？全年計畫按人口供應糧食以後，剩餘多少？又如：某鄉能勞動的婦女終年紡織，成品是多少？將成品以工時為值，計算總價總量，全年累計供全部人口服用以後，剩餘的布帛是多少？總之作每項統計，都應當考察清楚田地所產財物的情況。」

桓公曰：「何謂別群軌，相壤宜？」管子對曰：「有莞蒲❶之壤，有竹前❷檀柘之壤，有氾下❸漸澤❹之壤，有水潦❺魚鼈之壤。今四壤之數，君皆善官而守❻之，則籍於財物，不籍於人。畝十鼓❼之壤，君不以軌守，則民❽且守之。民有通移❾長力❿，不以本為得，此君失也。」

【章　旨】此章言分類統計的理財法度。

【注　釋】❶莞蒲　草名。即白蒲。《本草》：「白蒲一名符蘺，楚地稱為莞蒲。」❷前　古通「箭」。竹名之一。❸氾下　即洿下。指低凹之地。氾，原文為「氾」。形近致誤。《方言》：「氾，洿也。」❹漸澤　指潮潤之地。此章言四種不同土地，唯此條未言出產之物，疑有缺漏。❺水潦　積水。此指蓄水地帶。❻守　掌管；控制。此指控制產品購銷。❼十鼓　指產量有百二十斛。鼓，古量器。十二斛為一鼓。❽民　指富民蓄戶。❾通移　即通施。指錢幣及其流通。原文為「過移」。王念孫云：「『過』當為『通』。」❿長力　指剩餘的財力。郭沫若云：「疑為『長刀』之誤」，「齊之法幣作長刀形，故稱之曰『長刀』也」。錄供參考。

【語　譯】桓公問：「為什麼說，作每項統計都必須弄清各類土地所產財物的情況呢？」管子回答說：「有長莞蒲的土地，有長竹箭檀柘的土地，有潮潤的低窪地，有長魚鼈的積水地。這四種土地的產品數量，君主假如都善於掌管和控制產品購銷，便可以從出產的財物方面取得收益，而不必向人們直接徵稅。尤其對於畝產十鼓的上等田地，君主假如不運用統計法度去控制產品，富民蓄戶便會加以控制。富民蓄戶掌握了過剩的財力，便不會再將務農作為獲取財利的手段。這樣，君主便失策了。」

桓公曰：「軌意❶安出？」管子對曰：「不陰據❷其軌者❸，下制其上。」桓公曰：「此若言❹何謂也？」管子對曰：「某鄉田若干？食者❺若干？某鄉之女事❻若干？餘衣若干？謹行❼州里，曰：『田若干？人若干？人眾田不足食❽若干？』曰：『田若干？餘食若干？』必得軌程❾。此謂之泰軌也❿。然後調立環乘之幣⓫。田軌之有餘於其人食者，謹置⓬公幣焉。大家眾，小家寡。山田、閒田⓭，曰終歲其食不足於其人若干，則置公幣焉，以滿其準。重歲，豐年，五穀登，謂高田之萌⓮曰：『吾所寄幣於子者若干？鄉穀之櫎若干？請為子什減三⓯。』穀為上⓰，幣為下。高田撫⓱，閒田山田不被⓲，穀十倍。山田以君寄幣⓳振⓴其不贍，未淫失㉑也。高田以時撫於主上，坐長加十倍㉒也。女貢㉓織帛，苟合於國奉者，皆置㉔而券㉕之。以鄉櫎市準曰：『上無幣，有穀。以穀準幣。』環穀㉖而應筴㉗，國奉決。穀反準㉘。賦軌幣㉙，穀廩㉚，重有㉛加十。謂大家、委貲家㉜曰：

『上且循游㉝，人出若干幣。』謂鄰縣曰：『有實者皆勿左右㉞。不贍，則且為人馬假其食民㉟。』鄰縣四面皆櫎㊱，穀坐長而十倍。上下令曰：『貲家假幣，皆以穀準幣，直幣㊲而庚㊳之。』穀為下，幣為上。百都百縣軌據㊴。穀坐長十倍。環穀而應假幣。國幣之九在上，一在下，幣重而萬物輕，斂萬物，應之以幣。幣在下，萬物皆在上，萬物重十倍。府官㊵以市櫎出萬物，隆㊶而止。國軌布於未形㊷，據其已成㊸，乘令而進退，無求於民。謂之國軌。」

【章旨】此章言施行統計理財的具體作法。

【注釋】❶軌意　似指君主行軌之意。即施行統計理財的意向。❷陰據　暗中保守。❸者　原文為「皆」。古本、劉本、朱本作「者」。此依古本。❹此若言　這種話。聞一多云：「『此若』複語，『若』亦『此』也。」❺食者　指用糧人口。❻女事　即從事女工之事，諸如紡績之類。❼行　巡行；巡視。❽不足食　糧食不夠。原文為「不度食」。俞樾云：「『不度食』當作『不足食』，涉上文『終歲度人食若干』而誤也。」❾軌程　馬非百云：「軌程即調查統計所得之標準數據。」程，法式；標準。❿此謂之泰軌也　原文為「此調之泰軌也」。李哲明云：「『調』疑當為『謂』，涉下『調立』而訛。」泰軌，即大軌。指總體統計。泰，通「大」。下文「泰春」、「泰秋」之「泰」，同此例。⓫環乘之幣　指經過統籌規劃的一筆貨幣。環，周遍。乘，計算。⓬置　貸放；借貸。⓭閒田　即「閒田」。中等田地。下文「閒田」同此義。⓮萌　通「氓」。民。此指農民。劉績云：「萌，田民也。」⓯什減三　十成減三。⓰上　指價格上漲。⓱撫　掌握；控制。⓲閒田山田不被　謂閒田、山田兩者所產之穀，一則僅可自給，一則原本不足，不能互相補充。山田，下等田地。原文為「山」。郭沫若云：「『山』下奪一『田』字耳。」不被，即不及、不足。⓳寄幣　即上文所謂「置公幣」。指國家發放的貸款。⓴振　通「賑」。救濟。㉑淫失　過分的損失。㉒加十倍　此指增價十倍。㉓女貢　女工；女事。貢，通「工」。㉔置　購置；收購。㉕券　契據。此指訂立合同。

㉖環穀　指反覆用糧食折算。㉗筴　即上文「券」。指合同。㉘反準　指穀價返回到原來的水準。㉙軌幣　合於「軌程」的貨幣。即通過調查統計而得出的一定數量的貨幣。㉚廩　積聚；囤積。㉛有　通「又」。再。㉜委貲家　囤積資金者。即高利貸者。㉝循游　巡遊；巡視。循，通「巡」。原文為「修」。古本、劉本、朱本作「循」。此依古本。㉞左右　此謂自由買賣、自由處理。㉟假其食民　即假其食於民，向人們借糧食。民，指富民，即上文所謂「大家」、「委貲家」、「有實者」。㊱櫎　此指物價受到影響。㊲直幣　即「值幣」。抵償貨幣。㊳庚　償還；補償。㊴軌據　意謂依此統計理財之法，據而行之。㊵府官　此指主持財政經濟政策的機關。㊶隆　古通「降」。指物價下跌。㊷未形　尚未形成。指五穀未登、女貢織帛未成之前。㊸已成　與「未形」相對為文。謂已經完成。指五穀已熟、女貢織帛已成之後。

【語　譯】桓公問道：「施行統計理財的意向如何發布？」管子回答說：「若不暗中保守統計理財的祕密，富民巨賈便將控制君主。」桓公又問：「這話怎麼講呢？」管子回答說：「某鄉田地多少？人口總數多少？某鄉從事女工勞作的人數多少？剩餘的布帛多少？認真察視各州各里，要問：『田地多少？人口多少？人多而田地所產糧食不夠吃的有多少？』或者問：『田地多少？剩餘糧食有多少？』一定要得出一個調查統計的標準數據。這就稱為總體統計。然後設置一筆經過統籌規劃的貨幣。對於田地收成預計將超過用糧消費的農戶，慎重貸給貨幣。富戶多貸，平民戶少貸。對於耕種下等田、中等田的農戶，查明全年糧食不夠吃的人數有多少，也向他們發放貸款，用來滿足其最低生活水準。次年，如果遇上年成好，五穀豐登，便對耕種上等田地的農戶說：『國家貸給你們的款項是多少？鄉間的現有糧價是多少？給你十成減三的優惠折價還糧。』這樣，便會糧價變而上漲，幣值變而下跌。由於上等田地的餘糧已被朝廷控制，耕種中等田、下等田的農戶的用糧，不能互補餘缺，因而糧價將上漲十倍。耕種下等田地的農戶，因為已有朝廷發放的貸款補濟不足，也就不會受到過分的損失。因為上等田地的餘糧已經及時掌握在君主手中，所以糧價可以坐漲十倍。婦女生產的絲織布帛，如果適應國家需用的要求，都予以收購，並發給契據。契據依照鄉價、市價注明：『官府沒有貨幣，只有糧食。用糧食折算貨幣來收購。』反覆用糧食折價，來支付收購的契據，國家需用的絲織布帛，也可以獲得解決。這樣，糧價又回到原有的水準。再發放經過統籌預算的一定數量的貨幣，使糧食聚積到國家倉庫，糧價又可增漲十倍。接著通告富家蓄戶說：『君主將出巡各地，你們每人應出錢若干備用。』又通告沿途各縣說：『存有餘糧的富戶，一律不得擅自出售。一旦出巡用糧不足，朝廷將為解決人馬所需而向你們借糧。』這樣一來，沿途各縣，四面八方，都將受到影響，糧價又將坐漲十倍。於是君主又下令說：『向富家所借錢幣，一律以穀折幣，抵償幣值歸還。』這樣，穀價又將下跌，幣值又將回升。全國各都各縣，都可統籌規劃，據此而行。首先使糧價坐漲十倍。其次，利用已經反覆漲價的糧食來支付借款。再次，一旦國家貨幣的九成聚在朝廷，只有一成流散在民間，幣值便會增高，物價便會降低，收購萬物，便用貨幣支付。再次，等到貨幣散在民間，物資聚在朝廷，物價便將上漲十倍。官府便照市價拋售物資，直至回降為止。國家的調查統計應布置在產品尚未形成以前，掌握經營應在產品已經形成之後，借助政令而收放升降，不要向民間強行求索。這就叫作國家理財的統籌之法。」

桓公問於管子曰：「不籍而贍國❶，為之有道乎？」管子對曰：「軌守其時，有❷官❸天財，何求於民？」桓公曰：「何謂官天財？」管子對曰：「泰春民之功❹繇❺，泰夏民令之所止❻，令之所發；泰秋民令之所止，令之所發；泰冬民令之所止，令之所發。此皆民所以時守❼也。此物之高下之時也，此民之所以相并兼之時也。君守諸四務❽。」桓公曰：「何謂四務？」管子對曰：「泰春，民之且所用者❾，君已廩❿之矣。泰夏，民之且所用者，君已廩之矣。泰秋，民之且所用者，君已廩之矣。泰冬，民之且所用者，君已廩之矣。泰春功布日⓫，春縑衣⑫、夏單衣、捍⑬、籠⑭、纍⑮、箕、縢⑯、籯⑰、筲⑱、稯⑲，若干日之功，用人若干。無貲之家，皆假⑳之械器、縢、籯、筲、稯、公衣。功已而歸公㉑，折券㉒。故力出於民，而用㉓出於上。春十日不害耕事，夏十日不害芸㉔事，秋十日不害斂實，冬二十日不害除田。此之謂時作㉕。」

【章　旨】此章言欲滿足國家財政開支，需管理好自然資源，注意掌握四時要務。

【注　釋】❶贍國　使國用充裕。即滿足國家財政需要。❷有　通「又」。❸官　通「管」。管理。❹功　指農功、農事。❺繇　通「徭」。指徭役。❻民令之所止　意謂通令百姓，何時當封禁山澤。尹知章注：「謂山澤之所禁發。」原文「民」下原有「之」字。趙用賢云：「『之』字衍。」❼以時守　意謂乘時據有。❽四務　即四時要務。指一年四季農業生產資料及農民生活資料的供應工作。❾且所用者　指將用之物。且所，複詞。將。❿廩　聚積；儲藏。尹知章注：「廩，藏也。言四時人之所要，皆先備之。所謂耒耜器械，種饟（穰）糧食，必取要焉。則豪人（商）大賈，不得擅其利。」⓫功布日　農事施行之時。⓬縑衣　即兼衣。指袷衣。安井衡云：「縑，兼也。兼衣，謂表裡具者。」⓭捍　指竹竿或木桿。尹桐陽云：「捍，竿也。」⓮籠　竹籃。原文為「寵」。古本作「籠」。此依古本。下文「籠」字同此。⓯纍　繩索。⓰縢　麻袋。《說文》：「縢，囊也。」原文為「勝」。王念孫云：「『勝』當為『縢』，字之誤也。」下文「縢」字同此。⓱籯　竹筐。⓲筲　筲箕。原文為「肙」。張佩綸云：「當為『筲』。」下文「筲」字同此。⓳稯　束稻用的禾繩。原文為「糉」。洪頤煊云：「『糉』，即『稯』字之譌。」下文「稯」字同此。⓴假　此指租借。㉑歸公　指還給公家。原文為「歸公衣」。豬飼彥博云：「『衣』字衍。」㉒折券　折毀契據；廢除合同。㉓用　器械；用物。㉔芸　通「耘」。除草。㉕時作　指及時耕作，不違農時。

【語　譯】桓公向管子問道：「不用徵收賦稅，而能使國家財政用度充裕，要作到這點，有辦法嗎？」管子回答說：「統籌理財作得及時，又能管理天然資財，何用向百姓索求呢？」桓公又問：「怎樣叫做管好天然資財呢？」管子回答說：「除了春天百姓耕種和服徭役的需要之外，夏天就要明令規定何物封禁，何物開發；

秋天也要明令規定何物封禁，何物開發；冬天也要明令規定何物封禁，何物開發。這都是富民乘機占據市場的時節。這也是物價有漲有落的時節，也是富民兼併貧民的時節。國君應當注意掌握四時的要務。」桓公又問：「什麼稱為四時要務呢？」管子回答說：「春天，人們生產要用的物資，君主早已儲備了。夏天，人們生產要用的物資，君主早已儲備了。秋天，人們生產要用的物資，君主早已儲備了。冬天，人們生產要用的物資，君主早已儲備了。春天農事開始施行的時候，就作好計畫：春季的夾衣、夏季的單衣、用於耕作的竹竿、竹籃、田索、畚箕、麻袋、竹筐、筲箕、稷繩等物，要用多少天，使用的人數有多少。沒有生產資金的農戶，都可以租借農用器械以及麻袋、竹筐、筲箕、稷繩、公衣等物。農事完畢之後還給公家，並毀掉租借契據。這樣，農民出勞力，國家出器用。春季最緊迫的十天，能夠不妨害播種，夏季最緊迫的十天，能夠不妨害耕耘，秋季最緊迫的十天，能夠不妨害收割，冬季最緊迫的二十天，能夠不妨害整治田地，這就叫作及時耕作了。」

桓公曰：「善，吾欲立軌官❶，為之奈何？」管子對曰：「鹽鐵之筴❷，足以立軌官。」桓公曰：「奈何？」管子對曰：「龍夏之地❸，布❹黃金九千，以幣貲❺金。巨家以金，小家以幣。周岐山❻至於崢丘❼之西塞丘者，山邑之田也，布幣稱貧富而調之。周壽陵❽而東至少沙❾者，中田也，據之以幣。巨家以金，小家以幣。三壤已撫，而國穀再什倍。梁渭陽瑣❿之牛馬滿齊衍⓫，請區之顛齒⓬，量其高壯，曰：『國為師旅，戰車敺就，斂子之牛馬。上無幣，請以穀視市櫎而庚子。』牛馬為上，粟為下⓭。二家⓮散其粟，反準。牛馬歸於上。」管子曰：

「請立貲⓯於民，有田倍之。內毋有，其外⓰皆為貲壤。被鞍之馬⓱千乘，齊之戰車之具，具於此，無求於民。此去丘邑之籍⓲也。」

【章　旨】此章言利用鹽鐵收入，作為設立「軌官」的資金，以及「軌官」設立之後的具體任務。

【注　釋】❶軌官　指主管統計理財的機關。❷鹽鐵之筴　意謂利用施行鹽鐵政策所獲的盈利，作為資金。❸龍夏之地　從文意看，當係上腴之壤。龍夏，疑即龍門、大夏。但這類地名皆係著者假設或隨意編就，不必拘泥。下同。❹布　布散；發放。下文「布幣稱貧富而調之」中「布」字，同此義。❺貲　輔助。金價貴，幣價賤，故以貨幣作為黃金之輔。❻周岐山　指岐山周圍。張佩綸云：「『周』，帀也。」岐山，太王遷居之地，在今陝西岐山縣東北。❼崢丘　與下「塞丘」均不知確指，細玩文意，當概在西北山區。❽壽陵　古代壽陵有四，此當指漢壽陵。故城在今陝西咸陽東。❾少沙　聞一多謂「當即『夙沙』，在今山東舊膠東道境」。❿梁渭陽瑣　指梁山、渭陽與瑣。梁山，山名，在今陝西乾縣、武功等縣境內。《方輿紀要》：「在乾州西北五里。山勢迂迴，接扶風、岐山二縣之境。」渭陽，故城在今陝西咸陽東。瑣，即《左傳‧定公七年》「齊鄭盟於瑣」之「瑣」。今地未詳。⓫牛馬滿齊衍　極言牛馬甚多，充滿於齊國的原野。⓬區之顛齒　意謂分辨牛馬的年齡。顛，頭頂。齒，牙齒。原文為「毆之顛齒」。張佩綸謂「當作『區之顛齒』」。⓭粟為下　糧價變而下跌。原文為「粟二家」。張佩綸云：「『二家』當作『為下』。」⓮二家　即上文所謂「巨家」、「小家」。⓯立貲　指訂立合同。⓰其外　指西北邊境之地、牛馬出產之處。原文為「其外外」。許維遹云：「兩『外』字衍其一。」⓱被鞍之馬　即「披鞍之馬」。指戰馬。被，通「披」。覆蓋；措置。⓲去丘邑之籍　廢除向丘邑徵收戰車戎馬的古制。《漢書‧刑法志》云：「有稅有賦。稅以足食，賦以足兵。故四井為邑，四邑為丘。丘十六井也，有戎馬一匹，牛三頭。四丘為甸，甸六十四井也。有戎馬四匹，兵車一乘，牛十二頭。」

【語　譯】桓公說：「好，我想設立一個統計理財的機構，對此應當怎麼辦呢？」管子回答說：「利用施行鹽鐵政策的盈餘，就足夠設置這個機構了。」桓公說：「機構設立之後又怎麼辦呢？」管子回答說：「在龍夏一帶高田地區，發放黃金九千斤，用錢幣輔助黃金。富家大戶貸給黃金，普通農戶貸給錢幣。岐山周圍直至崢丘以西的塞丘一帶，是山田地區，適宜貸放錢幣，並且衡量貧富情況而加以調節。壽陵周圍而東至少沙一帶，是中田地區，也用貸放金幣的辦法加以控制。富家大戶貸給黃金，普通農戶貸給錢幣。三類地區的產品都已控制之後，糧價便可上漲二十倍。梁山、渭陽、瑣地一帶，牛馬遍布齊國田野，派人去分辨一下牛馬的年齒，察看一下牛馬的高壯，然後通令說：『國家需要建設軍隊，將為了配備戰車而徵購你們的牛馬。但國家沒有現金，需用糧食按照市價來償付給你們。』於是牛馬價格轉而上漲，糧食價格變為下跌。『巨家』『小家』賣出糧食以後，糧價又會恢復到原有的水準。牛馬則歸屬朝廷了。」管子又說：「國家應與邊民訂立代養牛馬的合同，有田戶可加倍發放貸款。內地不產牛馬，邊地都是訂約放貸的地區。這裡的戰馬成千，齊國戰車的配備，全部可從這裡得到供應，無需向內地索求。這就可以廢除向丘邑居民徵集戰車戎馬的古制了。」

「國穀之朝夕❶在上，山林、廩械器❷之高下在上，春秋冬夏之輕重在上。行田疇，田中有木者，謂之穀賊❸。宮❹中四榮❺，樹其餘曰害女功❻。宮室械器，非山無所仰。然後君立三等之租❼於山，曰：握❽以下者為柴楂❾，把❿以上者為室奉⓫，三圍⓬以上為棺槨之奉。柴楂之租若干，室奉之租若干，棺槨之租若干。」管子曰：「鹽鐵撫軌⓭，穀一廩十，君常操九，民衣食而繇，下安無怨咎⓮。去其田賦，以租其山：巨家重葬其親者服重租，小家菲葬⓯其親者服小租；巨家美修其宮室者服重租，小家為室廬者服小租。上立軌於國，民之貧富如加之以繩，謂之國軌。」

【章　旨】此章言林業專營政策。

【注　釋】❶朝夕　喻指物價的漲落。❷廩械器　指徵集儲備的器械。廩，藏。❸穀賊　指穀物的破壞者。《說文》：「賊，敗也。」❹宮　此指普通屋舍。❺四榮　指四簷之側。《儀禮》：「直於東榮。」注：「榮，屋翼也。」❻樹其餘曰害女功　謂房屋四周只准種植桑樹，以供養蠶；若種植其他樹木，便以「危害女工」加以禁止。害女功，指妨害婦女養蠶織帛之事。❼租　此指木材價格。❽握　指一手所能握持的大小。《周禮．醢人．疏》：「一握則四寸也。」❾柴楂　木柴散木之類。楂，即楂枒。歧枝錯出，無用之木。❿把　量同「握」。《孟子．告子上》：「拱把之桐梓。」趙岐注：「拱，合兩手也；把，以一手把之也。」⓫室奉　修繕房屋之用。奉，用。下同。⓬圍　兩手之間合拱的粗細。《莊子．人間世》：「三圍四圍，求高名之麗者斬之；七圍八圍，貴人富商之家，求樿傍者斬之。」崔注：「環八尺為一圍。」⓭鹽鐵撫軌　與上文「鹽鐵之筴，足以立軌官」之意同。謂以鹽鐵收入為資金，而據守國軌。⓮君常操九三句　馬非百云：「謂政府既常操其九，則利出一孔，人民衣食所資，皆將由政府而出，予奪貧富之權，完全掌握在統治者的手中。人民不悟此中奧妙，但『見予之形，不見奪之理』，必將誤認為出自政府之恩賜而表示感激，自無怨咎之可言矣。又案，此節與上下文皆不銜接，疑當在上文『管子對曰：龍夏之地』以前，『桓公曰……為之奈何』之後，而其下文又脫『桓公曰：此言何謂也』句。蓋著者以此數語提綱，及桓公再問，然後以『龍夏之地』云云說明其實施之辦法。」繇，通「由」。來由；來源。安，乃。⓯菲葬　與上文「重葬」相對而言。指輕葬、薄葬。菲，微；薄。《文選．辨亡論》：「卑宮菲食。」李善注引馬融曰：「菲，薄也。」

【語　譯】「全國糧價的漲落，控制在朝廷，山林及庫藏械器的價格升降，控制在朝廷，春秋冬夏的物價高低，也控制在朝廷。君主還應巡視田野，田中栽有樹木的，宣布為損害糧食生產。屋舍四周不種桑樹而栽種其他樹木的，宣布為妨害婦女養蠶織帛。蓋房子也好，造械器也好，不依靠國家山林，人們就無所仰賴。然後，君主將山林確定為三個等級的價格，通告說：一握以下的小樹，算作柴薪散木，一把以上的樹木，算作建房用材，三圍以上的大樹，算作製造棺槨的上等用材。柴薪散木的價格是多少，建房用材的價格是多少，棺槨用材的價格是多少。」管子又說：「用專營鹽鐵的盈利，來掌握統籌理財，可以使糧食通過囤積而價格由一上漲為十，君主便常可控制九倍的贏餘，使百姓的衣食所資都能來自朝廷，民間便會沒有怨恨。蠲免田賦，控制山林價格：富豪人家厚葬父母的，出高價；普通人家薄葬父母的，出低價。富豪人家大建房屋的，出高價；普通人家小修廬室的，出低價。君主在全國設立了統計理財機構，人們的貧富就好像用準繩在控制。這就稱為國家的統籌理財。」

山權數 第七十五

【題解】此為《管子》第七十五篇，亦為《管子》「輕重十九篇」中的第八篇，題為「山權數」。「山」字涵義，已於〈山國軌〉題解中作了較為詳盡的說明。要而言之，凡有關財用內容則以「山」名之，這是漢人習俗。「權數」即「權術」。「山權數」，即謂權宜通變的理財方法。

全文正是圍繞這一中心展開議論。作者認為，天下沒有一成不變的理財方策。因為一個國家的財源，要受多方面因素的制約，所以理財方策，也就必須因時因勢權宜通變。利用政令的緩急，物價的高低，豐歉的盈虧，地區的餘缺，「一可以為十，十可以為百」。通過適時調控，朝廷可以獲得巨額盈利。為了調節市場或供應急需，作者主張，朝廷不但必須控制糧食和貨幣，甚至還可以採用「御神用寶」的辦法，以人為的手段，提高龜寶的地位與價格，來直接干預財政。這就可謂把「權數」推到了頂峰，令人望而駭然。至於文中提出的利用施教手段——傳授知識與技能——的理財方法，以及重視科技人才的有關措施，則具有明顯的積極意義。

桓公問管子曰：「請問權數。」管子對曰：「天以時❶為權，地以財❷為權，人以力為權，君以令為權。失天之權，則人地之權亡。」桓公曰：「何為失天之權，則人地之權亡？」管子對曰：「湯七年旱，禹五年水。民之無饘❸有❹賣子者。湯以莊山❺之金鑄幣，而贖民之無饘賣子者；禹以歷山❻之金鑄幣，而贖民之無櫝賣子者。故天權失，人地之權皆失也。故王者歲守十分之參❼，三年與少半成歲。三十七年❽而藏十一年與少半。藏參之一，不足以傷民，而農夫敬事❾力作。故天毀埊❿，凶旱水泆⓫，民無入於溝壑⓬乞請⓭者也。此守時以待天權之道也。」桓公曰：「善。吾欲行三權⓮之數，為之奈何？」管子對曰：「梁山之陽綪絤⓯、夜石之幣⓰，天下無有。」管子曰：「以守國穀，歲守一分，以行五年，國穀之重，什倍異日。」管子曰：「請立幣，國銅以二年之粟顧⓱之，立黔⓲落力⓳。重⓴與天下調。彼重則見射，輕則見泄，故與天下調。泄者，失權也；見射者，失筴也。不備天權，下相求備，準㉑下陰相隸。此刑罰之所起，而亂之之本也。故平則不平，民富則不如貧，委積則虛矣。此三權之失也已。」桓公曰：「守三權之數奈何？」管子對曰：「大豐則藏分㉒，阨㉓亦藏分。」桓公曰：「阨者，所以益也。何以藏分？」管子對曰：「隘則易益也，一可以為十，十可以為百。以阨守豐㉔。阨之準㉕數一上十，豐之策㉖數十去九，則吾九為餘。於㉗數策豐，則三權皆在君。此之謂國權。」

【章旨】此章言君主掌握天、地、人「三權」之道。

【注　釋】❶時　指水旱等偶發性災害。❷財　指財源多寡。❸饘　粥。劉績云：「饘，章延反，糜也。」❹有　原文無此字。王念孫云：「當依《通典・食貨》八所引作『民之無饘，有賣子者』。言無饘之民有賣其子者也。今本脫『有』字者，涉下文『民之無饘賣子者』而誤。」❺莊山　後世稱為「嚴山」。即嚴道山。其山產銅，在今四川雅安等縣境。❻歷山　《史記・五帝本紀》：「舜耕歷山。」集解引鄭玄曰：「在河東。」但以歷山名者尚有多處，不知此處所云禹鑄幣之歷山確指何所。❼參　同「叄」。即「三」。❽三十七年　原文為「三十一年」。俞樾云：「當作『三十七年』，七誤為一，所闕只一筆耳。」❾敬事　不懈於事；慎行農事。❿塞　同「地」。古本作「地」。指地力。⓫水泆　大水；水災。泆，同「溢」。水滿外流。⓬入於溝壑　填進溝壑。指代死亡。⓭乞請　乞討。請，求。⓮三權　指天、地、人「三權」的方法。「四權」而不言「君以令為權」，因為這是站在君主的角度談問題。⓯綪緆　疑指大紅絲綢。《說文》：「綪，赤繒也。」緆，即「線」。《集韻》：「線亦作緆。」錄供參考。⓰夜石之幣　疑指夜光璧、夜明珠之類。孫毓棠云：「此幣當讀為璧，蓋自東周以降，無以石為幣者。」⓱顧　通「僱」。僱傭。⓲立黔　疑指修建屋棚。張佩綸云：「『黔』當為『廛』，字之誤也。《方言》『廛，居也，東齊海岱之間或曰廛，或曰踐』。」⓳落力　招募、挽留勞力。落，停留；定止。⓴重　此指物價比值。㉑準　意同「中」。即恰好、等於。㉒藏分　儲存一半。㉓阸　即「厄」。與「豐」相對。指歉收。㉔以阸守豐　意謂用控制歉年糧價的原則，來掌握豐年的糧價。馬非百云：「『以阸守豐』者，謂以守阸歲者守豐歲。」㉕準　此指糧價。㉖策　即計算。此指相應價格。㉗於　意同「以」。

【語　譯】桓公問管子說：「請問權宜機變的理財辦法。」管子回答說：「天以水旱災禍，顯現權宜機變，地以財源多寡，顯現權宜機變，人以才力大小，顯現權宜機變，君主以政令緩急，顯現權宜機變。君主如果失去了制勝水旱天災的能力，掌握人的才力與地的財力的能力，也會喪失。」桓公問：「為什麼失去了制勝水旱天災的能力，那麼，掌握人的才力與地的財力的能力也會喪失呢？」管子回答說：「商湯執政時，七年大旱，夏禹執政時，五年大水。百姓沒有飯吃，有人賣兒賣女。成湯只好採用莊山的金屬鑄造錢幣，贖救百姓中因為沒有飯吃而賣掉兒女的人家；大禹採用歷山的金屬鑄造錢幣，贖救百姓中因為沒有飯吃而賣掉兒女的人家。因而制勝天時水旱的能力一旦喪失，駕馭人的才力、地的財力的能力，便都會失掉。所以，成就王業的君主，每年要儲糧十分之三，三年多就積成夠吃一年的存糧。這樣，三十七年便能儲備夠吃十一年多的存糧。每年儲糧三分之一，不會傷害民生，反而能夠促使農夫重視農事，努力耕作。所以，即使遭逢天災毀壞地力，大旱大水，百姓也不會有死於溝壑或沿門乞討的現象。這就是及時儲積，用以防備水旱天災的方法。」桓公說：「這辦法很好。我想要施行掌握『三權』的理財方法，應當怎麼辦呢？」管子回答說：「梁山南面的特產綪緉和夜石之幣，是天下罕有的珍寶。」管子又說：「利用它們來為國庫換取儲備糧食，每年儲備一成，施行五年，國家就可以使糧價比往日上漲十倍。」管子又說：「還應鑄造錢幣，用兩年的儲備糧，僱工開採國家銅礦，建立場所，招募人力。而且要使物價比值與各國協調。若是價格偏高，外商就會來傾銷牟利；若是價格偏低，內商就會將物資向外泄散。因而要與各國比價一致。物資向外泄散，國家就會喪失權宜機變的理財條件；外貨擁入牟利，國家就會喪失規劃控制的理財條件。國家若不預防水旱天災，百姓只好互相借貸以求防患，這就等於讓百姓私相依附。這就是刑罰所生、國家動亂的根本緣由。這樣，均平變為不均平，富裕變成貧窮，國家的積蓄也陷於空虛。這就是天地人三個方面的權宜機變都未能掌握的表現。」桓公問：「掌握『三權』的理財方法，應當怎麼辦呢？」管子回答說：「大豐年的糧食要儲存一半，歉收年的糧食也要儲存一半。」桓公說：「歉收年成應當補給，為什麼也要儲存一半呢？」管子回答說：「歉年則糧價易於上漲，一可以成十，十可以成百。用控制歉年糧價的原則，來調控豐年的糧價。歉年的糧價，一倍能上漲為十倍，豐年的相應價格，十成能減九成。那麼，朝廷便能常有『九』為盈餘。用這個理財辦法，來計畫豐年的糧食專營，『三權』便都掌握在君主手中了。這就叫作國家的權宜通變的理財方法。」

桓公問於管子曰：「請問國制❶。」管子對曰：「國無制，地有量❷。」桓公曰：「何謂國無制，地有量？」管子對曰：「高田❸十石❹，閒田❺五石，庸田❻三石，其餘皆屬諸荒田。地量百畝，一夫之力也。粟賈一，粟賈十，粟賈三十，粟賈百❼。其在流筴❽者，百畝從中❾千畝之筴也。然則百乘從千乘也，千乘從萬乘也。故地無量，國無筴。」桓公曰：「善。今欲為大國❿，大國欲為天下，不通權筴，其無能者矣。」

【章　旨】此章言國家沒有一成不變的理財政策。

【注　釋】❶制　法度；政策。❷國無制二句　意謂國家的理財政策，是徵取於民，須需隨土地產量為轉移。因為土地產量各殊，所以制取之策有異。量，產量。❸高田　上腴之壤。即高產田。❹石　尹知章〈國蓄〉注：「按古之石，準今之三斗三升三合。」❺閒田　即「間田」。中等田。❻庸田　下等田。許維遹云：「庸與上、中相比，則謂之下矣。」❼粟賈一四句　意謂產量愈高、糧食愈多的地區，當地糧食市場的價格便愈低。賈，通「價」。價格。❽在流筴　指懂得運用地區差價，施行商品流通的盈利措施。在，明察；通曉。❾從中　趕上或相等。從，跟從；趕上。中，相當；等於。❿今欲為大國　意即若想成為大國。張佩綸云：「『欲為大國』上奪『小國』二字。『今小國欲為大國』以下，管子之言。」錄供參考。

【語　譯】桓公向管子詢問，說：「請問國家固定不變的理財政策。」管子回答說：「國家沒有固定不變的理財政策，是因為土地有不同的產量。」桓公問：「為什麼說國家沒有固定不變的理財政策，是因為土地有不同的產量呢？」管子回答說：「高田畝產十石，間田畝產五石，庸田畝產三石，其餘都屬於荒田。耕地數量為百畝，這是一個農夫的力役。如果高田地區的糧價為一，則間田地區的糧價為十，庸田地區的糧價為三十，荒田地區的糧價為一百。那些懂得利用商品流通而獲取盈利的國家，百畝地的產量，就可以趕上或等於千畝地的用途。這樣，百乘之國，也就可以抵上千乘之國，千乘之國，也就可以抵上萬乘之國了。所以，土地如果沒有不同的產量，國家也就無需理財方策了。」桓公說：「非常有道理。若想成為大國，並由大國進而統一天下，不通曉權宜變通的理財方策，是無能為力的了。」

桓公曰：「今行權奈何？」管子對曰：「君通於廣狹之數❶，不以狹畏廣；通於輕重之數，不以少畏多。此國筴之大❷者也。」桓公曰：「善。蓋❸天下，視❹海內，長譽而無止，為之有道乎？」管子對曰：「有。」曰：「軌行其數，準平其流，動於未形，而守事已成。物一也而十，是九為用。徐疾之數，輕重之筴也，一可以為十，十可以為百。引十之半而藏四，以五操事，在君之決塞❺。」桓公曰：「何謂決塞？」管子曰：「君不高❻仁，則問❼不相被❽；君不高慈孝，則民簡❾其親而輕過。此亂之至也。則君請以國筴十分之一者，樹表❿置高⓫，鄉之孝子聘之幣⓬，孝子兄弟眾寡不與⓭師旅之事。樹表置高，而高仁慈孝，財散而輕⓮。乘輕而守之以筴，則十之五有⓯在上。運五如行事⓰，如日月之終復。此長有天下之道，謂之準道。」

【章旨】此章言「長有天下之道」。

【注釋】❶廣狹之數　指以狹及廣之術。即上文所謂「百畝從中千畝之筴也」。❷國筴之大　猶言「國計之極」。即國家理財之策的準則。❸蓋　通「盍」。合；統一。《爾雅・釋詁》：「盍，合也。」❹視　處理；治理。《左傳・襄公二十五年》：「崔子稱疾不視事。」❺決塞　即開塞。放開與收閉。❻高　貴；敬。此借為提倡、倡導。❼問　問遺；贈予。原文為「國」。宋本作「問」。此依宋本。❽被　加；及。❾簡　怠慢；輕視。❿樹表　立表。如懸掛匾額之類。⓫置高　即植高。如建立牌坊之類。⓬聘之幣　帶著禮物去慰問。幣，即帛。禮物的通稱。⓭與　通「預」。參預。⓮財散而輕　意謂由於朝廷獎勵仁愛，提倡慈孝，因而人們樂於以財物互相贈送，於是財物必大量流散於外而價格趨降。⑮有 通「又」。⑯如行事 指依過去的成例行事。

【語譯】桓公問：「現在若施行權宜通變之策，應當怎麼辦呢？」管子回答說：「君主若能通曉以狹及廣的理財方策，就不會因為國土狹小而畏懼國土廣袤的大國；若能通曉調控價格的理財方策，就不會因為資財短少而畏懼資財富有的國家。這就是國家理財之策的總原則。」桓公說：「非常好。倘要藉以統一天下，一匡海內，久受頌揚而無窮盡，有辦法達到這個目的嗎？」管子回答說：「有。」又說：「運用統計之法掌握糧食盈虛數據，運用準平之策調控商品流通及貸放措施，施行在資財尚未形成之前，收回成品施行在農事已成之後；使財物一而成十，這樣九倍盈利即為國家掌握。國家掌握徵令的緩急與物價政策，一可以增長為十，十可以增長為百。再將理財收入十分之五中的四成作為儲備，用另外五成作為理財用度，全由君主掌握開放與閉收。」桓公問：「什麼叫做開放與閉收？」管子說：「君主若不倡導仁愛，人們便不會相互贈送與慰問；君主若不倡導慈孝，人們便會怠慢父母而易於發生過失。這將是最大的禍亂。君主應將國家理財收入的十分之一，用來懸掛匾額，樹立牌坊。對於鄉中的孝子，都要帶著禮物去慰問；孝子的兄弟不論多少人，都不參加服兵役。到處懸掛匾額，建立牌坊，倡導仁愛慈孝，財物便會廣為施散而不被人們看重。國家乘著人們輕賤財物的時機，運用理財方策加以控制，十分之五的財物又將回到國庫之中。再運用五成資財，依照過去的成例行事，就像日月運轉，往而復來。這就是永久享有天下的辦法，稱為『平準之道』。」

桓公問於管子曰：「請問教數❶。」管子對曰：「民之能明於農事者，置之黃金一斤，直食❷八石。民之能蕃育六畜者，置之黃金一斤，直食八石。民之能樹藝❸者，置之黃金一斤，直食八石。民之能樹瓜瓠、葷菜❹、百果，使蕃袞❺者，置之黃金一斤，直食八石。民之能已❻民疾病者，置之黃金一斤，直食八石。民之知時❼，曰『歲且阨』，曰『某穀不登』，曰『某穀豐』者，置之黃金一斤，直食八石。民之通於蠶桑，使蠶不疾病者，皆置之黃金一斤，直食八石。謹聽其言而藏之官，使師旅之事無所與❽，此國筴之大❾者也。國用相靡❿而足，相揲而澹⓫。然後置四限，高下⓬令之徐疾，毆屏⓭萬物，守之以筴。有⓮五官技⓯。」桓公曰：「何謂五官技？」管子曰：「詩⓰者所以記物⓱也，時⓲者所以記歲也，春秋⓳所以記成敗也，行者道民之利害⓴也，易㉑者所以守凶吉成敗也，卜者卜凶吉利害也。民之能此者皆一馬之田，一金之衣。此使君不迷妄之數也。六家㉒者即見㉓。其時，使豫先蚤閒之日㉔受之㉕，故君無失時，無失筴，萬物興豐；無失利㉖，遠占得失，以為末教㉗；詩，記人無失辭㉘；行，殫㉙道無失義；易，守禍福凶吉不相亂。此謂君棅㉚。」

【章旨】此章言利用施教手段——傳授知識與技能——的理財方法。

【注釋】❶教數　指利用施教手段的理財方法。❷直食　抵償糧食。直，通「值」。價值相當。❸樹蓺　種植；栽種。❹葷菜　本指蔥蒜等辛臭的菜，此處代指蔬菜。❺蕃衰　蕃衍；蕃育。衰，同「育」。王念孫云：「『衰』當作『衮』，字之誤也。《玉篇》、《廣韻》『衮』字竝與『裕』同，蕃裕猶蕃衍耳。」❻已　停止。此指治癒。《呂氏春秋・至忠》：「病乃遂已。」高注：「已，猶愈也。」❼知時　通曉農時、天時。此指天文星曆專家。❽使師旅之事無所與　謂對上述七種專門人才——

農業、畜牧、林業、園藝、醫藥、天文、蠶桑專家，要提供安定的工作環境，即使遇上戰爭之事，也不要有所干擾。與，通「預」。干預；干擾。❾國筴之大　即「國計之極」。國家理財方針的準則。原文無「大」字。王念孫云：「『國筴』之下當有『大』字。上文云『不以狹畏廣，不以少畏多，此國筴之大者也』，是其證。」❿相靡　指散重。即將漲價物資拋售出去。⓫相揲而澹　原文為「相困揲而澹」。王引之云：「『澹』當為『澹』，字之誤也」，「澹，古贍字也」，「『困』蓋衍字耳」。相揲，與上文「相靡」相對。指斂輕。即將跌價物資收購進來。《廣雅》：「揲，積也。」澹，古通「贍」。充足；富裕。⓬高下　使之或高或低。意即掌握、控制。⓭毆屏　指拋售與囤積。毆，即「驅」。逐出；拋出。⓮有　通「又」。⓯五官技　指從五方面對技術人員加以管理。官，通「管」。指管理。⓰詩　指懂《詩》的人才。⓱記物　即下文「記人」。指記述人物言論。⓲時　指懂得天時、節令的人才。⓳春秋　本指我國古代最早的編年體史書《春秋》，此處借指通曉歷史的人才。⓴行者道民之利害　謂掌祭道路之神的人，可指示人們出行時孰吉孰凶，引導人們趨利避害。行，指掌祭行神——道路之神的人才。道，通「導」。指導。㉑易　本指古代卜筮之作《易經》，因通曉占卜者，大都根據《易經》預言凶吉、成敗與利害，故此處用「易」借指通曉占卜的人才。㉒六家　即一詩，二時，三春秋，四行，五易，六卜。上言「五技」，此言「六家」者，朱長春云：「易、卜當為一官。」㉓見　通「現」。發現。㉔蚤閒之日　指農事尚未開始的閒暇之時。㉕受之　即「授之」。意謂使上述六種專門人才，以其所有之經驗，預先對民眾宣傳講授。㉖無失利　郭沫若云：「『無』字當是衍文，『失利』即『春秋』二字之殘。春蠹其下，秋蠹其右，抄書者以『無失筴』、『無失辭』、『無失義』等例之，遂添一『無』字而為『無失利』。然上文以詩、時、春秋、行、易為『五官技』，此於詩、時、行、易既複舉，不應於春秋獨匿其名。」語譯依此。㉗末教　指後日避害就利的教訓。末，後。㉘失辭　言辭失當。《論語・季氏》：「不學《詩》，無以言。」故曰：「詩，記人無失辭。」㉙殫　通「闡」。《易・繫辭》注：「闡，明也。」㉚君棅　指君主的權力。棅，同「柄」。權柄。

【語　譯】桓公向管子詢問，說：「請問有關運用教育手段的理財方法。」管子回答說：「百姓中有對農業極精通的，給予黃金一斤的獎賞，值糧八石。百姓中善於蕃育六畜的，給予黃金一斤的獎賞，值糧八石。百姓中善於種植林木的，給予黃金一斤的獎賞，值糧八石。百姓中善於培育瓜瓠、蔬菜、百果，並使其生長繁茂的，給予黃金一斤的獎賞，值糧八石。百姓中善於為人治病的，給予黃金一斤的獎賞，值糧八石。百姓中通曉天時，能預言『年成困難』，或能預言『某種穀物歉收』，或能預言『某類穀物豐收』的，給予黃金一斤的獎賞，值糧八石。百姓中精通養蠶種桑，能使蠶不生病的，都要給予黃金一斤的獎賞，值糧八石。應當認真聽取這些專家的經驗，並作好記載，存入官府。還要使戰爭兵役之事，對他們無所干擾。這是國家理財方略的準則。國家財用散重則足，斂輕則富。然後便應當設立四境的限界，隨時掌握政令的緩急，適時拋售或囤積各種物資，並運用散重斂輕的策略，控制境內財富。此外，還要對五方面的技術人員，加以管理和任用。」桓公問：「什麼叫作對五方面的技術人員，加以管理和任用呢？」管子說：「懂《詩》的人，可用來記述人物言論；懂天時的人，可用來記述年成豐歉；懂歷史的人，可用來記述國事的成敗；懂掌祭行神的人，可用來指導人們趨利避害；懂卜筮的人，可用來掌握吉凶成敗；懂占卜的人，可用來預測吉凶禍福。百姓中善於作這些事務的，都賞給一匹馬所能耕種的土地，一斤金所能買到的衣服。這是使君主不致糊塗愚妄的措施。以上『六家』，都能及時發現問題。懂天時的人，如果讓他預先在農暇時，宣傳講授天文之類的知識，那麼就可以使君主辦事時，不會在天時方面失誤，也不會在計畫方面失誤，因而能帶來萬物興旺的結果；懂歷史的人，能夠使人們通曉前事的得失，用來作為後事的教訓；懂《詩》的人，記述人們的言論，可以使人們不至於言語失當；懂得掌祭行神的人，闡明並指點人們前程，使人們不至於誤失時宜；懂得占卜的人，能夠掌握禍福凶吉，使人們的行事，不至於發生錯亂。管理和任用以上能人，這都是君主應當專掌的權力。」

桓公問於管子曰：「權棅之數，吾已得聞之矣。守國之固❶奈何？」曰❷：「能皆已官，時皆已官，得失之數，萬物之終始，君皆已官之矣。其餘皆以數行❸。」桓公曰：「何謂以數行？」管子對曰：「穀者民之司命也，智者民之輔❹也。民❺智而君愚，下富而君貧；民愚而君智❻，下貧而君富。此之謂事名二❼。國機❽，徐疾而已矣。君道，度法❾而已矣。人心，禁繆❿而已矣。」桓公曰：「何謂度法？何謂禁繆？」管子對曰：「度法者，量人力而舉功。禁繆者，非往而戒來。故禍不萌通⓫，而民無患咎⓬。」桓公曰：「請聞心禁⓭。」管子對曰：「晉有臣不忠於其君，慮殺其主，謂之公過⓮。諸公過之家，毋使得事君。此晉之過失也。齊之公過，坐⓯立長差⓰。惡惡乎來⓱刑，善善乎來榮。戒⓲也。此之謂國戒。」

【章　旨】此章言「度法」與「禁繆」。

【注　釋】❶固　安穩；鞏固。❷曰　依上下文例，此處應為「管子對曰」。馬非百云：「『曰』上脫『管子對』三字。」❸以數行　此指按一般方法施行管理。❹輔　輔助；輔佐。❺民　與下文之「下」皆指富商大賈。❻民愚而君智　原文無此句。據上下文意，當補。豬飼彥博云：「『下貧而君富』上疑脫『民愚而君智』一句。」❼事名二　即「事一名二」。意謂一個事物的兩個方面。❽機　樞要；關鍵。❾度法　本謂制度與法令，此指掌握制度與法令。❿禁繆　禁止邪惡。繆，通「謬」。荒謬。引申為邪惡。⓫萌通　發展產生。萌，萌芽；發生。通，通達；發展。⓬患咎　此指疑慮與忌恨。⓭心禁　即上文「人心、禁繆」之省文。意即防止人心邪惡。⓮公過　意謂政治性犯罪。郭沫若云：「『公過』，猶今言政治犯也。」⓯坐　此指定罪。⓰長差　猶言首從、主次。⓱來　招致。引申為給予。⓲戒　告戒。意謂懲惡勸善。

【語　譯】桓公向管子詢問，說：「專擅權柄的理財方法，我已經懂得了。要保持國家的鞏固又將如何辦呢？」管子回答說：「有專能的人都已任用，懂天時的人都已任用，精通歷史得失規律及萬物終始流通的人，君主都已管理任用了。其餘的人才，便都按照一般的方法施行管理就可以了。」桓公問：「什麼叫作按照一般的方法施行管理呢？」管子回答說：「糧食是人們生命的主宰，知識和才能是人們成事的助手。富商蓄戶控制了有知識才能的人才，君主便會遭到愚弄，巨家蓄戶富有，朝廷就會貧窮；富商蓄戶處於無能為力的狀況，就是因為君主控制了有知識和專長的人才，巨家蓄戶財源困難，朝廷必然富有。這就稱為一件事物的兩方面。治國的關鍵，是掌握政令發布的緩急而已。為君的方法，是掌握制度法令而已。人心的維繫，是防止邪惡而已。」桓公問：「什麼叫作掌握制度法令？什麼叫作防止邪惡？」管子回答說：「所謂掌握制度法令，就是要估量人力而舉事。所謂防止邪惡，就是要懲前而毖後。這樣，禍亂就不會發生和發展，人們也就沒有疑慮和忌恨了。」桓公說：「請說說防止人心邪惡的問題。」管子回答說：「晉國有臣對於君主不忠，準備謀殺君主，這叫作政治性的大罪。結果，對於所有犯罪者的親屬，一律不准任職事君。這就是晉國處理問題的過失。齊國處理這類政治性犯罪，則根據首惡與脅從定罪。懲處壞人用刑罰，表彰好人用榮名。這就是告戒的辦法。這就可以叫作『國戒』。」

桓公問管子曰：「輕重準施之矣，筴盡於此乎？」管子對曰：「未也。將御神❶用寶。」桓公曰：「何謂御神用寶？」管子對曰：「北郭有掘闕❷而得龜者，此檢❸數百里之地也。」桓公曰：「何謂得龜百里之地❹？」管子對曰：「北郭之得龜者，令過之平盤❺之中。君請起十乘之使❻，百金之提❼，命北郭得龜之家曰：『賜若❽服中大夫❾。』曰：『東海之子❿類於龜，託舍⓫於若。賜若大夫之服，以終而⓬身，勞⓭若以百金。』之⓮龜為無貲⓯，而藏諸泰臺⓰，一日而釁⓱之以四牛，立寶⓲曰無貲。還四年⓳，伐孤竹⓴。丁氏㉑之家粟，可食㉒三軍之師行五月，召丁氏而命之曰：『吾有無貲之寶於此。吾今將有大事㉓，請以寶為質㉔

於子，以假子之邑粟㉕。』丁氏北鄉㉖再拜，入粟，不敢受寶質。桓公命丁氏曰：『寡人老矣，為子者不知此數。終受吾質！』丁氏歸，革㉗築室，賦籍㉘藏龜。還四年，伐孤竹，謂丁氏之粟中食三軍五月之食。桓公立貢數㉙：文行中七千金㉚，年龜中四千金，黑白之子當千金。凡貢制，中二齊之壤筴也。用貢：國危出寶，國安行流㉛。」桓公曰：「何謂流？」管子對曰：「物有豫㉜，則君失筴而民失生㉝矣。故善為天下者，操於二豫之外㉞。」桓公曰：「何謂二豫之外？」管子對曰：「萬乘之國，不可以無萬金之蓄飾㉟；千乘之國，不可以無千金之蓄飾；百乘之國，不可以無百金之蓄飾。以此與令進退，此之謂乘時。」

【章　旨】此章言「御神用寶」的理財之法。

【注　釋】❶御神　驅使神怪；駕馭神靈。猶言「神道設教」。❷掘闕　挖坑。闕，空闕；坑穴。張佩綸云：「『掘闕』當作『掘閱』。古『閱』『穴』通。」錄供參考。❸檢　比；相當。尹知章注：「檢，猶比也。以此龜為用者，其數可比百里之地也。」❹得龜百里之地　即「有掘闕而得龜者，此檢數百里之地」之省文。❺過之平盤　即置於大盤。尹知章注：「過之，猶置之也。平盤者，大盤也。」❻起十乘之使　謂人馬多，聲勢眾。起，發出；派遣。尹知章注：「起，發也。」❼百金之提　謂禮物豐厚，以示尊重。提，提挈；裝載。尹知章注：「提，裝也。」❽若　汝；你。❾服中大夫　即可以服中大夫之服。相當於後世之捐官。❿東海之子　指海神之子。尹知章注：「東海之子，其狀類龜，假言此龜東海子耳。東海之子者，海神之子也。」⓫託舍　寄居。⓬而　通「爾」。你。⓭勞　慰勞。此指賞賜。⓮之　猶「是」。這。⓯無貲　即無價。言其可貴。⓰泰臺　即「大臺」。高大之臺。⓱釁　殺牲以血塗祭。⓲立寶　指立龜為寶。⓳還四年　尹知章注：「後四年。」

⑳孤竹　古代北方國名。此為假託之詞。㉑丁氏　尹知章注：「丁氏，齊之富人，所以丁惠也。」㉒食　通「飼」。供食。㉓大事　此指軍事。《左傳・成公十三年》：「國之大事，在祀與戎。」㉔質　指抵押之物。㉕邑粟　尹知章注：「即家粟也。」㉖北鄉　即「北嚮」。面向北方。㉗革　改變。尹知章注：「革，更也。」㉘賦籍　鋪設墊席。籍，通「藉」。以物襯墊。尹知章注：「賦，敷也。籍，席也。」㉙立貢數　即設立貢龜的理財措施。㉚文行中七千金　此句原文為「文行中七」。張佩綸云：「『中七』下脫『千金』二字。」據補。文行，依文意看，當為上等龜名。下文「年龜」及「黑白之子」也同為龜名。中，等於；相當。㉛行流　意謂用「貢龜」參預商品流通。㉜物有豫　謂富商蓄賈虛定物價以誑人，從而牟取暴利。豫，即誑。欺騙；迷惑。王引之云：「豫猶誑也」。㉝失生　失業。生，產業。㉞操於二豫之外　意謂朝廷應在「二豫」之外。運用輕重之策，從根本上，控制富商蓄賈牟取暴利的問題。二豫，指工商相豫。㉟蓄飾　指庫存的無價龜寶。

【語　譯】桓公問管子說：「實施輕重之策、平準之法以後，理財之策就完全了嗎？」管子回答說：「並沒有。還要驅使神怪，運用寶物。」桓公問：「什麼是驅使神怪，運用寶物呢？」管子回答說：「北郭有人挖坑而得到了神龜，利用這種龜，可以獲得相當於數百里土地的利益。」桓公問：「為什麼說得到這種龜，就相當於上百里土地的利益呢？」管子回答說：「北郭得龜的人，叫他把龜放在大盤中。君主派出配備著十輛車的使者，帶上百金，到北郭得龜的人家下令說：『國君賞賜給你享用中大夫的服飾。』又說：『東海神祇的兒子，狀貌似龜，寄居在你家。賜給你大夫的服飾，終身享用，另賞百金作為慰勞。』而後把這龜奉為無價寶物，收藏到大臺上；每天用四條牛祭祀，立為國寶，命名為『無貲』。四年之後，準備征伐孤竹。聽說丁家的儲糧可供三軍吃用五個月，於是召來丁家主人，命令說：『我有無價之寶在這裡。我現在將有征戰大事，想用這個寶物給你作為抵押，而借用你的儲糧。』丁氏朝北再拜領命，送來糧食，但不敢接受寶物作為抵押。桓公對丁氏說：『我已經老了，作兒子的不瞭解此事原委，你一定要收下我的抵押品！』丁氏歸去後，隨即改建房屋，鋪設墊席，珍藏神龜。四年過後，發兵攻打孤竹的時候，說是丁家的儲糧確實供三軍吃用了五個月。桓公還應設置一項貢龜的理財措施：確定文行值七千金，年龜值四千金，黑白之子值一千金。估計使用貢龜制度，收益將相當於兩個齊國土地收入的總數。貢龜的使用原則是，在國家財政危急的時候，把牠作為寶物抛出抵押，在國家財政穩定的時候，讓牠在流通領域發揮作用。」桓公問：「什麼叫在流通中的作用呢？」管子回答說：「市場物價，若是出現壟斷與欺詐，國家便要失控，百姓便要失業。所以，善於治理天下的君主，還要對巨商蓄戶可能藉以行詐的外部因素加以控制。」桓公問：「什麼叫對巨商蓄戶可能藉以行詐的外部因素加以控制呢？」管子回答說：「萬乘之國，不可以沒有價值萬金的龜寶儲藏；千乘之國，不可以沒有價值千金的龜寶儲藏；百乘之國，不可以沒有價值百金的龜寶儲藏。用這種寶物，與朝廷政令的進退緩急緊密配合，這就稱為適時調控市場的物價。」

山至數 第七十六

【題解】此為《管子》第七十六篇，亦為《管子》「輕重十九篇」中的第九篇。題為「山至數」。「山」的涵義，已於〈山國軌〉、〈山權數〉諸篇中作了說明，意即據漢人習俗，凡有關財用內容均可以「山」名之。「至數」即善策。「山至數」，意謂最為理想的理財方策。

作者的觀點十分鮮明。他認為：「輕賦薄斂」的主張不對，善於治國的君主，應當「立幣」、囤糧而行輕重之術；單用行政措施約束專門人才、技術人員及限禁百姓流徙的主張不對，善於治國的君主，應當重祿、重幣、囤糧、調控物價，採用經濟手段，吸取與制約他們；天子守天下之道，在於「守穀而已」，失天下之因，也首先在於錢糧失控，財權旁落。總之，在作者看來，國君制百姓也罷，制大夫也罷，制本國也罷，制諸侯也罷，「至善之數」全在善於施行輕重之術，「守大奉一」而已。

桓公問管子曰：「梁聚❶謂寡人曰：『古者輕賦稅而肥籍斂❷，取❸下無順於此者矣。』梁聚之言何如？」管子對曰：「梁聚之言非也。彼輕賦稅則倉廩虛，肥籍斂則械器❹不奉❺。械器不奉，而諸侯之皮幣❻不衣；倉廩虛，則傳賤❼無祿。外皮幣不衣於天下，內國傳賤。梁聚之言非也。君有山，山有金❽，以立幣。以幣准穀而授祿，故國穀斯❾在上，穀賈❿什倍。農夫夜寢蚤起，不待見使，五穀什倍。士半祿而死君⓫，農夫夜寢蚤起，力作而無止。彼善為國者，不曰使之，使不得不使；不日用之⑫，使不得不用。故使民無有不得不使⑬者。夫梁聚之言非也。」桓公曰：「善。」

【章　旨】此章言梁聚「輕賦稅而肥籍斂」說之非，主張立幣、囤穀而行輕重之術。

【注　釋】❶梁聚　假託的人名。下文「請士」、「特」，同此例。❷肥籍斂　義同「輕賦稅」。肥，古通「俷」。❸取　此指徵稅。❹械器　兵械器具。械，指兵器。可用作射獵。器，指用於農業勞動及織造絲帛的工具。❺奉　供應。❻幣　指「帛」。繒帛；絲綢。❼傳賤　士卒貧賤。傳，通「士」。❽金　實指銅。❾斯　完全；全部。《呂氏春秋．報更》：「斯食之。」注：「斯，猶盡也。」❿賈　通「價」。價格。⓫士半祿而死君　謂士卒雖只享用原俸祿的一半，但因糧價已漲十倍，以糧折幣，俸祿等於漲了五倍。因而願意為君主效命。半祿，指原俸祿的一半。死君，為君拚死；為君效命。⓬用之　原文為「貧之」。王念孫云：「『貧』字義不可通。〈揆度篇〉：『貧』作『用』，是也。兩『使』字、兩『用』字皆上下相應。」⓭不得不使　丁士涵云：「『不得不使』，疑當作『不用不使』。承上『不得不使』『不得不用』言之，言使民無有不為我用、不為我使也。」語譯依此。

【語　譯】桓公問管子說：「梁聚曾對我說：『古代輕賦稅而薄徵斂，沒有哪種向民眾徵取的政策，能比此更順應民心的了。』梁聚的說法怎麼樣呢？」管子回答說：「梁聚的說法是不對的。那個輕賦稅的政策，會使國家倉廩空虛，薄徵斂的政策，會使兵械器具不能保障供應。械器不能保障供應，諸侯各國便穿不上皮毛和絲綢；國家倉廩空虛，士卒便會陷於貧賤而無俸祿。對外，皮毛和絲綢不能輸出到各國；對內，國家的士卒陷於貧賤地位。因而梁聚的說法顯然是不對的。君主有山，山中有銅，可以用來鑄造貨幣。用貨幣折抵糧食而發放俸祿，國家的糧食便能全部集中到國庫，糧價便可上漲十倍。農夫便會夜睡早起，不需要驅使，而使五穀成十倍地增產。這樣，士卒只需原有的一半糧食作為俸祿，便願意為國效命；農夫也會夜睡早起，努力耕作不止。那些善於治理國政的君主，不說要驅使百姓，卻可以使百姓不能不被驅使；不說要百姓效力，卻可以使百姓不能不效力。這樣，便可使得百姓沒有不為君主效力，沒有不聽君主驅使的了。所以，梁聚的說法是不對的。」桓公說：「這辦法非常好。」

桓公又問於管子曰：「有人教我，謂之請士。曰：『何不官❶百能？』」管子對曰：「何謂官百能？」桓公曰：「使智者盡其智，謀士盡其謀，百工盡其巧。若此則可以為國乎？」管子對曰：「請士之言非也。祿肥❷則士不死，幣輕則士簡❸賞，萬物輕則士偷幸❹。三怠❺在國，何數之有？彼穀七❻藏於上，三游於下，謀士盡其慮，智士盡其知❼，勇士輕其死。請士所謂妄言也。不通於輕重，謂之妄言。」

【章　旨】此章言請士「官百能」說之非，主張重祿、重幣、控制糧食、提高物價。

【注　釋】❶官　通「管」。此指強制性管理、約束。❷祿肥　即「祿俷」。指俸祿微薄。❸簡　怠慢；輕視。❹萬物輕則士偷幸　謂物價低廉則易於謀生，人們容易流於苟且而貪圖僥倖。偷幸，苟且僥倖。❺三怠　指上文所謂「士不死」、「士簡賞」、「士偷幸」三種疲沓現象。❻七　原文為「十」。據下文之「三」，則當改正為「七」。❼知　通「智」。智慧。

【語　譯】桓公又問管子說：「有人曾經教導我，這人名叫請士。他說：『為何不把各種有才能的人管束起來？』」管子反問道：「什麼叫做把各種有才能的人管束起來？」桓公說：「就是使智者竭盡智慧，謀士竭盡謀慮，百工竭盡技巧。像這樣，便可以治理國政了嗎？」管子回答說：「請士的話是不對的。俸祿低微，士人便不肯效命；貨幣貶值，士人便輕視獎賞；物價低廉，士人便懷安苟且、圖取僥倖。三種怠慢現象存在於一個國家，這個國家還有什麼辦法呢？要是把七成糧食控制在朝廷，只讓三成糧食在民間流通，便可以使謀士竭盡謀慮，智士竭盡智慧，勇士樂於效命了。請士所說的，是不切實際的話。不通曉輕重之術的主張，只能是不切實際的空話。」

桓公問於管子曰：「昔者周人有天下，諸侯賓服❶，名教❷通於天下，而奪於其下。何數也❸？」管子對曰：「君分壤而貢入，市朝❹同流。黃金，一筴也；江陽之珠，一筴也；秦之明山❺之曾青❻，一筴也。此謂以寡為多，以狹為廣，軌出❼之屬也。」桓公曰：「天下之數盡於軌出之屬也？」管子曰❽：「今國穀重什倍而萬物輕，大夫謂賈人❾：『子為吾運穀❿而斂財⓫。』穀之重一也，今九為餘。穀重而萬物輕，若此，則國財九在大夫矣。國歲反一⓬，財物之九者，皆倍重而出矣。財物在下，幣之九在大夫。然則幣穀羨⓭在大夫也。天子以客行⓮，令以時出⓯。熟穀之人⓰亡，諸侯受而官之⓱。連朋而聚與⓲，高下萬物，以合⓳民用。內則大夫自還⓴而不盡忠，外則諸侯連朋合與。熟穀之人則去亡㉑。故天子失其權也。」桓公曰：「善。」

【章　旨】此章言天子失權的原因。

【注　釋】❶賓服　即「賓從」。服從；歸順。❷名教　指號令。《國語·周語》：「言以信名」。注：「名，號令也。」❸何

數也　謂「下用何數而奪」。數，方法；策略。❹市朝　即市場。❺秦之明山　其地當在關中，但具體所在已無可考。❻曾青　即銅精。其色極青，可供繪畫。❼軌出　郭沫若云：「『軌出』乃『輕重』之殘文耳。〈揆度〉玉幣七筴節『此謂以寡為多、以狹為廣，天下之數盡於輕重矣』，與此同文，而彼作『輕重』可證。」語譯依此。下文「軌出」亦依此說作「輕重」。❽管子曰　原文無。依文意當添補。戴望云：「『今國穀』上脫『管子曰』三字。」❾賈人　此指富商。原文為「賈之」。馬非百云：「『之』是『人』字之訛。〈揆度〉『然則國財之一分在賈人』，又曰『國幣之少分廩於賈人』，又曰『國之財物盡在賈人』，皆以『賈人』連稱。」❿運穀　指販運糧食。⓫斂財　指收購財物。⓬國歲反一　指糧食價格返回原狀。⓭羨　剩餘；贏利。⓮天子以客行　謂天子大權旁落。以客行，即居於客位。行，表處所。⓯令以時出　意謂因處於被動境況而政令不時發出。⓰熟穀之人　指精通糧食經營的理財人員。⓱官之　任為官吏。⓲聚與　指結黨。與，黨羽。⓳合　此指兼併、包攬。⓴自還　即「自環」。意謂自營、自謀私利。㉑去亡　遠去；逃亡。

【語譯】桓公問管子說：「往昔周朝擁有天下，諸侯順服，號令暢通天下，後來竟被臣下篡奪了政權。臣下用的是什麼方法呢？」管子回答說：「君主從不同地區得到的貢物，是放在市場上自由流通買賣的。利用黃金買賣，是一種辦法；利用江陽之珠買賣，是一種辦法；利用秦地明山的曾青買賣，也是一種辦法。這稱為以少成多，以狹成廣，也屬於輕重之術的範圍。」桓公問：「天下的理財方法全都屬於輕重之術的範圍嗎？」管子說：「現在的國家糧價如果上漲十倍而其餘物資的價格仍低，大夫便會對富商說：『你為我販賣糧食並收購其他物資。』糧食原價若作為一，這便可得九倍的盈利。因為糧價貴而其他物資價低，這樣，大夫便可買進九倍的物資。等到糧食價格返回原狀，又可把原先買進的九倍物資加價銷售出去了。物資銷售到了民間，九倍的貨幣便又進入了大夫手中。這樣一來，貨幣和糧食的贏利，便都在大夫手中了。天子退居客位，政令時常頒發。精通糧食經營的理財人員外流，諸侯各國接納而任為官吏。他們連朋結黨，控制物價，包攬民用物資。國內，大夫各謀私利而不盡忠國事；國外，諸侯各國結朋聚黨。精通糧食經營的理財人員則遠去、逃亡。這樣，天子便會失去他的政權。」桓公說：「分析得好。」

桓公又問管子曰：「終身有天下而勿失，為之有道乎？」管子對曰：「請勿施於天下，獨施之於吾國。」桓公曰：「此若言❶何謂也？」管子對曰：「國之廣狹、壤之肥墝有數，終歲食餘有數。彼守國者，守穀❷而已矣。曰，某縣之壤廣若干，某縣之壤狹若干，則必積委幣❸，於是縣州里受公錢❹。泰秋，國穀去參之一❺，君下令謂郡縣、屬大夫里邑皆籍粟❻入若干。穀重一也，以藏於上者。國穀參分，則二分在上矣。泰春，國穀倍重❼，數也。泰夏，賦穀以市櫎，民皆受上穀以治田土。泰秋，曰❽：『穀之存子者❾若干，今上斂穀以幣。』民曰：『無幣，以穀。』則民之三有❿歸於上矣。重之相因，時之化舉，無不為國筴。君用大夫之委，以流歸於上。君用民，以時歸於君。藏輕，出輕以重，數也。則彼安有自還之大夫獨委之？彼諸侯之穀十，使吾國穀二十，則諸侯穀歸吾國矣；諸侯穀二十，吾國穀十，則吾國穀歸於諸侯矣。故善為天下者，謹守重流⓫，而天下不吾洩⓬矣。彼重之相歸，如水之就下。吾國歲非凶也，以幣藏之，故國穀倍重，故諸侯之穀至也。是藏一分以致⓭諸侯之一分。利不奪於天下，大夫不得以富侈。以重藏輕，國常有十國之筴也。故諸侯服而無正⓮，臣櫎從⓯而以忠。此以輕重御天下之道也，謂之數應⓰。」

【章　旨】此章言終身擁有天下之道。

【注　釋】❶此若言　即這番話。若，此。❷守穀　此指掌握糧食經營。❸委幣　指儲存貨幣。❹受公錢　指發放貸款。受，通「授」。發給。尹知章注：「公錢，即積委之幣。」❺國穀去參之一　謂秋糧上市時，比常價低三分之一。尹知章注：「去，減也。」去參之一，即減價三分之一。❻籍粟　徵集糧食；收購糧食。❼倍重　加倍漲價。❽曰　原文為「田」。陶鴻慶云：「『田』當為『曰』，涉上句『民皆受上穀以治田土』而誤也。」❾穀之存子者　意謂貸放在你們（指農民）手中的糧食。子，原文為「予」。宋本作「子」。此依宋本。❿有　通「又」。⓫守重流　指掌握提高糧價的流通政策。此就國際交往政策而言。⓬不吾洩　即「不洩吾」。不流散本國的糧食。尹知章注：「洩，散也。吾穀不散出。」⓭致　招來；吸引。⓮正　通「征」。征戰。⓯櫝從　服從；歸順。豬飼彥博云：「『櫝』字疑衍。」語譯依此。⓰數應　指定數與效應。即實行輕重之策的必然效果。

【語　譯】桓公又問管子說：「要想終身擁有天下而不喪失，作到這點有辦法嗎？」管子回答說：「這辦法不要普施天下，只能獨施我國。」桓公問：「這話是怎麼說呢？」管子回答說：「國家的面積大小、土壤的肥瘠程度如何，這是有定數的；終年糧食的消費盈餘，也是有定數的。掌握國家財政的，只需掌握糧食經營而已。這就是說，無論一縣的土地多寬，無論一縣的土地多窄，都必須積有存款，並在該縣州里向農民施行貸放。到了深秋，國內糧價下降三分之一，君主便可通令郡縣及屬大夫管轄的里邑都徵集糧食，並規定向朝廷交售若干。糧價與時價相同，國家把糧食儲存入庫。國內糧食若是三分，便有二分掌握到了國家手裡。一屆泰春，糧價必將加倍上漲，這是一定之理。到了夏天，按市價貸放糧食，農民都會借貸國家糧食用來從事耕種。再到大秋，便通告農民：『糧食貸在你們手中的是多少，現在國家同意用錢折穀歸還。』農民說：『沒錢，還穀。』這樣農民手中僅有的十分之三的存糧便又歸集國家了。利用糧價的漲落，隨時變更措施，無不是國家理財之道。君主取用大夫的儲糧，是利用流通手段使糧食歸集國庫。君主取用農民的存糧，是利用時價差異，使糧食歸集國庫。收購用低價，出售用高價，這都是有效的措施。那麼，怎麼會容許有自營私利的大夫獨家囤積糧食呢？諸侯各國的糧價如果是十，使我們的糧價漲到二十，各國的糧食便會歸集我國了；如果各國的穀價為二十，我們的穀價為十，我們的糧食便會歸集到別國去。所以，善於治理天下的君主，必須認真掌握提高糧價的流通政策，各國便不能流散我們的糧食了。高價使糧食歸集，就像水流往低處一樣。我國年景並非歉收，卻投放貨幣儲積糧食，因而國內糧價將加倍提高，這樣，各國糧食便會送來。這就是我們儲藏一分，而又可以引進別國的一分。財利不被天下各國所奪，大夫也不能因為富有而占用糧食過多。這樣施行『以重藏輕』的措施的結果，一個國家便可以常有相當於十個國家的儲糧總數。所以，諸侯歸順而不敢征戰，臣民服從而竭盡忠誠。這就是運用輕重之策，駕馭天下的奧妙，也可以稱為必然結果。」

桓公問管子曰：「請問國會❶。」管子對曰：「君失大夫為無伍❷，失民為失下❸。故守大夫以縣之筴❹，守一縣以一鄉之筴，守一鄉以一家之筴，守一家以一人之筴。」桓公曰：「其會數❺奈何？」管子對曰：「幣准之數❻，一縣必有一縣中田之筴❼，一鄉必有一鄉中田之筴，一家必有一家直❽人之用。故不以時守郡為無與❾，不以時守鄉為無伍。」桓公曰：「行此奈何？」管子對曰：「王者藏於民，霸者藏於大夫，殘國亡家藏於篋❿。」桓公曰：「何謂藏於民？」管子對曰⓫：「請散棧臺⓬之錢，散諸城陽⓭；鹿臺之布⓮，散諸濟陰。君下令於百姓曰：『民富君無與貧，民貧君無與富。故賦無錢布，府無藏財，貲⓯藏於民。』歲豐，五穀登，五穀大輕，穀賈⓰去上歲之分⓱，以幣據⓲之，穀為君，幣為下。

國幣盡在下，幣輕，穀重上分。上歲之二分在下，下歲之二分在上。則二歲者四分在上，則國穀之一分在下，穀三倍重⑲。邦布之籍⑳，終歲十錢。人家受食，十畝加十，是一家十戶㉑也。出於國穀策而藏於幣者也。以國幣之分復布百姓，四減㉒國穀，三在上，一在下。復筴㉓也。大夫旅壤㉔而封，積實㉕而驕上，請奪之以會。」桓公曰：「何謂奪之以會？」管子對曰：「粟之三分在上，謂民萌㉖皆受上粟，度君藏焉。五穀相靡而重去什三。為餘以國幣，穀准反行㉗，大夫無計㉘於重。君以幣賦祿，什在上。君出穀，什而去七，君斂三。上賦七，散振㉙不資者㉚，仁義也。五穀相靡而輕，數也；以鄉管重㉛而籍國㉜，數也；出實財，散仁義，萬物輕，數也。乘時進退。故曰：王者乘時，聖人乘易㉝。」桓公曰：

「善。」

【章旨】此章言「國會」的意義及其運用方法。

【注釋】❶國會　即〈山國軌〉中的「國軌」。指國家的統計理財事宜。❷無伍　沒有部伍。❸失下　失掉下屬；喪失基礎。❹筴　計算；籌劃。❺會數　意同「軌數」。指統計理財的方法。❻幣准之數　指標準的貨幣數量。❼一縣　謂一縣所需的貨幣數量，必須與該縣田地的面積廣狹、土質肥墝以及糧食產量的有餘與不足相適應。中田之筴，指與田地狀況相當的數目。中，相當；適合。❽直　通「值」。意同「中」。相當。❾無與　沒有同黨。與下文「無伍」，皆謂孤立無援。與，黨與；同盟者。❿篋　筐篋；箱篋。⓫管子對曰　原文無此四字。依上下文例，當補。豬飼彥博云：「『請散棧臺』上脫『管子對曰』四字。」⑫棧臺　與下文「鹿臺」，都是作者虛擬的存錢處所。⑬城陽　與下文「濟陰」，都是作者虛擬的放貸之地。⑭布　刀布。錢幣名稱。⑮貲　同「資」。物資財富。本文反覆強調「藏富於民」，暗中則是運用輕重之術，行奪利於民之實。⑯賈　通「價」。價格。⑰上歲之分　指去年的若干分。⑱據　意即據守。此指收購。⑲上歲之二分在下五句　此五句涵義頗為複雜，茲錄馬非百詮釋如下：「『上歲』指去年，『下歲』指本年。四分國穀，上歲之二分在下，則二分在上。下歲之二分在上，則二分在下。二分加二分，共為四分，故曰『則二歲者四分在上』也。『則國穀之一分在下』者，因在上者之四分可以積蓄不用，而在下者則上年之二分早已消耗無存。故二歲者，可以四分在上，而在下者則僅為二分。在上之四分加在下之二分，合為六分。六分之中，在下者只二分，計為六分之二，即三分之一，故曰『國穀之一分在下』也。『穀三倍重』者，謂穀價可漲至三倍也。」⑳邦布之籍　指朝廷徵收的人口稅金。㉑一家十戶　意謂若按一夫耕田百畝，十畝糧產加價獲利十錢的方法計算，則對於一戶糧產的加價獲利，便等於十戶的「邦布之籍」。㉒減　此謂剖分。㉓復筴　指反覆籌劃運用。㉔旅壤　裂地；割地。旅，古通「列」。「列」又通「裂」。分裂；分割。㉕實　此指糧食。即〈國蓄〉所謂「秋實」。㉖民萌　民眾；百姓。萌，通「氓」。民。㉗穀准反行　意即上文「國歲反一」。謂穀價回跌。㉘計　計策；辦法。原文為「什」。郭沫若云：「『計』誤為『什』，因草書形近。」㉙振　通「賑」。賑濟。㉚不資者　指無資財的貧困戶。㉛以鄉管重　意謂掌握鄉的環節，管好物價。郭沫若云：「鉗制兼併之關鍵在鄉，亦即在粟，故曰『以鄉筦重』。」管，原文為「完」。張佩綸云：「『完』當作『筦』。」筦，即「管」字。㉜籍國　指徵斂大夫的存糧。國與「鄉」為對文。指大夫、富民所居之地。㉝易　變易；變化。

【語　譯】桓公問管子說：「請問關於國家統計理財的涵義。」管子回答說：「君主失去對大夫經濟的控制，等於沒有部伍；失去對百姓經濟的控制，等於失掉了基礎。控制大夫的經濟，要根據對一個縣的調查統計，控制縣的經濟，要根據對一個鄉的調查統計，控制鄉的經濟，要根據對一個家庭的調查統計。控制家的經濟，要根據對一個人的調查統計。」桓公說：「這個統計理財的方法是怎樣？」管子回答說：「貨幣的標準流通數量，應該是一個縣必須有與這個縣的田地狀況相應的數字，一個鄉必須有與這個鄉的田地狀況相應的數字，一個家庭必須有與這個家庭的人口用度相應的數字。所以，不及時控制郡縣的經濟，就等於沒有黨與，不及時控制鄉的經濟，就等於沒有部伍。」桓公說：「施行這一方法，如何具體去辦呢？」管子回答說：「成就王業的君主是藏富於民眾，成就霸業的君主是藏富於大夫，敗國亡家的君主是藏富於一己。」桓公說：「什麼叫藏富於民眾？」管子回答說：「散發棧臺儲存的錢幣，貸放到城陽一帶；散發鹿臺儲存的刀布，貸放到濟陰一帶。君主還應通令百姓說：『百姓富裕，君主不會貧窮；百姓貧窮，君主也無法富裕。所以，國家不向百姓徵取錢幣，國庫也不囤集資財，把錢財都積蓄到百姓手中。』待到年成豐收，五穀豐登，糧價大減，比去年降價若干分，使用去年的貸款收購，使五穀歸集國家，錢幣散布民間。錢幣投散民間之後，幣值便會下跌，糧價又將上漲若干分。去年的糧食只有二分在民間，本年的糧食又有二分在國家。這樣，兩年就有四分糧食儲在國庫，只有三分中的一分在民間，糧價便可上漲三倍。國家徵收的人口稅金，整年一戶僅收十錢。每家都要向國家買糧，如果把十畝田所產的糧食加價十錢，這樣從一家耕種百畝的糧食，加價所得的收入，就相當於徵取十戶的人口稅了。這就是施行國家糧食專賣政策而以幣斂穀的結果。然後又將國家掌握的貨幣的若干分貸放給百姓，若把糧食分為四分，便又是三分收存國家，一分散在民間。這是再次用貸款收購糧食的措施。大夫裂地而封，囤積糧食便會傲視君主，也應當運用統計理財的措施來加以剝奪。」桓公說：「什麼叫作運用統計理財的手段來加以剝奪呢？」管子回答說：「當糧食有四分之三掌握在君主手中時，便告訴百姓都來買糧，設法把儲藏的糧食都賣出去。糧食便會因為國家散放而降價十分之三。原先剩餘在民間的糧食，國家可用貨幣收購，用回跌的糧價為標準，大夫就沒有辦法哄抬糧價了。君主用錢幣發放俸祿，十成糧食就都掌握到了國君手裡。然後國君貸放糧食，十成拿出七成，儲存三成。國君貸放七成，散發救助貧民，就是施行仁義。將國家儲糧散放民間，造成糧價下跌，這是剝奪大夫的一個辦法；抓住鄉的市場環節，管好糧價，而徵斂城邑的儲糧，也是剝奪大夫的一個辦法；貸出糧食與貨幣，散播仁義，平抑各類物價，又是剝奪大夫的一個辦法。總之，要抓住時機，及時進退。所以說：成就王業的君主，善於抓住時機，聖賢的君主，善於及時變化。」桓公說：「這辦法非常好。」

桓公問管子曰：「特命我曰：『天子三百領泰嗇，而散大夫准此而行❶。』此何如？」管子曰：「非法家❷也。大夫高其壟❸，美其室❹，此奪農事及市庸❺。此非便國之道也。民不得以織❻為縿綃❼而貍❽之於地。彼善為國者，乘時徐疾而已矣。謂之國會。」

【章旨】此章言厚葬，非「便國之道」。

【注釋】❶天子三百領泰嗇二句　謂特力主厚葬，意欲藉厚葬以裕民生。三百領，指三百件葬衣。泰嗇，過於吝嗇。泰，同「太」。散，散耗；削減。❷法家　精通法度的人。此指精通輕重之術的人。❸壟　指墳墓。❹室　指墓室。即墳墓中安置屍體及殉葬品的場所。❺市庸　市場僱工。此指在市場受僱製作衣衾及裝飾墓室的手工業者。庸，通「傭」。僱工。❻織　此指絲織物。❼縿綃　指覆蓋在棺槨上的絲織品。鄭玄注《禮記・檀弓》「縿幕」云：「幕所以覆棺上也。縿，縑也。縿讀如綃。」依此，「綃」似為「縿」之旁注而誤入正文。❽貍　通「埋」。埋葬。《周禮・春官・大宗伯》：「以貍沈祭山林川澤。」鄭玄注：「祭山林曰埋，川澤曰沈。」

【語譯】桓公問管子說：「有個名叫特的人指教我說：『天子只用三百件葬衣的葬禮，過於吝嗇，而想要消耗大夫的財產，可以讓他們按照這個標準行事。』這個讓大夫散財厚葬的主張怎樣？」管子說：「這不是懂得輕重術的理財家的辦法。大夫高築陵墓，裝飾墓穴，這會侵奪農事及市場僱工。這並非利國之道。百姓死後，也不要用絲織品作為覆棺之物而埋葬到地下。那些善於治理國家財政的君主，只要依據市場時機，及時發布緩急得宜的政令而已。這也是國家統計理財的措施之一。」

桓公問管子曰：「請問爭奪之事何如？」管子曰：「以戚❶始。」桓公曰：

「何謂用❷戚始？」管子對曰：「君人之主，弟兄十人，分國為十；兄弟五人，分國為五。三世則昭穆❸同祖，十世則為祏❹。故伏尸滿衍❺，兵決而無止。輕重之家❻復游於其間。故曰：毋予人以壤，毋授人以財❼。財終則有始，與四時廢起。聖人理之以徐疾，守之以決塞，奪之以輕重，行之以仁義，故與天壤同數❽。此王者之大轡❾也。」

【章　旨】此章言「毋予人以壤，毋授人以財」，以免近親爭奪。

【注　釋】❶戚　親戚；近親。❷用　以；從。❸昭穆　依照古代宗法制度規定，宗廟及墓位排列，均有等次，即始祖居中，二、四、六世居左，三、五、七世居右；左稱昭，右稱穆。❹祏　指宗廟中置放神主牌位的石盒。《左傳・哀公十六年》：「反祏於西圃。」杜預注：「祏，藏主石函。」❺衍　平野；原野。❻輕重之家　此指善於囤積居奇、投機轉賣的商賈。❼財　此指自然資源。❽數　氣數；命運。❾大轡　喻指國家的最高權力。轡，駕馭牲口的韁繩。

【語　譯】桓公問管子說：「請問朝廷內部互相爭奪的事情，是怎樣發生的呢？」管子回答說：「是從宗族內部開始的。」桓公說：「為什麼說是從宗族內部開始的呢？」管子回答說：「治理人民的君主，有弟兄十人，就分封有十個國家；有弟兄五人，就分封有五個國家。但弟兄傳承三代以後，後輩之間，僅是世代同祖的血緣關係而已。傳承十代以後，更只是同供神主牌位的宗族關係而已。因而一旦相爭，便鬧得伏屍遍野，刀兵相鬥而無休無止。何況商賈逐利之徒，又挑撥離間，從中漁利！所以說：君主不能將土地分封他人，也不能將資源授受他人。天下萬物終而又始，隨著春夏秋冬的運行或廢或起。聖人則能運用政令的緩急來加以治理，運用政策的開閉來加以掌握，運用輕重理財之術來加以奪取，施行仁義之道來加以支配，因而能與天地同一氣數，長盛不衰。這正是一統天下的君主的最高權力。」

桓公問管子曰：「請問幣乘馬❶。」管子對曰：「始取夫三夫之家❷，方六里❸而一乘，二十七人❹而奉一乘。幣乘馬者，方六里，田之美惡若干，穀之多寡若干，穀之貴賤若干，凡方六里用幣若干，穀之重用幣若干。故幣乘馬者，布幣於國，幣為一國陸地之數，謂之幣乘馬。」桓公曰：「行幣乘馬之數奈何？」管子對曰：「士受資以幣，大夫受邑以幣，人馬受食以幣，則一國之穀貲❺在上，幣貲在下。國穀什倍，數也。萬物財物去什二，筴也。皮革、筋骨、羽毛、竹箭、器械、財物，苟合於國器君用者，皆有矩券❻於上。君實❼鄉州❽藏焉。曰：『某月某日，苟從責❾者，鄉決州決。』故曰，就庸❿一日而決。國筴出於穀軌⓫，國之筴貨⓬，幣乘馬者也。今刀布藏於官府，巧幣、萬物輕重皆在賈人⓭。彼幣重而萬物輕，幣輕而萬物重，彼穀重而金⓮輕。人君操穀、幣、金衡，而天下可定也。此守天下之數也。」

【章　旨】此章言「幣乘馬」的方法。

【注　釋】❶幣乘馬　此指貨幣的計算與規劃。包括貨幣需要量的計算與貨幣政策的運用兩個方面。❷三夫之家　即〈乘馬〉所謂「三夫為一家」。原文為「三大夫之家」。王引之云：「大字衍。三夫之家，謂三夫為一家也。」❸方六里　指六里見方的範圍。丁士涵云：「『六』字皆『八』字之誤。」錄供參考。❹二十七人　何如璋云：「疑『二十七』乃『七十二』，轉寫者誤倒其字耳。」孫詒讓云：「此『二十七人』，『七』當為『五』之誤。」錄供參考。❺穀貲　指穀物。下文「幣貲」，指貨幣。貲，同「資」。資財。❻矩券　指刻寫的契券。古時無紙，契券多以竹木刻寫。《周禮・考工記》：「輪人必矩其陰陽。」鄭玄注：「矩謂刻識之也。」❼實　指穀。❽鄉州　均指地方行政區域。尹知章注：「周制萬二千五百家為鄉，二千五百家為黨為州。齊雖霸國，尚用周制。」❾責　「債」的本字。此指所欠貸款。尹知章注：「責，讀為債。」❿就庸　通「僦傭」。指僱作運輸的車輛及人力。《漢書・鄭當時傳》：「任人賓客僦。」顏師古云：「僦謂受雇賃而載運也。言當時保任其賓客於司農載運也。」⓫穀軌　指糧食統計數字。⓬筴貨　此指購取物資。筴，策劃；謀取。⓭賈人　指富商蓄賈。原文為「賈之」。馬非百云：「『之』是『人』字之誤。」⓮金　指黃金。即銅。原文為「穀」。馬非百云：「穀重而穀輕」，「當作『穀重而金輕，穀輕而金重』」。原文當有脫漏。

【語　譯】桓公問管子說：「請問貨幣的計算與規劃問題。」管子回答說：「當初是採用三夫為一家的生產制度，耕種六里見方的田地，出一輛兵車，配備二十七人隨兵車服務。關於貨幣的計算與規劃，則是以六里見方的田地為單位，算清好地差地各多少，糧食產量各多少，糧價高低如何，耕種六里見方田地需用貨幣多少，根據當地糧價計算應需貨幣多少。所以，貨幣的計算與規劃，就是根據這個需要量推算全國，得出一個與全國田地數量相適應的貨幣量，這就稱為貨幣的計算與規劃。」桓公說：「施行貨幣計畫的理財方法，應當怎樣辦呢？」管子回答說：「戰士的授祿用貨幣支付，大夫的采邑收入用貨幣徵收，官府的人夫、馬匹的日用耗費用貨幣開支。這樣，全國的糧食便都儲在國庫，貨幣便都流通在民間。全國糧價將上漲十倍，就是運用這個方法的結果。各類物資將因此而降價十分之二，也是施行這項政策的作用。皮革、筋骨、羽毛、竹箭、器械以及其他物資，只要適應國器規格與國君用度的，都由國家發給收購契券。君主的糧食是由各鄉各州儲存著的。屆時便可發出通告說：『某月某日，如果加入了國家合同債務關係的，可由本鄉本州解除債務關係。』因而可以說，僱車僱工運輸，一天便可以辦好。國家的理財政策，是從對糧價的計算中產生的；國家購取皮革、筋骨一類物資，也是借助貨幣計畫的作用。現在貨幣雖然儲在官府，但巧妙使用貨幣、撥弄物價高低的卻是商賈之徒。大凡幣值高則物價低，幣值低則物價高，糧價高則金值低。君主若是控制了糧食、貨幣、黃金的平衡大權，天下的經濟秩序便可以穩定了。這也是駕馭天下的一種策略。」

桓公問於管子曰：「准衡、輕重、國會，吾得聞之矣。請問縣數❶。」管子對曰：「狼牡以至於馮會之口❷，龍夏以北至於海莊，禽獸羊牛之地也，何不以此通國策❸哉？」桓公曰：「何謂通國策？」管子對曰：「馮❹市門❺一吏書贅❻直事❼。若其事庾圉❽牧食❾之人養視不失扞阻❿者，去其都秩，與其縣秩。大夫不鄉贅合游者，謂之無禮義⓫，大夫幽其春秋⓬，列民⓭幽其門山之祠⓮。馮會、龍夏牛羊犧牲月賈⓯十倍異日。此出諸禮義，籍於無用之地，因欄牢⓰之筴也。謂之通⓱。」

【章　旨】此章言施行「欄牢之策」。

【注　釋】❶縣數　即「懸數」。指借助祭祀之名的理財方法。《爾雅・釋天》：「祭山林曰埋是也，縣謂縣其牲幣於山林中，因名祭山曰庪縣。」鄭玄注云：「祭山林曰庪縣。」❷狼牡以至於句　狼牡、馮會之口及下文「龍夏」、「海莊」，均是假託的地名。口，原文為「日」。吳志忠云：「『日』乃『口』字誤。」❸通國策　意謂貫徹國家統一的理財政策。此指興辦牧場，發展畜牧事業，控制牛羊價格。❹馮　通「憑」。依靠；憑藉。❺市門　指市場入口處。❻贅　聚會。此指讓馬牛成群。《漢書・武帝紀》：「縣鄉即賜，毋贅聚。」顏師古注：贅，「會聚也」。❼直事　指當時情況。直，通「值」。當，指過去的時日。❽庾圉　即庾人圉人。指管理畜牧的小吏。原文為「唐圉」。何如璋云：「唐乃庾字。庾人圉人皆司牧者。」❾牧食　指放牧與飼養。食，通「飼」。❿扞阻　原文為「扞殂」。馬非百云：「『殂』當作『阻』。『扞』者御其患，『阻』者防其逸。」扞，保護；保衛。阻，指防止牛羊逃散。⓫不鄉贅合游者二句　意謂若不積極發展畜牧生產，便不能為祭祀提供合格的犧牲，故有此「無禮儀」之說。鄉贅合游，意謂在鄉村集合牛羊馬匹，進行配種。馬非百云：「鄉贅合游，即《呂氏春秋・季春紀》『乃合纍牛騰馬游牝於牧』之意，高注：『纍牛，父牛也。騰馬，父馬也。皆將群游從牝於牧之野風合之。』」無禮義，即「無禮儀」。無視祭祀的禮儀。⓬幽其春秋　意謂禁止大夫用牛羊行春秋祭禮，以示懲罰。⓭列民　諸民；所有百姓。⓮門山之祠　祭祀門神、山神的禮儀。祠，通「祀」。⓯賈　通「價」。價格。⓰欄牢　關養牛馬的柵圈。此處喻指對於畜牧業的管理與壟斷。⓱通　即上文「通國筴」之省文。

【語譯】桓公向管子詢問道：「『準平』『國衡』之法，輕重之術，國家統計之策，我都懂得了。請教借助祭祀之名的理財方法。」管子回答說：「從狼牡直到馮會之口，從龍夏以北直到海莊，都是適於繁殖禽獸羊牛的地方，何不借助這個條件，來貫徹國家理財方策呢？」桓公問：「什麼叫作貫徹國家理財方策呢？」管子回答說：「在靠近畜牧市場的入口處，設置一個官吏，負責對牛馬群聚的實際情況加以登記。若是從事管理畜牧的官員，對於牛馬的餵養與看護頗為精心，在防止牛馬病疫與逃散方面沒有失職現象的，便免去低微的『都』的品級，給予『縣』的品級。大夫若不在當地提供牛羊馬匹進行配種的，就宣布為無視祭祀禮儀，禁止他用牛羊行春秋祭禮。若是普通百姓有此行為，便禁止他用牛羊祭祀門神與山神。這樣，馮會、龍夏等地的牛羊一類祭祀用物的月價，將比往日上升十倍。這項政策，出於祭祀禮儀之名，從不能耕種的山林地帶徵取收益，因地制宜而成為管理與控制畜牧業的措施。這就叫作貫徹國家理財方策。」

桓公問管子曰：「請問國勢❶。」管子對曰：「有山處之國，有氾下多水❷之國，有山地分❸之國，有水泆❹之國，有漏壤❺之國。此國之五勢，人君之所憂也。山處之國，常藏穀三分之一。氾下多水之國，常操❻國穀三分之一。山地分之國，常操國穀十分之三。水泉之所傷，水泆之國，常操十分之二。漏壤之國，謹下❼諸侯之五穀。與工❽雕文梓器❾以下天下之五穀，此准時五勢之數也。」

【章　旨】此章言解決自然條件不利地區的經濟措施。

【注　釋】❶國勢　指不同地區的自然條件。國，猶「方」。指地域、地區。❷汜下多水　指水多地少。❸山地分　指山陵平地各半。❹水泆　即「水溢」。亦即下文所謂「水泉之所傷」。指常年水溢為患。❺漏壤　指水泉滲漏的田地。亦稱「漏田」。《文選・魏都賦》「隰壤瀸漏而沮洳」。注：「漏，猶滲也。」❻操　保持。❼下　使用。❽與工　惠工；助工。即優惠與扶助手工業生產。❾梓器　製作器皿。《書・梓材・釋文》：「治木器曰梓。」

【語　譯】桓公問管子說：「請教關於不同地區的自然條件問題。」管子回答說：「有山陵地區，有溼潤多水的地區，有山陵與平原各占一半的地區，有常年水溢的地區，有田地滲漏的地區。這是不同地區的自然條件的五種不利情況，是君主的憂患。山陵地區，常年約可儲糧三分之一。溼潤多水的地區，常年也可保持儲糧三分之一。山陵與平原各半的地區，常年可保持儲糧十分之三。有浸泉危害，時常水溢的地區，常年可保持儲糧十分之二。田地滲漏的地區，則必須審慎地使用各國的進口糧。扶植手工業，製造雕文繪彩的木器，用來換取各國的糧食，這就是及時解決以上五類自然條件不利地區的糧食問題的積極措施。」

桓公問管子曰：「今有海內，縣諸侯，則國勢不用已乎？」管子對曰：「今以諸侯為管公州之餘❶焉，以乘四時，行欄牢❷之筴，以東西南北相被❸，用平而准。故曰：為諸侯，則高下萬物以應諸侯。遍有天下，則賦幣以守萬物之朝夕，調而已。利❹有足則行，不滿則有止。王者鄉州以時察之，故利不相傾❺，縣死❻其所。君守大❼奉一❽，謂之國簿❾。」

【章　旨】此章言為諸侯與為天子，宜採取不同的經濟政策。

【注　釋】❶以諸侯為管公州之餘　原文為「以諸侯為笁公州之飾」。李哲明云：「『笁』是『筦』字之訛」，「『飾』亦當為『餘』，形近而誤。言國君自操其國筴，又以諸侯筦理其公州之餘積，斯無遺數矣」。全句旨義難明，各家所釋，皆難愜人意，姑從李說校改。管，管理；掌握。餘，積餘；餘財。❷欄牢　原文為「抈牢」。丁士涵云：「『抈』疑『欄』字誤。」釋見前文。❸被　輔；及。原文為「彼」。戴望云：「『彼』疑『被』字誤。」❹利　財利；物資。❺傾　傾軋；傾覆。❻縣死　即「懸死」。至死相懸繫。極言穩定、安定。❼守大　指控制國家經濟全局。❽奉一　指財政大權高度集中，利出一孔。❾簿　簿計；會計。馬非百云：「『國簿』與『國會』、『國軌』，皆指國家諸會計事而言。」

【語　譯】桓公問管子說：「當今若已據有海內，諸侯並為郡縣，解決自然條件不利地區的理財政策，就不需採用了嗎？」管子回答說：「如今還是應當借助諸侯來管理天下各州的餘財，掌握四時的物價變化，施行控制市場的方策，使東西南北互相補益，為求得一致而及時調節。所以說：是諸侯割據，便應當控制物價高低來應對諸侯。已經據有天下，便應當運用貨幣來控制物價漲跌，適時調節而已。物資充足，便促其流通，物資不足，則加止阻禁。統一天下的君主，到各鄉各州依時督察，便能使百姓不致因爭謀財利而互相傾軋，並且樂意老死於故鄉本土。總之，國君只需控制國家的經濟全局，奉行利出一孔的財政措施。這就是國家的統計理財原則。」

卷二十三

地數 第七十七

【題解】此為《管子》第七十七篇，亦為《管子》「輕重十九篇」中的第十篇。題為「地數」。「地」，包括天然資源，土地財物；「數」，指理財之術。「地數」，即謂充分利用天財地利條件的理財方法。

本文作者，十分重視對於天財地利資源的控制與利用，不但強調指出金銀銅鐵等礦，是天財地利所在，宜由國家壟斷；濱海鹽業是齊地優勢，宜由國家獨占產銷；而且指出齊國的交通條件，十分利於通商，也宜充分利用。在作者看來，富國之道，並不專在增產糧食，同時也在善於調控物價，加強經營流通，藉以積累資金，獲取天下財利。否則，即使「五穀興豐」，倘若不諳經營，穀價「吾賤而天下貴」，則不但國內資財將「稅於天下」，而且「吾民常為天下虜矣」。因此，作者提出，善於治國的君主，既要善於掌握天財地利，及時調控物價，經營國內流通，還要借助對外通商手段，善於吸取外資，利用外力，用他人所有，使他國之人，讓「天下之寶壹為我用」。這種理財眼光，是十分可取的。

桓公曰：「地數可得聞乎？」管子對曰：「地之東西二萬八千里，南北二萬六千里。其出水者❶八千里，受水者❷八千里，出銅之山，四百六十七山，出鐵之山，三千六百九山。此之所以分壤樹穀❸也，戈矛之所發，刀幣之所起也。能者有餘，拙者不足。封於泰山，禪於梁父，封禪之王七十二家，得失之數皆在此內。是謂國用❹。」桓公曰：「何謂得失之數皆在此？」管子對曰：「昔者桀霸有天下而用不足，湯有七十里之薄❺而用有餘。天非獨為湯雨❻菽粟，而地非獨為湯出財物也。伊尹❼善通移❽、輕重、開闔、決塞，通於高下徐疾之策，坐起之費時也❾。黃帝問於伯高❿曰：『吾欲陶⓫天下而以為一家，為之有道乎？』伯高對曰：『請刈其莞⓬而樹⓭之，吾謹逃其蚤牙⓮，則天下可陶而為一家。』黃帝曰：『此若言可得聞乎？』伯高對曰：『上有丹沙⓯者，下有黃金；上有慈石⓰者，下有銅金；上有陵石⓱者，下有鉛、錫、赤銅；上有赭⓲者下有鐵：此山之見榮⓳者也。苟山之見其榮者，君謹封而祭⓴之。距封十里而為一壇，是則使乘者下行，行者趨。若犯令者，罪死不赦。然則與折取㉑之遠矣。』修教㉒十年，而葛盧之山發而出水，金從之，蚩尤㉓受而制之，以為劍、鎧、矛、戟，是歲相兼者諸侯九。雍狐㉔之山發而出水，金從之，蚩尤受而制之，以為雍狐之戟、芮戈，是歲相兼者諸侯十二。故天下之君頓戟一怒，伏尸滿野。此見戈之本㉕也。」

【章　旨】此章言控制天財地物，不以利器與人，是「陶天下而以為一家」的可靠手段。

【注　釋】❶出水者　即水的發源處。指山脈。❷受水者　即積蓄水流處。指江河。❸樹穀　種植五穀。❹國用　此指管理國家的用度開支。❺薄　通「亳」。古有「南亳」、「北亳」、「西亳」之說，其址均在今河南境內。然據王國維《觀堂集林》卷一二〈說亳〉考證，則謂「即漢山陽郡薄縣地，在今山東曹州府曹縣南二十餘里」。❻雨　此為動詞。謂如雨點似地降落。❼伊尹　成湯時相。精通輕重之術，相傳管子之學與之有薪盡火傳的淵源關係。❽通移　指流通手段。與「輕重」、「開闔」、「決塞」，均屬經濟管理措施。❾坐起之費時也　郭沫若云：「『坐起之費時也』當為『坐起之弗背時也』之誤，『弗背』二字誤合而為『費』耳。」語譯依此。坐起，即舉廢。❿伯高　《黃帝內經・靈樞》中的假託人物。他與黃帝的一番答問之詞，都是作者假託人名及事實，藉以說明自己的經濟主張。⓫陶　本謂揉和陶土以製造瓦器，此處喻指團聚、團結。⓬莞　俗稱水蔥、蒲子草。此借指雜草。⓭樹　指樹立標記、界牌之類。⓮逃其蚤牙　即去其爪牙。意謂山中礦藏，可製作兵器與錢幣，若授予他人，則猶禽獸之有爪牙。如欲防亂，則必禁止專擅礦產之利，去其爪牙，以免為虎附翼。⓯丹沙　即「丹砂」。又稱朱砂。礦物名。尹桐陽云：「凡黃金苗線多與癡人金相雜。癡人金黃色，在空氣中與養氣相合則變丹色。經雨水沖刷成為碎粒，故曰『上有丹砂者，下有黃金』。」⓰慈石　礦物名。尹桐陽云：「慈之言孳也。慈石即長石。長石受水及空氣之變化，漸成為土。復受植物酸化，消化其中雜質，即成為淨磁土，多含銅鉛錫銀等礦。故曰『上有慈石者下有銅金』。」⓱陵石　礦物名。尹桐陽云：「陵石謂有稜之石。凡火成石均有角度，如花崗石、長石等是也。此種石，多產錫鉛銅等礦。」⓲赭　紅土。尹桐陽云：「赭，赤土也。今稱土珠。鐵礦未與空氣相會，為深藍色。其表面鐵礦與空中之養氣相配者，則為赭色。故曰『上有赭者下有鐵』。」⓳見榮　即「現榮」。喻指顯露礦苗。榮，本指草類所開之花，此處借喻礦苗。⓴封而祭　封禁而作祭祀。使常人不敢觸犯。㉑折取　指開採。錢文霈云：「言山不封禁，則聽民折取。今封禁其山，則內守國財，與聽民折取相去遠矣。」㉒修教　施行政令。教，教令；政令。㉓蚩尤　黃帝的大臣。在〈五行〉中為掌時官，此處則為壟斷礦藏，自鑄兵器的作亂之臣。㉔雍狐　與上文「葛盧」、下文「芮」，均指地名。㉕見戈之本　發生刀兵相爭的根源。指黃帝未能徹底統制礦藏的後果。

【語　譯】桓公說：「利用天財地利的理財方法，可以給我講講嗎？」管子回答說：「國土東西寬約二萬八千里，南北長約二萬六千里。其中山脈長約八千里，江河長約八千里，產銅的山四百六十七座，產鐵的山三千六百零九座。這就是用來分別不同土質而種植五穀的條件，也是製造兵器和錢幣的原料。長於治理的，財用有餘；拙於治理的，財用不足。自古至今，登上泰山築壇祭天，登上梁父闢基祭地的君王，多至七十二家，他們的得失經驗，都在這裡面。這就是國家財政的管理問題。」桓公說：「為什麼說得失經驗都包含在這裡面呢？」管子回答說：「從前，夏桀占有整個天下而財用不足，成湯僅有七十里的『薄』而財用有餘。上天並非獨為成湯普降菽粟，大地也並非專給成湯富產財物。而是伊尹善於經營流通，善於調控物價，善於掌握開閉、放收，精於運用政令緩急，或興或廢，都不違背時機。傳說黃帝也曾問過伯高，說：『我將聚合天下而為一家，要完成此事有辦法嗎？』伯高回答說：『鏟除礦山的草木，而設置國營的標記，我們認真拔去私人勢力的爪牙，天下便可以聚合而成為一家。』黃帝說：『這番道理可以給我講講嗎？』伯高回答說：『山的表層有丹砂的，地下就有黃金；山的表層有慈石的，地下就有銅金；山的表層有陵石的，地下就有鉛、錫、赤銅；山的表層有赤土的，地下就有鐵礦：這些都是山地顯露礦苗的情形。如果山地顯露了礦苗，君主便應當嚴格封禁而加以祭祀。在遠離封山十里的地方建築一個祭壇。在這裡，命令乘車騎馬的人下車下馬經過，命令步行的人快步前行。若有人觸犯了禁令，處以死罪，絕無寬赦。這樣，便與任人開採的狀況相去甚遠了。』黃帝行此政令僅僅十年，便有葛盧山暴發山洪，金屬礦石隨之流出。蚩尤接管而加以控制，用來製造劍、鎧、矛、戟，這個年頭就兼併了九個諸侯國。後來雍狐山也暴發山洪，金屬礦石也隨之流出，蚩尤又接管而加以控制，用來鑄造了雍狐戟和芮戈。這個年頭，蚩尤又兼併了十二個諸侯國。這樣一來，天下君主振戟一怒，便會釀成伏屍遍野的慘局。這種礦權分散的後果，正是導致刀兵相鬥的根源。」

桓公問於管子曰：「請問天財所出，地利所在。」管子對曰：「山上有赭者，其下有鐵；上有鉛者，其下有銀[1]。一曰：『上有鉛者，其下有鉒銀；上有丹沙者，其下有鉒金；上有慈石者，其下有銅金。』此山之見榮者也。苟山之見榮者，謹封而為禁。有動封山者，罪死而不赦。有犯令者，左足入，左足斷；右足入，右足斷。然則其與犯之❷遠矣。此天財地利之所在也。」桓公問於管子曰：「以天財地利立功成名於天下者，誰子也？」管子對曰：「文武是也。」桓公曰：「此若言何謂也？」管子對曰：「夫玉起於牛氏❸邊山，金起於汝漢之右洿❹，珠起於赤野之末光。此皆距周七千八百里，其涂❺遠而至難。故先王各用於其重，珠玉為上幣，黃金為中幣，刀布為下幣。令疾則黃金重，令徐則黃金輕❻。先王權度其號令之徐疾，高下其中幣而制下上之用❼，則文武是也。」

【章旨】此章言金銀銅鐵等礦，為天財地利之所在，宜由國家壟斷，並製成分級錢幣，再運用政令，施行財政調控。

【注釋】❶其下有銀　意謂鉛中含有銀質。尹桐陽云：「鉛礦均含有銀質，故鉛礦可名為銀礦。今常寧縣北鄉水口山鉛礦，其一例也。」❷犯之　謂任人觸犯。馬非百云：「犯即上文『有犯令者』之犯。『與犯之遠矣』，上文作『與折取之遠矣』，折取即犯之之具體表現也。」❸牛氏　〈國蓄〉作「玉起於禺氏」。「牛」、「禺」係一聲之轉。牛氏、禺氏實皆「月氏」之音譯。❹洿　同「污」。低凹之地。❺涂　通「途」。路途。❻令疾則黃金重二句　謂借助國家政令影響黃金價格。疾，緊急。❼高下其中幣而制下上之用　謂靈活掌握中幣黃金的價格，來調控下幣刀布與上幣珠玉的幣值。制，制約；調控。

【語譯】桓公問管子說：「請問關於天然資源的顯露，地中財利的儲藏問題。」管子回答說：「山的表層有赤土的，地下便有鐵礦；表層有鉛礦的，地下便有銀礦。還有一種說法是：『表層有鉛的，地下便有鉒銀；

表層有丹砂的，地下便有鉒金；表層有慈石的，地下便有銅金。』這些都是山地顯露礦苗的情形。如果山地顯露了礦苗，便應嚴格封山而設禁。有動搖封山的，處以死罪，絕不寬赦。有觸犯禁令的，左腳踏入禁區，斫斷左腳；右腳踏入禁區，斫斷右腳。這樣一來，便與任人觸犯的狀況相去甚遠了。這就是對於天財地利所在之處的管理辦法。」桓公問管子說：「憑藉天財地利立功成名於天下的，是何人呢？」管子回答說：「周文王、周武王就是這樣的人。」桓公又說：「這話是什麼意思呢？」管子回答說：「玉石出產在牛氏的邊山，黃金出產在汝水、漢水上游的低窪地帶，珍珠出產在赤野的末光附近。這些寶物，都離周都鎬京七千八百里，路途遙遠而難於通達。因而先王分別利用它們的價值，把珠玉定為上等貨幣，黃金定為中等貨幣，刀布定為下等貨幣。朝廷徵令急迫，黃金便會漲價；徵令舒緩，黃金便會跌價。先王變通調整政令的緩急，靈活掌握中幣黃金的價格，而控制下幣刀布與上幣珠玉的幣值。周文王、周武王就是這樣。」

桓公問於管子曰：「吾欲守國財而毋稅❶於天下，而外因❷天下，可乎？」

管子對曰：「可。夫水激而流渠❸，令疾而物重。先王理其號令之徐疾，內守國財而外因天下矣。」桓公問於管子❹曰：「其行事奈何？」管子對曰：「夫昔者武王有巨橋之粟❺，貴糴之數。」桓公曰：「為之奈何？」管子對曰：「武王立重泉之戍❻，令曰：『民自有百鼓❼之粟者不行。』民舉所最粟❽以避重泉之戍，而國穀二什倍，巨橋之粟亦二什倍。武王以巨橋之粟二什倍而市繒帛，軍五歲毋籍衣於民。以巨橋之粟二什倍而衡黃金百萬，終身無籍於民。准衡之數❾也。」

桓公問於管子⑩曰：「今亦可以行此乎？」管子對曰：「可。夫楚有汝漢之金，齊有渠展之鹽，燕有遼東之煮⑪。此三者亦可以當武王之數。十口之家，十人咶⑫鹽；百口之家，百人咶鹽。凡食鹽之數，一月丈夫五升少半，婦女三升少半，嬰兒二升少半。鹽之重，升加分耗⑬而釜五十，升加一耗而釜百，升加十耗而釜千。君伐菹薪⑭，煮泲水⑮為鹽，正⑯而積之三萬鍾，至陽春⑰，請籍於時⑱。」桓公曰：「何謂籍於時？」管子曰：「陽春農事方作，令民毋得築垣牆，毋得繕冢基；大夫⑲毋得治宮室，毋得立臺榭。北海之眾毋得聚庸而煮鹽⑳。然鹽之賈㉑必四什倍。君以四什之賈，循㉒河、濟之流，南輸梁、趙、宋、衛、濮陽。惡食無鹽則腫，守圉之本㉓，其用鹽獨重。君伐菹薪、煮泲水以籍於天下，然則天下不吾洩矣㉔。」

【章旨】此章言運用政令緩急，抬高穀價，實行海鹽專賣的具體措施。

【注釋】❶稅　贈送；奉納。《禮記・檀弓上》：「未仕者不敢稅人。」孔穎達疏：「稅人，謂以物遺人也。」❷因　利用。與「稅」對文。此有獲取之意。❸流渠　猶言水流甚急。渠，古通「遽」。急驟。❹問於管子　何如璋、聞一多皆謂此四字為「衍文」。❺巨橋之粟　或作「鉅橋之粟」。指巨橋倉的儲備糧。此與其他典籍所載武王「發鉅橋之粟」事不同，意在假託武王為說明之例，並非真有其事。尹知章注：「武王既勝殷，得巨橋粟，欲使糴貴。巨橋倉在今廣平郡曲周縣也。」❻重泉之戍　兵役名稱。係作者假託。尹知章注：「重泉，戍名也。假設此戍名，欲人憚役而競收粟也。」《史記・秦本紀》：「簡公六年，塹洛城重泉。」集解：「〈地理志〉重泉縣屬馮翊。」正義引《括地志》：「重泉故城在同州蒲城縣東四十五里。」❼鼓　量器名稱。尹知章注：「鼓，十二斛也。」❽舉所最粟　意謂拿出全部錢財購聚糧食。所，此指財物、錢財。尹知章注：「舉，盡也；最，聚也。」❾准衡之數　即「準平」、「國衡」之策。❿問於管子　何如璋云：「承上文。『問於管子』四字衍。」⓫煮　即煮鹽。⓬呫　通「舐」。以舌舔物。⓭分耗　即〈海王〉之「分彊」。指半錢。安井衡云：「『耗』讀為好，同聲假借字。好，孔也。分好，半錢也。」⓮伐菹薪　指割草砍柴。⓯泲水　馬非百謂：「當即今之所謂鹵水。」⓰正　通「征」。徵取。⓱陽春　指溫暖的春天。⓲時　此指時價。⓳大夫　原文為「丈夫」。洪頤煊云：「『丈夫』當為『大夫』。〈輕重甲篇〉『孟春既至，農事且起，大夫毋得繕冢墓，治宮室，立臺榭，築牆垣。』其證也。」⓴北海之眾毋得聚庸而煮鹽　全句之旨在於杜絕競爭，限制生產，用以造成海鹽的獨占價格。北海之眾，指臨海邊民。聚庸，即聚傭。聚集傭工。㉑賈　通「價」。價格。㉒循　順；沿。原文為「修」。王念孫云：「『脩』當為『循』，言循河濟而南也。」㉓本　義同「國」。㉔天下不吾洩矣　原文為「天下不減矣」。張佩綸云：「『天下不減矣』，當依〈山至數篇〉作『天下不吾洩矣』，語意始明不吾洩，即不洩吾。」不吾洩，即不洩吾。意謂不致流散我國的糧食、貨幣等財力。與本章開頭「毋稅於天下」之意相應。

【語　譯】桓公問管子說：「我想守住國家資財，使國內資財不致奉納天下各國，而想從各國有所獲取，可以嗎？」管子回答說：「可以。水勢激烈則流速急遽，政令急迫則物價上漲。先王掌握徵集號令的緩急，對內據守國家資財，對外則獲取各國利益。」桓公又問管子說：「他們是怎樣行事的呢？」管子回答說：「從前，周武王得到巨橋倉的糧食以後，就曾有過提高糧價的作法。」桓公說：「具體作法怎樣？」管子回答說：「武王故意發布了一項命名『重泉』的兵役，通令說：『百姓自己儲備了一百鼓糧食的，免行這次兵役。』百姓於是拿出全部錢財購聚糧食，藉以逃避『重泉之戍』，因而全國糧食漲價二十倍，巨橋倉的糧食也就貴了二十倍。武王用這已漲價二十倍的巨橋倉的糧食收入換取繒帛，全軍五年內可以不向百姓徵用軍服。用這筆收入購取百萬黃金，終身也就無需向百姓徵稅了。這就是運用『準平』、『國衡』之策的理財方法。」桓公又問管子說：「如今也可以施行這種辦法嗎？」管子回答說：「可以。楚國有汝水、漢水流域出產的黃金，齊國有渠展一帶出產的海鹽，燕國有遼東地區出產的煮鹽。這三項的收入，也可以抵得上武王的理財方法。十口之家，十人吃鹽；百口之家，百人吃鹽。大凡吃鹽的數量，一個月成年男子是將近五升，成年女子是將近三升，小孩是將近二升。鹽的價格，如果每升上漲半錢，一釜就漲五十錢；如果每升上漲一錢，一釜就漲一百錢；如果每升上漲十錢，一釜就漲一千錢。君主如果准許割草砍柴煮沸水熬鹽，徵收累積至三萬鍾，待到陽春，便可從時價方面徵取收益。」桓公說：「什麼叫做從時價方面徵取收益呢？」管子說：「陽春時節，農事伊始，通令百姓不准築建垣牆，不准修整墳墓；大夫不准營建宮室，不准修造臺榭。臨海邊民也不准聚集傭工，熬煮海鹽。這樣一來，鹽價必漲四十倍。君主便可將這已經漲價四十倍的海鹽，順著黃河、濟水，向南運到梁國、趙國、宋國、衛國以及濮陽等地出售。劣食無鹽則患浮腫，對於守禦疆土的國家，購用食鹽特別困難。君主如果下令割草砍柴、煮沸熬鹽，用來從天下各國取得收益，那麼，天下各國就無法流散我們的糧食和錢幣了。」

桓公問於管子曰：「吾欲富本而豐五穀，可乎？」管子對曰：「不可。夫本富而財物眾，不能守，則稅於天下。五穀興豐，吾賤❶而天下貴，則稅於天下，然則吾民常為天下虜❷矣。夫善用本者，若以身❸濟於大海，觀風之所起。天下高則高，天下下則下。天下高我下，則財利稅於天下矣。」

【章　旨】此章言善治國者，在善於調控物價，經營流通。

【注　釋】❶吾賤　指國內穀價低廉。原文為「巨錢」。俞樾云：「此本作『吾賤而天下貴』。言五穀興豐，則吾國之穀價賤，而天下貴矣。故曰『五穀興豐，吾賤而天下貴，則稅於天下，然則吾民常為天下虜矣』。今作『巨錢』者，『吾』字缺壞，止存上半之『五』，遂誤為『巨』。至『賤』之與『錢』，字形相似，音又相同，致誤尤易矣。」❷虜　此指擄掠。❸身　戴望云：

「『身』疑『舟』字之誤」，篆文「形相近也」。語譯依此。

【語　譯】桓公問管子說：「我想使國家富裕而只求豐產糧食，可以嗎？」管子回答說：「不行。即使國家富裕，財物眾多，如果不善於調控經營，便將奉送給天下各國。即使五穀豐登，如果我們糧價低而別國糧價高，糧食便將奉送給天下各國；這樣一來，我國的百姓，便會經常被天下各國擄掠。善於治國的君主，好比以船濟渡大海，要注意觀察風浪的來勢。各國糧價高，我們也高；各國糧價低，我們也低。如果別國糧價高而我國糧價低，那麼，我們的財利便等於奉送給天下各國了。」

桓公問於管子曰：「事盡於此乎？」管子對曰：「未也。夫齊衢處❶之本，通達❷所出也，游子勝商❸之所道。人來本❹者，食吾本粟，因❺吾本幣，騏驥黃金然後出❻。今有徐疾，物有輕重，然後天下之寶壹❼為我用。善者用非有，使非人。」

【章　旨】此章言善治國者，還在於能使「天下之寶壹為我用」。

【注　釋】❶衢處　指處於交通便利的位置。《孫子・九地》：「四達者，衢地也。」❷通達　承上文「衢處」而言。即四通八達之意。《荀子・王霸》：「通達之屬，莫不服從。」楊倞注：「通達之屬，謂舟車所至之處也。」❸勝商　指高明的客商。勝，優越；高明。❹來本　指來到齊國。原文為「求本」。俞樾云：「『求』乃『來』字之誤，『本』謂國也。」❺因　利用；使用。❻騏驥黃金然後出　謂外商來齊，食粟用幣，必然用所帶來的良馬、黃金等寶物相交換。騏驥，良馬。❼壹　全；盡。

【語　譯】桓公問管子說：「理財之事，全部就這些嗎？」管子回答說：「並未完全。齊國處在交通便利之地，出入四通八達，是遊客外商必經之道。凡是來到齊國的遊客外商，都要食用我國的糧食，使用我國的錢幣，然後他們的騏驥、黃金之類，必然會提供出來。只要我們及時運用政令的緩急，調控物價的高低，然後天下各國的珍寶，必然會全部成為我們的用物。善於治國的君主，利用的並不一定是本國的財物，役使的也並不一定是本國的臣民。」

揆度 第七十八

【題解】此為《管子》第七十八篇，也是《管子》「輕重十九篇」中的第十一篇，題為「揆度」。揆度，本謂揣度、估量；用以言「輕重之術」，則指善於謀慮、核計之意。

全文共分十六章，涉及的範圍很廣。諸如任官、治民、撫卹、賑災、管理農事、提高糧價、控制貨幣、抬高金價、抑制私商、興辦官商以及輕重之術的悠久淵源與不可終止的重要性等，無不囊括其中。內容如此繁富，加上章與章之間缺乏聯繫及行文體例不甚一致，因而令人有「雜湊」之感。但細察全文，重點仍在闡述運用輕重之術的理財方法。「燧人以來，未有不以輕重為天下也」，輕重之數「若四時之更舉，無所終」時，「以數相守，則利歸於君矣」，「天下之數盡於輕重矣」，這些語句，均可視為貫串全文的脈絡。

齊桓公問於管子曰：「自燧人❶以來，其大會❷可得而聞乎？」管子對曰：「燧人以來，未有不以輕重為天下也。共工❸之王，水處什之七，陸處什之三，乘天勢以隘制❹天下。至於黃帝之王，謹逃其爪牙❺，不利其器，燒山林，破增藪❻，焚沛澤❼，逐禽獸，實以益人❽，然後天下可得而牧也。至於堯舜之王，所以化海內者，北用禺氏之玉❾，南貴江漢之珠，其勝禽獸之仇❿，以大夫隨之。」

桓公曰：「何謂也？」管子對曰：「令：『諸侯之子⓫將委質⓬者，皆以雙武之皮⓭，卿大夫豹飾⓮，列大夫⓯豹幨⓰。』大夫散其邑粟，與⓱其財物，以市虎豹之皮，故山林之人刺其猛獸若從⑱親戚⑲之仇。此君冕服⑳於朝，而猛獸勝於外；大夫已散其財物，萬民得受其流㉑。此堯舜之數也。」

【章旨】此章言自燧人氏至堯舜時代的理財方策。

【注釋】❶燧人　即遠古傳說中的燧人氏。古帝名，據說曾發明鑽木取火，使民熟食。❷大會　猶言大計。指統籌計算之類的重大理財方法。會，會計；總計。❸共工　遠古神話人物。古帝名，傳說為人面蛇身赤髮，身乘二龍。尹知章注：「帝共工氏，繼女媧有天下。」在本文中，燧人、共工、黃帝、堯、舜，都是作者假託，旨在說明「輕重之術」的淵源甚古。❹隘制　禁限；控制。隘，通「厄」。困阻。❺逃其爪牙　指國家專擅礦山之利，藉以拔去私人勢力的爪牙。❻增藪　指雜草叢生，禽獸棲息之所。增，通「層」。重複；叢集。藪，草野。❼沛澤　指草棘叢生的沼澤地。尹知章注：「沛，大澤也。一說水草兼處曰沛。」❽實以益人　馬非百云：「此『益』字讀如『隘』，『人』指富商蓄賈。『實以隘人』，即上文『逃其爪牙，不利其器』之意，皆〈國蓄篇〉所謂『隘其利途』者也。」益人，即「隘人」。指禁限富商蓄戶。❾禺氏之玉　即古時西北少數民族「月氏」所居之地的玉石。尹知章注：「禺氏，西北戎名，玉之所出。」❿勝禽獸之仇　猶言制勝禽獸這個仇敵。此指獵人之事。尹知章注：「禽獸之仇者，使其逐禽獸如從仇讎也。以大夫隨之者，使其大夫散邑粟財物，隨山澤之人，求其禽獸之皮。」⓫諸侯之子　尹知章注：「諸國君之子，若衛公子開方，魯公子季友之類。」⓬委質　即「委贄」。臣下向君主獻禮，表示獻身。《國語・晉語九》：「臣聞之，委質為臣，無有二心，委質而策死。」韋昭注：「言委質於君，書名於冊，示必死也。」⓭雙武之皮　即雙虎之皮。高祖李淵之祖名虎，故唐人諱「虎」為「武」。尹知章注：「雙虎之皮以為裘。」⓮豹飾　指以豹皮為袖。尹知章注：「卿大夫，上大夫也。袖，謂之飾。」⓯列大夫　猶言眾大夫。⓰豹幨　以豹皮為襟。尹知章注：「襟，謂之幨。」⓱與　通「舉」。全；盡。⓲從　追逐。《詩・齊風・還》：「並驅從兩肩兮。」毛傳：「從，逐也。」⓳親戚　此指父母。⓴冕服　此為動詞。指戴禮帽、穿禮服。㉑流　指大夫因市買虎豹之皮，而流散的邑粟財物。

【語譯】齊桓公問管子說：「自從燧人氏以來，遠古帝王的重大理財方策，可以給我講講嗎？」管子回答說：「燧人氏以來的帝王，沒有不運用輕重之術來治理國家財政的。共工治理天下之時，水面占十分之七，陸地僅占十分之三，他就是依據這個自然條件來控制天下的。到了黃帝治理天下之時，進而認真剷除私人勢力，不許他們借助山林礦藏取利；焚燒山林，開闢草野，火耕沛澤，趕跑禽獸，這也是用來限制富商蓄戶的勢力，然後天下才得到統一治理。到了堯舜治理天下之時，所用來形成全國風氣的理財辦法，是從北方取用禺氏玉，從南方崇尚江漢珠；那些制勝禽獸這個仇敵的獵人，則讓大夫去追尋他們。」桓公說：「這話是怎麼說呢？」管子回答說：「天子通令說：『各諸侯國君之子，到中央朝廷委質為臣的，都必須穿上兩張虎皮製作的皮裘；上大夫上朝，必須穿上豹皮作袖的皮裘；其餘的大夫上朝，必須穿上豹皮作襟的皮裘。』這樣一來，大夫就要耗散封邑收入的糧食，用掉家藏的錢財，用來購買虎豹皮裘，因而山林居民捕殺猛獸，就會像追逐父母的仇敵那樣拚命。這樣，君主可以戴上禮帽，穿上禮服，端坐朝廷，猛獸便會從野外被捕獲；大夫因需購買獸皮而要花費穀物錢財，百姓便可從中得到收益。這就是堯舜時代運用輕重之術的理財方法。」

桓公曰：「『事名二、正名五而天下治』，何謂『事名二』？」對曰：「天筴❶陽也，壤筴陰也，此謂『事名二』。」「何謂『正名五』？」對曰：「權也，衡也，規也，矩也，准也，此謂『正名五』。其在色者，青黃白黑赤也。其在聲者，宮商羽徵角也。其在味者，酸辛鹹苦甘也。二五者，童山竭澤❷，人君以數❸制之❹人。味者，所以守民口也，聲者，所以守民耳也，色者，所以守民目也。人君失二五者亡其國，大夫失二五者亡其勢❺，民失二五者亡其家。此國之至機也，謂之國機。」

【章　旨】此章言「天筴」、「壤筴」及權、衡、規、矩、准是「國之至機」。

【注　釋】❶天筴　即天數、天道。❷童山竭澤　即上文「燒山林，破增藪，焚沛澤」一類措施。旨在「實以益人」，控制天下。童山，指無草木的山。俗謂「光山」。❸數　即「二五」之數。指掌握「天筴」、「地筴」及權、衡、規、矩、准等措施。❹之　其。❺勢　指地位與權力。

【語　譯】桓公說：「有句話說『事名二、正名五而天下治』，什麼叫『事名二』？」管子回答說：「天道叫陽，地道叫陰，這就叫作『事名二』。」「什麼叫『正名五』？」回答說：「權，衡，規，矩，准，這就叫作『正名五』。表現在色彩方面，就是青、黃、白、黑、赤。表現在音調方面，就是宮、商、羽、徵、角。表現在味道方面，就是酸、辣、鹹、苦、甜。所謂掌握『事名二』、『正名五』的目的，就如同施行上文所謂『童山竭澤』的措施一樣，都是君主用以控制他人的方法。五味，是用來調節人們的飲食的；五聲，是用來調節人們的聽覺的；五色，是用來調節人們的視覺的。君主若是失於對『二五』的掌握，便會亡掉國家；大夫若是失於對『二五』的掌握，便會丟掉權力與地位；百姓若是失於對『二五』的掌握，便會毀敗家庭。這就是國家至為重要的樞機，稱為『國機』。」

輕重之法❶曰：「自言能為司馬❷不能為司馬者，殺其身以釁其鼓❸；自言能治田土❹不能治田土者，殺其身以釁其社❺；自言能為官不能為官者，刖❻以為門父❼。」故無敢姦❽能誣❾祿至於君者矣。故相任寅為官都❿，重門擊柝⓫不能者⓬，亦隨之以法。

【章　旨】此章言用人任官的法度。

【注釋】❶輕重之法　指輕重家訂立的法典。馬非百云：「《史記·齊太公世家·索隱》云：『管子有「理人輕重之法」七篇。』此處標明『輕重之法曰』云云，當與所謂『理人輕重之法』有關。唯不知所謂七篇者，究在輕重十九篇之內，抑在其外耳。」❷司馬　官名，掌管軍政與軍賦。《漢書·百官公卿表》應劭注云：「主武也。諸武官亦以為號。」❸釁其鼓　謂殺人而祭，以血塗鼓。《左傳·僖公三十三年》：「孟明稽首曰：『君之惠，不以纍臣釁鼓。』」杜預注：『殺人以血塗鼓，謂之釁鼓。』」❹能治田土　意謂能夠勝任管理農事的官員。治田土，即治理農業。❺社　指土地神。❻刖　斷足。古代酷刑之一。原文為「剸」。張佩綸云「當為『刖』，字之誤也。《周禮·秋官·司刑》『刖者使守門』。」❼門父　看門人。古時對於罪犯或俘虜，常刖足以應守門之差。❽姦　詐偽；偽裝。❾誣　欺騙；騙取。❿相任寅為官都　指保進為朝廷或都邑的官員。寅，保進；薦舉。此與上文「自言」自薦者對照而言。⓫重門擊柝　即「抱關擊柝」。指據守城門，敲梆司晨的小吏。此與上文「司馬」、「治田土」諸官員對照而言。⓬者　原文為「去」。俞樾云：「『去』乃『者』字之誤。」

【語　譯】輕重家所訂立的法典說：「自薦能擔任司馬官職，而實際上不能完成司馬職事的人，應當殺掉並用他的鮮血塗祭戰鼓；自薦能擔任農事官職，而實際上不能完成治理田土職事的人，應當殺掉並用他的鮮血來祭祀土地神；自薦能擔任一般官職，而實際上不能完成一般職事的人，應當斫斷雙足並罰他當看門人。」因此就無人敢到國君面前，詐稱能幹而騙取俸祿了。對於保薦為朝廷、都邑的大官，或者抱關擊柝的小吏，凡是不能稱職的，也應隨時依法處治。

桓公問於管子曰：「請問失准❶。」管子對曰：「失准者，天下皆制我而無我❷焉。此謂失准。」桓公曰：「何謂也？」管子對曰：「今天下起兵加❸我，臣之能謀厲國❹定名❺者，割壤而封；臣之能以車兵進退成功立名者，割壤而封。然則是天下盡封君之臣也，非君封之也。天下已封君之臣十里矣，天下每動❻，重封君之民❼二十里。君之民非君富之也❽，鄰國富之。鄰國每動，重富君之民，貧者重貧，富者重富。失准之數也。」桓公曰：「何謂也？」管子對曰：「今天下起兵加我，民❾棄其耒耜，出持戈於外，然則國不得耕。此非天凶也，此人凶也。君朝令而夕求具，民肆❿其財物與其五穀為讎⓫，厭分而去⓬。賈人受而廩⓭之，然則國財之一分⓮在賈人。師罷，民反⓯其事，萬物反其重。賈人出其財物，國幣之少分⓰廩於賈人。若此，則幣重三分⓱，財物之輕⓲三分。賈人市於三分之間⓳，國之財物盡在賈人，而君無筴焉。民更⓴相制㉑，君無有事㉒焉。此輕重之失准也。」

【章旨】此章言理財「失准」之事。

【注釋】❶失准　失去準衡；失去控制。原文為「大准」。張佩綸云：「『大准』均當作『失准』。」下文「失准者」、「此謂失准」、「失准之數也」、「此輕重之失准也」諸句中「失」字均由「大」字而改。准，同「準」。❷無我　無視我國；我國不能自主。❸加　淩駕；欺淩。❹厲國　即利國。《戰國策・秦策》：「綴甲厲兵。」高誘注：「厲，利也。」❺定名　定主尊顯之名。❻動　發動戰爭。❼重封君之民　謂富民蓄賈利用戰爭之機，囤積居奇，所得贏利比「割壤而封」的「能謀厲國定名」之臣與「能以車兵進退成功立名」之臣更增一倍。重，增益。民，此指富民蓄戶。❽君之民非君富之也　原文為「君之民非富也」。陶鴻慶云：「『君之民非富也』本作『君之民非君富之也』，與上文『非君封之也』語意一律，今本『富』上奪『君』字，『富』下奪『之』字。」非君富之也，意謂並非君主使之富裕的。❾民　此指農民。❿肆　本指陳貨鬻物之所，此用為動詞，謂陳列貨物出賣。⓫為讎　即出售。⓬厭分而去　意謂減價若干，分而出售。原文為「厭而去」。郭沫若云：「『厭而去』，古本、劉本、朱東光本均作『厭分而去』，是也。」厭，損折。此謂減價。《左傳・文公二年》：「及晉處父盟以厭之。」杜預注：「厭，猶損也。」⓭廩　本指儲藏糧食的倉廩，此處用為動詞，意謂儲藏、囤積。⓮一分　此指一半。⓯反　同「返」。歸；還。⓰少分　此指少半。接近三分之一。⓱幣重三分　指貨幣升值十分之三。意謂貨幣之少半囤積在商賈手中，聚則重，故幣值必然上漲。⓲輕　指物價下跌。意謂財物散在民間，散則輕，故物價必然下跌。⓳賈人市於三分之間　謂商賈交易，於幣重物輕之間，輾轉謀利。市，交易。⓴更　遞。㉑制　控制。㉒事　治事；管理。

【語　譯】桓公問管子說：「請問關於國家失去對經濟全局的控制問題。」管子回答說：「所謂失去控制，就是各國都可以控制我們，而我們沒有自主權。這就稱為失去控制。」桓公說：「如何具體解釋呢？」管子回答說：「假如各國發兵侵犯我們，對於能夠出謀利國、定主尊顯之名的大臣，必然裂地而封；對於能夠統率車兵、衝鋒陷陣成功立名的大臣，也必然裂地而封。這樣一來，便是天下各國，盡在封賞您的大臣，而不是您在進行封賞。天下各國已經把十里土地封賞給您的大臣了，而隨著每一次發兵，又將加倍把二十里土地封賞給您的富民巨賈。這樣，您的臣民，並非您使之富裕的，而是鄰國使之富裕的。總之，鄰國每次動兵，都會加富您的臣民，進而使得貧者愈貧，富者愈富。這便是失去控制的必然結果。」桓公說：「這又如何解釋呢？」管子回答說：「假如各國發兵侵犯我們，農民拋開耒耜，離開家庭，拿起武器，外出打仗，這樣一來，全國不能耕種。這並非年成不好，而是人禍所致。君主早晨下令徵集軍賦，傍晚要求交齊，百姓只得搜出財物、糧食變賣，降價若干出售。富商購買而囤積起來，這樣，國家財物的一半，便落在富商手中。戰爭一旦結束，農民復歸耕作，物價又會恢復戰前水平。富商拋出囤積的財物，國內貨幣的少半，又將流入富商手中。像這樣下去，幣值便將上漲十分之三，物價便將下跌十分之三。商賈便在這兩個『十分之三』之間交換謀利，國家資財，便將盡入商賈手中，而君主將會無策可施。人們互相奴役，而君主無法干預。這就是國家對於輕重之術的失控。」

管子曰：「人君操本❶，民不得操末；人君操始，民不得操卒。其在涂❷者，籍❸之於衢塞❹；其在穀者，守之春秋；其在萬物者，立貲❺而行。故物動則應之。故豫奪❻其涂，則民無遵❼；君守其流，則民失其高❽。故守四方之高下，國無游賈，貴賤相當。此謂國衡❾。以數相守，則利歸於君矣❿。」

【章　旨】此章言君主當掌握全部生產及流通領域，防止私商謀取高額利潤。

【注　釋】❶本　本原。此指貨源批發場所。❷涂　通「途」。指販運銷售過程。❸籍　本指徵稅。此謂取得收益。❹衢塞　交通要道。此指貨源集散地。❺貲　指契券、合同。❻奪　占據；控制。❼遵　行使；施展。❽高　此指高額利潤。❾國衡　指國家的平準政策。❿以數相守二句　原文為「以利相守，則數歸於君矣」。馬元材謂「當作『以數相守，則利歸於君矣』。」以數相守，指用平準政策控制市場及整個流通過程。

【語　譯】管子說：「君主控制了根本，富商蓄戶，就不能控制枝節；君主控制了起始，富商蓄戶，就不能控制結果。對於販運銷售的物資，要在貨源集散地徵取收益；對於糧食，要在春秋兩季加以控制；對於其餘物資，則要實行訂立預購合同的措施。總之，物資一旦流動，便要採取相應措施。君主事先占據集散途徑，富商蓄戶，便無法施行囤積；君主扼守流通領域，富商蓄戶，便會失去高額利潤。所以，控制住四方物價的高低，國內便不會有流動取利的商人，商品貴賤，就會比較適中。這就稱為國家的平準政策。按照這個政策來加以控制，國家財利，就會歸集於君主了。」

管子曰：「善正❶商任❷者，省❸有肆❹；省有肆，則市朝❺閒❻；市朝閒，則田野充；田野充，則民財足；民財足，則君賦斂焉不窮。今則不然，民重而君重，重而不能輕；民輕而君輕，輕而不能重。天下善者不然，民重則君輕，民輕則君重。此乃財❼餘以滿不足之數也。故凡不能調民利者，不可以為大治；不察於終始，不可以為至❽矣。動左右以重相因❾，二十國之筴也。鹽鐵二十國之筴也。錫金二十國之筴也。五官❿之數，不籍於民。」

【章　旨】此章言理財，宜與辦官營商業。

【注　釋】❶正　通「政」。管理。❷商任　指商務經營。❸省　指宮禁或官府。❹肆　店鋪；商場。❺市朝　即市場。❻閒　與下文「充」相對而言。謂空虛。指交易者稀少。❼財　通「裁」。削減。❽至　至善。❾動左右以重相因　本指左右撥動秤鉈（權）而使秤桿顯示輕重的數字跟隨變化，藉以比喻運用輕重之術而使物價適時變化。郭沫若云：「『動左右以重相因』謂衡（天秤）也。此以衡喻輕重之數（術）。」❿五官　即「五管」。指從鹽、鐵、錫、金及物價等五個方面進行管理。官，通「管」。

【語　譯】管子說：「善於從事商務經營的，官府也辦有商業；官府辦有商業，民間市場便會空閒；民間市場空閒，田間勞力便會充足；田間勞力充足，百姓的資財便會豐富；百姓的資財豐富，國君的賦稅來源，便會因此而取之不盡。如今卻不是這樣，富商提價，國君便也提價，提價之後而不能降低；富商減價，國君便也減價，減價之後而不能上升。天下善於理財的君主則不然，富商提價，君主便降價；富商降價，君主便提價。這便是損有餘而補不足的整治富商的措施。所以，凡是不能調劑民利的君主，便不可能實現國家大治；不通曉流通全過程的君主，便不可能作到理財至善。運用輕重之術而使物價適時變化，可以獲得相當於二十個齊國的常年收入。由朝廷專營鹽鐵，也可以獲得相當於二十個齊國的常年收入。由朝廷專營錫金，也可以獲得相當於二十個齊國的常年收入。施行從上述五個方面加強管理的理財辦法，都不需直接向百姓徵收賦稅。」

桓公問於管子曰：「輕重之數惡❶終？」管子對曰：「若四時之更舉❷，無所終。國有患憂❸，輕重五穀以調用，積餘臧羨❹以備賞。天下賓服，有海內，以富❺誠信仁義之士。故民高辭讓❻，無為奇怪者。彼輕重者，諸侯不服以出戰，諸侯賓服以行仁義。」

【章旨】此章言輕重之術，宜常用不懈，不可終止。

【注釋】❶惡 何。此謂何時。❷更舉 更迭運轉。❸患憂 此指戰亂禍患。❹臧羨 即「藏羨」。儲積餘財贏利。羨，剩餘。❺富 此指動詞。謂給予財利。❻高辭讓 崇尚禮讓。高，尊貴；崇尚。

【語譯】桓公問管子說：「運用輕重之術理財，何時可以結束？」管子回答說：「這好比春夏秋冬的更迭往來，沒有完結之時。國家有了戰亂禍患的時候，就應當運用輕重之術，適時升降糧價，來調劑國家用度，儲積贏利餘資，來準備獎賞將士。天下歸附，海內一統的時候，就應當給誠信仁義的人士賞賜財富。這樣，百姓便會崇尚禮讓，不致出現奇行怪舉。總之，用輕重之術理財，當諸侯國不肯歸附的時候，可以出兵征伐；當諸侯各國已經歸附的時候，便可以施行仁義。」

管子曰：「一歲耕，五歲食，粟賈五倍❶。一歲耕，六歲食，粟賈六倍。二年耕，而十一年食。夫富能奪❷，貧能予，乃可以為天下。且天下者，處❸茲❹行茲，若此而天下可壹❺也。夫天下者，使之不使，用之不用。故善為天下者，毋曰使之，使不得不使；毋曰用之，使不得不用也。」

【章　旨】此章言善於治理天下的君主，要用提高糧價的辦法，來促進農業生產，來施行損有餘而補不足的政策。

【注　釋】❶一歲耕三句　謂提高糧價五倍，便可使一年的糧食產量能供五年食用。賈，通「價」。價格。❷富能奪　即「損有餘」之意。奪，削減。❸處　思存；思慮。❹茲　此。指上文「富能奪，貧能予」。❺壹　即「一」。此指統一調度。

【語　譯】管子說：「一年耕種，而夠五年食用，是因為糧價提高了五倍。一年耕種，而夠六年食用，是因為糧價提高了六倍。這樣，連續兩年耕種，便夠十一年食用。君主對於富民能加以抑奪，對於貧民能給予贍恤，便可以治理天下。對於治理天下，君主應該考慮到『損有餘而補不足』，並且堅持施行這項政策。若能如此，天下便可以統一調度了。對於天下百姓，驅使，應讓他們不覺得在被驅使；利用，也應讓他們不覺得在被利用。因而善於治理天下的君主，不說驅使百姓，而是使得百姓不能不聽驅使；不說利用百姓，而是使得百姓不能不為所用。」

管子曰：「善為國者，如金石❶之相舉，重鈞則金傾。故治權則勢重，治道則勢羸❷。今穀重於吾國，輕於天下，則諸侯之自泄，如原水❸之就下。故物重則至，輕則去。有以重至而輕處❹者，我動而錯❺之，天下即已❻於我矣。物臧則重，發則輕，散則多。幣重則民死利，幣輕則決而不用。故輕重調❼於數而止。」

【章　旨】此章言理財之道，當講求適時變化，不宜拘守常規。

【注　釋】❶石　與下文「鈞」，都是重量單位。《漢書・律曆志上》：「二十四銖為兩，十六兩為斤，三十斤為鈞，四鈞為石。」此處皆指秤錘。❷羸　衰弱。❸原水　即「源水」。指源頭之水。❹處　與「去」相對。意謂停留、留滯。❺錯　通「措」。處置。❻已　止。此謂歸集。❼調　此指對於貨幣流通數量的調控。

【語　譯】管子說：「善於治國的君主，如同把黃金和砝碼放在同一具天秤上，只要加重砝碼，黃金便會傾斜下來。因而理財講求適時應變，國力便能強盛；只求拘守常規，國力便會衰頹。假使如今糧價在我國較高，在別國較低，那麼，各國糧食向我國泄散的情況，便會如同源頭之水流向低處一樣。所以，價高則物資聚至，價低則物資流散。有圖價高而聚至，卻遇價跌而暫留的物資，我們若能採取措施而加以控制，各國的這些財物，便會歸集到我們手中。物資若是囤積，便會漲價；若是發放，便會跌價；若是流散民間，便會顯得豐富。購買力高，人們便會拚死爭往取利；購買力低，人們便會決然離去而不肯珍惜。所以，君主對於貨幣流通的數量，只宜根據幣值貴賤，適時調劑而已。」

「五穀者❶，民之司命也。刀幣者，溝瀆❷也。號令者，徐疾也。令重於寶，社稷重於親戚。胡謂也？」對曰❸：「夫城郭拔，社稷不血食❹，無生臣❺；親沒❻之後，無死子。此社稷之所重於親戚者也。故有城無人，謂之守平虛❼。有人而無甲兵而無食，謂之與禍居。」

【章　旨】此章重點，在說明「令重於寶，社稷重於親戚」。

【注　釋】❶五穀者　馬元材云：「此文上當有『桓公問於管子曰』一句，觀『胡謂也？』及下文『對曰』便知。」錄供參考。❷溝瀆　本指水渠，此處喻指經濟流通渠道。❸對曰　馬元材云：此文上「當有『管子』二字」。錄供參考。❹血食　因古代祭祀要用牲牢，故借「血食」指受祭祀。❺無生臣　即無活著的大臣。意謂城破國亡，大臣盡為社稷而死。❻沒　通「歿」。死亡。❼平虛　空地廢墟。虛，同「墟」。廢城。

【語　譯】「糧食，是人們生命的主宰。錢幣，是疏導流通領域的渠道。政令措施，是控制流通速度的手段。還有所謂號令重於珠寶，社稷重於父母。這些話應如何理解呢？」回答說：「城郭一旦被人奪取，社稷不能祭祀，便無大臣苟活；但父母逝世之後，卻沒有願意殉死的兒子。這便是社稷比父母更為重要的例證。至於雖有城郭存在，城內若已無人，只能叫做守護空地廢墟而已。雖然有人，若已無武器，且無糧食，也只能叫做與災禍同處而已。」

桓公問管子曰：「吾聞海內玉幣❶有七筴，可得而聞乎？」管子對曰：「陰山之礝碈❷，一筴也；燕之紫山白金❸，一筴也；發❹、朝鮮之文皮❺，一筴也；汝、漢水之右衢黃金，一筴也；江陽之珠，一筴也；秦明山之曾青，一筴也；禺氏邊山之玉，一筴也。此謂以寡為多，以狹為廣。天下之數盡於輕重矣。」

【章　旨】此章言利用珍貴物產，作為貨幣的七種辦法。

【注　釋】❶玉幣　指用珍貴的物產作為貨幣。玉，珍貴。《釋文》：「《漢書》云：『玉食，珍食也。』」❷礝碈　或作「碝珉」。僅次於玉的美石。❸白金　即銀。❹發　又名北發，國名。❺文皮　有花紋的獸皮。如虎皮豹皮之屬。

【語　譯】桓公問管子說：「我聽說利用海內珍貴的物產作為貨幣，有七種辦法，可以給我講講嗎？」管子回答說：「利用陰山一帶所產的礝碈，是一種辦法；利用燕地紫山一帶所產的銀，是一種辦法；利用北發與朝鮮所產的帶有花紋的獸皮，是一種辦法；利用汝水、漢水上游一帶所產的黃金，是一種辦法；利用江陽一帶所產的珍珠，是一種辦法；利用秦地明山一帶所產的曾青，是一種辦法；利用禺氏邊山一帶所產的玉石，也是一種辦法。這就是利用稀有控制富有，利用小範圍控制大地域的辦法。天下的理財之法，全在於運用輕重之術而已。」

桓公問於管子曰：「陰山之馬，具駕者千乘❶。馬之平賈❷萬也，金之平賈萬也。吾有伏金❸千斤，為此奈何？」管子對曰：「君請使與❹正籍❺者，皆以幣還於金，吾至四萬。此一為四矣。吾非埏埴❻搖鑪橐❼而立❽黃金也，今黃金之重一為四者，數❾也。珠起於赤野之末光，黃金起於汝、漢水之右衢，玉起於禺氏之邊山。此度去周七千八百里，其涂遠，其至阨。故先王度用其重而因之，珠玉為上幣，黃金為中幣，刀布為下幣。先王高下中幣，制❿下上之用。」

【章旨】此章言抬高金價，坐收稅利，用以購馬之法。

【注釋】❶千乘　指四千匹馬。一車四馬為一乘。❷平賈　即「平價」。指國家規定的官價。❸伏金　藏金。即儲備的黃金。❹與　通「預」。參預。❺正籍　即「征籍」。此處用為動詞，指交納捐稅。❻埏埴　本指以水揉合的黏土，此處用為動詞，意謂製成用以鑄造黃金的坩堝。❼鑪橐　指鼓風鑪。原文為「鑪橐」。王念孫云：「當為『鑪橐』，字之誤也。」❽立　設置。此謂鑄造。❾數　此指國家將租稅通過調控價格的手段，而把負擔全部轉嫁給納稅人的理財方法。❿制　制約；控制。原文為「利」。古本、劉本、朱本均作「制」。此依古本。

【語　譯】桓公問管子說：「陰山一帶的良馬，具備了駕馭兵車能力的有四千匹。每匹馬的平價是一萬錢，每斤黃金的平價也是一萬錢。我只有儲金一千斤，想買下這些馬，應當如何辦呢？」管子回答說：「君主可以命令參與納稅的人們，一律依照錢數使用黃金交納租稅，我們便可以藉金價上漲，而使一斤黃金坐收高至四萬的收入。這就是『一』變成『四』了。我們並沒有使用坩堝和搖動鼓風爐來鑄造黃金，而今之所以能使黃金的價格由『一』而變為『四』，全是因為施行輕重之術的必然結果。珍珠出產在赤野的末光，黃金出產在汝水、漢水的上游，璧玉出產在禺氏的邊山。這些地方，大約距離周都七千八百里，路途遙遠，到達最難。因而先王估算出它們的貴賤價值而加以利用，把珠玉定為上幣，黃金定為中幣，刀布定為下幣。先王總是靈活調控中幣黃金的幣值，來制約上幣珠玉與下幣刀布的用度。」

百乘之國，中而立市，東西南北度五十里。一日定慮❶，二日定載，三日出竟❷，五日而反。百乘之制❸，輕重❹毋過五日。百乘為耕田萬頃，為戶萬戶，為開口❺十萬人，為當分者萬人❻，為輕車❼百乘，為馬四百匹。千乘之國，中而立市，東西南北度百五十餘里。二日定慮，三日定載，五日出竟，十日而反。千乘之制，輕重毋過一旬。千乘為耕田十萬頃，為戶十萬戶，為開口百萬人，為當分者十萬人，為輕車千乘，為馬四千匹。萬乘之國，中而立市，東西南北度五百里。三日定慮，五日定載，十日出竟，二十日而反。萬乘之制，輕重毋過二旬。萬乘為耕田百萬頃，為戶百萬戶，為開口千萬人，為當分者百萬人，為輕車萬乘，為馬四萬匹。

【章　旨】此章言「百乘之國」、「千乘之國」、「萬乘之國」的經營管理問題。

【注　釋】❶定慮　謂制定計畫。慮，指大體謀劃。❷竟　通「境」。國境。❸制　此指制度、規定。❹輕重　此謂與國外通輕重。即溝通、瞭解物價情況。❺開口　謂能開口而食者。指人口總數。❻為當分者萬人　原文為「為分者萬人」。丁士涵云：「下文云『為當分者十萬人』，『為當分者百萬人』，皆有『當』字，宜據補。」當分者，指負有交納租稅義務的人。分，名分；職責。❼輕車　指戰車。《漢書・張安世傳》：「安世薨，天子贈印綬，送以輕車介士。」顏師古注云：「輕車，古之戰車。」

【語　譯】百乘之國，宜在全國中心地區設立市場，離東西南北四境各約五十里。一天制定計畫，兩天完成裝載，三天運貨出境，五天便可返回。百乘之國的規定，是瞭解鄰國的物價情況，來回不要超過五天。百乘之國，應當擁有耕地萬頃，擁有戶數一萬，擁有人口十萬，擁有擔負納稅義務的人一萬，擁有戰車百輛，擁有戰馬四百匹。千乘之國，宜在全國中心地區設立市場，離東西南北四境各約一百五十里。兩天制定計畫，三天完成裝載，五天運貨出境，十天便可返回。千乘之國的規定，是瞭解鄰國的物價情況，來回不要超過十天。千乘之國，應當擁有耕地十萬頃，擁有戶數十萬，擁有人口百萬，擁有擔負納稅義務的人十萬，擁有戰車千輛，擁有戰馬四千匹。萬乘之國，也宜在全國中心地區設立市場，離東西南北各約五百里。三天制定計畫，五天完成裝載，十天運貨出境，二十天便可返回。萬乘之國的規定，是瞭解鄰國的物價情況，來回不要超過二十天。萬乘之國，應當擁有耕地百萬頃，擁有戶數百萬，擁有人口千萬，擁有擔負納稅義務的人百萬，擁有戰車萬輛，擁有戰馬四萬匹。

管子曰：「匹❶夫為鰥❷，匹婦為寡，老而無子者為獨。君問其若有子弟師役而死❸者，父母為獨❹，上必葬之：衣衾三領，木❺必三寸，鄉吏視事❻，葬於公壤。若產而無弟兄❼，上必賜之匹馬之壤❽。故親之殺❾其子以為上用，不苦也。君終歲❿行⓫邑里。其人力同而宮室美者，良萌⓬也，力作者也，脯二束⓭、酒一石以賜之。力足蕩遊不作，老者譙⓮之，當壯者遣之邊戍。民之無本者貸之圃⓯彊⓰。故百事皆舉，無留力⓱失時⓲之民。此皆國筴之數也。」

【章旨】此章言撫卹鰥寡孤獨與獎勤罰懶等措施。

【注釋】❶匹　單獨。❷鰥　指鰥夫。《孟子‧梁惠王》：「老而無妻曰鰥，老而無夫曰寡，老而無子曰獨，幼而無父曰孤。」❸師役而死　指為戰事而死。❹為獨　此謂視同「老而無子者」之「獨」。❺木　此指棺槨。❻視事　治事。此指督辦喪事。❼產而無弟兄　謂其父母僅生一子，死者別無弟兄。❽匹馬之壤　即〈山權數〉所謂「一馬之田」。即一匹馬一天所能耕種的田地。❾殺　死亡；犧牲。❿終歲　此即歲終。⓫行　巡行；巡視。⓬良萌　即「良民」。萌，通「氓」。即民。⓭脯二束　即乾肉二十條。《說文》：「脯，乾肉也。從肉甫聲。」《論語‧述而》：「子曰：『自行束脩以上，吾未嘗無誨焉。』」朱熹注：「脩，脯也。十脡為束。」⓮譙　同「誚」。責問；譴責。⓯圃　園地；田地。⓰彊　假為「繈」。指錢幣。⓱留力　謂滯守體力、有力不使。即上文所謂「力足蕩遊不作」者。⓲失時　謂「民之無本」而誤失農時。

【語譯】管子說：「單身男子稱為鰥，單身女子稱為寡，老而無子稱為獨。君主詢問到若有子弟為戰事而犧牲的，父母也視同為『獨』，朝廷必將負責喪葬：衣服、衾被各需三件，棺槨厚必三寸，喪事由鄉吏督辦，安葬在公共墓地。倘其父母沒有生育其他兒子，朝廷還應賞賜他們一匹馬一天所能耕完的田地。因而父母為朝廷效力，即使犧牲了兒子，也不會覺得生活很苦。君主將在年終巡視邑里。那些勞力與他人相同而房屋獨好的農戶，定然是良民，是勤勞耕作的人家，應當用二十條乾肉和一石酒加以獎賞。對於體力強壯而慣於遊蕩、不事農作的人，若是老年，便加責問；若是壯年，則遣送戍守邊境。對於沒有本錢從事耕作的農民，則借貸耕地與資金。因此，百事盡舉，再也沒有有力不用和貽誤農時的人們。這都屬於國家統籌理財的方法。」

上農挾❶五，中農挾四，下農挾三。上女衣❷五，中女衣四，下女衣三。農有常業，女有常事。一農不耕，民有為之❸飢者；一女不織，民有為之寒者。飢寒❹凍餓，必起於糞土❺，故先王謹於其始。事再❻其本，民無䊪❼者賣其子。三其本，若❽為食。四其本，則鄉里給❾。五其本，則遠近通，然後死得葬矣。事不能再其本，而上之求焉無止，然則姦涂不可獨遵❿，貨財不安於拘⓫。隨之以法，則中⓬內摲⓭民也。輕重不調，無䊪之民不可責理⓮，鬻子⓯不可得使。君失其民，父失其子，亡國之數也。

【章旨】此章言管好農業的重要性。

【注釋】❶挾　挾制；管理。此處意猶負責。❷衣　此為動詞。即穿衣。❸之　此。❹寒　原文誤為「塞」字，據文意改正。❺糞土　本指給土地施肥，借指對農事的經營管理。❻再　二。此指二倍。❼無䊪　即「無饘」。無食。❽若　乃；才。❾給　充足；富裕。❿遵　通行；行走。⓫拘　拘守；留存。⓬中　相當；等於。⓭摲　芟除；斬殺。⓮責理　指督責與管理。⓯鬻子　指被賣身為奴的兒女。

【語譯】一個上等勞力的農夫，可以負責供應五個人的用糧，一個中等勞力的農夫，可以負責供應四個人的用糧，一個下等勞力的農夫，也可以負責供應三個人的用糧。一個上等勞力的女子，可以負責供應五個人的衣著，一個中等勞力的女子，可以負責供應四個人的衣著，一個下等勞力的女子，也可以負責供應三個人的衣著。農夫要常年務農，女子要常年紡織。一個農夫不種田，人們就會有因此挨餓的；一個女子不紡織，人們就會有因此受凍的。飢寒凍餓，定然是由於對農事的經營管理問題而起，因而先王對待這個起因問題十分謹慎。農事若只能獲得二倍於成本的利潤，那麼，無食的人們，仍然會賣兒賣女。若能獲得三倍於成本的利潤，這樣才能普遍解決用糧問題。若能獲得四倍於成本的利潤，便能做到全國鄉里家給人足。若能獲得五倍於成本的利潤，則能做到餘糧遠近流通，死者各得其終了。倘若農事不能獲得二倍於成本的利潤，朝廷卻又徵斂無已，那麼，為非作歹之徒，便會充塞途中，致使人們不敢獨身通行，存留錢財的人們，也會常懷不安。對待這種狀況倘若用法律加以懲罰，便相當於從內部殘殺人民。總之，若是物價不能調控，便會弄得君主對於無食飢民，沒法督責管理，父母對於賣出的兒女沒法駕馭。君主失去了百姓，父母失去了兒女，這就是亡國的定數。

管子曰：「神農之數❶曰：『一穀不登❷，減一穀；穀之法❸什倍。二穀不登，減二穀；穀之法再十倍。』夷疏❹滿之，無食者予之陳❺，無種者貸之新。故無什倍之賈❻，無倍稱之民❼。」

【章　旨】此章言救濟災荒的措施。

【注　釋】❶神農之數　郭沫若云：「『神農之數』當為『神農之教』。」錄供參考。數，方法；道術。❷登　成熟；豐收。❸穀之法　此指多則賤，少則貴的物價規律。法，法則；定律。❹夷疏　割取蔬菜。疏，通「蔬」。泛指蔬菜瓜果。❺陳　陳糧；儲備糧。❻賈　指富商。❼倍稱之民　指加倍收息的富民。倍稱，加倍；取一償二。

【語　譯】管子說：「神農的方法告訴我們：『一種糧食不熟無收，便損失一種糧食；根據規律，糧價便將上漲十倍。兩種糧食不熟無收，便損失兩種糧食；根據規律，糧價便將上漲二十倍。』這時便以瓜果菜蔬充代口糧，並向業已斷糧的農戶供應陳糧，向沒有種子的農戶貸給新穀。這樣，便不會出現牟利十倍的巨賈，也不會出現加倍取息的富民了。」

國准　第七十九

【題解】此為《管子》第七十九篇，也是《管子》「輕重十九篇」中的第十二篇，題為「國准」。所謂「國准」，意猶〈揆度〉篇所謂「國衡」，二者都是指國家的平準政策，都是講運用輕重之術的經濟調節措施，目的也都在於均平物力，壹定民心。

本文共分四章。前二章歷陳黃帝、有虞、夏、殷、周「五家之數」，一律以「輕重」之意貫穿其中，謂其所立之「儀」，盡皆屬於國家壟斷性質，其旨在於為「國准」之策，尋繹遠古淵源，提供歷史依據。後二章則言當今及「來世」，若欲成就王業，則均宜兼用「五家之旨」，而不必盡同其法。反覆強調憑藉土地人民，視時立儀，承弊易變。全文不但條理至為融貫，其「王數不可豫致」、「時至則為」、「過則去」的觀點，也甚為鮮明可取。

桓公問於管子曰：「國准可得聞乎？」管子對曰：「國准者，視時而立儀❶。」

桓公曰：「何謂視時而立儀？」對曰：「黃帝之王，謹逃其爪牙❷。有虞之王，枯澤童山❸。夏后之王，燒增藪❹，焚沛澤，不益❺民❻之利。殷人之王，諸侯無牛馬之牢❼，不利其器。周人之王，官❽能以備❾物。五家之數殊而用一也。」

【章旨】此章言「國准」之數因時而異，其用則一。

【注釋】❶儀　法度；策略。❷逃其爪牙　即去其爪牙。意謂朝廷當專擅礦藏，以免給私人勢力增添「爪牙」之利。注詳見〈地數〉。❸枯澤童山　與下文「燒增藪，焚沛澤」，都是控制礦藏的措施。童山，此指削平山林。❹增藪　即「層藪」。指草木叢生的山林。❺益　增加；增進。❻民　此指富民蓄賈。❼牢　欄圈。❽官　通「管」。管理。❾備　儲備。

【語　譯】桓公問管子說：「關於國家的平準政策問題，可以讓我聽聽您的見解嗎？」管子回答說：「國家的平準政策，是根據不同的時代，而設置不同的措施的。」桓公說：「什麼叫做根據不同的時代，而設置不同的措施呢？」管子回答說：「黃帝治理天下的時代，非常注意剷除私人勢力。虞舜治理天下的時代，涸竭水澤，削平山林。夏后氏治理天下的時代，燒光叢棘，焚盡沼澤，不讓富民蓄賈增益財利。殷人治理天下的時代，不讓諸侯經營畜牧，不讓他們以器械謀利。周人治理天下的時代，控制專門人才，集中儲備物資。以上五家採取的方法各有差異，功用則同是實行國家壟斷。」

桓公曰：「然則五家之數，籍❶何者為善也？」管子對曰：「燒山林，破增藪，焚沛澤，禽獸眾❷也。童山竭澤者，君智不足也。燒增藪，焚沛澤，不益民利；逃械器，閉智能者，輔己者也。諸侯無牛馬之牢，不利其器者，曰❸淫器❹而壹民心者也。以人御人❺，逃戈刃❻，高❼仁義，乘天固❽以安己者也。五家之數殊而用一也。」

【章　旨】此章言「五家之數」功用相同，無善惡之別。

【注　釋】❶籍　通「藉」。利用；借助。❷禽獸眾　指禽獸繁多。馬元材云：「所謂『禽獸眾』，『君智不足』者，謂古時禽獸眾，故人民之利孔多，而統治者尚無充分利用之知識與技能，故燒之破之焚之，童而竭之，即所以『逃其爪牙』，『隘其利途』也。」禽獸，原文為「猛獸」。宋本「猛」作「禽」。此依宋本。❸曰　此字有誤。豬飼彥博謂「當作『禁』」。張佩綸謂「當作『毋』」。馬元材謂「當作『固』」。姚永概云：「『曰』乃『遏』之壞字，脫去下半，只存一曰字耳。」遏，阻遏；禁限。語譯依姚說。❹淫器　淫巧奇器。❺御人　即上文所謂「官能」。指控制專門人才。御，駕馭。❻逃戈刃　即上文所謂「備物」。指集中儲備物資，禁限民間製作戈刃。❼高　崇尚；尊重。❽天固　天然牢固之勢。

【語　譯】桓公說：「既然如此，那麼對於以上五家的方法，採用哪家的最好呢？」管子回答說：「燒光山林，毀盡叢棘，焚平沼澤，是因為禽獸過剩。削平山林，涸竭水澤，是因為君主的管理才智不足。燒掉叢棘，焚平沼澤，不讓富民增益財利；禁限民間製作械器，禁錮人們的聰明才智，這些措施，都是為了幫助自己鞏固地位。不讓諸侯經營畜牧，不讓他們以器械謀利，是為了禁限淫巧奇器而專一民心。派遣官吏管理專門人才，禁限民間鑄造戈刃，崇尚仁義教化，是為了借助天然牢固之勢來穩定自己的權力。五家的方法雖然各有差異，功用卻是完全同一的。」

桓公曰：「今當時之王者，立何而可？」管子對曰：「請兼用五家而勿盡❶。」

桓公曰：「何謂？」管子對曰：「立祈祥❷以固❸山澤，立械器❹以使萬物，天下皆利而謹操重筴❺。童山竭澤，益利搏流❻。出山金立幣，存菹丘❼，立駢牢❽，以為民饒。彼菹萊之壤❾，非五穀之所生也，麋鹿牛馬之地。春秋賦生❿殺老，立施⓫以守五穀，以此無用之壤，藏⓬民之羸⓭。五家之數皆用而勿盡。」

【章　旨】此章言兼採五家之旨，而不盡用五家之法。

【注　釋】❶盡　完全；全部。此謂全盤照抄。❷祈祥　即「禨祥」。泛指鬼神之事。《漢書．景十三王傳》顏師古注云：「禨，鬼俗也。字或作鬾。《淮南子》曰：『荊人鬼，越人鬾。』禨祥，總謂鬼神之事也。」❸固　通「錮」。禁限。❹立械器　與上文「逃械器」相對而言。指由國家經營製造械器之業。❺操重筴　即控制物價政策。❻摶流　控制流通。摶，捕捉。引申為掌握、控制。❼存菹丘　保存水草資源較好的菹澤與丘陵之地，用以闢為牧場。❽騂牢　指並排成列的牛馬欄廄。❾菹萊之壤　指水草茂密之地。原文為「菹菜之壤」。王念孫云：「『菹菜』當作『菹萊』，字之誤也。」❿賦生　指由國家牧場向百姓貸給新生駒犢。⓫立施　指鑄造貨幣。⓬藏　儲備。⓭贏　指豐歲盈餘。贏，原文為「羸」。何如璋云：「『羸』宜作『贏』，謂豐歲民食有餘也。」

【語　譯】桓公說：「當今治理天下的人，採用哪家的措施合宜？」管子回答說：「宜於兼採各家之意而不盡同其法。」桓公說：「這是怎麼解釋呢？」管子回答說：「採用祭祀鬼神的辦法來封禁山澤，經營製造械器之業來統一使用各類物資，施行使天下都能得利的政策而嚴格控制物價。削平山林，涸竭水澤，增益財利，控制流通。開採礦藏，鑄造錢幣。設立牧場，設置成列欄圈，為百姓富饒而提供條件。那水草茂密的地帶，不是五穀生長的地方，卻是麋鹿牛馬生長的場所。春天把幼畜貸給百姓飼養，秋天殺掉老畜賣給百姓，以供祭祀與食用，鑄造錢幣來控制糧食。藉這些不能用於生產五穀的土地，來儲備百姓的餘錢剩糧。這樣，對各家的措施，都作了有利的運用，但不盡同其法。」

桓公曰：「五代之王以❶盡天下數矣，來世之王者可得而聞乎？」管子對曰：「好譏❷而不亂，亟變❸而不變❹，時至則為，過則去❺。王數不可豫致❻。此五家之國准也。」

【章　旨】此章言成就王業的具體措施，無法事先作出規定。

【注　釋】❶以　同「已」。已經。❷譏　查問；調查。❸亟變　常變。此指依據客觀事物的發展變化，所決定的具體政策而言。亟，屢次。❹不變　指整體原則必須堅持，不能任意改動。❺過則去　即「時過則去」。意謂過了時的措施必須拋棄。

去，除去；棄置。❻豫致　事先予以規定。致，給予。

【語　譯】桓公說：「以上五個朝代成就王業的措施，已經全部包羅治理天下的方法了，後世君主成就王業的問題，可以再講給我聽聽嗎？」管子回答說：「喜愛調查而治事從容不亂，靈活變化措施而不任意改變原則，適時則為，過時則棄。成就王業的具體措施，不可事先予以規定。上述這些，也只是五家的平準政策而已。」

輕重甲　第八十

【題解】此為《管子》第八十篇，也是《管子》「輕重十九篇」中的第十三篇，題為「輕重甲」，意即「輕重專論」第一篇。其後依次尚有「輕重」乙、丙、丁、戊、己、庚諸篇，除丙、庚兩篇已經亡佚之外，其餘四篇，也都是闡明輕重之術的文字。以甲乙丙丁等十干記數，漢代已經常用。顏師古注《漢書・西域傳》「興造甲乙之帳」云：「其數非一，以甲乙次第名之也。」注〈宣帝紀〉「地節四年九月詔」又云：「甲乙者，若今之第一第二篇耳。」

本文篇幅甚長，共計十七章。每章獨立說明一個問題，章與章之間，並無有機聯繫，但中心卻都是闡釋輕重之術。其中關於充分利用本國的地利資源，用以增加國家財政收入；積極引進國外資金、國外勞力以及運用經濟手段，加強同天下各國的友好交往，以求造成一個安定的環境等議論，都是頗有見地的。

桓公曰：「輕重有數❶乎？」管子對曰：「輕重無數。物發而應之❷，聞聲❸而乘之。故為國不能來天下之財，致天下之民，則國不可成。」桓公曰：「何謂來天下之財？」管子對曰：「昔者桀之時，女樂三萬人，端譟❹晨樂聞於三衢。是無不服文繡衣裳者。伊尹以薄❺之游女❻工❼文繡纂組❽，一純❾得粟百鍾於桀之國。夫桀之國者，天子之國也。桀無天下憂，飾婦女鐘鼓之樂，故伊尹得其粟而奪之流❿。此之謂來天下之財。」桓公曰：「何謂致天下之民？」管子對曰：

「請使州有一掌⑪，里有積五窌⑫。民無以與正籍⑬者，予之長假⑭；死而不葬者，予之長度⑮。飢者得食，寒者得衣，死者得葬，不澹者⑯得振⑰，則天下之歸我者若流水。此之謂致天下之民。故聖人善用非其有，使非其人，動言搖辭⑱，萬民可得而親。」桓公曰：「善。」

【章　旨】此章言招來天下資財、吸引天下民眾的方法。

【注　釋】❶數　定數；數額。❷物發而應之　〈揆度〉作「物動而應之」。發，即動。意謂輕重之策，必須依據客觀事物的發生發展，而決定與之相應的對策，不能脫離事物的狀況而主觀地預為設計。❸聲　聲響；信息。❹端噪　依據上下文意，似指內宮的作樂喧嘩之聲。端，即端門。指宮殿南面正門。噪，喧鬧。❺薄　通「亳」。王國維謂：「即漢山陽郡薄縣地，在今山東曹州府曹縣南二十餘里。」（見《觀堂集林》卷一二〈說亳〉）❻游女　此指游惰無業的婦女。❼工　通「攻」。製造；加工。❽纂組　即指絲綢彩帶。纂，五彩的絲帶。組，絲織的闊帶。❾一純　即一匹。《史記・蘇秦列傳・集解》云：「純，匹端名。」❿奪之流　指控制市場商品的流通。⓫掌　馬元材云：「掌，當是古時倉名。」⓬窌　地窖。《荀子・富國》：「垣窌倉廩者，財之末也。」楊倞注：「窌，窖也，掘地藏穀也。」⓭無以與正籍　即無法參預徵籍。意謂貧困而不夠納稅條件。⓮長假　長期貸給土地、種子等以供經營。此為救助赤貧的措施。⓯長度　馬元材云：「所謂『長度』者，乃漢代財政上專用術語。此蓋言死而不葬者，即由政府以所謂長度者予之，使其持向所在地官府支取官錢，作為購備棺衾之用。猶今人之言領款憑據矣。」⓰不澹者　指貧困戶。澹，原文為「資」。王引之謂為：「『澹』字之誤。」澹，即古「贍」字。《荀子・王制》：「物不能澹。」楊倞注：「澹，讀為贍。」⓱振　通「賑」。救濟。⓲動言搖辭　指運用言語作宣傳。如發號施令之類。

【語　譯】桓公說：「運用輕重之策有定數嗎？」管子回答說：「運用輕重之策沒有定數。貨物出現，就要有適當的對策相應；聽到信息，便要隨即利用。所以治理國家，如果不能引進天下的財利，不能招致天下的人民，國事便不能成功。」桓公說：「什麼叫做引進天下的財利？」管子回答說：「從前夏桀時代，有歌女三萬人，端門的喧嘩，清晨的音樂，東南西三條通道，都可以聽到。這些女子，無不身著錦繡衣裳。伊尹組織薄地無事可做的女子，織繡絲綢彩帶，一匹就可從夏桀手中換取百鍾糧食。夏桀的國家，本是天子之國。夏桀不去考慮天下大事，只去整治歌女鐘鼓取樂，因而伊尹便奪得了他的糧食，而且控制了他的商品流通。這便稱為引進天下的財利。」桓公說：「什麼叫作招致天下的人民？」管子回答說：「請在每州設置一個倉庫，每里設置五個地窖儲積食糧。凡是無力納稅的貧民，都給予長期借貸；凡是死而不得安葬的窮人，都給予安葬費用。如果能使飢餓的人得到飯吃，寒凍的人得到衣穿，死了的人得到安葬，窮苦的人得到救濟，那麼，天下歸附我們的民眾，便會如同流水。這便稱為招致天下的人民。所以，聖人善於利用本非自己所有的財富，善於驅使本非自己統轄的人民，稍作宣傳號召，萬民便來親附。」桓公說：「這辦法很好。」

桓公問管子曰：「夫湯以七十里之薄，兼桀之天下，其故何也？」管子對曰：「桀者冬不為杠❶，夏不束柎❷，以觀❸凍溺。弛❹牝虎充市，以觀其驚駭。至湯而不然。夷疏❺而積粟，飢者食之，寒者衣之，不澹❻者振之，天下歸湯若流水。此桀之所以失天下也。」桓公曰：「桀使湯得為是，其故何也？」管子曰：「女華者，桀之所愛也，湯事之以千金。曲逆者，桀之所善也，湯事之以千金。內則有女華之陰，外則有曲逆之陽，陰陽之謀合，而得成其天子。此湯之陰謀也。」

【章　旨】此章言商湯能兼併夏桀天下的緣由。

【注釋】❶杠 泛指橋梁。《說文解字》段玉裁注：「凡獨木者曰杠，駢木者曰橋。」❷束柎 用條木編成的筏。湖南人稱作木排。何如璋云：「以木為桴，相比束之，浮水以渡也。夏水大，故須束柎。」❸觀 觀看；觀賞。❹弛 鬆懈；放鬆。此指放縱。❺夷疏 即「夷蔬」。剪摘菜蔬。原文為「夷競」。馬元材云：「『夷競』是『夷蔬』之譌。」❻澮 原文為「資」。據王引之說校改。

【語譯】桓公問管子說：「商湯憑七十里的薄地，兼併了夏桀的整個天下，這緣由何在呢？」管子回答說：「夏桀冬天不准人們架橋過水，夏天不准人們編筏渡河，藉以觀賞人們挨凍受溺的慘狀。還把母虎縱放到市集上，藉以觀賞人們吃驚受駭的情形。至於商湯，則不是這樣。採集菜蔬，儲積糧食；挨餓的人，給予飯吃；受凍的人，給予衣穿；貧窮的人，給予救助。天下人民歸附商湯，如同流水。這就是夏桀失掉天下的原因。」桓公說：「夏桀使得商湯能夠達到這種目的，這緣由又是何在呢？」管子回答說：「女華，是夏桀寵愛的妃子，商湯曾用千金去事奉她；曲逆，是夏桀親善的大臣，商湯也曾用千金去事奉他。內宮有女華暗中相應，朝廷有曲逆公開相助，暗地與公開的謀劃互相配合，而後商湯便達到了成為天子的目的。這就是商湯的機密謀略。」

桓公曰：「輕重之數，國准之分❶，吾已得而聞之矣。請問用兵奈何？」管子對曰：「五戰而至於兵❷。」桓公曰：「此若言何謂也？」管子對曰：「請戰衡❸，戰准❹，戰流❺，戰權❻，戰勢❼。此所謂五戰而至於兵者也。」桓公曰：「善。」

【章旨】此章言經濟政策與軍事的關係。

【注　釋】❶國准之分　指上篇〈國准〉所述黃帝、有虞、夏、商、周等「五家」有關平準措施的區別。❷五戰而至於兵　調運用輕重之術，國家若能在經濟調控方面「五戰」皆捷，則國家財力強大，出兵自可制勝。戰，此指較量、搏鬥。❸衡　指調控、平衡供求關係。❹准　即「平準」。指調控物價。❺流　指商品流通。❻權　指權變通達。❼勢　指利用客觀條件。

【語　譯】桓公說：「運用輕重之術的理財方法，有關國家平準措施的區別，我都已經聽說了。請問用於軍事當如何？」管子回答說：「能在五方面較量取勝，便可以用於軍事了。」桓公說：「這話怎麼解釋呢？」管子回答說：「要在平衡供求關係方面較量，要在調控物價方面較量，要在商品流通方面較量，要在變通運用方面較量，要在利用客觀條件方面較量。這便是能在五方面較量取勝，便可以用於軍事了。」桓公說：「太好了。」

桓公欲賞死事之後❶，曰：「吾國者，衢處之國❷，饋食❸之都，虎狼之所棲也。今每戰，輿❹死扶傷，如孤荼首之孫❺，仰倳戟❻之寡❼，吾無由予之❽，為之奈何？」管子對曰：「吾國之豪家遷封❾食邑❿而居⓫者，君章之以物⓬則物重，不章以物則物輕；守之以物則物重，不守以物則物輕，故遷封、食邑、富商、富賈、積餘、藏羨、跱蓄之家⓭，此吾國之豪也。故君請縞素⓮而就士室⓯，朝⓰功臣、世家、遷封、食邑、積餘、藏羨、跱蓄之家曰：『城肥⓱致衝，無委⓲致⓳圍。天下有慮，齊獨不與其謀⓴？子大夫㉑有五穀菽粟者，勿敢左右，請以平賈㉒取之子。』與之定其券契之齒㉓。釜鏂㉔之數，不得為侈弇㉕焉。困窮之民，聞而糴之，釜鏂無止，遠通㉖不推。國粟之賈坐長而四十倍。君出四十倍之粟以振孤寡，收㉗貧病，視獨老窮而無子者，靡得相鬻而養之，勿使赴於溝澮㉘之中。若此，則士爭前戰為顏行㉙，不偷㉚而為用，輿死扶傷，死者過半。此何故也？士非好戰而輕死，輕重之分㉛使然也。」

【章　旨】此章言通過輕重之數籌款，救濟孤寡貧病之法。

【注　釋】❶死事之後　指死於國事者的遺族。❷衢處之國　意同「衢國」。即四面受敵之國。〈國蓄〉云：「壤正方，四面受敵，謂之衢國。」❸饋食　靠其他國家供應糧食。❹輿　抬；舉。❺如孤荼首之孫　謂戰死者的孤兒，其祖父已是白髮老翁，祖孫均無力自養，亟待救濟。荼首，白首。指白髮老人。❻傳戟　即「事戟」，意同「持戈」。此指持戈出征的人。❼寡　指寡婦。原文為「寶」。馬元材云「『寶』當是『寡』字之誤」，下文即「有『君出四十倍之粟以振孤寡』語」。❽無由予之　意指無法救濟。❾遷封　指徙封升遷的旺族。❿食邑　指從采邑收取賦稅而食的家族。⓫居　積存；囤積。⓬章之以物　意謂把「豪家所居」之物控制起來。章，通「障」。控制。以，此。⓭跱蓄之家　意謂儲糧富戶。跱蓄，即儲蓄。《後漢書・章帝紀》：「詔所經道上郡縣無得設儲跱。」注：「儲，積也。跱，具也。言不預蓄備。」⓮縞素　本指白色的喪服，此為動詞，謂身著白色喪服，以示國有憂患。⓯士室　鄉長黨正所居之舍。猶後世所謂鄉公所之類。《禮記・鄉飲酒義》：「鄉人、士君子，尊於房中之間。」鄭玄注：「士，州長黨正也。」⓰朝　朝會；召集。⓱肥　通「伂」。薄弱；敗壞。原文為「脆」。形近致誤。⓲委　堆積。此指存糧。⓳致　原文為「攻」。形近致誤。⓴與其謀　謂參預此類謀劃。㉑子大夫　意即諸位大夫。子，此為表敬意的對稱詞。㉒平賈　即「平價」。㉓券契之齒　古時券契，分為兩半，每半內側皆有數齒，稱為券契之齒。二者齒跡吻合，券契方為有效。㉔釜鏂　皆為量器名稱。㉕侈弇　本指鐘口的大小。前者是鐘口大，中央小；後者是鐘口小，中央大。引申為誇大與縮小。㉖遠通　意謂遠近皆通。因為遠既可通，近自不待言。㉗收　收養；收留。原文為「牧」。古本、劉本、朱本作「收」。此依古本。㉘溝澮　即指山溝田野。澮，田間水溝。㉙顏行　排在前列。《漢書・嚴助傳》：「如使越人蒙死僥幸，以逆執事之顏行。」顏師古注引文穎曰：「顏行，猶雁行，在前行，故曰顏也。」㉚不偷　不偷生；不苟且求生。㉛分　職分；本分。意猶必然作用。

【語　譯】桓公想要撫卹死於國事者的遺族，說：「我們的國家，是四面受敵的國家，是靠其他國家供應糧食的國家，是虎狼棲息的山地。每次戰後，都是抬回死者，扶回傷殘。對那些現在只能靠白髮祖父來養活的戰死者的孤兒，對那些仰仗丈夫過活的寡婦，我無法救濟他們。這怎麼辦呢？」管子回答說：「對於我國的豪門大族中那些徙封升遷、食取采邑而囤積財物的人家，君主若把這些財物控制起來，物價便會上漲；若不控制，物價便會下降。若把這些財物掌握起來，物價便會上漲；若不掌握，物價便會下降。徙封升遷、食取采邑、富商、巨賈、積累餘糧、儲存盈利、囤積資財的人家，都是我國的富豪。君主可以穿上白色喪服去到士室，召集功臣、世家及徙封升遷、食取采邑、積累餘糧、儲存盈利、囤積資財的人們，說：『城防薄弱，招來衝擊，沒有儲糧，招來圍困。天下各國都有這種憂慮，齊國獨能不作這種謀劃嗎？諸位大夫，凡是存有五穀菽粟的，不要動用，將用平價向你們購取。』然後與他們定好契券。存糧數量，不許誇大或縮小。困窮的百姓，便會聞風而買糧，買多買少，絡繹不絕，遠近相通，不推自來。全國糧價將坐漲四十倍。君主便等於拿出了四十倍的糧食來救濟孤兒寡婦，扶養貧病之民，照顧窮苦無兒的孤老，使他們不至於只有賣身為奴，才能得到生活供養，也不使他們死於山溝田野之中。倘能這樣，士卒便會爭先出戰，奮勇前行，不會苟且偷生，而會為國效命，抬著死者，扶著傷殘，敢於拼死的人，將超過半數。這是什麼原因呢？士卒並不是喜愛作戰而輕忽死亡，而是輕重之術的必然作用使得如此。」

桓公曰：「皮、幹❶、筋、角之征甚重。重籍於民，而貴市之皮、幹、筋、角，非為國之數也。」管子對曰：「請以令高杠柴池❷，使東西不相睹，南北不相見。」桓公曰：「諾。」行事期年，而皮、幹、筋、角之征去分❸，民之籍去分。桓公召管子而問曰：「此何故也？」管子對曰：「杠池❹平之時，夫妻服輦❺，輕至百里。今高杠柴池，東西南北不相睹，天酸然❻雨，十人之力不能上；廣澤遇雨，十人之力不可得而恃。夫舍牛馬之力所無因。牛馬絕罷❼，而相繼死其所者相望，皮、幹、筋、角徒予人而莫之取。牛馬之賈必坐長而百倍。天下聞之，必離其牛馬而歸齊若流。故高杠柴池，所以致天下之牛馬，而損❽民之籍也。《道若祕》❾云：『物之所生，不若其所聚。』」

【章　旨】此章言施行輕重之術，用損害人民的手段，來減輕對人民的「重籍」，實為挖肉補瘡之舉。

【注　釋】❶幹　此指兩脅。《爾雅・釋畜》：「幹，脅。」皮、幹、筋、角，均為兵器所需。❷高杠柴池　指高橋參差不平。《集韻》：「柴池，參差也。」❸分　此指若干分。❹池　于省吾云：「『池』字當是羨文。後人不解『柴池』之義，以為『高杠』『柴池』對文，故加『池』字耳。」❺服輦　即「負輦」。拉車。輦，原文為「簟」。王引之云「蓋『輦』字之譌」，隸書形近致誤。❻酸然　即「䨘然」。濛然；微雨貌。酸，通「䨘」。《說文》：「䨘，小雨也。」❼罷　通「疲」。疲弊。❽損　減少；減輕。❾道若祕　古書名，已佚。郭沫若云：「『道若祕』為書名，猶《莊子》內篇之〈德充符〉也。〈問篇〉有《制地君》，亦古書名。」

【語　譯】桓公說：「皮、幹、筋、角的徵取太重了。加重對百姓的徵取，而弄得市場上皮、幹、筋、角價格昂貴，並不是治國的好方法。」管子回答說：「請下令把橋梁架高而弄得橋面參差不平，使從橋東看不見橋西，使從橋南看不見橋北。」桓公說：「就這麼辦。」施行這個措施不過一年，皮、幹、筋、角的徵取，便減少了一部分，百姓的負擔也就減輕了一部分。桓公召見管子問道：「這是什麼原因呢？」管子回答說：「橋面平坦的時候，夫妻二人拉車，輕易便可趕路百里。如今橋高而橋面不平，東西南北的行人，彼此看不見對方，倘若下著濛濛細雨，十個人的力量，也不能推車上橋；若在空曠聚水的窪地遇上天雨，十個人的力量，也不能作為依靠。除了借助牛馬之力而別無辦法。牛馬累得非常疲弊，相繼死在路途中的很多，皮、幹、筋、角白白送人也沒有誰來取。這樣一來，牛馬的價格必然上漲百倍。天下各國聽到這個信息，一定會趕著成群的牛馬，像流水一樣來到齊國。所以，把橋梁架高而弄得橋面參差不平，正是用以招來各國牛馬，而減輕對本國人民徵取的辦法。《道若祕》說：『財物的生產，是比不上財物聚集的。』」

桓公曰：「弓弩多匡❶軫❷者，而重籍於民奉繕工❸，而使弓弩多匡軫者，其故何也？」管子對曰：「鵝鶩之舍❹近，鵾雞鵠鴇之通❺遠。鵠鵾之所在❻，君請式璧而聘之❼。」桓公曰：「諾。」行事期年，而上無闕❽者，前無趨人❾。三月解医❿，弓弩無匡軫者。召管子而問曰：「此何故也？」管子對曰：「鵠鵾之所在，君式璧而聘之。菹澤⓫之民聞之，越平而射遠，非十鈞之弩⓬，不能中鵾雞。彼十鈞之弩，不得棐擏⓭不能自正。故三月解医，而弓弩無匡軫者。此何故也？以其家習其所也。」

【章　旨】此章言改進弓弩的辦法。

【注　釋】❶匡　通「枉」。彎曲。❷軫　礙障而不適用。尹知章注：「軫，苦禮切，礙也。」❸繕工　此指官府修治武器的工匠。❹舍 即「捨」。離。❺通 通行；飛行。❻鵠鶡之所在 此指射取鵠鶡的人家。❼式璧而聘之 用重金延請。式，用。❽闕 通「缺」。短缺；缺乏。❾趨人 指閒遊路途的人。❿医 即弓衣。指裝盛弓弩矢器的袋子。原文為「匋」。俞樾云：「字書無『匋』字。疑『医』字之誤。《說文‧匸部》：『医，盛弓弩矢器也。从匸从矢。』《國語》曰：『兵不解医。』」下文「医」字同此例。⓫菹澤 水草豐茂地帶。猶言草原。⓬十鈞之弩 指須有三百斤力方可拉開的弓。⓭棐撤 指矯正弓身的器械。棐，原文為「冀」。王念孫云：「案《說文》、《玉篇》、《廣韻》、《集韻》皆無『冀』字，當是『棐』字之譌。」

【語譯】桓公說：「庫存的弓弩，多是彎曲而礙用之物。我們向百姓重取稅收，奉養修治弓弩的工匠，然而弓弩仍多彎曲而不好使用，這是什麼緣故呢？」管子回答說：「野鵝野鴨的飛行離地面很近，鶡雞、天鵝和大鴇的飛行離地面很遠。善於射取天鵝、鶡雞的獵戶，君主當送上重金去禮聘。」桓公說：「可以。」施行這個措施不過一年，國庫的弓弩供應，再也沒有短缺不足的現象，眼前再也沒有閒遊路途的行人。三個月後解開弓袋檢查，再也沒有彎曲礙用的弓弩了。桓公召來管子問道：「這是什麼緣故呢？」管子回答說：「善於射獵天鵝、鶡雞的人家，君主送上重金去禮聘。菹澤地帶的人們聽到以後，便都跨越平野，去射取遠方飛鳥，若沒有三百斤拉力的弓弩，便不能射中鶡雞、天鵝和大鴇。而那些具有三百斤拉力的弓弩，不用矯正弓身的棐撤，便不能自行矯正。因而三個月以後，解開弓袋檢查，便沒有彎曲礙用的弓弩了。此中緣故何在呢？是因為家家熟悉弓弩的製造和使用了。」

桓公曰：「寡人欲藉於室屋❶。」管子對曰：「不可，是毀成也。」「欲藉於萬民。」管子曰❷：「不可，是隱情也。」「欲藉於六畜。」管子對曰：「不可，是殺生也。」「欲藉於樹木。」管子對曰：「不可，是伐生也。」「然則寡人安藉而可？」管子對曰：「君請藉於鬼神。」桓公忽然❸作色曰：「萬民、室屋、六畜、樹木且不可得藉，鬼神乃可得而藉夫？」管子對曰：「厭宜❹乘勢，事之利得也；計議因權，事之囿大❺也。王者乘勢，聖人乘幼❻，與物皆宜。」桓公曰：「行事奈何？」管子對曰：「昔堯之五吏❼五官❽無所食❾，君請立五厲❿之祭，祭堯之五吏。春獻蘭⓫，秋獻落⓬；原魚⓭以為脯，鯢⓮以為殽⓯。若此，則澤魚之正⓰伯倍⓱異日，則無屋粟⓲邦布⓳之藉。此之謂設之以祈祥⓴，推之以禮義也。然則自足，何求於民也？」

【章　旨】此章言利用神道設教，徵取於民的理財方法。

【注　釋】❶藉於室屋　指徵收房屋稅。藉，通「籍」。徵籍；徵稅。❷管子曰　依上下文例，當作「管子對曰」。❸忽然　王念孫云：「『忽然』非作色之貌。『忽然』當作『忿然』。」錄供參考。❹厭宜　合宜。《國語・周語》：「克厭帝心。」注：「厭，合也。」❺囿大　指幫助很大。囿，輔助。❻乘幼　意謂借助祭祀鬼神之類的神祕之事徵取賦稅。即〈輕重丁〉所云「智者役使鬼神，而愚者信之」之意。幼，幽微；神祕。❼五吏　馬元材云：「關於堯之五吏，各家注者，多以左昭二十九年傳，蔡墨所述之五祀當之。然五祀皆非堯吏。疑所謂五吏者，當指禹為司空，皐陶為士，契為司徒，后稷為田之類而言。此等人物，皆與社會民生有極密切之關係，故人民多崇拜之。著者主張政府應即利用此種崇拜之心理，提倡祭祀，並規定以魚為牲，因而可以收到『澤魚之正伯倍異日』之大利，即所謂『籍於鬼神』之義矣！」❽五官　聞一多云：「『五官』二字宜衍。」錄供參考。❾食　指饗祀。亦即血食。❿厲　指厲鬼、惡鬼。何如璋云：「『厲』謂前代有功之人而無主後者，立祀以報其功，使無歸之鬼不為厲也」，「五官皆有所食，無所食而有功者謂之厲」。⓫蘭　指蘭花。何如璋云：「蘭，花之最貴，故春以為獻。」⓬落　此指成熟的五穀。何如璋云：「落，果實也，秋熟而斂之。」⓭原魚　指煮熟而未加烹調之魚。今湖南民間祭祀仍如此法。⓮鯢　小魚。⓯殽　同「肴」。葷菜。《楚辭・招魂》：「肴羞未通。」王逸注：「魚肉為肴。」⓰澤魚

之正　指漁業稅。正，通「征」。徵籍。⑰伯倍　即「百倍」。⑱屋粟　罰款措施之一。周時，凡民有田不耕，罰三夫的稅粟。⑲邦布　指口錢。即按人口徵收的稅金。⑳祈祥　即「禨祥」。指祭祀鬼神之事。

【語譯】桓公說：「我想徵取房屋稅。」管子回答說：「不好，這會促使人們毀壞房屋。」「我想徵取人口稅。」管子回答說：「不好，這是要人們抑制情欲。」「我想徵取牲畜稅。」管子回答說：「不好，這是要人們宰殺幼畜。」「我想徵取林木稅。」管子回答說：「不好，這是要人們砍伐幼林。」「既然如此，那麼，我徵取什麼稅才好呢？」管子回答說：「您可以向鬼神徵稅。」桓公突然改變臉色說：「人口、房屋、牲畜、林木尚且不宜徵稅，鬼神卻宜徵稅嗎？」管子回答說：「因時制宜，辦事必可獲得利益；從權計畫，辦事必可得到幫助。能成王業的君主，善於借助時勢，聖明的君主，善於借助神祕的祭祀禮儀，人人都認為適宜。」桓公說：「施行這項措施應怎麼辦呢？」管子回答說：「從前堯有五吏五官，現在仍無人饗祭，您可以設立對於五厲的祭祀制度，讓人們饗祭堯的五位功臣。春天敬獻蘭花，秋天敬獻新穀；用原魚作成魚乾，用小魚作為菜肴。倘若這樣，漁魚稅收可以比往日增加百倍，便無須收取罰款和人口稅了。這就稱為既設立了祭祀鬼神的制度，又推行了禮義教化。這樣，便是自己滿足了財政用度，又何必再向人民徵求呢？」

桓公曰：「天下之國，莫強於越❶。今寡人欲北舉事孤竹、離枝❷，恐越人之至，為此有道乎？」管子對曰：「君請遏原流❸，大夫立沼池，令以矩游❹為樂。則越人安敢至？」桓公曰：「行事奈何？」管子對曰：「請以令隱❺三川，立員都❻，立大舟之都。大舟❼之都有深淵，壘❽十仞。令曰：『能游者賜十金❾。』」未能用金千，齊民之游水，不避吳越❿。」桓公終北舉事於孤竹、離枝。越人果至，隱曲菑⑪以水齊⑫。管子有扶身之士⑬五萬人，以待戰於曲菑，大敗越人。此之謂水豫⑭。

【章　旨】此章言施行獎賞，刺激人們提高游水技能，終於戰勝越軍。

【注　釋】❶越　南方國名。齊桓公時，越國並不強盛，此係假託之詞。❷離枝　與「孤竹」均為北方國名。〈大匡〉有「桓公乃北伐令支」事，疑「令支」即此「離枝」。❸原流　謂原山之流。亦即甾水之源。《漢書・地理志》：「萊蕪原山，甾水所出，東至博昌入泲。」❹矩游　指躍水而游。為古時基本軍事訓練項目之一。矩，通「距」。跳躍。❺隱　通「偃」。即堰。意謂築堤堵水。❻員都　猶言圓形水池。員，通「圓」。都，通「豬」。蓄水處。下文「都」字，同此義。❼大舟　原文為「大身」。「身」與「舟」形近而誤。王念孫云：「『大身之都』亦當為『大舟之都』，此復舉上文以起下文也。」❽壘　堆砌；累積。❾十金　原文為「千金」。然據下文「未能用金千」之意，「千」當為「十」字之誤。❿齊民之游水二句　謂齊人游泳技術，已不在吳越人之下。避，讓。⓫曲菑　指菑（淄）水曲處。原文為「曲蕃」。戴望云：「『蕃』為『菑』字之誤。」下同。⓬以水齊　謂以水灌齊都。⓭扶身之士　即「浮身之士」。指習水善游的士卒。扶，通「浮」。⓮水豫　指事先已有水戰方面的準備。

【語　譯】桓公說：「天下的國家，沒有比越國更強的了。我想要北征孤竹、離枝，唯恐越國乘隙而來，這個問題有辦法解決嗎？」管子回答說：「君上可以堵截原山上的流水，讓大夫設置游泳池沼，促使人們以躍水而游為樂。那麼，越人怎敢乘隙而來呢？」桓公說：「施行這項辦法，應如何具體的去做呢？」管子回答說：「請下令堵截水流，建造圓形水池，建造能行大船的水庫。能行大船的水庫設有深淵，積深十仞。通令說：『善於游水的賞賜十金。』不待用完千金，齊人的游水本領，便不在吳越人之下了。」桓公終於北征孤竹、離枝。越軍果真乘隙而來，並堵截菑水曲處，引水淹灌齊都。管子擁有五萬名習水善游的士卒，在菑水曲處迎戰，把越軍打得大敗。這就叫做事先已有水戰方面的準備。

齊之北澤燒❶，火光照堂下。管子入賀桓公曰：「吾田野辟，農夫必有百倍之利矣。」是歲租稅❷九月而具，粟又美。桓公召管子而問曰：「此何故也？」管子對曰：「萬乘之國、千乘之國，不能無薪而炊。今北澤燒，莫之續，則是農夫得居裝❸而賣其薪蕘❹，一束十倍。則春有以傳耜❺，夏有以決芸❻。此租稅所以九月而具也。」

【章　旨】此章言北澤失火，帶來農夫賣柴收入增加，致使田畝稅收，能提前交齊。

【注　釋】❶燒　此指放火燒野草。尹知章注：「獵而行火曰燒。」❷租稅　此指田畝稅。❸居裝　指囤積與儲備。❹薪蕘　指柴草。尹知章注：「大曰薪，小曰蕘。」❺傳耜　謂以耜插入田中翻土。意即耕種。❻決芸　掘去田中雜草。芸，同「耘」。鋤草。

【語　譯】齊國北部草澤地帶發生大火，火光映照到了朝堂之下。管子入朝祝賀桓公，說：「我們的田野將獲得開墾，農夫也一定會獲得百倍的財利。」這一年，田畝稅在九月就交齊了，糧食的收成很好。桓公召見管仲問道：「這是什麼緣故呢？」管子回答說：「萬乘之國也罷，千乘之國也罷，不能沒有柴草燒飯。如今北部草澤失火，無法繼續供應柴草。這樣，農夫便可囤積柴草而加以出賣，一束柴草可以提價十倍。因而春天便有了資金翻耕土地，夏天便有了資金鋤草。這就是田畝稅能在九月交齊的原因。」

桓公憂北郭民之貧，召管子而問曰：「北郭者，盡屨縷之甿❶也，以唐園❷為本利，為此有道乎？」管子對曰：「請以令禁百鍾之家不得事鞽❸，千鍾之家不得為唐園，去市三百步❹者，不得樹葵菜❺。若此，則空閒❻有以相給資，則北郭之甿有所讎❼。其手搔之功❽，唐園之利，故有十倍之利。」

【章　旨】此章言幫助北郭之民擺脫貧困的辦法。

【注　釋】❶屨縷之甿　指捆屨織縷。即編織草鞋為生的貧民。甿，指農村居民。《史記・陳涉世家》：「陳涉甕牖繩樞之子，甿隸之人。」裴駰集解引徐廣曰：「田民曰甿。」❷唐園　即菜園。❸事鞽　指以編織草鞋為業。鞽，同「屩」。草鞋。❹步　此為長度單位。周代八尺為步，秦時六尺為步。❺樹葵菜　指種植蔬菜。葵菜，即冬葵。為我國古代重要蔬菜之一。❻空閒　指無事可做的貧民。即失業者。❼讎　出售。❽手搔之功　指編織草鞋之類的手工勞動成果。搔，通「爪」。

【語　譯】桓公為北郭人民的貧苦而憂愁，召見管子問道：「北郭的居民，全是編織草鞋的貧民，徒靠經營菜園為本取利，治理這種情況有辦法嗎？」管子回答說：「可以下令：凡有百鍾存糧的富家，不得編織草鞋，凡有千鍾存糧的富家，不得經營菜園，距離市郊三百步以內的住戶，不得種植蔬菜。像這樣，無事可作的貧民，就有辦法獲得給養，北郭貧民的生產成品，就有了出售的機會。他們的手工勞動成果及蔬菜生產收益，便會有高達十倍的贏利。」

管子曰：「陰王❶之國有三，而齊與在焉。」桓公曰：「此若言可得聞乎？」

管子對曰：「楚有汝、漢之黃金，而齊有渠展之鹽❷，燕有遼東之煮，此陰王之國也。且楚之有黃金，中❸齊有菑石❹也。苟有操之不工，用之不善，天下倪而是❺耳。使夷吾得居楚之黃金，吾能令農毋耕而食，女毋織而衣。今齊有渠展之鹽，請君伐菹薪，煮泲水❻為鹽，正❼而積之。」桓公曰：「諾。」十月始正，至於正月，成鹽❽三萬六千鍾。召管子而問曰：「安用此鹽而可？」管子對曰：「孟春既至，農事且起。大夫無得繕冢墓，理宮室，立臺榭，築牆垣，北海之眾❾，無得聚庸而煮鹽。若此，則鹽必坐長而十倍。」桓公曰：「善。行事奈何？」管子對曰：「請以令糶之梁、趙、宋、衛、濮陽，彼盡饋食之也。國無鹽則腫，守圉之國，用鹽獨甚。」桓公曰：「諾。」乃以令使糶之，得成金萬一千餘斤。桓公召管子而問曰：「安用金而可？」管子對曰：「請以令使賀獻❿、出正籍者必以金，金坐長而百倍。運金之重以衡萬物，盡歸於君。故此所謂用若挹於河海⓫，若輸之給馬⓬。此陰王之業。」

【章　旨】此章言利用鹽業資源的富國之道。

【注　釋】❶陰王　意謂地利資源獨厚。古人以天為陽，以地為陰。王，通「旺」。旺盛；充裕。❷渠展之鹽　尹知章注：「渠展，齊地，泲水所流入海之處，可煮鹽之所也。故曰渠展之鹽。」❸中　相當；等於。❹菑石　聞一多謂：「即磁石」，「此言齊有磁石，猶言有銅金，故可與楚之黃金相比擬」。菑，原文為「薔」。王念孫云：「『薔』亦當為『菑』。」❺倪而是　意謂稍視即見。倪，同「睨」。斜視。馬元材云：「謂雖有黃金及菑石，然如不善於運用，則與土同價耳。與土同價，則天下俯拾即是，豈足貴乎？今俗所云『閉著眼睛也摸得著』，即『倪而是』之義矣。」❻泲水　即鹵水。原文為「沸火」。豬飼彥博云：「『沸火』當依〈地數〉作『泲水』。」❼正　通「征」。徵取。下文「十月始正」，「出正籍者必以金」，「正」字均為此義。❽成鹽　即善鹽、純鹽。依下文「得成金萬一千餘斤」句例，「成鹽」當為「得成鹽」。❾北海之眾　此指北海熬鹽的百姓。尹知章注：「北海之眾，謂北海煮鹽之人。本意禁人煮鹽，託以農事。慮有妨奪，先自大夫起，欲人不知其機。斯為權術。」❿賀獻　指朝賀與貢獻。⓫用若挹於河海　謂國用饒多，如同舀水於河海之中，取之不竭也。挹，汲取；舀取。⓬若輸之給馬　謂運用已經「坐長而百倍」的黃金來收購萬物，輾轉之間，朝廷獲利之多，有如輸入籌碼，取給不盡。給馬，指取給的籌碼。馬，通「碼」。計數用的籌策。

【語　譯】管子說：「地利資源最富的國家有三個，而齊國就在其中。」桓公說：「這話的涵義可讓我聽聽嗎？」管子回答說：「楚國有汝、漢流域的黃金，而齊國有渠展一帶的海鹽，燕國有遼東地區的煮鹽，這就是地利資源獨厚的國家。況且楚國擁有黃金，也正相當於齊國擁有菑石，如果有了掌握不精、使用不當的情況，天下各國也會認為只是隨處可見之物而已。假使我管夷吾占有楚國的黃金，我便能夠使得農夫不需耕種而有飯吃，使得婦女不需紡織而有衣穿。如今齊國擁有渠展一帶的鹽產，希望君上頒令砍伐柴枝，煮沸鹵水熬鹽，通過徵取而加以囤積。」桓公說：「可以。」十月才開始徵收，到了次年正月，便得純鹽三萬六千鍾。桓公召見管子問道：「怎樣使用這些鹽才適宜？」管子回答說：「初春已經到來，農事即將開始。便可通令大夫家不許修建墳墓、修理房屋、建造樓臺、修築牆垣，北海鹽民不許聚眾僱工熬鹽。像這樣辦理，鹽價必將上漲十倍。」桓公說：「好。施行這項措施以後又將如何辦呢？」管子回答說：「請命令出售到梁、趙、宋、衛、濮陽等地，那裡盡是輸入食鹽的地區。一個國家沒有食鹽，人們便會浮腫，守禦疆土的國家，食鹽尤其重要。」桓公說：「好。」於是下令將鹽出售，獲得黃金一萬一千多斤。桓公又召見管子問道：「怎樣使用這些黃金才適宜？」管子回答說：「請頒令全國，叫朝賀、貢獻及繳納捐稅的人，都必須使用黃金，金價定將上漲百倍。運用金價上漲的高額盈利而加以折算，購集萬物，全國財利便會盡歸君上。所以，這就是所謂國用如同舀水於河海之中，獲利如同不斷送來的籌碼。這就是地利資源最富的國家的事業。」

管子曰：「萬乘之國，必❶有萬金之賈，千乘之國，必有千金之賈，百乘之國，必有百金之賈，非君之所賴也，君之所與❷。故為人君而不審其號令，則中一國而二君二王也。」桓公曰：「何謂一國而二君二王？」管子對曰：「今君之籍取以正❸，萬物之賈輕去其分，皆入於商賈，此中一國而二君二王也。故賈人乘其弊以守民之時，貧者失其財，是重貧也，農夫失其五穀，是重竭也。故為人君而不能謹守其山林、菹澤、草萊，不可以立為天下王。」桓公曰：「此若言何謂也？」管子對曰：「山林、菹澤、草萊者，薪蒸❹、犧牲之所起也。故使民求之❺，使民藉之❻，因以給之❼。私愛之於民，若弟之與❽兄，子之與父也，然後可以通財交假❾也。故請取君之游財，而邑里布積之。陽春，蠶桑且至，請以給其口食筐曲❿之彊⓫。若此，則絓絲之籍去分而斂⓬矣。且四方之不至，六時制之：春日⓭傳耜，次日獲麥，次日薄芋⓮，次日樹麻⓯，次日絕菹⓰，次日大雨且至，趣⓱芸壅培。六時制之，以⓲給⓳至於國都。善者鄉⓴因其輕重，守其委廬㉑，故事至而不妄，然後可以立為天下王。」

【章　旨】此章言善於「因其輕重，守其委廬」，牢牢掌握國家資財，則可以「立為天下王」。

【注　釋】❶必　果真；假使。❷與　通「舉」。沒收；剝奪。❸籍取以正　指不知權變，直接徵斂於人民，如人口稅之類。

❹薪蒸　指木柴。大者為薪，細者為蒸。❺使民求之　謂讓百姓出力砍伐薪蒸。求，求取。❻使民藉之　謂讓百姓以矛獵取

「犧牲」之物。藉，通「稓」。刺捕。❼給之　使之得到給養。❽與　親附。❾交假　互為借助；互通有無。原文為「交殷」。王念孫云：「『殷』字義不可通，『殷』當為『叚』（即今假字）。交叚謂交借財也。」❿筐曲　即筐筁。指養蠶採桑用的竹筐與蠶薄。原文為「笱曲」。字書無「笱」字。安井衡云：「『笱』疑當為『筐』。〈月令〉云『具曲植籧筐』，形相涉而訛耳。」⓫彊　即「鏹」。指錢幣。⓬去分而斂　指在降價若干分的情況下，而加以收購。馬元材云：「此謂蠶功畢後，所生產之絲必多。多則賤，乃令民以絲折合貨幣而償還蠶貸，政府可獲得廉價之絲，故曰『去分而斂』也。」⓭日　原文為「曰」。依據文意，自此以下六個「日」字均當為「日」。⓮薄芋　指種植芋頭。薄，通「敷」。布種。⓯樹麻　種麻。麻，與麥、稷、黍、豆合稱五穀。《齊民要術・種麻篇》云：「種麻夏至前十日為上時，至日為中時，至後十日為下時。麥黃種麻，麻黃種麥，亦良候也。」⓰絕菹　除草。菹，即「苴」。浮草。⓱趣　催促。⓲以　因為。原文為「臣」。馬元材云：「『臣給』二字不詞。『臣』當作『㠯』，即『以』字。」⓳給　此指貸款。⓴鄉　通「嚮」。素來；一向。㉑委廬　指儲積錢糧的府庫。

【語　譯】管子說：「萬乘之國，若有存積萬金的富商，千乘之國，若有存積千金的富商，百乘之國，若有存積百金的富商，他們都不能說是國君所依靠的對象，而是國君應當加以剝奪的。所以作為君主，若不懂得行使號令，便會等於一個國家而有兩個君主或兩個國王了。」桓公說：「什麼叫做一個國家而有兩個君主或兩個國王呢？」管子回答說：「如果君主徵收捐稅，直接取斂於人民，百姓的各類生產成品的價格便會減少，而全部落入商賈手中，這就等於一個國家而有兩個君主或兩個國王了。這樣，富商乘民危困，來控制百姓銷售成品的時機，等於使貧民損失了財利，這便使得他們加倍貧困，等於使農夫損失了五穀，這便使得他們加倍枯竭。因而作為君主，如果不能嚴格控制本國的山林、沼澤、草地的資財，是不能夠成就天下王業的。」桓公說：「這話是怎麼解釋呢？」管子回答說：「山林、沼澤、草地，是出產木柴、生長牛羊等祭祀用物的地方，應當讓百姓去砍伐木柴，讓百姓去獵取祭祀用物，使他們藉此獲得生活給養。對於百姓的親愛，應當像弟弟親附兄長、兒子親附父親一樣，然後君民之間，便可以互通財利，互為借用。因此，請君上拿出餘錢，分別存放到邑里。陽春三月，養蠶採桑季節將到，各邑各里，便可用作供應蠶民口糧和製作筐筁等物的貸款。像這樣，絲的徵收，便可以在降價若干分的情況下進行了。四方的百姓，若是不肯歸附，便應當掌握好六個生產季節的貸款：開春是翻耕季節，其次是收麥季節，再次是種芋季節，再次是種麻季節，再次是除草季節，最後是大雨將至的季節，應當督促鋤草培土。六個生產季節掌握好了，四方的百姓，便會因為貸款的吸引，而來到我們的都城。善於治國的君主，向來是借助輕重之術，掌握錢糧積儲，因而即使有災變發生，也不至於慌亂，然後便可以成就天下的王業。」

管子曰：「一農不耕，民或為之飢；一女不織，民或為之寒。故事再其本，則無賣其子者；事三其本，則衣食足；事四其本，則正籍給；事五其本，則遠近通，死得藏❶。今事不能再其本，而上之求焉無止，是使姦涂❷不可獨行，遺財❸不可包❹止。隨之以法，則是下艾民❺。食三升❻，則鄉有乏食❼而盜；食二升，則里有乏食而盜；食一升，則家有乏食而盜。今操不反之事❽，而食四十倍❾之粟，而求民之毋失，不可得矣。且君朝令而求夕具，有者出其財，無有者賣其衣屨，農夫糶其五穀，三分賈而去。是君朝令一怒❿，布帛流越⓫而之⓬天下。君求焉而無止，民無以待之，走亡而棲山阜。持戈之士，顧⓭不見親，家族失而不分⓮。民走於中而士遁於外，此不待戰而內敗。」

【章旨】此章言農事不興，徵求無止，是敗亡之道。

【注釋】❶藏 即葬。《荀子·禮論》：「輿藏而馬反。」楊倞注：「藏，謂埋之也。」❷姦涂 意謂姦盜塞途。涂，通

「途」。❸遺財　餘財。❹包　儲藏。❺下艾民　暗中殘害人民。下，暗中。《禮記・少儀》鄭玄注：「下，陰也。」艾民，殘害人民。艾，通「刈」。割。引申為殺害。❻升　成熟。《穀梁傳・襄公二十四年》：「一穀不升謂之嗛，二穀不升謂之饑，三穀不升謂之饉，四穀不升謂之康，五穀不升謂之大侵。」❼乏食　即缺糧無食。原文為「正食」。王引之云：「『正』字義不可通。『正』當為『乏』，乏者，匱也，絕也。」下文「乏食」同此例。❽不反之事　梁啟超《管子傳》云：「謂事業不能償其資本，資本一擲，而無從回復，故曰不反之事。」不反，此指利不償本。何如璋云：「『不反』謂農收不反其本也。」❾四十倍　此指價高四十倍。❿一怒　一旦過頭。怒，通「努」。過分。《方言》：「凡人語而過，東齊謂之『劍』或謂之『努』。」⓫流越　流散。越，消散。⓬之　至；往。⓭顧　回顧。此指回家。⓮失而不分　意謂夫婦失散，不能復相配偶。《荀子・富國》：「男女之合，夫婦之分，婚姻娉內送逆無禮，如是則人有失合之憂，而有爭色之禍矣。」楊倞注：「合，配也。分，謂人各有偶也。失合，謂失其配偶也。」

【語　譯】管子說：「一個農夫不種田，就會有因此而挨餓的人；一個婦女不紡織，就會有因此而受凍的人。農事收益能有成本的二倍，農民便不會有賣兒賣女的現象；農事收益能有成本的三倍，人們便能衣食充足；農事收益能有成本的四倍，國家的捐稅就會有保證；農事收益能有成本的五倍，餘糧便能遠近流通，死者便能得到妥善安葬。倘若農事收益不能達到成本的二倍，而君上又徵求無止，這便會使得姦盜塞途，人們不敢單獨外出，餘錢不敢在家留存。倘若動用法律加以懲處，這便是暗中殘害人民。五穀若只有三穀成熟，各鄉便會有因為無糧而為盜賊的人；若只有二穀成熟，各里便會有因為無糧而為盜賊的人；若只有一穀成熟，各家便都會有因為無糧而為盜賊的人。如果人們從事不夠償本的農事，而要購取漲價四十倍的口糧，卻想要百姓不逃離本土，是不可能的。況且君主早晨下令徵稅，而要求傍晚交齊，有錢人家能交付錢財，無錢人家只得變賣衣物，農夫只得賣出糧食，僅收十分之三的價錢而離開市場，這就是君主早上發令稍一過頭，待到傍晚，錢財就會流散到天下各國。君主的徵求無止，百姓無法應付，只得逃亡而棲息山林。持戈士卒回家見不到親人，家家族族夫婦離散。百姓在國內流離，士卒向國外逃奔，這便會用不著與別國交戰而自取敗亡。」

管子曰：「今為國有地牧民者，務在四時，守在倉廩。國多財，則遠者來；地辟舉❶，則民留處；倉廩實，則知禮節；衣食足，則知榮辱。今君躬犁❷墾田，耕發草土，得其穀矣；民人之食，人有❸若干步畝之數。然而有餓餒於衢閭者，何也？穀有所藏也。今君鑄錢立幣，民通移，人有百十之數。然而民有賣子者，何也？財有所并也。故為人君不能散積聚，調高下，分并財，君雖彊本趣耕，發草立幣而無止，民猶若❹不足也。」桓公問於管子曰：「今欲調高下，分并財，散積聚。不然，則世且并兼而無止，蓄餘藏羨而不息，貧賤鰥寡獨老不與得❺焉。散之有道，分之有數乎？」管子對曰：「唯輕重之家為能散之耳，請以令輕重之家。」桓公曰：「諾。」東車❻五乘，迎癸乙於周下原❼。桓公因與❽癸乙、管子、甯戚相與四坐。桓公曰：「請問輕重之數。」癸乙曰：「重籍其民者失其下，數欺諸侯者無權與❾。」管子差肩❿而問曰：「吾不籍吾民，何以奉車革？不籍吾民，何以待鄰國？」癸乙曰：「唯好心⓫為可耳。夫好心則萬物通，萬物通則萬物運，萬物運則萬物賤，萬物賤則萬物可因。知萬物之可因而不因者，奪於天下。奪於天下者，國之大賊也。」桓公曰：「請問好心萬物之可因。」癸乙曰：「有餘富無餘乘者，責之卿諸侯⓬。足其所，不賂⓭其游者⓮，責之令大夫⓯。若此則萬物通，萬物通則萬物運，萬物運則萬物賤，萬物賤則萬物可因矣。故知三准⑯同筴⑰者能為天下，不知三准之同筴者不能為天下。故申⑱之以號令，抗⑲之以徐疾也，民乎其歸我若流水。此輕重之數也。」

【章旨】此章言「散積聚，調高下，分并財」的輕重之術。

【注釋】❶辟舉　即「闢舉」。開墾充分；全面墾復。❷躬犁　親自翻耕土地。❸人有　原文為「有人」。據〈國蓄〉「人有若干步畝之數」及下文「人有百十之數」改。❹猶若　還是；依然。❺不與得　意謂與錢財沒有緣分。❻束車　約車。原文為「東車」。丁士涵云：「『東』乃『束』字誤。束車，約車也。」❼下原　成周地名。❽桓公因與　原文為「桓公問四因與」。聞一多云：「衍『問四』二字。」❾權與　即〈事語〉所謂「權以」。意指外援。❿差肩　次肩。謂不敢與貴賓並肩。⓫好心　即善心。馬元材云：「『好心』即慈善心腸，猶言同情心，亦即《孟子》所謂『惻隱之心』或『不忍人之心』。」⓬諸侯　此指附庸諸國的君長。⓭賂　此謂資助。安井衡云：「以財與人曰賂。」⓮游者　此處兼指「游於外」者及「外人來游」者。⓯令大夫　即令與大夫。二者都是豪門貴族。⓰三准　即三項調節措施。指散積聚、調高下、分并財。⓱同筴　統一於「好心」之策。⓲申　申明；明確。⓳抗　匹敵。此指配合。

【語譯】管子說：「當今執掌國政、擁有土地、治理民眾的君主，要務在於掌握四季農事，職守在於充實倉廩。國家富有資財，遠方的人民也會歸附；荒地開墾充分，本國的人民便能安心留居；倉廩充實，人們便會懂得禮節；衣食富足，人們便會懂得榮辱。如今君主親自帶頭犁田墾地，開發荒土，獲得了糧食收入；百姓的口糧，每人也有了一定面積的田地作為保障。然而仍然有挨餓的人們流落在大街小巷，這是什麼原因呢？是因為糧食被人囤積起來了。如今君主鑄錢造幣，人們用作流通手段，平均每人也有了成百成十的數量。然而百姓中仍然有賣兒賣女的現象，這是什麼原因呢？是因為錢財被人兼併起來了。因而作為人君，如果不能散發囤積的糧食，調控物價的高低，分散兼併的資財，即使注重農事，督促耕種，開墾荒地，鑄造錢幣而無休止，百姓仍然會衣食不足。」桓公問管子說：「如今我想要調控物價的高低，分散兼併的資財，散發囤積的糧食。不然，則世世代代將互相兼併而無休止，不斷囤積而不停息，貧賤、鰥寡、孤老的人們，便會與錢財無緣了。散放有道，均分有法嗎？」管子回答說：「唯有精於輕重之術的方家，才能解決這個散放與均分的問題，請把這交給精於輕重之術的方家。」桓公說：「好。」於是治車五輛，從周都的下原迎來癸乙。桓公便與癸乙、管子、甯戚一共四人坐定。桓公說：「請問輕重之術。」癸乙說：「加重對人民的稅收，便會失去民心；屢次欺詐各國，便會沒有盟國援助。」管子在他身後問道：「我們不向百姓徵稅，用什麼來供養軍隊？不向百姓徵稅，用什麼來對付鄰國的侵犯？」癸乙說：「唯有啟發善心為宜呢。有了善心，便可以萬物有無相通；有無相通，萬物便會源源不斷流入市場；源源不斷流入市場，物價便必然降低；物價降低，萬物便可為我所用。知道萬物可以為我所用而不加利用，財利就會被各國所奪。財利被各國所奪，這是我們本國的大害。」桓公說：「請問啟發善心，使萬物能為我所用的辦法。」癸乙說：「家有餘財而無餘車的卿與諸侯君長，可責令他們予以補足。家財富足，不肯資助游者的令與大夫，可責令他們分財補給。像這樣，萬物便能有無相通；有無相通，萬物便能源源不斷流入市場；源源不斷流入市場，物價便能降低；物價降低，萬物便能為我所用了。所以，明瞭三項措施出於同一策略的君主，便能主宰天下，不明瞭三項措施出於同一策略的君主，便不能主宰天下。把這類措施，用號令的形式明確下來，再配合緩急適宜的實施步驟，天下百姓歸附我們，就會像流水一樣。這就是輕重之術。」

桓公問於管子曰：「今傳戟❶十萬，薪菜之靡❷日虛❸十里之衍❹；頓戟❺一譟❻，而靡幣❼之用日去千金之積。久之，且何以待之？」管子對曰：「粟賈平四十，則❽金賈四千。粟賈釜四十，則鍾四百也，十鍾四千也，二十鍾者為八千也。金賈四千，則二金中八千也。然則一農之事，終歲耕百畝，百畝之收不過二十鍾，一農之事乃中二金之財耳。故粟重黃金輕，黃金重而粟輕，兩者不衡立❾。故善者重粟之賈。釜四百，則是鍾四千也，十鍾四萬，二十鍾者八萬。金賈四千，則是十金四萬也，二十金者為八萬。故發號出令，曰一農之事有二十金之筴。然則地非有廣狹，國非有貧富也，通於發號出令，審於輕重之數然。」

【章旨】此章言提高糧價，刺激農事，藉以增加財政收入，而滿足軍費開支。

【注釋】❶傳戟　即「持戈之士」。指士卒。❷薪菜之靡　意猶伙食費用。薪指柴薪，用以造飯。菜指菜食，用以佐餐。❸虛　空；耗費。❹衍　平野；平原。❺頓戟　指用兵作戰。頓，通「振」。揮舞。❻譟　喧嘩。此指號令。❼靡幣　即「靡敝」。意謂消耗。❽則　猶「而」。❾不衡立　意謂不能保持平衡狀態。同〈國蓄〉所謂「兩者為敵，則不俱平」之意。

【語譯】桓公問管子說：「現在全國已有士卒十萬，伙食費用，每天要消耗相當十里平原的收入；一聲號令出戰，消耗的費用，每天將花去千金之多。長期如此，將怎麼對付呢？」管子回答說：「糧食的平價，是每釜四十錢，而金價是每斤四千錢。糧價每釜四十，則一鍾是四百，十鍾是四千，二十鍾才八千錢。金價每斤四千，兩斤便等於八千。這樣，一個農夫的勞作，是終年耕地百畝，百畝的收入不過二十鍾，那麼，一個農夫耕作一年，僅相當於兩斤黃金的價值而已。糧食價高則黃金價低，黃金價高則糧食價低，二者的漲落，不會保持平衡狀態。所以，善於治理財政的君主，注意提高糧食的價格。如果每釜提價為四百，便是一鍾四千，十鍾四萬，二十鍾就有八萬。如果金價仍是每斤四千，便是十斤才四萬，二十斤才是八萬。這樣，君主發出號令，一個農夫耕作一年，便有二十斤黃金的收入。如此說來，那麼，地域不在廣狹，國家不在貧富，關鍵在於君主精通發號施令，明悉輕重之術而已。」

管子曰：「湩然❶擊鼓，士忿怒；鎗然❷擊金❸，士帥然❹。筴桴鼓❺從之，輿死扶傷，爭進而無止。口滿用❻，手滿錢，非大父母之仇也，重祿重賞之所使也。故軒冕❼立於朝，爵祿不隨，臣不為忠；中軍❽行戰，委予之賞不隨，士不死其列陳❾。然則是大臣執❿於朝，而列陳之士執於賞也。故使父不得子其子，兄不得弟其弟，妻不得有其夫，唯重祿重賞為然耳。故不遠道里而能威⓫絕域⓬之民，不險山川而能服有恃之國⓭，發若雷霆，動若風雨，獨出獨入，莫之能圉。」

【章旨】此章言重祿重賞的巨大作用。

【注釋】❶湩然　指戰鼓之聲。❷鎗然　金聲。❸金　即鉦。古時軍中樂器之一。《荀子・議兵》：「聞鼓聲而進，聞金聲而退。」❹士帥然　謂士聞擊金之聲，不加考慮，即頓起相從。安井衡云：「帥、率通。帥然，急遽貌。」帥然，急速貌。❺筴桴鼓　以桴擊鼓。筴，杖；擊。桴，鼓槌。原文為「桐」。張佩綸云：「『桐』當為『桴』，字之誤也。」❻用　指食物。張登雲云：「『用』，食用也。言人勇於攻戰，死而不顧者，為有重祿而『口滿食用』，有重賞而『手滿錢』，為利所動也。」❼軒冕　指乘軒車、著冕服的貴顯者。此處借指君主。❽中軍　主將。❾陳　通「陣」。戰陣。❿執　執拘。意謂約束、繫累。⓫威　威懾；威震。⓬絕域　極偏遠的地方。⓭有恃之國　指有險阻可以據守的國家。恃，憑藉。此指有險要地勢可供依靠。

【語譯】管子說：「湩湩擂響戰鼓，士卒憤然前行；鎗鎗敲擊金鉦，士卒頓起相從。用桴再擂戰鼓，士卒又跟蹤追擊，抬開死者，扶走傷患，爭相前進而不停息。口足食用，手得獎賞，並非有大於父母之仇，而是厚祿重賞促使如此。所以，君主在朝廷執政，如果爵位祿賞，不隨勞績頒賜，臣下便不會為君主盡忠；主將指揮作戰，如果應給的獎賞，不隨戰功給予，士卒便不會拼死戰陣。這樣看來，這些大臣，是繫心於朝廷的爵祿，拼死戰陣的士卒，是繫心於主將的獎賞。因而要使作父親的，不能因為愛護兒子而阻擋其拼死戰陣，作兄長的，不能因為愛護弟弟而阻擋其拼死戰陣，作妻子的，不能因為愛護丈夫而阻擋其拼死戰陣，唯有厚祿重賞，才能做到如此。這樣，我們的軍隊，就可以不計路程遙遠，而能夠威懾邊遠地區的臣民，不怕山川險阻，而能夠征服有險可恃的敵國；發兵像雷霆一樣兇猛，動作像風雨一樣迅疾，獨往獨來，沒有誰能抵擋。」

桓公曰：「四夷❶不服，恐其逆政游❷於天下而傷寡人。寡人之行❸，為此有道乎？」管子對曰：「吳、越不朝，請珠象❹而以為幣乎。發、朝鮮不朝，請文皮、毤服❺而以為幣乎。禺氏不朝，請以白璧為幣乎。崑崙之虛❻不朝，請以璆琳❼、琅玕❽為幣乎。故夫握而不見於手，含而不見於口，而辟❾千金者，珠也；然後，八千里之吳越可得而朝也。一豹之皮，容金而金也❿；然後，八千里之發、朝鮮可得而朝也。懷而不見於抱，挾而不見於掖⓫，而辟千金者，白璧也；然後，八千里之禺氏可得而朝也。簪珥而辟千金者，璆琳、琅玕也；然後，八千里之崑崙之虛，可得而朝也。故物無主⓬，事無接⓭，遠近無以相因⓮，則四夷不得而朝矣。」

【章旨】此章言用經濟手段，加強與四方各國的聯繫，進而使之臣服。

【注釋】❶四夷　古時泛指四方各少數民族。即東夷、西戎、南蠻、北狄。此處是指下文所謂吳、越等四方各國。即以吳、越，代表南方；發、朝鮮，代表東方；禺氏，代表北方；崑崙之虛，代表西方。❷逆政游　意謂違背潮流，倒行逆施的政策。游，流行；傳布。❸行　指行政、行政措施。聞一多云：「『行』字衍。」錄供參考。❹請珠象　意謂要用珍珠與象牙。請，表敬意之詞。原文無。王念孫云：「『珠象』上脫『請』字，當據補。」❺㲎服　以落毛的鳥獸之皮所製的衣服。㲎，尹知章注：「他臥切，落毛也。」❻崑崙之虛　指崑崙山周圍的西域各國。虛，大丘。❼璆琳　美玉之一。❽琅玕　美石之一。❾辟通「避」。迴避；退讓。❿一豹之皮二句　義不可解，顯有訛誤。姚永概云：「以上下文例之，當作『一豹之皮而辟千金也』，乃可讀。」語譯依此。⓫掖　通「腋」。胳肢窩。⓬主　掌管；主持。⓭接　連結；聯繫。⓮因　倚託；利用。

【語譯】桓公說：「四方各國不願臣服，我擔心他們倒行逆施的政策傳播天下而傷害我國。我的行政措施，想救治這個弊端，有辦法嗎？」管子回答說：「吳國、越國不來朝拜，就用吳越出產的珍珠、象牙作為貨幣。發、朝鮮不來朝拜，就用發和朝鮮出產的文皮、㲎服作為貨幣。禺氏不來朝拜，就用他們的白璧作為貨幣。崑崙一帶的國家不來朝拜，就用這一帶出產的璆琳、琅玕作為貨幣。這樣，那些握在手中看不見，含在嘴裡看不見，而價值勝過千金的，是珍珠；用作貨幣之後，八千里外的吳越，便會來朝拜。一張豹皮，而看作價值勝過千金；用作貨幣之後，八千里之外的發和朝鮮，便會來朝拜。揣在懷裡不顯眼，挾在腋下不現形，而價值勝過千金的，是白璧；用作貨幣之後，八千里之外的禺氏便會來朝拜。髮簪耳飾而價值勝過千金的，是用璆琳、琅玕所製成；用作貨幣之後，八千里之外的崑崙各國，便會來朝拜。所以，要是對這些寶物沒有人來主管，對這些經濟活動沒有人去聯繫，遠近各國就無法互通有無，那麼，四方各國也就不會來朝拜了。」

卷二十四

輕重乙　第八十一

【題解】此為《管子》第八十一篇，亦為《管子》「輕重十九篇」中的第十四篇。題為「輕重乙」，意即「輕重專論」第二篇。和〈輕重甲〉一樣，都是闡釋輕重之術的文字。全文十四章，也是每章討論一個問題，章與章之間，並無邏輯體系上的聯繫。同是屬於雜記體。

全篇中提出的問題，有與其他篇章完全相同者，有對其他篇章提出一、二修正意見者，也有與其他篇章取同一前提而得出不同結論者。重複者多，發明者少。唯結尾主張運用「曲衡之數」以吸引外商一章，饒有新意，深得胡寄窗的讚賞，他說：「在中國古代，純粹從經濟觀點出發，公開鼓勵國際貿易者，還只有《管子》作者。」（《中國經濟思想史》第十章第三五〇頁）。

桓公曰：「天下之朝夕❶可定乎？」管子對曰：「終身不定。」桓公曰：「其不定之說，可得聞乎？」管子對曰：「地之東西二萬八千里，南北二萬六千里。天子中而立，國之四面，面萬有餘里。民❷之入正籍者，亦萬有餘里。故有百倍之力而不至❸者，有十倍之力而不至者，有倪而是❹者。則遠者疏，疾怨上。邊竟❺諸侯受君之怨民，與之為善，缺然不朝。是天子塞其涂❻，熟穀者❼去。天下之可❽得而霸❾？」桓公曰：「行事奈何？」管子對曰：「請與之立壤列❿天下之旁⓫，天子中立，地方千里；兼霸之壤，三百有餘里，佌諸侯⓬度百里，負海子男者度七十里。若此，則如胸之使臂，臂之使指也。然則小不能分於民，准⓭徐疾羨不足，雖在下不為君憂。夫海出泲⓮無止，山生金木無息。草木以時生，器以時靡幣⓯，泲水之鹽以日消。終則有⓰始，與天壤爭，是謂立壤列也。」

【章　旨】此章言建立「壤列」制度，加強統一調劑，以利市場物價管理。

【注　釋】❶朝夕　喻指物價起伏。李哲明云：「『朝夕』猶潮汐，喻言起伏。」❷民　此指邊遠地區的人民。❸不至　此指不能到達京師。❹倪而是　極言路途甚近，轉瞬即可到達。倪，通「睨」。斜視；眨眼。❺竟　通「境」。❻涂　通「途」。路途。❼熟穀者　指精通糧食經營的官員。❽可　「何」字之省。下文「民可治」，「可」字同此例。❾霸　此謂把持。《左傳・成公十八年》：「所以復霸。」疏：「霸者，把也，言把持王者之政教。」❿壤列　即「地列」。分地域管理。列，通「裂」。分裂；分別。⓫旁　通「方」。四方。⓬佌諸侯　即「列侯」。佌，通「齊」。等同。⓭准　平準；調劑。⓮泲　泲水。即鹵水。⓯靡幣　毀壞。幣，通「敝」。破舊。⓰有　通「又」。再；重新。

【語　譯】桓公說：「天下的物價起伏，可以使之穩定嗎？」管子回答說：「永遠不宜使之穩定。」桓公說：「這永遠不宜使之穩定的說法，可以讓我聽聽嗎？」管子回答說：「國土的東西寬度二萬八千里，南北長度二萬六千里。天子居處中央，國土的四方，每方距離中央一萬多里。邊民交納賦稅，行程也有一萬多里。因而一國之內，有用百倍的勞力還送不到京師的，有用十倍勞力還送不到京師的，也有轉瞬之間便可送到的。邊遠地區的關係也就疏遠，並且會怨恨君主。邊境的諸侯，收受這些對君主有怨恨的人民，對他們加以親善，致使他們廢缺朝拜。這是天子自己阻塞了與邊民交往的通道，使精通糧食經營的官員都離去了。天下怎麼能夠控制呢？」桓公說：「應當如何辦理？」管子回答說：「請允許在天下四方建立『壤列』制度，天子居處中央，直接統治周圍千里，大諸侯國轄治三百餘里，普通諸侯約轄治百里，傍海的子爵、男爵約轄治七十里。倘能如此，便會像心胸指揮兩臂，兩臂指揮十指一樣。這樣，小財小利也不會分散給富民；加上及時調節供求緩急，控制貨物多寡，權力雖在諸侯臣下，也不會成為君主的憂患。大海不斷出產食鹽，高山不斷出產金屬與林木。草木依時生長，器物到時毀敗，海鹽也會隨著時日的推移而用完。但用完了又會重新產生，與天地的生生不息求得並存，這就是建立『壤列』制度。」

武王❶問於癸度❷曰：「賀獻不重，身不親於君；左右不足，支❸不善於群臣。故不欲收穡戶籍而給左右之用，為之有道乎？」癸度對曰：「吾國者衢處之國也，遠秸之所通❹，游客蓄商之所道，財物之所遵。故苟食❺吾國之粟，因吾國之幣，然後載黃金而出。故君請重重以衡輕輕❻，運物而相因，則國策可成。故謹毋失其度❼，未與❽？民可治？」武王曰：「行事奈何？」癸度曰：「金出於汝、漢之右衢，珠出於赤野之末光，玉出於禺氏之旁山❾。此皆距周七千八百餘里，其涂遠，其至阸。故先王度用於其重，因以珠玉為上幣，黃金為中幣，刀布為下幣。

故先王善高下中幣，制下上之用，而天下足矣。」

【章　旨】此章言獎勵外國貿易，吸取外國黃金，用以增加財政收入。

【注　釋】❶武王　假託的人名。❷癸度　也是假託的人名。作者假託周武王與癸度問答，旨在闡發自己的理財意見。❸支　通「肢」。與「身」為對文。「身」係封建國君自指，「支」指國君左右。原文為「友」。宋本作「支」。此依宋本。❹遠秸之所通　意謂遠道交納賦稅必由此經過。《書・禹貢》：「百里納賦總，二百里納銍，三百里納秸，四百里粟，五百里米。」通，與下文「道」、「遵」義同，意猶往來經過。❺食　吃。原文為「入」。豬飼彥博云：「『入』當作『食』。〈地數〉曰『食吾本粟』。」❻重重以衡輕輕　謂運用輕重之策以操縱物價。重重，指提高黃金價格。前「重」為動詞，謂提高價格。後「重」為名詞，謂高價物品。此指黃金。衡，衡量。此謂購買。輕輕，指壓低普通物價。前「輕」為動詞，謂壓低價格。後「輕」為名詞，謂低價物品。此指一般商品。❼度　法度；原則。此指輕重之策。❽與　通「歟」。表疑問的語助詞。❾旁山　〈國蓄〉、〈地數〉、〈揆度〉均作「邊山」。馬元材云：旁、邊二字係「一音之轉，且意義相同，可以互用」。

【語　譯】武王曾問癸度說：「對天子的朝賀獻禮不豐厚，諸侯自身就得不到天子的寵幸；對天子大臣的餽遺不充足，諸侯左右就得不到天子大臣的親善。若不想挨家挨戶收取租賦而滿足朝賀、餽遺之類的財政用度，有辦法解決這個問題嗎？」癸度回答說：「我們的國家，處在四通八達的位置，遠道交納賦稅，必由這裡經過，遊客巨商，必由這裡通行，財物聚散，必由這裡取道。所以，只要是吃用我國的糧食，使用我國的貨幣的人們，然後總是要用黃金來支付的。因此，君上宜抬高黃金價格，來購取已被壓低價格的一般物資，而後控制這些物資，並加以利用，國家的理財政策，便可以成功。所以，切不要失掉這個原則。不這樣？百姓何以治理呢？」武王問：「施行這項措施，應當如何作呢？」癸度說：「黃金出產在汝水、漢水的上游一帶，珍珠出產在赤野的末光，玉石出產在禺氏的旁山。這類特產，全距離周都七千八百餘里，路程遙遠，得來困難。因而先王衡量而後利用它們的不同價值，以珠玉作為上等貨幣，黃金作為中等貨幣，刀布作為下等貨幣。先王就是因為善於調節中幣黃金的幣值，用來控制下幣刀布與上幣珠玉的效用，而使得國家財用充足的。」

桓公曰：「衡❶謂寡人曰：『一農之事，必有一耜、一銚、一鎌❷、一鎒❸、一椎❹、一銍❺，然後成為農。一車必有一斤、一鋸、一釭❻、一鑽、一鑿、一銶❼、一軻❽，然後成為車。一女必有一刀、一錐❾、一箴❿、一鉥⓫，然後成為女。請以今斷山木，鼓⓬山鐵，是可以無籍而用足。』」管子對曰：「不可。今發⓭徒隸⓮而作之，則逃亡而不守。發民，則下疾怨上。邊竟有兵，則懷宿怨⓯而不戰。未見山鐵之利而內敗矣。故善者不如與民⓰，量其重，計其贏，民得其七⓱，君得其三，有⓲雜⓳之以輕重，守之以高下⓴。若此，則民疾作而為上虜㉑矣。」

【章旨】此章言實施收益分紅和運用價格政策，來刺激生產、駕馭民眾。

【注釋】❶衡　此為假託的人名。❷鎌　即「鐮」。鐮刀。❸鎒　即「耨」。鋤。與「銚」稍異。銚指大鋤，鎒指小鋤。❹椎　鐵椎。築土用具。❺銍　短鐮。收割用具。❻釭　車釭。指轂口內嵌的鐵環。《說文》：「釭，車轂中鐵也。」❼銶　鑿的一種。尹知章注：「鑿屬。」❽軻　指車軸接觸車釭處所包的鐵皮。❾錐　錐子。女工所用。❿箴　即「針」。⓫鉥　針的一種。尹知章注：「長針也。」⓬鼓　鼓鑄。⓭發　徵發。⓮徒隸　刑徒與奴隸。⓯宿怨　蓄怨。⓰與民　與「發民」相對而言。此指「許民」。意謂任由人們自由經營。⓱七　指十分之七。原文為「十」。安井衡云：「『十』當為『七』，字之誤也。」⓲有　同「又」。再。⓳雜　混雜；攙雜。⓴高下　此指時有高下的價格。㉑虜　俘虜。此指被控制駕馭的對象。

【語譯】桓公說：「有個名叫衡的人曾經對我說：『一個農夫從事勞作，必須要有耒耜、大鋤、長鐮、小鋤、鐵椎、短鐮等生產用具，然後才能成為農夫。一個車匠製造車輛，必須要有斧頭、鋸子、車釭、搖鑽、鑿、銶、軸鐵等生產用具，然後才能成為車匠。一個女工必須要有剪刀、錐子、短針、長針等生產用具，然後才能成為女工。君主應當頒布命令徵發民眾，砍伐山林，鼓鑄銅鐵，這樣便可以不用直接徵稅而財用充足。』」管子回答說：「這樣做並不適宜。假如徵發刑徒奴隸開山鼓鑄，他們便會逃亡而不可控制。假如徵發百姓開山鼓鑄，百姓便怨恨君主。邊境若是有了戰事，他們便會滿懷舊怨而不願為朝廷作戰。結果，還沒有見到開山鼓鑄的收益，國家便從內部敗亡了。因此，最好的辦法是：不如准許民間自由經營，計算產值，審核贏利，民間分利七成，朝廷分利三成。君主又進而運用輕重之術，控制金屬製品的價格。若能如此，百姓便會加緊勞動，而聽從君主的駕馭了。」

桓公曰：「請問壤數❶。」管子對曰：「河埳❷諸侯，畝鍾之國也。磧❸，山諸侯之國也。河埳諸侯，常不勝山諸侯之國者，豫戒者也。」桓公曰：「此若言何謂也？」管子對曰：「夫河埳諸侯，畝鍾之國也，故穀眾多而不理❹，固不得有。至於山諸侯之國，則斂蔬❺藏菜❻，此之謂豫戒。」桓公曰：「壤數盡於此乎？」管子對曰：「未也。昔狄諸侯❼，畝鍾之國也，故粟十鍾而錙❽金。程諸侯，山諸侯之國也，故粟五釜而錙金。故狄諸侯十鍾而不得剚戟❾，程諸侯五釜而得剚戟。或❿十倍而不足，或五分⓫而有餘者，通於輕重高下之數。國有十歲之蓄，而民食不足者，皆以其事業望君之祿也。君有山海之財，而民用不足者，皆以其事業交接於上者也。故租籍⓬，君之所宜得也；正籍⓭者，君之所強求也。

亡君廢其所宜得，而斂其所強求，故下怨上而令不行。民，奪之則怒，予之則喜，民情固然。先王知其然，故見⑭予之形⑮，不見奪之理⑯。故五穀粟米者，民之司命也；黃金刀布者，民之通貨⑰也。先王善制其通貨以御其司命，故民力可盡也。」

【章旨】此章言適應土壤條件的理財方法。

【注釋】❶壤數　意謂適應土壤條件的理財方法。壤，指土地、土壤，各有肥沃貧瘠區別。❷埉　同「淤」。指沙土沖積而成的地帶，土質甚為肥沃。❸磧　沙磧。指土壤中兼有沙石，質甚貧瘠。原文為「瀆」。馬元材云：「『瀆』，《說文》未收，當是『磧』之誤字。《說文》：『磧，水渚有石者。』謂山諸侯者，乃沙磧之國。猶杜甫〈送人從軍〉之言『今君度沙磧，累月斷人煙』矣。」❹理　管理；愛惜。❺斂蔬　指注意愛惜並儲存糧食。蔬，此指米粒。《莊子・天道》：「鼠壤有餘蔬。」陸德明《釋文》引司馬彪曰：「蔬讀曰糈，粒也。」❻藏菜　指注意節約，以瓜菜代糧。❼狄諸侯　即狄氏諸侯。下文「程諸侯」，猶言程氏諸侯。都是假託之辭。❽錙　重量單位。《說文》謂為「六銖」。《淮南子・詮言》高注謂為「六兩」。《荀子・富國》楊注謂為「八兩」。❾剸戟　本言持戈之士，此謂建立軍隊。❿或　有的國家。此指土地肥沃，糧食產量高的「河埉諸侯」。原文無「或」。王念孫云：「『十倍』上當有『或』字，與下文對文。」⓫五分　此指十分之五鍾。馬元材云：「狄諸侯為畝鍾之國，故穀多而賤，每金一錙可得穀十鍾。程諸侯乃山諸侯之國，故穀少而貴，每金一錙僅能得穀五釜。是狄諸侯之穀，每釜僅值金六黍，而程諸侯之穀，則每釜可值金一百二十黍，相差恰為二十倍（即 10:0.5=20:1）。依照〈山至數〉『諸侯穀十，吾國穀二十，則諸侯之穀歸吾國』之例，則狄諸侯之穀，必將盡歸於程諸侯，故狄諸侯有十倍之穀，尚不足建立軍隊之用，程諸侯則僅有五分之穀，反能建立軍隊而有餘者，乃由於程諸侯能通於輕重高下之術有以致之耳。〈地數〉云：『昔者桀霸有天下而用不足，湯有七十里之薄而用有餘。天非獨為湯雨菽粟，而地非獨為湯出財物也。伊尹善通移輕重開闔決塞，通於高下徐疾之筴，坐起之時也。』義與此同。」⓬租籍　此指租稅、田租。⓭正籍　即「征籍」。指強令附加的捐稅。如人口稅之類。⓮見　同「現」。顯露。⓯形　形態；外形。原文為「所」。朱本作「形」。〈國蓄〉亦作「見予之形」。此依朱本。⓰理　本言玉石的紋路，此指事物的痕跡。⓱通貨　意同〈國蓄〉中「通施」，〈輕重甲〉中「通移」。即謂流通手段。

【語　譯】桓公說：「請問關於適應土地條件的理財方法。」管子回答說：「處在肥沃河淤地帶的諸侯國，是畝產一鍾糧食的國家。處在貧瘠地帶的諸侯國，是產糧甚少的山地諸侯國。地處河淤的諸侯國，往往還比不上山地諸侯國的原因，是因為後者能早有所備。」桓公問：「這話怎麼解釋呢？」管子回答說：「地處河淤的諸侯國，是每畝一鍾的高產糧食的國家，因為糧食饒多而不加愛惜，當然不會富有。至於山地諸侯國，則知愛惜糧食，儲存瓜菜，這就稱為早有所備。」桓公問：「關於適應土地條件的理財方法，盡在於此嗎？」管子回答說：「不是。從前，有個狄氏諸侯國，是個每畝產糧高達一鍾的國家，因而十鍾糧食，僅賣一錙金。又有一個程氏諸侯國，是個山地諸侯國家，因而五釜糧食就要賣一錙金。結果狄氏諸侯國這樣的一錙金可以買上十鍾糧食的富糧國家，卻無財力建立軍隊，程氏諸侯國這樣的一錙金只能買到五釜糧食的貧糧國家，卻有財力建立軍隊。之所以有的國家產糧勝人十倍而財力不足，有的國家產糧僅抵人半數而財力有餘，原因就在對於掌握輕重之術和物價政策的理財方法是否精通。國家有了十年的儲糧，糧食不夠的人們就都會從事自己的職事，來求取君主的俸祿。國家掌握了經營山海鑄鐵熬鹽的財利，用度不足的人們，就都會從事自己的職事，來求取君主的錢幣。『租籍』，是君主當徵的，『正籍』，是君主強取的。敗亡之君，拋棄當收的『租籍』，而索取強徵的『正籍』，因而弄得百姓怨恨君主，政令無法推行。百姓，奪取則怒，施予則喜，人心本來如此。先王深知這個道理，因此，顯露施予的情狀，不露奪取的痕跡。五穀粟米，是百姓生命的主宰；黃金刀布，是百姓的流通手段。先王善於控制流通手段，來駕馭糧食價格，因而可以促使百姓的力量全部發揮出來。」

管子曰：「泉雨五尺，其君必辱❶。食稱❷之國必亡。待❸五穀者眾也。故樹木之勝霜露者不受令於天，家足其所者不從聖人。故奪然後予❹，高然後下❺，喜然後怒❻，天下可舉❼。」

【章旨】此章言君主當運用輕重之策，促使百姓聽從君令。

【注釋】❶泉雨五尺二句　謂雨量充足，五穀必然豐登，百姓無求於君主，君令將受到漠視。泉雨五尺，意謂雨澤滲地五尺，水量十分充足。辱，屈辱。❷食稱　指糧食產量與所需用糧相稱。意謂百姓不缺口糧。❸待　備有；儲備。❹奪然後予　此指取與用的關係。即先行徵取，而後施用。馬元材云：「奪然後予者，謂善為國者，必先運用輕重之筴，將人民之五穀財物及貨幣，轉移其所有權於政府手中。然後通過政府之號令，或以爵祿之形式，或以賞賜之形式，或以平糶之形式，或以賑濟之形式以回歸於人民。〈國蓄〉所謂『予之在君，奪之在君』，〈揆度〉所謂『富能奪，貧能予』是也。」❺高然後下　此指運用輕重之術，調控物價政策，先使物價高漲，然後以平價售出。❻喜然後怒　此似專對士卒而言。謂先懸賞祿，使其喜悅，而後激勵其同仇敵愾之情。❼天下可舉　謂運用輕重之策，獲取了民心，控制物價政策，掌握了財力，施行獎賞措施，激勵了士卒，而後必可攻取天下。舉，占領；攻克。

【語譯】管子說：「時雨滲地五尺，君主便將受到漠視。百姓食用充足的國家，反而必遭敗亡。這都是由於儲有餘糧的人眾多的緣故。能經得起霜露寒涼的樹木，不肯接受上天的擺布；自己能滿足需求的人們，不肯聽從君主的指揮。所以，君主如果先行徵奪而後施予，先抬高物價而後降低，先使士卒喜悅而後加以激勵，天下便可攻取。」

桓公曰：「強本節用，可以為存❶乎？」管子對曰：「可以為益愈❷，而未足以為存也。昔者紀氏❸之國強本節用者，其五穀豐滿而不能理也，四流而歸於天下❹。若是，則紀氏其強本節用，適足以使其民穀盡而不能理❺，為天下虜❻。是以其國亡而身無所處。故可以益愈，而不足以為存。故善為國者，天下下我高，天下輕我重，天下多我寡❼，然後可以朝天下❽。」

【章旨】此章言單是「強本節用」，並非國家生存之道，善於運用輕重之術管理經濟，才是臣服天下之法。

【注釋】❶存　此指國家生存之道。❷益愈　意謂更好一些。愈，較好；勝過。❸紀氏　馬元材云：「『紀氏』當依《鹽鐵論・力耕》作『范氏』。」錄供參考。❹四流而歸於天下　謂穀多若不能及時掌握與調控，則價格必低，勢必造成向外流散。即〈乘馬數〉所謂「彼物輕則見泄」。四流，指流失於四方。天下，指各諸侯國。❺不能理　陶鴻慶云：「此三字為『複衍』之文。」郭沫若云：「『而不能理』四字當依上文在『強本節用』下，紀國之亡非緣『強本節用』，乃緣『不能理』。『不能理』三字不應刪。」錄供參考。❻虜　此指奴隸。何如璋云：「為天下虜者，強本節用則穀多，多而上不能守，則價輕，為人所泄，而穀流於天下。是我民力農而鄰國坐而食也。非奴虜而何？」❼天下多我寡　意謂使各諸侯國的糧食市場流通數量多而我國獨少，這樣便可維持糧食高價而不外泄，且吸引國外糧食流入。❽朝天下　使天下各國來朝。亦即臣服天下。

【語譯】桓公說：「加強農業，節約用度，可以作為國家生存之道嗎？」管子回答說：「可以作為輔助手段，而不能夠作為生存之道。從前，紀氏的國家就曾加強農業，節約用度，五穀豐饒，但不善於管理，結果四方流散，而歸於天下各國。就像這樣，紀氏的加強農業，節約用度，恰恰完全使百姓的糧食流失淨盡，而無法加以管理，竟使百姓成為各國的奴隸。因此紀氏的國家遭到滅亡，而他自己也無處安身。所以說，只可以作為輔助手段，而不能夠作為生存之道。所以，善於治理國家的君主，各國物價低時，便使本國物價高；各國物資賤時，便使本國物資貴；各國市場商品充斥時，便使本國商品缺乏。這樣便可以臣服天下了。」

桓公曰：「寡人欲毋殺❶一士，毋頓❷一戟❸，而辟方都❹二，為之有道乎？」

管子對曰：「涇水❺十二空❻，汶、泗❼、洙、沿❽滿三之。於乃請以令使九月種麥，日至而❾穫，則時雨未下而利農事矣。」桓公曰：「諾。」令以九月種麥，日至而穫。量其艾❿，一收之積中⓫方都二。故此所謂善因天時，辯⓬於地利，而辟方都之道也。

【章旨】此章言「辟方都之道」。

【注釋】❶殺 此謂衰減、疲病。❷頓 損壞。《左傳・襄公四年》：「師徒不勤，甲兵不頓。」《正義》：「頓，謂挫傷折壞。」❸戟 此指生產工具。❹辟方都 此指開鑿大水庫。方，《博雅》云：「大也。」都，通「瀦」。圓形大水池。❺涇水 指小水流。❻空 同「孔」。此指渠道。❼泗 與汶、洙、沿，均為齊地水名。原文為「淵」。許維遹謂「當為『泗』之誤」。❽沿 原文為「浩」。宋本作「沿」。此依宋本。張佩綸云：「『沿』即『㕣』，《說文》：『沇，沇水，古文作㕣』。」沇水，濟水的別稱。❾而 原文為「日」。古本、劉本、朱本作「而」。此依古本。❿艾 通「刈」。收割；收穫。⓫中 相當；等於。⓬辯 通「辨」。明辨；明察。

【語譯】桓公說：「我想不讓一個民夫疲病，不損壞一件生產工具，而能開闢兩個大蓄水池。要達到這個目的，有什麼辦法嗎？」管子回答說：「把眾多條小水流疏引過來，汶、泗、洙、沿諸河的水量，便可增加三倍。因而請下令叫人們九月種麥，次年夏至收割。這樣，趕在時雨未下之前，就於農事有利了。」桓公說：「好。」便下令在九月種麥，次年夏至收割。待計算收穫數量，終年收成的儲積，就相當於開鑿了兩個大蓄水池。因此，這所謂善於利用天時，明辨地利，也便是開鑿大蓄水池的方法。

管子入復桓公曰：「終歲之租金❶四萬二千金，請以一朝素賞❷軍士。」桓公曰：「諾。」以令至鼓期❸於泰舟之野期軍士❹。桓公乃即壇而立，甯戚、鮑叔、隰朋、易牙、賓胥無，皆差肩而立。管子執枹❺而揖軍士曰：「誰能陷陳❻

破眾者，賜之百金。」三問不對。有一人秉劍❼而前，問曰：「幾何人之眾也？」管子曰：「千人之眾。」「千人之眾，臣能陷之。」賜之百金。管子又曰：「兵接弩張，誰能得卒長者，賜之百金。」問曰：「幾何人卒之長也？」管子曰：「千人之長。」「千人之長，臣能得之。」賜之百金。管子又曰：「誰能聽旌旗之所指，而得執將❽首者，賜之千金。」言能得者壘十人❾，賜之人千金。其餘言能外❿斬首者，賜之人十金。一朝素賞，四萬二千金廓然⓫虛。桓公惕然⓬太息⓭曰：「吾曷以識此？」管子對曰：「君勿患。且使外為名於其內⓮，鄉為功於其親，家為德於其妻子。若此，則士必爭名報德，無北⓯之意矣。吾舉兵而攻，破其軍，并其地，則非特四萬二千金之利也。」五子曰：「善。」桓公曰：「諾。」乃誡大將曰：「百人之長，必為之朝禮⓰。千人之長，必拜而送之，降兩級。其有親戚⓱者，必遺之酒四石、肉四鼎。其無親戚者，必遺其妻子酒三石、肉三鼎。」行教半歲，父教其子，兄教其弟，妻諫其夫，曰：「見其⓲若此其厚，而不死列陳，可以反於鄉乎？」桓公終舉兵攻萊，戰於莒必市里⓳。鼓旗未相望，眾少未相知，而萊人大遁。故遂破其軍，兼其地，而虜其將。故未列地而封，未出金而賞，破萊軍，并其地，禽⓴其君。此素賞之計也。

【章　旨】此章言施行「素賞」的作用。

【注　釋】❶租金　此指田租。即貨幣地租。貨幣地租，始於戰國時代，至漢代，已成為田賦的主要形式。❷素賞　預賞。即議訂功勞計賞。❸至鼓期　即「致鼓旗」。指準備鼓旗。❹期軍士　集合軍士。期，約集；會合。❺枹　即鼓槌。《說文》：「擊鼓杖也。」❻陳　同「陣」。戰陣。❼秉劍　執劍。秉，握持。❽執將　主將。《淮南子・說山》：「執獄牢者無病。」高誘注：「執，主也。」❾壘十人　指累計十人。壘，同「纍」。十人，原文為「千人」。何如璋云：「『千人』當作『十人』。若『千人』，則四萬二千金不敷賞矣。」❿外　此指出列追敵。⓫廓然　空虛貌。即蕩然。⓬惕然　驚懼貌。⓭太息　深為嘆息。⓮內　或謂當作「鄉」。下句「鄉」，或謂當作「內」。「內鄉」二字，互為「誤倒」。錄供參考。⓯北　敗逃；敗退。⓰朝禮　按拜訪的禮節相待。朝，訪問；拜訪。⓱親戚　指父母。⓲見其　即「見期」。意謂給予期待。《莊子・寓言》：「以期年耆者」，注：「期，待也。」⓳必市里　莒地名。此亦假託之詞。⓴禽　通「擒」。擒獲。

【語　譯】管子入告桓公說：「終年的田賦金額可得四萬二千金，請在一天之內，全部預賞給軍士。」桓公說：「好。」於是命令準備鼓旗，在泰舟原野集合將士。桓公登上高臺站立，甯戚、鮑叔、隰朋、易牙、賓胥無，都跟隨挨肩而立。管子握著鼓槌，向軍士拱手施禮說：「誰能攻陷敵陣，擊破敵軍，賞賜百金。」三次發問，都沒人回答。後有一人執劍上前，詢問道：「指擊破多少人的敵軍呢？」管子說：「一千人的敵軍。」「一千人的敵軍，我能夠攻陷。」管子當即賞給百金。管子又說：「一旦短兵相接，劍拔弩張，誰能擒獲敵軍卒長，賞賜百金。」軍士中有人問道：「指多少人的卒長呢？」管子說：「一千人的卒長。」「一千人的卒長，我能擒獲。」管子當即賞給百金。管子又說：「誰能依據旌旗所指的方向，而斬得敵軍主將的首級，賞賜千金。」自己承諾能夠斬得的，累計十人，每人賞賜千金。其餘自己承諾能夠出列追斬敵軍首級的，每人賞賜十金。不到一個上午的預賞，四萬二千金便蕩然無存。桓公為之一驚，深為嘆息說：「我應怎樣認識這項措施呢？」管子回答說：「君主無須憂慮。讓將士對外作戰，能有聲名榮顯於國內，在鄉能有功績報答於雙親，在家能有恩德蔭庇於妻室兒女。若能如此，則將士必然爭立功名，圖報君德，全無臨陣脫逃之心了。我們發兵攻戰，擊破敵軍，兼併敵國領土，便不會只是四萬二千金的利益了。」甯戚等五人都說：「好。」桓公便說：「可以。」管子於是又告誡軍中大將說：「凡是百人之長來見，你們必須按拜訪的禮節對待。凡是千人之長來見，你們必須親自拜送，下階兩級。這些長官有父母的，必須賞賜四石酒、四鼎肉。這些長官無父母的，必須賞給他們的妻室三石酒、三鼎肉。」施行這項政令半年，父親教導兒子，兄長教導弟弟，妻子勸勉丈夫，都說：「國家給予期待如此之厚，倘不拚死戰陣，何以回到故鄉來呢？」桓公終於發兵攻取萊國，在莒地必市里作戰。雙方的鼓旗彼此還沒有望見，人數還不知多少，萊軍便大敗而逃。齊軍於是攻破了萊軍，兼併了萊地，俘虜了萊將。因此，未待裂地封官，未待出金賞賜，便攻破了萊軍，兼併了萊地，擒獲了萊君。這就是施行「預賞之策」的作用。

桓公曰：「曲防❶之戰，民多假貸❷而給上事者。寡人欲為之出賂❸，為之奈何？」管子對曰：「請以令令富商蓄賈百符❹而一馬，無有者取於公家。若此，則馬必坐長而百倍其本矣。是公家之馬不離其牧皂❺，而曲防之戰賂足矣。」

【章　旨】此章言「貴馬出賂」之策。

【注　釋】❶曲防　地名，未詳所在。當為著者假託之詞。❷假貸　即借貸。❸出賂　指付款償還。賂，錢財。❹符　指借券。❺皂　通「槽」。馬槽。

【語　譯】桓公說：「曲防戰役，百姓中有許多借錢供給國家作軍費開支的。我想償付他們的債款，對此當怎麼辦呢？」管子回答說：「請用通令的形式命令富商巨賈，凡持有一百張借券的，須獻馬一匹，沒有馬的，可向國家購取。倘若如此，馬價便必然上漲而贏利百倍。這樣，國家的馬匹，不曾離開養馬槽，曲防一戰的借款，便足以償還了。」

桓公問於管子曰：「崇弟❶、蔣弟、丁、惠之功世，吾歲罔❷，寡人不得籍斗升焉，去。菹萊❸、鹹鹵❹、斥澤❺、山閒❻堁壘❼不為用之壤，寡人不籍斗升焉，去❽。列稼緣封❾十五里之原，強耕而自以為落，其民寡人不得籍斗升焉。則是寡人之國，五分而不能操其二❿。是有萬乘之號而無千乘之用也。以是與天子提衡⓫，爭秩⓬於諸侯，為之有道乎？」管子對曰：「唯籍於號令為可耳。」

桓公曰：「行事奈何？」管子對曰：「請以令發師置屯⓭籍農⓮，十鍾之家不行⓯，百鍾之家不行，千鍾之家不行。行者不能百之一，千之十，而囷窌之數⓰皆見⓱於上矣。君案⓲囷窌之數，令之曰：『國貧而用不足，請以平價取之，子皆案囷窌而不能挹損⓳焉。』君直⓴幣之輕重以決㉑其數，使無券契之責㉒，則積藏囷窌之粟皆歸於君矣。故九州無敵，竟㉓上無患。」公㉔曰：「罷師歸農，無所用之。」

管子曰：「天下有兵，則積藏之粟足以備其糧。天下無兵，則以賜貧甿㉕。若此，則菹萊、鹹鹵、斥澤、山閒堁壘之壤無不發草。此之謂籍於號令。」

【章旨】此章言「發師置屯籍農」，以使國家富強。

【注釋】❶崇弟　此與「蔣弟、丁、惠」諸氏，皆係假託之詞。❷罔　此指無收入。❸菹萊　荒地。原文為「菹菜」。馬元材云：「『菹菜』乃『菹萊』之訛，下同。」❹鹹鹵　鹼地。❺斥澤　鹽鹹積水地。❻山閒　即「山間」。山中。❼堁壘指不平的山地。❽去　原文為「去二」。依上文句例，當刪「二」字。❾緣封　指邊境的封疆之地。❿五分而不能操其二　意謂上述三類地區，已占去「公稅」的五分之三以上，國家掌握的賦稅收入，也就不足五分之二了。⓫提衡　意謂並肩而立，不相上下。提，舉。衡，平。⓬爭秩　爭先後位次。⓭置屯　立戍。⓮籍農　謂登記農民積穀數量。⓯不行　指免役。行，征戍。⓰困窌之數　指積穀數量。困，圓形穀倉。窌，儲糧的地窖。⓱見　同「現」。顯露。⓲案　查驗；考據。⓳挹損　即「抑損」。減少。尹知章注：「挹猶謂減其數。」⓴直　同「值」。價值；價格。㉑決　謂解除債務關係。㉒責　通「債」。債務。㉓竟　同「境」。邊境。㉔公　指「桓公」。原文為「令」。馬元材云：「『令曰』當作『公曰』。乃桓公於聽取上項陳述之後，追問管子之詞。」㉕甿　田民；農民。

【語　譯】桓公問管子說：「崇弟、蔣弟、丁、惠諸家功臣的後裔，我終年得不到什麼供奉，也徵收不到一斗一升的賦稅。這項收入要除去。荒草地，鹽鹼地，鹽鹼積水地，高低不平的山地，這些都是不可耕種的土地，我徵收不到一斗一升的賦稅。這項收入也要除去。滿布莊稼的邊境封疆之地的十五里平原，是強人私墾而自成村落，對他們我也徵收不到一斗一升的賦稅。這樣一來，我的國家，五分賦稅還不能控制二分。這是徒有萬乘之國的名聲，而沒有千乘之國的財用。憑著這樣的條件，想與天子並肩而立，想與各諸侯國爭個先後位次，要達到目的，有什麼辦法嗎？」管子回答說：「只有借助號令，才是最適宜的辦法。」桓公說：「具體措施如何呢？」管子回答說：「請通令徵發兵員，前往邊境戍守，並藉以登記農戶的積穀數量。規定儲糧十鍾的農戶，可以免役，儲糧百鍾的農戶，可以免役，儲糧千鍾的農戶，可以免役。這樣，前往戍守的人，將不足百分之一，千分之十，但儲倉儲窖的糧食數字，便都被國家掌握了。君上依據各家的儲糧數字，命令他們說：『國庫貧乏，財用不足，將用平價徵購糧食，你們都要依據存糧數字購出，不能減少。』然後君上按照所值貨幣的多少，來解決所購糧食的債款，使國家沒有立於券契的債務。這樣，散布各家的儲糧，便都歸集君上了。因而可以作到九州無敵，四方無憂。」桓公說：「一旦罷兵歸農，這些糧食，便派不上用場了。」管子說：「要是國家有了戰事，儲存的糧食，便可充作軍糧。要是國家沒有戰事，便可用來恩賜貧苦農民。若能如此，那麼，荒草地，鹽鹼地，鹽鹼積水地，高低不平的山地，將無不得到開發。這些就稱為借助於號令的措施。」

管子曰：「滕魯之粟釜百❶，則❷使吾國之粟釜千，滕魯之粟四流而歸我，若下深谷者。非歲凶而民飢也，辟❸之以號令，引❹之以徐疾，施乎❺其歸我若流水。」

【章旨】此章言抬高糧價，控制供銷，便可以引進國外的糧食。

【注釋】❶釜百　即一釜百錢。❷則　倘若。❸辟　徵召。此指招致、吸引。❹引　意同上文「辟」。招致；誘導。❺施乎　舒行貌。施，通「迆」。斜行；舒行。

【語譯】管子說：「滕國、魯國的糧價，是每釜一百錢。倘若把我國的糧價，抬高到每釜一千錢，滕國、魯國的糧食，便會從四面八方歸集我國，就像水流往深谷一樣。這並非我們年成遭災而人民飢餓，而是運用號令加以吸引，控制供銷緩急加以誘導，因而國外的糧食就像流水一樣，源源不斷地歸集到我們這裡來了。」

桓公曰：「吾欲殺❶正商賈❷之利，而益農夫之事，為此有道乎？」管子對曰：「粟重而萬物輕，粟輕而萬物重，兩者不衡立。故殺正商賈之利，而益農夫之事，則請重粟之價釜三百❸。若是，則田野大辟，而農夫勸其事矣。」桓公曰：「重之有道乎？」管子對曰：「請以令與大夫城藏❹，使卿、諸侯藏千鍾，令大夫藏五百鍾，列大夫❺藏百鍾，富商蓄賈藏五十鍾。內可以為國委❻，外可以益農夫之事。」桓公曰：「善。」下令卿諸侯令大夫城藏。農夫辟其五穀，三倍其賈❼，則正商失❽其事，而農夫有百倍之利矣。

【章　旨】此章言抑商重農之法。

【注　釋】❶殺　此指抑制、削減。❷正商賈　指專業商人，而非半農半商者。❸釜三百　意謂提高粟價為每釜三百錢。原文為「金三百」。古本「金」作「釜」。劉本、朱東光本同。此依古本。❹城藏　指四周築牆以藏穀。何如璋謂此句「『令』下脫『卿諸侯』三字。卿，王朝之卿」。語譯依此。❺列大夫　即中大夫。❻委　委積；儲蓄。❼賈　通「價」。價格。❽失　失利；虧本。

【語　譯】桓公說：「我想要抑制商人的贏利，而有益於農民的生產，作到這點有辦法嗎？」管子回答說：「糧食貴，則其他物資賤，糧食賤，則其他物資貴。二者不能平衡存在。因此，要抑制商人的贏利，而有益於農民的生產，則請提高糧食的價格至每釜三百錢。倘能如此，荒野便將廣為開墾，農民也將勉力耕作了。」桓公說：「提高糧價有辦法嗎？」管子回答說：「請下令卿、諸侯與大夫城藏糧食，規定卿、諸侯儲糧一千鍾，上大夫儲糧五百鍾，列大夫儲糧一百鍾，富商巨賈儲糧五十鍾。對朝廷而言，可以作為國庫的儲備，對民間而言，可以有益於農民的生產。」桓公說：「好。」於是下令卿、諸侯、上大夫等城藏糧食。農民廣種五穀，糧價漲了三倍，商人的經營受到了損失，農民卻獲得了百倍的贏利。

桓公問於管子曰：「衡❶有數乎？」管子對曰：「衡無數也。衡者使物一高一下，不得常固。」桓公曰：「然則衡數不可調❷耶？」管子對曰：「不可調。

調則澄❸，澄則常❹，常則高下不貳❺，高下不貳，則萬物不可得而使用❻。」桓公曰：「然則何以守時❼？」管子對曰：「夫歲有四秋❽，而分❾有四時。故曰：農事且作，請以什伍農夫賦耜鐵❿，此之謂春之秋。大夏且至，絲纊⓫之所作，此之謂夏之秋。而大秋成，五穀之所會，此之謂秋之秋。大冬營室中⓬，女事紡績緝縷之所作也，此之謂冬之秋。故歲有四秋，而分有四時。已得四者之序，發號出令，物之輕重相什而相伯⓭。故物不得有常固。故曰衡無數。」

【章　旨】此章言掌握時機，及時調控物價，以牟取贏利。

【注　釋】❶衡　平準。此指物價政策而言。❷調　此謂劃一物價。❸澄　澄靜；靜止。❹常　指久無變化。❺不貳　一致；無差異。❻用　利用。原文為「固」。郭沫若云：「『固』乃『用』字之誤。」❼守時　掌握時機。❽歲有四秋　謂春夏秋冬四季，都有獲取收益的良好時機。秋，本謂收穫季節，此處借指取得收益的時機。❾分　分散。此指分散財利。亦即財產再分配之意。❿賦耜鐵　指春耕前，朝廷向農戶供應農具，藉以加價牟利，故謂「春之秋」。耜鐵，指鐵製犁頭。泛指農具。⓫纊　亦作「絖」。絮；粗絲綿。⓬大冬營室中　馬元材云：「營室，即室宿。在二十八宿中，為北方玄武七宿之一。共有二星。陰曆十月黃昏時，於南方之正中見之。『大冬營室中』者，言大冬正營室星出現之時。以天文紀季候，猶《詩・豳風・七月》之言『七月流火』，『九月繁霜』矣。」營室中，指正當營室星出現之時。⓭伯　同「佰」。

【語　譯】桓公問管子說：「物價有定數嗎？」管子回答說：「物價沒有定數。制定物價政策，在於使物資有價高價低，不得經常固定不變。」桓公說：「那麼，物價的定數不可以統一劃定嗎？」管子回答說：「不可以統一劃定。統一劃定則靜止固定，靜止固定，則久無變化，久無變化，則物價高低沒有差別，物價高低沒有差別，則各種商品，就不可能使之為我們所利用了。」桓公說：「那麼，如何掌握調控物價的時機？」管子回答說：「每年有四個獲取收益的時機，分配財利，也有這四個時機。就是說：農事將要開始時，採用什伍相擔保的辦法，向農民預售農具，這稱為春季的收益時機。大夏將至，是繅絲作絮的季節，這稱為夏季的收益時機。大秋成熟季節，是五穀收集之時，這稱為秋季的收益時機。大冬營室星出現，正是女子紡織績線的季節，這稱為冬天的收益時機。這就是每年都有的四個獲取收益的季節，分配財利，也有這四個時機。已經懂得了這四個季節，再據此發號施令，便可以使各種商品的價格，成十倍、成百倍地升降。所以，物價不能保持長久的固定不變。因此說，物價沒有定數。」

桓公曰：「皮幹筋角竹箭羽毛齒革不足，為此有道乎？」管子曰：「惟曲衡之數❶為可耳。」桓公曰：「行事奈何？」管子對曰：「請以令為諸侯之商賈立客舍，一乘者有食，三乘者有芻菽❷，五乘者有伍養❸。天下之商賈歸齊若流水。」

【章　旨】此章言用吸引外商的辦法，以解決軍工材料的缺乏問題。

【注　釋】❶曲衡之數　指委曲變通，以求全備的辦法。《易·繫辭》：「曲成萬物而不遺。」注云：「曲成者，乘變以應物，不繫一方者也。」何如璋云：「曲衡者，非常數之謂。」❷芻菽　餵養牲口的草料。《莊子·列禦寇》：「食以芻叔（菽）。」❸伍養　五個僕役。養，役卒的通稱。《史記·秦始皇本紀》：「監門之養。」索隱：「謂監門之卒。養，即卒也。」自此以上三句，皆言改善服務條件以吸引外商。

【語　譯】桓公說：「皮、骨、筋、角、竹箭、羽毛、象牙、皮革等物不足，要解決這個問題，有辦法嗎？」管子回答說：「唯有用委曲變通的辦法，才可以解決。」桓公說：「如何行事呢？」管子回答說：「請下令為各諸侯國的來往客商設置專門住所，對於擁有四匹馬一輛貨車的客商，免費供應飲食；對於擁有十二匹馬三輛貨車的客商，還另外供應餵馬的草料；對於擁有二十匹馬五輛貨車的客商，再配備五個僕役。這樣做，諸侯各國的商人來歸齊國，就會像流水一樣源源不斷了。」

輕重丙　第八十二（七）

輕重丁 第八十三

【題解】此為《管子》第八十三篇，亦為《管子》「輕重十九篇」中的第十六篇。題為「輕重丁」，意即「輕重專論」第四篇。和〈輕重甲〉、〈輕重乙〉一樣，都是闡釋輕重之術的文字。全文十四章，也都是每章討論一個問題，可謂一章一「謀」，章與章獨立成文，皆無意念關聯。所不同者，本文前兩章，獨有小標題。前者命為「石璧謀」，謂借用天子命令，銷售石璧，使得齊國富有，而八年未徵賦稅。後者命為「菁茅謀」，謂借用天子命令，銷售菁茅，使「天下之金四流，而歸周若流水」，因而「周天子七年不求賀獻」。何以同一篇中，有小標題而不全呢？學者多謂小標題並非原書所有，當是後世讀者所作標注，而誤入正文所致。

桓公曰：「寡人欲西朝天子，而賀獻不足❶，為此有道乎？」管子對曰：「請以令城陰里❷，使其牆三重而門九襲❸。因使玉人刻石❹而為璧，尺者萬泉❺，八寸者八千，七寸者七千，珪❻中❼四千，瑗❽中五百。」璧之數已具，管子西見天子曰：「弊邑❾之君，欲率諸侯而朝先王之廟❿，觀⓫於周室。請以令使天下諸侯朝先王之廟、觀於周室者，不得不以彤弓⓬石璧。不以彤弓石璧者，不得入朝。」天子許之曰：「諾。」號令於天下。天下諸侯載黃金、珠玉、五穀、文采⓭、布帛⓮輸齊，以收石璧。石璧流而之天下，天下財物流而之齊。故國八歲而無籍，陰里之謀也。

右石璧謀

【章　旨】此章言「陰里石璧之謀」。

【注　釋】❶賀獻不足　指諸侯朝拜天子的賀獻費用不足。❷城陰里　在陰里構築城郭。尹知章注：「城者，築城也。陰里，齊地也。」❸襲　重疊。尹知章注：「襲亦重也。欲其事密而人不知，又先託築城。」❹刻石　指雕刻齊國所產的菑石牟利。尹知章注：「刻石，刻其蒥石。」馬元材云：「『刻其蒥石』，當作『刻其菑石』。」❺萬泉　即萬錢。《周禮・地官・泉府・疏》：「泉與錢，今古異名。」❻珪　同「圭」。玉器名。長條形，上端作三角狀。❼中　值。❽瑗　大孔璧。《爾雅・釋器》：「好倍肉謂之瑗。」郭璞注：「瑗，孔大而邊小。」❾弊邑　即「敝邑」。稱謂自己國家的謙詞。❿廟　原文為「朝」。形近而誤。⓫觀　觀禮；瞻仰。⓬彤弓　紅色的弓。諸侯所佩。《荀子・大略篇》云：「天子彫弓，諸侯彤弓，大夫黑弓，禮也。」尹知章注：「彤弓，朱弓也，非齊地之所出。蓋不可獨言石璧，兼以彤弓者，猶藏其機。」⓭文采　本指錯雜華麗的色彩，此謂錦繡彩綢之類。⓮布帛　原文為「布泉」。王念孫云：「『泉』當為『帛』。下文亦云：『有五穀菽粟布帛文采者。』《通典・食貨十二》引此正作『布帛』。」

【語　譯】桓公說：「我想要西行朝見天子，但備作朝賀獻禮的費用不足，對於這個問題，有什麼解決的辦法嗎？」管子回答說：「請下令在陰里構築城郭，設置城牆三重，城門九道。而後派遣玉匠在城中把菑石雕刻成璧，尺璧定價為一萬錢，八寸璧定價八千，七寸璧定價七千，珪值四千，瑗值五百。」石璧如數齊備之後，管子西行拜見天子說：「我們的國君想要率領諸侯來朝拜先王宗廟，瞻仰周室。請下令天下諸侯，凡來朝拜先王宗廟、瞻仰周室的，不能不佩戴彤弓和石璧。不佩戴彤弓和石璧者，不能入朝。」天子允諾說：「好。」便向各國諸侯發布了號令。天下諸侯，於是運載黃金、珠玉、五穀、彩綢、布帛來到齊國，用以購取石璧。齊國的石璧流布到天下各國，各國的財物歸集到齊國。所以使得齊國八年沒有徵收賦稅，就是這「陰里之謀」

的功用。

以上是「石璧謀」

桓公曰：「天子之養❶不足，號令賦❷於天下，則不信諸侯❸。為此有道乎？」管子對曰：「江淮之間，有一茅而三脊❹，毌❺至其本，名之曰菁茅。請使天子之吏環封而守之。夫天子則封於泰山，禪於梁父。號令天下諸侯曰：『諸❻從天子封於泰山、禪於梁父者，必抱菁茅一束以為禪籍❼。不如令者不得從。』」天下❽諸侯，載其黃金，爭秩❾而走。江淮之菁茅坐長而十倍，其賈❿一束而百金。故天子三日即位⓫，天下之金四流，而歸周若流水。故周天子七年不求賀獻者，菁茅之謀也。

右菁茅謀

【章旨】此章言「菁茅之謀」。

【注釋】❶養　積蓄。此指財用。❷賦　賦稅。此指徵稅。❸不信諸侯　意謂不為諸侯所信。亦即諸侯不肯服從。❹脊　本謂動物的脊骨，此處借指菁茅的脊梗。❺毌　古「貫」字。貫通。原文為「母」。俞樾云：「『母』當作『毌』，古貫字。貫者通也。謂茅之三脊，由其末梢以通至於本根也。」❻諸　凡；所有。❼籍　通「藉」。襯墊；墊席。❽天下　原文為「天子下」。王引之云：「其『子』字則因上文『從天子』而衍。」❾爭秩　爭先後次序。猶言爭先恐後。❿賈　通「價」。⓫即位　此指居於座席。

【語譯】桓公說：「周天子的財用不足，下令向天下徵取賦稅，各諸侯國卻不肯信從。對於這個問題，有辦法解決嗎？」管子回答說：「長江、淮河之間，有一種茅草，三根脊梗，由末梢直通根部，名叫菁茅。請叫周天子的官吏，把菁茅產地的四周加以封禁和守護。而後天子便到泰山去祭天，到梁父山去祭地。並向天下諸侯發布號令說：『所有跟隨天子到泰山祭天、到梁父山祭地的，都必須懷抱一束菁茅作為祭祀時的墊席。不遵從命令的，不能跟隨前往。』於是，天下的諸侯便都運載著黃金，爭先恐後地奔走來購取菁茅。江淮一帶的菁茅因而漲價十倍，一束價值百金。這樣，周天子在朝廷安坐僅僅三天，天下的黃金就像流水一樣，從四面八方歸聚到了周的京城。所以，周天子七年不曾求取諸侯的賀獻財禮，就是這「菁茅之謀」的功用。

以上是「菁茅謀」

桓公曰：「寡人多務❶，令衡❷籍吾國之富商蓄賈、稱貸家❸，以利吾貧萌❹、農夫，不失其本事。反❺此有道乎？」管子對曰：「唯反之以號令為可耳。」桓公曰：「行事奈何？」管子對曰：「請使賓胥無馳而南，隰朋馳而北，甯戚馳而東，鮑叔馳而西。四子之行定，夷吾請號令謂四子曰：『子皆為我君視❻四方稱貸之間❼，其受息之氓❽幾何千家，以報吾❾。』」鮑叔馳而西。反報曰：「西方之氓者，帶濟負河，菹澤之萌也。漁獵取薪蒸而為食。其稱貸之家多者千鍾，少者六、七百鍾。其出之，鍾也一鍾。其受息之萌九百餘家。」賓胥無馳而南。反報曰：「南方之萌者，山居谷處，登降之萌也。上斲輪軸❿，下采杼栗⓫，田獵而為食。其稱貸之家多者千萬，少者六、七百萬。其出之，中⑫伯伍⑬也。其受息之萌八百餘家。」甯戚馳而東。反報曰：「東方之萌，帶山負海，苦處⑭，上斷輻⑮，漁獵之萌也。治葛藤⑯而為食。其稱貸之家丁、惠、高⑰、國，多者五千鍾，少者三千鍾。其出之，中鍾五釜也。其受息之萌八、九百家。」隰朋馳而北。反報曰：「北方之萌者，衍處⑱負海，煮泲⑲為鹽，梁⑳濟取魚之萌也。薪食㉑。其稱貸之家，多者千萬，少者六、七百萬。其出之，中伯二十也。受息之氓九百餘家。」凡稱貸之家，出泉參千萬㉒，出粟參千萬鍾㉓。受子息民參萬家㉔。四子已報，管子曰：「不意㉕我君之有萌中一國而五君之正㉖也，然欲國之無貧，兵之無弱，安可得哉？」桓公曰：「為此有道乎？」管子曰：「唯反之以號令為可。請以令賀獻者，皆以鐻枝蘭鼓㉗，則必坐長什倍其本矣。君之棧臺之職㉘，亦坐長什倍。請以令召稱貸之家，君因酌之酒，太宰㉙行觴。桓公㉚舉衣而問曰：『寡人多務，令衡籍吾國。聞子之假貸吾貧萌，使有以終其上令。寡人有鐻枝蘭鼓，其賈中純㉛萬泉也。願以為吾貧萌決其子息之數，使無券契之責㉜。』稱貸之家皆齊首而稽顙曰：『君之憂萌至於此！請再拜以獻堂下㉝。』桓公曰：『不可。子使吾萌春有以傳耜，夏有以決芸。寡人之德子無所寵㉞，若此而不受，寡人不得於心。』故稱貸之家皆曰㉟：『再拜受。』所出棧臺之職未能三千純也，而決四方子息之數，使無券契之責。四方之民聞之，父教其子，兄教其弟曰：『夫墾田發務㊱，上之所急，可以無度㊲乎？君之憂我至於此！』此之謂反準㊳。」

【章　旨】此章言「反準」之策。

【注　釋】❶務　需要辦理的事務。❷衡　官名。職事是主管財政。❸稱貸家　指以放高利貸為業者。《孟子・滕文公上》：「不得以養其父母，又稱貸而益之。」朱熹注云：「稱，舉也。貸，借也，取物於人，而出息以償之也。益之，以足取盈之數也。」❹萌　通「氓」。民。❺反　改換；變更。❻視　察視；調查。❼稱貸之閒　指借債地區。閒，即「間」。馬元材云：「間者，泛指其處所之謂也。如言『行間』『田間』『人間』等皆是。」❽受息之氓　指借債的人。受息，即付出利息。受，通「授」。給予；提供。❾吾　管子自指。馬元材云：「『以報吾』當作『以報夷吾』，脫『夷』字。上文可證。」錄供參考。❿輪軸　指能製造車輪、車軸的木材。⓫杼栗　即「芧栗」。指橡實、橡子。⓬中　相當；等於。⓭伯伍　即「佰伍」。謂百分之五十。⓮苦處　意謂生活在鹽鹼地帶。《爾雅・釋言》：「鹹，苦也。」注：「苦即大鹹。」原文為「若處」。宋本「若」作「苦」。此依宋本。⓯輻　指製造車輻的木材。原文為「福」。豬飼彥博云：「『福』當作『輻』。」⓰治葛藤　指以葛藤纖維為原料，製作供貧民用的衣履。⓱高　馬元材云：高與下文「國」「即高子國子。左氏襄十二年傳『天子之二守國高在』是也。此亦假託之詞」。⓲衍處　意同「澤處」。謂處於卑溼之地。⓳沸　指鹵水。⓴梁　此指構築魚梁。即在水中築堰像橋梁一樣的捕魚設置。㉑薪食　意同「取薪蒸而為食」。即以砍樵為生。㉒參千萬　即三千萬。參，同「叁」。三。㉓參千萬鍾　原文為「參數千萬鍾」。古本、劉本、朱本無「數」字。此依古本。㉔參萬家　安井衡云：「據上所舉四方受息之萌三千五百餘家。『萬』當作『千』。」語譯依此。㉕不意　沒想到。原文作「不棄」。吳志忠云：「『棄』乃『意』字誤。」㉖五君之正　即「五君之征」。謂有五個國君徵稅。馬元材云：「此蓋言東西南北四方之民，皆為各區域稱貸家之高利貸所剝削，每年除對國家負擔租稅外，尚須負擔從百分之二十至百分之百之高利貸的利息，是一國之民，不啻同時有五君之正矣。」㉗鏤枝蘭鼓　疑指有「鏤枝蘭鼓」花紋的美錦。㉘棧臺之職　指棧臺儲藏的美錦。職，掌管；收藏。㉙太宰　具食之官。即掌管膳饌的官吏。㉚桓公　此處與下文「桓公曰」中之「桓公」，都當作「君」或「您」理解。㉛純　指綢帛的匹、段。㉜責　通「債」。㉝堂下　堂陛之下。敬指君主。㉞寵　榮寵。㉟皆曰　原文為「曰皆」。聞一多云：「『曰皆』二字當互易。」㊱務　同「蕂」。毒草。馬元材云：「以發草為發蕂，當是著者採用某地方言為文。」㊲度　圖謀；考慮。原文為「庶」。馬元材云：「『無庶』二字不詞，『庶』當作『度』，形近而譌。」㊳反準　意謂特殊的平準政策。因為國家施行平準措施，通常有直接理財盈利之效，但此處所謂平準措施作用，只在提高物價以代償民債，故稱為「反準」。

【語　譯】桓公說：「我的事務很多，只好派主管財政的官員，直接向我國的富商巨賈和高利貸者徵取賦稅，以利於貧民、農夫，使他們不誤農事。若想改變這種狀況，還有別的辦法嗎？」管子回答說：「唯有改為借助號令的措施才行。」桓公說：「具體作法怎樣呢？」管子回答說：「請將賓胥無派往南方，將隰朋派往北方，將甯戚派往東方，將鮑叔派往西方。四人的行程確定以後，我就向他們發布號令說：『你們都去替君主查察四方各借債地區的情況，弄清付息貧民有多少千家，回來報告我。』」鮑叔到了西方，回來報告說：「西方的人們，是住在濟水一帶、黃河附近的草地居民，以漁獵砍樵為生。這裡的高利貸者放債，多的有上千鍾糧食，少的也有六、七百鍾。他們放出的債務，是每鍾糧食收利一鍾。付息的貧民有九百餘家。」賓胥無到了南方，回來報告說：「南方的人們，是住在山谷之中經常要翻山越嶺的居民。上山砍伐木材，下山採摘芧栗，依靠狩獵為生。這裡的高利貸者放債，多的有錢上千萬，少的也有六、七百萬。他們放出的債務，收利相當於百分之五十。付息的貧民有八百餘家。」甯戚到了東方，回來報告說：「東方的人們，是依山傍海，生活在鹽鹼地帶，上山砍伐木材，常年從事漁獵的居民。多以製作葛麻衣履為生。這裡的高利貸者丁、惠、高、國諸家，放債多的有五千鍾糧食，少的也有三千鍾。他們放出的債務，相當於每鍾收利五釜。付息的貧民有八、九百家。」隰朋到了北方，回來報告說：「北方的人們，是住在近海的低濕地帶，煮沸水熬鹽和在濟水築梁捕魚的居民，也是依靠砍樵為生。這裡的高利貸者放債，多的有錢上千萬，少的也有六、七百萬。他們放出的債務，取利相當於百分之二十。付息的貧民有九百餘家。」總計高利貸者，共放債款三千萬，糧食三千萬鍾。付息貧民三千餘家。鮑叔等四人報告了稽查的實情以後，管子說：「沒想到我國的人民，相當於一國而有五個君主的徵斂。在這種情況下，想要國家不窮，兵力不弱，如何可能呢？」桓公說：「要解決這個問題，有辦法嗎？」管子說：「唯有改為借助號令的措施才行。請下令：凡來朝賀獻禮的，都須獻上織有『鏤枝蘭鼓』的美錦，美錦便必然漲價十倍。君主收藏在棧臺的美錦，也將漲價十倍。請再下令：召見高利貸者，君上設置酒宴，由太宰執壺敬酒。您可攝衣起立而問：『我的事務甚多，只好派主管財政的官員向全國收稅。聽說你們曾經借貸錢糧給予貧民，使得他們能夠完成國家的納稅任務。我有一種織有「鏤枝蘭鼓」的美錦，價值相當於每匹萬錢。我願意拿出來，為我的貧民結清賬目，使他們沒有券契債務。』高利貸者便都會俯首跪拜說：『國君關懷人民到了如此程度，請讓我們把債券拜獻給您。』您便再說：『不行。你們使得我的貧民春天能夠耕種，夏天能夠鋤草。我雖然感謝你們，但沒有什麼能夠使你們感到榮寵，倘若這樣一點東西還不肯接受，我的內心就不會安。』這樣，高利貸者便都會說：『我們恭敬地接受了。』國家取出的棧臺織錦不到三千匹，便結清了全國貧民所欠的本息，使得他們再無券契債務。全國貧民聽到這個消息，定然會父親教導兒子，兄長教導弟弟，說：『墾田開荒，是國家的當務之急，我們可以不考慮嗎？君主關懷我們到了如此程度！』這就叫做『反準』措施。」

管子曰：「昔者癸度❶居人之國，必四面望於天下❷。天下高亦高。天下高我獨下，必失其國於天下。」桓公曰：「此若言曷謂也？」管子對曰：「昔萊❸人善染，練茈❹之於萊純錙，緺綬之於萊亦純錙也。其於周❺，中十金。萊人知之，間❻纂❼茈空。周且斂馬❽作見❾於萊人操之。萊有准馬❿。是萊自⓫失纂茈而反準於馬也。故可因者因之，乘者乘之，此因天下以制天下。此之謂國準⓬。」

【章　旨】此章言周的平準措施。

【注　釋】❶癸度　假託的輕重家人名。❷天下　此指各諸侯國的市場行情及經濟動態。❸萊　古國名。今山東黃縣東南有萊子城，即古萊國。❹綀茈　染有紫色的帛。茈，古通「紫」。❺其於周　指綀茈、緺綬，對於周地而言。原文為「其周」。馬元材云：「『其』下脫『於』字。」❻間　頃刻；須臾。原文為「聞」。形近致誤。❼纂　聚集。❽馬　通「碼」。籌碼。❾作見　即作證見。意謂抵押。❿准馬　指折抵貨幣的籌碼。⓫萊自　原文為「自萊」。據馬元材說改。⓬國準　國家的平準政策。

【語　譯】管子說：「從前癸度每到一個國家，定然要全面觀察各諸侯國的市場行情及經濟動態。各國的物價高，我國也應當高。如果各國物價甚高而我國偏低，我國必然被各國所吞滅。」桓公說：「這話如何解釋呢？」管子回答說：「從前萊國人善於染織，紫色的繒帛在萊國一匹只值一錙，紫青色的絲帶也是一段只值一錙。而在周地，卻是價值十金。萊國商人知道了這個訊息，很快便將紫帛購集一空。周人又將收集的籌碼作為抵押，從萊商手中購取了紫帛。萊商只掌握了折抵貨幣的籌碼。這便是萊人自己喪失了購集的染織物，而所得只是憑籌碼向周人收回錢幣而已。因而能夠利用的就要利用，能夠駕馭的就要駕馭，這就是借助各國的條件來控制各國。這就稱為周人的平準措施。」

桓公曰：「齊西水潦而民飢，齊東豐庸❶而糶賤。欲以東之賤被西之貴，為之有道乎？」管子對曰：「今齊西之粟，釜百泉，則鎦❷二十也。齊東之粟，釜十泉，則鎦二錢也。請以今籍人三十泉，得以五穀菽粟決其籍❸。若此，則齊西出三斗而決其籍，齊東出三釜而決其籍。然則釜十之粟，皆實於倉廩❹。西之民飢者得食，寒者得衣；無本者予之陳，無種者予之新。若此，則東西之相被，遠近之準平❺矣。」

【章　旨】此章言以豐補災的調劑之法。

【注　釋】❶豐庸　豐食足用。尹知章注：「庸，用也。謂豐稔而足用。」❷鏂　或作「區」。計量單位，五鏂為一釜。馬元材云：「本書豆、區、釜、鍾，是按陳氏新制『四升為豆，五豆為區，五區為釜，釜十則鍾』計算，與舊齊制之以『四升為豆，各自其四以登於釜』者不同。」❸決其籍　意謂結清其捐稅賬目。❹實於倉廩　此指齊東糧食，大量充實到國家倉庫。❺準平　此指得到了調劑。尹知章注：「君下令稅人三十錢，準以五穀，令齊西之人納三斗，東之人納三釜，以賑西之人，則東西俱平矣。管子智用無窮，以區區之齊，一匡天下，本仁祖義，成其霸業。所行權術，因機而發，非為常道，故別篇云『偏行而不盡也』。」

【語　譯】桓公說：「齊國西部遭到水澇，而民受饑荒，齊國東部豐食足用，而糧價低廉。想用東部的低價，來補救西部的高價，有可行的辦法嗎？」管子回答說：「如今齊國西部的糧價，是每釜一百錢，一鏂便是二十錢。齊國東部的糧價，是每釜十錢，一鏂便只二錢。請下令每人徵稅三十錢，要用糧食來繳清捐稅數目。若是這樣，齊國西部每人只需付出三斗，便可繳清捐稅，齊國東部每人便要付出三釜才能繳清捐稅。這樣一來，每釜僅賣十錢的齊東糧食，就會大量充實到國家倉庫。西部的人民，就能飢餓者有了飯吃，寒冷者有了衣穿；沒有生產成本的，國家將貸給陳糧；沒有種子的，國家將貸給新糧。倘能如此，東部西部，便將互相補救，遠近各處，便將得到調劑了。」

桓公曰：「衡數吾已得聞之矣。請問國準。」管子對曰：「孟春且至，溝瀆陒❶而不遂❷，谿谷鄣❸上之水不安於藏，內毀室屋，壞牆垣，外傷田野，殘禾稼，故君謹守泉金之謝物❹，且為之舉❺。大夏，帷蓋衣幕❻之奉不給，謹守帛布❼之謝物，且為之舉。大秋甲兵求繕，弓弩求弦，謹守❽絲麻之謝物，且為之舉。大冬，任❾甲兵，糧食不給，黃金之賞不足，謹守五穀黃金之謝物，且為之舉。已守其謝，富商蓄賈不得如故。此之謂國準。」

【章　旨】此章就官營商業的收購職能，言「國準」措施。

【注　釋】❶陒　通「隘」。狹窄。原文為「阮」。王引之云：「『阮』當為『陒』」，「字之誤也」。❷遂　通達。❸鄣　同「障」。堤壩。原文為「報」。王引之云：「『報』當為『鄣』」，「字之誤也」。❹謝物　指耗費的某種物資。馬元材云：「『謝物』二字連文，謂代謝之物，即因新需要，而謝去之舊物，猶科學家之言新陳代謝矣。」❺舉　購買；收購。《史記・仲尼弟子列傳》：「子貢好廢舉，與時轉貨資。」司馬貞索隱引劉氏云：「廢謂物貴而賣之，舉謂物賤而買之。」❻帷蓋衣幕　皆為軍用物品。《周禮・天官・幕人・注》：「在旁曰帷，在上曰幕。帷幕皆以布為之。」❼帛布　指作「帷蓋衣幕」的材料。原文為「泉布」。王念孫云：「『泉布』當為『帛布』」，「此承上文『帷蓋衣幕之奉』而言」。❽謹守　原文有「謹」無「守」。丁士涵云：「『謹』下當有『守』字，上句文例可證。」❾任　擔荷；擔負。

【語　譯】桓公說：「制定物價政策的原則，我已經懂得了，請問關於國家的平準措施。」管子回答說：「初春將至，如果溝渠狹隘而不通暢，谿谷隄壩蓄水而不堅牢，內則毀壞房屋、牆垣，外則傷損田野、莊稼。因此，國君應當注意掌握百姓為了上繳水利費用，而將拋售的物資，並且要把這類物資收購起來。盛夏時節，兵營的帷蓋衣幕供應不足，國君應當掌握百姓為了上繳布帛，而將拋售的物資，並且要把這類物資收購起來。深秋時節，甲冑刀兵需要修繕，弓弩需要配齊弦箭，國君應當掌握百姓為了上繳絲麻，而將拋售的物資，並且要把這類物資收購起來。冬天，國家擔負著戰事，糧食供不應求，黃金賞賜的來源不足，國君應當掌握百姓為了上繳五穀黃金，而將拋售的物資，並且要把這類物資收購起來。國家已經掌握了這些物資，富商蓄賈就不能施展故技了。這就稱為國家的平準措施。」

龍鬥於馬瀆❶之陽，牛山之陰。管子入復於桓公曰：「天使使者臨君之郊，請使大夫袀飭❷，左右玄服，祠❸天之使者乎。」天下聞之，曰：「神哉齊桓公！天使使者臨其郊。」不待舉兵，而朝者❹八諸侯。此乘天威而動天下之道也。故智者役使鬼神，而愚者信之。

【章旨】此章言役使鬼神，「乘天威而動天下之道」。

【注釋】❶馬瀆　與下文「牛山」，均為作者假託的地名。原文為「馬謂」。張佩綸云：「『謂』為『瀆』字之譌。」❷袀飭　即「袀飾」。謂以紺繒為袖。袀，蔡邕《獨斷》云：「紺，繒也。」班固〈東都賦・注〉云：「皂也。音鈞。」原文為「初飭」。顧千里云：「『初』是『袀』字之誤。」❸祠　祭祀。原文無此字。金廷桂云：「『天之使者』上脫『祠』字，謂玄服以祠龍也。」❹朝者　指前來齊國朝拜、歸附的諸侯國。此係作者假託之詞。

【語譯】神龍在馬瀆南面、牛山北面相鬥。管子進去向桓公報告說：「天公派遣使者降臨在您的城郊，請命令大夫穿上紺繒為袖的服裝，左右隨員也穿上黑色服裝，去祭祀上天的使者吧。」天下各國聞訊後，說：「齊桓公真是神奇偉大啊！天公竟派遣使者來到他的城郊。」沒有等到齊國發兵，前來歸附的就有八個諸侯國。這就是借助天威來震懾天下各國的辦法。所以，智者役使鬼神，可以使愚者信從。

桓公終神❶。管子入復桓公曰：「地重❷，疫之哉兆❸，國有慟❹。風重，疫之哉兆❺。國有槍星❻，其君必辱；國有彗星❼，必有流血。浮丘之戰，彗之所出，必服天下之仇。今彗星見於齊之分❽，請以令朝功臣世家，號令於國中曰：『彗星出，寡人恐服天下之仇。請有五穀菽粟布帛文采者，皆勿敢左右。國且有大事❾，請以平賈取之。』功臣世家❿、人民百姓⓫，皆獻其五穀⓬菽粟泉金，歸⓭其財物，以佐君之大事。此謂乘天菑⓮而求民鄰財⓯之道也。」

【章旨】此章言利用星變以索取民財。

【注釋】❶終神　意謂祭神完畢。❷地重　即地動。地震。郭沫若云：「『重』乃『動』之假字，金文每以『重』為『動』。」下文「風重」之「重」同此。❸疫之哉兆　意謂病疫災難的徵兆。疫，原文為「投」。郭沫若云：「『投』乃『疫』之壞字。」下文之「疫」同此。哉，通「烖」。即災害。❹慟　哀痛。此指不幸之事。❺疫之哉兆　此句之下，當有一與「國有慟」為對文的脫句。❻槍星　又名「天槍」。古時多視為災星。《史記・天官書》：「天槍長數丈，兩頭兌（銳）。謹視其所見之國，不可舉事用兵。」《正義》：「天槍者，長數丈，兩頭銳，出西南方。其見不過三月，必有破國亂君，伏死其辜。」❼彗星　亦名「天彗」，又稱「掃星」。古時多視為災星。《史記・天官書》：「三月生彗星，長二丈，類彗。」《正義》：「天彗者一名掃星，本類星，末類彗。小者數寸長，長或竟天。而體無光，假日之光，故夕見則東指，晨見則西指。若日南北，皆隨日光而指。光芒所及為災變。見則兵起。」❽見於齊之分　謂彗星出現在齊國的分野之內。分，分野。即星宿所當區域。❾大事　此指戰事。《左傳・成公十三年》：「國之大事，在祀與戎。」戎，即刀兵之事。❿功臣世家　原文為「功臣之家」。依上文當作「功臣世家」。⓫百姓　此與「人民」並稱。意猶「百官」。下文「百姓萬民」中「百姓」同此。⓬五穀　原文為「穀」。馬元材云：「『穀』上脫『五』字，上文可證。」⓭歸　通「饋」。贈送。⓮天菑　即「天災」。此指出現「災星」。⓯求民鄰

財　意謂求取民間財物。鄰，周制以五家為鄰。

【語　譯】桓公祭神完畢。管子進去報告桓公說：「地震，是發生病疫的先兆，國家將有不幸。風暴，也是發生病疫的先兆。一國倘出現槍星，國君必將受辱；一國倘出現彗星，國內必將發生流血之事。浮丘戰役之前，彗星就曾出現，預示必須征服天下仇敵。如今彗星又出現在齊國的上空，請下令召會功臣世家，並向全國發布號令說：『彗星已經出現，我恐怕又要出兵征服天下的仇敵。凡存有五穀菽粟布帛彩綢的，都不要擅自處理。國家將有戰事，要按平價購取這類物資。』這樣，功臣世家、眾民百官，便都會奉獻他們的五穀菽粟金錢，贈送他們的財物，用來支援國家戰事。這就叫作借助天象的『災變』來求取民財的辦法。」

桓公曰：「大夫多并❶其財而不出，腐朽五穀而不散❷。」管子對曰：「請以令召城陽大夫而請之❸。」桓公曰：「何哉？」管子對曰：「『城陽大夫，嬖寵被❹絺綌❺，鵝鶩❻含餘粖❼，齊鍾鼓之聲，吹笙篪❽，同姓❾不入，伯叔父母、遠近兄弟皆寒而不得衣，飢而不得食。子欲盡忠於寡人，能乎？故子毋復見寡人。』滅❿其位，杜⓫其門而不出。」功臣世家皆爭發其積藏，出其資財，以予其遠近兄弟。以為未足，又收國中之貧病孤獨、老不能自食之萌，皆與得焉。故桓公推仁立義，功臣世家兄弟相戚⓬，骨肉相親，國無飢民。此之謂繆數⓭。

【章　旨】此章言懲一儆百之法。

【注　釋】❶并　同「屏」。藏匿。❷散　散發；貸放。❸請之　使之請罪。王念孫云：「『請之』當為『謫之』。下文『滅其位，杜其門」，是謫之事也。今作「請之」者，涉上文「請以令」而誤。」錄供參考。❹被　通「披」。穿。❺絺綌　此指精細絲織物。❻鶩　家鴨。❼餘秣　指剩飯。❽篪　同「竾」。竹製樂器，單管橫吹。❾同姓　指同一族姓的人。❿滅淹沒；取消。⓫杜　堵塞；封禁。⓬戚　親近。⓭繆數　繆巧之術。繆巧，計謀；機智。

【語譯】桓公說：「朝中大夫，大都藏匿自己的財物而不願奉獻出來，寧願讓五穀腐爛而不願散發給貧民。」管子回答說：「請下令召見城陽大夫而要他請罪。」桓公說：「如何加罪呢？」管子回答說：「首先說：『城陽大夫，你的姬妾穿著精細的絲綢，鵝鴨吃著剩餘的糧食，齊鳴鐘鼓，吹徹笙篪，同族不能進入你的門庭，伯叔父母、遠近兄弟，都受寒冷得不到衣穿，飢餓得不到飯吃。你要是盡忠於我，這個樣子可以嗎？所以，你不要再來見我了。』然後取消他在朝的位次，封禁他的門戶而不准外出。」這樣，功臣世家便都會爭著散發積蓄，取出資財，給予遠近兄弟。還會認為不夠，進而收養國內的貧、病、孤、獨及年老而不能自食其力的人，使之都能得到照顧。因此，君上推仁倡義，功臣世家便會兄弟相愛，骨肉相親，國家也就沒有挨餓的人民了。這就稱為繆巧之術。

桓公曰：「崢丘❶之戰，民多稱貸，負子息，以給上之急，度❷上之求。寡人欲復業產❸，此何以洽❹？」管子對曰：「惟繆數為可耳。」桓公曰：「諾。」令左右州曰：「表❺稱貸之家，皆堊❻白其門而高其閭❼。」州通之師❽，執折籙❾曰：「君且使使者。」桓公使八使者式璧而聘之，以給鹽菜之用❿。稱貸之家，皆齊首稽顙而問曰：「何以得此也？」使者曰：「君令曰：『寡人聞之《詩》曰：「愷悌⓫君子，民之父母」也。寡人有崢丘之戰。吾聞子假貸吾貧萌，使有以給寡人之急，度寡人之求。使吾萌春有以傳耜，夏有以決芸，而給上事，子之力也。是以式璧而聘子，以給鹽菜之用。故子中民之父母也。』」稱貸之家皆折其券而削其書⑫，發其積藏，出其財物，以賑貧病。分其故貲，故國中大給，崢丘之謀也。此之謂繆數⑬。

【章旨】此章言旌揚禮聘之法。

【注釋】❶崢丘　作者假託的地名。尹知章云：「崢丘，地名。未聞。說即葵丘。」❷度　謀慮。❸復業產　恢復農業生產。馬元材云：「復業產，即恢復生產。貧民因供應戰時賦稅，以致破產，故欲代為還清債務，恢復生產。」❹洽　貫通；達到。尹知章注：「洽，通也。言百姓為戎事失其本業，今欲取之，何以通於此也？」❺表　旌表；表彰。❻堊　粉刷。❼閭　里巷的大門。❽師　指鄉師。〈立政〉云：「分國以為五鄉，鄉為之師。分鄉以為五州，州為之長。」❾折篆　指官府命令。猶後世所謂令牌。❿鹽菜之用　謙詞。極言所值甚薄。猶後世所謂伙食補貼。尹知章注：「令使者賷石璧仍存問之，謙言鹽菜之用。」⓫愷悌　和悅近人。《詩・大雅・泂酌》：「豈弟君子，民之父母。」⓬書　此指債務文書。⓭繆數　此處所言，是不同於上章的繆巧之術。作者欲藉旌揚禮聘之法，促使高利貸者自願放棄利息的收取，希望在不使國家增加財政支出的前提下，能使貧民解除高利貸的債務負擔，能使國內無有飢民。

【語譯】桓公說：「崢丘戰役，曾使百姓大都借債，負擔重息，以此來供給國家的急需，來應付國家的徵求。我想要使他們恢復農業生產，這當用什麼辦法達到目的呢？」管子回答說：「唯有用繆巧之術才行。」桓公說：「可以。」於是命令左右各州說：「要旌表放債的人家，全部粉白他們的門牆，加高他們的里門。」又叫州長，將旌表事報告鄉師，並從鄉師處取得令牌，通告放債人家說：「君主將派遣使者前來拜候。」桓公果真派遣八名使者，帶著璧玉前去慰問，並說這只是送上一點鹽菜費用。放債人家全都俯首叩頭拜問說：「我們憑什麼能得到這樣的厚遇呢？」使者說：「君主的通令：『我聞知《詩經》所說：「和悅近人的君子，是百姓的父母」。我曾遇上了崢丘戰役。聽說你們曾經借債給貧民，使他們有錢糧來供給國家的急需，來應付國家的徵求。使我的百姓春天能種地，夏天能耕耘，因而能滿足國家的需要，這是你們盡的力。因此，送上璧玉問候你們，給予一點鹽菜費用。你們真的等於是百姓的父母。』」放債的人全都折棄債契，銷毀債務文書，發放自己的積穀，拿出自己的錢財，用來賑濟貧病人民。由於分散了這些人家存積的資財，因而國內大為豐足，這就是崢丘之謀的作用。這也稱為繆巧之術。

桓公曰：「四郊之民貧，商賈之民富。寡人欲殺商賈之民❶以益四郊之民，為之奈何？」管子對曰：「請以令決瓁洛之水❷，通之抗莊❸之間。」桓公曰：「諾。」行令未能一歲，而❹郊之民殷然❺益富，商賈之民廓然益貧。桓公召管子而問曰：「此其故何也？」管子對曰：「決瓁洛之水，通之抗莊之間，則屠酤之汁肥流水，則蟁母❻巨雄❼、翡燕小鳥皆歸之，宜昏飲，此水上之樂也。賈人蓄物而賣為讎❽，買為取，市未央❾畢，而委舍❿其守列⓫，投⓬蟁母⓭巨雄。新冠⓮五尺⓯請挾彈懷丸游水上，彈翡燕小鳥，被⓰於暮。故賤賣而貴買。四郊之民買賤，何為不富哉？商賈之人，何為不貧乎？」桓公曰：「善。」

【章　旨】此章言削減商賈之利，以補助四郊農民之法。

【注　釋】❶欲殺商賈之民　指「欲殺商人之利」。殺，削減；減損。❷瓁洛之水　指窪地積水。瓁，通「濩」。《說文》：「濩，雨流霤下貌。」洛，《山海經・西山經》：「有涇水，其清洛洛。」郭璞注：「洛洛，水流下貌也。」❸抗莊　指兩條並行的大街。原文為「杭莊」。王念孫云：「『杭』當為『抗』。」抗，匹敵。❹而　郭沫若云：「即『四』字之誤。」語譯依此。❺殷然　盈滿、殷實貌。❻蟁母　即蚊母鳥。《爾雅・釋鳥》：「鷏，蟁母。」郭璞注：「似烏鸔而大，黃白雜文，鳴如鴿聲，今江東呼為蚊母。俗說此鳥常吐蚊，因以名蚊。」原文為「蟁虻」。張佩綸云：「案『蟁虻』當作『蟁母』。」❼巨雄　即大鳥。指蟁母。「蟁母巨雄」與下文「翡燕小鳥」互為對文。❽賣為雠　與下文「買為取」互為對文。意謂不問價低價高，只是為了迅速賣出買進，以利騰出時間，參與水上遊樂。雠，售出；給價。❾央　中；半。❿委舍　棄去；捨棄。⓫列　賣物處。猶言貨攤、店鋪。《漢書・食貨志》：「商賈大者積貯倍息，小者坐列販賣。」顏師古注：「列者，若今市中賣物行也。」⓬投　投擲；彈射。⓭蟁母　原文為「蟁虻」。此依上文改。⓮新冠　指剛成年的青年男子。古時貴族男子，年二十而加冠。⓯五尺　指少年童子。⓰被　及至；至於。

【語　譯】桓公說：「郊野的農民貧窮，城內的商人富裕。我想要削減商人的資財而增加農民的收入，該如何辦呢？」管子回答說：「請下令疏導窪地的積水，直通到兩條並行大街的中間地帶。」桓公說：「好。」行令不滿一年，四郊農民的收入漸漸殷實充足，商人的資財漸漸蕩然而空。桓公召見管子而問，說：「這中間的原因是什麼呢？」管子回答說：「疏導窪地積水，直通兩條並行的大街之間，兩街屠坊、酒館的油汁，流入水中，蚊母一類的大鳥、翡翠燕雀一類的小鳥，全都歸集到這一帶，最宜於黃昏飲宴時觀賞，這是一種水上之樂。商人貯積貨物，賣出時，只求對方給個價，買進時，只求取到手，買賣尚未完成半數，便拋開貨攤店鋪，追捕蚊母之類的大鳥去了。看攤守鋪的青年、童子，也要求挾彈懷丸，跟隨遊樂水上，彈射翡翠燕雀之類，直到日暮。所以低價賣出而高價買進。郊野的農民因而可以收買到低價貨物，為何不富呢？商人又為何不窮呢？」桓公說：「這個辦法真好。」

桓公曰：「五衢之民，衰然❶多衣弊而屨穿，寡人欲使帛、布、絲、纊之賈賤❷，為之有道乎？」管子曰❸：「請以令沐途旁之樹枝，使無尺寸之陰❹。」桓公曰：「諾。」行令未能一歲，五衢之民，皆多衣帛完屨。桓公召管子而問曰：「此其故何也？」管子對曰：「途旁之樹，未沐之時，五衢之民，男女相好❺往來之市者，罷市相睹樹下，談語終日不歸。男女當壯，扶輦推輿，相睹樹下，戲笑❻超距❼，終日不歸。父兄相睹樹下，論議玄語❽，終日不歸。是以田不發❾，五穀不播，麻桑不種，璽❿縷不治。內嚴⓫一家而三不歸，則帛、布、絲、纊之賈安得不貴？」桓公曰：「善。」

【章　旨】此章言謀求增加帛、布、絲、纊產量，以降低其價格之法。

【注　釋】❶衰然　破敗窮困貌。❷使帛布絲纊之賈賤　謂降低帛布絲纊價格，使貧民衣屨狀況有所改善。賈賤，即「價賤」。❸管子曰　依上下文例，當作「管子對曰」。語譯依此。❹請以令二句　謂砍去路旁樹木的密枝，使農民無蔭涼可乘，藉以增長田間勞動時間。沐，此指整治、修治。《禮記・檀弓》：「沐椁。」鄭玄注：「沐，治也。」陰，通「蔭」。遮蔽。❺好　親愛。❻戲笑　遊戲、調笑。❼超距　跳躍。馬元材云：「此處當係指男女舞蹈互相遊戲而言。今西南各兄弟民族中尚存此俗。」❽玄語　此指不切實際的言談。❾發　開發；翻耕。❿璽　《廣韻》：「即『繭』之俗字。」⓫嚴　通「曮」，同「瞰」。視。

【語　譯】桓公說：「五方的人民，窮困得都是衣爛鞋破，我想要使帛、布、絲、絮的價格降低，有辦法解決嗎？」管子回答說：「請下令砍掉道路兩旁的樹枝，使路旁沒有尺寸之地的遮蔭處。」桓公說：「好。」行令不滿一年，五方的人民大都穿上了帛、布衣裳和完好的鞋子。桓公召見管子而問道：「此中原因何在呢？」

管子回答說：「路旁的樹枝沒有砍掉的時候，五方的人民中，青年男女，相愛而來來往往，前去趕集的，散市之後，相邀於樹蔭下，交談終日而不願歸家。壯年男女，拉車推車的，相會於樹蔭底下，戲樂舞蹈，終日而不願歸家。父老兄弟，相會於樹蔭底下，議論玄渺，終日而不願歸家。因而弄得田地不能及時翻耕，五穀不能及時播種，麻桑不能及時種植，蠶絲麻線不能及時紡績。從一個家庭內部來看，就有『三個不歸』的狀況，帛、布、絲、絮的價格，又哪能不貴呢？」桓公說：「分析得好。」

桓公曰：「糶賤，寡人恐五穀之歸於諸侯。寡人欲為❶百姓萬民藏之，為此有道乎？」管子曰：「今者夷吾過市，有新成囷京❷者二家。君請式璧而聘之。」桓公曰：「諾。」行令半歲，萬民聞之，舍其作業❸而為囷京，以藏菽粟五穀者過半。桓公問管子曰：「此其何故也？」管子曰：「成囷京者二家，君式璧而聘之，名顯於國中，國中莫不聞。是民上則無功顯名❹於百姓也，功立而名成；下則實其囷京，上以給上為君。一舉而名實俱在也，民何為❺也？」

【章　旨】此章言促使官民儲備糧食之法。

【注　釋】❶為　意猶「使」。❷京　糧倉。尹知章注：「大囷曰京。」❸作業　本業；職業。❹無功顯名　此謂建造糧倉儲藏五穀，本屬人們分內之事，並非有功於國，卻得獎勵而揚名，故謂「無功顯名」。❺民何為　此為反詰語句。意謂民不為此而為何。戴望云：「『民何為也』當作『民何不為也』。脫『不』字。」錄供參考。

【語　譯】桓公說：「糧價低廉，我擔心五穀會外流到各諸侯國。我想要使百官萬民都來儲備糧食，對於這件事，您有辦法嗎？」管子說：「今天我走訪市區，知道有兩家新建了糧倉。國君宜派人送上璧玉加以訪問。」桓公說：「好。」行令半年，萬民都聽到了這個消息，拋開日常事務而興建糧倉，儲存五穀的人家竟超過了半數。桓公詢問管子說：「這是什麼緣故呢？」管子說：「新建了糧倉的兩戶人家，君主派人送上璧玉加以訪問，聲名顯耀國中，全國無人不知。這兩家對君上而言，本無功勞，而聲名顯揚於百姓，得了個功成而名就；對自己而言，既儲存了糧食，又可以上繳國家。一舉而聲名實惠俱得，人們不幹這個而幹什麼呢？」

桓公問管子曰：「請問王數❶之守終始❷，可得聞乎？」管子曰：「正月之朝❸，穀始也。日至❹百日，黍秫之始也。九月斂實，牟麥❺之始也。」

【章　旨】此章言王者理財，亟宜掌握的幾個農時。

【注　釋】❶王數　指帝王的政策。❷終始　意猶「極始」。即最早的幾個農時。這幾個時節，都是農民準備播種之時，也正是青黃不接之時。國家若能事先守之以策，使農民所需農具、種子，皆有取給，不致為富商蓄賈所乘，則農民不會荒廢農事，國家不會損失財政收入。❸朝　指上旬。《洪範五行傳》：「平旦至食時為日之朝。上旬為月之朝。自正月至四月，為歲之朝。」❹日至　此指冬至。❺牟麥　即「麰麥」。大麥。原文為「平麥」。何如璋云：「『平麥』當作『牟麥』，以形近而譌。」

【語　譯】桓公問管子說：「請問帝王的理財政策中，應當掌握最早的幾個農時，可以講給我聽聽嗎？」管子說：「正月上旬，是種植稻穀的開始時期。冬至過後一百天，是種植黍稷的開始時期。九月秋收之後，是種植大麥的開始時期。」

管子問於桓公：「敢問齊方于❶幾何里？」桓公曰：「方五百里。」管子曰：

「陰雍長城❷之地，其於齊國三分之一，非穀之所生也。海莊❸、龍夏，其於齊國四分之一也；朝夕❹外之，所墆❺齊地者五分之一，非穀之所生也。然則君❻非託食之主耶？」桓公遽然起曰：「然則為之奈何？」管子對曰：「動之以言，潰❼之以辭，可以為國基。且君幣籍而務，則賈人獨操國趣❽；君穀籍而務，則農人❾獨操國固❿。君動言操辭，左右之流君獨因之，物之始吾已見之矣，物之終吾已見之矣，物之賈吾已見之矣。」管子曰：「長城之陽，魯也。長城之陰，齊也。三敗殺君二重臣定社稷者吾⓫，此皆以孤突之地封者也⓬。故山地者山也，水地者澤也，薪芻之所生者斥⓭也。」公曰：「託食之主及吾地亦有道乎？」管子對曰：「守其三原⓮。」公曰：「何謂三原？」管子對曰：「君守布則籍於麻，十倍其賈，布五十倍其賈。此數也。君以織⓯籍，籍於糸⓰。未為糸籍糸，撫織，再十倍其賈。如此，則去⓱五穀之籍。是故籍於布則撫之糸⓲，籍於穀則撫之山⓳，籍於六畜則撫之術⓴。籍於物之終始㉑而善御以言㉒。」公曰：「善。」管子曰：「以國一籍臣，右守布萬兩，而右麻籍四十倍其賈衍㉓。布五十倍其賈，公以重布決諸侯賈㉔，如此而有二十齊之故㉕。是故輕軼於賈穀制畜者，則物軼於四時之輔㉖。善為國者守其國之財，湯㉗之以高下，注㉘之以徐疾，一可以為百。未嘗籍求於民，而使用若河海，終則有始。此謂守物而御天下也。」公曰：「然則無可以為有乎？貧可以為富乎？」管子對曰：「物之生未有刑，而王霸立其功焉㉙。是故以人求人，則人重矣。以數㉚求物，則物重矣。」公曰：「此若言何謂也？」管子對曰：「舉國而一則無貲，舉國而十則有百。然則吾將以徐疾御之，若左之授右，若右之授左，是以外內不踐㉛，終身無咎。王霸之不求於人而求之終始，四時之高下，令之徐疾而已矣。源泉有竭，鬼神有歇。守物之終始，終身不竭。此謂源究㉜。」

【章旨】此章言解決齊國「託食」與「戰敗壞削」諸項難題的最佳措施，在於運用輕重之策，恪守「物之終始」。

【注釋】❶方于　即「方輿」。指大地。古謂天圓地方，以地能載萬物，故有此稱。❷陰雍長城　馬元材謂：「指從平陰之防門，沿河而東經泰山，所築之長城鉅防而言。」陰，指平陰。雍，此指堤防。❸海莊　原文為「洴」。洪頤煊云：「〈山至數篇〉：『龍夏以北至於海莊，禽獸牛羊之地也。』此『洴』字本『海莊』二字訛并作一字。」❹朝夕　海潮。❺墆　遮蔽；淹沒。❻君　原文為「吾」。俞樾云：「『吾』字乃『君』字之誤。管仲謂桓公為託食之主，故桓公遽然起曰『然則為之奈何』。」❼漬　對於此字，諸家解釋不一。郭沫若云：「『漬』乃『績』字之誤。古人於言與辭，混言之雖無別，析言之，則言之成文者為辭。故辭須藻績。」語譯依此。言、辭，通指號令。❽國趣　指國家的經濟動向。趣，通「趨」。趨向。❾農人　此指地主。❿國固　指國家的根本。⓫三敗殺君二重臣定社稷者吾　馬元材云：「此句顯有訛奪，不可強解。」語譯闕如。張佩綸云：「『三敗殺君二重臣』，三敗，謂曹沫三敗，殺君，謂子般閔公，二重臣，謂叔牙、慶父。『定社稷者吾』謂使高子將南陽之甲立僖公而城魯。」錄供參考。⓬此皆以孤突之地封者也　此句與上句，意謂齊魯兩國時有衝突，齊國不得不把部分土地割讓給魯。孤突之地，孤立突出的地帶。封，此指割讓、削損。⑬斥　指鹽鹼地。⑭守其三原　謂掌握了三種來源。即可以解決「託食」及割地問題。三原，指糧食之外的三種產品來源。⑮織　指絲織物。⑯糸　細絲。原文為「系」。何如璋云：「『系』當作『糸』，《說文》『糸，細絲也』，徐鍇曰『一蠶所吐為忽，十忽為絲。糸，五忽也』。」⑰去　免除。原文為「云」。趙用賢云：「『云』疑當作『去』。」⑱籍於布則撫之糸　謂要從布帛方面取得收入，便當事先掌握絲麻等物。糸，本指細絲，此處包括麻縷在內。原文為「系」。依上文改。⑲籍於穀則撫之山　意謂要想取得補償糧食稅的收入，便當事先掌握山地。因為絲為布帛的原料，山長蠶桑提供絲織。國家掌握了絲織，便可以免徵五穀而抵償徵收五穀的收入。⑳術　通「遂」。指郊外。可養殖六畜，獲取巨大收益。㉑籍於物之終始　即概指掌握「糸」、「山」、「術」等「三原」。㉒御以言　即掌握號令。結應上文「動言操辭」。㉓以國一籍臣三句　丁士涵云：「當讀『以國一籍五』句，『臣』乃『五』字誤。『君守布萬兩』句，『右』乃『君』字誤。『而後籍麻』句，『麻十倍其賈』句」，「今本『籍麻』二字誤乙，又脫『麻』字，衍『四』字」。「『衍』字係校語羼入」。雖校訂如此，但仍文意難曉，語句顯有脫誤，語譯且付闕如。㉔以重布決諸侯賈　謂以此貴價布帛與各諸侯國進行交換，則需在布帛價格上減去進口物資的費用，方為贏利之數。重布，指貴價布帛。㉕故　舊時；往日。㉖是故輕軼於賈穀制畜者二句　此二句語意難明，疑有脫訛。從郭沫若說：「『輕』下脫『重』字。『則物』當為『財物』。『輕重』與『財物』對文。『軼』與『佚』通，失也。賈穀制畜之道失其權衡，則財物之生聚失其時會。」語譯姑從之。㉗湯　古「盪」字。推動。㉘注　注入；引導。㉙物之生未有刑二句　何如璋云：「物之生，其形未著。乃物之原也。能守其原，則王霸之功立焉。」刑，通「形」。形象。㉚數　指運用輕重之術這一原則的理財方法。㉛蹺　拳曲不伸；局促拘束。㉜源究　本原與終結。

【語　譯】管子詢問桓公說：「齊國的幅員有多少里？」桓公說：「方五百里。」管子說：「平陰堤防與境內長城的占地，就有國土的三分之一，不是生產五穀的地方。海莊、龍夏一帶，禽獸牛羊棲息之地，也占國土的四分之一；海潮包圍，潮水吞沒的國土，也占五分之一。這些都不是生產五穀的地方。既然如此，那麼，君主豈不是一個寄食於別國的君主嗎？」桓公驚懼地站起來說：「那麼，對此怎麼辦呢？」管子回答說：「巧妙地運用理財的號令，可以作為強國的基礎。君主若以徵收貨幣為務，商賈便會操縱國家的經濟動向；君主若以徵收糧食為務，地主便會操縱國家的根本。君主若是發號施令，使左右四方的貨物流通，都由國家控制，那麼，貨物的生產狀況，我們便早已瞭解了，貨物的消費狀況，我們便早已瞭解了，貨物的價格變化，我們便早已瞭解了。」管子又說：「長城以南是魯國，長城以北是齊國。兩國在多次武裝衝突中，齊國都把孤立突出的地帶割讓給了魯國。因而齊國的山地依舊是山，水澤依舊是水，都是生長柴草的鹽鹼地。」桓公說：「解決『寄食之主』以及國土被割問題，也有什麼辦法嗎？」管子回答說：「要控制三項來源。」桓公說：「什麼是三項來源？」管子回答說：「君主要控制布，便需徵收麻，麻價若是十倍，布價便將是五十倍。這是一定之理。君主若想從絲織物上獲取利潤，便需預先徵收細絲。倘能在細絲未成之前就徵收細絲，進而再控制絲織物，便可以得到二十倍的贏利。倘能如此，便不需徵收糧食稅了。所以，想從布帛上獲取收益，便要控制絲麻；想取得補償糧食稅的收益，便要控制可供種桑養蠶的山地；想從畜牧方面獲取收益，便要控制可供牧養的郊野。在貨物生產的最早時期便加以徵收，並善於運用號令就行了。」桓公說：「好。」管子又說：「如果布價到了五十倍，您用這種高價布出口，除去同諸侯國互換的商品的價格，這樣，仍然會比齊國舊時的收入增加二十倍。因此，如果貨幣與糧食的制蓄之道權衡失誤，財物的生聚，便會喪失時機。善於治國的君主，掌握國家的財政，都是用物價漲跌來推動生產，用號令緩急來引導流通，利潤可以由一而變成為百。不需向百姓徵收、索取，而財用如同河海之水，終而又始，源源不絕。這就叫作控制物資而駕馭天下。」桓公說：「那麼，無可以變為有嗎？貧可以變為富嗎？」管子回答說：「物資初生還沒有成形的時候，正是王霸之君建立功業的時機。因此，用人為的措施，直接向百姓徵稅，百姓便成了重要方面；用輕重之術去徵取物資稅，物資便成了重要方面。」桓公說：「這話如何解釋呢？」管子回答說：「全國物價如果一致，便沒有財利可圖；全國物價如果相差為十，贏利便將有百倍。那麼，我們如果運用號令的緩急加以控制，便會像左手轉給右手，右手轉給左手，外內沒有牽掣，終身沒有虧損。王霸之君，不向百姓直接徵取，而是謀求掌握物資生產的最初階段，控制四時物價的漲跌，號令的緩急而已。源泉的供水也有枯竭，鬼神的活動也有停歇，掌握了物資生產的最初階段，便可以終身受用不盡。這就是理財問題的本原與終結。」

輕重戊　第八十四

【題解】此為《管子》第八十四篇，亦為《管子》「輕重十九篇」中的第十七篇。題為「輕重戊」，意即「輕重專論」第五篇。和〈輕重甲〉、〈輕重乙〉、〈輕重丁〉諸篇一樣，都是闡釋輕重之術的文字。全文七章，也都是各自獨立成文，每章討論一個問題，同是屬於雜記體例。

然特異之處，也可謂為有二。第一，本文所議「輕重之策」，已經大大超出本書前面曾多次涉及的市場流通、物價調控等問題，而擴展到了政治、軍事等方面。諸如伏羲畫八卦，作九九之數，神農教種五穀，燧人氏鑽燧取火，黃帝童山竭澤，有虞置社為閭，乃至當今「弱強繼絕」，率諸侯以尊周祀等等。總之，自從盤古開天地，三皇五帝到於今，大凡治國治民之術，無不包容其中。第二，本文議論甚為集中，七章中竟有五章是議論運用「輕重之策」，誘使鄰國就範，由實行經濟控制，而最後達到征服對方的目的。若將二、三兩章調個位置，則全篇行文更形緊湊。

桓公問於管子曰：「輕重安施？」管子對曰：「自理國❶虙戲❷以來，未有不以輕重而能成其王者也。」公曰：「何謂？」管子對曰：「虙戲作，造六法❸以迎陰陽，作九九之數❹以合天道，而天下化❺之。神農作，樹五穀淇山❻之陽，九州之民乃知穀食，而天下化之。燧人❼作，鑽燧生火，以熟葷臊，民食之無茲胃之病❽，而天下化之。黃帝之王，童山竭澤。有虞之王，燒曾藪❾，斬群害，以為民利；封土為社，置木為閭，始民知禮也。當是其❿時，民無慍惡不服，而天下化之。夏人之王，外鑿二十䖟⑪，韘⑫十七湛⑬，疏三江，鑿五湖，道四涇⑭之水，以商⑮九州之高，以治九藪，民乃知城郭、門閭、室屋之築，而天下化之。殷人之王，立皁牢⑯，服牛馬，以為民利，而天下化之。周人之王，循六法，合陰陽，而天下化之。」公曰：「然則當世之王者何行而可？」管子對曰：「并用而毋俱盡也。」公曰：「何謂？」管子對曰：「帝王之道備矣，不可加也。公其行義⑰而已矣。」公曰：「其行義奈何？」管子對曰：「天子幼弱⑱，諸侯亢強，聘享⑲不上。公其弱強繼絕，率諸侯以起周室之祀。」公曰：「善。」

【章　旨】此章言輕重之策的施行方法。

【注　釋】❶理國　治國。❷慮戲　即「伏羲」。❸六法　指八卦。聞一多云：「八卦古有六法之稱（六爻之義蓋本如此）。此曰『慮戲作造六法』，下文曰『周人之王循六法』，謂慮戲始作卦而文王演之耳。」原文為「六峜」。洪頤煊云：「『峜』當作『㳒』，『㳒』古文『法』字。」下文「周人之王循六法」，「法」字原文作「峜」。❹九九之數　算法名。《漢書・梅福傳》：「臣聞齊桓公之時有以九九見者。」顏師古注：「九九，算術，若今《九章》、《五曹》之輩。」❺化　改變；轉化。意謂聽從統治。❻淇山　地名。未詳所指。❼燧人　原文為「黃帝」。張佩綸云：「『黃帝作』當作『燧人作』，涉下『黃帝之王』而誤。句容陳立《白虎通疏證》亦以《管》書誤『燧人』為『黃帝』。」❽茲胃之病　食物中毒症。原文為「茲胃」。馬元材云：「『茲』當作『玆』。」《玉篇・玄部》云：「玆，濁也，黑也。」意猶「毒」。❾曾藪　即「層藪」。叢生的草木。❿其　之。⑪䖟　同「巟」。大川。《說文》：「巟，水廣也。」⑫韘　借為「渫」。淘去污泥。⑬湛　指泥沙積滯。⑭四涇　即四瀆。

指江、淮、河、濟。《爾雅．釋水》：「江、淮、河、濟為四瀆。四瀆者，發源注海者也。」⑮商　商度；估量。《說文》：「商，從外知內也。」⑯皁牢　指牛馬欄圈。⑰義　意猶「適宜」。⑱幼弱　此指缺乏經驗，舉事手段軟弱。⑲聘享　指問候進貢。聘，拜問。享，進獻。

【語譯】桓公詢問管子說：「輕重之術如何施行？」管子回答說：「自治國之事，從伏羲氏開始以來，沒有不運用輕重之術，而能成就王業的人。」桓公說：「這話如何解釋？」管子回答說：「伏羲居位，設計八卦來預測陰陽，創立九九算法，來應合天道，從而使天下順從。神農氏居位，在淇山南部一帶種植五穀，九州人民，從此懂得食用五穀，因而天下順從。燧人氏居位，鑽燧取火，熟用葷臊食物，人們進食之後，再也沒有中毒之苦，進而天下順從。黃帝君臨天下，伐光山林，枯竭水澤。虞舜君臨天下，燒光草叢，消滅群害，為民興利；建立土神社廟，設置里巷大門，開創了使人民懂得禮儀的時代。當此之時，人們之間，沒有怨恨、兇惡和抗爭，是以天下順從。夏代治理天下，新開二十條河流，挖通十七條河道，疏浚三江，闢鑿五湖，引通四瀆之水；依據九州地勢，整治九大湖澤。人民懂得了城郭、里巷、房屋的建築，因而天下順從。殷代治理天下，設置欄圈，畜養牛馬，為民謀利，因而使天下順從。周代治理天下，遵循事物規律，應合陰陽變化，是以使天下順從。」桓公說：「那麼，當代要成就王業的君主，怎樣施行才好？」管子回答說：「兼用而不可全盤照抄。」桓公說：「這話如何解釋？」管子回答說：「上述所言帝王之道業已詳備，不必另增。君上只需行其所宜而已。」桓公說：「怎樣行其所宜？」管子回答說：「當今天子懦弱，諸侯勢力過強，諸侯不向天子進貢。君上宜削弱過強的諸侯，扶植將被滅絕的小國，率領天下各國，來振興周王室的宗廟祭祀。」桓公說：「講得好。」

桓公曰：「魯梁❶之於齊也，千穀❷也，蠭螫❸也，齒之有脣❹也。今吾欲下魯梁，何行而可？」管子對曰：「魯梁之民俗為綈❺。公服綈，令左右服之，民從而服之。公因令齊勿敢為，必仰於魯梁，則是魯梁釋其農事而作綈矣。」桓公曰：「諾。」即為服於泰山之陽❻，十日而服之。管子告魯梁之賈人曰：「子為我致綈千匹，賜子金三百斤。什至而金三千斤。」則是魯梁不賦於民，財用足也。魯梁之君聞之，則教其民為綈。十三月，而管子令人之魯梁❼。魯梁郭中之民，道路揚塵，十步不相見，曳繑❽而踵相隨，車轂齺❾，騎連伍❿而行。管子曰：「魯梁可下矣。」公曰：「奈何？」管子對曰：「公宜服帛，率民去綈。閉關，毋與魯梁通使。」公曰：「諾。」後十月，管子令人之魯梁，魯梁之民餓餒相及⓫，應聲之正⓬無以給上。魯梁之君，即令其民去綈修農。穀不可以三月而得。魯梁之人糴十百，齊糶十錢。二十四月，魯梁之民歸齊者十分之六。三年，魯梁之君請服。

【章　旨】此章言齊桓誘使魯梁治綈棄農，終亡其國。

【注　釋】❶梁　國名。但齊桓公時，齊魯附近並無梁國。此處「魯梁」連稱，且謂均在「泰山之陽」，著者只是信手借來以說明其所謂輕重之策的實例而已。❷千穀　諸家解釋不一，原文疑有訛誤。語譯姑從朱長春說。即：「『千』即『阡』。阡之穀兩畔爭食之，比於鄰界也。」❸逢螫　即「蜂螫」。指蜂射人致毒。比喻國交破裂時，魯梁常為齊患。尹知章注：「『逢』，古『蜂』字。螫音尸亦反。言魯梁二國常有齊患也。」❹齒之有脣　意謂相互依藉。比喻國交和睦時，則兩相依靠。❺綈　絲織物之一。尹知章注：「綈，徒奚反。繒之厚者謂之綈。」❻為服於泰山之陽　謂齊桓公在泰山南部一帶大肆張揚，提倡作綈質衣服。尹知章注：「魯梁二國，在泰山之南。故為服於此，近其境也，欲魯梁人速知之。」❼令人之魯梁　謂派人前往魯梁二國，密探其國內情況。之，往；到。❽曳縞　即「曳屩」。引鞋；拖步。意謂魯梁城中人多擁擠，行人只能緩步而前。原文為「絏繑」。王念孫云：「『繑』與『屩』同。『絏』當作『曳』。曳，引也。言引屩而踵相隨也。今作『絏』者，因『繑』字而誤加糸耳。」❾車轂齺　謂車輛極多，互有碰撞。齺，擊。❿騎連伍　指馬匹極多，只得並列而行。⓫相及　謂相連不斷。尹知章注：「相及，猶相繼也。」⓬應聲之正　指官府一聲令下，即可及時交納的賦稅。正，通「征」。賦稅。

【語　譯】桓公說：「魯國梁國，對齊國而言，是『阡穀』相鄰之國，是『蜂螫』為患之國，也是齒唇相依之國。現在我想征服魯梁二國，怎樣作才恰當呢？」管子回答說：「魯梁二國的人民，習慣於織綈為業。君上穿上綈料衣服，命令左右近臣也都穿上，百姓便會跟隨穿用。君上接著通令齊國不准織綈，必須仰仗魯梁進口。這樣，魯梁二國便會拋開農事而爭著織綈了。」桓公說：「好。」隨即便在泰山之南製作綈服，十天就製成穿上了。管子便對魯梁二國的商人說：「你們替我收購綈一千匹，賞賜你們金三百斤。購集十倍綈，則賞金三千斤。」這樣一來，魯梁不向百姓徵收賦稅，國家財用也會足夠了。魯梁二國的君主聽到這個信息，便指使百姓織綈。過了十三個月，管子派人往魯梁二國探聽情況。魯梁城中人口聚集，道路塵土飛揚，十步之內，彼此都看不清面目。步行的，踵武相隨；乘車的，車輪相撞；騎馬的，馬兒並列而行。管子說：「魯梁二國可以攻占了。」桓公說：「如何行動呢？」管子回答說：「君上應當改穿帛料服裝，引導臣民拋棄綈服。並且封閉關卡，不與魯梁通往來。」桓公說：「好。」十個月以後，管子又派人到魯梁探聽，魯梁的人民，陷於飢餓的，接連不斷，本當應聲而至的正常賦稅，也無法上交。魯梁的國君，當即下令百姓拋開織綈，修治農事。但糧食卻不能在三、兩個月內獲得。魯梁的人買糧，每石價一千，齊國的糧價，每石僅十錢。兩年之後，魯梁的人民，歸附齊國的有十分之六。三年之後，魯梁的國君，也要求歸順。

桓公問管子曰：「民飢而無食，寒而無衣，應聲之正，無以給上，室屋漏而不治❶，牆垣壞而不築，為之奈何？」管子對曰：「沐❷塗樹之枝❸也。」桓公曰：「諾。」令謂左右伯❹沐塗樹之枝。左右伯受沐，塗樹之枝闊❺。其年❻，民被白❼布，清中而濁❽，應聲之正有以給上，室屋漏者得治，牆垣壞者得築。公召管子問曰：「此何故也？」管子對曰：「齊者，夷萊之國也。一樹而百乘息其下者，以其不捎❾也。眾鳥居其上，丁壯者胡丸❿操彈居其下，終日不歸。父老柎枝⓫而論，終日不歸。歸市亦惰倪⓬，終日不歸。今吾沐塗樹之枝，日中無尺寸之陰，出入者長時⓭，行者疾走，父老歸而治生，丁壯者歸而薄⓮業。彼⓯臣歸其三不歸，此以鄉⓰不資也。」

【章旨】此章言運用「沐塗樹之枝」一策，促使農民「治生」、「薄業」。

【注釋】❶不治　指懶於修理。原文為「不居」。王念孫云：「『居』當為『治』，字之誤也。《齊民要術》一、《太平御覽》一引此，竝作『治』。下文『室屋漏者得居』二書『居』亦作『治』。」馬元材云：「『居』無治義，亦無由誤為『治』字。疑是『⿸尸又』字之誤。《玉篇》：『⿸尸又，玆力反，音即，理也。』理，即治也。」錄供參考。❷沐　整治。此謂剪除、砍削。❸塗樹之枝　謂道路兩旁的樹枝。塗，通「途」。❹伯　此指王卒中的小頭目。❺闊　稀疏。❻其年　即「期年」。一週年。其、期古字通用。❼白　通「帛」。絲織物的總稱。❽清中而濁　對應上文「飢而無食」而言。意謂虛空的肚中，得到了充實。清，指空虛。濁，指充實。❾不捎　謂樹枝沒有砍掉。捎，芟除。原文為「堉」。此據宋本改。❿胡丸　懷丸；持丸。胡，通「⿰衤胡」。馬瑞辰《毛詩傳箋通釋》云：「⿰衤胡蓋亦懷意。」⓫柎枝　意即扳枝。柎，通「拊」。猶「撫」。⓬惰倪　意謂懈怠疲困而斜倚樹下休息。倪，通「睨」。偏斜。⓭出入者長時　謂因「日中無尺寸之陰」，出入之人，無處可以休息，故而重視時間，爭取提前回家。下文「行者疾走」，亦即此意。長時，珍惜時光。⑭薄　勸勉。《方言》：「薄，勉也。」⑮彼　義猶「夫」。語助詞。下文「彼金錢人之所重也」之「彼」，同此例。⑯鄉　同「嚮」。往日。

【語譯】 桓公問管子說：「百姓飢餓無食，寒冷無衣，本當應聲而至的賦稅，無法向朝廷交納，房屋漏雨而懶於修繕，牆垣崩垮而不肯築補，對於這種狀況，應該怎麼辦呢？」管子回答說：「應該砍掉道路兩旁的樹枝。」桓公說：「好。」便下令叫左右伯砍掉路旁的樹枝。左右伯遵命砍削後，路旁的樹木枝葉闊然稀疏了。一年之後，百姓穿上了帛布衣服，吃上了五穀，應聲而至的正常賦稅有了上交，破漏的房屋得到了修繕，崩垮的牆垣得到了築補。桓公召見管子而問道：「這是什麼緣故呢？」管子回答說：「齊國，本是夷萊之族的國家。一棵大樹底下，往往停有上百輛的車，就是因為樹枝不剪可以遮蔭。群鳥聚居樹上，青壯年挾丸持弓，在樹下打鳥，整天不歸。老年人扳倚樹枝閒談不倦，也是整天不歸。趕集返回的人們，因疲困而躺臥樹下，也是整天不歸。如今我們砍掉了路旁的樹枝，赤日當空，路旁沒有尺寸陰涼之地，趕集者珍惜時光，過路者快速行走，老年人回家管理生計，青壯年回家盡力本業。我之所以要使『三不歸』者都迅速歸家，就是因為這『三不歸』，曾經把百姓弄得衣食不繼的緣故。」

桓公問於管子曰：「萊、莒與❶柴田相并❷，為之奈何？」管子對曰：「萊、莒之山生柴，君其率白徒之卒❸鑄莊山之金以為幣，重萊之柴賈❹。」萊君聞之，告左右曰：「金幣者，人之所重也。柴者，吾國之奇出❺也。以吾國之奇出，盡齊之重寶，則齊可并也。」萊即釋其耕農而治柴。管子即令隰朋反農❻。二年，桓公止柴。萊、莒之糴三百七十，齊糴十錢，萊、莒之民，降齊者十分之七。二十八月，萊、莒之君請服。

【章　旨】此章言齊用誘使萊莒廢農治副之策，而制服萊莒。

【注　釋】❶與　猶「以」。❷柴田相并　謂發展柴薪副業與種田務農並重，經濟全面發展。王紹蘭云：「『柴』者『茈』之假字。〈輕重丁〉：『昔萊人善染，練茈於萊純錙。』其證也。」錄供參考。❸白徒之卒　新徵入伍而未經訓練的士卒。❹重萊之柴賈　謂人為地抬高萊、莒的柴薪價格。賈，通「價」。❺奇出　富有的出產。奇，奇羨；贏餘。❻反農　謂使「鑄莊山之金」的「白徒之卒」返回務農。反，同「返」。

【語　譯】桓公向管子詢問道：「萊、莒兩國，以發展山林柴薪與種田務農同時並重，這該如何對付呢？」管子回答說：「萊、莒兩國的山地出產柴薪，君上可以率領新徵入伍的士兵，冶鍊莊山的銅礦作為貨幣，藉以抬高萊、莒兩國柴薪的收購價格。」萊國君主聽到信息之後，對左右近臣說：「金幣，這是人人看重的。柴薪，這是我國富有的物資。用我國富有的物資，換盡齊國的錢幣，齊國便可以被吞併了。」萊國隨即拋開種田務農而經營柴薪。管子隨後便命令隰朋撤回士卒務農。兩年之後，桓公下令停止收購柴薪。萊、莒的買糧價格，高達每石三百七十錢，齊國的賣糧價格，每石僅十錢，萊、莒的百姓，歸降齊國的有十分之七。過了二十八個月，萊、莒的國君也都請求歸服。

桓公問於管子曰：「楚者，山東❶之強國也，其人民習戰鬥之道。舉兵伐之，恐力不能過。兵弊於楚，功不成於周，為之奈何？」管子對曰：「即以戰鬥之道❷與❸之矣。」公曰：「何謂也？」管子對曰：「公貴買其鹿❹。」桓公即為百里之城❺，使人之楚買生鹿。楚生鹿當一而八萬。管子即令桓公與民通輕重，藏穀什之六。令左司馬伯公❻將白徒而鑄錢於莊山，令中大夫王邑載錢二千萬，求生鹿於楚。楚王聞之，告其相曰：「彼金錢，人之所重也，國之所以存，明王之所以賞有功。禽獸者，群害也，明王之所以棄逐也。今齊以重寶貴吾群害，則是楚之福也。天且以齊私楚也。子告吾民，急求生鹿，以盡齊之寶。」楚人即釋其耕農而田鹿❼。管子告楚之賈人曰：「子為我致生鹿二十，賜子金百斤；什至而金千斤也。」則是楚不賦於民而財用足也。楚之男子居外，女子居涂❽。隰朋教民藏粟五倍，楚以生鹿藏錢五倍。管子曰：「楚可下矣。」公曰：「奈何？」管子對曰：「楚錢五倍。其君且自得而修穀，錢五倍，是楚強也。」桓公曰：「諾。」因令人閉關，不與楚通使。楚王果自得而修穀。穀不可三月而得也，楚糴四百。齊因令人載粟處芊❾之南，楚人降齊者十分之四。三年而楚服。

【章　旨】此章言齊用誘使楚國棄農獵鹿之策，而使楚降服。

【注　釋】❶山東　謂函谷關以東。齊桓公本不當稱楚為「山東之強國」，馬元材謂「此亦著者身在長安，無意中露出之一破綻」。❷戰鬥之道　這是接應上文桓公所謂「戰鬥之道」而言，彼謂軍事戰鬥，此指經濟競爭，形式雖有不同，兼併實質則一。❸與　當；敵。❹鹿　此為楚地特產，從長沙馬王堆漢墓出土物中，可以得到證明。高耀亭在其〈馬王堆一號漢墓隨葬品中供食用的獸類〉一文（載一九七三年《文物》第九期）中有詳盡論述。❺城　此指築有圍牆的區域、苑囿。❻伯公　此與下文中的王邑、王師北，均為假託的人名。❼田鹿　獵取野鹿。田，通「畋」。打獵。❽女子居涂　猶「室無處女」之意。

居涂，即「居途」。在路途奔忙。❾芊　假託的地名。

【語　譯】桓公向管子詢問道：「楚國是山東境內的強國，楚國人民習慣於戰鬥之道。出兵攻伐，恐怕實力不能勝過。要是兵既敗於楚國，又不能在周天子面前建立功勞，那該怎麼辦呢？」管子回答說：「就用戰鬥之道對付吧。」桓公說：「這話怎麼理解呢？」管子回答說：「君上可用高價購買楚國的野鹿。」桓公便建造百里鹿苑，準備派人到楚國購取活鹿。楚國的活鹿，是一頭價值八萬。管子首先使桓公與民間通過買賣措施，儲積了國內糧食的十分之六。接著便派遣左司馬伯公，率領新徵士卒，到莊山鑄造銅幣。然後叫中大夫王邑，攜帶錢幣二千萬，前往楚國購買活鹿。楚王聽到這個信息之後，告知國相說：「金錢，是人人都看重的，國家賴以生存，明主賴以賞賜功臣。禽獸，是一群害人之物，明主因而將其棄逐。如今齊國要用高價貴寶，來收購我們的一群害人之物，這是楚國的福氣。天公將把齊國暗中送給楚國了。請你告訴全國人民，趕快獵取活鹿，用來換盡齊國的財寶。」楚國百姓，便都拋開種田務農，而去獵取野鹿。管子告訴楚國商人說：「你替我收購活鹿二十頭，我賞你黃金百斤；加收十倍，便賞金千斤。」這樣一來，楚國不向百姓徵收賦稅，國家財用也會充足。楚國的男子因捕鹿而居處野外，女子也在路途奔忙。結果是隰朋讓齊國百姓儲糧增加了五倍，楚國靠出售活鹿儲金增加了五倍。管子說：「楚國可以征服了。」桓公說：「怎麼回事？」管子回答說：「楚國只是貨幣增加了五倍。但楚君將以自得的心情來經營糧食，以為貨幣增加了五倍，這就是楚國的勝利。」桓公說：「對。」於是派人封閉邊關，不再跟楚國互通經濟往來。楚王果然自鳴得意地再來經營糧食。但糧食生產不可能在三、兩個月內便有收成，因而楚國的買糧價，每石高達四百。齊國便派人運載糧食到芊南，低價出售，楚人歸降齊國的達十分之四。時僅三年，楚國就降服了。

桓公問於管子曰：「代國❶之出，何有？」管子對曰：「代之出，狐白❷之皮。公其貴買之。」管子曰❸：「狐白應陰陽之變，六月而壹見。公貴買之，代人忘其難得，喜其貴買，必相率而求之。則是齊金錢不必出，代民必去其本而居山林之中。離枝❹聞之，必侵其北。離枝侵其北，代必歸於齊。公其❺令齊載金錢而往。」桓公曰：「諾。」即令中大夫王師北將人徒、載金錢，之代谷之上，求狐白之皮。代王聞之，即告其相曰：「代之所以弱於離枝者，以無金錢也。今齊乃以金錢求狐白之皮，是代之福也。子急令民求狐白之皮，以致齊之幣，寡人將以來❻離枝之民。」代人果去其本，處山林之中，求狐白之皮。二十四月而不得一。離枝聞之，則侵其北。代王聞之，大恐，則將其士卒葆❼於代谷之上。離枝遂侵其北，王即將其士卒願以下齊❽。齊未亡一錢幣，修使三年而代服。

【章　旨】此章言齊用誘使代國棄農獵狐之策，而使代降服。

【注　釋】❶代國　古國名。在今河北蔚縣，與齊相距甚遠。此係作者假託之詞。❷狐白　指狐腋下之皮，其毛純白。❸管子曰　陶鴻慶曰：「『管子曰』上當有桓公問辭，而今本脫之。」❹離枝　古國名。在今河北灤縣與遷安一帶，與齊相距亦甚遠。此係作者假託之詞。❺其　當；宜。原文為「因」。王念孫云：「『公因』當為『公其』。上文曰『君其鑄莊山之金以為幣』，下文曰『公其令人貴買衡山之械器而賣之』，皆其證。」❻來　招致；引來。❼葆　通「保」。保守；守護。❽下齊　居齊麾下；歸附於齊。

【語　譯】桓公向管子詢問道：「代國的特產，有些什麼？」管子回答說：「代國的特產，是狐白所拼製的皮張。君上宜用高價去購買。」管子又說：「狐腋的白毛，適應寒暑的變化，六個月才出現一次。君上用高價去購買這種皮張，代國人因為忘其難得，愛其高價，必然會絡繹不絕地去獵取。這樣，齊國的金錢，還不一定付出，代國的百姓，便一定會拋開農事，而鑽進山林之中。離枝聽到這個信息，一定會侵犯代國的北部。離枝侵犯代國北部，代國一定會歸附於齊國。君上可即派人攜帶金錢前往代國收購。」桓公說：「好。」便命令中大夫王師北率領眾人、帶上金錢前往代谷地區，購取狐白皮張。代王聽到信息，當即告知國相，說：「代國之所以比離枝要弱，就是因為沒有金錢。如今齊國卻用金錢來購取狐白皮張，這是代國的福分。請你趕快通令百姓，弄到這種狐白皮張，用來換取齊國的錢幣，我將用來招引離枝國的人民。」代國人果然拋棄農事，進入山林之中，去搜求狐白皮張。但二十四個月之後，還沒有湊成一張。離枝聽到這個消息，便準備入侵代國的北部地區。代王聽了，極為惶恐，便率領士卒守護代谷地區。離枝終於侵占了代國北部，代王隨即率領士卒自願歸降齊國。齊國未花一個錢幣，僅派使臣作了三年經濟交往，代國便降服了。

桓公問於管子曰：「吾欲制衡山❶之術，為之奈何？」管子對曰：「公其令人貴買衡山之械器而賣之。燕、代必從公而買之。秦、趙聞之，必與公爭之。衡山之械器必倍其賈。天下爭之，衡山械器必什倍以上。」公曰：「諾。」因令人之衡山求買械器，不敢辨❷其貴賈。齊修械器於衡山十月，燕、代聞之，果令人之衡山求買械器。燕、代修三月，秦國聞之，果令人之衡山求買械器。衡山之君告其相曰：「天下爭吾械器，令其賈❸再什以上。」衡山之民釋其本，修械器之巧。齊即令隰朋漕粟❹於趙。趙糴❺十五，隰朋取之石五十。天下聞之，載粟而之齊。齊修械器十七月，修糴❻五月，即閉關不與衡山通使。燕、代、秦、趙即引其使而歸。衡山械器盡，魯削衡山之南，齊削衡山之北。內自量無械器以應二敵，即奉國而歸齊矣。

【章　旨】此章言齊使衡山國賣盡兵器，無力抗禦而歸降。

【注　釋】❶衡山　國名。此係作者假託。蓋各書皆未言春秋戰國間有衡山國。秦統一後，始有衡山郡。至漢初，始有衡山國名。❷辨　通「辯」。爭辯。此指討價還價。❸賈　通「價」。原文為「買」。古本作「賈」。此依古本。❹漕粟　水道運糧。❺糶　此指糧食賣價。原文為「糴」。陶鴻慶云：「『糴』當為『糶』。」❻糴　此指收購糧食。原文為「糶」。陶鴻慶云：「『糶』當為『糴』。」

【語　譯】桓公詢問管子道：「我想找一個制服衡山國的辦法，應當如何著手？」管子回答說：「君上應當高價購取衡山的兵器而促其出售。燕、代兩國必定會跟著君上前往購買。秦、趙兩國聽到後，必定會跟君上競爭。衡山的兵器，也就必然漲價一倍。若是天下爭購，衡山兵器必將漲價十倍以上。」桓公說：「好。」於是派人前往衡山，要求購買兵器，概不爭辯價格。齊國在衡山收購兵器十個月以後，燕國、代國聽到了消息，果然也派人前往衡山要求購買兵器。燕國、代國從事收購三個月以後，秦國聽到了消息，果然也派人前往衡山，要求購買兵器。衡山國君對國相說：「天下各國爭買我國兵器，應把價格提高二十倍以上。」衡山的百姓，便都拋開農事，而去從事兵器工藝。齊國隨後又派隰朋到趙國購運糧食。趙國的賣價是每石十五錢，隰朋用每石五十錢的高價購取。天下各國聽到後，都運糧到齊國出售。齊國收購兵器十七個月，收購糧食五個月以後，便封閉了邊關，不再與衡山通來往。燕國、代國、秦國、趙國，隨即也召回了各自在衡山的使者。衡山的兵器賣光之後，魯國想分割它的南部，齊國想分割它的北部。衡山自度沒有兵器用來對付兩個敵國，便拱手進獻國土，而歸降齊國了。

輕重己 第八十五

【題解】此為《管子》第八十五篇，亦為《管子》「輕重十九篇」中的第十八篇。題為「輕重己」，意即「輕重專論」第六篇。但本篇所記，旨在時政。全文十章，首章總言曆令生成四時，四時生成萬物，聖人依此調攝事物，治理天下。第二至九章則分論天子春、夏、秋、冬四時之政令與生業。末章總結春耕、夏耘、秋穫、冬藏諸事，兼及習戰，昭示寓兵於農之意。章法之井然，內容之獨異，於〈輕重甲〉、〈輕重乙〉諸篇中，頗見特色。

何如璋云：「〈輕重己〉一篇，專記時令。」「乃上古時政之紀。」「非輕重之言。」馬元材則云：「〈輕重〉諸篇，屢言守時之重要，又曰：『王者以時行。』況輕重之對象為萬物，而萬物生於四時，何得謂時令與輕重無關。」「以前各篇所論，皆以通輕重為主，即專注意於現有財物之再分配，本篇則注意於財物之生產。」「通輕重固為治國之妙術，而若無四時所生之萬物，則雖有妙術，亦將無施展之可能。」兩說相較，後者似更引人信從。

清神❶生心，心生規，規生矩，矩生方，方生正，正生曆，曆生四時，四時生萬物。聖人因而理❷之，道徧❸矣。

【章旨】此章言萬物生成的原因及聖人治世之道的理論依據。

【注釋】❶清神 即「精神」。清，「精」的假字。此章所言，精神生成萬物之說，反映了作者的思維觀點。❷理 治理；調攝。❸徧 周遍；完備。

【語　譯】精神生成思慮，思慮生成規，規生成矩，矩生成方，方生成正，正生成時曆，時曆生成四時，四時生成萬物。聖人依據這個原則，來調攝事物，治世之道，自然就完備了。

以冬日至始❶，數四十六日❷，冬盡而春始。天子東出其國❸四十六里而壇，服青而絻❹青，搢玉忽❺，帶玉監❻，朝諸侯卿大夫列士，循❼於百姓，號曰祭日，犧牲以魚。發號❽出令曰：「生而勿殺，賞而勿罰，罪獄勿斷，以待期年❾。」教民樵室❿鑽燧，墐竈泄井，所以壽民也。耜、耒、耨、欘⓫、鉊⓬、鉤⓭、乂⓮、欋⓯、穫渠⓰、繩緤⓱，所以御春夏之事也，必具。教民為酒食，所以孝敬也。民生而無父母，謂之孤子；無妻無子，謂之老鰥；無夫無子，謂之老寡。此三人者，皆就官而聚⓲。可事者不可事者，食⓳如言而勿遺。多者為功，寡者為罪，是以路無行乞者。路有行乞者，則相之罪⓴也。天子之春令也。

【章　旨】此章言「天子之春令」，重點在動員人力物力，準備春耕。

【注　釋】❶以冬日至始　《太平御覽・時序部》十三引此句作「以冬至之日始」。冬日至，即「冬至日」。❷數四十六日　謂從冬至日夜半子時起順數，歷四十五日而冬盡，又過一日而立春，故合數為四十六日。❸國　此指都城。周時，近郊五十里。❹絻　同「冕」。此指天子所戴的禮帽。❺搢玉忽　插著玉笏。搢，插。玉忽，即「玉笏」。玉製笏版。原文為「玉總」。朱本作「玉揔」。王念孫云：「『總』與『揔』皆『忽』之譌。『忽』即『笏』字也。」❻帶玉監　謂以玉鑑為帶上之飾。監，同「鑑」。鏡。❼循　亦作「徇」。當眾宣示。❽發號　發布號令。古代發令於眾，多用傳呼方法，故有此稱。原文為「發」。

古本作「發號」。此依古本。❾期年　一年。古時行刑，始於秋分以後，盡冬月而止。此為春日發令，接近一年。❿樵室　以火烤屋。樵，本指柴薪，此指用柴燒火。《公羊傳・桓公七年》：「焚之者何？樵之也。」注：「以樵燒之，故因謂樵之。樵之，齊人語。」⓫欘　指钁類農具。原文為「懷」。丁士涵謂：「『欘』字之誤。」⓬鉊　鐮刀。⓭鉤　指長柄鐮刀。原文為「鉛」。丁士涵謂：「『鉤』字之誤。」⓮乂　通「刈」。鐮刀之一。原文為「叉」。王念孫謂：「當為『乂』，『乂』與『刈』通。」⓯櫌　鋤柄。《釋名・釋用器》：「(鋤)齊人謂其柄曰櫌。」⓰穫渠　馬元材謂為「護渠」之誤。指防雨蓑衣。原文為「權渠」。王念孫云：「『權渠』下文作『穫渠』，未詳。」⓱繩緤　指田索之類。繩，原文為「緄」。王念孫謂：「即『繩』字之誤。」緤，指繩索。原文為「絭」。古本、劉本、朱本均作「緤」。此依古本。⓲聚　聚集。此指收養。⓳食　指由官府供給的口糧。⓴相之罪　因為國相總管朝廷行政事務，今「路有行乞者」，是官府收養有失，故云。相，此指國相。

【語　譯】從冬至日開始，歷數四十六天，冬盡而春來。天子向東走出都城四十六里而立壇，穿上青衣，戴上青帽，插上玉笏，佩上玉鏡，朝會諸侯卿大夫列士，向百姓宣示政令，宣告祭祀太陽，用魚作為祭品。天子發布政令說：「這段期間宜生而不宜殺，宜賞而不宜罰，罪獄不宜判決，可以延待年終。」應當督促百姓薰烤屋室，鑽燧取火，塗抹竈污，掏除井泥，用來增進人民健康。耜、耒、耨、欘、鉊、鉤、乂、櫌、穫渠、繩緤等農事用具，是用來從事春耕夏耘的，必須置備。教育百姓置辦酒宴，用以孝敬親長。人們自幼便無父母的，稱為孤兒；至老而無妻無子的，稱為老鰥；至老而無夫無子的，稱為老寡。這三種情況的人，都可依靠官府收養。可以做事的也好，不可以做事的也好，糧食供應，都應按照他們自報的情況處理，而不可遺棄。收養多的有功，收養少的有罪，因此，路途沒有乞討的人。如果發現路途尚有乞討的人，便要歸罪於國相。這便是天子「春令」的內容。

以冬日至始，數九十二日，謂之春至❶。天子東出其國九十二里而壇，朝諸侯卿大夫列士，循於百姓，號曰祭星。十日之內，室無處女❷，路無行人。苟不樹藝者，謂之賊人；下作之地❸，上作之天，謂之不服❹之民；處里為下陳❺，處師為下通❻，謂之役夫❼。三不樹❽而主使之❾。天子之春令也。

【章　旨】此章言「天子之春令」，重點在驅使惰民歸農。

【注　釋】❶春至　即春分。❷室無處女　謂女子也需忙於田間勞動。處女，此與下文「行人」相對為文。意猶閒居女子。❸下作之地　謂雖事樹藝，但態度敷衍，任作物隨地力生長而已。作，生長。之，於。❹不服　即「不事」。❺下陳　下列；下等。❻下通　意同「下陳」。通，行；列。❼役夫　指鄙賤之徒。此為詈罵之辭。《左傳・文公元年》：「呼！役夫！宜君王之欲殺女（汝）而立職也。」杜預注：「呼，發聲也；役夫，賤者稱。」❽三不樹　指上述三種不努力耕田種桑的惰民。即賊人、不服之民、役夫。❾主使之　謂當由主田之官強制使之歸於農事。

【語　譯】從冬至日開始，歷數九十二天，就是春分。天子向東走出都城九十二里而立壇，朝會諸侯卿大夫列士，向百姓宣示政令，宣告祭祀星辰。春分後十日之內，要求家中沒有閒居的女子，路途沒有遊蕩的男人。倘有不從事農耕的，就稱為「賊人」；下只依靠地力長莊稼，上只盼望天時生五穀，這就叫做「不服之民」；在鄉里事農為下等，在軍中戰績為下等，這種人叫作「役夫」。這三種不努力耕作的惰民，都應由主田之官強制使其歸於農事。這便是天子「春令」的內容。

以春日至❶始，數四十六日，春盡而夏始❷。天子服黃而靜處，朝諸侯卿大夫列士，循於百姓，發號出令曰：「毋聚大眾，毋行❸大火，毋斷大木❹，毋斬❺大山，毋戮❻大衍❼。滅三大而國有害也。」天子之夏禁也。

【章　旨】此章言「天子之夏禁」。

【注　釋】❶春日至　即「春至日」。指春分。❷夏始　即立夏。自春分起，經一個半月，時即「立夏」。❸行　此指引發、施放。如「燒山林」、「焚沛澤」，皆可謂「行大火」。❹毋斷大木　原文此句下有「誅大臣」一語。俞樾云：「案『誅大臣』三字衍文也。此蓋以『斷大木』、『斬大山』、『戮大衍』為『滅三大』。其上文『聚大眾』、『行大火』，非滅之也，故不數也。若加『誅大臣』，則為滅四大矣。」❺斬　鑿。此指開闢、開墾。❻戮　殺戮。此謂砍光、夷平。❼衍　沼澤。

【語　譯】從春分開始，歷數四十六天，春盡而立夏。天子當穿戴黃色服飾，而恪守清靜，朝會諸侯卿大夫列士，並向百姓宣示，傳布政令說：「不許聚會眾人，不許引發大火，不許砍伐大樹，不許開墾大山，不許夷平大澤。夷滅上述三大，是有害於國家的。」這就是天子夏時的禁令。

以春日至始，數九十二日，謂之夏至，而麥熟。天子祀於太宗❶，其盛❷以麥。麥者，穀之始也；宗者，族之始也。同族者入❸，殊族者處❹。皆齊大材，出祭王母❺。天子之所以主始❻而忌諱❼也。

【章　旨】此章言天子夏至祭宗，示重根本。

【注　釋】❶太宗　此指「天子」族系中的始祖。❷盛　指盛在祭器中的穀類祭品。❸入　入祭。原文為「人」。王念孫云：「『人』當為『入』」，「言同族者則入祭」。❹處　留止。❺皆齊大材二句　《漢書・五行志》謂漢時民間有抱持木薪祭祀西王母之俗。此處當是藉民間祭西王母之俗，而祭祀歷代之母，以示強調血緣關係。齊，抱持。大材，大木材。此指木薪。王母，本謂祖母。《爾雅・釋親》：「父之妣曰王母。」《禮記・曲禮下》：「王母曰皇祖妣。」❻主始　謂重視根本，重視血緣之始。❼忌諱　意謂追念祖先恩德。《周禮・小史》：「君有事則詔王之忌諱。」鄭司農云：「先王死日為忌，名為諱。」不忘先王之死日，故即祭祀追念之謂。

【語　譯】從春分開始，歷數九十二天，稱為夏至，正值新麥成熟。天子祭祀太宗，祭品即用新麥。麥是五穀中最早成熟的，宗是族系中最先出生的。同族者可以入廟致祭，異族者則當留止。但不論同族異族，都要抱持木薪，祭祀王母。這就是天子尊重血緣之始和追念祖先的表示。

以夏日至❶始，數四十六日，夏盡而秋始❷，而黍熟。天子祀於太祖❸，其盛以黍。黍者，穀之美者也。祖者，國之重者也。大功者太祖，小功者小祖，無功者無祖。有功者❹皆稱其功而立沃❺，無功❻者觀於外。祖者所以功祭❼也，非所以戚祭❽也。天子之所以異貴賤而賞有功也。

【章　旨】此章言天子立秋祭祖，示重功業。

【注　釋】❶夏日至　即「夏至日」。❷秋始　謂立秋。自夏至開始，經一個半月，時即「立秋」。❸太祖　亦作「大祖」。此謂「太廟」。指帝王的祖廟。《周禮・考工記・匠人》：「左祖右社，面朝後市。」注：「祖，宗廟。」❹有功者　原文為「無功者」。豬飼彥博云：「『無功』當作『有功』。」❺沃　通「飫」。指行宴飲禮。《國語・周語下》：「夫禮之立成者為飫，昭明大節而已。」注：「立成，立行禮，不坐也。言飫禮所以教民敬式，昭明大體而已。」❻無功　原文為「有功」。豬飼彥博云：「『有功』當作『無功』。」❼功祭　因功之祭。旨在強調功業。❽戚祭　與上文「功祭」相對而言。此指因親之祭，旨在強調血緣根本。

【語　譯】從夏至開始，歷數四十六天，夏盡而立秋，新黍成熟。天子祭祀祖廟，祭品即用新黍。黍是五穀中的佳品，祖廟是立國的重要標誌。大功者大廟，小功者小廟，無功者無廟。祭祀時有功的人，都按照各自的功績職位立行飲宴禮，無功的人，則只能在廟外觀禮。廟祭，這是因功而祭，而不是因親而祭。是天子用來區別貴賤，賞賜功臣的。

以夏日至始，數九十二日，謂之秋至❶。秋至而禾❷熟。天子祀於太惢❸，西出其國百三十八里而壇，服白而絻白，搢玉笏❹，帶錫監，吹塤箎❺之風❻，鑿動❼金石之音，朝諸侯卿大夫列士，循於百姓，號曰祭月，犧牲以彘❽。發號出令：罰而勿賞，奪而勿予。罪獄誅而勿生，終歲之罪，毋有所赦。作衍❾牛馬之實在野者，王❿。天子之秋計也。

【章　旨】此章言天子之「秋令」與「秋計」。

【注　釋】❶秋至　即秋分。❷禾　此謂粟。秦漢以前，禾皆指粟。即今小米。❸太惢　此二字究為何義，已不能詳。各家均有推測，此處姑從郭沫若說，釋為「太郊」。猶後世社稷壇之類。❹玉笏　原文為「玉總」。據王念孫說校改。解見本文第二章❺。❺塤箎　即「壎箎」。皆為古樂器。《詩・小雅・何人斯》：「伯氏吹壎，仲氏吹箎。」朱熹注：「壎音塤，箎音池，樂器。土曰壎，大如鵝子，銳上平底，似稱錘，六孔。竹曰箎，長尺四寸，圍三寸，七孔。一孔上出，徑三分。凡八孔，橫吹之。」❻風　此指歌曲、樂曲。❼鑿動　打擊；敲擊。何如璋云：「『動』與『吹』對，鑿字衍。」錄供參考。❽彘　豬。《方言》第八：「豬，關東西或謂之彘。」❾作衍　此二字置於此處，殊不可解。當是前代讀者已知「作」為衍文，故加注「衍」字於下。然此處顯有脫訛。❿王　通「旺」。興旺。似謂秋分時節，天高草肥，牛馬遍布原野的國家，必然百業興旺。

【語　譯】從夏至開始，歷數九十二天，時稱秋分。秋分而粟新熟。天子祭祀太郊，向西走出都城一百三十八里而設立祭壇，穿上白衣，戴上白帽，插上玉笏，佩上錫鏡，吹奏塤箎樂曲，敲擊鐘磬清音，朝會諸侯卿大夫列士，向百姓宣示政令，宣告祭祀月亮，祭品用豬。發布號令說：只施懲罰，不施獎賞；只行收取，不行施捨。罪案當誅的，不再給予生路，這是年終處罪，不容寬赦。此時若是牛馬遍布原野，必然百業興旺。這就是天子秋天的大計。

以秋日至❶始，數四十六日，秋盡而冬始❷。天子服黑絻黑而靜處，朝諸侯卿大夫列士，循於百姓，發號出令曰：「毋行大火，毋斬大山，毋塞大水，毋犯天之隆❸。」天子之冬禁也。

【章　旨】此章言「天子之冬禁」。

【注　釋】❶秋日至　即上文所謂「秋至」。指秋分。❷冬始　謂立冬。自秋分開始，經一個半月，時為「立冬」。❸隆　尊嚴。《荀子．臣道篇》云：「君者，國之隆也。」楊倞注：「隆猶尊也。」

【語　譯】從秋分開始，歷數四十六天，秋盡而立冬。天子穿上黑衣、戴上黑帽而恪守清靜，朝會諸侯卿大夫列士，並向百姓宣示，發布政令說：「不許引發大火，不許開墾大山，不准堵塞江河，不許冒犯上天的尊嚴。」這便是天子嚴冬法禁的內容。

以秋日至始，數九十二日，天子北出九十二里而壇，服黑而絻黑，朝諸侯卿大夫列士，號曰祭餘❶。趣❷山人斷伐，具械器；趣菹人薪❸雚葦❹，足蓄積。三月之後，皆以其所有易其所無，謂之大通三月之蓄。

【章　旨】此章言天子之「冬計」。

【注　釋】❶祭繇　原文為「發繇」。張佩綸謂：「當為『祭繇』之誤。」然「祭繇」殊不可解。郭沫若謂「不當有日月星而無辰」，此當為「『祭辰』二字」。指祭祀北極星。語譯依此。馬元材則云：「本文上言『祭日』、『祭星』、『祭月』，則此為『祭海』，實屬大有可能。」錄供參考。❷趣　催促；督促。❸薪　此為動詞。意謂割草砍樵。❹萑葦　生長在沼澤地帶的萑草與蘆葦，冬日枯萎，可用作柴薪。

【語　譯】從秋分開始，歷數九十二天，天子向北走出都城九十二里而設立祭壇，穿上黑衣，戴上黑帽，朝會諸侯卿大夫列士，宣告祭祀北極星。藉此督促山地居民砍伐木材，備足農事器械；督促沼澤地帶居民割積萑葦，儲足柴薪。三個月之後，讓人們以己所有，換取所無。這就叫作廣泛交流三個月以來的積儲物資。

凡在趣耕而不耕，民以不令❶，不耕之害也。宜芸❷而不芸，百草皆存❸，民以僅存，不芸之害也。宜穫而不穫，風雨將作，五穀以削❹，士民零落❺，不穫之害也。宜藏而不藏，霧氣陽陽，宜死者生，宜蟄者鳴，不藏之害也❻。張耜當弩，銚耨當劍戟，穫渠❼當脅軻❽，蓑笠當抹櫓❾。故耕械具則戰械備矣。

【章　旨】此章兼言耕戰，倡「寓兵於農」之法。

【注　釋】❶民以不令　謂人民境遇不佳。不令，不善；不美。❷芸　通「耘」。除草。❸百草皆存　謂田園荒蕪。存，生存；叢生。❹五穀以削　謂五穀收成受損。削，削減。❺零落　凋謝；殞落。比喻死亡。❻宜蟄者鳴二句　謂昆蟲之類本宜冬眠，蟄伏土中，不食不動，今則反而鳴唱跳躍，當是「宜藏而不藏」所造成的反常現象。蟄，蟄伏。❼穫渠　即護渠。解見本文第二章注⑯。❽脅軻　謂以皮革製成的鎧甲。❾抹櫓　疑即盾櫓或干櫓的又一名稱。抹，字書無，故付闕如。

【語　譯】凡是正在督促春耕而仍不進行春耕的地方，一定是人們因為境況不佳，這就是不事春耕帶來的危害。應當除草而不除草，以致百草叢生，百姓因而僅可維持生存，這就是不進行夏耘的危害。應當收割而不收割，一旦風雨大作，五穀便會減少收成，導致兵民飢餓而死，這就是不及時秋收的危害。應當閉藏而不閉藏，便會弄得陽氣氤氳，當死者則活，當蟄者則鳴，這就是不及時冬藏的危害。應當訓練農民，將耒耜當作弓弩，將鋤耨當作劍戟，將蓑衣當作鎧甲，將斗笠當作盾牌。這樣，農具齊全，則習戰的器械也就完備了。

輕重庚　第八十六（亡）

古籍今注新譯叢書

文學的・歷史的・哲學的・宗教的　古籍精華　盡在三民

哲學類

新譯四書讀本
新譯論語新編解義
新譯學庸讀本
新譯孝經讀本
新譯易經讀本
新譯乾坤經傳通釋
新譯周易六十四卦經傳通釋
新譯易經繫辭傳解義
新譯禮記讀本
新譯儀禮讀本
新譯孔子家語
新譯老子讀本
新譯帛書老子
新譯老子解義
新譯莊子讀本
新譯莊子本義
新譯莊子內篇解義
新譯列子讀本
新譯管子讀本
新譯墨子讀本
新譯公孫龍子
新譯晏子春秋
新譯鄧析子
新譯荀子讀本
新譯尹文子
新譯尸子讀本
新譯鶡冠子
新譯鬼谷子
新譯韓非子
新譯呂氏春秋
新譯韓詩外傳
新譯淮南子
新譯春秋繁露
新譯新書讀本
新譯新語讀本
新譯潛夫論
新譯論衡讀本
新譯申鑒讀本
新譯人物志
新譯張載文選
新譯近思錄
新譯傳習錄
新譯呻吟語摘
新譯明夷待訪錄

文學類

新譯詩經讀本
新譯楚辭讀本
新譯文心雕龍
新譯六朝文絜
新譯世說新語
新譯昭明文選
新譯古文觀止
新譯古文辭類纂
新譯樂府詩選
新譯古詩源
新譯千家詩
新譯詩品讀本
新譯花間集
新譯南唐詞
新譯絕妙好詞
新譯唐詩三百首
新譯宋詩三百首
新譯宋詞三百首
新譯元曲三百首
新譯明詩三百首
新譯清詩三百首
新譯清詞三百首
新譯唐人絕句選
新譯拾遺記
新譯搜神記
新譯唐才子傳
新譯唐傳奇選
新譯宋傳奇小說選
新譯明傳奇小說選
新譯容齋隨筆選
新譯明散文選
新譯明清小品文選
新譯人間詞話
新譯白香詞譜
新譯幽夢影
新譯菜根譚
新譯小窗幽記
新譯圍爐夜話
新譯郁離子
新譯歷代寓言選
新譯賈長沙集
新譯揚子雲集
新譯建安七子詩文集
新譯曹子建集
新譯阮籍詩文集
新譯嵇中散集
新譯陸機詩文集
新譯陶淵明集
新譯江淹集
新譯庾信詩文選
新譯初唐四傑詩集
新譯駱賓王文集
新譯王維詩文集
新譯孟浩然詩集
新譯李白詩全集
新譯李白文集
新譯杜甫詩選
新譯杜詩菁華
新譯高適岑參詩選
新譯昌黎先生文集
新譯劉禹錫詩文選
新譯柳宗元文選
新譯白居易詩文選
新譯元稹詩文選
新譯李賀詩集
新譯杜牧詩文集

新譯李商隱詩選
新譯范文正公選集
新譯蘇洵文選
新譯蘇軾文選
新譯蘇軾詞選
新譯蘇轍文選
新譯曾鞏文選
新譯王安石文選
新譯唐宋八大家文選
新譯柳永詞集
新譯李清照集
新譯辛棄疾詞選
新譯陸游詩文選
新譯歸有光文選
新譯唐順之詩文選
新譯徐渭詩文選
新譯薑齋文集
新譯顧亭林文集
新譯納蘭性德詞
新譯方苞文選
新譯鄭板橋集
新譯袁枚詩文選
新譯李慈銘詩文選
新譯聊齋誌異選
新譯閱微草堂筆記
新譯浮生六記
新譯弘一大師詩詞全編

教育類

新譯爾雅讀本
新譯顏氏家訓
新譯聰訓齋語
新譯曾文正公家書
新譯三字經
新譯百家姓
新譯幼學瓊林
新譯增廣賢文・千字文
新譯格言聯璧

歷史類

新譯史記
新譯漢書
新譯後漢書
新譯三國志
新譯資治通鑑
新譯史記——名篇精選
新譯尚書讀本
新譯周禮讀本
新譯逸周書
新譯左傳讀本
新譯公羊傳
新譯穀梁傳
新譯春秋穀梁傳
新譯戰國策
新譯國語讀本
新譯說苑讀本
新譯新序讀本
新譯吳越春秋
新譯西京雜記
新譯列女傳
新譯越絕書
新譯燕丹子
新譯東萊博議
新譯唐六典
新譯唐摭言

宗教類

新譯金剛經
新譯高僧傳
新譯碧巖集
新譯百喻經
新譯楞嚴經
新譯梵網經
新譯圓覺經
新譯法句經
新譯六祖壇經
新譯禪林寶訓
新譯維摩詰經
新譯經律異相
新譯阿彌陀經
新譯無量壽經
新譯妙法蓮華經
新譯景德傳燈錄
新譯大乘起信論
新譯釋禪波羅蜜
新譯八識規矩頌
新譯永嘉大師證道歌
新譯華嚴經入法界品
新譯地藏菩薩本願經
新譯悟真篇
新譯无能子
新譯坐忘論
新譯列仙傳
新譯抱朴子
新譯神仙傳
新譯性命圭旨
新譯老子想爾注
新譯周易參同契
新譯道門觀心經
新譯養性延命錄
新譯樂育堂語錄
新譯沖虛至德真經
新譯長春真人西遊記
新譯黃庭經・陰符經

地志類

新譯山海經
新譯水經注
新譯佛國記
新譯大唐西域記
新譯洛陽伽藍記
新譯徐霞客遊記
新譯東京夢華錄

政事類

新譯商君書
新譯鹽鐵論
新譯貞觀政要

軍事類

新譯孫子讀本
新譯司馬法
新譯尉繚子
新譯三略讀本
新譯六韜讀本
新譯吳子讀本
新譯李衛公問對

◎新譯墨子讀本

李生龍／注譯　李振興／校閱

墨子是戰國時期重要的思想家、邏輯學家和軍事家，他所領導開創的墨家，與儒家在先秦諸子百家中並列「顯學」。墨家主張兼愛非攻，尚同節用，「摩頂放踵」以利天下，堪稱中國思想史上的奇葩。現傳《墨子》一書共五十三篇，內容可分為三類：一屬名辯類，其中提出不少推理方法，對中國邏輯學發展有頗大助益。二屬軍事類，是墨子「非攻」思想與墨家兵法的主要論述。三屬思想類，是了解墨家思想與主張的重要依據。本書各篇有題解說明，各段有章旨概括重點，注譯簡潔明晰，為研究《墨子》提供最佳的幫助。

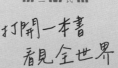